VERLAG
FRITZ
MOLDEN

Michael Voslensky

NOMENKLATURA

Die herrschende Klasse der Sowjetunion

VERLAG FRITZ MOLDEN
WIEN–MÜNCHEN–ZÜRICH–INNSBRUCK

Umschlagfoto: Ullstein Pressedienst

Aus dem Russischen von Elisabeth Neuhoff
Die Übertragung der Gedichte besorgte der Autor

Verlegt vom Verlag Fritz Molden München GmbH

Schutzumschlag: Hans Schaumberger, Wien
Lektor: Moritz Strachwitz
Satz: IBV Lichtsatz KG, Berlin
Druck und Bindung: Hofmann-Druck, Augsburg
ISBN 3-217-00564-3

*Dem Andenken an meinen Vater,
Sergej Iwanovič Voslensky,
seinem unbändigen Freiheitsgeist.*

Danksagung

Am Anfang des Buches möchte ich meinen großen Dank den Personen und Institutionen aussprechen, die mir bei der Vorbereitung dieses Werkes geholfen und sein Erscheinen ermöglicht haben.

In tiefer Dankbarkeit denke ich dabei an

Herrn Dr. Dr. h. c. Gustav W. Heinemann

und Frau Hilda Heinemann;

an Herrn Generalsekretär Dr. Walter Wodak.

Ich danke herzlich: Herrn Professor Dr. Carl-Friedrich von Weizsäcker und dem von ihm geleiteten Max-Planck-Institut zur Erforschung der Lebensbedingungen der wissenschaftlich-technischen Welt (Starnberg), an dem ich das Buch geschrieben habe.

Herrn Walter Hesselbach, Frankfurt am Main;

Frau Dr. Marion Gräfin Dönhoff, Hamburg.

Mein großer Dank gilt Herrn Fritz Molden und seinem Verlag, insbesondere den Cheflektoren Johannes Eidlitz und Dr. Moritz Strachwitz.

Ich danke Frau Elisabeth Schedone vom Max-Planck-Institut in Starnberg und Fräulein Beate Neuß von der Universität München für ihre Hilfe bei der Aufbereitung des deutschen Textes zum Druck.

Inhalt

Einführung 13

I. Auch die sowjetische Gesellschaft ist antagonistisch 17

1. Die Klassen und der Klassen-Antagonismus 18
2. Eine Gesellschaft ohne antagonistische Klassen 22
3. Der sozialistische Volksstaat der Werktätigen 24
4. Im Prokrustes-Bett des Schemas 28
5. Klassenharmonie unter den Pyramiden 30
6. Verwaltete und Verwaltende 32
7. Die Theorie des Milovan Djilas 34
8. Die Klassenherrschaft 36

II. Lenin und Stalin, die Väter der neuen Klasse 48

1. Lenin: Skizzen zu einem Porträt 49
2. Ohne den Orden am Hals 49
3. Der große Humanist am Werk 53
4. „Hunderttausend Rubel für einen Gehenkten“ 55
5. Der Paragraph 58 58
6. „Dieser Mensch, der menschlichste von allen“ 60
7. Die Überzeugung, im Recht zu sein 65
8. Einiges über Stalin 67
9. Die legendäre Feigheit 68
10. Das Rätsel der Heldentaten Stalins 72
11. Stalin und Malinovskij 76
12. Eremins Brief, die Akte Visarionov und anderes 79
13. „Ein schrecklicher Mensch“ 85

III. Die Geburt der herrschenden Klasse 91

1. Das praktische Ziel 91
2. „Was tun?“ 97
3. Zwei Organisationen: die Berufsrevolutionäre und die Partei 101

4. Der Embryo der neuen Klasse 106
5. Die „Hegemonie des Proletariats“ und das „Hinüberwachsen“ 109
6. Die Revolution ohne Partei 113
7. Eine proletarische Revolution? 117
8. Die Diktatur, die es nicht gab 119
9. „Die Diktatur über das Proletariat“ 124
10. „Ein neues Fürstengefolge“ 127
11. Die Schaffung der Nomenklatura 131
12. Der Untergang der Leningarde 138
13. Nach dem Sieg 145
14. Der Dreistufenprozeß 148

IV. Die Nomenklatura, die herrschende Klasse in der Sowjetgesellschaft 155

1. Die „Verwaltenden“ sind die Nomenklatura 156
2. Das wichtigste für die Nomenklatura ist die Macht 158
3. Der Weg nach oben oder wie die Nomenklatura entsteht 163
4. „Die Nomenklatura ist unveräußerlich“ 171
5. Die Klasse der Deklassierten 179
6. Die zahlenmäßige Stärke der Nomenklatura 184
7. Nomenklatura und Partei 188
8. Die Nomenklatura wird erblich 193
9. Ein Modell der Nomenklatura 196

V. Die Nomenklatura, die Ausbeuterklasse der Sowjetgesellschaft 207

1. Das „sozialistische Eigentum“ ist das Kollektiveigentum der Nomenklatura 208
2. Die Nomenklatura eignet sich den Mehrwert an 216
3. Die ursprüngliche Expropriation 222
4. Das ökonomische Grundgesetz des Realsozialismus 226
5. Die Planwirtschaft und das Ultra-Monopol 229
6. Die Tendenz zur Drosselung der Entwicklung der Produktivkräfte 233
7. Die konstante Unterproduktionskrise und der Vorrang der Schwerindustrie 246

8. Die Ausbeutung auf marxistischer Grundlage 253
9. Die Verlängerung des Arbeitstages 255
10. Die Steigerung der Arbeitsintensität 256
11. Der niedrige Lohn 262
12. Die Frauen- und Kinderarbeit 265
13. Der Zwangslebensstandard 267
14. Der Effektivlohn 272
15. Der Grad der Ausbeutung 277
16. Die Abführung des Mehrwertes 279
17. Der Zwangscharakter der Arbeit 284
18. Die Entfremdung im Realsozialismus 288

VI. Die Nomenklatura, die privilegierte Klasse der Sowjetgesellschaft 293

1. Wer lebt glücklich in Rußland? 294
2. Wieviel ein Sektorenleiter im ZK der KPdSU verdient 297
3. Der „unsichtbare Bestandteil" des Gehaltes eines Nomenklaturisten 300
4. Das Nomenklatura-Bakschisch 304
5. Von der guten und bekömmlichen Kost 308
6. Die Wohnung 312
7. Die Datscha 316
8. Die Ballade von den Telefonen 318
9. Im Spezialland Nomenklaturien 325
10. Die Häuser auf dem Olymp 339
11. Hinter sieben Zäunen 342
12. Die Klasse der Einzelgänger 354

VII. Die Diktatur der Nomenklatura 358

1. Gibt es in der Sowjetunion eine Sowjetmacht? 358
2. Die „Direktivorgane", alias „Instanz" 364
3. Der Generalsekretär 366
4. „Machtkämpfe im Kreml" 373
5. Das Politbüro 380
6. Das Sekretariat 385
7. Sind Konflikte zwischen Politbüro und Sekretariat denkbar? 388
8. Der Apparat des ZK 391

9. Das KGB, eine sowjetische Behörde 396
10. Die nationalen Republiken, Halbkolonien der Nomenklatura 403
11. Hat die Nomenklatura eine marxistische Ideologie? 408
12. Fremdenfeindschaft und Antisemitismus 411
13. Die ideologische Front 416
14. Die Bewegungsfreiheit aus der Sicht der Nomenklatura 419
15. „Oformlenie" oder wie man eine Ausreisegenehmigung bekommt 425
16. Die abgeriegelte Grenze 436

VIII. Eine Klasse mit Anspruch auf die Weltherrschaft 443

1. Der aggressive Charakter der Nomenklaturaklasse 443
2. Die Tradition 447
3. Geplante Außenpolitik 448
4. Verteidigung als Aggression 450
5. Wollen die Russen den Krieg? 453
6. Friedliche Koexistenz und Entspannung 457
7. Die Grenzen der friedlichen Koexistenz 459
8. Das Klassenkräfteverhältnis in der internationalen Arena 461
9. Der Sieg des Realsozialismus im Weltmaßstab 463
10. Die kommunistische Weltbewegung, ein Instrument der Nomenklatura 467
11. Der Weg in den Weltkrieg 477

IX. Die parasitäre Klasse 483

Die Nomenklatura wie sie wirklich ist
1. Die Nomenklatura wird parasitär 484
2. Der Parasitismus nimmt organisierte Formen an 489
3. Das Sein der Nomenklatura bestimmt ihr Bewußtsein 492
4. Der Sekretär des Rayons-Komitees 495
5. Ein Tag im Leben des Denis Iwanovič 511

Schluß 542

Die Bücher von heute sind
die Taten von morgen.
Thomas Mann

Einführung

Wovon handelt dieses Buch? Was bedeutet das lateinische Wort „Nomenklatura" in der Sowjetunion?

Die neueste 3. Auflage der „Großen Sowjetenzyklopädie" sagt zu diesem Thema folgendes: „Nomenklatura (lat. nomenclatura = Liste, Namensverzeichnis) 1. System (Gesamtheit) der Bezeichnungen und Fachausdrücke, die auf einem bestimmten Gebiet der Wissenschaft, Technik usw. verwendet werden; 2. System von abstrakten und vereinbarten Symbolen, deren Bestimmung ist, die vom praktischen Standpunkt aus bequemste Bezeichnung von Gegenständen darzustellen."[1]) Weiter folgen: Nomenklatur, anatomische, Nomenklatur der Krankheiten, Nomenklatur der Rechnungsarten, Nomenklatur der Produktion, Nomenklatur, chemische (anorganischer und organischer Verbindungen), Nomenklatur der Botanik, Zoologie, Mikrobiologie, Physiologie, Biochemie. Ist also dies ein Buch über Medizin, Botanik, Zoologie oder Biochemie? Nein. Es handelt von einem historischen und politischen Phänomen.

In der „Historischen Sowjet-Enzyklopädie" kommen die Wörter „Nom" und „Nomokanon" vor; „Nomenklatura" existiert nicht. Im „Politischen Wörterbuch" existiert „Nomenklatura" ebenfalls nicht.[2])

Spuren einer anderen, nicht im naturwissenschaftlichen Sinn gebrauchten Bedeutung dieses Wortes entdecken wir im Lehrbuch „Administrative Geschäftsführung", erschienen in Moskau im Verlag „Vysšaja škola" (Hochschule) im Jahre 1975. Zitieren wir: „Pläne der Zusammenfassung von Dokumenten in Gruppen nach ihrer Zugehörigkeit zu Behörden, in deren Kompetenz sie fallen, werden in besonderen Klassifikationslisten, der Nomenklatur der Akten, festgehalten. Die Nomenklatur der Akten ist die systematische Aufzählung der Bezeichnung der Angelegenheiten, die im Laufe des Jahres erledigt werden sollen." „Die Bezeichnung der Akten in der Nomenklatur erfolgt nach einer bestimmten Reihenfolge nach der Wichtigkeit der zusammengefaßten Dokumente und Fragen".[3])

Handelt also dieses Buch von Geschäftsführung? Nein. Aber wir sind dem Begriff „Nomenklatura" bereits nähergekommen. Er hat nichts mit Naturwissenschaften zu tun, aber zu administrativer Geschäftsführung besteht tatsächlich eine Verbindung. Genauer: zur Geschäftsführung der in den Ländern des „realen Sozialismus" allmächtigen politischen Administration, vor allem jener der Politbüros und Sekretariate der Zentralkomitees der dort regierenden kommunistischen Parteien.

Eine Erklärung über diesen Zusammenhang gibt das ehemalige Mitglied des ZK der Kommunistischen Partei der Tschechoslowakei, Jiři Pelikán: „Natürlich kann sich das Politbüro oder das Sekretariat des ZK nicht mit jeder einzelnen Frage befassen. Dafür gibt es eine Nomenklatur, d. h. eine Liste, die genau festlegt, welches Parteiorgan welche Probleme bearbeiten und entscheiden kann. Dabei sind die Kompetenzen sehr strikt festgelegt, was die Betriebs- oder Ortsorganisation erledigen kann, was in den Bereich der Kreis- oder Bezirkskomitees gehört und was unter die Autorität des Zentralkomitees fällt... Die Nomenklatur schreibt auch genau vor, welche Funktionen Parteimitglieder vorbehalten sind und welche – es sind nur wenige – auch mit Nichtkommunisten besetzt werden können."[4])

Akademiemitglied Sacharov schreibt: „Obwohl entsprechende soziologische Forschungen in unserem Lande entweder nicht durchgeführt oder geheimgehalten werden, kann man mit Sicherheit behaupten, daß schon in den Zwanziger- und Dreißigerjahren und definitiv dann in den Nachkriegsjahren sich in unserem Lande eine eigene Partei- und Bürokratenschicht – die „Nomenklatura", wie sie sich selbst nennt, eine „neue Klasse", wie Milovan Djilas sie bezeichnet – herausgebildet hat."[5])

Handelt also dieses Buch von der „neuen Klasse" in der UdSSR? Ja, von ihr. Von diesem Herzstück eines Systems, das sich „real existierender Sozialismus" nennt.

„Der real existierende Sozialismus." Diesen später in der Sowjetpresse so oft gebrauchten Ausdruck hörte ich zum ersten Mal im aufgewühlten, frühlinghaften Prag im März 1968.

Der Botschafter der UdSSR, Stepan Vasiljevič Červonenko, lenkte selbst das Auto, in dem er und seine Gattin Ljudmila Sergejevna mir die Umgebung der tschechoslowakischen Hauptstadt zeigten. Für den Botschafter waren jene Tage reich an Spannungen, und ich bin ihm bis heute dankbar für seine Liebenswürdigkeit. Das Gespräch drehte sich verständlicherweise um die politische Lage in der Tschechoslowakei.

„Dubček und seine Gruppe sprechen von ‚Sozialismus mit menschlichem Antlitz'", sagte der Botschafter, „und dabei versteht jeder Marxist, daß es nur eines gibt und geben kann, den real existierenden Sozialismus."

Ich dachte über die Worte dieses ruhigen, behäbigen Mannes nach. Červonenko, Kaderfunktionär des Parteiapparates, Mitglied des Zentralkomitees der KPdSU, früher Sekretär des ZK der KP der Ukraine, dann sowjetischer Botschafter in China in den Jahren, in denen sich der Bruch zwischen Moskau und Peking vollzog, der Mann, den Chruščev zum Sekretär des ZK der KPdSU hatte machen wollen und den die neue Führung dann für den Posten in der Tschechoslowakei bestimmte, dieser Mann kannte die Struktur und das Funktionieren des sozialistischen Systems ganz genau. Auch ich kannte sie. Natürlich hatte der Botschafter recht: das Wesen der Gesellschaft und die Linie ihrer Weiterentwicklung wurden nicht vom guten oder bösen Willen einiger Leute bestimmt, die gerade an der Macht waren, sondern von Gesetzmäßigkeiten, die in verschiedenen Ländern ein seinem Charakter nach einheitliches, real existierendes System herausgebildet hatten.

Jedes System ist ein sozialer Organismus mit einem nur ihm selbst eigenen Gesicht. Man kann ein neues System schaffen und es auch Sozialismus nennen, aber zu sagen, daß das von Lenin und Stalin begründete System imstande sei, sein Gesicht einfach gegen ein „menschliches" einzutauschen, ist ebenso naiv, wie von einem Dinosaurier mit einem menschlichen Gesicht zu sprechen.

Im Grunde genommen war es dieser Gedanke, dem der 1968 von sowjetischen Politikern erfundene Begriff „real existierender Sozialismus" entsprang. Sie wollten damit ausdrücken, daß in der Sowjetunion und den übrigen Ländern nicht irgendein rätselhafter, wie eine Sphinx konstruierter marxistisch-leninistischer Sozialismus mit einem Gesicht, das nicht das seine ist, existieren kann, sondern nur die Gesellschaftsordnung, die, um es mit Majakovskijs Worten auszudrücken, „real, grob und sichtbar" in das Leben der heutigen Welt eingegangen ist.

Dieser Gedanke ist richtig, und wir müssen die neue Bezeichnung für das System, das in der Sowjetunion und den mit ihr verbündeten Staaten besteht, akzeptieren. Es ist allerdings notwendig, sie etwas zu modifizieren.

Die Bezeichnung „real existierender Sozialismus" oder, wie man später kürzer zu sagen pflegte, „realer Sozialismus", enthält eine Behauptung. Sie besagt, daß das System, das sich so nennt, anscheinend die einzig mögliche Form von Sozialismus ist, und daß kein anderer Sozialismus real existieren kann.

Diese Behauptung ist nicht bewiesen; ihr Gegenteil übrigens auch nicht. Bei dem bunten Pluralismus von Vorstellungen über den Sozialismus, wie er für die heutige Welt charakteristisch ist, braucht man natürlich einen besonderen Terminus für die Bezeichnung des in der Sowjetunion existierenden Systems. Aber eine Bezeichnung kann nur dann wissenschaftlich und für jedermann annehmbar sein, wenn man die propagandistische Anmaßung eliminiert, die darin enthalten ist.

Daher wollen wir einen weiteren Schritt auf dem Wege der Verkürzung dieses Terminus tun. Die Sowjetideologen haben ihn von ursprünglich drei auf zwei Worte verkürzt. Ziehen wir ihn zu einem Wort zusammen: Realsozialismus.

Der Realsozialismus ist das Gesellschaftssystem, das in der UdSSR errichtet worden ist. Das Herzstück dieses Systems ist die Nomenklatura. Aber wenn das tatsächlich der Fall ist, warum wird sie dann sogar in den Sowjet-Enzyklopädien verschwiegen, von anderen Veröffentlichungen gar nicht zu sprechen?

Weil in der Sowjetunion alles, was die Nomenklatura betrifft, geflissentlich verborgen wird – vor dem eigenen Volk und um so mehr vor den Völkern anderer Länder. Die Welt soll nichts über die Nomenklatura wissen!

Damit die Menschen von ihr erfahren, schreibe ich dieses Buch.

Anmerkungen

1. Bol'šaja Sovetskaja Enciklopedija, izd. 3, T. 18, S. 95
2 Političeskij slovar'.-Moskva 1958
3 Administrativnoe deloproizvodstvo. Učebnoe posobie dlja vuzov.-Moskva 1975, S. 121, 123
4 *Jiři Pelikan:* Ein Frühling, der nie zu Ende geht. Erinnerungen eines Prager Kommunisten. – Frankfurt a. M. 1976, S. 172–173
5 *Andrej D. Sacharow:* Mein Land und die Welt. – Wien-München-Zürich 1975, S. 30–31

I. Auch die sowjetische Gesellschaft ist antagonistisch

„Die geschichtliche Teilung der Gesellschaft in Klassen müssen wir uns als grundlegende Tatsache stets vor Augen halten.“
W. I. Lenin: Werke Bd. 29, S. 465

„Die Menschen waren in der Politik stets die einfältigen Opfer von Betrug und Selbstbetrug, und sie werden es immer sein, solange sie nicht lernen, hinter allen möglichen moralischen, religiösen, politischen und sozialen Phrasen, Erklärungen und Versprechungen die *Interessen* dieser oder jener Klasse zu suchen.“
W. I. Lenin: Werke Bd. 19, S. 8

Der Realsozialismus beansprucht für sich einen ganz klaren Standort in der Geschichte der Menschheit.

Unzählige Reden, die in der UdSSR gehalten, Artikel, die dort geschrieben werden, enden mit dem kategorischen Satz: „Es lebe der Kommunismus, die lichte Zukunft der gesamten Menschheit!“

Der Kommunismus soll die klassenlose Gesellschaft sein, deren Grundprinzip lauten wird: „Von jedem nach seinen Fähigkeiten, jedem nach seinem Bedarf“. Das Programm der KPdSU datiert die Errichtung der kommunistischen Gesellschaft der UdSSR etwa für das Jahr 1980 und verkündet zum Schluß feierlich: „Die heutige Generation der Sowjetmenschen wird im Kommunismus leben!“[1])

Einstweilen lebt diese auserwählte Generation im Sozialismus. Gemäß der Ideologie des Marxismus-Leninismus ist der Sozialismus die erste Phase auf dem Weg zum Kommunismus. Hier hat ein anderes Grundprinzip Geltung: „Jeder nach seinen Fähigkeiten, jedem nach seiner Leistung“. Gemäß derselben Ideologie ist die sozialistische Gesellschaft noch nicht klassenlos, aber es gibt in ihr keine ausbeutende Klasse mehr und daher keinen Klassenantagonismus.

Auf diese Weise ist der Sozialismus für die Länder, die ihn noch nicht haben, auch eine Zukunft – wenngleich eine weniger lichte als der Kommunismus.

Folglich kann ein Ausländer heute ein Flugzeug besteigen und wie mit der Wells'schen Zeitmaschine in die Zukunft seines Landes reisen. Die Landung erfolgt im Moskauer internationalen Flughafen Šeremetjevo.

Eine solche Reise kann man in jeder Beziehung nur empfehlen. Auch wenn ein gewöhnlicher ausländischer Tourist, der aus einem nichtsozialistischen Land kommt und deshalb wenig von der Struktur der Sowjetgesellschaft weiß, aus Moskau nicht die Erkenntnis der historischen Perspektiven von der Entwicklung seines Landes mitbringt, sondern eher banale Feststellungen trifft: daß es in der Hauptstadt der UdSSR tatsächlich den Kreml, den Roten Platz mit dem Mausoleum, das Bolschoj Theater und eine hervorragende „Metro" gibt; daß das Kaufhaus „GUM" ewig überfüllt ist und die Waren dort schlecht sind, wie übrigens in anderen Geschäften auch, daß es keine Nachtlokale gibt, daß man in den Restaurants schlecht bedient wird, aber gut ißt, und daß die Russen „genau solche Menschen sind wie wir".

Wichtig ist die letzte Feststellung. Man darf sie nur nicht als eine Banalität abtun. Die Russen sind genau solche Menschen wie wir. Das heißt: was in Rußland möglich geworden ist, ist auch bei uns möglich.

Was ist also in Rußland möglich geworden?

1. Die Klassen und der Klassen-Antagonismus

Die entwickelte menschliche Gesellschaft zerfällt in Klassen. Wer annimmt, daß diese These zum ersten Mal von Marx ausgesprochen wurde, irrt: Die Teilung der Gesellschaft in Klassen wurde lang vor ihm entdeckt. Noch mehr: im Gegensatz zu einer weit verbreiteten Meinung war es nicht Marx, der den Klassenkampf entdeckte.

Lesen wir, was Marx selbst dazu schreibt: „Was mich nun betrifft, so gebührt mir nicht der Verdienst, weder die Existenz der Klassen in der modernen Gesellschaft, noch ihren Kampf unter sich entdeckt zu haben. Bürgerliche Gesellschaftsschreiber hatten längst vor mir die historische Entwicklung des Kampfes der Klassen und bürgerliche Ökonomen die ökonomische Anatomie derselben dargestellt. Was ich nun tat, war 1.

nachzuweisen, daß die Existenz der Klassen bloß an bestimmte historische Entwicklungsphasen der Produktion gebunden ist; 2., daß der Klassenkampf notwendig zur Diktatur des Proletariats führt; 3., daß diese Diktatur selbst nur den Übergang zur Aufhebung aller Klassen und zu einer klassenlosen Gesellschaft bildet".[2])

Sprechen wir jetzt nicht darüber, ob der Beitrag von Marx sich inzwischen als ergiebig erwiesen hat. Wie dem auch sei, haben Marx, Engels und ihnen folgend Lenin viel Realistisches über die Klassen geschrieben.

Was ist eine Klasse?

„Das Gesetz der Arbeitsteilung ist es also, was der Klassenteilung zugrunde liegt", schrieb Engels.[3]) Man darf aber eine Klasse nicht mit einer Berufsgruppe verwechseln. Es gibt keine Klasse von Rechnungsführern und Buchhaltern, keine Klasse von Geschirrwäschern und Taxifahrern. Eine Klasse ist keine Gewerkschaft, sondern eine breite Schicht der Gesellschaft, die viele Berufe einschließt. Die Einteilung in Klassen ist keine berufliche, sondern eine soziale.

Das bedeutet, daß jede Klasse ihren eigenen Platz im System der gesellschaftlichen Produktion einnimmt und eine bestimmte, nur ihr eigene Rolle spielt.

Lenin formuliert folgende Definition:

„Als Klassen bezeichnet man große Menschenmengen, die sich von einander unterscheiden nach ihrem Platz in einem geschichtlich bestimmten System der gesellschaftlichen Produktion, nach ihrem (größtenteils in Gesetzen fixierten und formulierten) Verhältnis zu den Produktionsmitteln, nach ihrer Rolle in der gesellschaftlichen Organisation der Arbeit und folglich nach der Art der Erlangung und der Größe des Anteils am gesellschaftlichen Reichtum, über den sie verfügen; Klassen sind Gruppen von Menschen, von denen die eine sich die Arbeit der anderen aneignen kann infolge der Verschiedenheit ihres Platzes in einem bestimmten System der gesellschaftlichen Wirtschaft."[4])

Die Interessen der Klassen werden im Marxismus ausnahmslos als objektive, gleichsam von oben durch einen Fingerzeig vorgezeichnete Interessen dargestellt. Das ist ein Irrtum. Wenn auch faktisch die Klasseninteressen auf Grund objektiver Tatsachen zustande kommen, so geschieht dies nicht automatisch, sondern durch Einwirkung auf die sehr eigenwillig reagierende Sphäre der Klassenpsychologie. Im Gesamtergebnis bestehen die Interessen der Klasse nicht in dem, was ein außenstehender Beobachter zu erkennen glaubt, sondern in dem, wie sie die betreffende Klasse selbst durch die Brille ihrer Klassenmentalität sieht. Dem Beobachter mögen diese Interessen unvernünftig, sogar selbstmörderisch erscheinen, aber deshalb hören sie nicht auf, die Interessen der betreffenden Klasse zu sein.

Wenn wir von jemandes „objektiven Interessen" sprechen, so nehmen wir stillschweigend *unsere* Wertung als die „objektive" an. In Wirklichkeit haben weder einzelne Personen noch Gruppen – darunter Klassen – objektive Interessen; es gibt nur subjektive, wenn sie auch auf objektiven Voraussetzungen beruhen.

Die Subjektivität der Klasseninteressen ist keine akademische, sondern eine wichtige politische Frage. Diese Subjektivität eröffnet ein weites Tätigkeitsfeld für Demagogen. Sie sind imstande, einer ganzen Klasse – der eigenen oder der fremden – Ideen einzuimpfen, die den privaten oder Gruppeninteressen der Demagogen dienen. Sie sind auch imstande, diese Klasse davon zu überzeugen, daß es *ihre* eigenen Interessen sind. Mit anderen Worten, es ist möglich, die *eigene* Ideologie in die Klasse hineinzutragen. Aber die hineingetragenen Interessen halten sich – wie jeder Betrug – nur so lange, wie sie nicht in Widerspruch zu objektiven Faktoren geraten, denn auf ihnen beruht zu guter Letzt das wirkliche Interesse der Klasse.

Mit der Frage der Klasseninteressen darf man nicht die Frage nach dem Interesse der Gesellschaft im ganzen verwechseln. Dieses Interesse gilt dem Wert verschiedener Klassen für die Gesellschaft. Er bemißt sich daran,

1. wie wichtig die Rolle und Stellung der Klasse für die Produktion ist,
2. wie erfolgreich sie mit ihrer Rolle in der Produktion fertig wird,
3. wie weit ihr Beitrag zur Produktion im Einklang steht mit ihrem Verbrauch oder ihrer Aneignung eines Teiles des geschaffenen Produktes.

Kürzer gesagt, es handelt sich um die historische Rentabilität einer Klasse für die Gesellschaft, darum, in welchem Ausmaß diese Klasse eine weitere Entwicklung der Gesellschaft fördert oder hindert.

Die Rentabilität ist eine variable Größe. Die angeführten Faktoren erleiden eine Veränderung als Ergebnis der Entwicklung der Produktion, des Verbrauchs und der Klasse selbst. Wie jeder andere gesellschaftliche Organismus, durchlaufen auch die Klassen verschiedene Stadien des Wachstums, später altern sie und werden überflüssig, parasitär vom Gang der Geschichte fallen gelassen. Dies war das Schicksal aller

Klassen der Vergangenheit. Es gibt offenbar keine Klasse, die diesem Schicksal auch in Zukunft entgehen kann.

Die Interessen der Gesellschaft sind gewissermaßen auch subjektiv, da sie nicht automatisch durch eine objektive Situation entstehen, sondern durch das Bewußtsein und die Vorstellung von Menschen. Es ist klar, daß Klassen, die ihr Zeitalter überleben und nur mehr schmarotzen, sich bemühen, auf die Bildung dieses Bewußtseins einzuwirken und die Menschen von ihrer Unentbehrlichkeit für die Gesellschaft zu überzeugen. Wie es richtig heißt, kann man viele Menschen kurz aber nur wenige lange täuschen. Durch keine Schliche kann eine parasitäre Klasse darüber hinwegtäuschen, daß die Gesellschaft ein lebenswichtiges Interesse an der Weiterentwicklung der Produktion hat. Dieses Interesse ist für alle Menschen von objektiver Bedeutung. Es verlangt dringend, daß die Rolle und die Stellung einer Klasse in der Gesellschaft rechtzeitig in Übereinstimmung mit ihrer historischen Rentabilität gebracht werden, unabhängig davon, ob das der betreffenden Klasse gefällt und ihren subjektiven Interessen entspricht.

Marx und Engels bezogen in dieser Frage eine klare Stellung. In den Materialien zum 4. Band des „Kapitals" konstatiert Marx, daß für das Leben der Klassengesellschaft bloß die unmittelbaren Produzenten der materiellen Güter, die sie verteidigenden Soldaten und die sie belehrenden Intellektuellen von grundlegender Wichtigkeit seien.[5]) Die herrschende Klasse sei folglich unnötig. Im „Anti-Dühring" unterstrich Engels, „daß die herrschende Klasse, einmal im Sattel, nie verfehlt hat, ihre Herrschaft auf Kosten der arbeitenden Klasse zu befestigen und die gesellschaftliche Leitung umzuwandeln in Ausbeutung der Klassen."[6])

Und noch eine letzte Bemerkung: Die Interessen der Klassen, wie auch der einzelnen Menschen gehen immer in größerem oder kleinerem Ausmaß auseinander. Das ist natürlich, denn die Stellungen der Klassen in der Gesellschaft sind verschieden. Engels schreibt: „Die Gesellschaft ist in Klassen geteilt: privilegierte und verelendete, Ausbeuter und Ausgebeutete, Herrschende und Unterdrückte."[7]) Und das sowjetische Lehrbuch erklärt: „... Innerhalb einer Formation unterscheiden sich die Klassen voneinander durch ihren Platz im Produktionssystem: eine Klasse leitet die Produktion, die andere führt den Produktionsprozeß unmittelbar durch; eine arbeitet, die andere eignet sich die Resultate ihrer Arbeit an".[8])

Es ist klar, daß in solchen Fällen ein Kompromiß zwischen den Klassen unmöglich ist. Wenn die Klasseninteressen einander entgegengesetzt oder miteinander unvereinbar sind, haben wir es mit antagonistischen Klassen zu tun. Die Gesellschaft, in der sie bestehen, ist eine antagonistische.

Zwischen Klassen-Antagonisten entflammt der Klassenkampf. Marx und Engels prägten die bekannte Formulierung: „Die Geschichte aller bisherigen Gesellschaft ist die Geschichte von Klassenkämpfen". In der Tat: Klassenantagonismus in der Gesellschaft ist keine Seltenheit, sondern die Regel.

Aber: „Die bürgerlichen Produktionsverhältnisse sind die letzte antagonistische Form des gesellschaftlichen Produktionsprozesses, antagonistisch nicht im Sinn von individuellem Antagonismus, sondern eines aus den gesellschaftlichen Lebensbedingungen der Individuen hervorwachsenden Antagonismus", erklärt Marx.[9])

Somit soll die sozialistische Gesellschaft eine glückliche Ausnahme dieser unheilvollen Regel sein.

2. Eine Gesellschaft ohne antagonistische Klassen

Am 25. November 1936 trug Stalin auf dem VIII. Außerordentlichen Kongreß der Sowjets der UdSSR sein Referat „Über den Entwurf der Konstitution der UdSSR" vor: Die Notwendigkeit, eine neue Verfassung anzunehmen, sei deshalb herangereift, weil in der Sowjetunion eine sozialistische Gesellschaft geschaffen worden sei – eine Gesellschaft ohne antagonistische Klassen. Sie bestehe aus zwei befreundeten Klassen, den Arbeitern und den Bauern, und der sich aus diesen rekrutierenden Zwischenschicht, der Intelligenz.

Das seien, erzählte Stalin, völlig neue, in der Geschichte noch nie dagewesene soziale Gruppen. Die sowjetische Arbeiterklasse sei nicht das ehemalige Proletariat. Sie habe aufgehört, eine ausgebeutete Klasse zu sein, die der Produktionsmittel beraubt ist und ihre Arbeitskraft verkauft. Die sowjetische Arbeiterklasse sei, zusammen mit dem ganzen Volk, im Besitz der Produktionsmittel. Die Bauernschaft habe sich von einer ausgebeuteten Klasse kleiner Erzeuger, deren Existenz auf dem Privatbesitz, der Privatwirtschaft und der primitiven Technik beruht hätte, in eine von jeder Ausbeutung freie Klasse verwandelt, deren Arbeit auf dem genossenschaftlichen Eigentum der Kolchose, auf genossenschaftlicher Arbeit und fortschrittlicher Technik basiere. Die Sowjetintelligenz entstamme den Werktätigen, ihre überwältigende Mehrzahl seien Sprößlinge aus der Arbeiterklasse und der Bauernschaft; sie diene dem Volk und habe alle Möglichkeiten, ihre Kenntnisse anzuwenden.[10])

Der auf diese Weise verkündete Ideenschatz ging geradewegs, wie man zu sagen pflegt, in den goldenen Bestand der marxistisch-leninistischen Theorie ein und blieb dort bis heute.

Sobald über die Gesellschaftsstruktur in der UdSSR gesprochen wird, geben sowjetische Autoren sofort das Referat Stalins frei wieder.

Um das Stalinsche Schema statistisch zu untermauern, bringen sowjetische Publikationen folgende Tabelle:

Die Änderung der Klassenstruktur in der sowjetischen Gesellschaft

(In Prozenten zur Gesamtbevölkerung)[11])

	1913	1924	1928	1939	1959	1972
Arbeiter u. Angestellte	17,0	14,8	17,6	50,2	68,3	80,7
davon Arbeiter	14,6	10,4	12,4	33,5	49,5	59,8
Kolchosbauern und genossenschaftliches Kleingewerbe	—	1,3	2,9	47,2	31,4	19,3
Einzelbauern und Selbständige im Kleingewerbe	66,7	75,4	74,9	2,6	0,3	0,0
Bürger, Gutsbesitzer, Gewerbetreibende, Großbauern	16,3	8,5	4,6	—	—	—

Lassen wir uns durch unangebrachte Fragen nicht ablenken, wie z. B.: Was geschah mit den Menschen, die 1913 die letzte soziale Gruppe bildeten (zahlenmäßig war sie fast genau so stark, wie die Arbeiter und Angestellten zusammen)?

Die unvoreingenommene sowjetische Statistik bestätigt Stalins Worte. Es ist wirklich wahr: es gab einmal in Rußland Gutsbesitzer, Kapitalisten, Großbauern – es gibt sie nicht mehr. Sogar Gewerbetreibende sind zu einer statistischen Kuriosität geworden. Wenn wir auf die Straße gingen und die Menschen nach ihrem Beruf fragten, so würde sich herausstellen, daß jeder von ihnen entweder ein Arbeiter oder ein Kolchosbauer, oder aber ein Angestellter, also ein Angehöriger der Intelligenz ist.[12])

Der hervorragende Marxist, Genosse J. V. Stalin, hat die soziale Zusammensetzung der realsozialistischen Gesellschaft ganz richtig charakterisiert!

3. Der sozialistische Volksstaat der Werktätigen

Es gibt dennoch eine Frage, die man stellen muß: Weshalb existiert bei so einer Harmonie der Klassen in der Sowjetunion noch der Staat und was sind seine Funktionen?

Auch diese Frage entging nicht der Aufmerksamkeit des Genossen Stalin. Der sozialistische Staat, verkündete er, hat wirtschaftlich-organisatorische und kulturell-erzieherische Funktionen, er schützt das sozialistische Eigentum und organisiert die militärische Verteidigung des Landes gegen die kapitalistische Umgebung. Über das Wesen dieses Staates sagte N. S. Chruščev und wiederholte L. T. Brežnev, der Staat der Diktatur des Proletariats sei seiner großen geschichtlichen Mission gerecht geworden und allmählich in den sozialistischen Volksstaat der Werktätigen hinübergewachsen, dessen führende Kraft nach wie vor die Arbeiterklasse bleibe.[13])

Das ist es also: Aus dem proletarischen Staat ist ein Volksstaat geworden.

Das alles würde zauberhaft schön klingen, wenn nicht Lenin mit folgenden Worten auf derartige Ansichten reagiert hätte: „Der Volksstaat ist ein ebensolcher Unsinn und ein ebensolches Abweichen vom Sozialismus, wie auch der freie Volksstaat... Eine völlig unrichtige Beurteilung des Staates: „Der Staat soll aus einem auf *Klassenherrschaft* beruhenden Staat in einen *Volksstaat* verwandelt werden".

Lenin steht nicht allein, er beruft sich auf Worte von Engels: „Es ist purer Unsinn, vom freien Volksstaate zu reden", und schreibt: „Engels empfiehlt zweifellos in seinem und in Marx' Namen dem Führer der deutschen Arbeiterpartei, das Wort ‚Staat' aus dem Programm zu streichen und es durch das Wort *Gemeinwesen* zu ersetzen. Welches Geheul über ‚Anarchismus' würden die Häuptlinge des jetzigen, für die Opportunisten gebrauchsfertig zurechtgemachten ‚Marxismus' erheben, wenn man ihnen eine solche Korrektur am Programm vorschlagen wollte!"[14])

Das klingt kaum wie ein Kompliment für die heutigen sowjetischen Volksstaatstheoretiker. Lenin hat sich nicht mit einigen Aussprüchen begnügt, er hat hartnäckig seine Ansichten über das Wesen des Staates dargelegt.

Was ist jeder Staat, nach Lenin?

„Der Staat ist eine Einrichtung des Zwanges". „Der Staat ist eine besondere Machtorganisation, eine Organisation der Gewalt zur Unterdrückung einer Klasse".[15])

Heißt das, daß sich, sobald es einen Staat gibt, hinter ihm unbedingt auch ein Antagonismus der Klassen verbergen muß? Ja, antwortet Lenin: „Der Staat ist das Produkt und die Äußerung der *Unversöhnlichkeit* der Klassengegensätze... das Bestehen des Staates beweist, daß die Klassengegensätze unversöhnlich sind."[16])

Wahrscheinlich meinte Lenin nicht jeden Staat, sondern nur den bürgerlichen, Feudal- oder Sklavenhalterstaat? Nein, hier ist Lenin kategorisch: „Jedweder Staat ist eine besondere Repressionsgewalt gegen die unterdrückte Klasse. Darum ist ein *jeder* Staat *un*frei und *kein* Volksstaat."[17])

Dann aber ist laut Lenin die Tatsache des Bestehens des Staates in der UdSSR der unbestreitbare Beweis dafür, daß die Sowjetgesellschaft eine antagonistische Gesellschaft ist.

Es steht nicht besser um die wirtschaftlichen, organisatorischen, kulturellen, erzieherischen und anderen Funktionen des Staates der Werktätigen. Lenin: „Der Werktätige braucht den Staat nur, um den Widerstand der Ausbeuter niederzuhalten."[18]) Also hat der Staat für Lenin nur eine Funktion: die Unterdrückung.

Daß die Funktion des sowjetischen Staates die Unterdrückung ist, das weiß jeder Sowjetmensch, sogar ohne Lenin gelesen zu haben. Das KGB und MVD mit der Vielzahl ihrer Mitarbeiter und Informanten, mit ihrer erstklassig bewaffneten inneren Armee, das dichte Netz der Staatsanwälte und Gerichte, die Verbannungsorte, Gefängnisse, psychiatrischen Sonderanstalten, Arbeitslager – welche Funktion erfüllen sie? Eine kulturell-erzieherische? Jedenfalls ziehen es die Sowjetbürger vor, mit ihnen nichts zu tun zu haben und bleiben lieber ohne eine solche Kultur und Erziehung.

Und die übrigen Funktionen?

Jeder Staat, nicht nur der sozialistische, sondern auch der kapitalistische, feudale, Sklavenhalterstaat befaßt sich mit Fragen der Wirtschaft, der Verteidigung, der Kunst, der Erziehung. Das wissen alle schon lange, Stalin hat hier keine Entdeckung gemacht. Aber in allen Bereichen seiner Tätigkeit übt der Staat seine Klassenfunktion aus, indem er die Herrschaft der regierenden Klasse unterstützt und Widerstände unterdrückt. Das ist das ABC der marxistischen Theorie über den Staat; es zu ignorieren steht dem hervorragenden Marxisten J. V. Stalin und auch seinen Nachfolgern nicht zu.

Nun gut: der sozialistische Staat ist kein Volks-, sondern ein Klassenstaat und seine Funktion ist die Unterdrückung. Aber vielleicht tut er dies in Analogie zur Diktatur des Proletariats: die überwältigende Mehrheit der Werktätigen unterdrückt eine Minderheit von Parasiten? Wie man aus sowjetischen Zeitungen erfährt, gibt es in der realsozialistischen Gesellschaft keine soziale Basis für das Parasitentum, aber im Bewußtsein der Menschen sind die Überbleibsel des Kapitalismus immer noch vorhanden und deshalb gibt es derweil noch Schwindler, Diebe und Banditen.

Ist es möglich, daß die wichtigste Funktion der entwickelten sozialistischen Gesellschaft in der Unterdrückung dieser Leute besteht? Dafür braucht man doch keine Panzer- und Fallschirmdivisionen der inneren Truppen, keine Armeen, keinen Apparat des KGB. Sowjetische Schüler, die sich in der Unterrichtsstunde langweilen, schlagen nach den sich unvorsichtigerweise auf ihre Bank setzenden Fliegen mit einem gespannten Gummiband – und fordern keine Presslufthammer dafür an.

Anders wäre es freilich, wenn die Fliege die Menschen unterdrücken wollte. Dann wäre wirklich eine gigantische Maschine vonnöten, die millionenfältig den Druck ihrer Beinchen verstärken müßte. Die Riesenmaschinerie des sozialistischen Staates könnte einen eigentlich auf den Gedanken bringen, daß es um die Unterdrückung einer riesigen Mehrheit durch eine winzige Minderheit geht.

Hier meldet sich wieder Lenin zu Wort: „Die Ausbeuter sind natürlich nicht imstande, das Volk niederzuhalten, ohne eine sehr komplizierte Maschine zur Erfüllung dieser Aufgabe, das *Volk* aber vermag die Ausbeuter mit einer sehr einfachen ‚Maschine', ja nahezu ohne ‚Maschine', ohne einen besonderen Apparat niederzuhalten, durch die *Organisation der bewaffneten Massen.*“[19])

Der Gedanke, die Unterdrückung der Minderheit der Parasiten wäre die wichtigste Funktion des mächtigen sozialistischen Staates, findet bei Lenin keinen Rückhalt. Wozu aber brauchen die Werktätigen dann diesen Staat? Wiederholt doch die Propaganda in der UdSSR ununterbrochen, der sowjetische Staat sei für das werktätige Volk notwendig.

Lenin sagt dazu: „Das Proletariat braucht den Staat – das wiederholen alle Opportunisten, Sozialchauvinisten und Kautskyaner, wobei sie beteuern, dies sei die Lehre von Marx, sie ‚vergessen' aber hinzuzufügen, daß erstens das Proletariat nach Marx nur einen absterbenden Staat braucht, d. h. einen Staat, der so beschaffen ist, daß er sofort abzusterben beginnt und zwangsläufig absterben muß."[20])

Nun ist der Sowjetstaat jedenfalls nicht so beschaffen. Zu den Eindrücken, die jeder Bürger der UdSSR von einer Reise in ein kapitalistisches Land mitbringt, gehört die für ihn lächerliche Schwäche der dortigen Staaten.

Dort, im Ausland, ist alles privat: Land, Fabriken, Firmen, Banken, Häuser, Geschäfte, Zeitungen, – alles. Hier, in der UdSSR, ist alles das und noch vieles andere staatlich. Dort schaukelt im privaten Meer der kleine Kahn des Staates, er bemüht sich, durch verschiedene Kunstgriffe von schimpfenden Bürgern Steuern für seine Erhaltung abzuverlangen; er ist überhaupt abhängig von seinen Bürgern, die sogar dreist wählen, welche Partei die Regierung bilden soll! Hier dagegen kennt der Bürger seinen Platz, er ist an die totale Abhängigkeit vom allmächtigen Staat gewöhnt und fürchtet nur, unter die schwere und stets strafende Hand dieses Staates zu geraten. Dort gibt es, trotz der Schwäche des Staates oder genauer gesagt, eben wegen ihr, endloses Gerede über den angeblich unerträglichen Druck des Staates. Hier wird klar befohlen, mit dem Diskutieren aufzuhören und den heißgeliebten Sowjetstaat mit aller Kraft zu unterstützen.

Mit einem Wort, der sowjetische Staat stirbt nicht ab. Im Gegenteil – die Riesenmaschine wird immer vollkommener. Vielleicht hat sie wenigstens dem Sowjetvolk jenes Maß an Freiheit gebracht, für das die Revolution vollbracht wurde?

Wieder Lenin: „Solange es einen Staat gibt, gibt es keine Freiheit. Wenn es Freiheit geben wird, wird es keinen Staat geben."[21])

Wann hat Lenin das alles geschrieben? Vielleicht in seiner Studentenzeit, im 19. Jahrhundert, im abgelegenen Kazan, als er noch nicht ernsthaft über den Staat und sein Wesen nachdenken konnte? Nein, das alles steht in seinem Buch „Staat und Revolution", geschrieben im August/September 1917, als Lenin, der Führer der bolschewistischen Partei, sich auf die Eroberung der Staatsmacht vorbereitete. Lenin veröffentlichte dieses Werk nach der Oktoberrevolution.

Kurzum, es bleiben keine Auswege aus dem Dilemma: wenn das heute in der UdSSR propagierte Stalinsche Schema der sowjetischen Gesellschaftsstruktur richtig ist, so ist die marxistisch-leninistische Theorie des Staates falsch; wenn diese Theorie jedoch richtig ist, dann ist der sowjetische Staat auch eine Maschine (dabei beispiellos gigantisch) zur Unterdrückung der anderen Klassen durch die herrschende Klasse, und dann ist alles Gerede über den nichtantagonistischen Charakter der sozialistischen Gesellschaft einfach Betrug.

Dieses Dilemma zwingt uns, Stalins Schema mit allem Ernst unter die Lupe zu nehmen.

4. Im Prokrustes-Bett des Schemas

Wir haben gesehen, Stalins Schema über die soziale Struktur der UdSSR beweist nur eines: Jeden berufstätigen Sowjetbürger kann man tatsächlich genau in eine der drei Kategorien einreihen – Arbeiter, Bauern und Angestellte (Synonym für die Intelligenz). Ist das ein genügender Beweis eben dieser dreigliedrigen Struktur der Gesellschaft in der Sowjetunion?

Nehmen wir an, es wäre erklärt worden, die Gesellschaft bestehe aus vier nichtantagonistischen Klassen: den Blonden, Brünetten, Kastanienbraunen und Rothaarigen, und aus den sich aus ihnen rekrutierenden Zwischenschichten: den Grauhaarigen und Kahlköpfigen. Dann könnte man ohne Mühe jeden Bürger in eine der genannten Kategorien einreihen und die Statistiken wären einwandfrei. Wäre das ein genügender Beweis, daß dies tatsächlich die soziale Gliederung der Gesellschaft ist?

Die Möglichkeit an sich, die ganze Bevölkerung in bestimmte Kategorien einzuteilen, beweist gar nichts. Folglich beweist sie auch nicht die Richtigkeit der Stalinschen These über die Struktur der sowjetischen Gesellschaft. Das Wesentliche für die Feststellung der Gesellschaftsstruktur ist nicht die formale Einteilung nach Rubriken, sondern die richtige Klassifizierung der Gruppen, die sich im Prozeß der gesellschaftlichen Produktion ausgebildet haben und ihren besonderen Platz einnehmen.

Es stellt sich heraus, daß die von Stalin verkündete Konzeption sich nicht nur von der Leninschen Theorie des Staates unterscheidet, ihr fehlt auch der Beweis. Also betrachten wir sie noch genauer.

Nach der Theorie von Marx ist die Arbeiterklasse das Produkt der kapitalistischen Produktionsweise. Der Produktionsmittel beraubt, verkauft die Arbeiterklasse ihre einzige Ware, die Arbeitskraft, um sich zu ernähren. Wie Marx im „Kapital“ behauptet, besteht die Eigenart der Ware Arbeitskraft darin, daß sie einen Wert schafft, der den eigenen übersteigt, das heißt, einen Mehrwert erzeugt. Darauf beruht die ganze Ausbeutung der Arbeiterklasse.

In diesem Sinne gibt es tatsächlich eine Arbeiterklasse in der UdSSR.

Weniger klar ist die Frage der Kolchosbauernschaft.

Die Bauernschaft ist eine uralte Klasse, die der Kapitalismus von vorhergehenden Epochen geerbt hat. Im Kapitalismus sind die Bauern kleine Grundbesitzer, jeder hat seinen Hof und lebt vom Verbrauch und Verkauf seiner Produkte. Ein sowjetischer Kolchosbauer, der vom Kolchosvorstand seinen Lohn bezieht, und der für die geringste Aneignung von Produkten seiner Kolchosarbeit vors Gericht gestellt wird, ist sicher ein ganz anderer sozialer Typ.

Und ganz unklar ist die Frage der Intelligenzler.

Welche Merkmale zeichnen diese Zwischenschicht aus? „Sie beschäftigen sich mit geistiger Arbeit“, lautet die übliche Antwort. Aber das wäre nur dann logisch, wenn die soziale Einteilung der Gesellschaft nach dem Prinzip erfolgte: hier körperliche, dort geistige Arbeit. Dann dürfte man die Gesellschaft allerdings nicht in drei Gruppen einteilen, sondern nur in zwei: die der körperlich Arbeitenden und die der geistig Arbeitenden.

Stalins eklektische Einteilung der sowjetischen Gesellschaft in Arbeiter, Bauern und geistig Schaffende setzt offensichtlich voraus, daß die ersteren zusammen eine einzige Gruppe bilden: die Menschen, die körperlich arbeiten. Das ist nun nicht richtig.

Eine Arbeiterin in einer Uhrenfabrik muß weniger körperliche Arbeit vollbringen als eine Stenotypistin – nicht zu reden von einer Ballerina oder einem Sporttrainer. Ein Arbeiter, der eine komplizierte moderne Maschine bedient, muß wesentlich mehr geistige Arbeit aufwenden als ein Zeitungsverkäufer. Wenn wir alle Menschen, die körperlich arbeiten, mit den Arbeitern und Bauern wahllos auf eine Stufe stellen, kommen wir ganz durcheinander.

Eine noch größere Verwirrung verursacht die Zuteilung aller jener zur Zwischenschicht der Intelligenz, die weder Arbeiter, noch Bauern, noch Vertreter des Kleingewerbes sind. Gehören doch in diesem Fall zu den Intellektuellen, d. h. den Personen, die eine geistige Tätigkeit ausüben, ausnahmslos alle Angestellten: die Boten, die Garderobefrauen, die Platzanweiserinnen, die Briefträger, Kellner, Kassiererinnen – die Aufzählung kann beliebig verlängert werden.

Die sowjetischen Soziologen sehen, daß das Unsinn ist und versuchen, eine vernünftigere und enger begrenzte Erklärung des Begriffes „Intelligenz" zu geben. Doch sie können dann nicht erklären, wohin wohl die Millionen von Angestellten gehören – zur Klasse der Arbeiter oder der Kolchosbauern? Andere soziale Gruppen sind ja im Stalinschen Schema nicht vorgesehen.

Die Wirklichkeit läßt sich nicht in das Prokrustesbett dieses Schemas zwängen. Nicht nur die marxistisch-leninistische Theorie vom Staat steht zu Stalins Auffassung von der Struktur der sowjetischen Gesellschaft in Widerspruch. Die Auffassung selbst ist widerspruchsvoll. Es fehlt ihr an Beweisen. Die von ihr dekretierten sozialen Kategorien verlieren bei näherer Betrachtung ihre Umrisse und lösen sich auf.

Was bleibt übrig? Bleibt wenigstens das erhalten, wofür im Grunde diese Theorie verkündet wurde – die These, daß es in einer sozialistischen Gesellschaft keine Klassenantagonismen gibt?

5. Klassenharmonie unter den Pyramiden

Machen wir ein Experiment: Wenden wir die Prinzipien der Stalinschen Klassifizierung auf die aus der Geschichte bekannten vorkapitalistischen Gesellschaftsformen an.

Teilen wir die Gesellschaft, wie es Stalin tut, in zwei große Gruppen: in die körperlich Arbeitenden und die geistig Arbeitenden; die erste Gruppe unterteilen wir in zwei Klassen – diejenigen, die in der Stadt arbeiten, und diejenigen, die auf dem Land beschäftigt sind; die zweite nennen wir Zwischenschicht. Ebenso wie nach der Haarfarbe wird man in diesen Rubriken sämtliche Mitglieder einer jeden Gesellschaft einteilen können. Denn jeder ist entweder mit körperlicher oder mit geistiger Arbeit beschäftigt (oder gibt es zumindest vor), jeder lebt entweder in der Stadt oder auf dem Land.

Angewendet auf die vorkapitalistischen Gesellschaftsformen – vor der Entstehung der Arbeiterklasse – entsprechen die Kategorien des Stalinschen Schemas offenbar folgenden sozialen Gruppen:

1. der Klasse der Produzenten gewerblicher Produkte,
2. der Klasse der Produzenten landwirtschaftlicher Produkte,
3. der Zwischenschicht der mit geistiger Arbeit Beschäftigten – der Intelligenz.

Wenden wir dieses Schema auf die verschiedenen Gesellschaften an, z. B. auf die Sklavenhaltergesellschaft. Im alten Griechenland wären in der ersten Klasse die freien Handwerker, die Sklaven in den Ergasterien zu finden. Ebenso aber die Ergasteriarchen selbst. Im alten Rom würden zur zweiten Klasse die Freigelassenen, die Kolonen, die Besitzer von Latifundien, sowie die Sklaven auf den Latifundien und ihre Aufseher zählen. Im alten Ägypten fänden wir in der Zwischenschicht der Intelligenzler sowohl den Autor des Ipuveris-Liedes, wie auch den Schreiber, der es abgeschrieben hat, die wandernden Musikanten, die Naumarchen und die Pharaonen. Dabei wird es keine Rolle spielen, daß, wenn der Pharao vorbeifuhr, die Schreiber, der Musikant, aber wahrscheinlich auch der Autor, mit dem Gesicht in den Staub fallen mußten, ohne das Recht zu haben, ihn anzublicken. Dafür hätte es zwischen so konstruierten Gruppen keinen sozialen Klassenantagonismus gegeben, – ebensowenig wie, bei der Einteilung der Gesellschaft nach Haarfarben, es einen Antagonismus zwischen den Blonden und den Braunhaarigen gäbe.

Woher soll ein Klassenantagonismus entstehen, wenn man die Arbeiter in der Stadt, die Arbeiter auf dem Lande und Personen, die geistige Arbeit leisten, als soziale Gruppen betrachtet? In keiner einzigen Gesellschaft besteht zwischen *diesen* Gruppen ein unversöhnlicher Widerspruch. Dennoch gab es Antagonismen in den Gesellschaften, und gerade der Marxismus unterstreicht das mit allem Nachdruck. Durch welchen Zaubertrick verschwinden sie, wenn man die Gesellschaft durch das Prisma der Stalinschen Tabelle betrachtet? Lesen wir noch einmal die Worte des „Kommunistischen Manifests“: „Die Geschichte aller bisherigen Gesellschaft ist die Geschichte von Klassenkämpfen. Freier und Sklave, Patrizier und Plebejer, Baron und Leibeigener, Zunftbürger und Gesell, kurz, Unterdrücker und Unterdrückte…“

Halten wir hier an. „Unterdrücker und Unterdrückte“ – genau das ist es, was Stalins Schema vertuscht. Beide werden in die gleiche soziale Gruppe gepreßt, wobei der verschwommenen „Zwischenschicht“ der Intelligenz ein besonders breiter Raum gelassen wird.

Die Grenzen zwischen den sozialen Gruppen in Stalins Schema haben nur eine innere Logik: sie sind so gezogen, daß sie nicht mit der echten sozialen Wasserscheide übereinstimmen. Diese verläuft entlang der Linie, die im „Kommunistischen Manifest" genau bezeichnet ist: Herrschende und Beherrschte, Regierende und Regierte, Ausbeuter und Ausgebeutete – kurz Unterdrücker und Unterdrückte. Das ist es, was in jeder Klassengesellschaft verschwindet, sobald man sie mit der dreigliedrigen Einteilung Stalins übertüncht. Nun ist sie sorgfältig über das Bild der sowjetischen Gesellschaft gestrichen. Was verbirgt sich unter dieser Tünche?

6. Verwaltete und Verwaltende

„Im Stadium des entwickelten Sozialismus bleiben noch substantielle soziale Unterschiede zwischen den Menschen, die zu verschiedenen Klassen und Schichten der Gesellschaft gehören", – teilt die „Pravda" mit.[22])

Wurde in der UdSSR das Problem der sozialen Struktur der Sowjetgesellschaft überhaupt jemals untersucht?

Im ersten Jahrzehnt nach der Oktoberrevolution befaßte man sich damit. Aber die Gesellschaft selbst war damals im Umbruch und hatte noch nicht die Züge angenommen, die für den Realsozialismus charakteristisch sind. Später traten andere Probleme auf, und im Jahr 1936 wurde Stalins Theorie verkündet. „Am Ende der Dreißigerjahre zeichnete sich ein gewisser Niedergang in der Erforschung der Geschichte der Grundklassen und sozialen Gruppen in der Sowjetgesellschaft, Klassenstruktur und der Gesellschaftspsychologie ab", bemerkt schüchtern der Autor eines Artikels in der Zeitschrift „Istorija SSSR".[23]) Deutlicher gesagt, alles das wurde durch die Wiederholung der Worte des Genossen Stalin ersetzt.

In der zweiten Hälfte der Fünfzigerjahre erschienen einige Arbeiten über diese Frage, die sich nicht mehr damit begnügten, das Referat „Über den Entwurf der Konstitution" zu zitieren oder den Text möglichst wörtlich nachzuerzählen. Kein sowjetischer Autor wagte es allerdings, sich vom Text allzuweit zu entfernen, und die Schilderung der sowjetischen Gesellschaft erfolgt widerspruchslos nach Stalin.

Ein Beispiel dafür, bis zu welchem Ausmaß das theoretische Denken über diese Frage in der Sowjetunion auf dem Niveau des Jahres 1936 stehen geblieben ist, zeigt die oben angeführte Tabelle: schon die einzelnen Rubriken sind, in Übereinstimmung mit Stalins Referat von 1936, darauf angelegt, den Beweis zu erbringen, daß im Lande keine Kapitalisten, Gutsbesitzer und Kulaken mehr existieren, daß die Bauern kollektiviert sind und die Handwerker in Kooperativen arbeiten. Nun waren diese Tatsachen schon 1936 keine Neuigkeit mehr; sie jetzt zu beweisen, ist überhaupt wenig einfallsreich.

Trotzdem kann man in der heutigen sowjetischen Literatur über die Struktur der Gesellschaft in der UdSSR ein neues Element entdecken, einen gewissen Schatten der Wirklichkeit. Ein Autor beginnt z. B. mit einer demonstrativ-dialektischen Behauptung über die von Stalin genannten Klassen: „Einerseits sind es keine Klassen mehr, andererseits sind sie es noch". Innerhalb der Stalinschen Dreigliederung der Sowjetgesellschaft seien unterschiedliche soziale Gruppen vorhanden. Und zum Schluß kommt eine unerwartete Behauptung, die in der Literatur der Stalinära nicht anzutreffen gewesen wäre: Solche soziale Gruppen sind „die Verwalteten und die Verwaltenden".[24])

Das ist es also, die Verwalteten und die Verwaltenden! Irgendwie klingt diese Wortzusammenstellung erstaunlich bekannt. Gerade haben wir zitiert: „Freier und Sklave, Patrizier und Plebejer... kurz, Unterdrücker und Unterdrückte...". Wenn Marx und Engels geschrieben hätten: Verwaltende und Verwaltete – hätte sich das in diese Aufzählung nahtlos eingereiht. Aber Marx und Engels bezogen das doch auf die antagonistischen Klassen, nicht auf irgendwelche „soziale Gruppen" innerhalb der brüderlichen Klassen. Wer sind denn diese Verwaltenden?

„Für gewöhnlich zählt in erster Linie der Unterschied zwischen den Organisierenden und den Ausführenden", schreiben die Autoren eines sowjetischen Kollektivwerkes. „Die Klassen, sozialen Schichten und Gruppen in der UdSSR. Hier ist es nicht die gesamte Intelligenz, der ein besonderer Platz in der gesellschaftlichen Organisation der Arbeit im Sozialismus gebührt, sondern Personen, die im Namen der Gesellschaft, in ihrem Auftrag und unter ihrer Kontrolle die organisatorischen Funktionen in der Produktion und in allen anderen Sphären des gesellschaftlichen Lebens ausüben."[25])

Im Jahr 1970 erschien in Minsk ein Buch, das diese interessante These besonders klar formuliert. „Die Leitung" heißt es dort „bleibt vorderhand noch eine besondere Form der beruflichen Tätigkeit der Intelligenz, genauer gesagt *eines ihrer Trupps.* Charakter und gesellschaftliche Bedeutung der Führungsarbeit versetzen diejenigen Angehörigen der Intelligenz, *die sich beruflich mit der Führung befassen,* in eine gewissermaßen *besondere Position* im Vergleich zu jenen, die mit der Ausführung der Arbeit betraut sind."[26])

Das heißt, daß es in der Zwischenschicht der sowjetischen Intelligenz einen Trupp gibt, der sich beruflich damit beschäftigt, auf allen Gebieten des öffentlichen Lebens die Leitung auszuüben und sich daher in einer „gewissermaßen besonderen Position" befindet in Hinsicht auf ihre Untergebenen. Etwas eigenartig für eine Gesellschaft, in der alle gleich sind und die führende Kraft die Arbeiterklasse ist!

Was stellt dieser Trupp der Verwaltenden in sozialer Hinsicht dar? Und warum wird er überhaupt als „Trupp" bezeichnet? Für die menschliche Gesellschaft existiert im Marxismus eine andere Einteilung: Die Gesellschaft zerfällt in Klassen.

Und unaufhaltsam drängt sich eine Frage auf: Kann es sein, daß der Trupp der Verwaltenden die herrschende Klasse der Sowjetgesellschaft ist?

7. Die Theorie des Milovan Djilas

In der sowjetischen Literatur werden häufig Lenins pathetische Worte zitiert: „Wir können mit Recht stolz darauf sein und sind stolz darauf, daß uns das Glück zuteil geworden ist, den Aufbau des Sowjetstaates zu beginnen und damit eine neue Epoche der Weltgeschichte einzuleiten, die Epoche der Herrschaft der neuen Klasse."[27])

Zu dieser Formulierung, „neue Klasse", kehrte Lenin öfters zurück und unterstrich sie jedesmal: „Die Diktatur des Proletariats ist der aufopferungsvollste und schonungsloseste Krieg der *neuen Klasse* gegen einen *mächtigeren* Feind, gegen die Bourgeoisie...", schrieb er 1920.[28]) In einer seiner letzten Arbeiten, im August 1921, erklärte er ausdrücklich: „Jedermann weiß, daß die Oktoberrevolution in der Tat neue Kräfte, eine *neue Klasse* aufsteigen ließ..."[29])

„Die neue Klasse" – so nannte der jugoslawische Politiker, Gelehrte und Schriftsteller Milovan Djilas sein Buch, in dem er als erster versuchte, die Frage theoretisch zu überdenken, wer wohl die „Verwaltenden“ im Realsozialismus seien. Persönliche Lebenserfahrung, ein unersetzbarer Schatz, gab ihm dafür eine einmalige Voraussetzung. Djilas war nicht nur jahrelang selbst ein „Verwaltender“, er stand als Mitglied des Politbüros des ZK, dem Allerheiligsten jeder Kommunistischen Partei, selbst an ihrer Spitze. „Ich habe den ganzen Weg zurückgelegt, der einem Kommunisten offensteht“, schreibt er, „von der untersten bis zur höchsten Stufe der Rangleiter, von lokalen und nationalen bis zu internationalen Funktionen und von der Gestaltung der wahren kommunistischen Partei, wie sie in der Revolution bestand, bis zur Errichtung der sogenannten sozialistischen Gesellschaft“.[30])

Die von Djilas aufgestellte Theorie besteht in folgendem: Nach dem Sieg der sozialistischen Revolution verwandelt sich der Apparat der kommunistischen Partei in eine neue herrschende Klasse. Diese Klasse der Parteibürokratie monopolisiert die Macht im Staat. Bei der Durchführung der Nationalisierung eignet sie sich den gesamten Staatsbesitz an. Als Resultat der Beherrschung der Produktionsmittel wird die neue Klasse zu einer Ausbeuterklasse, sie tritt alle Normen menschlicher Moral mit Füßen und hält ihre Diktatur mit den Methoden des Terrors und der totalen ideologischen Kontrolle aufrecht. Eine Degeneration tritt ein: diejenigen, die am selbstlosesten für die Ideologie der Revolution gekämpft haben, die die weitestgehenden demokratischen Freiheiten forderten, verwandeln sich, sobald sie die Macht in der Hand haben, in die finstersten Reaktionäre und Unterdrücker der Freiheit. Als positives Element bei der Tätigkeit der neuen Klasse in wirtschaftlich schwach entwickelten Ländern erweist sich die von ihr durchgeführte Industrialisierung und im Zusammenhang damit ein gewisses Anheben des kulturellen Niveaus im Lande; ihr Wirtschaften zeichnet sich jedoch durch eine ungeheuere Verschwendung aus, und die Kultur trägt die Züge einer politischen Propaganda. Djilas fällt das Urteil: „Wenn die neue Klasse von der Bühne der Geschichte abtritt – das muß einmal geschehen – dann wird weniger Trauer über ihren Abgang herrschen als über den jeder anderen Klasse zuvor...“[31])

Das Buch von Djilas hat gewisse Besonderheiten. Es wurde als ein ausgesprochen marxistisches Werk geschrieben. Dabei ist es weniger eine Schilderung der historischen Entwicklung als eine Anklageschrift gegen die „neue Klasse“. Eine Schwäche des Buches besteht darin, daß es fast ausschließlich auf jugoslawischem Material beruht; nun ist Jugoslawien kein typisches Land des Realsozialismus.

Und dennoch: bei allen diesen Besonderheiten stellt das Buch von

Djilas eine Herausforderung dar, sich mit dem Problem der Bildung einer elitären Klasse in der realsozialistischen Gesellschaft zu befassen.

Djilas hat deutlich gezeigt, welches der Weg ist, den man einschlagen muß. Er hat nicht nur das idyllische Bild der Stalinschen Darstellung von der Struktur der realsozialistischen Gesellschaft fallen lassen, er hat sich auch nicht mit der Teilung dieser Gesellschaft in Verwaltete und Verwaltende abgefunden. Djilas erklärte, daß in realsozialistischen Ländern der leitende Trupp eine neue Klasse der Parteibürokratie ist.

Djilas formulierte eine wissenschaftliche Theorie, die ihm in der ganzen Welt Berühmtheit und in Jugoslawien sieben Jahre Gefängnis eintrug. Als ob es jemals gelungen wäre, den Fortschritt der Wissenschaft durch Verurteilungen aufzuhalten!

8. Die Klassenherrschaft

Obwohl Djilas als erster mit einer ausgearbeiteten Theorie an die Öffentlichkeit trat, hatte man in verschiedenen Ländern bereits in den Zwanzigerjahren die Frage gestellt, ob die neue soziale Schicht, die sich in der Sowjetunion herausbildete, eine neue herrschende Klasse sei.

Schon I. J. Štejnberg, ein linker Sozial-Revolutionär und Volkskommissar für Justiz in der ersten Regierung Lenins, beschreibt die „Verwaltenden" und „Verwalteten" in Sowjetrußland: „Auf der einen Seite ein Berauschen an der Macht, Frechheit, die nicht bestraft wird, Verhöhnung der Menschen und kleinliche Bosheit, bornierte Rachsucht und sektiererisches Mißtrauen, eine immer größer werdende Verachtung der Untergebenen, mit einem Wort – eine neue *Herrschaft.* Auf der anderen Seite: Niedergeschlagenheit, Furcht, Angst vor Bestrafung, ohnmächtige Wut, stiller Haß, Liebedienerei, das ununterbrochene Betrügen der Vorgesetzten. Das Resultat sind zwei neue Klassen, die von einander durch einen tiefen sozialen und psychologischen Abgrund getrennt sind."[32])

Ein vielsagendes Bild! Wir sehen, das sind nicht die beiden befreundeten Klassen der Arbeiter und Bauern, von denen Stalin spricht, sondern zwei antagonistische Klassen von Verwaltenden und Verwalteten.

Ähnliche Feststellungen konnte man bald danach aus den verschiedensten politischen Lagern vernehmen.

Im Jahr 1936 schrieb der Moskauer Korrespondent der „Frankfurter Zeitung", Hermann Pörzgen, daß in der UdSSR „eine *neue Klassenbildung*" erfolgt sei, die „Entwicklung der jetzt herrschenden privilegierten Schicht".[33])

Zur gleichen Zeit stellte in der Emigration der russische Philosoph Nikolaj Berdjajev fest: „Die Diktatur des Proletariats, die die staatliche Macht verstärkt, entwickelt eine kolossale Bürokratie, die wie ein Spinnennetz das ganze Land umgarnt und sich alles untertan macht. Diese neue Sowjetbürokratie, die stärker ist als die zaristische Bürokratie, ist die *neue privilegierte Klasse*, die die Möglichkeit hat, die Volksmassen grausam auszubeuten. Genau das ist es, was geschieht..."[34])

In den Jahren 1943–44 zeichnete der englische Schriftsteller George Orwell in seiner Erzählung „Die Farm der Tiere" in einer verallgemeinerten Form den Prozeß der Entstehung der realsozialistischen Gesellschaft – nicht als rosarote Utopie, sondern als die Geschichte der Herausbildung einer neuen Herrenklasse. Orwells Allegorie erzählt, wie die Tiere einer landwirtschaftlichen Farm eine Revolution gegen die herrschenden Menschen durchführten (die übrigens in der Erzählung durchaus nicht idealisiert werden) und selbst die Farm bewirtschafteten. Aber die Republik der befreiten Tiere geriet bald unter die Herrschaft der Schweine und ihrer grausamen Wachhunde. Die übrigen Tiere waren bald gezwungen, die niedrigsten Arbeiten zu leisten, um den von den Schweinen aufgestellten Plan zu erfüllen. Die Schweine redeten den Tieren ein, daß sie ja nun nicht mehr für die Menschen arbeiteten, sondern für sich selbst. Inzwischen machten sich die Schweine zu Eigentümern der Farm, wobei, wie die Menschen voll Neid konstatierten, „die kleinen Tiere auf der Farm mehr arbeiteten und weniger zu essen erhielten als andere Tiere der Grafschaft".[35])

Orwells Erzählung wurde in den kommunistisch regierten Ländern verboten. Das gleiche strenge Verbot traf dort seinen Roman „1984", der das Leben und Schicksal der Menschen in England beschreibt, falls es dort zum Realsozialismus käme. Die von ihm erdachte Gesellschaft teilt sich in drei Schichten: die Innere Partei, d. h. der Apparat der Partei, der zur herrschenden Klasse geworden ist; die Äußere Partei, d. h. die dieser Klasse unterstehende Intelligenz; und die Arbeiter, die niedrigste Klasse der Gesellschaft.

Um kein Haar weniger scharf als die bürgerlichen Autoren äußerten sich auch Anhänger der proletarischen Weltrevolution über das Vorhandensein von sozialen Gegensätzen in der Sowjetunion.

Trockij wies auf den Prozeß der Verbürokratisierung des Parteiapparates in der UdSSR hin und auf die Tatsache, daß als Resultat anstelle der Diktatur des Proletariats eine „Diktatur über das Proletariat" entstanden sei.[36]) Nachdem ein gedungener NKWD-Mörder Trockij liquidiert hatte, fuhren die Anhänger Trockijs, besonders Ernest Mandel[37]), fort, über die Entwicklung in der Sowjetunion zu schreiben. Sie charakterisieren die sowjetische Gesellschaft als „bürokratisch-degenerierte Übergangsgesellschaft vom Kapitalismus zum Sozialismus". Nach Meinung der Trockisten hat in dieser Gesellschaft die Bürokratie die Arbeiterklasse schon in den Zwanzigerjahren „politisch enteignet" und sich zur privilegierten Schicht der Gesellschaft entwickelt. Allerdings bezeichnen Trockij und seine Anhänger diese Bürokratie nicht als Klasse.[38]) Noch vor der Ermordung Trockijs kritisierte der italienische Marxist Rizzi diese Weigerung der Trockisten, den Klassencharakter der Sowjetbürokratie festzustellen.[39])

Der Gedanke des Existierens einer neuen bürokratischen Klassenherrschaft in der Sowjetunion wurde also im Westen bereits lange vor dem Erscheinen des Buches von Djilas geäußert. Er wurde aber nicht allgemein anerkannt.

Erstens verhalten sich einige Autoren skeptisch gegenüber dem Begriff „Klasse". Nicht selten findet man in der westlichen Literatur andere Bezeichnungen für die „Verwaltenden" in der Sowjetunion: „Führungselite", „Kaste", „soziale Schicht".

Zweitens wird die soziale Zusammensetzung dieser Schicht anders eingeschätzt: auch die Intelligenz wird hinzugerechnet.[40]) So werden in einem 1971 in Princeton erschienenen Buch folgende Gruppen nebeneinander gestellt: die „Apparatschiki", die Polizei, das Offizierskorps, das Führungspersonal in der Industrie und der Wirtschaft, sogar die Schriftsteller und die Juristen.[41]) Der bekannte westdeutsche Sowjetologe Boris Meissner teilt die Sowjetgesellschaft in fünf Schichten: 1. die Oberschicht – die Spitzen der Bürokratie und die Eliten mit abgeschlossener Hochschulbildung (3,8% der Bevölkerung), 2. die obere Mittelschicht – Spezialisten mit mittlerer technischer Ausbildung (6,6% der Bevölkerung), 3. die untere Mittelschicht – die qualifizierten Arbeiter und Angestellten (15,7% der Bevölkerung), 4. die obere Unterschicht – die angelernten Arbeiter, Bürokräfte und qualifizierte Kolchosarbeiter (27,5% der Bevölkerung), 5. die untere Unterschicht – gewöhnliche Arbeiter, kleine Angestellte und Kolchosbauern (46,4% der Bevölkerung).[42])

Die Vorstellung, daß die „Verwaltenden“ in der Sowjetunion die Intelligenz als Ganzes sind, ist im Westen bis in die Schulbücher vorgedrungen. Hier ein Zitat: „Anstelle der verheißenden klassenlosen Gesellschaft bildeten sich in der Sowjetunion drei deutlich unterscheidbare Schichten. Über den Bauern und Arbeitern entstand eine neue Führungsschicht mit wesentlich höherem Einkommen und bevorzugter Versorgung. Von der übrigen Bevölkerung hebt sie sich durch Fach- und Hochschulbildung ab und sucht diese auch ihren Kindern zu sichern. In den leitenden Stellen von Partei und Staat, in der Wirtschaft und im Kultursektor besitzt diese ‚neue Klasse‘ das zahlenmäßige Übergewicht. Seit 1926 versechsfachte sich ihre Zahl; die letzte Statistik rechnete 15 Millionen zur Intelligenz. Sie bestimmen den Kurs von Partei und Staat immer stärker mit; auch Breznev und Kosygin sind aus dieser Schicht hervorgegangen.“[43])

Allerdings kann man auch in der westlichen Literatur der Ansicht begegnen, daß die führende soziale Schicht in der UdSSR eine Klasse ist, die nicht die gesamte Intelligenz umfaßt. So definiert der italienische Autor Antonio Carlo die in der UdSSR Herrschenden als die „Klasse der politischen Zentralbürokratie“.[44])

Diese Ansicht ist vor allem bei Autoren zu finden, die selbst aus der Sowjetunion stammen.

Dazu gehören die Arbeiten von G. F. Achminow.[45]) Jakob Šerr schreibt über die sowjetische Parteiführung, die er als „Klasse der Hegemonen“ bezeichnet.[46]) Roman Redlich schreibt, daß der von Stalin ins Leben gerufene „sowjetische Adel“ sich in eine „neue herrschende Klasse“ verwandelt habe, die „an den Hebeln der staatlichen Einrichtungen und des materiellen Wohlbefindens“ sitze.[47])

Solschenizyns emigrierter Lagerkollege Dimitrij Panin schreibt in seinem Buch „Über die Revolution in der UdSSR“, daß die „obersten Unterdrücker“ in der Sowjetunion die „neue Klasse“ in der Terminologie von Djilas seien: eine Klasse der obersten Parteifunktionäre. Dazu gehörten nach der Ansicht Panins „auch die nächste, wesentlich zahlreichere Rangstufe von Unterdrückern“, in die er „die Obrigkeit in allen Zweigen der Verwaltung“ einreiht, „die Offiziere der Armee und der Geheimpolizei, die Direktoren, leitenden Ingenieure, Leiter großer Abteilungen, Parteifunktionäre in den Gebiets- und Rayonskomitees der Partei“, ferner rechnet er hinzu „viele privilegierte Gelehrte, die besser bezahlten Ingenieure der Kriegsindustrie, jene, die Waffen für die Massenvernichtung herstellen, die Innere Armee des KGB, die jungen Aktivisten und Karrieristen des Komsomol, die Gefangenenwärter, die Wachmannschaften von Konzentrationslagern für Häftlinge, die Spezialeinheiten des Heeres für die Unterdrückung von Aufruhr innerhalb des Landes".[48])

Über die Herrschaft der „neuen Klasse" im Realsozialismus schreiben auch Verfasser in sozialistischen Ländern: illegal und, wenn sie können, auch legal.

Gestützt auf die Entdeckung von Djilas, prüften in den Sechzigerjahren zwei junge Assistenten der Universität Warschau, Jacek Kurón und Karol Modzelewski eine Reihe von Fragen, die mit der ökonomischen Grundlage des Realsozialismus zusammenhängen.[49]) Wenn auch nicht im gleichen Ausmaß wie Djilas, so hatten doch auch sie ihre Erfahrungen mit der „neuen Klasse": Kurón als Mitglied des obersten Gremiums des Verbandes der Sozialistischen (d. h. kommunistischen) Jugend an der Warschauer Universität; Modzelewski als Sohn des ehemaligen polnischen Außenministers; beide waren Parteimitglieder. Dabei hielten sie sich in Aufbau, Terminologie und Form der Präsentation sorgfältig an marxistisch-leninistische Modelle. Das, was Djilas auf Grund des jugoslawischen Materials gezeigt hatte, versuchten sie am Beispiel Polens zu beweisen: die Existenz einer neuen herrschenden Klasse, die die Autoren als „zentrale politische Bürokratie" bezeichneten. Ebenso wie Djilas wurden die beiden Verfasser verhaftet, zweimal vor Gericht gestellt und insgesamt der eine zu sechs, der andere zu sechseinhalb Jahren Gefängnis verurteilt. Auch ihr Buch ist, wie das von Djilas, in den sozialistischen Ländern strengstens verboten.

Der jugoslawische Philosoph Svetozar Stojanović kommt zu dem Schluß, daß in der UdSSR eine herrschende „etatistische Klasse" entstanden ist.[50])

Ota Šik, Wirtschaftsminister der ČSSR während der Dubček-Ära und jetzt Professor für Ökonomie in der Schweiz, schreibt zwar von der „Bürokratie" in der UdSSR, ohne ihren Klassencharakter zu analysieren, ist jedoch einer Meinung mit Djilas, daß „die Charakterisierung der Parteibürokratie in einem kommunistischen System als neue Klasse grundsätzlich richtig" ist, und daß „diese Parteibürokratie zur allein beherrschenden, sozialen Klasse in einem staatsmonopolisierten System wurde".[51])

Auch Rudolf Bahro (DDR) schreibt in seinem Buch über den Realsozialismus: „Man sollte endlich mit den letzten Resten der Illusion Schluß machen, wir hätten es bei der Masse der politischen und administrativen Bürokraten mit bloß oberflächlich kommissarisierten oder bürokratisierten *Kommunisten* zu tun... Der Bürokratismus „ist zur gewissermaßen natürlichen politischen Existenzform einer großen Gruppe von Menschen mit ausgeprägten Sonderinteressen geworden... Diese soziale Gruppe umfaßt im wesentlichen die *hauptamtliche* Besetzung der gesamten politischen, staatlichen und ‚gesellschaftlichen' Leitungspyramide... Politökonomisch gesehen steht sie den unmittelbaren Produzenten (einschließlich Spezialisten, wenn auch ein Teil von ihnen über Stabsfunktionen vom Machtapparat absorbiert wird) tendenziell antagonistisch gegenüber."[52]) Bahro betont, daß im Realsozialismus die Parteiführung „für die Konsolidierung und Verewigung dieser unserer späten Klassengesellschaft arbeitet".[53])

Die Führung der Volksrepublik China betont: „Die sowjetische Führungsclique hat den Kapitalismus restauriert und eine faschistische Diktatur errichtet".[54]) Die chinesische Presse schrieb über „eine Handvoll von neubürgerlichen Elementen, die dem Sowjetvolk auf dem Nacken sitzen".[55])

Wir sehen: Je näher die Verfasser mit dem System des Realsozialismus in Berührung kommen, desto pointierter stellen sie die Frage nach dem Klassencharakter der „Verwaltenden" in der Sowjetunion.

Und was schreiben die Menschen *in* der Sowjetunion selbst über die Struktur der Sowjetgesellschaft? Wir meinen hier nicht den Genossen Stalin und seine Anhänger, ihre Werke haben wir zur Genüge zitiert. Hier ist die Rede von der politischen Literatur, die in der UdSSR ohne das Placet des Glavlit erscheint, die auf Schreibmaschinen vervielfältigt wird und von Hand zu Hand geht: von der Literatur des Samisdat.

Das 1969 entworfene „Programm der Demokratischen Bewegung der Sowjetunion" stellt fest: „Im Laufe der seit einem halben Jahrhundert andauernden Entwicklung wurden weder die Arbeiter, noch die Bauern, noch die Intellektuellen zur herrschenden Klasse in unserer Gesellschaft, sondern eine vierte Gruppe. Zu einer neuen, alleinherrschenden und die Gesellschaft ausbeutenden Klasse entwickelte sich ‚ihre Majestät die Parteibürokraten-Elite', die alle Fäden der Gesellschaft in Händen hält."[56])

Das vom 5. Dezember 1970 datierte „Memorandum der Demokraten an den Obersten Sowjet der UdSSR über die Ungesetzlichkeit der Machtergreifung der KPdSU und ihre antikommunistische Tätigkeit" stellt fest: „In der UdSSR wurde die neue führende Klasse einer Parteifunktionärs-Elite organisiert." Im Memorandum wird versucht, die Struktur dieser Klasse nachzuzeichnen.[57])

Das „Leningrader Programm", 1970 im Samisdat erschienen, unterstreicht ebenfalls: „Der Partei- und Staatsapparat stellt im ganzen Land die reale und grundlegende politische Kraft dar... Wir haben eine wirklich eigenständige und gleichzeitig die herrschende Klasse unserer Gesellschaft vor uns."[58])

In seinem bekannten Buch „Kann die Sowjetunion das Jahr 1984 erleben?" schrieb Andrej Amalrik über „das Vorhandensein einer privilegierten bürokratischen Klasse" in der UdSSR und verglich die gegenwärtige Sowjetgesellschaft mit einem „Tripledeckersandwich, dessen oberste Schicht diese Bürokratie ist".[59])

Der gleiche Standpunkt zeichnet sich in der Arbeit des Akademiemitgliedes E. S. Varga ab, die nach seinem Tod veröffentlicht wurde.[60]) Darin heißt es u. a.: „Es gibt gewöhnliche Angestellte, Parteilose und Parteimitglieder, die nicht mit Macht ausgestattet sind, die niemanden und nichts verwalten, keine Befehle erteilen oder Verordnungen erlassen können, welche juridisch verbindliche Kraft haben. Und es gibt Angestellte, die an der Macht sind, die Betriebe, Ämter, ganze Wirtschaftszweige, Teilgebiete der Politik, der Kultur, des täglichen Lebens und schließlich das ganze Land, seine äußeren und inneren Angelegenheiten, die gesamte Partei in ihrer leitenden und verwaltenden Tätigkeit lenken, Personen, die Befehle, Anweisungen und Verordnungen erlassen können, welche juridisch verbindliche Kraft haben. Dies ist die herrschende Klasse der sozialistischen Gesellschaft, die über ihre gesamte Existenz entscheidet und über die Fülle der Macht verfügt. Die ausschlaggebende Gewalt haben hierbei die Spitzen der Parteibürokratie, denen alle Hebel des Partei- und Regierungsapparates unterstellt sind."[61])

Der in der Sowjetunion wegen seiner Verteidigung der Religionsfreiheit bekannte und deswegen Repressionen ausgesetzte B. V. Talantov schrieb in seinem Werk „Die Sowjetgesellschaft" (1965–68), daß sich in der UdSSR „eine neue regierende Klasse namens KPdSU" gebildet habe.[62])

In einem Samisdat-Aufsatz, erschienen unter dem Pseudonym R. Medvedev, „Die Wahrheit über die Gegenwart", kann man über die „volksfeindliche Klasse" der Bürokraten lesen, die über das Sowjetvolk herrscht.[63])

In dem Samisdat-Aufsatz „Auch das Wort ist eine Tat" wird an die „Herausbildung und Etablierung einer neuen herrschenden Klasse in unserem Land" erinnert. Der Autor bezieht sich auf eine Voraussage Bucharins, derzufolge „es nicht ausgeschlossen ist, daß manche Teile der Klassen sich völlig verändern und man der Bildung von neuen Klassen aus deren Trümmern beiwohnt."[64])

Über die „neue Klasse der Verwaltenden" in der UdSSR schreibt der Verfasser eines anderen Samisdat-Artikels, S. Rasumnyj. Diese „neue herrschende, privilegierte Klasse" hat sich nach Meinung des Autors aus der Parteiführung entwickelt und in den Fünfzigerjahren vergrößert, indem sie in ihre Reihen außer der „höchsten Parteioligarchie" auch die Parteibürokratie der mittleren Ebene aufnahm.[65])

„Die administrative Klasse" nennt die Samisdat-Zeitschrift „Sejatel" (Der Sämann) die Verwaltenden.[66])

Professor Andrej Dimitrijevič Sacharovs Worte, daß sich in der UdSSR „eine eigene Partei- und Bürokratenschicht, eine ‚neue Klasse', wie Milovan Djilas sie bezeichnet, herausgebildet hat,"[67]) haben wir eingangs schon zitiert.

Die Einstufung der Verwaltenden als Klasse finden wir auch in Samisdat-Materialien der nationalen Sowjetrepubliken. In einem „Aufruf der Kommunisten der Ukraine an die Kommunisten der ganzen Welt" (1964) wird von einer in der UdSSR etablierten „Diktatur des ZK" gesprochen, „das die Wünsche der neuen regierenden Klasse, der Parteibürokratie, ausführt."[68])

Die Tatsache, daß sich die Parteibürokratie in die regierende Klasse der Sowjetgesellschaft verwandelt hat, negieren in der UdSSR eigentlich nur jene, die selbst zu ihr gehören oder mit ihr eng verbunden sind. In der Samisdat-Literatur wird dieser Standpunkt in Roy Medvedevs Buch „Sowjet-Bürger in Opposition. Plädoyer für eine sozialistische Demokratie" vertreten.

Aber sogar Roy Medvedev schreibt: „Die Bürokratie ist keine ‚neue Klasse', doch bildet die obere Bürokratie eine besondere Schicht bzw. sogar Kaste mit eigenen Regeln und Sitten, mit einer spezifischen Gruppenpsychologie. Diese Schicht mit allen ihren Eigenheiten muß soziologisch untersucht werden..."[69])

In einem von Medvedev zitierten Samisdat-Artikel, mit dem er sich einverstanden erklärte, heißt es: „In der Stalinära und danach wurde die Bürokratie zu einer besonderen sozialen Gruppe, einer Sonderschicht, und die Frage nach ihrer gesellschaftlichen Stellung muß gestellt und beantwortet werden". Der Autor des Aufsatzes stellt fest, daß sich „die Inbesitznahme eines Teils des Mehrproduktes (durch die Bürokratie) nicht leugnen läßt." Und er kommt zu dem Schluß: „Man kann nicht mehr von ‚Elementen des Kastenwesens' sprechen, wenn die Macht in den Händen einer unabhängigen und geschlossenen sozialen Gruppe liegt, die über der Gesellschaft steht, einer selbstgefälligen, geschlossenen, gesicherten Macht, und wenn sie stets denselben Individuen vorbehalten bleibt."[70])

So lauten die Urteile über die Sowjetgesellschaft von Beobachtern in vielen Ländern und vor allem in der Sowjetunion selbst.

Die verschiedenen Argumente verleiten zu dem Schluß, daß die „Verwaltenden" eine Klasse in der realsozialistischen Gesellschaft sind. Fällt die soziale Gruppe der „Verwaltenden" in der Sowjetunion unter die Leninsche Definition des Begriffs „Klasse"?

Die „Verwaltenden" bilden zweifellos eine große Menschengruppe, die sich von anderen unterscheidet nach ihrem Platz in einem geschichtlich bestimmten System der gesellschaftlichen Produktion, demnach auch nach ihrem Verhältnis zu den Produktionsmitteln, ihrer Rolle in der gesellschaftlichen Organisation der Arbeit und folglich nach der Art der Erlangung und der Größe des Anteils am gesellschaftlichen Reichtum, über den sie verfügt. Das heißt, daß die Gruppe der „Verwaltenden" als ganze unter die Definition einer Klasse fällt.

Ziehen wir das Fazit: *Die „Verwaltenden" sind eine Klasse.* Und da sie die Klasse sind, die in der Produktion und auf allen anderen Gebieten des gesellschaftlichen Lebens die Führung innehat, ist sie die *herrschende* Klasse der sowjetischen Gesellschaft.

In der Gesellschaft der UdSSR gibt es also eine herrschende Klasse und andere Klassen, die von ihr unterdrückt werden. Es gibt einen Klassenantagonismus.

Das ist die Wahrheit über die Sowjetgesellschaft.

Was ist also in Rußland möglich geworden?

Möglich wurde folgendes: Der Jahrzehnte dauernde, aufopfernde Kampf der marxistischen Revolutionäre, die Revolution, der Bürgerkrieg, die physische Ausrottung ganzer Klassen der Gesellschaft, die unerhörten Anstrengungen und die zahllosen Opfer – alles das im Namen einer gerechten Gesellschaft ohne Klassen und Klassen-Antagonismen – führte im Endeffekt nur zur Errichtung einer neuen antagonistischen Klassengesellschaft. Die herrschende Klasse der Gutsbesitzer wurde in Rußland durch eine neue herrschende Klasse ersetzt. Die realsozialistische Gesellschaft ist keine Ausnahme in der Geschichte der Menschheit. Ebenso wie alle früheren Klassengesellschaften ist auch die Gesellschaft des Realsozialismus antagonistisch.

Wie in jedem realsozialistischen Land wird auch in der Sowjetunion vieles geheimgehalten: Es gibt Staatsgeheimnisse, Parteigeheimnisse, Kriegs-, Wirtschafts- und sonstige Geheimnisse. Aber es gibt ein Hauptgeheimnis, das diese Geheimnistuerei erklärt: die antagonistische Struktur der realsozialistischen Gesellschaft. Alle anderen Geheimnisse sind nur Bestandteile dieses Hauptgeheimnisses, durch dessen Labyrinth wir uns nun einen Weg suchen wollen.

Anmerkungen

1 Programm der Kommunistischen Partei der Sowjetunion, Moskau 1961, S. 166
2 *Marx-Engels*: Werke (im folgenden „MEW"), Bd. 28, S. 507–508
3 MEW, Bd. 20, S. 262
4 *Lenin*: Werke, Bd. 29, S. 410
5 *Lenin*: Werke, Bd. 21, S. 46
6 MEW, Bd. 20, S. 360
7 Ebenda, S. 137–138
8 Dialektičeskij i istoričeskij materializm. Dlja sistemy partijnoj učeby. Izd. 3., Moskva 1970, S. 232–233
9 MEW, Bd. 13, S. 9
10 *Stalin*: Werke, Bd. 14, S. 61–64
11 Central'noe statističeskoe upravlenie SSSR. Narodnoe chozjajstvos SSR 1922–1972. – Moskva 1972, S.35
12 Fügen wir hinzu, daß sich die gesellschaftliche Struktur in den anderen realsozialistischen Ländern Europas vom sowjetischen Vorbild wenig unterscheidet: Dort bilden Arbeiter, Angestellte und Mitglieder von Produktionsgenossenschaften 95–99% der Bevölkerung (eine Ausnahme stellt nur Polen dar, wo es 1970 25% Einzelbauern und Selbständige im Kleingewerbe, ebenso 10,1% freiberuflich Tätige und Sonstige gab). *S. J. Kosta*: Sozialistische Planwirtschaft. Theorie und Praxis. Opladen 1974, S. 230.
13 *Leonid I. Breschnew*: Der fünfzigste Jahrestag der Union der Sozialistischen Sowjetrepubliken. Moskau 1972, S. 90
14 *Lenin*: Werke, Bd. 26, S. 335
15 *Lenin*: Werke, Bd. 25, S. 415
16 Ebenda, S. 398-399
17 Ebenda, S. 410
18 Ebenda, S. 415
19 Ebenda, S. 477
20 Ebenda, S. 414–415
21 Ebenda, S. 482
22 „Pravda", 5. 8. 1977
23 *V. M. Selunskaja*: Razrabotka nekotorych voprosov klassovoj struktury sovetskogo obščestva v novejšej istoriografii. In: „Istorija SSSR", 1971, Nr. 6, S. 7
24 Problemy izmenenija social'noj struktury sovetskogo obščestva. Moskva 1968, S. 122, 45

25 Klassy, social'nye sloi i gruppy v SSSR. Moskva 1968, S. 147
26 Struktura sovetskoj intelligencii. Minsk 1970, S. 155
27 *Lenin*: Werke, Bd. 33, S. 35
28 *Lenin*: Werke, Bd. 31, S. 8
29 *Lenin*: Werke, Bd. 33, S. 6
30 *Milovan Djilas*: Die neue Klasse. Wien–München 1957, S. 12–13
31 Ebenda, S. 102
32 *I. J. Štejnberg*: Nravstvennyj lik revoljucii. Berlin 1923. Zitiert nach: *P. Miljukov*: Rossija na perelome, t. l. Paris 1927, S. 191
33 *Hermann Pörzgen*: Ein Land ohne Gott. Frankfurt a. M. 1936, S. 69
34 *N. Berdjajev*: Istočniki i smysl russkogo kommunizma. Pariž 1955, S. 105
35 *George Orwell*: Animal Farm. A Fairy Story. Penguin books 1972, S. 117
36 *Leo Trotzki*: Die verratene Revolution. Frankfurt a. M. 1968
37 *Ernest Mandel*: Über die Bürokratie. Hamburg o. J., S. 52
38 Sozialwissenschaftliche Information für Unterricht und Studium, 1973, H. 1
39 *Bruno Rizzi*: Il collettivismo burocratico. Imola 1967
40 *W. W. Kurski*: Class Stratification in the Soviet Union. Foreign Affairs, 1953 No. 1, p. 145; *Barrington Moore:* Soviet Politics. The Dilemma of Power. Cambridge (Mass), S. 280ff.
41 *H. G. Skilling* und *P. Griffith* (Hrsg.): Interest Groups in Soviet Politics. Princeton 1971
42 *Boris Meissner* (Hrsg.): Sowjetgesellschaft im Wandel. Stuttgart 1966, S. 111–112. Siehe auch: *E. Lions*: Worker's Paradise Lost. New York 1976; *A. Parry*: The New Class Divided. New York 1966; The Russian Intelligentsia. Boston 1960
43 Kletts geschichtliches Unterrichtswerk für die Mittelklassen, Ausg. C., Bd. 4, 1970, S. 149
44 *Antonio Carlo*: Politische und ökonomische Struktur der UdSSR (1917–1975). Diktatur des Proletariats oder bürokratischer Kollektivismus. Berlin (West) 1972, S. 55
45 *G. F. Achminow*: Die Macht im Hintergrund. Grenchen 1950. Ejusdem: Die Totengräber des Kommunismus. Eine Soziologie der bolschewistischen Revolution. Stuttgart 1964
46 *Jakob Šerr*: Kuda itti? (Kniga dlja tech, kto chočet izmenit'mir). Pariž 1971, S. 130–141
47 *Roman Redlich*: Sovetskoe obščestvo. Frankfurt a. M. 1972, S. 89
48 *Dimitrij Panin*: O revoljucii v SSSR. O prirode ekspluatacii. Frankfurt a. M. 1973, S. 7
49 *Jacek Kurón, Karol Modzelewski*: Monopolsozialismus. Hamburg 1969
50 *Svetozar Stojanovič*: Kritik und Zukunft des Sozialismus. München 1970, S. 52–53
51 *Ota Šik*: Das kommunistische Machtsystem. Hamburg 1976, S. 257, 259
52 *Rudolf Bahro*: Die Alternative. Zur Kritik des real existierenden Sozialismus. Köln–Frankfurt a. M. 1977, S. 283–284
53 Ebenda, S. 285
54 Der XI. Parteitag der Kommunistischen Partei Chinas. Dokumente. Peking 1977, S. 74–75
55 Nieder mit den neuen Zaren! Peking 1969, S. 30
56 Programma Demokratičeskogo dviženija Sovetskogo Sojuza. Amsterdam 1970, S. 69
57 Vol'noe slovo. Samizdat. Izbrannoe. Dokumental'naja serija vyp. 1. Frankfurt a. M. 1972, S. 48–49
58 *S. Zorin, N. Alekseev*: Vremja ne ždet. Naša strana nachoditsja na povorotnom punkte istorii. Frankfurt a. M. 1970, S. 8, 10
59 *Andrej Amalrik*: Kann die Sowjetunion das Jahr 1984 erleben? Zürich 1970, S. 53, 51
60 Ungeachtet der offiziellen Dementis, zu denen die Familienmitglieder Vargas ge-

zwungen wurden, sprechen alle Gründe dafür, die Arbeit als echt zu bezeichnen.

61 „Grani", 1968, Nr. 69, S. 138

62 „Possev", 1969, Nr. 9, S. 36

63 Ebenda, 1970, Nr. 1, S. 40

64 Zitiert nach: *Roy Medwedjew*: Sowjet-Bürger in Opposition. Plädoyer für eine sozialistische Demokratie. Hamburg 1973, S. 290

65 Archiv Samizdata (im folgenden „A. S.") Nr. 570, S. 4

66 A. S. Nr. 1139, S. 16

67 *Andrej D. Sacharow*: Mein Land und die Welt. Wien-München-Zürich 1975, S. 30–31

68 A. S. Nr. 912

69 *Roy Medwedjew:* a.a.O. S. 294

70 Ebenda S. 292

II. Lenin und Stalin, die Väter der neuen Klasse

Des Vaters Segen baut den Kindern Häuser
Sprichwort

Die altrussische Chronik in der Eintragung für das Jahr 6488 nach der Erschaffung der Welt (980 nach Christi Geburt) teilt folgende Einzelheiten über die Geburt des Fürsten Svjatopolk mit, der später als Mörder der Heiligen Boris und Gleb in die Geschichte unter dem Beinamen „der Verruchte" einging: „Fürst Volodimer besiegte im Bruderkrieg seinen Bruder Jaropolk und ließ ihn umbringen. Volodimer aber beschlief das Weib seines Bruder, die Griechin, und sie ward schwanger; von ihr wurde Svjatopolk geboren, denn aus sündiger Wurzel kommt böse Frucht... stammte er doch von zwei Vätern, von Jaropolk und von Volodimer."[1])

Vom medizinischen Standpunkt aus kann die Geschichte aus der Chronik nicht vor den Augen der Kritik bestehen. Bei der Geburt von Klassen ist eine solche Situation jedoch möglich. Die neue Klasse hatte zwei Väter, der eine hieß sogar Vladimir. Es waren Lenin und Stalin. Über die moralische Beschaffenheit des Sprößlings möge der Leser selbst urteilen.

Lenin und Stalin haben die neue Klasse nicht nur gezeugt und aufgezogen. Sie wurden auch Symbol dieser Klasse: Lenin für den Anfang, Stalin für die Endetappe ihrer Ausformung. Nach ihrem Bild schufen sie diese Klasse und sie selbst wurden die Verkörperung ihrer Grundzüge.

Deshalb beginnen wir unsere Erzählung über die Klasse der „Verwaltenden" in der UdSSR mit einigen persönlichen Eigenschaften Lenins und Stalins, die man kennen muß, um den Charakter dieser Klasse zu verstehen.

1. Lenin: Skizzen zu einem Porträt

Noch von der Schulzeit her ist einem der Klang von Stalins Worten im Ohr, wie ein Kinderabzählreim: „Erinnert euch, liebet und erforscht unseren Iljič, unseren Lehrer, unseren Führer."

Dies ist ein vernünftiger Aufruf. Iljič lieben kann man wahrscheinlich genauso heiß, wie Stalin selbst ihn geliebt hat. Sich Lenins zu erinnern und ihn zu erforschen – den ersten Vater, Lehrer und Führer der „neuen Klasse" –, ist wichtig für das Verständnis des Realsozialismus.

Über Lenin ist viel geschrieben worden. Aber in seinen sowjetischen Standardporträts fehlen einige für ihn charakteristische Züge, und ganz andere Eigenschaften werden in den lobpreisenden „Leniniana" hervorgehoben.

Dabei braucht Lenin keine Lobpreisungen. Lenin war eine große Persönlichkeit, ein genialer Organisator und Revolutionär, ein talentierter politischer Stratege und Taktiker. Zu Recht nimmt er den ihm gebührenden Platz in der Weltgeschichte ein. Nichts, was weiter unten gesagt werden wird, stellt diese Wertschätzung Lenins als Politiker in Zweifel.

2. Ohne den Orden am Hals

Der berühmte russische Dichter des 19. Jahrhunderts, Graf Aleksej Tolstoj gab im Hinblick auf die in Rußland damals entstandenen revolutionären Zellen einen etwas unerwarteten Rat:

„Damit dem russ'schen Reich sie
bereiten keine Sorgen,
muß an den Hals der Führer
man hängen einen Orden."

Diese Verse kommen einem in den Sinn, wenn man verfolgt, wie Lenin der revolutionären Bewegung beitrat.

Die kanonisierte sowjetische Literatur bemüht sich, Lenin bereits in den Windeln als revolutionären Marxisten darzustellen und diese revolutionäre Gesinnung rückwirkend auf seine Eltern zu übertragen. Beweise dafür gibt es nicht.

Die Revolutionäre in der Familie Uljanov waren in den 80er Jahren der ältere Sohn Alexander und die Tochter Maria, keineswegs aber Vladimir. In dem Alter, in dem die sowjetische Jugend in den Leninschen Komsomol eintritt und in dem einige Jugendliche im Westen beginnen, sich als revolutionäre Marxisten zu bezeichnen, interessierte sich Volodja Uljanov weder für die Politik, noch für den Marximus. Alexander las die Bücher von Marx, der zukünftige Lenin aber rührte sie nicht an, sondern las Turgenjev. Der junge Vladimir strebte danach, der beste Schüler seiner Klasse zu sein. Alexander, ein Narodnik („Populist"), der sich im geheimen auf das Attentat auf den Zaren vorbereitete und den schweren Entschluß auf sich nahm, sein Leben für seine Überzeugung hinzugeben, mochte seinen jüngeren Bruder, den Musterschüler, nicht. Volodja vergalt es ihm mit gleichem.[2])

Die Verhaftung Alexanders, die Gerichtsverhandlung, und zuletzt die schreckliche Nachricht – das Todesurteil im Mai 1887 – erschütterte die Familie Uljanov auf das tiefste. Unter Lenin und Stalin haben viele Familien in der Sowjetunion ähnliches durchgemacht und kennen das eisige Grauen dieser Erschütterung.

Ein halbes Jahrhundert später entstand die Legende, daß der 19jährige Vladimir nach der Hinrichtung die für die Geschichte bestimmten Worte ausgesprochen haben soll: „Wir werden einen anderen Weg einschlagen." Die Legende ist schlecht erdacht: Wer in diesem Moment für Lenin, der damals noch nicht in revolutionären Kreisen verkehrte, diese „wir" waren, ist völlig unklar. Und der Weg blieb für Vladimir genau der gleiche wie vorher: Nach der Hinrichtung des Bruders lernte er weiterhin fleißig; er beendete das Gymnasium von Simbirsk mit einer Goldmedaille und begann sofort sein Studium an der Universität von Kasan.

Lenin traf nicht die Repression, die alle Verwandten derer erlitten haben, die in der Sowjetunion ein halbes Jahrhundert später hingerichtet wurden. Doch auch die damaligen Behörden hatten nichts dagegen, den Bruder des gehenkten „Zarenmörders" zu schikanieren.

Obwohl Vladimir Uljanov sich nicht mit Politik beschäftigte, wurde er wegen der Teilnahme an Studentendemonstrationen gegen einen Inspektor der Universität im Dezember 1887 von der Universität relegiert, die Polizei verbannte ihn auf das großväterliche Gut Kokoschkino (in der Nähe von Kasan). Übrigens interessierte sich Vladimir auch hier noch nicht für den Marxismus; er las Belletristik, ging auf die Jagd, spielte Schach. Als er großjährig war, reichte er im Mai 1888, einen Tag nach dem Jahrestag der Hinrichtung seines Bruders, ein Gesuch um die Wiederaufnahme an die Universität ein.

Hier trat anscheinend der Wendepunkt ein. Der 18jährige Uljanov, bestrebt, immer der Erste zu sein, bemühte sich darum, das Schandmal eines Parias loszuwerden, damit ihm – dem jungen Adeligen – der Weg zum Aufstieg in der Gesellschaft frei würde. Folgende Annahme klingt nun sehr ketzerisch: Wenn die zaristischen Behörden dem ehrgeizigen Jüngling gestattet hätten, weiter an der Universität zu studieren und damit bewiesen hätten, daß die Hinrichtung seines Bruders sein Schicksal nicht weiter beeinflussen würde; wenn man ihm erlaubt hätte, entsprechend seinen Fähigkeiten Karriere zu machen und ihm nach einiger Zeit den Orden um den Hals gehängt hätte, – dann hätte es vielleicht nie einen Lenin gegeben. Statt dessen wäre möglicherweise der erfolgreiche, energische Advokat Uljanov aufgetaucht, der es vielleicht sogar bis zum Duma-Abgeordneten gebracht hätte – wobei nur unsicher ist, welche Partei er vertreten hätte.

Es ist unmöglich, diese Hypothese nachzuprüfen. Uljanov erhielt eine abschlägige Antwort. Dem Goldmedaillenträger und hervorragenden Studenten wurde klar gezeigt, daß in den Augen der Behörden der Schatten des Galgens seines Bruders ein untilgbarer Fleck war, und daß ihm in Rußland alle Wege versperrt waren.

Daß Vladimir Uljanov diese Antwort so auffaßte, erkennt man aus seiner Reaktion: er reichte ein Gesuch ein mit der Bitte, ihn im Ausland studieren zu lassen. Das war ein wichtiger Schritt in Richtung des psychologischen Bruches mit dem damaligen Rußland. Später lebte Lenin 17 Jahre in der Emigration und litt anscheinend nicht an Heimweh.

Auch dieses Gesuch Uljanovs schlugen die zaristischen Behörden ab. Vor dem talentierten Jüngling, überschäumend von Energie und Ehrgeiz, zeichnete sich eine ausweglose Perspektive ab, abgestellt auf einem Nebengeleis, unter den feindseligen Blicken der Behörden eine graue Existenz fristen zu müssen.

Erst da trat Vladimir Uljanov den revolutionären Zirkeln bei.

Der junge Mann, der vor dieser Zeit nichts anderes anstrebte als in allem der Erste zu sein, verzichtete scheinbar auf diesen Gedanken und übertrug seine ganze Leidenschaft auf etwas völlig Unpersönliches: die Revolution in Rußland.

Eine unerwartete Metamorphose? Oder trennte Lenin den Wunsch nach einem Umsturz nicht von seinem persönlichen Schicksal?

Wahrscheinlicher ist das Zweite. Natürlich darf man es sich nicht zu einfach machen. Der junge Lenin wußte, daß er im Falle der Revolution ungleich bessere Chancen hätte, Erster zu werden als unter der Zarenherrschaft. Aber auch er konnte nicht ahnen, daß einmal statt des Stanislausordens der Leninorden gestiftet werden würde, daß auf seinen Befehl der Zar erschossen werden und daß er selbst Rußland autokratisch regieren würde.

Ein kompliziertes Gemisch von Gedanken und Gefühlen lenkte die Handlungen des zukünftigen Lenin: Unerträgliche Kränkung und Haß gegen das Regime, das ihm alle Wege versperrte; der Wunsch, sich für den Schmerz seiner Familie zu rächen; eine Verschärfung dieser Gefühle durch die Wahrnehmung der Ungerechtigkeiten im damaligen Rußland – das alles sind wichtige Faktoren, die Vladimir Uljanov dazu brachten, sich der Revolution zuzuwenden. Doch gab es auch noch etwas anderes: Den Wunsch, sich trotz allem wieder auszuzeichnen, ein Führer zu sein in revolutionären Studentenkreisen, im „Kampfverband für die Befreiung der Arbeiterklasse." Und auch die berechtigte Überzeugung, daß er mit seinem unbeugsamen Willen und seiner überschäumenden Energie die bröcklige Schicht der kleinen Zirkel durchdringen und an die Spitze der russischen revolutionären Bewegung treten würde. Und dann wäre er wieder der Erste.

Was suchte dieser zielbewußte Mensch in der Revolution? Den allgemeinen Wohlstand, den Sturz der Tyrannei, freie Parlamentswahlen, Gedanken- und Gewissensfreiheit, Pressefreiheit, Versammlungsfreiheit – mit einem Wort, die Freiheit? Nein, er suchte die Diktatur. Zuerst die „revolutionär-demokratische Diktatur des Proletariats und der Bauernschaft", dann „die Diktatur des Proletariats".

Das war auch das Wesentliche, was Lenin zum Marxismus beisteuerte. Von Stalin stammt folgende Definition: „Der Leninismus ist der Marxismus der Epoche des Imperialismus und der proletarischen Revolution. Genauer: Der Leninismus ist die Theorie und Taktik der proletarischen Revolution im allgemeinen, die Theorie und Taktik der Diktatur des Proletariats im besonderen."[3])

Die wichtigste Frage für Lenin war: Wer wird das Land nach der Revolution regieren? „Die Frage der Macht – die ist die wesentlichste in der Revolution", behauptet er, so als ob es sich nicht um die marxistische Vision einer gesetzmäßigen sozialen Revolution handle, sondern um ein südamerikanisches „Pronunciamento" (Militärputsch).

Die Machtübernahme als Resultat des Oktoberumsturzes erschütterte Lenin, ihn schwindelte vor Glück. Sonst kein Lyriker, sagte der

Führer der Oktoberrevolution zu Trockij verwirrt an diesem Tag: „Wissen Sie, von Verfolgung und Untergrund plötzlich an die Macht zu kommen – es schwindelt."[4]) Er legte sofort das unvollendete Manuskript von „Staat und Revolution" zur Seite, nachdem er das triumphierende Nachwort geschrieben hatte: „Ich hatte bereits den Plan des nächsten, des siebenten Kapitels, ‚Die Erfahrungen der russischen Revolutionen von 1905 und 1917', fertig. Aber außer der Überschrift habe ich keine Zeile dieses Kapitels schreiben können: die politische Krise, der Vorabend der Oktoberrevolution von 1917, ‚verhinderte' es. Über eine solche ‚Verhinderung' kann man sich nur freuen... Es ist angenehmer und nützlicher, die ‚Erfahrung der Revolution' durchzumachen, als über sie zu schreiben."[5])

Lenin stürzte sich mit einem Kopfsprung in diese angenehme und nützliche Beschäftigung. Die ersten Ergebnisse ließen nicht lange auf sich warten.

3. Der große Humanist am Werk

Daß Lenin ein großer Humanist war, gilt in der Sowjetunion als eine Binsenwahrheit. Ein kurzer Dokumentarfilmstreifen aus dieser heroischen Zeit zeigt dem gerührten Zuschauer, wie freundlich Lenin im Kreml seine Katze streichelt.

Und die Menschen?

Keine drei Wochen nach dem Oktoberaufstand ertönte enttäuscht die Stimme Maxim Gorkijs. In der von ihm redigierten Zeitung „Neues Leben" schrieb er: „Lenin und Trockij und ihre Mitarbeiter sind bereits von dem faulenden Gift der Macht verseucht, wovon ihr schändliches Verhalten gegenüber dem freien Wort, gegenüber der Persönlichkeit und im allgemeinen jeder Rechte zeugt, für deren Triumph die Demokratie gekämpft hat."[6])

Dabei waren eigentlich die Charakterzüge Lenins, die sich zeigten, nachdem er zur Macht gekommen war, nicht ganz neu: sie begannen sich schon vor dem Oktober zu zeigen, sobald für Lenin die Möglichkeit auftauchte, Befehle zu erteilen.

Interessant in diesem Zusammenhang ist ein 1963 aufgefundenes Dokument des ZK der bolschewistischen Partei. Am 3. September 1917 erörterte das ZK einen Brief Lenins über den Kampf gegen den Kornilovputsch und billigte ihn selbstverständlich. Lenin empfahl besonders, die Soldaten zu bearbeiten: „sie vorwärts zu führen und zu ermuntern, die Generale und Offiziere, die sich für Kornilov aussprachen, zu verprügeln.“ Wie es scheint, war damals die Aufforderung zum Prügeln noch schockierend für die nächste Umgebung Lenins. In dem beim Protokoll der Sitzung aufgefundenen Text des Briefes, geschrieben von Maria Uljanova, Lenins Schwester, ist das Wort „verprügeln“ derart undeutlich, daß es unmöglich zu entziffern ist; statt dessen ist das Wort „verhaften“ eingefügt. Aber die Sekretärin des ZK, Elena Stasova, – der zu Ehren, wie man sagt, der junge Uljanov sein in die Geschichte eingegangenes Pseudonym „Lenin“ gewählt habe – milderte auch noch diese Korrektur und änderte die Worte in „Forderung nach Verhaftung“. Im Endresultat hieß es in dem offiziellen, von Stasova unterzeichneten maschinengeschriebenen Text des Leninbriefes: „Sie vorwärts zu führen, ihre Forderung nach Verhaftung der Generale und Offiziere, die sich für Kornilov aussprechen, zu ermuntern.“[7]) So zivilisierten M. I. Uljanova und E. D. Stasova den Text Lenins.

Nach der Oktoberrevolution, als Lenin Regierungschef wurde, konnte man das nicht mehr tun. Zitieren wir Aussprüche und Texte Lenins, die teilweise in den Ausgaben seiner Werke zu finden sind, zum Teil aber nur in den Papieren des Trockij-Archives.

Die erste Begeisterungswelle über die Erringung der Macht war abgeflaut, als Lenin sich erst bewußt wurde, daß der II. Sowjetkongreß nicht nur Lenins Dekrete „Über den Frieden“ und „Über den Grund und Boden“ verabschiedet, sondern auch die Todesstrafe aufgehoben hatte. „Seine (Lenins) Wut kannte keine Grenzen“ – erinnert sich Trockij. „Das ist Wahnsinn“, wiederholte er, „wie sollen wir die Revolution ohne Erschießungen durchführen?“... Er schlug vor, das Dekret sofort abzuändern... und konnte sich nicht beruhigen, bevor nicht der Beschluß angenommen wurde, das Dekret zwar nicht aufzuheben, aber „die Erschießung anzuwenden, falls keine andere Möglichkeit zu finden sei“.[8]) So verfuhr man mit einem Dekret des Kongresses der Sowjets schon am nächsten Tag nach der Revolution, die unter der Losung „Alle Macht den Sowjets“ durchgeführt worden war.

Es fand sich keine andere Möglichkcit, als das Dekret zu ignorieren. Im Dezember 1917 wurde die WeTscheKa(ČK) gegründet – die Außerordentliche Kommission für den Kampf gegen Konterrevolution, Spekulation und Sabotage – und Dzierżynski begann nicht nur die Verurteilten zu erschießen, sondern auch Menschen, die nicht vor Gericht kamen. Einer der engen Mitkämpfer des Ritters der Revolution, wie Dzierżynski in der Sowjetliteratur genannt wird, M. Lacis, erinnerte sich entrüstet, daß der Volkskommissar für Justiz „deswegen ein Geschrei erhoben" und verlangt habe, daß diese Frage im Rat der Volkskommissare überprüft werde. Lenin jedoch lehnte es ab, diesen Punkt überhaupt in die Tagesordnung der Sitzung aufzunehmen.[9])

4. „Hunderttausend Rubel für einen Gehenkten"

Lenin hatte seine eigenen Vorstellungen. „Genosse Kurskij! Meiner Meinung nach muß man die Praxis der Erschießungen ausweiten...", schrieb er sachlich an den Volkskommissar für Justiz.[10]) Dieser humane Gedanke Lenins, den zu veröffentlichen man sich lange nicht entschließen konnte, wurde gerade im richtigen Augenblick in der Parteizeitschrift „Bolševik" publik gemacht, im Jahr der großen Säuberung 1937.

Der Befehl wurde ausgeführt: Die Praxis der Erschießungen wurde bis zu einem Höchstmaß ausgeweitet. Charakteristisch sehen die eigenhändigen einzeiligen Urteile Dzjerżynskis aus: leserlich geschrieben ist nur der Familienname des Todeskandidaten, das immer wiederkehrende Wort „erschießen" schlampig hingefetzt. Das Erschießen war klar, wichtig war nur, wen.

Bald stellte sich heraus, daß auch das nicht wichtig war. „Man muß dem Gericht (als abschreckendes Beispiel) ein bis zwei Personen übergeben wegen Verbreitung von Gerüchten", – schrieb Lenin dem Stellvertretenden Vorsitzenden des Revolutionskriegsrates Skljanskij im Jahre 1920.[11]) Oder: „Sofort beginnen... mit einer Kampagne *schonungsloser Verhaftungen* der lokalen Lebensmittelkomitees usw., wegen Nachlässigkeit, schlechter Verwaltung, usw."[12]) Eigenartig sieht dieses „usw." aus, das über das Schicksal namenloser Menschen entschied.

Das Schicksal derjeniger, die einen Namen hatten, wurde weitaus einfallsreicher entschieden. Lesen wir nach, wie der, den Herbert Wells „den Träumer im Kreml" genannt hat, nüchtern die Erschießung Kolčaks (Admiral Kolčak war der Chef der antibolschewistischen Gegenregierung mit dem Sitz in Omsk [Sibirien]) vorbereitete, damit es nicht den Anschein erwecke, als sei er darin verwickelt: „An Skljanskij: Schicken Sie Smirnov. Verbreiten Sie überhaupt keine Nachrichten über Kolčak. Veröffentlichen Sie absolut nichts, und nach unserer Einnahme von Irkutsk schicken Sie ein streng offizielles Telegramm mit der Erklärung, daß die lokalen Behörden vor unserem Einmarsch, unter der Drohung von Kappel und der Gefahr einer weißgardistischen Verschwörung in Irkutsk, so und so vorgegangen sind. Lenin. (Auch die Unterschrift chiffriert.) Nehmen Sie es auf sich, alles besonders sicher zu erledigen? Januar 1920."[13])

Und es wurde besonders sicher erledigt. Am 7. Februar 1920 wurde mit Kolčak „so und so verfahren" – angeblich auf Initiative des Irkutsker Revolutionskomitees. Der Träumer, der seine Unterschrift chiffriert hatte, war nicht beteiligt.

Für gewöhnlich aber war es nicht nötig, Lenins Unterschrift zu chiffrieren. Auf dem offiziellen Briefpapier der Sowjetregierung, mit fortlaufender Zahl, gestempelt und mit gleichgültigen Vermerken von Sekretären versehen, erscheinen solche Zeilen, geschrieben im Februar des Hungerjahres 1920: „... die Brotration für Nichtarbeitende auf Transporten *verkleinern,* für Arbeitende *vergrößern.* Mögen noch Tausende zugrunde gehen, das Land aber wird gerettet werden."[14]) „An Smilga und Ordžonikidze. Wir brauchen – dringendst – Erdöl. Entwerfen Sie ein Manifest an die Bevölkerung, daß wir alle abschlachten, wenn sie Erdöl und Erdölfelder anzünden und ruinieren. Und umgekehrt, wir schenken allen das Leben, wenn Maikop und besonders Groznij intakt übergeben werden."[15])

So erklärt sich Lenin großzügigerweise bereit, unter bestimmten Bedingungen nicht einer Bande von eingefleischten Verbrechern, sondern der friedlichen Bevölkerung, „das Leben zu schenken". Scheinbar interessiert die Grenze zwischen Schuldigen und Unschuldigen den Advokaten Uljanov-Lenin nicht sonderlich.

Geiseln werden heute bekanntlich von Terroristen und Bankräubern genommen. Im Rayon Buzuluk organisierte der gewesene Chef einer Division der Roten Armee Sapožkov einen Aufstand. Lenin befiehlt: „Aus den Ortschaften, die auf der Marschroute der Abteilung Sapožkov liegen, sind Geiseln zu nehmen, um gegen eine mögliche Unterstützung vorzubeugen."[16]

Angelika Balabanoff, eine idealistisch gesinnte Kommunistin, war von Lenin auf den Posten des Volkskommissars für Auswärtige Angelegenheiten der Ukraine ernannt worden. Von dem vielen, was sie dort sah, machte ihr die Tätigkeit eines Tscheka-Provokateurs, – der mit Wissen von Dzieržynski arbeitete, – einen besonders abscheulichen Eindruck: Er gab sich als „ausländischer Botschafter" aus, verkaufte denen, die das Land verlassen wollten, Pässe und zeigte seine Klienten sofort bei der ČK an, die sie dann erschoß. Die empörte Balabanoff wandte sich an Lenin. Die Leninsche Antwort war väterlich-herablassend: „Genossin Balabanoff, wann werden Sie endlich beginnen, das Leben zu verstehen?"[17])

Im November 1920 schlug der rote Armeekommandeur Frunze dem General Vrangel und seiner Armee in der Krim vor, sich zu ergeben, und versprach jenen, die es wünschten, freien Abzug ins Ausland. Sofort kam aus Moskau eine chiffrierte Depesche: „Habe soeben von Ihrem Vorschlag an Vrangel erfahren, sich zu ergeben; bin höchst erstaunt über unverhältnismäßig große Nachgiebigkeit der Bedingungen. ... Mir scheint, das darf nicht wiederholt werden, sondern es muß gnadenlos aufgeräumt werden. Lenin."[18])

Und wie steht es um die, mit denen kein Krieg geführt wird, die aber den Feind unterstützt haben: zum Beispiel die Letten und Esten, die dem Weißen Corps Bulak-Balachovič geholfen haben? Eine eigenhändige Aktennotiz Lenins lautet: „Versuchen Sie Lettland und Estland zu bestrafen wie es im Krieg üblich ist (z. B., auf den Fersen von Balachovič irgendwo die Grenze überschreiten, sei es auch nur einen Werst, und dort 100–1000 Beamte und Reiche aufhängen)."[19])

Eine andere eigenhändige Notiz – diesmal über Polen: „Ausgezeichneter Plan. Vollenden Sie ihn *gemeinsam* mit Dzieržynski. Wir dringen, als „Grüne"*) getarnt (nachher geben wir ihnen die Schuld) 10–20 Werst ein und hängen Kulaken, Pfaffen und Gutsbesitzer auf. Prämie: 100000 Rubel für einen Gehenkten."[20])

Aber vielleicht hat Lenin solche Notizen und Telegramme unüberlegt niedergeschrieben, vielleicht hat er später bereut und seine Fehler eingestanden?

Es kam vor, daß er bereute. Hier ein (erst 1970 veröffentlichtes) Beispiel aus dem stenographischen Protokoll von Lenins Rede auf der Geheimsitzung des VIII. Parteitages am 21. März 1919: „Bei uns gab es manchmal Meinungsverschiedenheiten, Fehler – das leugnet niemand. Als Stalin in Zarizyn Erschießungen vornahm, dachte ich, das sei ein

* „Grüne" – Bande von Deserteuren, die sich in den Wäldern versteckten und von dort aus Raubüberfälle gegen die „Weißen" und die „Roten" vornahmen.

Fehler, ich dachte, es sei nicht richtig, daß er so viele erschießen läßt; und die Dokumente, die Gen. Vorošilov zitiert hat... haben unseren Fehler aufgedeckt. Mein Fehler wurde aufgedeckt, denn ich hatte ja telegraphiert: seid vorsichtig! Es war mein Fehler. Wir sind schließlich alle Menschen..."[21])

5. Der Paragraph 58

Und wie war es in ruhigen Zeiten? Mai 1922, das zweite NEP-Jahr. Alles kommt ins Lot, das sowjetische Recht wird kodifiziert. Das Strafgesetzbuch der RSFSR ist in Ausarbeitung.

Wie sich der Leser erinnert, schaffte der Kongreß der Sowjets am Tag nach der Oktoberrevolution die Todesstrafe ab. Der Kommissar für Justiz, D. Kurskij, ließ sich dadurch nicht beeindrucken, als er Lenin einen Entwurf zum Strafgesetzbuch übersandte. Dort findet sich nämlich folgender Paragraph:

„5. Bis zur Herstellung von Verhältnissen, die die Sicherheit der Sowjetmacht vor konterrevolutionären Anschlägen garantieren, wird den Revolutionstribunalen das Recht eingeräumt, für Verbrechen, die unter §§ 58, 59, 60, 61, 62 und 63 angeführt sind, als höchstes Strafausmaß die Todesstrafe zu verhängen".

Lenin schreibt auf den Entwurf: „Hinzufügen die §§ 64 und 65 und 66 und 67 und 68 und 69".[22]) Sogar die mit allen Wassern gewaschenen Herausgeber der Werke Lenins hatten Hemmungen: sie druckten dies erst in der 5. (Gesamt-)Ausgabe seiner Werke.

In der langen Aufzählung der Todesparagraphen steht an erster Stelle eine bekannte Ziffer: der § 58. Dieser Paragraph mit den Strafen für politische Delikte hat weltweite Berühmtheit erlangt. Er wurde zum Epitaph auf den Grabsteinen von Millionen von Menschen in der Sowjetunion und wurde nach Stalins Tod aus dem Gesetzbuch gestrichen, – mit der Erläuterung, man kehre zu den Leninschen Normen zurück. Wer hat Lenins humane Normen verbrecherisch mißachtet?

Der Schuldige ist auffindbar. Der von ihm stammende Entwurf des § 58 samt Begleitbrief an den Kommissar für Justiz der UdSSR sind im Druck erschienen: „17. V. 1922. Gen. Kurskij! Als Ergänzung zu unserem Gespräch schicke ich Ihnen den Rohentwurf eines zusätzlichen Paragraphen zum Strafgesetzbuch. Das ist ein Rohentwurf, der natürlich noch gründlich ausgearbeitet und überarbeitet werden muß. Der Grundgedanke ist hoffentlich trotz aller Mängel des Rohentwurfs klar: offen eine prinzipielle und politisch wahrheitsgetreue (nicht nur eine juristisch enge) These aufstellen, die das *Wesen* und die *Rechtfertigung* des Terrors, seine Notwendigkeit und seine Grenzen motiviert.

Das Gericht soll den Terror nicht beseitigen – das zu versprechen wäre Selbstbetrug oder Betrug – sondern ihn prinzipiell, klar, ohne Falsch und ohne Schminke begründen und gesetzlich verankern. Die Formulierung muß so weitgefaßt wie möglich sein, denn nur das revolutionäre Rechtsbewußtsein und das revolutionäre Gewissen legen die Bedingungen fest für die mehr oder minder breite Anwendung in der Praxis.

Mit kommunistischem Gruß Lenin"

Hier haben wir also den Verfasser, der die Leninschen Normen übertritt. Als Beilage zu diesem Brief folgen die Normen im Wortlaut:

„Variante 1:

Die Propaganda oder Agitation oder die Beteiligung an einer Organisation, die (Propaganda und Agitation) darauf hinwirken, den Teil der internationalen Bourgeoisie zu unterstützen, der die Gleichberechtigung des den Kapitalismus ablösenden kommunistischen Eigentumssystems nicht anerkennt und, sei es durch Intervention oder Blockade oder Spionage oder Finanzierung der Presse und ähnliche Mittel, seinen gewaltsamen Sturz anstrebt,

wird mit dem höchsten Strafausmaß geahndet, das bei mildernden Umständen in Freiheitsentzug oder in Ausweisung umgewandelt werden kann.

Variante 2:

a) Die Propaganda oder Agitation, die objektiv dem Teil der internationalen Bourgeoisie dient, der usw. bis zum Schluß.

b) Dieselbe Strafe haben diejenigen zu gewärtigen, die sich der Beteiligung an Organisationen oder der Förderung von Organisationen schuldig machen, die eine Tätigkeit ausüben, die obengenannten Charakter trägt (deren Tätigkeit obengenannten Charakter trägt)"[23])

Gemäß Lenins Wunsch wurde sein Rohentwurf gründlich ausgearbeitet und überarbeitet. Dennoch blieb dieser Entwurf der Grundstein des Gesetzes. Das war die Leninsche Norm: der Ausrottungsparagraph 58.

6. „Dieser Mensch, der menschlichste von allen“

Wo bleibt Lenins viel gepriesene Güte? Darüber hat Lenin selbst geschrieben. Zu Beginn des Jahres 1918 deckte die ČK, die damals gerade ihre ersten, wenn auch bereits wackeren Schritte unternahm, in Estland eine „Verschwörung der baltischen Barone“ auf. Aus Moskau kommt folgendes Telegramm nach Reval (Tallin): „Was soll eurer Meinung nach der Rat der Volkskommissare in bezug auf die Barone unternehmen, um *eine Art von äußerlicher Güte zu demonstrieren,* wobei diese Demonstration auf keinen Fall die Wucht der Repressionen gegen die erwähnten Barone abschwächen darf!!! Lenin, Stalin“.[24]) Das ist die Formel der Lenin-Stalinschen Güte.

Verhält sich Lenin anders, wenn es sich um jene handelt, die für die Sowjetmacht kämpfen, um die Soldaten der Revolution?

Zitieren wir wieder seine Rede auf der Geheimsitzung des VIII. Parteikongresses. Über die Soldaten der Revolution sagt ihr Führer folgendes: „60000 umzulegen ist leicht, aber können wir vom Standpunkt unserer Generallinie aus auf 60000 verzichten?“[25])

Das ist alles: eine rein mathematische Einstellung. Von Lenins Güte für seine Soldaten ist hier nicht viel zu bemerken. Vielleicht ist Lenins Güte überhaupt bloß ein Mythos? Nein. Es existieren Dokumente, in denen sie sich in ihrer ganzen Unwiderstehlichkeit entfaltet.

Erinnern Sie sich an den oben zitierten lakonischen Befehl Lenins, die kärgliche Brotration des Jahres 1920 noch zu verringern („Mögen noch Tausende zugrunde gehen!“)?

Es zeigt sich, daß Lenin über den Hungerstod früher schon geschrieben hat. 1916, aus der satten Schweiz: „Von mir persönlich muß ich sagen, daß ich etwas verdienen muß. Sonst krepiere ich glatt, wirklich! Die Teuerung ist höllisch, und ich weiß nicht, wovon ich leben soll. Man muß bei dem Herausgeber der ‚Letopis‘, dem zwei meiner Broschüren zugeschickt wurden, *mit Gewalt* Geld herauspressen (er soll zahlen, *sofort* und möglichst viel!)... Wenn das nicht zustande kommt, dann kann ich mich wahrhaftig nicht mehr über Wasser halten, das ist mein voller Ernst, glauben Sie's mir!“[26])

Diese beiden Dokumente Lenins scheinen von verschiedenen Menschen geschrieben zu sein. Aber vielleicht haben sich in den etwas mehr als drei Jahren, die diese Dokumente voneinander trennen, Lenins Ansichten über die Probleme des Lebens geändert? Sehen wir nach.

Das gleiche Papier mit dem Aufdruck „RSFSR. Der Vorsitzende des Rates der Volkskommissare“ und ebenfalls Februar 1920, – alles, wie im Brief an Smilga und Ordžonikidze („Wir werden alle abschlachten“) –, der Text jedoch klingt völlig anders:

„Genosse Skljanskij. Der Neffe meiner Frau bittet, ihn in die Marinekurse aufzunehmen. Seien Sie so freundlich, das zu veranlassen und Befehl zu erteilen, mir zu antworten. Falls Hindernisse vorhanden – welche? Gruß. Lenin.“[27])

Es gab keine Hindernisse.

Wieder auf dem gleichen Briefpapier, 22. März 1920 – ein Monat nach den dramatischen Worten: „Mögen noch Tausende zugrunde gehen...“:

„Genosse Skljanskij. Ich bitte Sie zu veranlassen, daß dem Rotarmisten Pawel Sergejewič Allilujev ein langfristiger Urlaub gewährt wird (Krankenurlaub) und er nachher an die Kaukasusfront überstellt wird (zur Erholung im Süden bei der Reserve)... Mit kommunistischem Gruß! N. Lenin.

... P. S. Allilujev hatte Flecktyphus und leidet an Lungenschwäche. Über die Gewährung des Urlaubs und Überstellung nach Moskau zu seiner Mutter bitte ich die zuständige Stelle, mich zu verständigen. Lenin.“[28])

Anscheinend soll der Rotarmist mit schlechter Gesundheit nicht zu den Tausenden zählen, die zugrunde gehen können. Er muß zur Mutter, nach Moskau. Er ist – der Bruder von Stalins Frau.

Es ist klar, daß zur Masse derer, die zugrunde gehen, schon gar nicht Lenins eigene Frau gehören darf. Mit freundlichem Nachdruck schreibt Lenin im Jahr 1919 an die Krupskaja: „Iß und schlaf mehr!“[29]) „Ich bitte Dich, mehr auszuspannen und weniger zu arbeiten!“[30]) Diese Aufforderungen unterscheiden sich auffallend von jenen, die Lenin in den gleichen Tagen an die Arbeiter und Bauern Sowjetrußlands richtet.

Überhaupt kann man sogar bei diesen wenigen, zur Veröffentlichung freigegebenen Briefen, die Lenin an seine Frau geschrieben hat, manches herauslesen, was Lenins Leben unter einem ungewohnten Blickwinkel zeigt.

Am 9. Juni 1919 drucken die sowjetischen Tageszeitungen den in die Geschichte eingegangenen Brief Lenins an die Parteiorganisationen „Alle auf zum Kampf gegen Denikin!“ Das war Lenins Aufruf, in diesem Kampf kein Leben zu schonen und den Sieg um jeden Preis zu erringen. Am gleichen Tag schreibt Lenin auch einen privaten Brief an

„Nadjuška", wie er die Krupskaja nennt: „Wir leben wie früher: wir erholen uns sonntags auf ‚unserer' Datscha"... Und wenige Tage später, am 15. Juli: „Gestern und vorgestern war ich mit Mitja (er ist für vier Tage hier) und Anja* in Gorki. Die Linden blühen. Wir haben uns gut erholt."[31])

Natürlich muß Lenin sich erholen. Nur klingt hier der Tonfall ein bißchen anders als in dem Brief an die Parteiorganisationen.

In einem anderen Dokument wird wieder die Krim erwähnt, wo Lenin mit den Soldaten Vrangels, die sich ergeben, „erbarmungslos aufräumen" wollte. Seitdem ist ein halbes Jahr vergangen, es beginnt der prachtvolle Frühling auf der Krim.

„Genosse Skljanskij. Meine Schwester, Marija Iljinična Uljanova, ist mit Bucharin, seiner Frau und einigen anderen Genossen in die Krim gefahren. Sie fahren in einem Sonderwagen. Könnten Sie nicht Anweisung erteilen, daß dieser Waggon, wenn es die Passagiere wünschen, an Armeezüge angehängt wird zwecks Beschleunigung? (Hin und zurück)."[32])

Seien wir fair. Lenins Fürsorge erstreckt sich nicht nur auf seine Verwandten. Hier eine kurze Anweisung betreffend einen Außenstehenden:

„Gen. Stalin! Ich bitte Sie, dem Sekretariat des ZK (oder dem Orgbüro, ich weiß nicht, wer dafür zuständig ist) folgendes Ersuchen von mir zur Entscheidung vorzulegen: Ich bitte, den Chirurgen V. N. Rosanov, Arzt im Soldatenkovo-Krankenhaus, im Juli zusammen mit seinem Sohn zum Urlaub nach Riga zu schicken. Diese Bitte hat V. N. Rosanov an mich gerichtet, der jetzt ebenso wie im Jahre 1918 kein Honorar von mir nimmt, obwohl er mich viele Male behandelt hat. Nach Auffassung des Gen. Semaško** ist er ein hervorragender Chirurg; aber er gönnt sich wenig Ruhe."[33])

Lenin ist also objektiv: nicht nur die Krupskaja muß viel Ruhe haben, sondern auch der Leibarzt Rosanov.

Und viel essen im Hungerjahr 1919 soll nicht nur die Krupskaja. Das ist auch für einfache Rotarmisten unbedingt notwendig – wenn sie zu Lenins Leibwache gehören.

Folgendes schreibt Lenin eigenhändig im April 1922, während im Wolgagebiet Hungersnot herrscht:

* Lenins Geschwister
** Der Volkskommissar für das Gesundheitswesen

„Geheim. 4. 4. 1922. Genosse Trockij! ...Die Kadetten im Kreml sind 1. hungrig, 2. alle unzufrieden mit dem außerordentlich strengen Wachdienst, der ihnen keine Zeit läßt zu lernen.

Sollte man nicht aus diesem Grunde:

1. Im Rat der Volkskommissare den Antrag einreichen, eine zusätzliche Geldsumme zu bewilligen, ausschließlich zur Verbesserung der Ernährung der Kadetten aus dem Kreml, bis zur völligen Sattheit...“[34])

Majakovskij schrieb über Lenin: „Dieser Mensch, der menschlichste von allen.“ Er ist wirklich sehr menschlich.

Noch ein menschlicher Zug: Bekanntlich übte Lenin bis zum Sturz des Zarismus seine revolutionäre Tätigkeit in der Emigration aus, wo ihm persönlich keinerlei Unannehmlichkeiten von seiten der zaristischen Polizei drohten. Nur während der Revolution des Jahres 1905 kam er nach Rußland. Wie stellen wir uns die Arbeit des großen Revolutionärs während der lange herbeigesehnten revolutionären Erhebung vor? Trat er als Volkstribun auf, marschierte er an der Spitze der Massen und führte er sie auf die Barrikaden?

Ein Augenzeuge dieser Ereignisse und Mitkämpfer Lenins, der Volkskomissar für das Erziehungswesen A. V. Lunačarskij, zeichnet uns etwas verschämt ein anderes Bild. Während der Revolution von 1905 „trat Lenin als Redner aus Furcht vor einer Verhaftung nur selten in Erscheinung. Soweit ich mich entsinne, nur bei einer Gelegenheit, und zwar trat er unter dem Pseudonym Karpow auf. Er arbeitete hauptsächlich im Hintergrund, fast ausschließlich mit seiner Feder...“[35])

Und noch etwas über die persönliche Tapferkeit des Führers. Am 7. Januar 1922 lud Italien Sowjetrußland ein, an der Genuakonferenz teilzunehmen. Zur gleichen Zeit wurde die Frage diskutiert, ob diese Konferenz nicht in London stattfinden sollte. Im Standard-Lehrbuch der Geschichte der UdSSR für sowjetische Hochschulen wird das Weitere wie folgt beschrieben: „Zum Leiter der sowjetischen Delegation auf der Konferenz wurde Lenin ernannt. Aber die Werktätigen Rußlands baten die Regierung in zahlreichen Leserbriefen und Resolutionen inständig, ihn angesichts der realen Bedrohung durch Terrorakte von Weißgardisten nicht ins Ausland zu entsenden.“[36] Lenin mußte sich dem Willen des Volkes beugen.

Und hier die Dokumente:

Der sowjetische Vertreter in England, Krasin, telegraphierte am 8. Januar 1922 nach Moskau, daß er Lenins Reise nach Italien wegen der Gefahr eines terroristischen Anschlages unzulässig finde. „Weitaus annehmbarer wäre London. Hier kann man alles sicher einrichten, so die Ankunft, z. B. in Begleitung von Krasin, wie auch die Unterbringung."[37]) Wie wir sehen, hat Krasin keine Befürchtungen.

Am 12. Januar 1922 übernimmt die Sekretärin Lenins, L. Fotijeva, die Antwort telefonisch:

„Streng geheim. An Gen. Trockij. An Gen. Molotov für das Politbüro. Betrifft: Die Reise der Genossen Lenin, Trockij nach Italien (Antwort auf das Telegramm des Genossen Krasin). Ich glaube, daß der von Krasin angegebene Grund im Zusammenhang mit einer Reihe von anderen Gründen die Möglichkeit einer Reise in irgendein Land sowohl für mich, als auch für Trockij und Zinovjev ausschließt.

Lenin."[38])

„In irgendein Land." Auch nach London riskiert Lenin nicht zu fahren, wo es, nach Meinung von Krasin, „sicher" ist. „Besonders sicher" – das ist gut, soweit es Kolčak betrifft. Aber so, – was ist das für eine Sicherheit ohne Kremlmauern und ohne die Kremlkadetten, die „bis zur völligen Sattheit" gefüttert werden?

Das von der Meinung Lenins informierte Politbüro faßte sofort den entsprechenden Beschluß, worauf die Werktätigen gegen die Reise Lenins protestierten, und Lenin beugte sich dem Willen des Volkes.

In Wirklichkeit aber kümmerte sich Lenin immer weniger um die Meinungen sogar seiner Nächsten. Liest man im letzten Band der Gesamtausgabe seiner Werke, entsteht das Bild eines ständig gereizten, launischen und nörglerischen Chefs, der bei jeder Gelegenheit seinen Untergebenen Verweise erteilt. Die kameradschaftlichen Beziehungen, die ihn mit seinen Leuten in der noch nicht lange zurückliegenden Emigration verbanden, sind in weite Entfernung gerückt und vergessen. Die Untergebenen schmeicheln und singen ihm Lobhymnen. Und je mehr sie sich unterwerfen und ihm Weihrauch streuen, desto überzeugter ist der Chef, daß er unfehlbar ist, daß er von faulen Taugenichtsen umgeben ist, die man auf alles mit der Nase stoßen muß. Der Führer der erst vor kurzem vollendeten Revolution äußert sich bereits mit unverhohlener Mißachtung über Revolutionäre – z. B. so: „Er kennt sich aus und *denkt* (was sehr selten ist unter den Revolutionären)."[39])

7. Die Überzeugung, im Recht zu sein

Aber bei all dem wollüstigen Genuß der Macht geht bei Lenin ein Zug nie verloren, den er von seiner Jugend an gehabt hat: die Gewißheit, daß er, historisch gesehen, im Recht sei. Lenin ist fest davon überzeugt, daß er wirklich im Interesse des Volkes handelt. Aus diesen Gedankengängen heraus macht er eine scharfe Wendung vom Kriegskommunismus zur Neuen Ökonomischen Politik (NEP). Er geht davon aus, daß die Arbeitenden in Sowjetrußland besser leben werden als in den kapitalistischen Ländern. Lenin ist so davon überzeugt, daß er auf gesetzgeberischem Weg die Ausweisung ins Ausland als harte Strafe einführt. Bei seinen Verbesserungen zum Projekt des Strafgesetzbuches der RSFSR verfügte er im Mai 1922: „ Hinzuzufügen ist das Recht, eine Erschießung durch eine Verbannung ins Ausland umzuwandeln, laut Entscheid des Präsidiums des Zentralen Exekutivkomitees* (für eine bestimmte Zeit oder für immer)“. Sich selbst getreu fährt er fort: „Hinzuzufügen ist: Erschießung für unerlaubte Rückkehr aus dem Ausland.“[40]) Hier zeigt sich eine andere Bewertung der Perspektiven des Lebens in der sozialistischen Gesellschaft als die, die sich in der Berliner Mauer und in Selbstschußautomaten widerspiegelt.

Das Gefühl der Verantwortlichkeit vor der Zukunft verläßt Lenin nicht bis zu seinem Ende. Doch in der unersättlichen Freude am Regieren verbraucht er die letzte, vom Schicksal spärlich bemessene Zeit seines Lebens. Als die Schlaganfälle und Lähmungen beginnen, erfaßt ihn tiefes Entsetzen, nicht nur für sich selbst, sondern auch darüber, daß er in diesem Machtrausch nicht dazukam, viel Wichtiges fertigzubringen. In den wenigen, von den Ärzten gestatteten Minuten des Diktates versucht Lenin noch schnell in kurzen Fragmenten das zu sagen, wofür er bisher keine Zeit gefunden hatte. Aber es ist zu spät, schon kann er nicht mehr sprechen, es bleibt nichts mehr als dazuliegen, zuzuhören, wie die Krupskaja Erzählungen von Jack London vorliest, und voll Angst auf den letzten Schlaganfall zu warten.

Lenin war eine große Persönlichkeit, ein genialer Organisator und Revolutionär, ein talentierter Politiker. Er braucht keine Lobpreisungen. Und bezüglich der Moral hat er selbst gesagt: „Die Grundlage der

* Das Präsidium des Zentralen Exekutivkomitees der Sowjets entsprach ungefähr seinen Funktionen nach dem heutigen Präsidium des Obersten Sowjets der UdSSR.

kommunistischen Sittlichkeit ist der Kampf für die Festigung und Vollendung des Kommunismus."[41])

Auf dem XII. Parteitag teilte der georgische Volkskommissar Sturua (sein Sohn Melor Sturua ist jetzt der „Isvestija"-Korrespondent in den USA) mit, wie Lenin diese Formulierung deutete: „Erinnern wir uns an die Worte des Genossen Lenin, der den naiven Genossen auf ihre Frage ‚Was ist kommunistische Moral?' die Antwort gab: töten, vernichten, keinen Stein auf dem anderen lassen, wenn es der Revolution nützt; aber in anderen Fällen streicheln und Alexander den Großen titulieren, wenn es der Revolution nützt".[42])

Sturua hat recht: an diese Worte Lenins sollte sich jeder erinnern, der nicht naiv sein will.

Am Sarg Lenins wird Stalin seinen hochtrabenden Schwur aussprechen: „Als Genosse Lenin von uns schied, hinterließ er uns das Vermächtnis... Wir schwören Dir, Genosse Lenin, daß wir dieses Dein Gebot in Ehren erfüllen werden...". Dieser Schwur war schon ein Meineid: Als Lenin schied, hinterließ er das Vermächtnis, Stalin als Generalsekretär des ZK abzusetzen, und schon dieses Gebot wurde nicht erfüllt.

Unter Stalin wird dann „die große Freundschaft" zwischen ihm und Lenin verherrlicht werden. Unter Chruščev wird die Gegnerschaft Lenins zu Stalin konstruiert werden. Das eine ist ebenso falsch wie das andere.

Es gab keine „große Freundschaft" zwischen Lenin und Stalin. Doch gab es die tägliche Zusammenarbeit des Parteivorsitzenden mit dem nach seinem Willen ernannten Generalsekretär. Was auch immer Lenin von Stalin dachte, eines ist sicher: es war Stalin, den er zu seinem Gehilfen machte. Das Tagebuch von Lenins Sekretären bezeugt, daß Stalin – als einziger von allen Parteigrößen – jeden Tag beim Chef zur Berichterstattung erschien.

Eine Freundschaft war das nicht. Doch gab es zwischen diesen beiden Menschen einen Gleichklang. Stalin war die Fortsetzung Lenins nicht nur in der Parteigeschichte und in der Geschichte des Landes. In ihm wurden einige Züge Lenins zu einem logischen Ende gebracht, und er selbst führte das, was Lenin begonnen hatte, zu einer logischen Vollendung: die Gründung der neuen herrschenden Klasse.

Ebenso wie die Persönlichkeit Lenins die erste Hälfte dieses Prozesses verkörpert hat, so ist die Persönlichkeit Stalins die Verkörperung seiner zweiten Hälfte.

8. Einiges über Stalin

Angelika Balabanoff erinnert sich: „Kennen Sie diesen Genossen?“ fragte mich Lenin, indem er auf einen Mann wies, der ihn begleitete... Dem Aussehen nach hielt ich den Mann für ein Mitglied der Tscheka.

‚Er heißt Stalin‘ sagte Lenin.“[43])

Der zukünftige Klassiker des Marxismus machte den Eindruck eines Polizeiagenten.

Es ist oft aufschlußreich festzuhalten, mit welchem Werk ein Autor zum ersten Mal vor die Öffentlichkeit tritt. Marx, zum Schutz von dessn Ideen die vollkommenste Zensur der Welt geschaffen wurde, hatte mit einem Artikel für die Abschaffung der Zensur begonnen, Lenin mit einem Werk gegen die Narodniki, zu denen sein hingerichteter Bruder gehört hatte.

Genosse Stalin schrieb Gedichte. In den Jahren 1895–96 erschienen in den Tifliser Zeitungen „Iwerija“ und „Kvali“ 6 Dichtungen des 15jährigen Soso Džugašvili – die ersten fünf mit der Unterschrift „I.Dž–švili, das letzte mit „Soselo“. Es waren lyrische Gedichte: über Veilchen und Rosen, Nachtigallen und Lerchen und natürlich über den Mond.[44]) Gerade im Gedicht „An den Mond“ brachte der poetische Seminarist folgende Zeilen zu Papier:

„Doch merk's: Kommt der zurück zur Erde,
der lang an seinem Joche trug,
Er hebt sich höher als die Berge
in heller Hoffnung Höhenflug.“

Mond und Veilchen waren manieristische Floskeln – die helle Hoffnung, sich höher als die Berge zu erheben, spiegelte die wahre Natur des Verfassers wider.

Diese Hoffnung führte den jungen Soso in das Lager der Revolutionäre. Ehrgeiz hatte er nicht weniger als Vladimir Uljanov; seine Zukunftsaussichten waren jedoch noch wesentlich beschränkter. Džugašvili konnte nicht einmal davon träumen, ein gewöhnlicher Advokat zu werden. Der Vater wollte aus Soso einen Schuster machen, die Mutter einen Geistlichen. Der Vater fragte sie voll Hohn: „Glaubst du denn, daß er ein Metropolit wird?“ Nein, das glaubte die Mutter nicht. Noch weniger glaubte sie, daß er dereinst Metropoliten ernennen und absetzen würde.

Mittlerweile überlegte Soso selbst angestrengt, wie er es anstellen sollte, sich höher als die Berge zu erheben.

Wir haben gesehen, daß derartige Überlegungen auch Lenin nicht fremd waren. Aber die Methoden der beiden waren unterschiedlich. Als der junge Uljanov begriff, daß er unter den Verhältnissen des Zarismus nichts erreichen konnte, wurde er zum konsequenten Revolutionär. Anders der junge Džugašvili.

Sprechen wir die für den kommunistischen Leser ungeheuerliche Tatsache aus, über die in der parteihistorischen Literatur Grabesstille herrscht: es gibt Beweise, daß Genosse Stalin ein Agent der zaristischen Ochrana war.

9. Die legendäre Feigheit

Holen wir etwas weiter aus:

Stalin besaß viele hervorragende Eigenschaften, aber persönlicher Mut gehörte nicht zu seinen Stärken. Anscheinend erkannte er das selbst; nicht zufällig wählte er – als psychologische Kompensation – das Pseudonym „Koba", den Namen eines der Helden der georgischen Legenden. Erst nach und nach begriff er offensichtlich, daß seine Stärke nicht in der Tapferkeit lag, sondern in seinem stahlharten Willen und seiner Ausdauer. Das fand seinen Widerhall im neuen Pseudonym „Stalin". Zu diesem Pseudonym kam er nicht sofort; er nannte sich zuerst „Stefin", dann „Solin", „Salin" und erst Ende 1912 „K. Stalin".[45]) Der Anfangsbuchstabe des Namens „Koba" blieb erhalten: der Dreiunddreißigjährige versuchte unbewußt immer noch, seine Feigheit zu kompensieren.

Diese Feigheit zeigte sich überall. Im Bürgerkrieg war Vorošilov mehr als einmal ihr Zeuge, und Chruščev, der davon wußte, forderte ihn in seinem Bericht auf dem 20. Parteitag auf, Tatsachen dazu mitzuteilen. Der alte Marschall nickte zustimmend, aber er berichtete nichts.

Der Oberkommandierende und Vorsitzende des Staatskomitees für die Verteidigung der UdSSR brachte es fertig, während des Krieges von 1941–1945 insgesamt nur eine einzige Stunde an der Front zu verbringen und damit einen neuartigen Rekord unter den Oberkommandierenden aller Zeiten und Völker aufzustellen.

Die Moskauer wurden durch eine Sendung der „Stimme Amerikas“ sehr erheitert, die den Titel trug: „Der geliebte Führer fährt auf seine Datscha“. Die Sendung gab eine farbige Schilderung der kriegspolizeilichen Operation, die jede Fahrt Stalins vom Kreml zur Bližnjaja Datscha darstellte. Der Weg, den das gepanzerte Auto nahm, begleitet von drei Wagen der Wachmannschaft, führte von der Kalininstraße (oder Frunzestraße – je nachdem, durch welches Tor der Führer den Kreml verließ) zum Arbat und dem Kutuzovskij Prospekt. Auf jeder Kreuzung standen Burschen mit roten Gesichtern, in blauen Drappmänteln, im Winter in wattierten Mänteln und Filzstiefeln, die im Volksmund treffend „Pflastertreter“ (Toptuny) genannt wurden. Wenn jemand stehenblieb, wurde er von einem „Pflastertreter“ dringend zum Weitergehen aufgefordert. Im Polizeijargon hieß dieser Weg „Trasse“. Die Moskauer erfanden einen bildlicheren Ausdruck: „Grusinische Heerstraße“.*

Aber auch dieser Weg erschien Stalin gefährlich. Da wurde eine Lösung gefunden. Die Moskauer wunderten sich nicht wenig darüber, daß von der neben dem Kreml gelegenen Metro-Station „Leninbibliothek“ zwei parallellaufende Linien ausgebaut wurden, die direkt unter der Stalinschen „Trasse“ verliefen. Viele Jahre führte die Kiever Linie – dieser überflüssige Blinddarm – ein Scheindasein und bekam erst vor 10 Jahren einen Sinn, als sie bis zu den neuentstandenen Bezirken Kunzewo und Fili verlängert wurde. Nur wenige wußten, daß die Kiever Linie als persönlicher Tunnel für Stalin errichtet worden war, um ihm die Möglichkeit zu geben, direkt unter der Erde zur Bližnjaja Datscha zu fahren, ohne sich den Gefahren der „Grusinischen Heerstraße“ auszusetzen.

Die Bližnjaja Datscha, das „Nahe Landhaus“ selbst ist ein ebenso imposantes Denkmal der Stalinschen Angst. Heute befindet sich dort das Sanatorium des Zentralkomitees der Partei. Die Mauer um die Datscha ist ein roter Ziegelbau mit Türmchen, eine Replik der Kremlmauer; von der Landstraße aus zum Tor biegt ein unerwartet steiler Weg ab. Hinter der Mauer wachsen Bäume, die in den dunkelsten Farben des russischen Waldes ausgewählt zu sein scheinen. Die Zimmer in dem weiträumigen Landhaus wurden asymmetrisch angeordnet, um es einem Fremden unmöglich zu machen, sich zu orientieren. Zur Bewachung wurde auf dem Gebiet der Datscha eine Division der MGB-Truppen (heute KGB) stationiert. Dies war auch zum Teil der Sinn der Übersiedlung Stalins auf

* „Grusinische Heerstraße“ ist der traditionsreiche Name einer Überlandstraße, die im 19. Jh. von den Russen in den Bergen Georgiens angelegt wurde.

die „nahe" Datscha: im Kreml konnte eine Division nicht untergebracht werden.

Aber sogar dort, unter dem Schutz seiner Wachdivision, hatte Stalin immer noch Angst. Nachts konnte er nicht schlafen und riskierte es erst gegen Morgen, zu Bett zu gehen, wobei er erst dann die Entscheidung traf, in welchem Zimmer er schlafen würde. Die Auswirkung dieser Ängste Stalins prägte den gesamten Arbeitsstil der Zentralbehörden der UdSSR. Ihre Leiter, und in ihrem Gefolge die verantwortlichen Untergebenen, saßen bis Mitternacht und länger im Amt; bei den Behörden des Staatssicherheitsdienstes dauerte der Arbeitstag sogar offiziell bis ein Uhr morgens. Man hatte Angst, nach Hause zu gehen: was geschähe, wenn es plötzlich jemandem aus dem ZK, aus den Sekretariaten Stalins oder anderer Politbüromitglieder, die im Kreml bis spät in der Nacht arbeiteten, einfiele, anzurufen, und wenn sich herausstellte, daß die Bürovorstände statt wachsam zu sein, nach Hause gegangen waren, um zu schlafen?

Diese Ordnung war auch für die Chefs qualvoll: eine der ersten Neueinführungen Malenkovs nach dem Tod Stalins bestand darin, den Beginn des Arbeitstages um 9 Uhr und vor allem sein Ende um 18 Uhr festzusetzen.

Stalin hatte Angst davor, vergiftet zu werden. Auf Banketten trank er seinen eigenen Wein der Marke „Chwanč-Kara" aus einer besonderen Flasche, über die er, um sie zu verschließen, sofort wieder sein Glas stülpte. Seine Tochter Svetlana Allilujeva berichtet in ihren Erinnerungen:

„Spezialärzte unterzogen alle Eßwaren, die in seine Küche kamen, einer chemischen Analyse, um festzustellen, ob sie Gift enthielten. Jeder Sendung von Brot, Fleisch oder Obst wurde ein spezieller Akt beigelegt, bekräftigt durch Stempel und die Unterschrift des verantwortlichen ‚Giftspezialisten': ‚Giftstoffe wurden nicht festgestellt'".[46])

In Stalins Wohnung nahmen die Kremlärzte regelmäßig Luftproben, um festzustellen, ob die Luft vergiftet war. Später verdächtigte Stalin auch seine Ärzte. Es lag etwas von historischer Vergeltung in der Tatsache, daß derjenige, der die Verantwortung für den Tod von Millionen trug, dazu verdammt war, ständig um sein Leben zu zittern.

Stalins Feigheit war für seine Umgebung kein Geheimnis. Man gewöhnte sich an sie und nahm sie als etwas Gegebenes; mehr noch, sie wurde buchstäblich zur Legende.

In Kreisen der Kreml-Wachmannschaft ist die Legende verbreitet, auf welche Weise Nadježda Allilujeva, Stalins Frau und Svetlanas Mutter, durch einen Schuß ums Leben kam: angeblich trat sie nach einem Streit am Abend zuvor mit dem Wunsch, eine Versöhnung herbeizuführen, von hinten an Stalin heran und wollte ihn umarmen; Stalin erschrak und schoß, ohne sich umzudrehen. In den gleichen Kreisen kursiert eine andere Legende: ein Elektriker, der in der Datscha die Leitungen kontrollierte, betrat einen Raum, ohne zu wissen, daß Stalin sich dort aufhielt; Stalin erschrak und erschoß ihn auf der Stelle. Alles das wurde nicht empört, sondern voll Verständnis weiterberichtet, und Stalins Furchtsamkeit galt als eine selbstverständliche Tatsache.

In Wirklichkeit war es nicht Stalin, der schoß, er mordete immer durch fremde Hände. Und um vor Eintretenden nicht zu erschrecken, hatte er sich eine besondere Methode ausgedacht: die zu ihm Eingeladenen führte man in einen leeren Raum, Stalin selbst erschien erst später.

Stalins Feigheit wurde, wie wir sehen, noch zu seinen Lebzeiten die Grundlage von Legenden. Es gibt den Ausdruck: ein Mensch von legendärem Mut. Stalin war ein Mensch von legendärer Feigheit.

Berija nützte die Feigheit des Chefs. Darüber ist eine Geschichte bekannt. Als Stalin in Georgien zu seiner Lieblingsdatscha in Gulripš fuhr, befahl Berija, ohne besondere Erklärungen abzugeben, dem Kommandanten der örtlichen Miliz, sich am Weg hinter einem Busch zu verstekken und bei Herannahen der Autos in die Luft zu schießen. Der Milizionär konnte es nicht wagen, den Befehl des furchterregenden Chefs nicht auszuführen. Als der erste Schuß fiel, deckte Berija, der neben Stalin saß, diesen theatralisch mit seinem Körper. Der Schütze wurde aus dem Busch gezogen, aber im Gegensatz zu Berijas Berechnung wollte Stalin ihn selbst verhören. Bevor der Unglückliche dazukam, den Mund zu öffnen, schoß ihn Berija nieder und fiel gleichzeitig vor dem Führer auf die Knie: „Verzeihen Sie, ich konnte mich nicht zurückhalten und habe den Schurken getötet. Ein Georgier, der auf Stalin schießt!“ Nicht nur, daß Stalin seinem Retter vergab, er gewann ihn noch dazu lieb.

10. Das Rätsel der Heldentaten Stalins

Wir sprechen hier nicht über Stalins Feigheit, um uns über sie lustig zu machen. Feigheit ist einer der Züge, die zur Persönlichkeit Stalins gehören. Es ist ebenso unangebracht, über sie zu lachen, wie darüber, daß sein linker Arm kürzer war und auf seinem linken Fuß zwei Zehen zusammengewachsen waren. Aber nachdenken muß man über diesen Charakterzug, um die Frage beantworten zu können: Wie gelang es Stalin, seine Ängstlichkeit mit dem Weg eines Revolutionärs und Untergrundkämpfers, den er sich ausgesucht hatte, in Übereinstimmung zu bringen?

Dieses Problem mußte sich für Stalin täglich stellen und zu demjenigen werden, das während seines Lebens vor der Revolution am schwierigsten zu lösen war. Welche Lösung fand er? Wie immer gab es zwei Wege: den des größten und den des geringsten Widerstandes.

Der erste Weg bedeutete für Stalin die Überwindung seiner Feigheit. Ihn schlug er nicht ein; bis zu seinem Tod gelang es ihm nicht, seine Furchtsamkeit zu besiegen.

Der zweite Weg bot wieder zwei Möglichkeiten. Man konnte – auf einmal oder schrittweise – sich von der revolutionären Bewegung trennen, um nicht mit den Behörden zusammenzustoßen. Man konnte aber auch etwas anderes tun: in der revolutionären Bewegung bleiben, aber ohne mit den Behörden zusammenzustoßen, sondern im Gegenteil ihren Schutz ausnützen. Allerdings mußte man zu diesem Zweck ihr Agent werden.

Natürlich verlangte die zweite Variante, daß man mit seinem Gewissen, falls es überhaupt vorhanden war, einen Kompromiß schloß. Aber Stalin sagte selbst: „Es ist naiv, denjenigen Vorhaltungen über Moral zu machen, die selbst keine menschliche Moral anerkennen." Die Anerkennung der menschlichen Moral gehörte nicht zu den hervorstechendsten Eigenschaften des Genossen Stalin.

Über all das muß man nachdenken, weil Džugašvili, obwohl er ein Feigling blieb, unbeirrt auf dem gefährlichen Weg eines Revolutionärs weiterschritt.

Wie jeder ängstliche Mensch suchte er stets etwas, das ihn vor der Gefahr schützte. Das waren die Kremlmauern, die MGB-Division rund um die asymmetrische Datscha, das gepanzerte Auto, der unterirdische Tunnel, das umgestülpte Glas auf der Privatflasche und schließlich der dicke Bauch Berijas. Was für einen Schutz erkor sich Stalin, als er den Pfad der Revolution beschritt?

Einen mußte es geben. Der Sozialrevolutionär Vereščak berichtete 1929 in seinen Erinnerungen, wie er ein halbes Jahr lang zusammen mit Stalin im Gefängnis von Baku saß. Er erzählte wie Koba intrigierte, wie er die Ermordung eines Mithäftlings und die Verprügelung eines anderen organisierte; wie Koba sich bereits damals als Kenner des Marxismus aufspielte – alles lebensechte, bekannte Charakterzüge Stalins. Aber ein Zug ist unerwartet: als einziger unter den Häftlingen blieb Koba unerschüttert, er sorgte sich nicht um sein Schicksal und schlief ruhig oder lernte Esperanto unmittelbar nachdem seine Mithäftlinge zur Hinrichtung weggebracht worden waren. Kobas Unerschütterlichkeit vor der Polizei schuf Legenden, wie später seine Feigheit. Dem Vernehmen nach schritt Koba bei dem von den Wachmannschaften veranstalteten Spießrutenlaufen ruhig unter dem Hagel der Kolbenschläge und las Marx.[47]) Sichtlich war er überzeugt, daß die Wachen ihm nichts Böses tun würden.

Diese unerklärliche, aber aus irgendeinem Grund stets gerechtfertigte Überzeugung zeigte Koba noch deutlicher bei seinen zahllosen Ausbrüchen aus der Verbannung.

Es war tatsächlich spektakulär. Stalin wurde sechsmal verhaftet und in die Verbannung geschickt – und jedesmal, mit Ausnahme der letzten Verbannung, war er sehr schnell entkommen. Im November 1903 wurde er zum ersten Mal für 3 Jahre nach Novaja Uda verbannt – nach zwei Monaten gelang ihm die Flucht. Im Februar 1909 kam er in die Verbannung nach Solvyčegodsk – und im Juni entfloh er nach Petersburg. Im Oktober 1910 wurde er wieder nach Solvyčegodsk geschickt – im September 1911 ist er wieder in Petersburg. Im Dezember 1911 verschickt man ihn für 3 Jahre nach Vologda; weniger als 3 Monate später zeigt er sich erneut in Petersburg. Im Juli 1912 überstellt man ihn nach Narym, wieder für die gleichen magischen 3 Jahre – nach zwei Monaten ist er wieder in Petersburg. Verbarg sich nicht hinter diesen Daten ein erstaunliches Heldentum des Führers, der den Klauen der zaristischen Ochrana immer wieder so geschickt entkam? Lev Grigorjevič Deutsch erinnerte sich gern an seine dreimalige Flucht aus dem Arrest und schrieb sogar ein Buch „Drei Fluchten“. Und hier haben wir es mit fünf geglückten Fluchtversuchen zu tun, noch dazu von Sibirien und direkt in die Höhle des Löwen – in die kaiserliche Hauptstadt!

Aber was erzählte Stalin seiner Tochter Svetlana über seinen Aufenthalt in der zaristischen Verbannung in Sibirien? Svetlana schreibt: „Er gedachte der Jahre seiner Verbannung, als ob es für ihn dort nur Fischfang, Jagd oder Wanderungen durch die erhabene Taiga gegeben hätte."[48]) Merkwürdig! Obwohl das Reglement für die Verbannten in Sibirien in jenen Jahren natürlich liberal war, so hatten andere Sträflinge doch weniger idyllische Erinnerungen an Sibirien; es genügt, die später von Stalin eingestellte Zeitschrift der Altbolschewiken „Katorga i ssylka" (Zuchthaus und Verbannung) durchzublättern.

In der Hoover-Bibliothek in den Vereinigten Staaten wird ein ganz geheimes Dokument des zaristischen Polizeidepartements vom 31. März 1911 aufbewahrt, in dem steht, daß Stalin „1905 verhaftet wurde und aus dem Gefängnis entkam".[49]) Diese Verhaftung und Flucht wird in der sowjetischen Literatur nicht erwähnt, und Stalin nahm sie bei der Herausgabe seiner „Werke" nicht in seine biographischen Daten auf. Wie unerwartet! Der sich sonst nicht durch besondere Bescheidenheit auszeichnende Führer verschwieg schamhaft seine revolutionären Verdienste! Vielleicht waren diese Verdienste nicht so besonders groß und eine Flucht vor der zaristischen Ochrana leicht durchzuführen? Nun, es scheint für Stalin wirklich nicht schwer gewesen zu sein. Am 31. Dezember 1910 schreibt er aus Solvyčegodsk an den „Genossen Semjon" in Paris, so als ob es weder Verbannung noch Bewachung gäbe: „Mir bleiben hier noch sechs Monate. Nach Ablauf dieser Frist stehe ich ganz zur Verfügung. Wenn der Bedarf an Arbeitskräften für die Partei wirklich dringend ist, kann ich mich auch sofort auf den Weg machen."[50]) Aus irgendeinem Grund beunruhigt die Aussicht, daß die Zensur diesen Brief, der ins Ausland geht, lesen könnte, den Zwangsverschickten nicht sonderlich.

Vielleicht erklärt sich das alles durch den besonderen Liberalismus der Polizei? Natürlich handelt es sich hier um die zaristische Gendarmerie und nicht um Stalins NKWD. Aber der gleiche Stalin, der 1913 für 4 Jahre verbannt wurde, mußte diese Frist fast zur Gänze absitzen und wurde nur dank der Februar-Revolution frei. Das heißt, daß es auch Stalin nicht immer gelang, zu entkommen, sondern nur in einigen besonderen Fällen, bei denen es allerdings auf seinen Wegen keine Hindernisse gab. Der Flüchtling dachte gar nicht daran, sich in irgendwelche abgelegenen Orte zu verkriechen – er fuhr direkt nach Petersburg. In einem Fall, nach der Flucht aus Narym im Jahr 1912, fährt er sogar ins Ausland: über Krakau und Petersburg nach Wien, und passiert ohne Schwierigkeiten alle Kontrollstellen an der Grenze.

Es gibt noch einen zweiten Fall. Nach der totgeschwiegenen Flucht aus dem Gefängnis im Jahr 1905 unternahm Stalin eine noch kühnere Reise: zuerst hielt er sich auf einer Konferenz in Tammerfors auf, dann fuhr er nach Stockholm, London und Berlin und gelangte ungestört über die verschiedenen Grenzen. Falls Stalin das alles im Kampf gegen die zaristische Polizei durchführte, wäre dies gewiß eine heldenhafte Episode und es gäbe keine erklärbaren Gründe dafür, dieses Ereignis zu verschweigen. Anders wäre es, wenn Stalin diese Reise mit Zustimmung der Polizei unternommen hätte. In diesem Falle wäre das Stillschweigen verständlich. Dieser Fall aber würde bedeuten, daß Stalin ein Polizeiagent war.

Der Verdacht nimmt noch konkretere Formen an, wenn man sich die realen Umstände von Stalins Ausbrüchen und Reisen vorstellt. Die Polizei hätte den dunkelhaarigen Georgier mit dem Schnurrbart, der sich deutlich von den anderen Passagieren der Transsibirischen Eisenbahn – Russen oder Mongolen – unterschied, ohne Schwierigkeiten herausfinden können. Dieses Problem beschäftigte Stalin jedoch überhaupt nicht; er dachte nicht einmal daran, sich zu verkleiden und seinen kaukasischen Schnurrbart abzurasieren. Er fuhr mit einem finnischen Reisepaß nach Stockholm, obwohl er wirklich nicht wie ein Finne aussah: doch spielte das keine Rolle – er wurde durchgelassen.[51])

Erstaunlich ist auch, daß der Flüchtling, nachdem er das fast Unmögliche vollbracht hatte, um aus der Verbannung oder dem Gefängnis zu entkommen und auf den Parteitag ins Ausland zu fahren, dort nicht eine flammende Rede hielt, nicht den Delegierten seine in der Verbannung gereiften Gedanken mitteilte, sondern bloß aufmerksam zuhörte. Weshalb fuhr er dorthin?

Hier ist noch eine Frage am Platze: wer bezahlte die Reise? Wie die Erfahrung zeigt, fiel es der Ochrana während seiner letzten, vierjährigen Verbannung sehr leicht, die Geldüberweisungen an Verschickte zu regulieren, und Stalin und Sverdlov saßen ohne Geld da und konnten keines bekommen.[52]) Sogar wenn dem schweigsamen Zuhörer der Konferenzdebatten Geld für seine Reise ins Ausland aus den Mitteln der Partei zur Verfügung gestellt worden wäre, hätte Stalin die Kosten des weiten Weges aus der sibirischen Verbannung nach Petersburg nur von dem Geld bestreiten können, das er mit Erlaubnis der Polizei erhalten hatte. Warum wurde eine derartige Erlaubnis erteilt? Und wer schickte das Geld?

Nebenbei, wenn wir schon von diesem Thema sprechen: von welchem

Geld lebten Stalin und seine Familie eigentlich vor dem Jahr 1917, wenn er in dieser ganzen Zeit nur vom 28. Dezember 1899 bis zum 22. März 1901 gearbeitet und ein kärgliches Gehalt bekommen hat (als Buchhalter im geophysikalischen Observatorium in Tiflis)? Im Jahr 1901 existierte die Organisation der Berufsrevolutionäre noch nicht, und außerdem konnte Koba nicht mit einer Unterstützung aus der Parteikasse rechnen, weil er Ende 1901 wegen seiner Intrigen aus der Tifliser Organisation der Partei ausgeschlossen worden war.[53])

Auf alle diese Fragen gibt es keine Antwort.

11. Stalin und Malinovskij

Die nach der Revolution aufgefundenen Dokumente zeigen, daß die Ochrana bestens über die Tätigkeit der Bolschewiken, über alle ihre Kongresse und Konferenzen, informiert war.

Dieser Erfolg der Ochrana erklärt sich daraus, daß es ihr gelungen war, ihre Agenten auf verantwortungsvolle Posten in der bolschewistischen Partei einzuschleusen. Einige Agenten wurden dann auch entlarvt, andere blieben bis heute unerkannt.

Der wichtigste Agent der Ochrana in der Partei war bekanntlich Roman Malinovskij, der Leiter der bolschewistischen Fraktion in der 4. Duma und praktisch der Stellvertreter Lenins in der Parteiführung in Rußland.

Dieser Mann wurde zu einem der Führer der Opposition in der Duma und hielt dort donnernde Anklagereden gegen die Regierung. Das ging so bis zu dem Zeitpunkt, als der neu ins Amt berufene Chef des Polizeidepartements General Džunkovskij erfuhr, daß der zornige Politiker in Wirklichkeit ein Polizeispitzel war, auf den Decknamen Portnoj (= Schneider) hörte und von der Ochrana ein regelmäßiges Gehalt bezog. Der General schämte sich für Rußland und befahl, diese Operation sofort zu beenden. Zu Lenins größtem Erstaunen legte Malinovskij plötzlich sein Mandat als Dumaabgeordneter nieder und fuhr ins Ausland. 1918 wurde auf Grund der Ochrana-Unterlagen Malinovskijs provokatorische Tätigkeit aufgedeckt und er wurde erschossen.

Wie gestalteten sich die Beziehungen zwischen diesem Polizeiagenten und Stalin?

1967 publizierte E. E. Smith in den USA erstmals einen Brief Stalins vom 22. Februar 1913 aus Wien an Malinovskij in Petersburg.[54]) Er ist zweifellos authentisch, da er in dem Buch des sowjetischen Professors Moskalev (der später verhaftet wurde), das zur Zeit Stalins herauskam, erwähnt wird.[55])

Der Brief ist interessant. Stalin schreibt per „Du" in betont familiärem Ton. Er bemüht sich, seine Freundschaft mit Lenin herauszustreichen, stellt Fragen unter dem Vorwand, daß er Lenin informieren wolle („Iljič weiß von alledem nichts und macht sich Sorgen"), er verspricht, von Lenin irgendeinen Brief in Empfang zu nehmen und ihn an Malinovskij zu schicken, – mit einem Wort, er spielt die Rolle der rechten Hand Lenins. In Wirklichkeit war er das nicht, die Rolle war falsch. Weshalb tat er das?

Die wahre Rolle Stalins in diesen Wochen in Wien war eine ganz andere und absolut ehrenvolle: auf Anordnung Lenins schrieb er dort die Arbeit „Der Marxismus und die nationale Frage". Gerade deshalb ist der Beginn des Briefes unerwartet: „Grüsse, Freund. Ich sitze noch in Wien und... schreibe allerlei Quatsch." Diese selbstkritische Beurteilung ist überraschend. Sie überrascht noch mehr, weil es sich auf das Werk bezieht, von dem sogar Trockij, der sich über Stalins Werke lustig machte, schrieb: „Der Marxismus und die nationale Frage" stellt zweifellos Stalins bedeutendste, genauer, seine einzige theoretische Arbeit dar. Betrachtet man diesen 40 Druckseiten langen Artikel für sich, so kann man seinen Verfasser für einen hervorragenden Theoretiker halten."[56])

Bei der Abfassung dieser Arbeit halfen dem Autor Lenin, Bucharin und Trojanovskij (letzteren, den Vater des heutigen sowjetischen UNO-Botschafters Oleg Trojanovskij, kannte ich in der Endphase seines Lebens als mageren, liebenswerten alten Herrn mit zitternden Händen, dem Stalin den armseligen Posten des Leiters der Übersetzungsabteilung im Sowinformbüro zugewiesen hatte). Alle drei waren über den wohlgelungenen Artikel befriedigt. Stalin selbst betrachtete ihn zusammen mit seiner Broschüre „Über die Grundlagen des Leninismus" als sein wichtigstes Werk. Diese beiden bildeten den Nukleus seiner vor dem Krieg in der Sowjetunion erschienenen und viel studierten Arbeiten „Marxismus und nationale Frage" und „Fragen des Leninismus". Das heißt: auch die Worte „allerlei Quatsch" sind Verstellung.

Und was ist die Wahrheit?

Trockij, der den angeführten Brief „an den Genossen Semjon" dem gegenüberstellt, den Stalin drei Wochen später an die Moskauer Bolschwiken schrieb, zeigt deutlich, wie sich Stalin in seinen Briefen dem Standpunkt des jeweiligen Adressaten anpaßte und wie er einkalkulierte, daß seine Ausführungen Lenin vor Augen kommen würden.[57]) Im gegebenen Fall war Lenin der Initiator von Stalins wissenschaftlicher Arbeit; er berief ihn nach Wien, um sie vorzubereiten und redigierte sie selbst.[58]) Man könnte glauben, nicht nur der bei Stalin stark ausgeprägte Ehrgeiz des Verfassers, sondern ebenso die elementarste Vorsicht hätten ihn davon zurückhalten müssen, sich über sein Werk so abfällig zu äußern. Malinovskij stand mit Lenin in Briefwechsel, sie trafen einander; Malinovskij hätte Lenin Stalins Äußerungen weitergeben können, was bloß Lenins Zorn erweckt haben würde. Übrigens hätte für Stalin Malinovskij damals offensichtlich als Leninist gelten und sich folglich ernsthaft für die theoretische Bearbeitung der Nationalitätenfrage interessieren müssen.

Heute wissen wir, daß der Polizeispitzel Malinovskij sich in seinem Innersten für diese Abhandlung nicht interessierte und die Schrift Stalins selbstverständlich für „allerlei Quatsch" hielt. Aber Stalin wußte damals doch noch nicht, daß Malinovskij ein Provokateur war.

Oder wußte er es? Wußte er es und spielte gerade aus diesem Grund auf die wahre Meinung des Polizeiagenten an, ohne zu befürchten, daß er seine Worte Lenin verraten würde? Wußte er es und trachtete er, sich vor dem einflußreichen Agenten und somit auch vor dessen Chefs in der Rolle des Gehilfen Lenins aufzuspielen, der in der Lage war, alle Fäden der Leninschen Verbindungen mit dem russischen Untergrund in Händen zu halten und mit nüchterner Geringschätzung diesen ideologischen „Quatsch" zu beurteilen, den er, um Lenin Vergnügen zu machen, schreiben mußte?

Im Herbst 1977 wurde in Wien Stalins Meldezettel aus dem Jahr 1913 entdeckt: Josef Džugašvili bezeichnete sich darauf als Kammerdiener eines gewissen Herrn Petrov. In der Tat agierte er in Wien als Diener Lenins. Vielleicht aber hatte dieser Diener zweier Herren darüber hinaus noch einen dritten?

Welche Rolle spielte eigentlich Malinovskij in Stalins Schicksal? Nach dem Ton in Stalins Brief zu urteilen, waren die gegenseitigen Beziehungen dieser beiden äußerst freundschaftlich und kollegial. Auf welcher Ebene aber war diese Kollegialität entstanden, nur auf Parteiebene?

In der westlichen Literatur wurde schon darauf hingewiesen, daß in den beiden genannten Briefen vom Jahr 1911 aus der Solvyčegodsker

Verbannung Stalin von sich aus einen Plan entwarf, den auch Malinovskij, vorschlug: neben der Emigrantenzentrale mit Lenin an der Spitze auch eine russische Zentrale der bolschewistischen Partei zu gründen, als deren Führer unter den damaligen Umständen nur Malinovskij in Frage kam. Und eben zu diesem Zweck betont Stalin seine Bereitschaft, jederzeit aus der Verbannung zu fliehen, woraus stillschweigend hervorgeht, daß ihm in diesem Fall keine Hindernisse im Wege stehen würden.

Im Januar 1912 wurde Stalin nach der Prager Konferenz von Lenin als Mitglied des soeben erst gewählten Zentralkomitees der Partei kooptiert. In Wirklichkeit befand sich Stalin dieses ganze Jahr hindurch in der Verbannung, hatte sich durch nichts besonders hervorgetan und war nicht auf der Konferenz anwesend. Wie wenig Lenin in Genf an Stalin dachte, zeigt folgende Anekdote: sogar im November 1915, zwei Jahre vor der Oktoberrevolution und bereits nach der Kooptierung, bat Lenin, ihm den Namen Stalins zu schreiben, er und die Krupskaja hatten ihn vergessen.[59]) Irgend jemand mußte Lenin auch 1912 beharrlich an Stalin erinnert haben, damit Lenin ihn trotz seiner Abwesenheit in das Zentralkomitee aufnahm. Und jedenfalls ist klar, daß ein Parteifunktionär, der sich in Rußland befand, nur mit dem vollsten Einverständnis des Verantwortlichen für die Parteiarbeit im Lande – und das war Malinovskij – in das ZK kooptiert werden konnte.

Wir sind an einem wichtigen Wendepunkt im unaufhaltsamen Aufstieg des Josef Džugašvili angelangt. Fünf Jahre vor der Revolution war er Mitglied der Führung jener Partei, die sich von der Revolution einen sicheren Aufstieg versprechen konnte.

12. Eremins Brief, die Akte Visarionov und anderes

Anfang der vierziger Jahre wurde im Westen folgender Brief vom 12. Juli 1913 entdeckt:

„Lieber Alexej Feodorovič! Josif Visarionovič Džugašvili – Stalin, der nach seiner Verhaftung im Jahre 1906 auf dem Verwaltungswege in die Region Turuchansk verbannt wurde, hat dem Chef der Gouvernements-Gendarmerieverwaltung wertvolle Spionagedienste geleistet.

Im Jahre 1908 erhielt der Chef der Bakuer Ochrana-Abteilung von Stalin eine Reihe von Geheimberichten, und nach Stalins Ankunft in Petersburg wurde Stalin Agent der Petersburger Ochrana-Abteilung. Stalins Arbeit war bruchstückhaft, zeichnete sich jedoch durch Genauigkeit aus.

Nachdem Stalin in Prag in das Zentralkomitee gewählt worden war, griff er, nach Petersburg zurückgekehrt, die Regierung offen an und brach seine Verbindung zur Ochrana ab.

„Ich bringe Ihnen, mein sehr Verehrter, diesen Vorgang zur Kenntnisnahme und persönlichen Prüfung hinsichtlich des weiteren Einsatzes.

Seien Sie meiner Hochachtung versichert. gezeichnet: Eremin.“[60])

Der Absender und der Adressat sind bekannt: Der erste war Chef der Sonderabteilung der Ochrana, der zweite der Chef der Ochrana in Jenissejsk und hieß Železnov. Der Brief ist auf einem Papier der Ochrana geschrieben.

Was ist über dieses bemerkenswerte Dokument bekannt?

Nach Mitteilung des amerikanischen Historikers Isaac Don Levine, der es veröffentlichte, wurde es während des Bürgerkrieges von Flüchtlingen aus Ostsibirien, vermutlich von Offizieren der Ochrana, zusammen mit anderem Material aus Ochrana-Archiven nach China gebracht und gelangte von dort in die Vereinigten Staaten. Ein Gutachten hat bestätigt, daß sein Äußeres völlig den Ochrana-Dokumenten des Jahres 1912 gleicht. Don Levine hat auf einer gravierten Silbervase ein Faksimile der Unterschrift Eremins entdeckt, das mit der Unterschrift auf dem Dokument identisch ist.

Die Glaubwürdigkeit in technischen Einzelheiten kann natürlich die in westlichen Forscherkreisen verbreiteten Zweifel an der Echtheit des Ereminbriefes nicht zerstreuen: Fälscher, die ihr Handwerk gut verstehen, könnten sowohl die äußere Aufmachung des Dokumentes als auch die Unterschrift nachmachen.

Bei einer so gründlichen Fälschung müßte man allerdings als Selbstverständlichkeit voraussetzen, daß zuvor die Daten von Stalins Gefangenschaften überprüft wurden. Das wäre leichter durchzuführen gewesen, als die Unterschrift Eremins ausfindig zu machen: man hätte bloß die in millionenfachen Auflagen erschienenen sowjetischen Veröffentlichungen durchblättern müssen. Aber die merkwürdigen Fälscher nennen als erstes Datum einer Zusammenarbeit zwischen Stalin und der Ochrana eine Gefangenschaft in Tiflis im Jahr 1906, die in der sowjetischen Literatur nicht erwähnt wird.

Es scheint nachgewiesen zu sein, daß Koba wirklich am 12. April 1906 in Tiflis verhaftet wurde, nachdem die Polizei in Alabar eine Geheimdruckerei entdeckt hatte. Aber aus einem unerfindlichen Grund blieb er nur sehr kurze Zeit in polizeilichem Gewahrsam[61]) und erschien bereits am 23. April 1906 in Stockholm, auf dem Parteikongreß, wo er sich hinter dem Pseudonym Ivanovič verbarg.

Daß in diesem Dokument Hinweise auf eine Verhaftung Stalins enthalten sind, von der zur Zeit seines Auftauchens nichts bekannt war, gibt ihm eine größere Glaubwürdigkeit als der Briefkopf und die Unterschrift. Indirekt wird diese Glaubwürdigkeit auch dadurch bestätigt, daß aus irgendwelchen, zweifellos gewichtigen Gründen wenigstens zwei von Stalins Arresten in seiner Biographie nicht aufscheinen. Dabei war das Material über sie vorhanden: im Zusammenhang mit Stalins 60. Geburtstag im Jahr 1939 erwähnt Berija in einem schmeichlerischen Jubiläumsartikel, daß Stalin 8mal verhaftet wurde, 7mal verbannt und 6mal aus der Verbannung entkommen konnte.[62]) Und in den sowjetischen Biographien wurden immer nur folgende Ziffern angegeben: 6 Verhaftungen, 6 Verschickungen, 5 Fluchten.

Das alles genügt nicht, um das Dokument mit Sicherheit als echt zu erklären. Es genügt allerdings, um bei einer Abwägung der vorliegenden Beweisstücke das Gewicht zugunsten der Echtheit des Dokumentes zu verschieben. Und natürlich muß Hinweisen aus anderen Dokumenten auf die Verbindung Stalins mit der zaristischen Geheimpolizei ein besonderes Augenmerk geschenkt werden.

Ist etwas über derartige Dokumente bekannt?

Am 23. April 1956, bald nach dem XX. Parteitag der KPdSU, erschien in der amerikanischen Zeitschrift „Life“ ein Artikel von A. Orlov, einem Residenten des sowjetischen Geheimdienstes, der sich einige Jahre zuvor geweigert hatte, in die UdSSR zurückzukehren. Orlov berichtete als Ergänzung seiner früher publizierten Bücher über Stalin und das NKWD eine Geschichte, die er bisher, nach seinen Worten, aus Angst vor der Rache Stalins und seiner Gefolgsleute nicht veröffentlicht hatte. Hier die Geschichte in Kürze:

1937 entdeckte der Mitarbeiter des NKWD Stein im Archiv des Stellvertretenden Leiters des Polizeidepartements (Ochrana) Visarionov eine Aktenmappe. Darin befanden sich Ermittlungen über Stalin und einige Berichte, die er für die Polizei geschrieben hatte, unter anderen über die bevorstehende sogenannte „Februarkonferenz“ der Bolschewiken, die unter der Leitung Lenins vom 26. Dezember 1912 bis 1. Januar 1913 in Krakau abgehalten wurde und an der auch Malinovskij teilnahm.

Aus diesen Dokumenten war ersichtlich, daß Stalin, der wußte, daß Malinovskij ein Provokateur war, versuchte, ihn in den Augen der Ochrana zu diskreditieren und sich selbst in ein gutes Licht zu setzen, um an seiner Stelle der erste Polizeiagent innerhalb der bolschewistischen Partei zu werden. Dieses Ziel vor Augen, schrieb Stalin bei seiner Rückkehr nach Petersburg einen Brief an den Stellvertretenden Minister für Innere Angelegenheiten, Zolotarev. Auch dieser Brief befand sich in der Akte Visarionov. Stalin erinnerte Zolotarev daran, daß er die Ehre gehabt habe, ihn in einem Sonderzimmer eines ihm bekannten Restaurants vorgestellt zu werden, und berichtete darauf über Malinovskijs Verhalten auf der Februarkonferenz. Der Sinn dieser Anzeige bestand darin, daß Malinovskij in Wirklichkeit ein Anhänger Lenins sei und nicht für die Ochrana, sondern für die Bolschewiken arbeite.

Anscheinend vertraute die Polizei ihrem bewährten Agenten Malinovskij mehr als Stalin. Zolotarev sandte die erhaltene Anzeige an Visarionov mit der Anweisung, den Denunzianten nach Sibirien zu verbannen.

Soweit Orlovs Bericht. Stimmt er mit dem überein, was wir wissen?

Nach der Februarkonferenz fuhr Stalin nach Wien und schickte von dort den uns bekannten Brief an Malinovskij. Zwei Wochen nach der Absendung des Briefes fuhr Stalin, wie er Malinovskij versprochen hatte, zu Lenin nach Krakau und kehrte Mitte Februar 1913 nach Petersburg zurück. Das ist die Zeitspanne, in der sich etwas in den Beziehungen zwischen diesen beiden verändert haben muß. Am 23. Februar wurde Stalin in Petersburg verhaftet und für vier Jahre nach Sibirien verbannt – in jenes einzige Exil, aus dem er nicht floh. Die näheren Umstände der Verhaftung waren folgende: An jenem Abend wurde ein von der Polizei erlaubtes Konzert aus Anlaß des Gründungstages der „Pravda“ veranstaltet. Es ist bezeichnend, daß sich Stalin ausgerechnet an Malinovskij mit der Frage wandte, ob er dorthin gehen könne, ohne verhaftet zu werden. Malinovskij sagte ja. Während des Konzertes wurde Stalin festgenommen.[63]) Vom Standpunkt des Geschichtsforschers kann man unmöglich übersehen, daß der 11 Jahre später publizierte Brief Stalins an Malinovskij, von dem Orlov nichts wußte, in dieses Bild der Ereignisse sehr logisch hineinpaßt.

Gibt es andere Mitteilungen, die auf Kontakte Stalins zur Ochrana hinweisen? Ja, und zwar schon aus der Zeit vor 1906.

Im Jahr 1903 jagte die Polizei eine von Stalin organisierte Demonstration vor dem Gefängnis von Batumi durch Schüsse auseinander. Der Führer der georgischen Sozialdemokraten Noj Žordania schrieb: „Das kann man nur Provokation nennen..., aber er (Stalin) hatte das Glück, verhaftet und verbannt zu werden. Dies hat seinen Ruf zum Teil wiederhergestellt und ihn davor bewahrt, daß man ihn zum Agent provocateur erklärte.“[64])

Das war die erste Verhaftung Stalins. Vielleicht kann man dieser Aussage auch den Zweck der Verhaftung entnehmen?

1905 wurde in Tiflis Stepan Šaumjan verhaftet, einer jener 26 Kommissare aus Baku, die später von den Engländern erschossen wurden. Vermutungen tauchten auf, Šaumjan sei von Koba verraten worden. Šaumjan selbst sagte: „Ich bin sicher, daß mich Stalin der Polizei verraten hat; es gibt Beweise“.[65])

1908 wiederholte sich die unheilvolle Geschichte – diesmal in Baku. Der französische Biograph Stalins, Boris Souvarine, schrieb 1935, daß die Bakuer Arbeiter „Džugašvili verdächtigten, Šaumjan bei der Polizei angezeigt zu haben, und ihn (Stalin) vor ein Parteigericht bringen wollten. Er wurde durch seine Exilierung davor bewahrt“.[66]) Abermals half Stalin eine Verhaftung.

Die Übersiedlung Stalins nach Baku im Jahr 1908 war mit einer anderen ganz bizarren Geschichte verbunden. Die bolschewistische Ortsgruppe der Stadt hatte zu dieser Zeit keine Untergrunddruckerei und konnte nichts drucken. Gleichzeitig mit der Ankunft Kobas in Baku tauchten plötzlich bolschewistische Flugblätter auf, deren Autor eindeutig Stalin war. Die Nachprüfung ergab, daß die Flugblätter in der Druckerei der Polizei von Baku hergestellt worden waren.[67])

Es fällt schwer, dieser Tatsache nicht einen anderen, ähnlichen Vorfall hinzuzufügen. Ende 1901 kam Koba, der, wie wir uns erinnern, aus der Tifliser Organisation wegen Intrigantentums davongejagt worden und arbeitslos war, mit einer sehr teuren Druckerpresse nach Batumi. Auf welche Weise sie in seinen Besitz gelangte, ist unbekannt.[68])

1912 traf sich der Menschewik Boris Nikolaevskij mit Stalin in Baku. Nikolaevskij erinnert sich, daß damals die Bakuer Organisation der Menschewiken von einem ihrer früheren Mitglieder eine Mitteilung erhielt, daß auf ihn auf Befehl Stalins ein Attentat verübt worden sei; der Autor des Briefes bezichtigte Stalin offen, für die Ochrana zu arbeiten.[69])

Auch Roy Medvedev, der den Verdacht über Stalins Ochranatätigkeit nicht teilt, zitiert seine Interviews mit Altbolschewiken, die auf diese Tätigkeit hindeuten.

Aus verschiedenen Orten, in verschiedenen Jahren, von verschiedenen Leuten – immer das gleiche: Stalin ist ein Polizeiagent.

Das Überzeugende an dieser Behauptung liegt darin, daß sich, wenn wir sie als Schlüssel zu Stalins Biographie benützen, viele unverständliche Fragen leicht lösen lassen: warum er – bei seiner Feigheit – vor nichts Angst hatte, wie er so leicht aus den Verbannungen fliehen konnte, unter welchen Umständen er – bei drohenden Mißerfolgen – in die Verbannung abgeschoben wurde, was sich zwischen ihm und Malinovskij ereignete.

Es gibt aber gegen Stalin noch einen Beweis, für den er selbst reichlich Material geliefert hat.

Selbst die geheimsten Gedanken eines Menschen beginnen, wenn er völlig von ihnen absorbiert ist, an die Oberfläche zu gelangen und sich in seinem Benehmen und seinen Reden zu äußern, als wären sie von einem inneren Licht erleuchtet. Dostoevskij hat das in der Gestalt des Raskolnikov gut zum Ausdruck gebracht.

Fragen wir uns: Woraus schöpfte Stalin die Gewißheit, daß jeder, selbst der ranghöchste Revolutionär und Bolschewik, ein Agent der Gegenseite sein könnte? Auf dieser psychologischen Voraussetzung basierten in der Stalinzeit alle Prozesse in der UdSSR und in den Volksdemokratien, alle die zahllosen Verhaftungen und Hinrichtungen jener Zeit. Heute liegt die Verlogenheit der erzwungenen „Geständnisse" von Stalins Opfern, sie seien Agenten der Gestapo gewesen, klar zutage: die Archive der Gestapo sind zugänglich, in ihnen fand sich keine einzige Zeile, die diese Anschuldigungen bestätigt hätte. Aber warum hat sich ausgerechnet *dieser* Anklagepunkt in Stalins Gehirn festgesetzt? Warum war es nicht etwas anderes, sondern ausgerechnet langjährige Spitzeldienste zugunsten des Feindes unter der Maske der Ergebenheit gegenüber der Partei? War das nicht Stalins eigenes Problem, mit dem er insgeheim viele Jahre lang leben mußte?

Berija, der früher selbst in der Polizei der azerbajdžanischen antibolschewistischen Regierung der Partei „Musavat" gedient hatte (Stalin erklärte, er habe dort in seinem Auftrag gearbeitet)[70], organisierte in den dreißiger Jahren die Suche nach Dokumenten über Stalins revolutionäre Tätigkeit. Aus den damals publizierten Materialien ist zu ersehen, daß gerade die Archive der Ochrana genauestens durchkämmt wurden. Falls es Dokumente gab, die Stalin kompromittierten, sind sie nicht mehr erhalten – es sei denn, Berija hat sie (oder ihre Kopien) versteckt – für alle Fälle.

Die Suche nach diesem Material ist eine Sache der Zukunft. Wiederholen wir das bereits Gesagte: es gibt Beweise, daß Stalin ein Agent der zaristischen Ochrana war.

13. „Ein schrecklicher Mensch"

Muß man sich darüber wundern? Der unbezähmbare Ehrgeiz, der Stalin von frühester Jugend an verfolgt hatte, konnte, zusammen mit seiner Amoralität und seiner Feigheit, leicht zu diesem Resultat führen. Dadurch, daß er gleichzeitig auf zwei Pferde setzte, gewann er auf jeden Fall: sowohl der Sieg als auch die Niederschlagung der Revolution hätten für ihn einen Gewinn bedeutet.

1912 gelang es Stalin, in das Zentralkomitee der Partei aufgenommen zu werden. Wenn man dem Bericht Orlovs Glauben schenken kann, lehnte die Ochrana es 1913 ab, ihm die diesem Rang entsprechende erste Stelle unter ihrer Agentur einzuräumen und schickte ihn in die Verbannung – diesmal aber nicht zum Spaß. Im Jahr darauf begann der Krieg, der für Rußland unvermeidlich das Herannahen der Revolution bedeutete. So zwang der Lauf der Ereignisse Stalin, seine Wahl zu treffen – gegen die Ochrana, für die Partei der Bolschewiken.

Aber auch nachdem er seine Wahl getroffen hatte, manövrierte Stalin weiter. Einige Spuren seiner Manöver haben sich erhalten.

Es ist wohlbekannt, daß Stalin, als er bald nach der Februarrevolution 1917 nach Petersburg zurückkehrte, im Gegensatz zur Linie Lenins mit der Provisorischen Regierung liebäugelte. Anscheinend schloß er die Möglichkeit einer Koalition aller Parteien und damit seine Teilnahme an der Regierung nicht aus: Er war ja das einzige Mitglied des Zentralkomitees der Bolschewistischen Partei, das sich damals in Petrograd befand.

Noch eine interessante Einzelheit über das Verhalten Stalins in den Tagen der Oktoberrevolution. Am Morgen des 24. Oktober 1917 verabschiedete das Zentralkomitee der Bolschewistischen Partei die Resolution, durch die den ZK-Mitgliedern verboten wurde, das Gebäude des ZK – den Smolny-Palast – zu verlassen. Trockij berichtet: „Die erstaunlichste Tatsache ist, daß Stalin an dieser entscheidenden Sitzung überhaupt nicht teilgenommen hat. Die Mitglieder des Zentralkomitees durften Smolny nicht verlassen, Stalin aber war nicht einmal dort."[71])

Wo er sich untertags aufhielt, ist nicht bekannt.

Wo er sich abends befand, erfahren wir aus den Memoiren von Anna Allilujeva. (Später befahl Stalin, dieses Buch zu beschlagnahmen und die Verfasserin – die Schwester seiner Frau – zu verhaften. Wie er Svetlana erklärte, hätte sie „zuviel gewußt und dann zuviel geschwätzt".[72]) Anna Allilueva kam in ein Lager und verlor dort den Verstand.)

Dabei ist das, was sie über den historischen Abend des 24. Oktober 1917 – den Abend der Oktoberrevolution – mitteilt, nichts als ein kleines Detail. Es stellt sich heraus, daß Stalin an diesem Abend zu Hause bei der Familie Allilujeva Tee trinkt und bei Tisch gemütlich seine Kommentare zur Lage in Petrograd gibt.[73])

Eine verblüffende Handlungsweise für einen Menschen, der mehr als zwanzig Jahre seines Lebens für die Vorbereitung dieses Tages geopfert hat! Es kann dafür eine einfache Erklärung geben: Stalins doppeltes Spiel mit der Revolution. Ist die Revolution siegreich, so kann er sich oben festsetzen, wie es einem Mitglied des ZK gebührt; wird sie niedergeschlagen, so gehört er nicht zu denen, die sie von Smolny aus leiteten.

Die Revolution siegte: am nächsten Tag saß Stalin nicht mehr geruhsam beim Teetisch, sondern amtierte in seiner Eigenschaft als Volkskommissar für die Nationalitätenfrage in der sowjetischen Regierung Rußlands.

Wir schreiben hier keine Biographie Stalins und können nicht über alle Eigenschaften dieser hervorragenden Persönlichkeit sprechen: über seine erstaunliche Willenskraft, seinen frühzeitig auftretenden Sadismus, seine unglaubliche Organisationsgabe, seine kaltblütig-macchiavellistischen Tücken, sein Talent, sich für das Volk verständlich auszudrücken, seine Grobheit und seine Egozentrik und viele andere. Stalin war zweifellos der geborene große Politiker. Vom Gipfel seiner Größe blickte er verächtlich auf die ungeschickten Schachzüge seiner Gegner herab, wie ein Großmeister, der sich über die naiven Einfälle von Neulingen belustigt. Aus den Protokollen von Jalta und Potsdam ist klar zu ersehen, wie leicht und sicher Stalin nicht nur den senilen Roosevelt überspielte, sondern auch den geriebenen Politiker Churchill. „Es ist gar nicht so leicht, den Genossen Stalin irrezuführen." – diesen Satz voll bescheidener Genugtuung nahm Stalin in die Ausgabe seiner Werke auf.[74]) Svetlana erinnert sich, wie sich ihr Vater fast gutmütig über seine hilflosen Gegner lustig machte: „Sie wollten schlauer sein als Stalin! Da schau her, den Stalin wollten sie betrügen!“[75])

Das konnten sie tatsächlich nicht schaffen. Stalins politische Triumphe erfolgten mit einer derartig unerbittlichen Selbstverständlichkeit, daß der von ihnen faszinierte Westen aus Gewohnheit auch heute noch glaubt, der Erfolg jeder Handlung der Erben Stalins sei von vornherein garantiert; dabei haben diese Diadochen und Epigonen bereits eine ganze Anzahl grober Fehler gemacht.

Stalin ist mit Recht in die Geschichte eingegangen, und er wird den Völkern in Erinnerung bleiben. Ich konnte nicht anders, als den Worten eines Professors der Akademie der Gesellschaftswissenschaften beim ZK der KPdSU innerlich zuzustimmen, der erklärte, daß es in der von unserer Generation bewußt erlebten Zeit in der UdSSR keinen anderen derart großen Politiker wie Stalin gegeben hatte.

Allerdings konnte ich auch nicht anders, als einem anderen Urteil zuzustimmen. Eines Tages schlenderte das 84jährige Akademiemitglied Ivan M. Majskij – einer der ältesten sowjetischen Diplomaten, der Vertreter der UdSSR beim Komitee für Nichteinmischung im Spanischen Bürgerkrieg, in den Jahren des zweiten Weltkrieges Botschafter in England und dann Stellvertretender Außenminister der UdSSR –, der nach einem überstandenen Schlaganfall kaum gehen konnte, langsam an meinem Arm durch das Moskauer Haus für Völkerfreundschaft. Wir sprachen über Stalin.

„Ivan Michailovič, Sie haben ihn viele Jahre gut gekannt“, sagte ich, „Wie würden Sie ihn charakterisieren? Was für ein Mensch war er?“

Die lebhaften Augen wurden ernst und mit seiner unerwartet hohen Stimme antwortete er: „Ein schrecklicher Mensch.“

In diesen beiden Aussagen liegt wohl die Wahrheit über Stalin.

Wir haben über Lenin und Stalin gesprochen. Warum? Was enthüllen uns die Psychogramme dieser beiden Menschen? Denn so groß auch die Rolle ist, die sie in der Geschichte gespielt haben – bleiben sie nicht trotzdem nur Personen mit den ihnen zufällig eigenen individuellen Zügen?

Nein, so ist das nicht. Lenin und Stalin wurden nicht als Führer der Partei und des Staates geboren. Der Grund, warum sie ihre Rolle in der Geschichte gespielt haben, ist, daß sie in größerem Ausmaß als andere Menschen über Eigenschaften verfügten, die für diese Rolle unter den gegebenen historischen Bedingungen notwendig waren. Sie waren nicht bloß Individuen, sondern die Abbilder einer ganzen sozialen Schicht, der neuen herrschenden Klasse des Realsozialismus.

Als Lenin den Embryo dieser Klasse schuf, impfte er ihm die Abscheu vor einer vagen intellektualistischen Linkseinstellung ein; die Überzeugung, daß die revolutionäre Tätigkeit keine Bekundung von edlen Gefühlen, sondern ein praktischer Weg zur Machtergreifung ist anstelle des verschwommenen Ideals einer allgemeinen Gerechtigkeit die Grausamkeit gegenüber dem Gegner und Erbarmungslosigkeit gegenüber allen, mit Ausnahme der eigenen Person; schließlich die beruhigende Gewißheit, daß alle Kompromisse mit dem Gewissen für die Erreichung der lichten Zukunft aller Werktätigen unbedingt notwendig sind.

Stalin, der das Baby großzog, ging weiter. Er impfte ihm neue Züge ein, die jedoch nichts anderes waren als die logische Fortsetzung dessen, was Lenin begonnen hatte. Alle Eigenschaften, die bei Stalin so ausgeprägt waren: Die Bereitschaft, gleichzeitig Revolutionär und Reaktionär zu sein, gegen die Polizei zu kämpfen und ihr als Agent zu dienen, den Hohepriester der Moral zu spielen und blutige Verbrechen zu verüben, sich egal welchen Lösungen zu verschreiben, jeden Verdächtigen zu liquidieren, Bündnisse mit jedem Beliebigen zu schließen und jeden zu verraten, um an die Macht zu kommen, die zum Selbstzweck wurde, – alle diese Eigenschaften wurden die kollektiven Eigenschaften der von ihm erzogenen Klasse.

Zwei historische Figuren standen an der Wiege der neuen Klasse: Lenin und Stalin, wobei einer den anderen ablöste.

Lenin hat Stalins Aufstieg ermöglicht: er kooptierte ihn ins Zentralkomitee, er versuchte aus ihm einen Theoretiker zu machen, er ernannte ihn zum Mitglied seiner Regierung und übergab ihm die Schlüsselposition des Generalsekretärs des ZK. Stalin erging sich in Huldigungen seinem Gönner gegenüber, in Wirklichkeit aber versuchte er hartnäckig, seinen Posten als Partei- und Staatschef zu erobern. Als Lenin das erkannte, war es schon zu spät: er war schon des Todes, und der Sieg gehörte Stalin. Und trotzdem war Stalin eigentlich nie ein Gegner Lenins, er war seine Fortsetzung.

So haben die beiden Väter entscheidend mitgewirkt – bei der Zeugung und der Geburt der neuen herrschenden Klasse.

Anmerkungen

1 Die altrussische Nestorchronik, in Übers. hrsg. von Reinhold *Trautmann.* Leipzig 1931, S. 54
2 *L. Fisher:* The life of Lenin. New York, London 1964
3 *Stalin:* Werke. Bd. 6, S. 63
4 *Leo Trotzky:* My life. New York 1930, S. 337
5 *Lenin:* Werke. Bd. 25, S. 507
6 *Maxim Gorki:* Unzeitgemäße Gedanken über Kultur und Revolution. Frankfurt a. M. 1972. Dem Leser in der Sowjetunion werden Gorkis kritische Aufsätze aus diesen Jahren vorenthalten.
7 *Lenin.* Bd. 25, S. 295; Siehe „Voprosy istorii KPSS" Nr. 9, S. 100–101
8 *Leo Trotzky:* Lenin. New York 1925, S. 133–134
9 *M. J. Lacis:* Dzieržynskij i VČK. In: „Proletarskaja revoljucija" 1926, Nr. 9, S. 85
10 *Lenin:* Polnoe sobranie sočinenij (im folgenden „PSS"), Bd. 45, S. 189. In der DDR-Ausgabe nicht vorhanden.
11 *Lenin:* PSS, Bd. 52, S. 40. In der DDR-Ausgabe nicht vorhanden
12 Ebenda
13 The Trotzky Papers. 1917–1922. Vol. 2. The Hague-Paris 1971, S. 80
14 Ebenda, Vol. 1, S. 22
15 Ebenda, S. 80
16 Ebenda, S. 236
17 *Angelika Balabanoff:* Lenin. Hannover 1959, S. 68
18 The Trotzky Papers, Vol. 1, S. 356
19 Ebenda, S. 272
20 Ebenda, S. 278
21 Leninskij sbornik XXXVII. Moskva 1970, S. 136
22 *Lenin:* Briefe. Berlin 1967. Bd. 4, S. 299
23 *Lenin:* PSS, Bd. 45, S. 190–191. In der DDR-Ausgabe nicht vorhanden
24 Leninskij sbornik XXXVII., S. 70
25 Ebenda, S. 139
26 Lenin: Briefe. Bd. 4, S. 299. Dabei hatte Lenin auch damals genug Geld, um in der Schweiz leben zu können. (Siehe *N. Valentinov:* Maloznakomyj Lenin. Pariz 1972, S. 168–178.) 1917 schrieb Lenin selbst: „An das Brot hatte ich, ein Mensch, der keine Not kannte, nicht gedacht." (*Lenin:* Werke Bd. 26, S. 104)
27 The Trotzky Papers, Vol. 1, S. 44
28 Ebenda, S. 128
29 *Lenin:* Briefe, Bd. 10, S. 368
30 Ebenda, S. 371
31 Ebenda
32 The Trotzky Papers, Vol. 1, S. 444
33 *Lenin:* Briefe, Bd. 9, S. 273
34 The Trotzky Papers, Vol. 1, S. 694
35 *A. Lunatscharski:* Profile der Revolution. Frankfurt a. M. 1968, S. 38
36 Istorija SSSR, epocha socializma (1917–57). Moskva 1957, S. 274
37 The Trotzky Papers, Vol. 1, S. 656
38 Ebenda, S. 658
39 *Lenin:* PSS, Bd. 52, S. 272 (An Zinovjev über Otto Kuusinen). In der DDR-Ausgabe nicht vorhanden
40 *Lenin:* PSS, Bd. 45, S. 189
41 *Lenin:* Werke, Bd. 31, S. 285

42 Dvenadcatyj s-ezd RKP (b). Stenografičeskij otčet. Moskva 1923, S. 462
43 *Angelika Balabanoff:* a. a. O., S. 51
44 *M. Kelendzeridze:* Stichi junogo Stalina. „Rasskazy o velikom Staline". Tiflis 1941, S. 67–70
45 *E. E. Smith:* Der junge Stalin. München 1969, S. 455
46 *Swetlana Allilujewa:* Das erste Jahr. Wien–München–Zürich 1969, S. 341–342
47 *Leo Trotzky:* Stalin. Eine Biographie. Reinbek bei Hamburg 1971, S. 180–181
48 *Swetlana Allilujewa:* Zwanzig Briefe an einen Freund. Berlin–Darmstadt–Wien 1968, S. 171
49 Zitiert nach *E. E. Smith:* a.a.O., S. 148
50 *I. W. Stalin:* Werke, Bd. 2, S. 216
51 *E. E. Smith:* a.a.O., S. 284
52 *J. M. Sverdlov:* Izbrannye proizvedenija. T. l. Moskva 1957, S. 266
53 Material darüber siehe E. E. Smith: a.a.O. S. 95–98
54 *E. E. Smith:* a.a.O., S. 289–290
55 *M. A. Moskalev:* Russkoe bjuro bol'ševistskoj partii 1912–mart 1917 g. Moskva 1947, S. 129
56 *Leo Trotzky:* Stalin, Bd. 1, S. 236
57 Ebenda, S. 197–203
58 *E. E. Smith:* a.a.O., S. 306
59 Leninskij sbornik XI. Moskva–Leningrad 1931, S. 193
60 *Isaac Don Levine:* Stalin's Great Secret. New York 1956
61 Ebenda, S. 85–91
62 Ebenda, S. 49
63 *E. E. Smith:* a.a.O., S. 309
64 Ebenda, S. 105
65 Ebenda, S. 148
66 Ebenda, S. 229. Siehe Boris Souvarine: Stalin. Aperçu historique du bolchévisme. Paris 1935, S. 107
67 *E. E. Smith:* a.a.O., S. 234
68 Ebenda, S. 98–99
69 Ebenda, S. 269
70 Chruščev erzählte in seiner Geheimrede auf dem XX. Parteitag der KPdSU: „Schon 1937 sagte der ehemalige Volkskommissar für das Gesundheitswesen Kaminski auf einer Sitzung des ZK-Plenums, daß Berija für die Musavater-Spionage arbeite. Kaum hatte das Plenum seine Sitzung beendet, als Kaminskij verhaftet und erschossen wurde." (*N. S. Chruščev:* Doklad na Zakrytom zasedanii XX. s'ezda KPSS „O kulte ličnosti i ego posledstvijach." Moskva 1959, S. 45)
71 *Leo Trotzky:* Stalin, Bd. 2, S. 11–22, 81
72 *Swetlana Allilujewa:* Zwanzig Briefe an einen Freund, S. 267
73 *A. S. Allilujewa:* Iz vospominanij. Moskva 1946, S. 61
74 *I. W. Stalin:* Werke, Bd. 12, S. 101
75 *Swetlana Allilujewa:* Das erste Jahr, S. 346

III. Die Geburt der herrschenden Klasse

> Die Sonne der Freiheit schien uns durch die Wolken
> und Lenin der Große erhellt unsren Weg.
> Uns zog Stalin auf, hat zur Treue dem Volke,
> zur Arbeit und zu Heldentaten bewegt.
>
> *Hymne der Sowjet-Union in der Fassung vor 1977*

Jeder, der in einer sowjetischen Hochschule Geschichte studiert hat, weiß es: die Entstehung der Klassen wird als ein mühsamer, sich dahinschleppender Prozeß dargestellt. Im Fach „Geschichte der Urgesellschaft", einer Nacherzählung von Engels' „Der Ursprung der Familie, des Privateigentums und des Staates", wird endlos vom „Zerfall der Gentilordnung" gesprochen. Dieser Zerfall beginnt mit dem Aufkommen des Patriarchats und dauert dann Jahrtausende. Das Entstehen der Klassen wird als etwas betrachtet, das von der Gegenwart sehr weit entfernt ist. Wir, die als Schulkinder die blutigen Jahre der Stalinschen Säuberung 1936–1938 erlebt hatten, konnten es damals noch nicht begreifen, daß wir soeben erschrockene Zeugen der Geburt einer neuen herrschenden Klasse gewesen waren.

1. Das praktische Ziel

Alle Bücher über die Geschichte der KPdSU beginnen mit dem Entstehen der ersten marxistischen Gruppe in Rußland – der „Osvoboždenie truda" („Befreiung der Arbeit"). Diese vor fast 100 Jahren aufgetauchte Gruppe übersetzte Werke von Marx ins Russische und trat für die Entwicklung Rußlands nach dem von Marx gezeigten Weg ein. Die

Gruppe bestand bloß aus wenigen Menschen, aber jeder dieser Namen ist in die Geschichte der russischen Arbeiterbewegung eingemeißelt: G. V. Plechanov, P. B. Axelrod, V. J. Zasulič, V. N. Ignatov, L. G. Deutsch.

Der Zufall wollte es, daß ich als Schüler den fast 80jährigen Lev Grigorjevič Deutsch kennenlernte und oft bei ihm war. Mein vor der Revolution verstorbener Großvater, ein Ingenieur der Ostsibirischen Eisenbahnverwaltung, hatte in den achtziger Jahren des vergangenen Jahrhunderts dort dem Verbannten geholfen, ihm unter Schwierigkeiten und nicht ohne Risiko für sich selbst eine Arbeit verschafft, so daß Deutsch eine warme Anhänglichkeit an unsere Familie bewahrte. Als Resultat konnte ich den glühenden Neid meiner Schulkameraden erwecken, weil ich einen gemeinsamen Bekannten mit Friedrich Engels hatte.

Lev Grigorjevič, der eine weitreichende Korrespondenz in verschiedenen Staaten unterhielt, schenkte mir nicht nur regelmäßig die exotischsten Briefmarken. In der winzigen Zweizimmerwohnung im „Haus der Veteranen der Revolution" auf der Šabolovka[1]), hörte ich oft seine Erzählungen von vergangenen Tagen, als die russische Sozialdemokratie ihre ersten Schritte unternahm. Den Schüler, dem die offizielle Geschichte eingetrichtert worden war, verzauberte an diesen Erzählungen, daß Lenin, Plechanov, Trockij in ihnen lebende Menschen waren, mit Charaktereigenschaften, Stimmungen und Schwächen, mit Zweifeln und Überlegungen – und nicht Schemen, bei denen der erste stets und in allem der Lehrer war, der zweite ein Opportunist und der dritte ein Feind. So wehte mir aus der Ferne eines halben Jahrhunderts die Atmosphäre der ersten Jahre der marxistischen Bewegung in Rußland entgegen.

Aus den Worten von Deutsch begann sich mir ein bißchen von dem größten Problem zu erschließen, das die russischen Marxisten damals zu bewältigen hatten: das Problem der historischen Rückständigkeit Rußlands. Den Kern dieses Problems bildete die Unmöglichkeit für Rußland, das gerade die ersten Schritte auf dem kapitalistischen Weg gemacht hatte, den Sprung in die nachkapitalistische Gesellschaft zu vollziehen.

„Du, Mischa, und deine Freunde", sagte Lev Grigorjevič, „möchtet heute Stratosphären- oder Polarforscher sein. Aber beim besten Willen könnt ihr das nicht: Ihr seid Kinder, ihr könnt nicht aus eurem Alter herausspringen. Auch ich kann leider nicht aus meinem Alter herausspringen und wieder ein Schulkind sein. Nicht wir sind es, die die Phasen unseres Lebens bestimmen, sie bestimmen uns. Das gilt nicht nur für jeden Menschen im einzelnen, sondern auch für alle zusammen, für die menschliche Gesellschaft. Konnte damals Rußland oder ein anderes Land, das sich auf der gleichen Stufe der gesellschaftlichen Entwicklung befand, aus eigenem Willen durch einen Sprung an die Spitze der höher entwickelten Länder gelangen? In der Theorie von Marx heißt es, daß das nicht möglich ist, und das war einleuchtend. Dies war das Problem, das sich uns Marxisten damals stellte. Erzählt man euch davon in der Schule?"

Nein, in der Schule erzählte man uns davon nichts. In der Schule wurde kurz erwähnt, daß Opportunisten, um der Bourgeoisie zu helfen, die Verleumdung in die Welt gesetzt hatten, Rußland sei für eine proletarische Revolution nicht reif gewesen, daß aber der treue Marxist Lenin die Opportunisten entlarvt habe. Daß sich unter den letzteren auch Marx befand, kam uns nicht in den Sinn.

Für einen russischen Marxisten, der wirklich von der Richtigkeit der Marxschen Theorien überzeugt war und nicht nur versuchte, dessen Thesen für seine Interessen auszunützen, war das ein überaus wichtiges Problem.

Die Lage in Rußland zeigte schon damals Züge, die wir von der heutigen Zeit kennen. Ein riesiges Reich mit einem mächtigen Polizeiapparat, mit fest herausgebildeten Traditionen und einem unterdrückten Volk. Wie konnten die Revolutionäre diesen Koloß umstürzen? Wo gab es einen Stützpunkt? Die Narodniki rechneten mit der Bauernschaft, der zahlenmäßig stärksten Klasse des damaligen Rußland; die Hoffnungen erfüllten sich nicht. Dann setzten die Narodowolzen auf individuellen Terror: das Resultat war die Beseitigung einzelner Persönlichkeiten, nicht des Systems. Man hörte, daß im weit entfernten, industrialisierten England Marx und Engels die Arbeiterklasse als die revolutionäre Kraft bezeichneten. Aber sie dachten an Länder mit einer hochentwickelten Industrie und nicht an Länder wie Rußland, wo es erst wenige Arbeiter gab, die dem Bauernstand entstammten und keine echten Proletarier waren.

Was konnten die russischen Marxisten tun? Wahrscheinlich nur das: Die Ideen von Marx und Engels verbreiten, die Arbeiter aufklären, sich schrittweise auf ferne Kämpfe in der Zukunft vorbereiten, aber in der Zwischenzeit auf die von Marx und Engels prophezeite proletarische Revolution in den entwickelten Staaten Europas warten, die sich aus unerfindlichen Gründen verzögerte. Natürlich war es nicht leicht, sich mit dem Gedanken abzufinden, daß man den Ablauf der natürlichen historischen Prozesse abwarten müsse: im historischen Maßstab mochte dies schnell vor sich gehen, aber der einzelne würde nicht lange genug leben, um die Petersburger Kommune und die klassenlose Gesellschaft in Rußland mit eigenen Augen zu sehen.

Die von Marx entdeckten Gesetze zu beschleunigen war allerdings unmöglich. Marx hatte die Ungeduldigen im Vorwort zu seiner „Kritik der politischen Ökonomie" gleichsam von allem Anfang an gewarnt: „Eine Gesellschaftsformation geht nie unter, bevor alle Produktivkräfte entwickelt sind, für die sie weit genug ist, und neue, höhere Produktionsverhältnisse treten nie an ihre Stelle, bevor die materiellen Existenzbedingungen derselben im Schoß der alten Gesellschaft selbst ausgebrütet worden sind."[2])

Man kann eine Revolution nicht einfach veranstalten – sie ist keine Verschwörung, kein Umsturz, sondern eben eine soziale Revolution, hier kann nicht einmal eine Klasse helfen, geschweige denn eine Partei. In seiner Arbeit „Grundlagen des Kommunismus" unterstreicht Engels: „Die Kommunisten wissen zu gut, daß alle Verschwörungen nicht nur nutzlos, sondern sogar schädlich sind. Sie wissen zu gut, daß Revolutionen nicht absichtlich gemacht werden, sondern daß sie überall und zu jeder Zeit die notwendige Folge von Umständen waren, welche von dem Willen und der Leitung einzelner Parteien und ganzer Klassen durchaus unabhängig sind."[3])

Nicht Rußland oder seine osteuropäischen Nachbarn würden die ersten sein, die die proletarische Revolution erleben. Engels stellt in der gleichen Arbeit fest, daß in Rußland, Polen und Ungarn noch die Leibeigenschaft herrsche wie im Mittelalter.[4]) Die proletarische Revolution wird, wie Engels schreibt, in „zivilisierten Ländern" vor sich gehen, d. h. in England, den Vereinigten Staaten, Frankreich und Deutschland. Sie wird in strenger Abhängigkeit vom Grad der Entwicklung jedes dieser Länder schneller oder langsamer verlaufen, „je nachdem das eine oder andere Land eine ausgebildetere Industrie, einen größeren Reichtum, eine bedeutendere Masse von Produktionskräften besitzt." Und selbst wenn dort die proletarische Revolution gesiegt haben wird, wird sie nicht auf die rückständigen Länder übergreifen, sie wird auf sie nur „eine bedeutende Rückwirkung ausüben und ihre bisherige Entwicklungsweise sehr beschleunigen."[5])

Die von den jungen Marx und Engels erdachte und psychologisch den Forderungen des radikalen Teiles der revolutionären westeuropäischen

Jugend am Vorabend des Jahres 1848 angepaßte Idee einer antikapitalistisch-proletarischen Revolution in den industriell hochentwickelten Ländern verhieß einen raschen Sieg nur im Westen. Den von den Bauern und von der Ergebnislosigkeit des individuellen Terrors enttäuschten russischen Revolutionären gab sie nur die Aussicht auf den zwar unerbittlichen, aber langwierigen Prozeß des Wachstums der Kräfte des Kapitalismus mit seinen beständig wachsenden Konflikten, die irgendwann zu einer Explosion führen müßten.

In dieser Situation zog ein unansehnlicher, aber willensstarker junger Mann aus Simbirsk die Aufmerksamkeit auf sich: Vladimir Uljanov. Er begann seine Karriere als einer der vielen jungen Verehrer Plechanovs. Aber schon bald war zu sehen, daß ihn weniger die Logik der marxistischen Theorie interessierte, als die politische Praxis. Er verneinte nicht etwa die Aufrichtigkeit oder die Wichtigkeit der marxistischen Lehre: Im Gegenteil, er ging mit nie dagewesenem Eifer und polemischem Zorn daran, für die Reinheit der marxistischen Lehre zu kämpfen – so als ob seine Opponenten nur deshalb zum Marxismus gestoßen wären, um diese Lehre zu torpedieren. Dennoch waren für den jungen Uljanov diese theoretischen Dispute nie eine Suche nach der Wahrheit, sondern stets die Bekämpfung des politischen Gegners. Lenin, der über sich selbst nicht gern sprach, schrieb 1923, als er sein Ende herannahen fühlte und den zurückgelegten Weg überblickte, lakonisch: „Wichtig war für mich immer das praktische Ziel.“[6]) Diese Worte sind der Schlüssel zur Rolle Lenins und des Leninismus in der Geschichte Rußlands.

Das wichtigste praktische Ziel in Lenins Leben war, die Revolution in Rußland durchzuführen, mochten dort die materiellen Voraussetzungen für neue Produktionsverhältnisse reif sein oder nicht.

Den jungen Menschen störte nicht, was für andere russische Marxisten jener Zeit ein Stein des Anstoßes war. Auch wenn Rußland rückständig und sein Proletariat schwach war, auch wenn der russische Kapitalismus seine Produktivkräfte noch lange nicht erschöpft hatte – die Hauptsache war, die Revolution durchzuführen!

„Wir sind der Meinung“, schrieb der junge Uljanov, „daß für die russischen Sozialisten besonders notwendig ist, die Theorie von Marx *selbständig* weiterzuentwickeln, denn diese Theorie liefert lediglich die allgemeinen Leitsätze, die im einzelnen auf England anders angewandt werden als auf Frankreich, auf Frankreich anders als auf Deutschland, auf Deutschland anders als auf Rußland.“[7])

Warum wurde Lenin eigentlich Marxist? Es ist nicht üblich, diese

Frage zu stellen – wie kann man so etwas von einem Klassiker des Marxismus wissen wollen? Trotzdem ist dies keine leere Frage. Wir haben gesehen, daß Lenin vor seinem 18. Lebensjahr sich überhaupt nicht für den Marxismus interessierte und später ein ganz spezifisches Interesse an ihm gewann – nicht am Marxismus als wissenschaftliche Theorie, sondern als Lehre, die man zu einer Ideologie der Revolution ausgestalten konnte. Bereits in der ersten Etappe seiner politischen Laufbahn schlug Lenin ohne Zögern einen dem Marxismus entgegengesetzten Weg ein, sobald er es für opportun hielt, auch wenn er darüber schwieg. Der Marxismus war für Lenin weniger eine Sache der inneren Überzeugung als ein nützliches und deshalb sorgsam gehütetes Instrument.

Warum fand Lenin gerade dieses ideologische Instrument so nützlich und nicht irgendein anderes? Weil der Marxismus die einzige Theorie war, die die *proletarische* Revolution verkündete. Nun hatte die Erfahrung der Narodniki gezeigt, daß die Hoffnung auf die Bauernschaft als wichtigste revolutionäre Kraft Rußlands sich nicht erfüllt hatte. Andererseits war das kleine Häuflein der revolutionären Intelligenzler zu schwach, um ohne Rückhalt einer großen Klasse den Koloß des Zarismus zu stürzen: Die Erfolglosigkeit des Terrorismus hatte das mit aller Deutlichkeit gezeigt. Eine derartige große Klasse konnte in Rußland unter den gegebenen Umständen nur das Proletariat sein, das an der Schwelle vom 19. zum 20. Jahrhundert rasch an Zahlenstärke zunahm. Auf Grund ihrer Konzentration in der Produktion und ihrer durch die Arbeitsbedingungen herausgebildeten Diszipliniertheit war die Arbeiterklasse jene soziale Schicht, die man am besten als Stoßkraft ausnützen konnte, um die bestehende Ordnung zu stürzen. Logischerweise bot sich der Marxismus als das passendste Instrument an.

Millionen von Menschen aus verschiedenen Ländern sind feierlich durch das Mausoleum geschritten, um neugierig das unansehnliche, glatzköpfige Männlein mit dem roten Bart zu betrachten – eine gelbe Mumie mit einem Schädel ohne Gehirn. Viel interessanter wäre es aber, das in einem Safe im Institut für Gehirnforschung der Akademie der medizinischen Wissenschaften der UdSSR in steriler Reinheit aufbewahrte Gehirn Lenins zu betrachten. In dieser Masse von unbestimmter Farbe mit den tiefen Gehirnwindungen wurde vor mehr als einem Dreivierteljahrhundert der ungewöhnliche Plan geboren, der das Antlitz der Welt veränderte.

2. „Was tun?“

Lenins Plan wurde in seinem Buch „Was tun?“ entwickelt. Der Titel wiederholte demonstrativ den Namen eines Werkes von Černyševskij, dem Brevier der russischen Demokraten der sechziger Jahre. Lenin schien zu unterstreichen, daß eine neue Zeit angebrochen sei, in der es nicht darum gehe, sich mit Volksbildung zu beschäftigen oder heldenhafte Einzelgänger zu suchen, man müsse etwas ganz anderes tun. Jeder Punkt seines Planes war eine Offenbarung, die im Rahmen des politischen Denkens des 19. Jahrhunderts, auch des Marxismus, keinen Platz hatte.

Die erste dieser Offenbarungen war die These von der Notwendigkeit, den Marxismus in ein Dogma umzuwandeln und auf die freie Kritik der Theorie von Marx zu verzichten.

Seit der Zeit der französischen Aufklärung und des Rationalismus wurde Dogma gleichgesetzt mit Reaktion, die Freiheit der Kritik, des Denkens und des Gewissens mit Fortschritt. Die Französische Revolution und die Revolutionen des nachfolgenden Jahrhunderts erhärteten diese Einschätzung zum Axiom, und am Ende des liberalen 19. Jahrhunderts war sie in allen linken Kreisen jeder Schattierung anerkannt. Wie ätzend hätten Marx und Engels die reaktionäre Einstellung jedes Kritikers dieses Axioms gebrandmarkt!

Lenin war es, der gegen das Axiom auftrat. Im Kapitel „Dogmatismus und freie Kritik“ widmete er sich der nicht leichten Aufgabe, mit marxistischen Worten die Idee zu untermauern, die dem Prinzip der marxistischen Dialektik von Grund auf zuwiderlief. Bekanntlich sieht die marxistische Dialektik alles als Prozeß an, der keinen Stillstand duldet, in dem das Alte durch das Neue ersetzt wird, das seinerseits veraltet und durch etwas Zeitgemäßeres ersetzt werden wird. Dagegen verlangte Lenin, die Versuche, die Theorie des Marxismus weiterzuentfalten, einzustellen und die Lehre von Marx als unfehlbares Dogma, das keiner Beurteilung unterliegt, anzuerkennen.

Lenin wußte, daß es gefährlich war, sich mit einer kritischen Analyse des Marxismus zu befassen. Wer weiß, zu welchen Schlüssen eine derartige Analyse führen konnte; ob sie nicht die Ablehnung eben dessen hervorrufen konnte, was für Lenin an der marxistischen These das wichtigste war? Selbstverständlich entging es Lenins Blick nicht, daß sich in dem mehr als einem halben Jahrhundert, das seit dem Erscheinen des

„Kommunistischen Manifestes" verstrichen war, die These von der Unvermeidlichkeit der proletarischen Revolution nicht bestätigt hatte und daß die marxistischen Parteien des Westens von ihr stillschweigend abzurücken begannen.

Dabei war Lenin kein Dogmatiker, er war ein wendiger Pragmatiker, auch in der Ideologie. Zur Dogmatisierung des Marxismus aufrufend, unterzog Lenin gleichzeitig – und stillschweigend – wichtige marxistische Thesen einer radikalen Revision.

Ein anschauliches Beispiel dafür ist der zweite Punkt in Lenins Plan.

Das grundlegende Prinzip des Historischen Materialismus wurde von Marx klar formuliert: „Es ist nicht das Bewußtsein der Menschen, das ihr Sein, sondern umgekehrt ihr gesellschaftliches Sein, das ihr Bewußtsein bestimmt".

Deutlich im Widerspruch zu diesem Prinzip forderte Lenin das „Hineintragen" eines sozialistischen Bewußtseins in die Arbeiterklasse von außen: „Wir haben gesagt, daß die Arbeiter ein sozialdemokratisches Bewußtsein *gar nicht haben konnten.* Dieses konnte ihnen nur von außen gebracht werden. Die Geschichte aller Länder zeugt davon, daß die Arbeiterklasse ausschließlich aus eigener Kraft nur ein trade-unionistisches Bewußtsein hervorzubringen vermag, das heißt die Überzeugung von der Notwendigkeit, sich in Verbänden zusammenzuschließen, einen Kampf gegen die Unternehmer zu führen, der Regierung diese oder jene für die Arbeiter notwendigen Gesetze abzutrotzen u. a. m."[8])

Mit anderen Worten, ohne Druck von außen wendet sich die Arbeiterklasse nicht der Revolution zu.

Nun ist für Lenin eine Revolution unbedingt notwendig. Daher bekräftigt er, daß man der Arbeiterklasse den „wissenschaftlichen Sozialismus" beibringen muß, d. h. den nach geschildertem Rezept zum Dogma erhobenen Marxismus.

Mit einer etwas gekünstelten Vereinfachung argumentierte Lenin, man könne nicht von jedem Arbeiter erwarten, daß er imstande sei, selbständig eine Theorie des „wissenschaftlichen Sozialismus" zu entwerfen: „Die Lehre des Sozialismus ist... hingegen aus den philosophischen, historischen und ökonomischen Theorien entstanden, die von den gebildeten Vertretern der besitzenden Klassen, der Intelligenz, ausgearbeitet wurden. Auch die Begründer des modernen wissenschaftlichen Sozialismus, Marx und Engels, gehörten ihrer sozialen Stellung nach der bürgerlichen Intelligenz an."[9])

Das Argument klang falsch: Es war nicht die Rede von der wissenschaftlichen Theorie, bei der es selbstverständlich immer einen Autor gibt. Es war die Rede von der Klassenideologie, deren Schöpfer und Träger eine ganze Klasse ist und bei der einzelne Autoren nur dieser Ideologie Ausdruck verleihen. Kann man sich vom marxistischen Standpunkt aus zum Beispiel vorstellen, daß die Klassenideologie des Bürgertums von der Arbeiterklasse geschaffen und ins Bürgertum bloß von außen „hereingetragen“ worden wäre? Natürlich nicht.

Dennoch war der Gedanke des „Hineintragens“ für Lenin außerordentlich wichtig, er hatte sich schon lange damit beschäftigt. Einige Jahre vor „Was tun?“, bereits 1899, schrieb Lenin über die Partei: „Es ist ihre Aufgabe, in die spontane Arbeiterbewegung bestimmte sozialistische Ideale hineinzutragen... mit einem Wort, die spontane Bewegung mit der Tätigkeit der revolutionären Partei zu einem unauflöslichen Ganzen zu verschmelzen.“[10]) In einer solchen Umgestaltung der Arbeiterbewegung in ein Anhängsel der Partei bestand also das Ziel dieses „Hineintragens“.

Vom Standpunkt des Historischen Materialismus hält die Idee des „Hineintragens von Bewußtsein“ einer Kritik nicht stand. Mit der Frage der Umgestaltung des Bewußtseins der Arbeiterklasse hatte sich auch Engels beschäftigt; allerdings anders als Lenin und wirklich ausgehend von der Position des Historischen Materialismus. Engels schrieb am Ende seines Lebens, im Jahr 1891: „Um die besitzenden Klassen vom Ruder zu verdrängen, brauchen wir zuerst eine Umwälzung in den Köpfen der Arbeitermassen...; und um diese zuwegezubringen, brauchen wir ein noch rascheres Tempo in der Umwälzung in den Produktionsmethoden, mehr Maschinerie, mehr Arbeitsverdrängung, mehr Bauern- und Kleinbürgerruin, mehr Handgreiflichkeit und Massenhaftigkeit der unvermeidlichen Resultate der modernen großen Industrie... Wirklich befreiende Schritte werden erst dann möglich, wenn die ökonomische Umwälzung die große Masse der Arbeiter zum Bewußtsein ihrer Lage gebracht und ihnen damit den Weg zur politischen Herrschaft gebahnt hat“.[11])

Dies ist die marxistische Einstellung zur Bewußtseinsbildung. Ganz anders sieht das leninistische „Hineintragen“ des Bewußtseins aus. Stellen wir uns das bildlich vor.

Plötzlich erscheinen bei dem Arbeiter Intellektuelle, die eben erst den Marxismus zum unberührbaren Dogma erklärt haben, und verkünden: Dein Standpunkt ist gar nicht der Standpunkt deiner Klasse. Wir, die Intellektuellen, werden dich lehren, worin dein Klasseninteresse besteht.

Welchen Standpunkt nimmt der Arbeiter ein? Er möchte einen höheren Lohn beziehen und seine Arbeitsbedingungen verbessern. Dafür ist er bereit zu kämpfen und sich mit anderen, ebensolchen Arbeitern wie er, zu verbinden. Warum soll das nicht das Klasseninteresse des Arbeiters sein?

„Das ist Trade-Unionismus!" erklären die Intellektuellen. „Das ist Verrat an den Interessen der Arbeiterklasse!"

Worin liegen diese verratenen Interessen nach den Worten dieser Intellektuellen? Darin, daß die von ihnen, den Intellektuellen, geführte Partei die Macht im Staat übernimmt. Aber wessen Klassen-(oder Gruppen-)Interesse ist es: das der Arbeiter oder ihr eigenes?

Natürlich versprechen die Partei-Intellektuellen dem Arbeiter, daß sie nach ihrer Machtergreifung mit einem Hungerlohn auskommen und nur für seine Interessen arbeiten werden; für ihn werden Bäche von Milch und Honig fließen. Aber wenn der Arbeiter gescheit ist, dann versteht er, daß die Bäche, falls sie wirklich fließen werden, es nicht für ihn tun werden, auch werden die Intellektuellen wahrscheinlich nicht für ihn arbeiten, eher umgekehrt.

Also betrügen ihn die Intellektuellen? Zweifellos. Heißt das, daß für sie wirklich Bäche von Milch und Honig fließen werden? Die Unglücklichen, sie ahnen nicht, daß nach ihrem Sieg Ströme ihres eigenen Blutes fließen werden! Doch davon wollen wir im Schlußteil dieses Kapitels sprechen.

Die Idee des „Hineintragens des sozialistischen Bewußtseins", der „Verbindung des Sozialismus mit der Arbeiterbewegung" war antimarxistisch, sie war jedoch ein außerordentlich wichtiges Kettenglied in Lenins Plan: sie zeigte den Leninschen revolutionären Intellektuellen den Weg auf den Buckel der Arbeiterklasse. Hatte man die Arbeiterklasse überzeugt, daß ihr Interesse in der Machtergreifung durch diese Handvoll Intellektueller bestand, so erwarb man die politische Armee, die Lenin und seine Genossen an die Macht bingen sollte. Der Trick war dank der Besonderheit der Klasseninteressen machbar: wie wir schon am Anfang erwähnten, sind diese Interessen subjektiv und dadurch können sie durch Propaganda verfälscht und suggeriert werden.

Lenin dachte daran. Ausgerechnet in „Was tun?" erwähnt Lenin die Ausnützung der Arbeiterklasse durch eine andere soziale Schicht als Stoßtrupp für die Erlangung der Macht. Er konstatiert, „daß der revolutionäre Weg der Arbeiterbewegung auch noch ein nicht-sozialdemokratischer Weg sein kann! Hat doch die gesamte westeuropäische Bourgeoisie unter dem Absolutismus die Arbeiter auf einen revolutionären Weg „gestoßen", bewußt gestoßen."[12])

Lenin sah, daß es in Rußland Faktoren gab, die der Verwirklichung eines solchen Ziels besonders förderlich waren.

Der russische Kapitalismus befand sich noch auf einer frühen Stufe seiner Entwicklung und beutete die Proletarier auf bestialische Weise aus, wie dies auch im Westen zu Beginn der kapitalistischen Entwicklung geschah. Lenin erkannte, daß die russische Arbeiterklasse unter solchen Bedingungen für die Idee einer Revolution empfänglich war.

Lenin verstand auch etwas anderes deutlich. Das russische Proletariat war gerade aus dem Dorfe herausgekommen, in dem noch archaische Verhältnisse herrschten. Lenin schrieb: „Ein so zurückgebliebenes Land, in dem die Massen hinsichtlich ihrer Bildung, ihres Könnens und Wissens derartig bestohlen wurden – so ein Land gibt es nicht mehr, außer in Rußland."[13]) Lenin schrieb das, als er zu dem Schluß kam, daß der Sieg der proletarischen Revolution in einem Lande möglich und dafür Rußland auserkoren sei. Offenkundig war nach Lenins Ansicht – im Gegensatz zur Anschauung Marxens – die Kulturlosigkeit der russischen Massen kein Hindernis für eine proletarische Revolution. Eher im Gegenteil: verkündete doch Lenin eine Auserwähltheit Rußlands für den Sieg dieser Revolution. Offensichtlich war es leichter, gerade einer ungebildeten Arbeiterklasse zu suggerieren, was in ihrem „Interesse" lag.

Die Dogmatisierung des Marxismus war eine Hilfsmaßnahme. Das „Hineintragen" war sehr wichtig für Lenins Plan der Machtergreifung. Aber das Wichtigste kommt erst jetzt.

3. Zwei Organisationen: die Berufsrevolutionäre und die Partei

Lenin sagte, in der Politik sei es immer wichtig, das Kettenglied zu finden, an dem man die ganze Kette nachziehen könne. Dieses Kettenglied seines Planes war die Schaffung einer „Organisation der Berufsrevolutionäre". Lenin verglich es mit dem Archimedischen Punkt. „Gebt uns eine Organisation von Revolutionären, und wir werden Rußland aus den Angeln heben!" schrieb er.[14])

Nun hatte es revolutionäre Organisationen auch früher in verschiedenen Ländern, darunter in Rußland, gegeben. Worin lag Lenins Erfindung? Im Begriff „Berufsrevolutionäre“; eben das war der Angelpunkt in Lenins Plan.

Natürlich gab es in Rußland gegen Ende des 19. Jahrhunderts Illegale der Terrororganisation „Narodnaja wolja“, die von den Mitteln lebten, die ihnen von den Genossen zur Verfügung gestellt wurden. Die überwiegende Mehrheit der Revolutionäre waren jedoch Menschen, für die die Revolution eine Berufung war, nicht ein Beruf.

Eine derartige Einstellung bezeichnete Lenin mit dem verächtlichen Wort „Dilettantismus“. Anstelle der revolutionären Dilettanten sollte nach seinem Plan eine Schicht von Berufsrevolutionären entstehen, und gerade sie sollte die gesamte Vorbereitung der Revolution in ihre Hände nehmen. Lenin glaubte offensichtlich nicht an Überzeugungen und uneigennützige Hingabe; er meinte, die Vorbereitung der Revolution wäre nur möglich, wenn die Berufsrevolutionäre vollkommen von ihrer Führung abhängig wären.

Dieser Überzeugung blieb Lenin bis zum Schluß treu. Auf dem XI. Parteikongreß 1922 sagte er: „Die Geschichte weiß von Metamorphosen der verschiedensten Sorten. Sich auf Überzeugung, Hingabe und andere hervorragende Eigenschaften zu verlassen ist ein Ding, das in der Politik völlig unseriös ist.“[15])

Diese die Revolution als Beruf ausübenden und unter einer Leitung stehenden Revolutionäre sollten nach Lenins Vorstellung ihrerseits die Vorgesetzten der einfachen Parteimitglieder sein. Die letzteren sollten helfen und dem sein Handwerk beherrschenden Fachmann in allem gehorchen. Den Fachleuten der Revolution würde auch die Aufgabe übertragen werden, den dogmatisierten Marxismus in die russische Arbeiterklasse hineinzutragen, die Massen zu organisieren und sie für die proletarische Revolution reif zu machen.

Aus welchen Leuten sollten die Kohorten einer derartigen Organisation bestehen? Vielleicht aus urwüchsigen Arbeitern, die in sich selbst die Kraft und Fähigkeit fanden, die Lebensbedingungen des russischen Proletariats zu überwinden, die die Köpfe erhoben von ihrer monotonen Arbeit, die selbständig – und sei es auch als Dogma – die marxistischen Ideen studierten und akzeptierten?

Nein. Obwohl von der *proletarischen* Revolution und von der Diktatur des *Proletariats* die Rede war, strebte Lenin gar nicht danach, daß die Organisation der Berufsrevolutionäre aus Arbeitern bestehen sollte.

In „Was tun?“ stellte Lenin der Arbeiterorganisation bewußt eine Organisation von Revolutionären gegenüber. In einer Organisation von Arbeitern seien die Mitglieder natürlich Arbeiter. „Die Organisation der Revolutionäre dagegen muß vor allem und hauptsächlich Leute erfassen, deren Beruf die revolutionäre Tätigkeit ist... Hinter diesem allgemeinen Merkmal der Mitglieder einer solchen Organisation *muß jeder Unterschied zwischen Arbeitern und Intellektuellen*, von den beruflichen Unterschieden des einen wie des anderen ganz zu schweigen, *völlig* zurücktreten.“[16]) Mehr noch: Der Arbeiter, der in diese Organisation eintrat, durfte nicht weiter Arbeiter bleiben. Lenin sagte ausdrücklich: „Ein halbwegs talentierter und zu Hoffnungen berechtigender Agitator aus der Arbeiterklasse *darf nicht* elf Stunden in der Fabrik arbeiten. Wir müssen dafür sorgen, daß er aus Mitteln der Partei unterhalten wird.“[17])

Es sind also nicht die Arbeiter, die als „Vertreter“ und „Avantgarde der Arbeiterklasse“ auftreten. Die Organisation, die für den Kampf um die Sache der Arbeiterklasse geschaffen worden war, brauchte also keine Organisation von Arbeitern zu sein.

Das gleiche Paradoxon zeigte sich bei der Frage der Struktur dieser Organisation. Obwohl sie für den Kampf um die Demokratie da sei, war es, wie sich herausstellte, nicht notwendig, daß sie demokratisch war. Lenin unterstreicht: „Das einzige, ernste Organisationsprinzip muß für die Funktionäre unserer Bewegung sein: strengste Konspiration, strengste Auslese der Mitglieder, Heranbildung von Berufsrevolutionären. Sind diese Eigenschaften gegeben, so ist noch etwas Größeres gesichert als der ‚Demokratismus‘, nämlich das volle und kameradschaftliche Vertrauen der Revolutionäre zueinander... Sie haben keine Zeit, an spielerische Formen des Demokratismus zu denken (des Demokratismus innerhalb eines engen Kreises von Genossen, die vollkommenes Vertrauen zu einander haben), aber ihre *Verantwortlichkeit* empfinden sie sehr lebhaft, und zudem wissen sie aus Erfahrung, daß eine aus wirklichen Revolutionären bestehende Organisation vor keinem Mittel zurückschrecken wird, wenn es gilt, sich von einem untauglichen Mitglied zu befreien.“[18])

Zur Debatte stand also nicht eine demokratische Klassenorganisation des Proletariats, sondern die Gründung einer Art von revolutionärer „Mafia“, bei der Demokratismus als unnötiges Spiel betrachtet wurde und alles auf Konspiration und Gesamtbürgschaft beruhte; demjenigen der „Mafiosi“, den die Organisation (d. h., da es keinen Demokratismus gab, die Führung) als „untauglich“ ansah, drohte der Tod. „Wir brauchen eine militärische Organisation von Agenten"[19]) – formulierte Lenin seine Position deutlich.

Die Mitglieder dieser Mafia fühlten sich gebunden durch Gesamtbürgschaft: „Wir schreiten als eng geschlossenes Völklein, uns fest an den Händen haltend, auf steilem und mühevollem Weg dahin“, schrieb Lenin unerwartet lyrisch. „Wir sind von allen Seiten von Feinden umgeben und müssen fast stets unter ihrem Feuer marschieren. Wir haben uns, nach frei gefaßtem Beschluß, eben zu dem Zweck zusammengetan, um gegen die Feinde zu kämpfen..."[20])

Lyrische Tiraden beantworten allerdings nicht die Frage: Woher sollte das Geld kommen für die Erhaltung der Berufsrevolutionäre?

Darüber wird bis heute in der parteihistorischen Literatur geschwiegen. Dabei war das Problem nicht leicht zu lösen: damals gab es noch nicht jene realsozialistischen Staaten, die heute die revolutionären Organisationen in kapitalistischen Ländern finanzieren. Das Geld floß hauptsächlich aus zwei Quellen. Die erste hieß „Expropriationen“, also bewaffnete Banküberfälle. Der zukünftige sowjetische Volkskommissar für auswärtige Angelegenheiten Litvinov wurde bei dem Versuch verhaftet, im Ausland Geld zu wechseln, das auf diese Weise erworben war; danach begann der zukünftige Botschafter in London, Krasin, die Ziffern auf den Banknoten zu fälschen. Als guter Organisator des Bankraubs arbeitete sich Stalin in der Partei empor.

Im Jahre 1910 kam aber das ZK der Partei zum Schluß, daß es nicht mehr notwendig sei, auf „Expropriationen“ zurückzugreifen. Man hatte nämlich die zweite Geldquelle: Die Spenden. Von wem? Die Partei war klein, von ihren Mitgliedern war nicht viel zu holen. Es waren die Kapitalisten, die für die „proletarische Revolution“ spendeten. Leider sind in der sowjetischen Literatur nur spärliche Hinweise über die Spenden des Millionärs Savva Morosov und die Tätigkeit Maxim Gorkijs zu finden, der bei den Kapitalisten Rußlands und des Auslandes für die Bolschewiken Geld sammelte. Über die Finanzierung der Partei Hitlers durch deutsche Kapitalisten wurde viel veröffentlicht; diese Angaben gelten als Beweis, daß die NSDAP eine Partei des Monopolkapitals war. Es wäre möglich, nicht weniger Material darüber aufzutreiben, daß die Partei der Bolschewiken, die sich bekanntlich die Partei des Proletariats nennt, ebenfalls von Kapitalisten finanziert wurde.

Soviel über Lenins Plan, eine Organisation der Berufsrevolutionäre zu schaffen. Sollte diese Organisation gleichzeitig die Partei sein? Nein, für die Bildung der Partei sah Lenin ein anderes Verfahren vor.

Da war der Plan, eine für ganz Rußland bestimmte politische Zeitung namens „Iskra" (Der Funke) ins Leben zu rufen. Diesen Plan stellte Lenin im Mai 1901 in seinem Artikel „Womit sollen wir beginnen?" zur Diskussion.[21]) Die illegale revolutionäre Zeitung, die nach Rußland aus dem Ausland hereingeschmuggelt wurde, sollte laut Lenins treffender Formulierung nicht nur als kollektiver Propagandist und Agitator dienen, sondern auch als kollektiver Organisator. Sie sollte aus den geheimen Gruppen ihrer Leser geheime Parteizellen machen, die, im ganzen Land verstreut, die Organisation der Berufsrevolutionäre unterstützen sollten.

Der Gedankengang war psychologisch völlig richtig: allein die Tatsache des regelmäßigen Bezugs einer illegalen, bald danach verbotenen Zeitung brachte die Leser der „Iskra" in Opposition zum Zarenregime und schweißte sie zu einer Gruppe zusammen, wobei die Ideen der „Iskra" automatisch zur Plattform dieser Gruppe wurden.

So sollte nach Lenin die Partei entstehen, und so entstand sie in der Tat. Lenin sorgte dafür, daß sie zu einer organisierten und straff geführten „Partei neuen Typs" wurde.

Wir haben schon gesagt: Lenin glaubte nicht daran, daß ein Revolutionär die Bewegung wirklich unterstützen würde, wenn er dafür keine Bezahlung bekam. Genauso fest war er überzeugt, daß ein Parteimitglied nur dann gut arbeitete, wenn es unter der niemals ruhenden Kontrolle der Partei stand. Daß ein Mensch nur aus Überzeugung etwas tun könne, schien Lenin fragwürdig. Das war auch der Grund des Streites zwischen Lenin und Martov auf dem II. Parteitag, der historische Bedeutung erlangte, da er zu einem Bruch zwischen den Bolschewiken und den Menschewiken führte. Bei der Formulierung des § 1 der Statuten – über die Mitgliedschaft in der Partei – gingen Martov und seine Anhänger davon aus, daß die Mitgliedschaft bei der Sozialdemokratischen Partei freiwillig sein müsse. Lenin und seine Anhänger wollten als Mitglieder nur Personen anerkennen, die der Organisation angehörten und bereit waren, unter ihrer Kontrolle zu arbeiten. Obwohl es sich um eine illegale, verfolgte Partei handelte, für die zu arbeiten Heldenmut verlangte, orientierten sich Lenin und die Bolschewiken an dem von Evtušenko so treffend ausgedrückten Prinzip:

„Der Kern des Heldenmutes:
Aufsicht, Aufsicht!"

Die Überwachung der durch den kollektiven Organisator, die Zeitung

„Iskra“, angeworbenen Parteimitglieder war die Aufgabe der Berufsrevolutionäre.

Gemäß Lenins Plan sollten also zwei Organisationen entstehen; die Organisation der Berufsrevolutionäre und die ihr untergeordnete Parteiorganisation. Sie waren nicht nur verschieden, sie hatten auch verschiedenen Ursprung und Werdegang. Dennoch hieß alles zusammen „die Partei“. Das waren tatsächlich die „innere“ und die „äußere“ Partei – wie in George Orwells „1984“.

Die in eine einheitliche Parteiorganisation zusammengefaßten „Iskra“-Leser bildeten den Embryo der künftigen „Partei neuen Typs“, dieser an der Leine geführten Massenorganisation, die Befehle ausführt und die Führer akklamiert.

Die Organisation der Berufsrevolutionäre bildete den Embryo des Parteiapparats.

4. Der Embryo der neuen Klasse

War es ein vernünftiger Plan Lenins, eine Berufsorganisation für die Vorbereitung der Revolution zu schaffen?

Zweifellos ja, wenn es sich nur um das Ziel handelte, die bestehende Regierung zu stürzen und die Macht an sich zu reißen. Zweifellos nein, wenn man in gutem Glauben von der marxistischen Lehre ausging, daß die proletarische Revolution eine geschichtliche Notwendigkeit sei, der dialektische Sprung einer Gesellschaft in eine neue Qualität, die Sprengung der Fesseln, die die bestehenden Produktionsverhältnisse für die sich fortentwickelnden Produktivkräfte bedeuteten, ein unabwendbares Resultat des Klassenkampfes. Die deklassierte Mafia der Berufsrevolutionäre paßte entschieden nicht in dieses geschichtsphilosophische Bild, schon gar nicht als Schlüsselfigur der Revolution.

Man muß es Lenin lassen: er behauptete nicht, daß sein Plan aus der marxistischen Theorie stammte. Er gestand ohne Umschweife, daß „jene ausgezeichnete Organisation, die die Revolutionäre der siebziger Jahre hatten... uns allen als Vorbild dienen sollte...“[22])

Das Vorbild war für Lenin die konspirative Organisation der Terroristen-Narodowolzen. Dabei schreibt Lenin: „Der Fehler der Narodowolzen bestand nicht darin, daß sie sich bemühten, *alle* Unzufriedenen für ihre Organisation zu gewinnen und diese Organisation auf einen energischen Kampf gegen die Selbstherrschaft zu orientieren. Das ist, im Gegenteil, ihr großes historisches Verdienst. Ihr Fehler aber bestand darin, daß sie sich auf eine Theorie stützten, die im Grunde genommen gar keine revolutionäre war, und daß sie es nicht vermochten, oder nicht verstanden, ihre Bewegung mit dem Klassenkampf in der aufkommenden kapitalistischen Gesellschaft untrennbar zu verbinden."[23])

Eine aufschlußreiche Beurteilung: daß die Geheimorganisation der Narodowolzen keinen Klassencharakter hatte, war gut; schlecht war nur, daß sie es nicht verstand, eine geeignete revolutionäre Theorie zu erfinden und den Klassenkampf für ihre Zwecke auszunützen.

Nachdem wir alle Elemente des Leninschen Plans betrachtet haben, fassen wir zusammen, was Lenin über das Verhältnis zwischen den Berufsrevolutionären und der Arbeiterklasse sagt.

Lenin behauptet, daß die Berufsrevolutionäre die Interessen der Arbeiterklasse vertreten. Worin bestehen diese Interessen? Nicht darin, erklärt Lenin, daß der Arbeitslohn erhöht und die Arbeits- und Lebensbedingungen der Arbeiter verbessert werden (das wäre Trade-Unionismus!), sondern darin, daß die proletarische Revolution siegt. Was wird das Ergebnis dieses Sieges sein? Das Wichtigste in der Revolution, belehrt Lenin, ist das Problem der Macht; nach der proletarischen Revolution geht die Macht in die Hände des Proletariats, vertreten durch seine Avantgarde, über. Und wer ist diese Avantgarde? Die Avantgarde, teilt Lenin mit, ist die Partei, deren Kern die Organisation der Berufsrevolutionäre darstellt. Also kommen die Berufsrevolutionäre an die Macht, dabei vertreten sie angeblich die Interessen der Arbeiterklasse gerade deshalb, weil sie an die Macht streben.

Warum muß die Arbeiterklasse, anstatt für die Verbesserung ihrer Lage zu kämpfen, dies für die Verbesserung der Lage der Berufsrevolutionäre tun?

Die Arbeiterklasse, konstatiert Lenin offenherzig, ist ihrem Charakter nach die am besten organisierte und disziplinierte Klasse der Gesellschaft, sie ist in der Lage, die politische Armee der Revolution zu werden. Diese These wird von Lenin öfter wiederholt, sie ist auch in allen Lehrbüchern der Geschichte der KPdSU zu finden.

Ohne Arbeiterklasse können die Berufsrevolutionäre wirklich nicht auskommen. Aber nicht, weil sie die Interessen des Proletariats vertreten, sondern weil sie, ein Häuflein von Intellektuellen, ohne die Arbeiter nicht imstande sind, die Macht im Land zu erringen. Der Versuch der

Narodniki, sich auf die Mehrheit der Bevölkerung, auf die Bauern, zu stützen, ist fehlgeschlagen, deswegen müssen die Gefolgsleute Lenins sich an einer Minderheit orientieren, die aber dafür gut organisiert und diszipliniert ist, an die Arbeiter, um mit deren Händen die Macht zu ergreifen. Darin und nur darin besteht in jedem Land die Verbindung zwischen leninistischen Parteien und der Arbeiterklasse.

Man kann, wie das die kommunistische Propaganda tut, in allen Tonarten die leninistischen Parolen wiederholen, um sie in die Köpfe der Leute als Axiom einzuhämmern: Partei der Arbeiterklasse, die Partei ist die Vorhut der Arbeiterklasse, die Partei kämpft für die Belange der Arbeiterklasse. In Wirklichkeit werden aus diesen Parolen keine Axiome, nicht einmal Theoreme; sie bleiben eine Lüge. Weder die Leninpartei im ganzen, noch ihr Kern, die Organisation der Berufsrevolutionäre, waren jemals die Vorhut oder überhaupt irgendein Teil der Arbeiterklasse.

Zu welcher der damals bestehenden Klassen der russischen Gesellschaft gehörte Lenins Organisation der Berufsrevolutionäre? *Zu keiner einzigen.* Von Anfang an stellte Lenin diese Organisation *außerhalb* der damaligen Gesellschaft: Sie sollte ein selbständiger sozialer Organismus werden und eigenen Regeln gehorchen.

Durch die Schaffung dieser Organisation entstand eine geschlossene Gruppe, die keiner Klasse angehörte. Ihre Rolle im System der gesellschaftlichen Produktion und in der Gesellschaft im ganzen bestand darin, das bestehende Produktionssystem und die bestehende Gesellschaftsordnung zu stürzen. Eine andere Aufgabe als diese hatte die neu entstandene Gruppe nicht; im bestehenden Produktionssystem und der bestehenden Gesellschaftsordnung gab es für sie keinen Platz.

Dafür aber hatte die Gruppe eine klar vorgezeichnete Zukunft. Falls die Revolution, die sie vorbereitete, siegreich war, mußte die Gruppe sich zwangsläufig aus einer Organisation der Berufsrevolutionäre in eine Organisation der Berufsherrscher des Staates verwandeln.

So entstand also durch die Schaffung dieser Leninschen Organisation *der Embryo einer neuen regierenden Klasse.*

Die Bolschewiken sagten später gern, Rußland sei mit der Revolution schwanger gegangen. Richtiger wäre es zu sagen: Rußland ging schwanger mit einer neuen regierenden Klasse, die nur durch die Revolution an die Macht kommen konnte.

5. Die „Hegemonie des Proletariats“ und das „Hinüberwachsen“

Wollen wir auch auf das Bild des mit der Revolution schwanger gehenden Rußland nicht verzichten. Nur: mit welcher Revolution?

Stalin schreibt in seiner Arbeit „Grundlagen des Leninismus“ ausdrücklich, daß „Rußland zu Beginn des 20. Jahrhunderts mit der bürgerlichen Revolution schwanger ging, ebenso wie Deutschland in den vierziger Jahren des 19. Jahrhunderts.“[24]) Das feudal-absolutistische Rußland wartete auf eine Revolution, wie sie sich 1848 in Deutschland, 1789–1792 in Frankreich und 1643 in England ereignet hatte.

Als Ergebnis entstanden bürgerliche Demokratien – nicht gleich, sondern nach Perioden von Diktaturen in der Art eines Cromwell und Bonaparte, von Restaurationen und neuen Revolutionen.

Aber Lenin und seine Berufsrevolutionäre konnten ja weder bei der Errichtung einer bürgerlichen Demokratie noch im Fall der Restaurierung der Romanows an die Macht kommen. Es wäre kaum möglich gewesen, in die Bourgeoisie oder in die feudale Aristokratie das Bewußtsein hineinzutragen, daß ausgerechnet die Leninleute in Rußland regieren sollten. Es sah so aus, als ob auch die nächste Revolution den von Lenin geschaffenen Embryo der neuen regierenden Klasse nicht an die Macht bringen würde.

Diese Frage wurde für Lenin ungeheuer wichtig. Immer deutlicher verschmolz für ihn der Gedanke einer Revolution in Rußland mit der Machtübernahme der Organisation der Berufsrevolutionäre. Darin lag der Sinn der von ihm ständig wiederholten These, das wichtigste bei einer Revolution sei die Frage der Macht. Lenin brauchte keine Revolution schlechthin, sondern eine, die ihn und seine Mitkämpfer als „Avantgarde der Arbeiterklasse“ an die Macht brachte.

Wie konnte man erreichen, daß Rußland nicht die Frucht gebar, mit der es schwanger ging: nicht eine antifeudale Revolution, sondern eine proletarische?

Um dieser komplizierten Operation eine ideologische Grundlage zu geben, formulierte Lenin zwei Thesen. Die erste im Jahre 1905: Hegemonie des Proletariats in der bürgerlich-demokratischen Revolution; die zweite im Frühjahr 1917: das Hinüberwachsen der bürgerlich-demokratischen in die proletarische Revolution.

Die erste These besteht darin, daß im Gegensatz zu den Erfahrungen, die in den anderen Ländern gemacht wurden, die Hegemonie in der russischen bürgerlich-demokratischen Revolution nicht beim Bürgertum liegen wird, sondern beim Proletariat, während das Bürgertum eine konterrevolutionäre Kraft sein wird. Warum? Weil es vor dem Proletariat und der weiteren Entwicklung der Revolution Angst haben wird. Auf diese Weise wird dem russischen Bürgertum eine übernatürliche Weitsichtigkeit zugetraut: es zeigt sich, daß es sich in seinen Handlungen von der zweiten These leiten lassen wird, die Lenin im Jahre 1905 noch nicht formuliert hat, nämlich vom Hinüberwachsen der bürgerlich-demokratischen in die sozialistische Revolution.

Diese zweite These Lenins besteht darin, daß die bürgerlich-demokratische Revolution in Rußland, ebenfalls im Gegensatz zu den historischen Erfahrungen anderer Länder, nicht zur Epoche des Kapitalismus führen, sondern sofort in die sozialistische Revolution hinüberwachsen wird.

Für beide historische Paradoxa wird eine verschwommene, jedoch wie immer bei Lenin kategorische Erklärung gegeben: jetzt ist die Etappe des Imperialismus angebrochen, und unter dem Imperialismus muß alles eben so sein – das weiß Lenin ganz genau.

Es ist schwer, gegen diese Argumentation zu polemisieren. Aber vom Standpunkt der marxistischen Theorie des historischen Prozesses aus gesehen, waren beide Ideen ein völliger Unsinn. Daß das Proletariat sich an der bürgerlichen Revolution beteiligte, war natürlich: alle Revolutionen wurden immer von den Volksmassen gemacht. Wenn Lenin die These formuliert hätte, das Proletariat müsse aktiv an der bürgerlichen Revolution teilnehmen, so wäre dies zwar eine Banalität gewesen, hätte aber völlig der Wahrheit entsprochen. Lenin behauptete aber etwas anderes, nämlich daß das Bürgertum in der bürgerlichen Revolution ein konterrevolutionäres Element sein würde, ein Bundesgenosse des Zarismus, und daß das Proletariat aus diesem Grund die Führung in die Hand nehmen müsse. Eine merkwürdige bürgerliche Revolution, die das Proletariat gegen das Bürgertum durchführen muß! Warum heißt sie dann eigentlich „bürgerlich"? Und was hat sie mit einer bürgerlichen Revolution im marxistischen Sinn gemeinsames?

Nicht nur diese Fragen tauchen auf: in Lenins Revolutionstheorie passen die einzelnen Teile nicht zusammen. Laut Lenin ist doch das wichtigste Merkmal einer Revolution der Übergang der Macht von einer Klasse zur anderen. Wenn es sich um eine proletarische Revolution handelt, so geht die Macht in die Hände des Proletariats über; bei einer bürgerlichen müßte sie folglich in die Hände des Bürgertums kommen? Nein, sagt Lenin, auf jeden Fall in die Hände des Proletariats, allerdings gemeinsam mit der Bauernschaft: es entsteht die „revolutionär-demokratische Diktatur des Proletariats und der Bauernschaft".

Aber was ist dann das Ziel einer proletarischen Revolution? Nach Lenin die Diktatur des Proletariats. Es handelt sich also um einen Übergang von der Diktatur des Proletariats und der Bauernschaft zur Diktatur des Proletariats schlechthin.

Richtet sich also die proletarische Revolution nicht gegen das Bürgertum, sondern gegen die Bauernschaft?

Mit einem Wort, Lenins These von der Hegemonie des Proletariats in der bürgerlich-demokratischen Revolution ist ein unbeschreibliches Durcheinander.

Nicht weniger originell klingt auch die These vom „Hinüberwachsen".

Beginnen wir damit, daß sie in ihrer Grundvoraussetzung von der Idee der Hegemonie des Proletariats abweicht: die These geht nämlich davon aus, daß nach dem Sturz des Zarismus doch eine bürgerliche Regierung an die Macht kommt und nicht eine „revolutionär-demokratische Diktatur". Die Regierung muß vom Proletariat gestürzt werden. Welch erstaunliche Vergeßlichkeit!

Etwas anderes ist allerdings vom marxistischen Standpunkt aus noch erstaunlicher.

Was stellt, von der Position des Historischen Materialismus aus betrachtet, eine bürgerliche Revolution dar? Die im Schoße der Feudalherrschaft herangewachsenen Produktivkräfte sprengen die Fesseln der feudalen Produktionsverhältnisse. Danach muß eine historische Periode beginnen, in der die Produktionskräfte in ihrer Weiterentwicklung den neuen, durch die antifeudale Revolution geschaffenen Raum ausfüllen und erst dann auf die Grenzen der kapitalistischen Produktionsverhältnisse stoßen. Kein „sozialistisches Bewußtsein" kann diesen objektiven Ablauf der Dinge ändern.

So Marx im Vorwort zum „Kapital": „Auch wenn eine Gesellschaft dem Naturgesetz ihrer Bewegung auf die Spur gekommen ist... kann sie naturgemäße Entwicklungsphasen weder überspringen, noch wegdekretieren."[25])

Gemäß dem Historischen Materialismus ist es also unmöglich, daß eine bürgerlich-demokratische Revolution unmittelbar in eine sozialistische hinüberwächst. Zwischen den beiden liegt ein langwieriger Prozeß der Steigerung und Entwicklung der Produktivkräfte. Sofort von einer Revolution zur anderen überzugehen, ist genauso undenkbar, wie bei einem Hausbau das Fundament zu legen und sogleich, ohne die Mauern zu errichten, das Dach darüberzulegen.

Natürlich wußte Lenin, daß seine „Hinüberwachsen"-These aus marxistischer Sicht purer Unsinn war. Aber ihm konnte nichts Besseres einfallen.

Er hatte nämlich eine schwierige Aufgabe zu lösen: für sein wichtigstes „praktisches Ziel", die Machtergreifung durch die Organisation der Berufsrevolutionäre auf der Welle der herannahenden antifeudalen Revolution, eine marxistische Formulierung finden. Wenn er den Ausdruck „Arbeiterklasse" gebraucht, meint Lenin ja nicht das echte Proletariat: das ist der Euphemismus für seine Organisation der Berufsrevolutionäre. In der Definition, die Lenin von der Hegemonie des Proletariats gibt, hat er das sogar ausdrücklich unterstrichen: „Die Hegemonie der Arbeiterklasse, das ist ihre *(und ihrer Vertreter)* politische Einwirkung auf die anderen Elemente der Bevölkerung..."[26])

Lenin entwarf (wie auch in vielen anderen Fällen) sowohl ein Maximal- als auch ein Minimalprogramm.

Im ersten Fall ging er von der Annahme aus, daß es seinen Leuten gelingen würde, die Leitung der Revolution in ihre Hände zu nehmen (die „Hegemonie des Proletariats"). Danach würden sie sich natürlich an den Schalthebeln der Macht festsetzen, allerdings gemeinsam mit den Vertretern der Bauernbewegung, um die man bei einer Antifeudalrevolution nicht herumkommen würde (die „revolutionär-demokratische Diktatur des Proletariats und der Bauernschaft").

Das Minimalprogramm war für eine andere, ungünstigere Variante bestimmt, wodurch sich auch die Diskrepanz zwischen den beiden Thesen ergab. Angenommen wurde der Fall, daß es den Bolschewiki nicht gelingen würde, sich auf der revolutionären Woge, die das Zarentum zu Fall bringen würde, direkt an die Macht tragen zu lassen. Dann mußte man die nach dem Sturz der Monarchie entstehende Revolutionsregierung bekämpfen und ihr die Macht entreißen, bevor sie fest im Sattel saß (das „Hinüberwachsen der bürgerlich-demokratischen Revolution in eine sozialistische Revolution").

Dieses Bestreben Lenins, seine Partei unter jeder theoretisch denkbaren Voraussetzung an die Macht zu bringen, stieß bei den machthungrigen Berufsrevolutionären auf volles Verständnis. Ob das alles in Einklang stand mit dem Begriff der proletarischen Revolution, wie Marx und Engels ihn verstanden, interessierte sie – und Lenin – wenig.

Von seinem Maximalprogramm, der „Hegemonie des Proletariats in der bürgerlich-demokratischen Revolution", sprach Lenin viel und gern. Inwieweit wurde diese These in der Praxis verwirklicht?

6. Die Revolution ohne Partei

Es mag unerwartet klingen: Lenin erfuhr vom Ausbruch der Februarrevolution aus schweizerischen Zeitungen.

Hier im Wortlaut Lenins erste Erwähnung der Februarrevolution in einem Brief an Inès Armand: „Wir sind heute in Zürich ganz aus dem Häuschen: die ‚Zürcher Post' und die ‚Neue Zürcher Zeitung' bringen ein Telegramm vom 15. III., wonach in Rußland am 14. III. nach dreitägigem Kampf die Revolution in Petrograd *gesiegt* hat und 12 Dumamitglieder an der Macht sind. Die Minister sollen *alle verhaftet* sein." Mißtrauisch fügt der Führer der Revolution hinzu: „Wenn das nicht eine Lüge der Deutschen ist, so ist das wahr". Und die hastige Rückversicherung: „Daß in Rußland in den letzten Tagen die Revolution *vor der Tür* stand, das unterliegt keinem Zweifel."[27])

Hier heuchelt Lenin. „In den letzten Tagen" hat er überhaupt keine Informationen über die Lage in Rußland bekommen. Zwei Tage zuvor, am 13. März 1917, schrieb er der gleichen Inès: „Aus Rußland bekommen wir nichts, nicht einmal Briefe!"[28]) Aber auch an den vorhergehenden Tagen und sogar Monaten hatte Lenin keine Nachrichten aus Rußland erhalten. Er las zu dieser Zeit nicht einmal russische Zeitungen. Im September 1916 wandte Lenin sich mit einer Bitte an seinen Schwager, M. T. Elisarov, in Rußland: „Wenn möglich, schickt mir einmal in der Woche gelesene russische Zeitungen, ich bekomme sonst *keine.*"[29]) Im November 1916 wiederholt Lenin seine Bitte, diesmal in einem Brief an seine Schwester Marija Iljinična in Petrograd: „Wenn es Dir keine Mühe macht, schicke mir 3–4mal im Monat die russischen Zeitungen, wenn Du sie gelesen hast, fest mit Bindfaden verschnürt (sonst gehen sie verloren). Ich sitze hier ohne russische Zeitungen."[30]) Eine etwas primitive Methode für den Führer des russischen Proletariats, sich über die Lage im Land zu informieren!

Ob der Bindfaden nichts half, ob Zeitungen überhaupt nicht geschickt werden konnten, jedenfalls erhielt Lenin in den Monaten vor dem Februar 1917 keine Nachrichten aus Rußland. Ende Januar teilt er der gleichen Inès voll Begeisterung mit, es sei ihm gelungen, mit zwei geflüchteten russischen Kriegsgefangenen zu sprechen, die ein Jahr lang in deutscher Gefangenschaft waren, für Lenin aber trotzdem eine frische Informationsquelle über Rußland darstellen.[31])

Als Alexandra Kollontai um Direktiven ersuchte, muße Lenin selbst seine völlige Uninformiertheit eingestehen. Am 17. März 1917 schrieb er an A. Kollontai: „Liebe A. M.! Soeben haben wir Ihr Telegramm bekommen. Es ist so gehalten, daß es fast wie Ironie klingt (wie soll man denn von hier aus ‚Direktiven' geben, wo doch die Nachrichten so überaus spärlich einlaufen und es in Petrograd wahrscheinlich nicht nur Genossen unserer Partei gibt, die die faktische Leitung innehaben, sondern auch formell bevollmächtigte Vertreter des Zentralkomitees)."[32])

In Wirklichkeit war auch das falsch. Als erstes, zu nichts formell beauftragtes Mitglied des Zentralkomitees der Bolschewistischen Partei erschien Stalin in Petrograd – erst acht Tage nach Lenins Brief.

Aber das Wichtigste war nicht einmal die Tatsache, daß Lenin und seine Umgebung von den Ereignissen keine Ahnung hatten. Das wichtigste war, daß der Führer der Berufsrevolutionäre die Revolution überhaupt nicht erwartet hatte. Wie seine Werke bezeugen, beschäftigte er sich zu dieser Zeit aktiv mit den Angelegenheiten der Schweizer Sozialdemokraten, außerdem schrieb er täglich ein- bis zweimal sachlich-zärtliche Briefe an Inès Armand.[33])

Folgendes schrieb Lenin am 5. März 1917, *eine Woche* vor Ausbruch der Februarrevolution, aus Zürich an Alexandra Kollontai in Schweden: „Wirklich, wir (wir alle, die Linken in Schweden und die, die mit ihnen in Verbindung treten können) müssen uns zusammenschließen, müssen alle Kräfte anspannen und helfen, denn im Leben der schwedischen Partei, der schwedischen *und skandinavischen* Arbeiterbewegung ist das ein *entscheidender* Augenblick!"[34])

Der Emigrant Lenin hat kein Gespür mehr für das Geschehen in Rußland: ein erhöhter Pulsschlag im friedlichen Schweden klingt in seinen Ohren lauter als das Dröhnen des herannahenden Revolutionssturmes in Rußland. Er spürt diese Revolution nicht. Sechs Wochen bevor sie ausbricht, spricht Lenin vor jungen schweizerischen Sozialisten und beendet seinen Vortrag mit einer Floskel, die ihm damals pathetisch vorkam, rückblickend aber wie ein Witz klingt: „Wir, die Alten, werden vielleicht die entscheidenden Kämpfe dieser kommenden Revolution nicht erleben. Aber ich glaube mit großer Zuversicht die Hoffnung aussprechen zu dürfen, daß die Jugendlichen... das Glück haben werden, nicht nur zu kämpfen, sondern auch zu siegen in der kommenden proletarischen Revolution."[35])

Diese und viele andere Tatsachen bezeugen es: Nicht nur, daß die Februarrevolution 1917 von Lenins Partei nicht organisiert wurde, sie kam für die Partei, einschließlich Lenins, völlig unerwartet. Die jahrelangen Überlegungen von der „Hegemonie des Proletariats in der bürgerlich-demokratischen Revolution" und „der führenden Rolle der Vorhut des Klassenhegemonen, der Partei der Bolschewiki", stellten sich als leere Phrasen heraus.

Auch die These Lenins, daß das Bürgertum beim Sturz der Monarchie eine konterrevolutionäre Kraft sein würde und deshalb das Proletariat die Führung übernehmen müsse, bewahrheitete sich nicht. Lenin selbst gab später zu, daß die Erfolge der Februarrevolution der Tatsache zuzuschreiben waren, daß ihr „nicht nur das Proletariat und die Bauernmasse, sondern auch die Bourgeoisie" gefolgt sei: „Daher die Leichtigkeit des Sieges über den Zarismus..."[36]) Daher, und nicht wegen einer nicht vorhandenen Hegemonie der Organisation der Berufsrevolutionäre!

Heißt das, daß diese Organisation ihre Existenz nicht rechtfertigen konnte? Ja, als Waffe, die dazu bestimmt war, die antifeudale Revolution in Rußland durchzuführen, hat die Organisation total versagt. Mag diese Schußfolgerung auch selbst für einen westlichen Leser ungewohnt klingen, von einem Leser in sozialistischen Ländern nicht zu reden: Weder die Revolution von 1905 noch die Februarrevolution von 1917 wurden durch die Organisation der Berufsrevolutionäre ausgelöst. 1905 beteiligte sich die Organisation nur an dem schnell niedergeworfenen Dezemberaufstand im Moskauer Stadtteil Presnja; an der Februarrevolution beteiligte sie sich überhaupt nicht.

Die Erfahrung hat gezeigt, daß es für den Ausbruch der antifeudalen Revolution in Rußland, für den Sturz des Zarentums, in keiner Weise notwendig war, eine Organisation der Berufsrevolutionäre aufzuziehen.

In der Sowjetunion wird immer wieder die These wiederholt, daß bei Revolutionen die Führung durch eine revolutionäre Partei notwendig sei. An diese These gewöhnt man sich im Laufe der Zeit und beginnt schließlich, daran zu glauben. Dabei ist sie offensichtlich falsch. Welche Partei war es, die die Französische Revolution anführte? Oder die englischen Revolutionen des 17. Jahrhunderts? Die Revolution 1830 in Frankreich, 1848 in verschiedenen Staaten Europas? Die Revolution 1918 in Deutschland und Österreich-Ungarn? Und schließlich die Ungarische Revolution 1956? Es gab keine solche Partei, aber die Revolutionen fanden statt.

Unter allen Revolutionen war es jedoch die Februarrevolution 1917, die mit besonderer Deutlichkeit bewies, daß keine „Partei neuen Typs", keine Organisation der Berufsrevolutionäre notwendig ist, um eine soziale Revolution durchzuführen. Obwohl es in Rußland damals die bolschewistische Partei gab, erfolgte die Revolution ohne sie. Das bedeutet nicht, daß die Schaffung dieser Organisation ein Fehler Lenins war: ganz im Gegenteil.

Die Organisation der Berufsrevolutionäre wurde von Lenin nicht erfunden, um die antifeudale Revolution vorzubereiten, sondern um die Staatsmacht im Sog dieser Revolution zu ergreifen. Und diese Machtergreifung erfolgte tatsächlich 1917, – nur nicht im Februar, sondern im Oktober. Damit hatte die Organisation der Berufsrevolutionäre ihr Bestehen voll gerechtfertigt.

Es stimmt, daß es Lenin nicht gelang, sein Maximalprogramm in die Tat umzusetzen; die „Hegemonie" der Leninleute innerhalb der bürgerlich-demokratischen Revolution kam nicht zustande. Aber mit um so größerem Nachdruck machte sich Lenin an der Spitze seiner Organisation an die Realisierung des Minimalprogramms.

In diesen aufregenden Märzwochen 1917, als Lenin zuerst in Zürich wie ein Löwe im Käfig umherlief und dann im berühmten „plombierten Waggon" nach Rußland fuhr, erfand er die These vom „Hinüberwachsen" – die theoretische Grundlage des Plans, mit Hilfe seiner Organisation der Berufsrevolutionäre nicht die Monarchie, sondern die revolutionäre Regierung Rußlands zu stürzen. Trotz ihrer dem historischen Marxismus entgegengesetzten Zielrichtung lenkte die fast aus dem Stegreif erfundene und in marxistische Formulierungen gekleidete Idee des „Hinüberwachsens" durch ihre Abstraktion die Aufmerksamkeit von ihrem höchst praktischen Ziel ab. Nachdem Lenin diese Formulierungen gründlich durchdacht hatte, stieg er am 3. April 1917 auf dem Finnischen Bahnhof auf den historischen Panzerwagen und verkündete selbstsicher das Schlagwort von der sozialistischen Revolution. Weniger als 8 Monate später fand die „Große Sozialistische Oktoberrevolution" statt, wie man sie offiziell bezeichnet, seit ihr Stalin 1934 diesen Namen gab.

Von ihr erfuhr Lenin tatsächlich nicht mehr durch Zeitungslektüre. Er war es selbst, der den Zeitpunkt ihres Ausbruchs festlegte: „Man muß um jeden Preis heute abend, heute nacht die Regierung verhaften... Die Sache ist unbedingt heute abend oder heute nacht zu entscheiden", schrieb er in einem Brief an die Mitglieder des ZK der Bolschewistischen Partei am Abend des 24. Oktober (6. November) 1917.[37])

Im Gegensatz zu den Revolutionen von 1905 und vom Februar 1917 wurde der Oktober-Umsturz wirklich vom Anfang bis zum Ende von Lenins Berufsrevolutionären organisiert und durchgeführt. Darüber besteht kein Zweifel, der Zweifel kommt bei einer anderen Frage auf.

7. Eine proletarische Revolution?

Im Smolnyj-Palais in Leningrad wird der Besucher durch hohe Gänge in einen weitgestreckten Saal mit weißen Säulen und einer geräumigen Bühne geführt. In vielen Filmen und auf zahllosen Gemälden wurde die historische Minute festgehalten, die sich in diesem Saal abspielte. Lenin mit dem bekannten Bärtchen und einem kleinen Schnurrbart, die Hand zur sogenannten „Lenin-Geste" vorgestreckt, auf dem Podium stehend, beginnt seine Rede vor dem II. Allrussischen Kongreß der Sowjets mit den in die Geschichte eingegangenen Worten: „Genossen, die Arbeiter-und-Bauern-Revolution, von deren Notwendigkeit die Bolschewiken schon seit langem sprachen, hat stattgefunden!"[38]) Hinter Lenin sind in steingewordenem Entzücken seine Mitkämpfer zu sehen, von Bild zu Bild in wechselnder Zusammensetzung, je nach dem Schicksal, das ihnen während der Entstehung des Bildes gerade widerfuhr.

In Wirklichkeit gab es am 7. November 1917 in diesem Saal kein Podium, Lenin war glattrasiert, die historischen Worte sprach er nicht dort, sondern im Petrograder Sowjet um 14,35 Uhr, als die Revolution noch nicht stattgefunden hatte. Und vor allem: war der Umsturz, der sich an diesem Tag ereignete, wirklich eine Arbeiter-und-Bauern-Revolution?

Merkwürdigerweise ist diese Frage bis heute nicht entschieden. Fünfundfünfzig Jahre später, im Jahr 1972, wurde im Institut für Geschichte der UdSSR und danach auch in der Abteilung für Gesellschaftswissenschaften der Akademie der Wissenschaften über dieses Problem noch immer diskutiert.[39])

Tatsächlich sollte die Revolution eine proletarische, also eine Arbeiterrevolution, sein. Von ihrer Notwendigkeit hatten die Bolschewiken immer gesprochen. Andererseits hieß die Sprachregelung seit Stalin, daß während der Oktoberrevolution die Arbeiterklasse zusammen mit der ärmsten Bauernschaft aufgetreten war. Noch weiter ging Lenin: „Im Oktober 1917 ergriffen wir die Macht *zusammen mit der Bauernschaft als Ganzem.*“[40]) „Als wir die Macht ergriffen, stützten wir uns auf die Bauernschaft als Ganzes.“[41]) Auf der heißen Spur der Ereignisse, zwei Wochen nach der Oktoberrevolution, schrieb er: „Die Bauernschaft Rußlands steht jetzt vor der Aufgabe, die Geschichte des Landes in ihre Hände zu nehmen.“[42]) Das paßt irgendwie schlecht zu der Vorstellung von einer proletarischen Revolution, die eine Diktatur des Proletariats errichtet hatte.

Offensichtlich kann man Lenins Klassifizierung des Oktober-Umsturzes als „Arbeiter-und-Bauern-Revolution“ nicht ignorieren. Diesem Charakter der Revolution entsprach auch die Zusammensetzung der von Lenin im November 1917 gebildeten Regierung. In ihr waren nicht nur Bolschewiken vertreten, sondern auch linke Sozialrevolutionäre, obwohl die Partei der Sozialrevolutionäre in der Sowjetliteratur als Partei der Kulaken (Großbauern) bezeichnet wird. Wurde als Resultat der Oktoberrevolution eine „revolutionär-demokratische Diktatur der Arbeiter und Bauern“ errichtet?

Nach Lenin sollte so eine Diktatur entstehen als Folge einer bis zum Ende durchgeführten bürgerlich-demokratischen Revolution und nicht einer proletarischen. Die Februar-Revolution 1917 war eine bürgerlich-demokratische Revolution. War der Oktober-Umsturz ihre Vollendung oder eine selbständige proletarische Revolution? Kann man annehmen, daß die Oktober-Revolution eine proletarische, d. h. eine Revolution der Arbeiter war?

Lenins Kriterium einer Revolution ist klar formuliert: „Der Übergang der Staatsmacht aus den Händen einer *Klasse* in die einer anderen ist das erste, wichtigste, grundlegende Merkmal einer *Revolution*, sowohl in der streng wissenschaftlichen, wie auch in der praktisch-politischen Bedeutung dieses Begriffs.“[43]) Und weiter: „Die Hauptfrage jeder Revolution ist zweifellos die Frage der Staatsmacht. Welche Klasse die Macht in Händen hat, das entscheidet alles.“[44])

Nähern wir uns der Frage von dieser Position aus. Daß in Petrograd das Winterpalais und in Moskau der Kreml von Arbeitern und Bauern in Soldatenuniformen gestürmt wurden, ist eine Tatsache. Genau wie es

Lenin vorausgesagt hatte, dienten sie als Stoßtrupps für den Sturz der nichtbolschewikischen Regierung. In diesem Sinn handelte es sich anscheinend um eine Arbeiter-und-Bauern-Revolution.

Aber wer kam zur Macht? Die Arbeiter? Oder die Bauern? Da sitzen sie auf einer alten Photographie um einen Tisch herum und schauen uns an: der Erste Sowjet der Volkskommissare. Unter ihnen gibt es Adelige – Lunačarskij, Lenin selbst –, es gibt Sprößlinge der Bourgeoisie, Intelligenzler. Arbeiter und Bauern befinden sich unter ihnen keine mit Ausnahme von Schljapnikov, der allerdings schon seit langem Berufsrevolutionär ist. Alle bolschewikischen Volkskommissare, unabhängig von ihrer Herkunft oder ihrer gesellschaftlichen Stellung, eint etwas anderes: sie sind führende Mitglieder von Lenins Organisation der Berufsrevolutionäre. Zur Macht im Staate gelangte diese Organisation.

Welche Klasse repräsentiert sie? Wir haben das schon gesagt: Sie ist selbst der Embryo einer neuen herrschenden Klasse.

8. Die Diktatur, die es nicht gab

Die Diktatur des Proletariats ist eine der Hauptthesen des Marxismus. Im 1. Kapitel haben wir die 1852 geschriebenen Worte von Marx zitiert, daß er zwar nicht die Existenz des Klassenkampfes entdeckt habe, hingegen er es gewesen sei, der nachgewiesen habe, „daß der Klassenkampf notwendig zur Diktatur des Proletariats führt“ und „diese Diktatur selbst nur den Übergang zur Aufhebung aller Klassen und zu einer klassenlosen Gesellschaft bildet“.[45]) Daher betrachtete Marx die Idee der Diktatur des Proletariats als seinen besonderen theoretischen Verdienst.

Sein ganzes Leben lang maß Marx dieser Idee erstrangige Bedeutung bei. 1875 schrieb er in der „Kritik der politischen Ökonomie“ die bekannte Hypothese: „Zwischen der kapitalistischen und der kommunistischen Gesellschaft liegt eine Periode der revolutionären Umwandlung der einen in die andere. Der entspricht auch eine politische Übergangsperiode, deren Staat nichts anderes sein kann, als die revolutionäre Diktatur des Proletariats.“[46])

Marx und Engels konnten sogar ein Beispiel vorweisen. Engels prägte die so oft zitierte Formel: „Wollt ihr wissen, wie diese Diktatur aussieht?

Seht euch die Pariser Kommune an. Das war die Diktatur des Proletariats".[47])

Indes sagen sich in unseren Tagen die kommunistischen Parteien des Westens eine nach der anderen von der Diktatur des Proletariats los, und aus einem unerfindlichen Grund vernimmt man aus Moskau keine drohenden Worte, die die Abtrünnigen in Grund und Boden schmettern. Der verwirrte Beobachter kann nicht verstehen: Wie ist es möglich, daß sich Marxisten-Leninisten mit einer derartig ungezwungenen Leichtigkeit von dem lossagen, was Marx, Engels und Lenin als das Wichtigste betrachtet haben? Wie wollen diese Kommunisten den Kommunismus aufbauen, wenn die notwendige Übergangsperiode fehlt, die – so hieß es doch – nur die Diktatur des Proletariats sein kann? Warum schaut man im Zentralkomitee der KPdSU unschuldig zur Seite, wo doch die tschechoslowakischen Reformer wegen wesentlich kleinerer revisionistischer Sünden mit der Waffe zur Rechenschaft gezogen wurden?

Und dem Beobachter kommt der unklare Verdacht: offenbar hat sich die Diktatur des Proletariats als weniger notwendig erwiesen, als dies die Klassiker vorhersagten.

Wie verhielt sich die Sache mit der Diktatur des Proletariats in Rußland?

Beginnen wir mit der Definition Lenins: „Diktatur des Proletariats bedeutet, wenn man diesen lateinischen wissenschaftlichen, historisch-philosophischen Ausdruck in eine einfachere Sprache übersetzt: Nur eine bestimmte Klasse, nämlich die städtischen Arbeiter und überhaupt die Fabrikarbeiter, die Industriearbeiter, ist imstande, die ganze Masse der Werktätigen und Ausgebeuteten zu führen im Kampf für den Sturz der Macht des Kapitals, im Prozeß des Sturzes dieser Macht, im Kampf um die Sicherung und die Festigung des Sieges, bei der Schaffung der neuen, der sozialistischen Gesellschaftsordnung, in dem ganzen Kampf für die völlige Aufhebung der Klassen."[48])

Das ist eindeutig. Die Revolution und danach der Staat werden von Industriearbeitern geleitet – und das ist die Diktatur des Proletariats.

In Rußland aber wurde weder die Revolution noch nach ihr der Staat jemals von Industriearbeitern geleitet, sondern von den Berufsrevolutionären, die niemals Arbeiter waren. Wo ist der Beweis, daß es trotzdem eine Diktatur des Proletariats war?

Im Jahre 1955, kurz bevor, wie es hieß, die Diktatur des Proletariats durch den Volksstaat ersetzt wurde, formulierte man den Beweis folgendermaßen (wir entnehmen die Formel dem Lehrbuch der politischen

Ökonomie, geschrieben unter Stalins Aufsicht): „Die Arbeiterklasse der UdSSR gründet ihren Bestand auf dem Eigentum des Staates (aller Völker im Staate) und der sozialistischen Arbeit. Sie ist die fortschrittlichste Klasse des Staates, die treibende Kraft seiner Entwicklung. Daher gebührt in der UdSSR die staatliche Leitung der Gesellschaft (die Diktatur) der Arbeiterklasse.“[49])

Das klingt wenig überzeugend. Im Kapitalismus gründet die Arbeiterklasse ihren Bestand auf dem kapitalistischen Staats- oder Privateigentum und auf der kapitalistischen Arbeit (eine sozialistische gibt es dort nicht). Sie ist auch dort, vom marxistischen Standpunkt, die fortschrittlichste Klasse der Gesellschaft, die treibende Kraft ihrer Entwicklung. Heißt das, daß auch im Kapitalismus die staatliche Leitung der Gesellschaft (Diktatur) der Arbeiterklasse gehört? Auch in der Sklavenhaltergesellschaft gründeten die Sklaven – weil ihnen nichts anderes übrig blieb – ihre Existenz auf dem sklavenhalterischen Privateigentum und waren dabei die fortschrittlichste Klasse der Gesellschaft, die treibende Kraft ihrer Entwicklung. Nur war das eine Diktatur der Sklavenhalter und nicht der Sklaven!

Wir wollen nicht voreilig urteilen. Die Argumentation im Lehrbuch aus der Stalinzeit ist nicht überzeugend – ziehen wir ein neueres heran. Nehmen wir das Buch von I. B. Berchin: Geschichte der UdSSR 1917–1970. Es ist so hochgradig approbiert, daß es sogar in mehreren fremdsprachigen Ausgaben für das Ausland erschienen ist. Bringt dieses offiziöse Buch Beweise, daß in Sowjet-Rußland die Diktatur des Proletariats errichtet wurde?

Es bringt zwei Beweise. Der erste: Die Macht im Lande ging in die Hände der Sowjets über, und in ihnen „spielte die Arbeiterklasse die entscheidende Rolle“. Aber die Bolschewiki zogen doch während der Zeit der Doppelherschaft von 1917 die Losung „Alle Macht den Sowjets!“ zurück – einfach deshalb, weil die Sowjets damals noch nicht von der bolschewistischen Partei beherrscht wurden. „Die entscheidende Rolle der Arbeiterklasse“ in den Sowjets wurde erst dann propagiert, als die Bolschewiki hineingewählt wurden (die „Bolschewisierung der Sowjets“). Das heißt, daß der erste Beweis eine Tautologie ist: die Partei der Bolschewiki vertritt die Arbeiterklasse deshalb, weil sie die Arbeiterklasse vertritt.

Genau die gleiche Tautologie, nur in unverschleierter Form, wird als zweiter Beweis „der Umwandlung des Proletariats zur herrschenden Klasse“ dargeboten: „Zweitens drückt sich diese Veränderung in der

Stellung des Proletariats darin aus, daß die Führung des Sowjetstaates bei der Partei des Proletariats, der Partei der Bolschewiki, lag".[50]) Somit wird das zu Beweisende wieder das Bewiesene.

Diese Tautologie stammt von Lenin. Er schrieb: „Die Herrschaft der Arbeiterklasse ist in der Verfassung, in den Besitzverhältnissen verkörpert und darin, daß wir es sind, die die Dinge voranbringen..."[51]) „Wir" – das ist die Organisation der Berufsrevolutionäre, und ihre Identität mit dem Proletariat ist ja gerade das, was nicht bewiesen ist. Die Besitzverhältnisse bestehen darin, daß alles dem Staat gehört, und der Staat gehört den Berufsrevolutionären. In der Verfassung stand tatsächlich geschrieben, daß es eine Diktatur des Proletariats gab; aber das sind doch Worte und kein Beweis.

Weder Lenins, noch Stalins, noch die heutige Argumentation überzeugen, daß eine Diktatur des Proletariats in Rußland errichtet wurde. Vielleicht vermag die Realität das zu beweisen?

Im Rat der Volkskommissare sind keine Arbeiter vertreten. Aber die herrschende kommunistische Partei besteht doch wohl aus Arbeitern? Nein, zu Lenins Zeit betrug die Zahl der Arbeiter in der Partei beträchtlich weniger als 50%.[52]) Aber hoffentlich bildeten sie die Mehrheit im Zentralkomitee? Nein, zu Lenins Zeit war die Zahl der ZK-Mitglieder klein, und dort saßen, ebenso wie in der Regierung, die Berufsrevolutionäre. Natürlich gab es ab und zu auch Arbeiter: Bis zum heutigen Tag besteht die Praxis, einige Arbeiter ins Zentralkomitee aufzunehmen, die man herzeigen kann. Ich hatte mit einigen von ihnen zu tun, z. B. mit Valentina Gaganova. Sie sind typische Vertreter der Arbeiteraristokratie, die man in Präsidien wählt und als Mitglieder von Delegationen ins Ausland schickt, aber Einfluß im ZK haben diese beruflichen Strohmänner überhaupt keinen; sie wissen das sehr gut und kennen ihren Platz.

Wurden dem Proletariat, nachdem durch seine Hände die Macht für die Organisation der Berufsrevolutionäre errungen wurde, überhaupt keine Vergünstigungen gegeben? Doch, Vergünstigungen gab es. Marx' feierlich-prophetische Worte: „Es schlägt die Stunde des kapitalistischen Privateigentums. Die Expropriatoren werden expropriiert" – wurden in ein verständliches Russisch übersetzt „Raubt das Geraubte!" Von Zeit zu Zeit wurden „Expropriationen der Bourgeoisie" organisiert: bewaffnete Tschekisten führten Arbeiter in die Wohnungen der „Gewesenen" und gestatteten den Arbeitern, alles wegzuschleppen, was ihnen gefiel. Eine kleine Zahl von Arbeiterfamilien wurde aus den Kellerräumen in die Wohnungen der Bourgeois eingewiesen; über das Schicksal der früheren Bewohner herrscht eine durchsichtige Unklarheit. In Zeitungen, Reden und auf Spruchbändern wurde das Proletariat gepriesen. Schließlich wurde als Gipfelpunkt seiner Verherrlichung in den Betrieben und Ämtern die „Arbeiterkontrolle" eingeführt.

Gerade im Zusammenhang mit der Arbeiterkontrolle kann man Lenins Taktik gegenüber dem Proletariat sofort nach der Oktoberrevolution gut verfolgen.

Der später in einem Gefängnis Stalins ermordete Führer der Gewerkschaftsinternationale (Profintern) S. A. Lozovskij berichtet folgendes: Das von Lenin entworfene Dekret über die Arbeiterkontrolle klang so radikal, daß er, Lozovskij, protestierte: „Wenn wir das Dekret so lassen", schrieb er an Lenin, „wird jede Gruppe von Arbeitern es als Erlaubnis auslegen, alles zu tun, was sie will." Lenin erklärte ihm ungeduldig: „*Jetzt* ist die Hauptsache, daß die Kontrolle in Gang gebracht wird... Nach einer gewissen Zeit kann man auf Grund der gewonnenen Erfahrungen überlegen, in welche Formen die Arbeiterkontrolle in einem gesamtstaatlichen Maßstab gebracht werden muß."[53]) Die Form wurde gefunden: die Arbeiterkontrolle wurde abgeschafft, als „widerspruchsvoller Schritt, als unvollständiger Schritt", wie sich der gleiche Lenin ausdrückte.[54])

Die Arbeiterkontrolle wurde abgeschafft, die enteigneten Pelze des Bürgertums trugen sich ab, und die Wohnungen wurden im Zuge der neueingeführten Normen der Wohnfläche in winzige Käfige verwandelt, kleiner als die Kellerwohnungen waren.

Die nach der Oktoberrevolution eingeführten Vergünstigungen für das Proletariat erinnern lebhaft an das, was sich am Ende des II. Weltkrieges bei der Eroberung deutscher Städte durch sowjetische Truppen ereignete. Einige Tage lang war den Soldaten alles erlaubt. Das russische Volk ist in seiner Gesamtheit gutmütig und fern von sadistischen Neigungen, deshalb gab es wenig außergewöhnlichen Greueltaten: die Soldaten besoffen sich besinnungslos, nahmen den Einwohnern die Uhren und andere Sachen weg und vergewaltigten alle deutschen Frauen im passenden Alter. Dann führten die Kommandanten die Disziplin mit eiserner Hand wieder ein. Die Soldaten wurden in einen neuen Sturmangriff gejagt, und plündern, erschießen und sich mit den deutschen Frauen abzugeben blieb nur mehr den Vorgesetzten und den NKGB-Truppen in der ungefährlichen Etappe vorbehalten.

Ziehen wir das Fazit: Obwohl die Diktatur des Proletariats in den Arbeiten von Marx und Lenin als ihr Wesentlichstes dargestellt wird, gelingt es nicht, die realen Spuren dieser Diktatur in der sowjetischen Wirklichkeit festzustellen.

Man entdeckt weder einen Anfang noch das Ende der Diktatur des Proletariats. Das Ende einer Diktatur der Klasse der Feudalherren oder der Bourgeoisie war immer ein grandioses Ereignis für ein Land. Sogar der Abgang einzelner Diktatoren von der Bühne spielt sich niemals ab, ohne Aufsehen zu erregen: nicht nur der Hitlers oder Mussolinis, oder Francos – auch das Verschwinden von Primo de Rivera, Dollfuß, Horthy, Antonescu u. a. Auch der Tod des Genossen Stalin entging nicht unserer Aufmerksamkeit. Aber vom Ende der Diktatur des Proletariats erfuhren wir im nachhinein aus theoretischen Abhandlungen, und bis heute kann niemand – einschließlich des Verfassers dieser Abhandlungen – sagen, wann es sich ereignete: vor der Annahme der Konstitution des Jahres 1936, oder 20 Jahre später, als verkündet wurde, die Sowjetunion sei ein Volksstaat.

Dieses Fehlen von Tatsachen und Beweisen, die Verworrenheit sogar in der theoretischen Fragestellung, ist ein unfehlbares Symptom dafür, daß es sich bei der „Diktatur des Proletariats“ um eine politische Fiktion handelt. Eben darum sagen sich die kommunistischen Parteien des Westens so leicht von der Diktatur des Proletariats los: Das ist kein Verzicht auf die Realität, sondern auf die Terminologie. Wenn es ihnen gelingt, ihr Regime zu installieren, werden sie es „Volksstaat“ nennen, wie auch die nach dem II. Weltkrieg eingesetzten Regimes nicht „Diktatur des Proletariats“ genannt wurden, sondern „Volksdemokratien“.

Es gab in Sowjet-Rußland keine Diktatur des Proletariats. Es gab sie auch in keinem anderen Land der Welt. Und eine ernstgemeinte Analyse dieser nie dagewesenen Diktatur ist nicht sinnvoller als die Betrachtung des Kaisers neuer Kleider.

9. „Die Diktatur über das Proletariat“

Aber eine Diktatur war da: Die „Diktatur über das Proletariat“, wie Trockij es später treffend bezeichnete. Auch Lenin wußte das: Nicht zufällig lieferte er eine Begründung für sie.

Schon am Vorabend des Oktoberaufstandes schrieb Lenin in seinem

Buch „Staat und Revolution“ erstmals anders über die nachrevolutionäre Gesellschaft, als es früher bei den Marxisten üblich gewesen war. Anstelle des idyllischen Wohlbefindens der Arbeiter und Bauern, die endlich von der Aufsicht der Ausbeuter befreit worden seien, betonte Lenin plump die Notwendigkeit von „Rechnungsführung und Kontrolle“.[55]) Plötzlich hieß es, die Arbeiter, die Sieger der bevorstehenden Revolution, müßten erfaßt, kontrolliert und zur Disziplin angehalten werden.

Nach dem Oktoberumsturz forderte Lenin bereits mit voller Stimme die „Erziehung zu einer neuen Disziplin“ der Arbeitenden und nannte dies die neue Form des Klassenkampfes.[56]) Die Bezeichnung verhieß nichts Gutes: Im Klassenkampf waren die Bolschewiken erbarmungslos.

Wer wurde der Kategorie der potentiellen Klassenfeinde zugerechnet? Lenin sprach dies ganz eindeutig aus: „Jene Häuflein, Gruppen und Schichten von Arbeitern, die hartnäckig an den Traditionen (Gewohnheiten) des Kapitalismus festhalten und sich zum Sowjetstaat auf die alte Art verhalten: ihm möglichst wenig und schlechte Arbeit zu liefern, von ihm aber möglichst viel Geld zu ergattern“.[57]) Für Lenin sind der Klassenfeind jetzt Arbeiter, die sich nicht ausbeuten lassen wollen, auch vom Sowjetstaat nicht.

Lenin erklärt, daß die Arbeiter nach der Oktoberrevolution“ „Menschen seien, die über sich keine Macht außer der Macht ihrer eigenen Vereinigung, ihrer eigenen, bewußten, kühnen, festgefügten, revolutionären Avantgarde kennen.“[58]) Der Überfluß an tönenden Eigenschaftswörtern ändert nicht die Tatsache, daß, nach Lenin, trotzdem eine Herrschaft über die Arbeiter bestehen bleibt, die ausgeübt wird von einer selbsternannten „Avantgarde“. Damit wird die Realität deutlich zum Ausdruck gebracht.

Lenin erkennt die Notwendigkeit, diese „Avantgarde“ aufzustocken: „Je tiefer die Umwälzung greift, desto mehr aktiver Mitarbeiter bedarf es, um das Werk der Ersetzung des Kapitalismus durch den Apparat des Sozialismus zu vollziehen“, konstatiert er weniger als sechs Wochen nach dem Oktoberumsturz und stellt die Aufgabe, „jetzt nicht auf eine augenblickliche Verbesserung der eigenen Lage bedacht zu sein, sondern... danach trachten, zur herrschenden Klasse zu werden“.[59]) Die „aktiven Mitarbeiter“, der „Apparat des Sozialismus“ sollen im Zuge der Arbeit emporsteigen, „bei der in der *Praxis* die *organisatorischen Talente* hervortreten und zur Teilnahme an der Verwaltung aufrücken müssen... sie *und nur sie* können, unterstützt von den Massen, Rußland und die Sache des Sozialismus retten."[60])

Es ist klar: Diese Leute sollen „danach trachten, zur herrschenden Klasse zu werden." Die Schaffung dieser herrschenden Verwalterelite betrachtet Lenin nicht als eine temporäre Erscheinung der Übergangszeit. Für ihn handelt es sich um zwei verschiedene soziale Gruppen. So belehrt er das Proletariat: „Die Herrschaft der Arbeiterklasse ist in der Verfassung, in den Besitzverhältnissen verkörpert und darin, daß wir es sind, die die Dinge voranbringen. Die Verwaltung aber ist eine andere Sache, eine Sache der Geschicklichkeit, der Übung... Um zu verwalten braucht man Leute, die verwalten können... Die Erfahrung, wie man verwaltet, fällt nicht vom Himmel und kommt nicht vom Heiligen Geist, und deshalb, weil die Klasse die fortschrittlichste von allen ist, ist sie noch nicht automatisch dazu befähigt zu verwalten... Für die Verwaltung, für den Staatsaufbau brauchen wir Leute, die die Technik der Verwaltung beherrschen, die staatsmännische und wirtschaftliche Erfahrung haben..."[61]) Eine herrschende Klasse der „Verwaltenden", das ist Lenins Idee. Ausgespielt ist die Rolle der „Armee der Revolution", die Lenin der Arbeiterklasse zugewiesen hat. Jetzt ist es nicht mehr ihre Sache, Diktatorgelüste zu äußern, sondern zu arbeiten, sich registrieren und kontrollieren, sich verwalten zu lassen.

Lenin arbeitet Pläne aus. In einem seiner letzten Werke „Wie wir die Arbeiter- und Bauerninspektion reorganisieren sollen" tritt er mit einem Plan an die Öffentlichkeit, in dem von der Arbeiterkontrolle nichts mehr übriggeblieben ist („dem widerspruchsvollen, dem unvollständigen Schritt"). Ein nicht widerspruchsvoller, vollständiger Schritt mußte nach Lenins Meinung im Bereiche der Kontrolle stattfinden durch die Bildung eines privilegierten bürokratischen Apparates. „Die nach meinem Plan verbleibenden... Angestellten" schreibt Lenin, „werden einerseits reine Sekretärsfunktionen... ausüben, andererseits aber müssen sie hochqualifiziert, besonders erprobt, besonders zuverlässig sein und ein hohes Gehalt beziehen."[62])

Als „Verwaltende" stellte sich Lenin allerdings die altbekannten, bewährten Mitglieder seiner Organisation vor. Selbst als er sich in schwindelerregende Höhe über sie erhob und sie von dorther mit dem Gefühl einer absoluten Überlegenheit betrachtete, fuhr er fort, sie zu schätzen und ihnen zu vertrauen. Und gerade aus diesem Grund begann Lenin mit wachsender Sorge den neuen Prozeß zu beobachten, der sich in der Sowjetgesellschaft unaufhaltsam entwickelte.

10. „Ein neues Fürstengefolge“

Der Prozeß bestand in einem stürmischen Wachstum des Machtapparates von Staat und Partei und in seinem steigenden Anspruch, das Land zu regieren.

Die Unaufhaltsamkeit dieses Prozesses lag in seinem Ursprung. Er wurde durch die Veränderungen in der Gesellschaftsstruktur hervorgerufen: durch die Verstaatlichung und Zentralisierung, durch die Monopolstellung der Partei. Lenins Garde, die nun schon aus älteren, durch die Jahre der unmenschlich aufreibenden Arbeit frühzeitig verbrauchten Leuten bestand, wurde plötzlich zum bloßen Schaum auf einer brandenden Welle. Es war dies die Welle von Karrieristen, die sich in Windeseile zu Kommunisten umgefärbt hatten und nun zur Macht und zu einträglichen Posten drängte. Diese Masse dürstete danach, sich als die Schicht der „Verwaltenden“ zu etablieren. Freilich konnte Lenin jeden von ihnen einzeln, zu Dutzenden, in Gruppen – fortjagen, verhaften, erschießen lassen. Aber der Gesamtheit gegenüber war er machtlos. Der Charakter und das Ausmaß der Gesellschaftsveränderungen, das schnelle Wachstum von Partei und Staat und außerdem die gewaltigen Dimensionen des Landes machten es der kleinen Gruppe von Berufsrevolutionären unmöglich, alle einflußreichen Posten zu besetzen und die gesamte Verwaltung in den eigenen Händen zu behalten. Weder Marx noch Engels, noch Lenin selbst hatten eine derartige Entwicklung vorausgesehen. Der todkranke Lenin stand ihr völlig unvorbereitet gegenüber. Wenn man die letzten Arbeiten Lenins liest, ist deutlich zu erkennen, wie sich der Führer der Revolution mit diesem Problem herumschlug. Manchmal versucht er, es als das Erbe des Zarismus hinzustellen, wenn er von der Bedrohung durch den „russischen Apparat“ spricht, der „vom Zarismus übernommen und nur ganz leicht mit Sowjetöl gesalbt“ war. Aber keine Ausreden retten vor einer für Lenin klar ersichtlichen „Invasion jenes echten Russen..., des großrussischen Chauvinisten, ja im Grunde Schurken und Gewalttäters, wie es der typische russische Bürokrat ist“. Die Ausmaße dieser Invasion erschrecken Lenin. „Kein Zweifel“ schreibt er, „daß der verschwindende Prozentsatz sowjetischer und sowjetisierter Arbeiter in diesem Meer des chauvinistischen großrussischen Packs ertrinken wird wie die Fliege in der Milch“. [63]) „Ehrliche Menschen werden verteufelt dringend gebraucht“, konstatiert Lenin bedrückt.[64])

Noch dazu erkennt Lenin selbst, daß seine Ausreden falsch sind: zur Macht drängt nicht die zaristische Bürokratie. „Unser schlimmster Feind ist der Bürokrat" schreibt Lenin 1922, „der Kommunist, der auf einem verantwortlichen (und auch auf einem nichtverantwortlichen) Sowjetposten sitzt und allgemeine Achtung als gewissenhafter Mensch genießt."[65]) Also sind das Kommunisten und keine Zarenbeamten.

Mehr noch: auch in den Parteiorganisationen wächst die Bürokratie. In seinem letzten Aufsatz schreibt Lenin voll Sorge über „unsere ganze Bürokratie, die Sowjet- wie die Parteibürokratie". Er erläutert bitter: „Bürokraten gibt es bei uns nicht nur in den Sowjet-, sondern auch in den Parteiinstitutionen." Und noch aufschlußreicher: „Selbstverständlich mußte sich der in den Sowjetinstitutionen wiedererstandene Bürokratismus auch in den Parteiorganisationen zersetzend auswirken, denn die Spitzen der Partei sind die Spitzen des Sowjetapparats. Das ist ein und dasselbe."[66])

Die Partei- und Staats-Bürokratie verwandelt sich vor seinen Augen unaufhaltsam in ein ganzes System der Unterdrückung, und Lenin konstatiert hilflos „den Druck der allgemeinen Verhältnisse unseres echt russischen (obzwar sowjetischen) Bürokratismus".[67])

Die allmächtige neue kommunistische Bürokratie stellt bereits eine Gefahr für Lenins Garde dar. Die von unten her die guten Posten anpeilenden Karrieristen sind eine Kraft, die imstande ist, auf die Politik, die oben im Kreml betrieben wird, Druck auszuüben. Auf welchem Kurs wird diese Horde von machthungrigen Emporkömmlingen bestehen? Wird es der sein, den Lenin befürwortet und der sich aus dem so schwierig zu erreichenden Gleichgewicht zwischen dogmatisierter marxistischer Theorie, den Ergebnissen jahrelanger Diskussionen in der Emigration und den Improvisationen zusammensetzt, die auf Grund der realen Lage in Rußland notwendig waren? Oder wird es ein anderer Kurs sein, ihr eigener, ein brutaler, gnadenloser, der nur in hohl klingenden Worten marxistisch und revolutionär ist, in Wirklichkeit aber der Kurs einer reaktionären Diktatur über alle darstellt, die sich nach wie vor am Fuß der sozialen Pyramide befinden?

Am 26. März 1922 bringt Lenin erstaunliche Worte zu Papier: „Will man nicht vor der Wirklichkeit die Augen verschließen, so muß man zugeben, daß gegenwärtig die proletarische Politik der Partei nicht durch ihre Zusammensetzung, sondern durch die gewaltige, ungeschmälerte Autorität jener ganz dünnen Schicht bestimmt wird, die man die alte Parteigarde nennen kann. Es genügt ein kleiner innerer Kampf in dieser

Schicht, und ihre Autorität wird, wenn nicht untergraben, so doch jedenfalls so weit geschwächt, daß die Entscheidung schon nicht mehr von ihr abhängen wird."[68])

Von wem denn? Offensichtlich von Kräften, die sich unter der dünnen Schicht der Leningarde befinden. Und von welcher Entscheidung ist die Rede? Es geht eindeutig um die Entscheidung für oder gegen die Lenin'sche Politik. Was die Alternative sein wird, wagt Lenin nicht einmal auszusprechen.

Aussprechen wird es der weiße Emigrant und Monarchist Šulgin, dessen antikommunistische Bücher „Tage" und „1920" auf Lenins Befehl in Sowjetrußland gedruckt wurden. In seinem dritten Buch „Drei Hauptstädte; Eine Reise durch das Rote Rußland" zieht Šulgin – schon nach Lenins Tod – nicht ohne Schadenfreude eine Bilanz von dessen Herrschaft über das Land: „Die Ungleichheit ist zurückgekehrt... Der absterbende Kommunismus hat sich auf theoretische Gefilde zurückgezogen, in dumme Wörter, idiotische Redensarten... Aber das Leben hat gesiegt. Und ebenso wie es in der Natur nicht zwei identische Gräslein gibt, so ist auch hier die Kette zwischen Armen und Reichen unendlich... Es hat sich eine soziale Leiter gebildet. Und mit ihr ist die Hoffnung zurückgekehrt. Die Hoffnung eines jeden, höher hinaufzukommen..." Und weiter: „Die Macht ist ein Beruf wie jeder andere. Wenn ein Kutscher sich besäuft und seine Pflicht nicht erfüllt, jagt man ihn davon. So war es auch mit uns, der Herrenklasse. Wir haben zu viel gesoffen und gesungen. Man hat uns davongejagt. Man hat uns davongejagt und sich andere Herren ausgesucht, diesmal aus der Juden-Clique. Man wird sie natürlich bald liquidieren. Aber nicht früher, als bis sich unterhalb der Juden ein ‚Fürstengefolge' gebildet haben wird, das durch eine harte Schule gegangen ist. Sie werden verstehen müssen zu herrschen, sonst wird man sie ebenfalls davonjagen.

Der Kommunismus ist bloß eine Episode. Der Kommunismus (‚Raubt das Geraubte!' und alle derartigen Dinge) war nichts als der Hebel, durch den die neuen Herren die alten aus den Angeln gehoben haben. Danach kam er ins Museum (in ein Museum der Revolution). Und das Leben mündet in das alte Gleis. Nur die Herren sind andere. Das ist alles."[69])

In dieser interessanten Beurteilung ist der prophetische Gedanke von zwei herrschenden Schichten in Sowjet-Rußland enthalten. Die Schicht, die der Antisemit Šulgin die „Juden-Clique" nennt, ist die Organisation der Berufsrevolutionäre. Es stimmt, daß sie nicht gerade wenige Juden enthielt, jene Gruppe von Menschen, die vorher von den diversen Šulgins – den Beherrschern Rußlands, die zuviel tranken und sangen – unterdrückt worden waren.

Was Šulgin bemerkte und zum Ausdruck brachte, verursachte auch Lenin große Sorgen, auch wenn er es nicht wagte, dies offen einzugestehen: Diese Schicht konnte sich nicht lange an der Macht halten. Sie war der Masse des Volkes fremd. Wenn die Emigranten mit ihren „Stürmen im Wasserglas", wie sich Stalin ausdrückte, sogar im Kreise der russischen Untergrundkämpfer auf Widerstand stießen, wie sollte diese Schicht Intellektueller gar erst beim Volk ankommen? Natürlich war es möglich, die Meinung des Volkes zu mißachten – daran ist das russische Volk gewöhnt. Hier jedoch lag ihre Schwäche in dem bevorstehenden Kampf gegen die andere Schicht, gegen das „Fürstengefolge", das sich unterhalb der an der Macht befindlichen Berufsrevolutionäre gebildet hatte.

Die Geschichte selbst rächte sich an diesen Goetheschen Zauberlehrlingen.

Indem Lenin und seine Mitstreiter die Arbeiter betrogen, denen sie die Diktatur des Proletariats versprochen hatten, verwandelten sie sich rasch in eine regierende Klasse. Aber es stellte sich heraus, daß der Prozeß der Geburt dieser Klasse ihrer Kontrolle entglitt. Die Leningarde, geschwächt durch die Überreste von Idealismus und die Illusion, sie handle im Interesse des Proletariats, erwies sich als hilflos. Sie mußte sich mit den neuen Kräften messen, die, unbeschwert von Selbstbetrug, zielstrebig daran gingen, das leere Flußbett dieses Prozesses auszufüllen.

Es ist eine bittere Ironie der Geschichte, daß drei Wochen nach der zitierten Aufzeichnung Lenins, auf dessen eigenes Betreiben, Stalin zum Generalsekretär des ZK der KPdSU gewählt wurde. Lenin hatte sogar einen „kleinen inneren Kampf" innerhalb seiner Gardisten gefürchtet, der ihre Autorität hätte untergraben können. Stalins Plan bestand gerade darin, die alte Garde zu einem inneren Kampf zu bringen und ihre Autorität völlig zu vernichten.

11. Die Schaffung der Nomenklatura

Der Revolutionär Lenin erfand die Organisation der Berufsrevolutionäre. Der Apparatschik Stalin erfand die Nomenklatura. Die Erfindung Lenins war der Hebel, durch den er Rußland aus den Angeln hob; sie kam ins Revolutionsmuseum, wie Šulgin schreibt. Die Erfindung Stalins war der Apparat, mit dessen Hilfe er Rußland regierte; sie erwies sich als weitaus lebensfähiger.

Am Anfang des Buches sprachen wir schon über das Wort „Nomenklatura". Im bürokratischen Sprachgebrauch in der UdSSR bedeutet dieses Wort: 1. das Verzeichnis der leitenden Posten, deren Besetzung nicht der Ressortchef vornimmt, sondern eine höhere Stelle, und 2. das Verzeichnis der Personen, die diese Posten innehaben oder als Reserve dafür in Frage kommen.

Wie schon gesagt, besaß Lenins Organisation der Berufsrevolutionäre nicht genug Mitglieder, um die Leitung des riesigen Reiches auszuüben und um sämtliche verantwortungsvolle Posten in der stürmisch wachsenden Partei und im Regierungsapparat zu besetzen. In das Vakuum, das in verschiedenen Machtsphären entstanden war, drängte sich eine Lawine von Karrieristen. Um Aussicht auf Erfolg zu haben, brauchte man im Grunde nicht viel: man durfte weder adeliger noch bürgerlicher Herkunft sein und mußte der bereits siegreichen und schon regierenden Partei beitreten (falls man noch zu jung war, dem Komsomol). Als revolutionäres Verdienst zählte die Zugehörigkeit zur Roten Armee während des Bürgerkrieges, zu der Millionen von Menschen eingezogen wurden. Wenn man sogar das nicht nachweisen konnte, gab es in dem herrschenden Durcheinander viele andere Möglichkeiten, Verdienste zu erfinden. Der Weg nach oben stand offen.

Die Notwendigkeit einer Auslese war unbestreitbar. Aber nach welchen Kriterien und nach welchem System? Wichtigste Kriterien waren nicht „berufliche Gesichtspunkte", sondern „politische Gesichtspunkte": Wenn sich zum Beispiel um den Posten des Direktors eines physikalischen Institutes gleichzeitig der parteilose Spezialist Albert Einstein und ein junger Matrose der Baltischen Flotte, Parteimitglied Iwan Dummow beworben hätten, wäre Iwan der Posten zugesprochen worden.

Die offensichtliche Sinnlosigkeit dieser Vorgangsweise beweist nicht, daß ihre Erfinder naiv waren. Als es für Lenins Regierung wirklich wichtig war, einige Spitzenpositionen mit echten Fachleuten zu besetzen, wurden sie berufen: im Bürgerkrieg wurden die Roten Truppen von „Militärspezialisten" kommandiert, und zwar von gewesenen zaristischen Generalen und Offizieren. Der Triumph der „politischen Gesichtspunkte" in Friedenszeiten fand seine Erklärung in folgender Regel, die für die westliche, vom Konkurrenzkampf geprägte Mentalität unverständlich erscheint: Im Realsozialismus gilt es als zweckmäßig – obwohl dies nie offen ausgesprochen wird – die Posten mit Leuten zu besetzen, die sich für diese Arbeit nicht besonders eignen und u. U. überhaupt unfähig dafür sind.

Diese Erscheinung, der man in jedem realsozialistischen Land auf Schritt und Tritt begegnet, hat eine durchaus rationale Erklärung. Jeder muß sich bewußt sein, daß er seinen Posten nicht auf Grund eines Rechtsanspruches innehat, sondern ihn der Gnade der Führung verdankt, und daß er leicht durch jemand anderen ersetzt werden kann, wenn diese Gnade zurückgezogen wird. Auf solchem Prinzip beruht die (bis heute eifrig wiederholte) These Stalins: „Bei uns ist niemand unersetzlich!". Da diese These auf Einstein in geringerem Maß anzuwenden ist als auf Dummow, ist es Dummow, der den Posten bekommen muß. Die Sache entbehrt nicht einer gewissen Logik. Im Laufe der vielen Jahre ist es mir nur in seltenen Fällen gelungen, in der Sowjetunion auf Leute zu stoßen, die für ihren Posten wirklich gut geeignet waren – und gerade sie hatten gewöhnlich Schwierigkeiten: da auf sie das allgemeine Kriterium der Kaderauswahl nicht zutraf, schien es, als ob gerade sie auf Posten saßen, die nicht für sie paßten.

Dieses Prinzip der Personalpolitik erzeugte in den Glücklichen, die einen guten Posten erhielten, eine völlige Unterwerfung unter den Willen des Chefs, um wenigstens auf diese Weise unersetzlich zu werden. Die Aufsteiger waren vom Wunsch beseelt, jeden Wink derer auszuführen, die sie ernannt hatten.

In dieser trivialen Tatsache lag der Schlüssel zu Stalins historischem Aufstieg. Denn die gesamte Ernennung von Führungskräften des Landes konzentrierte Stalin in seinen Händen und in denen seines Apparates. So sicherte sich Stalin unter dem Mäntelchen der „politischen Gesichtspunkte" bei den Ernennungen die automatische Ergebenheit der gesamten neuen herrschenden Schicht – der Nomenklatura.

Westliche Biographen Stalins haben eine Gegenüberstellung dermaßen überstrapaziert, daß sie zu einem Gemeinplatz wurde: auf der einen Seite Trockij, Bucharin, Zinovjev und andere mit ihrer Wichtigtuerei und Berauschen an ihren eigenen Reden, auf der anderen Seite der ungeschlachte Plebejer Stalin, der schweigsam und beharrlich im Parteisekretariat arbeitete. Nach außen hin sah die Situation wirklich so aus. Aber wichtig war nicht diese äußerliche Kollision; wichtig war das, woran Stalin arbeitete. Witzbolde nannten ihn damals „Genosse Kartothekov". Er und seine Mitarbeiter beschäftigten sich tatsächlich mit Karteikarten und Personalakten. „Die Kader entscheiden alles" sagte er später. Dieses Material studierte er genauestens, preßte es durch das Sieb seiner Interessen und Berechnungen, verteilte die Menschen auf die verschiedenen Ebenen seiner Nomenklatura, wie ein Komponist seine Noten auf die Zeilen verteilt, damit die Symphonie entsteht, die ihm vorschwebt. Angeblich habe Stalin die Kartei über die ihn aus dem einen oder anderen Grunde interessierenden Leute seit der 1. Hälfte der zwanziger Jahre selbst geführt; nicht einmal seinen Sekretär habe er an sie herangelassen.

Natürlich wäre es naiv, sich vorzustellen, daß die Schaffung der Nomenklatura dadurch erfolgte, daß Stalin mit seinen Gehilfen in Karteien wühlte. Stalin erfand das System, nach dem die Auswahl von führendem Personal für Partei und Staat erfolgte.

Einige allgemeine Überlegungen über sein System äußerte Stalin zum ersten Mal auf dem XII. Parteitag 1922, als er den Delegierten den Organisationsbericht des Zentralkomitees vorlegte: „Es gilt, die Funktionäre so auszulesen, daß die Posten von Menschen bekleidet werden, die es verstehen, die Direktiven zu verwirklichen, die Direktiven zu begreifen, diese Direktiven als ihre ureigenen anzusehen und sie in die Wirklichkeit umzusetzen. Andernfalls verliert die Politik ihren Sinn und verwandelt sich in leeres Geschwätz!" Die Grundidee bestand folglich darin, auf verantwortungsvolle politische Posten bereitwillige Vollzugsorgane der Direktiven zu setzen. Und deshalb mußte laut Stalin „jeder Mitarbeiter bis auf die Knochen untersucht" werden, es war notwendig, „die Mitarbeiter zu kennen, ihre Vorzüge und Fehler zu erfassen".[70])

Dies geschah auch. 1920 wurden im Zentralkomitee und in den regionalen Komitees die Parteiabteilungen für Registrierung und Verteilung der Kader („Učraspred") gebildet. Sie waren die ersten Organe, die sich mit der Berufung und Versetzung speziell von verantwortlichen Parteifunktionären und auch mit der Erfassung des Personals befaßten. Diese Abteilungen waren nicht nur für Berufungen, sondern auch für Abberufungen zuständig und stellten Listen derjenigen auf, die „zur Rückversetzung an Werkbank und Pflug" vorgesehen waren.[71])

Im April 1922 wurde Stalin Generalsekretär des Zentralkomitees der KPdSU. Im August desselben Jahres wurde auf dem XII. Parteitag das erste Mal die Anzahl der Parteifunktionäre im Apparat bekanntgegeben, der dem Sekretariat des ZK unterstand: In Moskau waren es 325 Personen, in den Gouvernements 2000, in den Kreisen 8000; außerdem in den Amtsbezirken und in den großen Unternehmungen 5000 Parteisekretäre, die von der Arbeit freigestellt waren, im ganzen 15 325 Personen.[72]) So viele Personen umfaßte Stalins Parteiapparat bereits zu dieser Zeit.

In seinem oben zitierten Bericht auf dem XII. Parteitag erklärte Stalin: „Bisher wurde die Sache so gehandhabt, daß sich die Registrierung und Verteilung darauf beschränkte, die Genossen nach Kreis-, Gouvernements- und Gebietskomitees zu registrieren und zu verteilen. Tiefer hat die Abteilung für Registrierung und Verteilung, schlicht gesagt, ihre Nase nicht in die Sache hineingesteckt... Jetzt kann sich die Abteilung für Registrierung und Verteilung nicht mehr im Rahmen der Gouvernement- und Kreiskomitees abkapseln... Es ist notwendig, ausnahmslos alle Verwaltungszweige und den gesamten Funktionärskörper der Industrie zu erfassen.“[73])

Und wirklich: Nach dem XII. Parteitag, als es schon klar war, daß Lenin nicht mehr an die Macht zurückkehren würde, wurde augenblicklich in diesen Abteilungen die Erfassung und Verteilung der führenden Kräfte konzentriert „ausnahmslos für alle Gebiete der Verwaltung und Wirtschaft“.[74])

Besonders aktiv arbeitete die Abteilung des Zentralkomitees, von der Stalin gesagt hatte, sie würde „eine ungeheure Bedeutung erlangen“.[75]) Schon 1922 hatte Učraspred mehr als 10 000 Ernennungen durchgeführt.[76]) 1923 erweiterte er seine Tätigkeit. In der Abteilung wurden sieben Kommissionen zur Überprüfung des Personalstandes der wichtigsten Staats- und Wirtschaftsorgane gebildet: für die Industrie, die Handelsgenossenschaften für Transport und Fernmeldewesen, für Finanz- und Landwirtschaft, für die Organe der Erziehung, für die administrativen Organe und die Volkskommissariate für auswärtige Angelegenheiten und Außenhandel.[77])

Laut Parteistatut werden die Parteikomitees gewählt. Der Weg, wie dieser Punkt des Statuts zu umgehen ist, wurde ohne Schwierigkeiten gefunden und funktioniert bis heute: die führenden Parteiorgane „empfehlen“ den nachgeordneten Stellen die Personen, die gewählt werden sollen. So wurden zum Beispiel die Kandidaten für Sekretärsposten der

Bezirkskomitees der Partei von den Gebietskomitees empfohlen, die Kandidaten für die Sekretärsposten in den neuen Gebietskomitees vom Sekretariat des ZK. Das ZK-Sekretariat hatte viel Arbeit zu bewältigen, um diese neuen General-Gouverneure auszusuchen. Im Jahr 1922 wurden 37 Sekretäre von Gouvernementkomitees versetzt und 42 neu „empfohlen".[78]) Bezeichnend ist folgendes: das Sekretariat des ZK richtete seine „Empfehlungen" nicht nur an die untergeordneten Stellen, sondern auch an die höhere Stelle, das Organisationsbüro des ZK. So konzentrierte das Sekretariat, geführt von Stalin, die Ernennungen auch auf die höchsten Führungsämter im Lande in seinen Händen.

Die emsige Tätigkeit von Stalins Sekretariat und seines Uzraspred schaffte neue Bedingungen im Parteiapparat. Trockij beschrieb dies in einem Brief an das ZK der Partei vom 18. Oktober 1923 und in seiner Arbeit „Der neue Kurs" (Dezember 1923). Er hob hervor, daß sogar während des Bürgerkrieges die Ernennungen in der Partei nur ein Zehntel jener von 1923 ausgemacht hätten. Trockij unterstrich, daß dieses System die ernannten Sekretäre von den örtlichen Parteiorganisationen unabhängig gemacht habe. Die Funktionäre des Parteiapparates hätten keine eigene Meinung mehr – jedenfalls ließen sie sie nicht verlauten, – und stimmten von vornherein mit der „Hierarchie des Sekretariates". Die Masse der einfachen Parteimitglieder aber werde von den Beschlüssen dieser Hierarchie überhaupt nur noch durch Befehle informiert.[79])

Was ist das für ein Prozeß? Trockij nennt ihn die „Bürokratisierung der Partei". Das ist eine zahme Bezeichnung; sie konnte gar nicht anders sein, da Trockij selbst 1923 noch Mitglied des Politbüros war. In Wirklichkeit vollzieht sich bedeutend mehr: die gesellschaftlichen Schichten bewegen sich in entgegengesetzte Richtungen. Eine Schicht – die Sekretäre der Parteikomitees und ihr Apparat – steigt auf und beginnt, Befehle zu erteilen. Die andere Schicht – die einfachen Parteimitglieder – sinkt hinab und ist gezwungen, ebenso wie die Parteilosen diese Befehle widerspruchslos auszuführen. Trockij stellt selbst fest: „Die Partei lebt in zwei Stockwerken: im oberen werden Entscheidungen getroffen, im unteren erfährt man nur von den Entscheidungen".[80]) Der Brief Trockijs ist wie eine Momentaufnahme des Prozesses der Klassenbildung in der sowjetischen Gesellschaft, – des Auseinandergehens der Gesellschaftsschichten.

Unterdessen wurde die Schleuse für die Träger dieses Prozesses – für die von unten her an die Macht strebenden Karrieristen – noch weiter geöffnet. Nach dem Tod Lenins wurde das sogenannte „Lenin-Aufgebot" – die Aufnahme von 240000 neuen Mitgliedern – in die Partei verkündet. Als Resultat dieses „Aufgebotes" hatte die Partei im Mai 1924 (am XIII. Parteitag) fast doppelt so viele Mitglieder wie im April 1922 (XII. Parteitag): die Zahl stieg von 386000 auf 736000. Die Hälfte der Partei bestand nun aus neuen Mitgliedern, genau gesagt nicht des „Leninschen", sondern des „*Nach*leninschen" Aufgebotes. Ihnen war die Leningarde, die so lange in der Verbannung und in der Emigration herumgesessen war, fremd, so sehr diese sich auch den neuen Verhältnissen angepaßt hatte. Die neuen Mitglieder stießen nicht zu den ehemaligen Verfolgten, sondern zu den neuen Verfolgern. Sie wollten nicht eine Revolution, sondern die guten Posten, die das bereits etablierte Regime zu vergeben hatte. Sie waren potentielle Leute Stalins. Seinem Buch „Über die Grundlagen des Leninismus", in dem Stalin Anspruch auf die Rolle des Interpreten der theoretischen Ansichten Lenins erhebt, stellt er die demonstrative Überschrift voran: „Dem Lenin-Aufgebot gewidmet."

Das Sekretariat des ZK setzte die Arbeit am Aufbau der Nomenklatura weiter fort. Für 1924 gibt es Zahlenunterlagen: Die Besetzung von ungefähr 3500 Dienstposten hatte durch das ZK zu erfolgen; weitere 1500 wurden durch die Behörden bei gleichzeitiger Meldung an den Učraspred des ZK besetzt.[81]) Noch größer war die Nomenklatura der Gebiets-, Bezirks- und anderer Komitees der Partei. 1925 umfaßte der hauptamtliche Parteiapparat 25000 Personen – je einen auf vierzig Parteimitglieder. Allein im Apparat des ZK arbeiteten 767 Personen.[82])

Mittlerweile wurde 1924 der Učraspred mit der Organisations-Abteilung des ZK vereinigt. Daraus entstand die Orgraspred-Abteilung, – die wichtigste Abteilung des ZK. Die Orgraspred, zu deren Leiter Stalins Intimus L. M. Kaganovič ernannt wurde, bestimmte sowohl die Parteinomenklatura als auch die Nomenklatura des Staates, wobei die Besetzungen von leitenden Posten im Staatsapparat zahlenmäßig überwogen: Von Ende 1925 (dem XIV. Parteitag) bis 1927 (dem XV. Parteitag) erfolgten 8761 Ernennungen durch den Orgraspred, davon 1222 auf Posten innerhalb der Partei.

1930 wurde der Orgraspred wieder in zwei Abteilungen getrennt: die Orginstrukteur-Abteilung, die sich mit Ernennungen und Versetzungen innerhalb des Parteiapparates beschäftigte, und die Abteilung für Ernennungen, mit mehreren Sektoren (Schwerindustrie, Transportwesen, Landwirtschaft, Sowjets, Personal für das Ausland usw.), der die Besetzung der Nomenklatura-Posten im Staatsapparat unterstand.[83]) Auf dem ZK-Plenum im Jahr 1937 beschrieb Stalin den „Kommandostand der Partei“ in militärischen Begriffen: die 3000–4000 höheren Parteiführer als „Generalität“; die 30000–40000 Führer mittleren Ranges als „Offizierskorps“ und die 100000–150000 Führer niederen Ranges als „Unteroffiziere“.[84]). Was sich in diesen Worten auch deutlich zeigte, war das hierarchische Denken, das den Schaffungsprozeß der Nomenklatura durchdrang.

Die Beziehungen zwischen der Nomenklatura-Hierarchie und ihrem Schöpfer Stalin beschränkten sich nicht auf Äußerungen der Ergebenheit der Apparatschiki gegenüber ihrem Führer. Sie waren nicht poetisch, sondern nüchtern-realistisch, wie das immer bei sozialen Erscheinungen der Fall ist.

Stalins Protektionskinder waren seine Leute. Aber auch er war ihr Mann. Sie bildeten die soziale Stütze seiner Diktatur, aber nicht aus rührender Liebe zum Diktator. Sie rechneten damit, daß er ihre kollektive Diktatur im Lande sichern würde. Indem sie die Befehle des Führers in kriecherischer Weise ausführten, gingen sie voll Berechnung davon aus, daß diese Befehle in ihrem Interesse erteilt wurden. Natürlich konnte Stalin jeden von ihnen als *einzelnen* liquidieren (was er auch reichlich tat), aber gegen die Schicht der Nomenklatura im *ganzen* konnte er unter keinen Umständen vorgehen. Gnadenlos vernichtete er ganze gesellschaftliche Gruppen: die NÖP-Leute, die Kulaken, die Geistlichkeit. Aber um die Interessen seiner Protektionskinder, die Stärkung ihrer Macht, Autorität und Privilegien kümmerte sich Stalin sehr eifrig. Er war die Kreatur seiner Kreaturen und wußte, daß sie nur so lange strikt seinen Willen ausführen würden, als er sich ihrem Willen beugte.

Der Wunsch der Stalinschen Garde war, ihre unteilbare und dauerhafte Herrschaft im Lande sicherzustellen. Den an die Macht gekommenen Stalinanhängern sagten Trockijs Überlegungen von der „permanenten Revolution“ nicht zu. Sie wollten nicht von einer ungewissen „Weltrevolution“ abhängen, sie wollten regieren. Stalin beeilte sich, diesen Wunsch seiner Kreaturen durch die wohlklingende Parole vom „Aufbau des Sozialismus in einem Land“ zu untermauern.

Vom Standpunkt der Theorien von Marx und Engels war diese Parole sinnlos. Den Begründern des Marxismus war klar, daß eine klassenlose Gesellschaft nicht als Insel im Meer des Kapitalismus errichtet werden konnte. Die Stalin-Leute aber waren entzückt von dieser neuen Formulierung, die ihrer Herrschaft durch das Wort „Sozialismus“ die höheren Weihen gab. Es störte sie nicht, daß nach Stalins Worten der Sieg des

Sozialismus in einem Land „total, aber noch nicht endgültig“ war. Der Zweck dieser These lag wohl nicht darin, bei den Sowjetbürgern bedenkliche Hoffnungen zu erwecken. Durch die Drohung einer „Restauration des Kapitalismus“ begründete Stalin seine ganze Innen-, Kriegs- und Außenpolitik. Die Versicherung aber, daß der endgültige Sieg des Sozialismus in der UdSSR verwirklicht werden konnte, bedeutete dagegen die Anerkennung der Stabilität und Kontinuität des Regimes.

Die Parole „Aufbau des Sozialismus in einem Land“ erlangte, wie sich zeigte, historische Bedeutung. Sie wurde nicht zur theoretischen Grundlage für die Schaffung eines abstrakten marxistischen Sozialismus, sondern für den Realsozialismus.

Daß dieser Sozialismus in seinen Grundzügen errichtet wurde, verkündete Stalin im Zusammenhang mit der Annahme der Verfassung im Jahr 1936 – gerade zwischen dem ersten und dem zweiten Moskauer Prozeß. Dann folgte die große Säuberung – die „Ežovščina“.*

12. Der Untergang der Leningarde

Auf dem Gipfel dieses Irrsinns, im schrecklichen Frühling 1938, als die Zeitungen über die faschistischen Spione und Diversanten aus der Trockistisch-Bucharinistischen Bande tobten, hörte ich zum ersten Mal eine Beurteilung der Vorgänge, die eine Dissonanz zu der Hysterie um uns herum bildete. Sie kam von meinem ehemaligen Klassenkameraden Rafka Vannikov, dem Sohn des stellvertretenden Volkskommissars für Verteidigungsindustrie der UdSSR, Boris Lvovič Vannikov, der später Leiter der berüchtigten Ersten Hauptabteilung wurde, einer gigantischen, top-geheimen Organisation, die die sowjetische Atomwaffe schuf. Rafka fragte mich einmal plötzlich: „Ist dir aufgefallen, daß in den letzten eineinhalb Jahren fast der gesamte Führungsapparat des Landes ausgewechselt worden ist?“

Rafka war kein schlechter Kerl, aber jedenfalls kein Meister der politischen Analyse. Seine Äußerung stammte offensichtlich nicht von ihm, sondern von seinem Vater, aus den Gefilden des Kreml. So zynisch und sachlich wurde also in diesen Gefilden das beurteilt, was in der ganzen

* So genannt nach dem ZK-Sekretär und Volkskommissar für Innere Angelegenheiten Nikolai Iwanovič Ežov.

Welt als Entlarvung der faschistischen Agenten ausgegeben wurde: die Auswechselung des Führungsapparates!

Die Ežovščina, die Millionen von Menschen vernichtete und ins Unglück stürzte, war eine komplizierte soziale und politische Erscheinung. In der Geschichte der neuen herrschenden Klasse führte sie die blutige Wachablösung der Führungskräfte im Lande herbei.

1937, zwanzig Jahre nach der Revolution, war die Leningarde nicht mehr die jüngste. Aber vor ihrem natürlichen Ausscheiden blieben ihr noch gute fünfzehn Jahre. Diese restlichen Lebensjahre wollten ihr die Nomenklatura-Neuankömmlinge nicht mehr gönnen; sie lechzten nach den von den alten Revolutionären besetzten höheren Posten. Das von Šulgin vorausgesehene Fürstengefolge – die Nomenklatura – hatte sich gebildet, sie war durch eine harte Schule gegangen, und sie hatte die Kunst des Herrschens erlernt. Was übrig blieb, war die Liquidierung der Garde Lenins.

Man kann fragen: Das Sekretariat des ZK „empfahl" die neuen Sekretäre in der Provinz, und auch andere Posten wurden in großer Zahl von ihm besetzt. Wozu brauchte man den Ežov-Terror?

Man brauchte ihn, weil die Führungselite der Partei damals aus zwei verschiedenen Garden bestand: aus der Stalins und der Lenins. Die Garde Stalins setzte sich aus seinen Protektionskindern zusammen, die nach „politischen Gesichtspunkten" ausgewählt waren; die Garde Lenins aus Männern, die ihre Posten kraft ihrer Mitgliedschaft bei der Organisation der Berufsrevolutionäre innehatten. Die Leninanhänger – nicht bloß einzelne, sondern die ganze Schicht – ihrer Posten zu entheben, war auf normalem Weg unmöglich. Deshalb stammten 1930, trotz aller Ernennungen und Versetzungen, immer noch 69% der Sekretäre der Gebietskomitees bzw. des Zentralkomitees – mehr als zwei Drittel – aus Altbolschewiken.[85]) Von den Delegierten des XVII. Parteitages (1934) waren 80% vor 1920, d. h. vor dem Sieg im Bürgerkrieg, der Partei beigetreten.

Worauf beruhte die Unverwundbarkeit der altgewordenen Kampfgefährten Lenins? Lenin sah mit Recht die Stärke seiner Garde in ihrer großen, lange Jahre hindurch kultivierten Autorität in der Partei. Erst später haben wir uns daran gewöhnt, daß jeder beliebige Parteifunktionär sehr leicht, unter routinemäßigem Beifall der Öffentlichkeit, als faschistischer Spion verhaftet und liquidiert werden konnte. Aber dieser selige Zustand lag damals erst in der Zukunft. Erinnern wir uns daran, daß 1927 Stalin sogar den verhaßten Trockij hatte ins Ausland verbannen müssen; er konnte nicht einmal verhindern, daß dieser sein Privatarchiv mitnahm, aus dem wir hier Dokumente zitiert haben. Die Teilnahme an verschiedenen oppositionellen Gruppen wurde damals noch nicht als Grund angesehen, um Mitglieder der Leningarde aus ihren führenden Positionen zu entfernen.

Um die Alten zu vernichten, gab es nur ein Mittel: man mußte ihre Autorität zerstören und ihre langjährige Mitgliedschaft in der Partei und Teilnahme an so vielen Etappen der Parteigeschichte aus einem Verdienst in ein Verbrechen umfunktionieren. Hier fand der für Stalin charakteristische Gedankengang seinen Platz, ein hochrangiger Revolutionär hätte leicht ein doppeltes Spiel gespielt haben und sich als Verräter herausstellen können.

Stalin sah genau, mit welch verbittertem Neid seine Nomenklaturisten die ihnen fremden und unsympathischen, hinfällig werdenden Leninleute beobachteten, diese Alten, die sich, neben dem Streben nach einem guten Posten, nach Einfluß und süßem Leben, auch noch Überreste von revolutionärer Gesinnungstreue bewahrt hatten. Stalin erkannte, daß nichts weiter notwendig war als ein Signal, dann würden sich seine aufgepäppelten Kreaturen wie ein Rudel von Wölfen auf die schwächlichen und daher unbefugt auf leitenden Posten sitzenden alten Sonderlinge stürzen.

Dieses Signal war die Ermordung Kirovs. Daß diese Ermordung auf Stalins Befehl erfolgte, liegt auf der Hand. In Büchern, die im Westen erschienen sind, wird genau analysiert, warum es für Stalin notwendig war, Kirov zu entfernen; sogar einige vorbeugende Maßnahmen Stalins gegen den energischen Leningrader Sekretär werden aufgezählt. Chruščev führte auf dem XX. und XXII. Parteitag eine Reihe von Tatsachen an, die mit dem Mord in Verbindung standen; es war klar, daß er Stalin als den Schuldigen betrachtete.

Eine Ansicht, die völlig logisch ist. Stalin hatte von Jugend an mehr als einen Mord inszeniert. Später wurde auf seine Veranlassung ein vollkommen harmloser Mensch, der Leiter des Jüdischen Theaters, Michoels, getötet: Svetlana Allilujeva beschreibt, wie ihr Vater telephonisch diesen Auftrag erteilte. Neu ist auch nicht die Art, wie die Schuld an einem Mord dem Gegner in die Schuhe geschoben wurde. Noch Lenin empfahl, die nach dem „wunderschönen Plan“ in Polen verübten Hinrichtungen so zu inszenieren, daß der Verdacht auf die „Grünen“ fiel – genau so, wie später der Mord an Bandera durch einen Agenten des KGB dem westdeutschen Bundesnachrichtendienst (BND) angelastet wurde. Es ist bekannt, daß Stalin seine Schuld sogar bei einem völlig eindeutigen Fall verbergen wollte: bei der Ermordung Trockijs.

Kurz, die Frage, wer Kirov getötet hat, hätte nicht einmal Anlaß zur Diskussion geben können. Die Besonderheit dieser Angelegenheit liegt darin, daß es sich hier nicht um ein einzelnes Verbrechen handelte, sondern um das Signal für die Massenvernichtung von Menschen, in erster Linie der Leningarde.

Die heutigen „Verwaltenden" in der Sowjetunion wissen das ganz genau. Sie wissen es und ziehen ihre Schlüsse.

Als Resultat gelang es trotz aller Versprechungen Chruščev nicht, die Nachforschungen über Kirovs Tod abzuschließen. Alte Bolschewiken, Mitglieder der vom ZK ernannten Kommission zur Aufklärung der Umstände von Kirovs Tod, erzählten in privaten Gesprächen, auf welch verbissenen Widerstand seitens des Parteiapparates und des KGB sie bei jedem Schritt stießen; wie behauptet wurde, daß Dokumente, die die Kommission anforderte, „verschwunden" seien; wie Zeugen einfach nicht aufzutreiben waren. Durch diese Sabotage verbargen die Stalin-Leute nicht dessen Verbrechen, sondern den Faden, durch den, wenn man an ihm zog, ihre eigene Rolle in den Ereignissen der Jahre 1934–1938 ans Licht gekommen wäre.

Diese Rolle war ausschlaggebend. Es ist falsch, in der Ežovščina nur das Werk Stalins zu sehen und erst recht falsch, nur Ežov dafür verantwortlich zu machen.

Stalin erfüllte die Wünsche seiner Kreaturen, als er grünes Licht zur Vernichtung der Leningarde gab. Das war kein heroischer Feldzug. Man kann über die Opfer dieses Feldzuges – die Leninschen Berufsrevolutionäre noch so negativer Meinung sein; und als sie an der Macht waren, entwickelten sie in beträchtlichem Ausmaß jene Eigenschaften, die in den Skizzen zu Lenins Porträt beschrieben worden sind. Aber die Abrechnung mit ihnen war abscheulich.

Eine wohlausgeklügelte Methode wurde angewandt, durch welche gleichzeitig die physische und die moralische Vernichtung der Leningarde erreicht wurde. Zu diesem Zweck wurden die berüchtigten Moskauer Prozesse durchgeführt: der erste gegen das „terroristische trockistisch-zinovjevistische Zentrum" (im August 1936), der zweite gegen das „Antisowjetische trockistische Parallelzentrum" (im Januar 1937), der dritte gegen den „Antisowjetischen rechtstrockistischen Block" (im März 1938). Die Verurteilten Zinovjev, Kamenev, Rykov, Bucharin, Krestinskij, Pjatakov, Radek und andere Kampfgefährten

Lenins bekannten sich schuldig, Agenten Hitlers und Trockijs, Spione, Saboteure und Terroristen gewesen zu sein, die den Kapitalismus restaurieren wollten. Nach den „Geständnissen" der alten Bolschewiken brüllte der Staatsanwalt, der alte Menschewik Andrej Vyšinski, man müsse „die tollwütigen Hunde erschießen". Das Gericht entsprach seinem Wunsch: obwohl von den 54 Angeklagten einige auch zu langjährigen Kerkerstrafen verurteilt wurden, hat nicht einer von ihnen überlebt. Ähnliche Prozesse mit dem gleichen Ausgang wurden in den Jahren 1937 und 1938 auch in sämtlichen Sowjetrepubliken durchgeführt.

Die Linksintellektuellen des Westens, die mit rührendem Vertrauen alles glaubten, was aus Moskau kam, verloren sich in tiefschürfende Mutmaßungen über die Ursachen eines derartigen moralischen Verfalls der Leningarde. Die bürgerlichen Journalisten, die eine Reihe von sachlichen Unstimmigkeiten in den Aussagen feststellten, äußerten die Vermutung, die alten Lenin-Veteranen hätten sich selbst beschuldigt, weil sie glaubten, es sei für die Partei notwendig. Die rechtsstehenden Zeitungen stellten die Hypothese auf, die Angeklagten seien einer komplizierten psychologischen Bearbeitung unterzogen worden, durch die ihnen ein neues „Ich" konstruiert worden sei, das der Partei gegenüber mit einem Schuldkomplex behaftet war.

Zur gleichen Zeit erzählte Stalin vergnügt, wie Swetlana berichtet, bei den nächtlichen Tafelrunden der Politbüromitglieder immer wieder die gleiche Anekdote: Ein Professor machte sich über einen Tschekisten lustig, der nicht wußte, wer der Autor von „Eugen Onegin" sei; der Tschekist verhaftete danach den Professor und teilte seinen Freunden mit: „Er hat mir ein Geständnis abgelegt! Er ist selbst der Autor!" Die Mitglieder des Politbüros wußten die Anekdote, die der Hausherr so lustig fand, nach Gebühr zu schätzen. Denn die ihnen wohlbekannte Wahrheit über die Stalinschen Prozesse war einfacher und zynischer, als sich die Leute im Westen vorstellen konnten.

Die bis heute in der Sowjetunion verheimlichte Methode der Vorbereitung solcher Prozesse wurde auf dem Umweg über die Tschechoslowakei bekannt (die sowjetischen Erfahrungen wurden nämlich in die Volksdemokratien durch Berater des KGB exportiert): Der Angeklagte kam ins „Fließband" („Convey"), ein mehrere Tage und Nächte lang dauerndes Verhör. Die Untersuchungsbeamten arbeiteten in drei 8-Stunden-Schichten, der Angeklagte hingegen durfte nicht schlafen, wurde geprügelt und bekam nichts zu trinken. Die Methode garantierte ein sicheres Resultat: nach mehreren Tagen des ununterbrochenen Verhörs unterschrieb jeder das Protokoll. Die Untersuchungsbeamten wußten jedoch, daß das nur die erste Runde war und warteten ruhig auf das weitere. Nachdem der Häftling geschlafen hatte, widerrief er sein selbstmörderisches „Geständnis". Daraufhin wurde er wieder und wieder der „Conveyer"-Methode unterworfen, solange, bis er bewußt danach strebte, endlich eine Verurteilung zu bekommen, und sei es auch ein Todesurteil.

Dieser Zustand wurde für den Auftritt im Prozeß gebraucht. Mit größter Genauigkeit wurde das Drehbuch des Prozesses vorbereitet; der Angeklagte lernte seine Rolle auswendig wie ein Schauspieler. Während der Gerichtsverhandlung hatten der Tribunalvorsitzende Ulrich und der Staatsanwalt Vyšinski je ein Exemplar des Drehbuches vor sich liegen. Der Angeklagte spielte seine Rolle und bekam dafür eine unbezahlbare Belohnung: bis zum Augenblick des Erschießens durfte er schlafen und wurde nicht mehr geschlagen. Das war der unkomplizierte Mechanismus aller jener Prozesse in den sozialistischen Ländern von 1936 bis 1953, die die westliche Welt durch ihre „Rätselhaftigkeit" verblüfften.

Wenn nur ein schriftliches Schuldbekenntnis „eingetrieben" werden mußte – wie der Fachausdruck des NKWD lautete – und es nicht notwendig war, den Verhörten dem Publikum vorzuführen, waren die Methoden natürlich einfacher: der Untersuchungsbeamte und eine Brigade junger Schergen – meist Hörer der NKWD-Schule – prügelten ihre Opfer während der nächtlichen Verhöre, drückten an ihnen brennende Zigaretten aus und produzierten ähnliche glänzende Einfälle.

So wurden die Unterschriften der alten Bolschewiken und die haarsträubendsten Aussagen „eingetrieben".

In diesen Aussagen tauchten neue Namen auf, und dementsprechend erfolgten neue Verhaftungen. Es wird erzählt, daß L. M. Kaganovič damals eine gelungene Definition dieser Methode gegeben habe: „Wir setzen die Leute schichtweise ab." Diese Methode führte zu der bekannten Erscheinung, daß diejenigen, die zu Anfang der Ežovščina andere verhafteten, sich am Ende der Operation selbst unter den Verhafteten befanden. Als Beispiel kann das Schicksal des NKWD-Chefs Jagoda dienen: er organisierte den ersten Moskauer Prozeß und wurde beim dritten zum Tode verurteilt.

Anstelle Jagodas, der der Partei seit 1907 angehört hatte, einem professionellen Tschekisten und Mitarbeiter Dzeržynskis, wurde zum neuen Volkskommissar für Innere Angelegenheiten Nikolai Iwanovič Ežov bestellt, der Sekretär des ZK der Partei, der allerdings erst nach dem

Sieg der Revolution, im Jahre 1917, der Partei beigetreten war. Kurz nach seiner Ernennung ließ Ežov Jagoda verhaften und wechselte fast alle alten Tschekisten aus. Auf ihre Posten im NKWD kamen Mitglieder des Parteiapparates. So wurde Ežovs Stellvertreter Škirjatov der Vorsitzende der Parteikontrollkommission beim ZK der KPdSU. Gerade diese Partei-Apparatschiki führten als Kommissare für Staatssicherheit die Tragödie des Ežov-Terrors durch.

Die Zeitungen nannten Ežov liebedienerisch „Stalins Volkskommissar", und der servile „Volkskünstler" Suleiman Stalskij besang den „Adler und Recken Ežov". In Wirklichkeit war an diesem schwächlichen Zwerg mit dem hageren Gesicht weder etwas Reckenhaftes noch etwas Dramatisches oder gar Dämonisches. Menschen, die vor 1936 unter Ežovs Kommando im ZK gearbeitet hatten, wo er Leiter der Abteilung für Industrie war, erzählen jetzt erstaunt, daß er in keiner Weise den Eindruck eines Bösewichtes oder Sadisten gemacht habe. Von anderen Parteibürokraten habe er sich nur dadurch unterschieden, daß er jeden beliebigen Auftrag der Führung mit ganz besonderer Sorgfalt ausgeführt habe. Weder ein Macbeth noch ein Mephisto, sondern bloß ein eifriger Nomenklaturist wurde zu einem der abscheulichsten Massenmörder unserer Zeit.

Wie alle seine Kollegen im Parteiapparat unterzog er sich eilfertig jeder Aufgabe, die er von den Vorgesetzten erhielt. In der Industrie-Abteilung lautete der Auftrag, den Fabrikenbau zu organisieren – er organisierte den Fabrikenbau. Im NKWD lautete der Auftrag, zu foltern und zu morden – er folterte und mordete.

Die Anweisungen, die er erhielt, waren präzise. So z. B. folgende Bemerkung auf einem von der Brigade erreichten „Geständnis": „An Gen. Ežov, Personen, die ich mit den Buchstaben „Ar." gezeichnet habe, sind zu verhaften, falls sie es noch nicht sind. J. Stalin". Oder, von gleicher Hand, auf einer von Ežov übersandten Liste von Personen, die „zwecks einer Verhaftung zu überprüfen" waren: „Nicht überprüfen soll man, sondern verhaften!"[86])

Darüber, was nach der Verhaftung zu geschehen hatte, wurden auch Anweisungen gegeben. Hier der Vermerk des ehrenwerten damaligen Regierungschefs der UdSSR, W. M. Molotov, auf dem Geständnisprotokoll eines Leninisten: „Prügeln, prügeln, prügeln. Bei den Verhören foltern!" Auch diese Anweisungen wurden sorgfältig ausgeführt.

Und der logische Abschluß der Prozedur erfolgte gleichfalls anweisungsgemäß. Auf dem XXII. Parteitag wurden routinemäßig verfaßte

Gesuche Ežovs an Stalin zitiert: Gesuche um Erlaubnis, die in der beiliegenden Liste genannten Personen „nach Strafausmaß Nr. 1" verurteilen zu lassen. Die Erlaubnis wurde gnädigst gegeben, und boxerähnliche Schlächter in blauen Kitteln schleppten die Genannten in den Keller des Lefortovo-Gefängnisses.

Ežov war ein Ausführender. Jeder beliebige Angehörige der Stalinschen Nomenklatura hätte an seiner Stelle das gleiche getan. Das will nicht heißen, daß Ežov nicht der blutigste Henker in der Geschichte Rußlands war. Das heißt nur, daß jedes von Stalins Protektionskindern potentiell ein solcher Henker war. Ežov war nicht eine Ausgeburt der Hölle, er war eine Ausgeburt der Nomenklatura.

13. Nach dem Sieg

Die Leningarde war vernichtet, die Stalinisten hatten auf ganzer Linie gesiegt.

Nachdem die Ziele der Ežovščina erreicht waren, wurde Ežov diskret entfernt. Zuerst wurde zu seinem Stellvertreter Berija ernannt, der bekannt war für sein Nahverhältnis zu Stalin. Ežov selbst erhielt plötzlich ein zweites Amt: er wurde Volkskommissar für das Schiffahrtswesen. Auch hier durfte er noch einmal Schlagzeilen machen, als er die „Methode des Stachanowisten Blindman" erfand. Im Dezember 1938 wurde Ežov seiner Funktion als Volkskommissar für Innere Angelegenheiten enthoben, danach verlor er natürlich auch sein Amt als Volkskommissar für das Schiffahrtswesen. Dann verschwand er spurlos. In Kreisen des NKWD wurde das Gerücht kolportiert, er sei verrückt geworden und sitze in einem Irrenhaus an der Kette – ein treffendes Gleichnis für die Organisatoren des Ežov-Terrors. Über Ežovs Schicksal wird Stillschweigen bewahrt, nur in einem zur Chruščev-Zeit erschienenen Lehrbuch der Geschichte der KPdSU heißt es, Ežov wurde einer „verdienten Strafe zugeführt".

Es ist leicht möglich, daß der Mohr, der seine Schuldigkeit getan hatte, wirklich dorthin geschickt wurde, wohin er gehörte. Aber die Liquidierung Ežovs wurde mit ungewohnter Milde vorgenommen. Es gab keine Schimpftiraden in den Zeitungen, keinen Prozeß, keine Geständnisse, weder die Beschuldigung, die Restauration des Kapitalismus geplant zu haben, noch die übliche Mitteilung, daß das Urteil vollstreckt worden sei. Es gab nicht die geringsten Repressionen gegen die Verwandten, welche sonst unweigerlich die Verhaftung eines jeden gewöhnlichen Sowjetbürgers begleiteten. Ežovs Verwandte haben niemals das Wohnrecht in Moskau verloren. Mehr noch: im Frühling 1944 war ich zutiefst betroffen, als ich im Volkskommissariat für Volksbildung der RSFSR an einer Tür die Aufschrift „A. I. Ežov" erblickte und erfuhr, daß einer der Leiter des Volkskommissariats der leibliche Bruder des Oberhenkers war. Nicht einmal aus der Nomenklatura hatte man ihn gestrichen!

Wenn sogar Ežov so liebevoll entfernt wurde, so geschah seinen Helfershelfern überhaupt nichts; einige von ihnen kletterten sogar die Leiter hinauf. Ežovs Stellvertreter Škirjatov wurde ins ZK der Partei gewählt und erlangte den wichtigen Posten des Vorsitzenden der Kommission für Parteikontrolle beim ZK. Vyšinski wurde mit Ehren überhäuft: er wurde Mitglied des ZK, Stellvertretender Vorsitzender des Rates der Volkskommissare der UdSSR, Außenminister der UdSSR, Mitglied der Akademie der Wissenschaften. Chruščev mußte den hartnäckigen, schweigenden Widerstand des Parteiapparates überwinden, bevor es ihm gelang, W. M. Molotov, dessen abscheuliche Rolle in der Ežovščina wohlbekannt war, aus der Partei auszuschließen. Aber der Parteilose Molotov fährt ruhig fort, alle Privilegien zu genießen: er lebt in einer riesigen Wohnung im Wohnhaus der Regierungsspitze in der Ulica Granovskogo und erholt sich im Sanatorium des Ministerrates der UdSSR „Lesnye dali". Wie oft habe ich ihn in der Leninbibliothek gesehen, im Lesesaal Nr. 1, der für Akademiemitglieder, Professoren und ausländische Wissenschaftler bestimmt ist, obwohl er weder ein Wissenschaftler noch ein Ausländer ist.

Die rücksichtsvolle Milde des Apparates gegenüber denjenigen, die mit der Leitung der Operation zur Ausrottung der Leningarde betraut waren, geht Hand in Hand mit einer unverhohlenen Härte gegenüber den Vernichteten. Prozesse aus den Jahren 1936–1938, die erwiesenermaßen falsche Urteile fällten, wurden bis heute nicht revidiert. Die sowjetischen Historiker befinden sich in einer schwierigen Situation: es ist nicht klar, ob die Verurteilten und ihre scheinbaren Komplizen nun faschistische Spione waren oder nicht.

In der Sowjetunion wird jetzt überhaupt von diesen Prozessen und der Ežovščina kein Wort geschrieben. In der vielbändigen „Geschichte der KPdSU" werden die Prozesse überhaupt nicht erwähnt, und Ežov kommt nur in einem Satz vor, der es verdient, zitiert zu werden: Im Zuge der nach Kirovs Tod durchgeführten Überprüfung der Parteidokumente wurden „auch viele ehrliche Kommunisten ausgeschlossen, wobei der Druck durch den Verantwortlichen für die Überprüfung der Dokumente, Ežov, der die Parteiorganisationen auf übermäßiges Mißtrauen orientierte, eine Rolle spielte".[87]) Das ist alles.

In der gleichen Zeit erschienen Bücher und Aufsätze über den Kampf der Partei gegen den Trockismus linker und rechter Prägung, die in einem sehr ausfälligen Ton geschrieben waren. Vsevolod Kočetov malte in seinem Roman „Der Fallwinkel" den Verrat Trockijs und Zinovjevs während des Bürgerkrieges aus. Auf Weisung der Abteilung „Wissenschaft" im ZK der KPdSU wurden in den historischen Zeitschriften vernichtende Rezensionen über einen Sammelband gedruckt, weil dort ein Artikel der Tochter Bucharins, Svetlana Gurwič, veröffentlicht wurde: sie bemühte sich nämlich, das Andenken ihres Vaters reinzuwaschen. Der Sinn dieser Haltung ist klar: Man möchte dem Volk beweisen, daß die Hingerichteten eine verdiente Strafe erhielten, selbst wenn die Prozesse Fälschungen waren.

Warum solidarisieren sich, trotz aller Entlarvungen des Personenkultes und aller hastig herausgesprudelten Beteuerungen über „ungerechtfertigte Repressionen", die „Verwaltenden" auch heute noch mit dem, was 1934–1938 geschah? Weil sie wissen: gerade damals gelang ihnen der Sprung nach oben an die Schalthebel der Macht.

Nachstehend einige Resultate dieses Sprunges, ausgedrückt durch die Statistik: 1930 waren von den Sekretären der Gebiets- und Kreiskomitees der KPdSU und der Zentralkomitees der nationalen Republiken 69% noch vor der Revolution der Partei beigetreten. Neun Jahre später, im Jahr 1939, waren unter ihnen 80,5% erst nach 1924 (d. h. nach dem Tod Lenins) zur Partei gestoßen. Auch die restlichen 19,5% gehörten nicht der Organisation der Berufsrevolutionäre an. 91% von den Sekretären waren jünger als 40 Jahre; sie waren minderjährig, als die Revolution ausbrach. Ein gleiches Bild bot die nach ihnen folgende Gruppe der Sekretäre der Rayons- und Stadtkomitees: 93,5% traten der Partei nach 1924 bei, 92% waren jünger als 40 Jahre.[88])

Vielsagend ist ein Vergleich der statistischen Daten des XVII. Parteitages (1934), der offiziell „Parteitag der Sieger" genannt wurde, mit denen des XVIII. Parteitages (1939). Auf dem XVII. Parteitag waren 80% der Delegierten der Partei vor 1920 beigetreten. Fünf Jahre später, auf dem XVIII. Parteitag, war die Hälfte der Delegierten jünger als 35 Jahre alt, d. h. daß sie 1920 noch in die Schule gingen.[89]) Auf dem XVII. Parteitag wurden von insgesamt 71 Mitgliedern des ZK nur zehn Personen zum ersten Mal in dieses Gremium gewählt, wobei auch diese in der Mehrzahl der Partei vor der Revolution beigetreten waren. Von den auf dem XVIII. Parteitag gewählten 71 ZK-Mitgliedern waren schon fast zwei Drittel – 46 Personen – neue Leute, unter ihnen ganze vier Parteimitglieder aus der Zeit vor der Revolution (unter ihnen befand sich Škirjatov, der Stellvertreter Ežovs). Von den ZK-Kandidaten, die auf dem XVII. Parteitag gewählt wurden, gelangten weniger als die Hälfte zum ersten Mal in dieses Organ; auf dem XVIII. Parteitag betrug ihre Zahl 64 von 67 Personen. Nur zwei waren vor der Revolution der Partei beigetreten.[90]) Der XVII. Parteitag war in Wirklichkeit nicht der „Parteitag der Sieger“, sondern jener der Verdammten. Zum Parteitag der Sieger wurde der XVIII. Parteitag.

Die angeführten Zahlen bilden natürlich nur einen verschwindenden Bruchteil der Statistik des unaufhaltsamen Aufstieges der Stalinschen Nomenklatura. Dazu gehören Millionen Jahre von Gefängnisstrafen, die auf den Prozessen und von der OSO (der „Sonderberatung“) verhängt wurden, die Zahlen derjenigen, die in Kerkern und Lagern starben, bei Verhören umkamen, erschossen und zu Tode gequält wurden. Heute sind diese Statistiken in Stahlschränken verschlossen und werden von KGB-Soldaten bewacht. Aber die Welt weiß, daß sie existieren. Einmal werden auch sie das Licht der Öffentlichkeit erblicken.

14. Der Dreistufenprozeß

Der Prozeß der Geburt der neuen herrschenden Klasse in der Sowjetunion hat sich in drei Etappen vollzogen. Die erste Etappe war die Schaffung einer deklassierten Organisation von Berufsrevolutionären, die den Embryo einer neuen Klasse bildete. Die zweite begann mit der Machtübernahme dieser Organisation im Oktober 1917, er bestand im Entstehen von zwei regierenden Schichten, einer Oberschicht der Leningarde, die sich aus den Berufsrevolutionären zusammensetzte, und der darunterliegenden Schicht der Stalinschen Nomenklatura. Die dritte Etappe war die Liquidierung der Leningarde durch die Nomenklatura.

Jede Etappe hatte ihre sozialpsychologische Fundierung. Lenins Bolschewiki waren keine Idealisten à la Don Quijote; sie liefen nicht in ihr Verderben wie die Narodniki, im Namen eines verschwommenen hehren Zieles. Sie ließen sich deshalb auf ein Risiko, auf Kampf und Entbehrungen ein, weil die Gesellschaftsstruktur, gegen die sie auftraten, ihnen keinerlei Aussicht bot. Sie verspürten nicht die romantische Liebe der Narodniki für „das Volk"; ihre „Sympathien" für das Proletariat waren egoistischer Natur, die von der Überzeugung diktiert wurde, daß nur das Proletariat imstande sein würde, die von ihnen bekämpfte Gesellschaftsordnung zu stürzen. Die Leningarde machte sich kein Gewissen daraus, die Arbeiter zu betrügen, als sie ihnen die „Diktatur des Proletariats" versprach, obwohl sie in Wirklichkeit ihre eigene Diktatur plante. Im Kampf um die Macht kannten sie den anderen gegenüber kein Erbarmen, sie waren wahllos in ihren Mitteln zur Vernichtung des Feindes, und sie schlossen leicht Kompromisse mit ihrem Gewissen. Aber sie waren überzeugt, daß der Marxismus die richtige Lehre war, daß ihre Diktatur den Werktätigen zugute kommen würde. Sie wollten aufrichtig die von Marx prophezeite kommunistische Gesellschaft errichten. Lenin war nicht nur ihr Führer, er war ihre Verkörperung.

Auch Stalin erwies sich als Führer und Verkörperung seiner Nomenklatura. Ebenso wie er nicht Lenins Gegenteil war, sondern viele seiner Eigenschaften zum logischen Ende brachte, war auch die Nomenklatura in vielen Beziehungen die Erbin der Leninisten. Im Kampf um die Macht war auch sie erbarmungslos, aber sie war es auch gegenüber den eigenen Parteigenossen. Sie war bereit zur Anwendung jedes Mittels, um alles zu vernichten, was sich ihr in den Weg stellte – auch die Leningarde. Kompromisse mit ihrem Gewissen ersetzte sie einfach dadurch, daß sie kein Gewissen hatte. Sie betrog seelenruhig das Proletariat, die Bauernschaft und alle anderen, aber im Gegensatz zu den Leninleuten betrog sie niemals sich selbst. Sie bezweckte gar nicht das Wohl der Werktätigen, und auch wenn sie darüber große Reden führte, strebte sie bewußt nur nach ihrem eigenen Wohl.

Stalin, ihr Schöpfer, setzte auf Sicher. Durch sein Vordringen in der Partei wollte er auf jeden Fall Karriere machen, bei einem Sieg der Revolution, wie auch bei ihrer Niederlage. Auch seine Zöglinge gelüstete es nach der Macht, unabhängig davon, welches Ziel sie verfolgte. – Evtušenko hat diese Einstellung der Stalin-Nomenklatura treffend formuliert: „Ihr ist gleich, daß die Macht die sowjetische ist, wichtig allein ist die Macht!" Die Frage nach der Richtigkeit der marxistischen Lehre war für die Stalinschen Funktionäre völlig uninteressant; den

Glauben an den Marxismus ersetzten sie durch die marxistische Terminologie und eine Unzahl von Zitaten.

Die zur Macht drängenden Stalinschen Karrieristen beteuerten zwar lautstark, daß der Kommunismus die lichte Zukunft der Menschheit sei. Aber in Wirklichkeit strebten sie nichts weniger an, als die Errichtung einer Gesellschaft, in der alle tatsächlich nach ihren Fähigkeiten arbeiten und nach ihren Bedürfnissen entlohnt werden würden. Bestünde die Gefahr des Entstehens einer solchen Gesellschaft, so wäre die Welt Zeuge eines köstlichen Schauspiels: die führenden Kommunisten würden auf die Barrikaden gehen, um den Kommunismus zu verhindern – oder in die Schweiz fliehen, um sich vor ihm zu retten.

Worin besteht also die historische Bedeutung des blutigen Sieges der Stalinschen Nomenklatura über die Leningarde? *An der Spitze der Gesellschaft wurden die Kommunisten aus Überzeugung durch nominelle „Kommunisten" abgelöst.*

Diese historische Erscheinung hatte ihre objektive Grundlage und ihren Mechanismus. Die Grundlage ist folgende: die Bildung einer neuen Herrenklasse ist ein Prozeß, der der Schaffung einer klassenlosen (kommunistischen) Gesellschaft genau zuwiderläuft.

Der Mechanismus hingegen besteht in folgendem: Als die Lenin-Leute diesen Weg einschlugen, entfernten sie sich natürlich vom Kommunismus; aber sie taten dies inkonsequent, da ihre Taten mit ihren Überzeugungen nicht übereinstimmten. Bei Stalins Nomenklatura unterschieden sich ihre Taten bei der Errichtung und Festigung einer neuen Klassenherrschaft niemals von ihren Überzeugungen: sie unterschieden sich nur von ihren Worten.

Diesen Unterschied als bedeutungslos abzutun wäre unrichtig. Eben diese Nuance, nicht das Alter oder das Datum der Aufnahme in die Partei bedeutete letzten Endes die Trennungslinie zwischen den Vernichtern und den Vernichteten, als Lenins Garde liquidiert wurde. Molotov, Mikojan, Vorošilov, Kaganovič, Škirjatov, Pospelov und andere waren Mitglieder der Partei seit der Zeit vor der Revolution, aber sie fanden sich im Lager der Fresser und nicht der Aufgefressenen, da sie sich rechtzeitig von ihren marxistischen Überzeugungen losgesagt und bloß die marxistische Terminologie beibehalten hatten, um ihr einziges Credo zu verschleiern. Und das Credo war: in der neuen Klassenherrschaft möglichst hoch hinaufsteigen.

Das alles wurde – und wird bis heute – durch das Gerede über die „führende Rolle der Arbeiterklasse" getarnt. In dem von uns zitierten

Standardlehrbuch der Geschichte der UdSSR wird über die Ežov-Zeit voll Freude mitgeteilt: „Auch hier blieb die Arbeiterklasse nicht nur die führende, sondern auch die herrschende Klasse der Gesellschaft, was seinen Ausdruck darin fand, daß die führende Rolle der kommunistischen Partei – der Partei der Arbeiterklasse – im System des Staates nicht nur erhalten blieb, sondern sich noch verstärkte.“[91])

Ziehen wir jetzt das Fazit: Im Kampf um die sich unter den Strahlen der realsozialistischen Sonne entfaltenden Führungsposten konnten sich nur jene behaupten, die am konsequentesten das Ziel – die Erringung der Macht – auf dem kürzesten Weg zu erreichen suchten. Vernichtet wurden jene, die an die Wahrheit des Marxismus und an die Errichtung der sozialistischen Gesellschaft glaubten. Dieser Glaube bedeutete eine schicksalhafte Schwäche im Ringen um die Posten in der neuen Klasse. Das ist verständlich: die Klassenherrschaft erfolgreich aufzubauen, im Glauben, eine klassenlose Gesellschaft zu errichten, kann man genauso wenig, wie bei der Familienplanung erfolgreich zu sein, wenn man glaubt, daß der Storch die Kinder bringt.

Das Dreistufenschema des Prozesses der Geburt einer herrschenden Klasse ist nicht nur für die Sowjetunion charakteristisch. Überall wo der Realsozialismus besteht, ging die Entwicklung diesen Weg: der Apparat der Kommunistischen Partei spielte die Rolle des Keims der neuen herrschenden Klasse; nach der Machtergreifung wurde er zur Schicht von Berufs-Verwaltern und entwickelte sich schnell zur „neuen Klasse“. Dann wurden ihre ursprünglichen Angehörigen im Zuge der Säuberungen durch Karrieristen ersetzt, die mittlerweile zur siegreichen Partei gestoßen waren. Eine Wiederholung dieser Stadien ereignet sich überall und bezeugt, daß wir es hier mit einer historischen Gesetzmäßigkeit zu tun haben.

Über diese Gesetzmäßigkeit sollten die Kommunisten in den kapitalistischen Ländern ernst nachdenken. Diejenigen, die naiverweise glauben, daß sie nach der Revolution Macht und Ehren erwarten, täuschen sich: Auf viele von ihnen warten Konzentrationslager und Erschießungskeller, im günstigsten Fall der Parteiausschluß und das Vegetieren auf einem armseligen Arbeitsplatz. Nur für die wenigsten, die ihre marxistischen Überzeugungen sofort vergessen und alles einsetzen, um bis zum Gipfel hinaufzudringen, eröffnet sich eine – allerdings kaum ruhmreiche – Aussicht: die Henker ihrer heutigen Genossen zu werden. Zu Macht und Ehren werden nicht die jetzigen Kommunisten kommen, sondern jene, die sie heute verächtlich als „kleinbürgerliches Element“ abtun.

Nachdenken müssen in kapitalistischen Ländern aber nicht nur jene Kommunisten, die von Macht und Ruhm träumen. Es gibt in diesen Ländern auch eine andere Kategorie von Kommunisten, die wirklich an das Wohl der Werktätigen denken. Ich bin solchen Menschen begegnet; sie verdienen höchste Achtung. Sie mögen dieses Buch weiter lesen.

Die als Epigraph zu diesem Kapitel gestellte Strophe der Hymne der Sowjetunion wurde im Jahre 1977 redigiert und wird in dieser Form nicht mehr gesungen. Schade, denn eigentlich stimmt in ihr alles, wenn man die Worte von der „Treue dem Volk“ nicht allzu genau nimmt und den besonderen Charakter der „Heldentaten“ begreift, die Stalin von seinen Zöglingen verlangte. Allerdings sollte man diese Strophe zweistimmig singen: die erste Hälfte im Greisenfalzett der Veteranen der Lenin-Garde, die zweite im herrischen Baß der heutigen Nomenklaturisten.

Anmerkungen

1 Zu Ende der dreißiger Jahre wurde das „Haus der Veteranen der Revolution“ auf Stalins Befehl geschlossen. In diesem Gebäude befindet sich jetzt das Sozialministerium der RSFSR
2 MEW, Bd. 13, S. 9
3 MEW, Bd. 4, S. 372
4 Ebenda, S. 365
5 Ebenda, S. 374–375
6 *Lenin:* PSS, Bd. 45, S. 374. In der DDR-Ausgabe nicht vorhanden.
7 *Lenin:* Werke Bd. 4, S. 206
8 *Lenin:* Werke Bd. 5, S. 385, 398
9 *Lenin:* Werke Bd. 5, S. 386
10 *Lenin:* Werke Bd. 4, S. 211
11 MEW, Bd. 38, S. 64–65
12 *Lenin:* Werke Bd. 4, S. 453
13 *Lenin:* PSS, Bd. 23, S. 127. In der DDR-Ausgabe nicht vorhanden.
14 *Lenin:* Werke Bd. 5, S. 483
15 XI-j s'ezd RKP(b). Stenograf.otčet., Moskva 1961, S. 27–28
16 *Lenin:* Werke Bd. 5, S. 468
17 Ebenda, S. 490
18 Ebenda, S. 498
19 Ebenda, S. 536
20 Ebenda, S. 364
21 Ebenda, S. 5–13

22 Ebenda, S. 491
23 Ebenda, S. 491–92
24 *Stalin:* Werke Bd. 6, S. 69
25 MEW, Bd. 23, S. 12, 15–16
26 *Lenin:* Werke Bd. 17, S. 63
27 *Lenin:* Briefe Bd. 4, S. 397
28 Ebenda, S. 397
29 *Lenin:* Briefe Bd. 10, S. 359
30 Ebenda, S. 361
31 Ebenda
32 *Lenin:* Briefe Bd. 4, S. 399–400
33 Ebenda
34 Ebenda, S. 393
35 *Lenin:* Werke Bd. 23, S. 261–262
36 *Lenin:* Werke Bd. 27, S. 73
37 *Lenin:* Werke Bd. 26, S. 223–224
38 Ebenda
39 Vgl. Istorija SSSR, 1973, Nr. 1, S. 211–218
40 *Lenin:* Werke Bd. 29, S. 189
41 Ebenda, S. 196
42 *Lenin:* Werke Bd. 26, S. 303
43 *Lenin:* Werke Bd. 21, S. 26
44 *Lenin:* Werke Bd. 25, S. 379
45 MEW, Bd. 28, S. 507–508
46 MEW, Bd. 19, S. 28
47 MEW, Bd. 22, S. 199
48 *Lenin:* Werke Bd. 29, S. 409
49 Političeskaja ekonomija. Učebnik. Moskva 1955, S. 378
50 *I. B. Berchin:* Geschichte der UdSSR 1917–1970 (Übers. aus dem Russischen). Berlin 1971, S. 78
51 *Lenin:* Werke Bd. 36, S. 511
52 Istorija SSSR, 1972 Nr. 3, S. 162–163
53 *S. A. Lozovskij:* Praktik revolucii. In: Kormčij Oktjabrja (O V. I. Lenine v oktjabr/skie dni). Moskva 1925, S. 84
54 *Lenin:* Werke Bd. 28, S. 132
55 *Lenin:* Werke Bd. 25, S. 489
56 *Lenin:* Werke Bd. 30, S. 82
57 *Lenin:* Werke Bd. 28, S. 87
58 *Lenin:* Werke Bd. 29, S. 412
59 *Lenin:* Werke Bd. 26, S. 361–362
60 Ebenda, S. 414
61 *Lenin:* PSS, Bd. 40, S. 222. In der DDR-Ausgabe nicht vorhanden
62 *Lenin:* Werke Bd. 33, S. 470
63 *Lenin:* Werke Bd. 36, S. 590ff
64 *Lenin:* Briefe Bd. 5, S. 287
65 *Lenin:* Werke Bd. 33, S. 211
66 Ebenda, S. 482
67 Ebenda, S. 215
68 Ebenda, S. 243
69 *V. Šulgin:* Tri stolicy. Putešestvie v krasnuju Rossiju. Berlin s. a., S. 135–137
70 *Stalin:* Werke Bd. 5, S. 105
71 Spravočnikpartijnogo rabotnika, vyp. 2. Moskva 1922, S. 70

72 VKP (b) v rezoljucijach 1, S. 729
73 *Stalin:* Werke Bd. 5, S. 185
74 KPSS v rezoljucijach 1, S. 729
75 *Stalin:* Werke Bd. 5, S. 185
76 *M. Fainsod:* How Russia is ruled, S. 158
77 Sovetskaja intelligencija. Moskva 1968, S. 136–137
78 VKP (b) v rezoljucijach 1, S. 561
79 *M. Fainsod:* a.a.O., S. 158–159
80 *L. Trockij:* Novyj kurs. Moskva 1923, S. 12
81 Sovetskaja intelligencija, S. 139
82 *M. Fainsod:* a.a.O., 2nd ed., S. 190
83 Ebenda, S. 191–194
84 *Stalin:* Werke Bd. 14, S. 141
85 XVI s'ezj VKP (b). Stenogr.otčet. Moskva-Leningrad 1931, S. 52
86 Voprosy istorii KPSS 1964, Nr. 2, S. 19
87 Istorija KPSS, T. 4, kn. 2. Moskva 1971, S. 285
88 *M. Fainsod:* a.a.O. 2nd ed., S. 196
89 XVIII s'ezd VKP (b). Stenogr.otčet. Moskva 1939, S. 149
90 Zusammengezählt nach den Angaben in „Sovetskaja istoričeskaja enciklopedija“ T. 7, S. 706–707
91 *I. B. Berchin:* a.a.O., S. 464

IV. Die Nomenklatura, die herrschende Klasse in der Sowjetgesellschaft

„Der moderne Kommunismus ist nicht nur eine Partei bestimmten Typs oder eine Bürokratie, die aus dem Besitzmonopol und aus der umfassenden staatlichen Einmischung in die Wirtschaft entstanden ist. Mehr als alles andere ist es der wesentliche Aspekt des modernen Kommunismus, daß er eine neue Klasse von Besitzern und Ausbeutern darstellt."

Milovan Djilas: Die neue Klasse, München 1957, S. 88

Am Nachmittag des 15. Oktober 1964 kam ich aus dem Zentralkomitee der KPdSU und fuhr durch das Zentrum von Moskau. Die Sitzung des städtischen Parteiaktivs war soeben zu Ende gegangen, der Apparat des ZK war über den Rücktritt Chruščevs informiert worden, die Regierungen der sozialistischen Länder hatte man von den Ereignissen in Kenntnis gesetzt. Eine kurze offizielle Mitteilung sollte spät abends durch das Radio erfolgen. Viktor Louis war gestattet worden, einen Bericht an seine Zeitung in England durchzugeben, durch den die westliche Presse auf die offizielle Nachricht vorbereitet werden sollte, was zugleich das Ansehen dieses in mehrerer Hinsicht nützlichen Journalisten heben mußte. Ich wurde gebeten, durch meinen Bekannten, den Presseattaché an der Botschaft der Bundesrepublik Deutschland, Alfred Reinelt, die westlichen Diplomaten diskret darüber zu informieren, was sich zugetragen hatte.

Die Menschen auf der Straße hatten noch keine Ahnung von den Ereignissen. Das Leben nahm seinen gewohnten Lauf; eine Unterhaltung – der Empfang der Kosmonauten – stand unmittelbar bevor. Jeder hätte denjenigen für verrückt gehalten, der gesagt hätte, Chruščev sei vor zwei Tagen in Pension gegangen.

Stalin starb von selbst – dachte ich. Berija wurde von Malenkov liquidiert, Malenkov wurde von Chruščev davongejagt. Wer hat Chruščev hinausgeworfen? Sicher nicht Brežnev und Kosygin, die aus rein formellen Gründen, in ihrer Eigenschaft als Erste Stellvertreter, die von Chruščev geräumten Posten übernommen hatten. Die Mehrheit des ZK-Präsidiums? Nein, das hätte nicht genügt. Im Juni 1957 hatte diese Mehrheit versucht, Chruščev zu stürzen: als Resultat wurde sie selbst auseinandergejagt. Wer war es also?

Am folgenden Morgen fiel mir sogleich das Aussehen der Menschen in der Metro auf: am Tag zuvor waren sie ruhig gewesen, heute machten sie einen verschreckten Eindruck. Auf allen Gesichtern war Unsicherheit und Besorgnis wie zur Stalinzeit zu bemerken. Vor wem fürchteten sie sich? Doch nicht vor Brežnev und Kosygin, die wenig bekannt waren. Eines war klar: die Menschen, die gestern noch kaum Angst vor dem redseligen Diktator mit seinen Launen und Clownerien gehabt hatten, fürchteten heute eine dunkle anonyme Macht, von der sie nichts Gutes erwarteten.

Diese unvergeßlichen Tage zwangen mich zu ernsthaftem Nachdenken über die Frage: Wer verkörpert diese Macht? Wer sind die „Verwaltenden" in der Sowjetunion?

1. Die „Verwaltenden" sind die Nomenklatura

Auf diese Frage zu antworten ist eine viel schwierigere Aufgabe als man denken könnte: Die „Verwaltenden" haben sich sorgfältig getarnt.

Der Verlauf der Geschichte zeigt, daß die Herrschaft jeder Klasse immer in der Weise ausgeübt wurde, daß die Macht in den Händen einer kleinen Minderheit lag, die die überwältigende Mehrheit beherrschte. Zur Absicherung der Beständigkeit eines derartigen Systems sind verschiedene Maßnahmen erforderlich. Dazu gehören die direkte Gewaltanwendung gegenüber den Unzufriedenen und Drohungen, sie gegen jeden potentiellen Gegner anzuwenden, wirtschaftlicher Druck und wirtschaftliche Versprechungen, die ideologische Berauschung – und nicht zuletzt die Tarnung der wahren Verhältnisse in der Gesellschaft.

So war es immer. Die Macht der Feudalherren tarnte sich als die von Gott eingesetzte Macht des Königs und jener, denen er Teile dieser Macht delegierte. Die Macht der kapitalistischen Klasse tarnt sich als Wohlfahrtsstaat, der allen die gleichen Möglichkeiten bietet. In beiden Fällen bemüht sich die herrschende Klasse, die Tatsache ihrer Herrschaft zu verbergen.

Die „neue Klasse" geht in ihrer Tarnung noch weiter: sie verleugnet ihre eigene Existenz. Im theoretischen Bereich wird zu diesem Zweck das Stalin'sche Schema der Struktur der Sowjetgesellschaft verwendet, in der Praxis macht die Klasse der „Verwaltenden" von jeder Mimikry Gebrauch, um sich als Teil eines normalen – im Realsozialismus allerdings pathologisch aufgeblähten – Verwaltungsapparates auszugeben, als gewöhnliche Angestellte, wie sie in allen Ländern der Welt vorhanden sind.

Sie erscheinen auch um 9 Uhr früh im Büro, sie sitzen hinter ihren Schreibtischen, telephonieren, verbringen Stunden bei Besprechungen, tragen keine Uniformen oder Rangabzeichen – wie soll man sie erkennen? Wo sind die Grenzen der „neuen Klasse"? Djilas stellt einige Male diese Frage, aber er beantwortet sie nicht.

Es ist wirklich nicht leicht, sie zu beantworten. Im realen Leben verwischen sich die Grenzen zwischen den Gesellschaftsschichten durch die unendlich große Vielfalt der Einzelfälle. Unter diesen Umständen hat das bewußte Streben der Klasse der „Verwaltenden", sich in der Masse der Angestellten zu verbergen, dazu geführt, daß die Begrenzungen dieser Klasse schwer aufzuspüren sind.

Allerdings hilft ein entscheidender Umstand: die „neue Klasse" muß sich aus rein praktischen Gründen aus ihrer Umgebung herausheben und ihre Grenzen festlegen. Die Klasse der „Verwaltenden" muß selbst genau wissen, wer dazu gehört. Darin liegt der objektive Sinn der Nomenklatura.

Die Nomenklatura ist jener „Trupp der Intelligenz", der sich „beruflich mit der Führung befaßt" und sich in einer „in gewisser Hinsicht besonderen Position gegenüber denen befindet, die mit der Ausführung der Arbeit betraut" sind. Sie ist es, der „ein besonderer Platz in der gesellschaftlichen Organisation der Arbeit im Sozialismus gebührt". In die Nomenklatura aufgenommen werden „Personen, die im Namen der Gesellschaft... die organisatorischen Funktionen in der Produktion und in allen anderen Sphären des gesellschaftlichen Lebens ausüben". Die Nomenklatura ist jenes von Stalin ins Leben gerufene „Fürstengefolge", sein Apparat, der es gelernt hat, zu herrschen und während der „Ežovščina" der Leningarde die Kehlen durchgebissen hat. Die herrschende Klasse der Sowjetgesellschaft, die „neue Klasse" ist die Nomenklatura.

Sie weiß das und umgibt sich mit dem Schleier des Geheimnisses. Alle Angaben über Nomenklatura-Posten sind streng geheim. Die Verzeichnisse der Nomenklatura zählen zu den Dokumenten hoher Geheimhaltungsstufe. Nur einem äußerst begrenzten Personenkreis werden die als Loseblattausgabe gestalteten Heftchen des „Verzeichnisses der leitenden Funktionäre" (Spisok rukovodjaščich rabotnikov) zugeschickt, obwohl man sich fragen könnte, was daran wohl so geheim sein mag?

Die Nomenklatura verschleiert nicht nur die Listen ihrer Mitglieder, sie bemüht sich, die Tatsache ihres Bestehens zu verschleiern. Ein amüsanter Beweis dafür sind die Sowjet-Enzyklopädien und andere Publikationen – das haben wir schon im Vorwort erwähnt.

Das Totschweigen blieb nicht ohne Erfolg. Sogar hochqualifizierte westliche Sowjetologen schreiben über die Nomenklatura nichts, oder z. B. so: „Im System der kommunistischen Kaderpolitik bildet die Nomenklatur ... nur einen kleinen Abschnitt".[1]) Der „kleine Abschnitt" ist die herrschende Klasse der UdSSR.

2. Das wichtigste für die Nomenklatura ist die Macht

Im Unterschied zur Bourgeoisie hat die Nomenklatura nicht den Besitz von Eigentum als wichtigstes Klassenkennzeichen. Die Erbin der Berufsrevolutionäre, die nach dem Sieg zu Berufsherrschern wurden, ist die Nomenklatura , nicht die Klasse der Vermögenden, sondern die Klasse der „Verwaltenden". Das Verwalten, die Machtausübung, ist die Hauptfunktion der Nomenklatura.

Vom Standpunkt des Historischen Materialismus ist hier von der Verwaltung der gesellschaftlichen Produktion die Rede. In allen gesellschaftlichen Formationen übt die herrschende Klasse diese Funktion aus. Aber es wäre falsch, den grundlegenden Unterschied zu ignorieren, der in dieser Beziehung zwischen der Klasse der Nomenklatura und der bürgerlichen Klasse besteht, die in einem kapitalistischen Land die gesellschaftliche Produktion verwaltet.

Das Bürgertum übt seine Führung in erster Linie auf wirtschaftlichem Gebiet aus, durch die Produktion von materiellen Gütern. Auf dieser Grundlage beruht auch seine politische Bedeutung. So verlief der historische Weg des Bürgertums vom Handwerk zum Handel, von der Rechtlosigkeit des Dritten Standes an die Macht.

Anders verläuft der historische Weg der Nomenklatura. Er führt von der Ergreifung der staatlichen Macht zur Herrschaft auch im Bereich der Wirtschaft. Die Nomenklatura verkörpert in erster Linie eben die politische Leitung der Gesellschaft; die Ausübung der Macht auf wirtschaftlichem Gebiet kommt für sie erst an zweiter Stelle. Die politische Führung ist die wichtigste Aufgabe der Nomenklatura.

In der Nomenklatura ist die gesamte Machtfülle eines realsozialistischen Landes konzentriert; sie allein trifft alle politischen Entscheidungen. Diese Besonderheit macht eine genaue Aufteilung der politischen und verwaltungstechnischen Arbeit innerhalb der Nomenklatura erforderlich.

Eine derartige Aufteilung existiert, und ihre Regeln werden peinlich genau eingehalten. Nur außenstehende Beobachter glauben, daß die ganze Macht in der Sowjetunion undifferenziert in den Händen des Politbüros des ZK oder, was noch naiver ist, des gesamten Zentralkomitees der KPdSU liegt. In Wirklichkeit kann sich auch das Politbüro (obwohl seine Macht riesengroß ist!) nur in einem gewissen funktionellen Rahmen bewegen. Funktionell deshalb, weil diese Begrenzung der Macht des Politbüros überhaupt nichts mit Demokratie zu tun hat und nur auf einer Arbeitsteilung innerhalb der Nomenklatura-Klasse beruht.

So kann das Politbüro selbstverständlich einen Kolchosvorsitzenden ernennen, oder „empfehlen", wie das genannt wird. Aber das wäre eine schreiende Verletzung der festgelegten Regeln und würde von der übrigen Nomenklatura mit schweigendem Befremden zur Kenntnis genommen werden. Bei einer Wiederholung dieser Verletzung der Spielregeln würde das Befremden der herrschenden Klasse schnell in eine ebenso schweigende, aber intensive Mißbilligung übergehen. Darum zieht es das anscheinend allmächtige Politbüro vor, solche Experimente nicht zu machen, und die Kolchosvorsitzenden werden routinemäßig von den Rayonskomitees der Partei „empfohlen".

Die deutliche Aufteilung der politischen und verwaltungstechnischen

Arbeit innerhalb der Nomenklatura kommt auch in ihrem Jargon zum Ausdruck. In diesem unbeholfenen, den Sinn aber stets genau wiedergebenden „Parteichinesisch“ ist es üblich zu sagen, daß der in der Nomenklatura Höherstehende den Niedrigeren nicht „ersetzen“ soll (ne podmenjat').

Jeder Nomenklaturist hat sein ihm speziell übertragenes Herrschaftsgebiet. Hier ist eine Ähnlichkeit des Nomenklatura-Regimes mit der Feudalherrschaft zu erkennen. Die gesamte Nomenklatura ist eine besondere Abart des Lehenswesens, bei dem den Nomenklatura-Mitgliedern von den zuständigen Parteikomitees „Lehen“ übertragen werden, wie sie seinerzeit die Vasallen vom Lehensherrn erhielten. Es ist bekannt, daß die mittelalterlichen Lehen nicht nur aus Landbesitz bestanden, sondern z. B. auch aus dem Recht, von den Einwohnern eines bestimmten Territoriums Tribut einzutreiben. Niemand anderer als Marx schrieb über das „Vasallentum ohne Lehen oder das Lehen, das aus Tributen besteht“. Das Lehen der Nomenklatura ist die Macht.

Selbst der Ausdruck, der im Parteijargon auf die Nomenklatura angewandt wird, entspricht dem mittelalterlichen Ausdruck, der sich auf die Vasallen bezog: „Einsetzen“. Von einem Fürsten hieß es im feudalen Rußland, daß er „sich selbst auf sein Fürstentum gesetzt“, dafür aber seine Untertanen in diverse Städte und Gebiete „eingesetzt“ habe. Der mittelalterliche Begriff „Posadnik“ („der Eingesetzte“) – der Stadthalter – stammt aus dieser Zeit. In der Nomenklatura kann man genauso hören, daß der Genosse XY in ein Ministerium oder in ein Gebiet „eingesetzt“ wurde.

Das wichtigste für die Nomenklatura ist nicht der Besitz, sondern die Macht. Die Bourgeoisie ist die Klasse der Besitzenden und aus diesem Grunde Herrschenden. Die Nomenklatura ist die Klasse der Herrschenden und aus diesem Grunde Besitzenden. Die kapitalistischen Magnaten teilen ihren Reichtum mit niemandem, aber die Ausübung der Macht treten sie gern an die Berufspolitiker ab. Die Nomenklaturafunktionäre fürchten sich, den von ihnen eingesetzten Untergebenen auch nur einen winzigen Bruchteil ihrer Macht abzugeben. Einen Sektorenleiter des ZK regt es nicht auf, daß ein Akademiemitglied oder ein Schriftsteller mehr Geld und Eigentum besitzt als er, aber er wird es nie erlauben, daß jene seinen Weisungen nicht folgen.

In dem bereits zitierten „Leningrader Programm“ wurde sehr gut formuliert: in der Nomenklatura atmet man „eine besondere Luft – die Luft der Macht“.[2]) Ich weiß nicht, ob der Autor dieses Programmes viel in Nomenklatura-Kreisen verkehrt hat, die Atmosphäre hat er jedenfalls genau wiedergegeben.

Sie gehen durch den peinlich sauberen Korridor des Gebäudes des Zentralkomitees der KPdSU. Neues, helles Parkett, gediegene Läufer, die es nur im ZK und im Kreml gibt. Dünnbeinige Tischchen, darauf Sodawasserflaschen. An den Türen aus hellem Holz sind unter Glas einheitliche Namenstäfelchen zu sehen, hergestellt in der Druckerei des ZK. In Großbuchstaben stehen hier Familiennamen und Initialen, weiter nichts. Die Namensschilder der Mitglieder des Politbüros sind die gleichen wie die der jüngsten Referenten: das ist die „innerparteiliche Demokratie".

Sie betreten ein Büro. Ein Schreibtisch, links ein quadratisches Tischchen für die Telefone; nicht weit davon der Safe; verglaste Bücherregale; eine Couch. Im Büro eines Sektorenleiters steht, an seinen Schreibtisch angeschoben, ein kleiner Tisch mit zwei Sesseln für Besucher. Beim Stellvertreter eines Abteilungsleiters befindet sich neben dem Schreibtisch ein langer Tisch für Besprechungen; in einem kleinen Vorzimmer sitzt seine Sekretärin. Der Sekretär des Zentralkomitees hat ein großes Vorzimmer, in dem ein Nomenklaturist regiert, der den Titel führt „Sekretär des Sekretärs des ZK der KPdSU". Daran schließt sich das Büro des Assistenten des Chefs. Hinter dem geräumigen Arbeitsraum des Sekretärs des ZK befindet sich ein Ruheraum. An den Wänden hängen Portraits: Lenin und der jeweilige Generalsekretär. Alle Möbel sind in Standardausführung; auf Bestellung hergestellt und gegen die alten, düsteren Möbel aus der Stalinzeit ausgetauscht. Man riskierte es nicht, allzu modern zu sein und schuf einen besonderen Stil: das „bürokratische Halbmodern".

Da sitzt er hinter dem Schreibtisch, in einem Anzug, der gut, aber nicht zu modisch ist. Sorgfältig rasiert und gekämmt, aber nicht zu modern. Keine anarchistische Nachlässigkeit, kein bürgerliches Geckentum; alles „bürokratisch halbmodern". Einstmals gab er – oder sein Vorgänger – sich als „Vertreter des Proletariats" aus, er wirkte demonstrativ ungebildet, grob und voll Schwung. Dann war er schweigsam und streng, ein Klotz des stählernen Willens. Jetzt ist er umgänglich: er erkundigt sich nach der Gesundheit und anstatt grob zu brüllen „Los, mach das!" – oder streng zu befehlen „Das muß gemacht werden!" – sagt er jetzt freundlich: „Was meinen Sie, Iwan Iwanovič, wäre es nicht besser, das so zu machen?" Der Sinn jedoch bleibt der gleiche: es ist ein Befehl.

Und gerade das ist es, was er genießt. Er gibt Befehle, und alle müssen sie ausführen. Da soll nur jemand versuchen, nicht zu gehorchen! Er hat den tödlichen Zugriff einer Bulldogge und er kann den Ungehorsamen so zur Ordnung rufen, daß auch den anderen die Lust vergeht, seine Weisungen zu ignorieren.

Er ist ein Fanatiker der Macht. Das heißt nicht, daß ihm alles andere fremd wäre. Von Natur aus ist er keineswegs ein Asket. Er trinkt gern und viel, vor allem teuren armenischen Kognak; mit Vergnügen ißt er auch gut, – Kaviar, Stör, Lachs, Bjeluga, – Dinge, die man im Restaurant des Kremls oder im Buffet des ZK bekommt. Er hat das obligate Hobby, das in seinen Kreisen gerade „in" ist: zuerst waren es Fußball und Hokkey, dann Fischen, jetzt ist es die Jagd. Er sorgt dafür, daß er für seine neue Wohnung finnische Möbel bekommt und kauft durch die Büchersektion des ZK Bücher, die nicht auf dem Markt sind, – selbstverständlich nur linientreue.

Doch nicht darin besteht die Freude seines Lebens. Seine Freude, seine einzige Leidenschaft ist es, vor einem Tisch mit dem Regierungstelefon zu sitzen, Entwürfe von ZK-Beschlüssen zu vidieren, die nach einigen Tagen Gesetze werden; gemächlich fremde Schicksale zu entscheiden, mit freundlicher Stimme ins Telefon zu sagen: „Überlegen Sie sich das, doch mir scheint, es wäre besser, so vorzugehen" – und sich danach in seinem Sessel zurückzulehnen und zu wissen, daß er einen Befehl erteilt hat und daß dieser Befehl ausgeführt wird. Oder auf Veranstaltungen zu erscheinen, die von seinen Untergebenen organisiert werden: berühmten Gelehrten, populären Künstlern oder Schriftstellern. Es ist so angenehm, sich bescheiden in eine Ecke zu setzen und mit versteckter Genugtuung zu beobachten, wie die Berühmten und die Populären ihm entgegeneilen und um Anweisungen bitten.

Um diese höchste Befriedigung seines Lebens auszukosten, wäre er bereit, sich von allem anderen zu trennen: von den finnischen Möbeln, ja sogar vom armenischen Cognak. Nach seinem Sturz sagte Chruščev, daß man von allem genug haben könne: vom Essen, von den Frauen, sogar vom Wodka – nur mit der Macht, das sei so eine Sache, je mehr man davon habe, desto mehr wolle man. Djilas, der selbst in diesen Sphären geweilt hatte, nannte die Macht „den Genuß aller Genüsse".

Dieser Genuß, der für die Nomenklatura bereits auf der Ebene einer Stadt, eines Rayons oder eines Kreises beträchtlich ist, steigert sich ins Unermeßliche, wenn er sich in den Dimensionen eines Landes verwirklichen kann, das sich von Schweden bis Japan erstreckt. Noch prickelnder wird er, wenn man durch das Telefon seine freundlichen Befehle sogar anderen Ländern erteilen kann, an die man sich von der Schule her als an ferne, fremde Länder erinnert. Warschau, Budapest, Berlin, Sofia, Prag, Kabul, die märchenhaft weiten Havanna und Hanoi. Während eines Interviews in seinem Arbeitszimmer konnte sich Brežnev nicht zurückhalten und zeigte den Korrespondenten des „Stern“ das Telefon mit den roten Knöpfen, auf die man nur zu drücken braucht, um direkte Verbindungen mit den Ersten Sekretären der Zentralkomitees der Parteien in den sozialistischen Ländern herzustellen.[3]) Man drückt auf den Knopf, erkundigt sich nach dem Befinden, läßt die Familie schön grüßen – und gibt „Ratschläge“. Und dann lehnt man sich im Ledersessel zurück und denkt mit wohligem Vergnügen daran, wie sie jetzt gleich in der fremden Hauptstadt beginnen werden, eiligst den „Rat“ zu befolgen.

Die führenden Persönlichkeiten der sowjetischen Nomenklatura fahren von einer Hauptstadt in die andere und lesen überall ihre glatten, wie geschmiert abrollenden Reden: über friedliche Koexistenz, über die Unantastbarkeit der Grenzen, davon, daß vom „Export der Revolution“ keine Rede sein kann. Vor ihren Augen aber steigen verlockend reiche Länder auf, herrliche Städte, deren Namen man von Kindheit her kennt, über die zu verfügen wunderbar sein müßte – und neue Knöpfe. Und immer neue Knöpfe.

3. Der Weg nach oben oder wie die Nomenklatura entsteht

Wir haben schon den ursprünglichen Begriff „Nomenklatura“ definiert als 1. ein Verzeichnis von Führungsposten, die nicht von der Leitung der einschlägigen Dienststelle, sondern von einem höherstehenden Organ besetzt werden, und 2. ein Verzeichnis der Personen, die die entsprechenden Posten einnehmen bzw. Anwärter auf diese Posten sind.

An sich ist das Prinzip ziemlich klar und logisch. Überprüfen wir trotzdem, ob wir es richtig verstanden haben. Nach der Verfassung werden die Minister in der Sowjetunion vom Obersten Sowjet der UdSSR ernannt oder von seinem Präsidium, wobei die folgende Tagung des Obersten Sowjet diese Ernennung bestätigen muß; ein Botschafter der UdSSR wird direkt vom Präsidium des Obersten Sowjet ernannt; ein Stellvertretender Minister vom Ministerrat der UdSSR; der Direktor eines Institutes der Akademie der Wissenschaften wird gemäß den Statuten der Akademie von ihrer Generalversammlung gewählt. Bedeutet das, daß alle diese Posten tatsächlich durch Beschluß der genannten Behörden besetzt werden? Nein.

Die Minister und die Botschafter gehören zur Nomenklatura des Politbüros des ZK der KPdSU, die stellvertretenden Minister und Institutsdirektoren zur Nomenklatura des Sekretariates des ZK der KPdSU. Ohne Entscheidung dieser Gremien wird es weder eine Abstimmung im Obersten Sowjet, noch einen Erlaß seines Präsidiums, noch einen Beschluß des Ministerrates, noch Wahlen in der ehrenwerten Generalversammlung der Akademie der Wissenschaften geben. Aber sobald die Entscheidung gefallen ist, wird alles das als Routine-Angelegenheit schnell durchgeführt.

Die Nomenklatura in der Sowjetunion, wie auch in den anderen sozialistischen Staaten, ist nicht die der staatlichen oder gesellschaftlichen Organe, von denen sie formell ernannt wird. In Wirklichkeit ist sie stets die Nomenklatura der Büros und Sekretariate der leitenden Parteikomitees. Das ist eine absolute Regel.

Man muß sich ihrer ganz bewußt sein, um keine Fehler zu begehen und damit man z. B. folgendes begreift: Der von der Kirchenversammlung der Russisch-Orthodoxen Kirche gewählte Patriarch von Moskau und ganz Rußland gehört zur Nomenklatura des Politbüros des ZK der KPdSU. Wie ist das System entstanden, das zu so originellen Resultaten führt? Historisch gehen seine Anfänge, genau so wie die der Klasse der Nomenklatura, auf die Leninsche Organisation der Berufsrevolutionäre zurück. In diese Organisation wurde man auf Beschluß ihrer führenden Organe aufgenommen, oder eingestellt, wie man richtig sagen müßte, da es sich ja um Professionals handelte. Stalin, der Erfinder der Nomenklatura in ihrer heutigen Form, schuf die administrative Grundlage, indem er aus dem improvisierten Aufnahmeverfahren wie es in illegalen Organisationen üblich war, eine bürokratische Routine-Angelegenheit des herrschenden Apparates machte. Anstelle der mündlichen Bürgschaft von Genossen, die in ihre Mitte einen Menschen aufnahmen, mit dem sie in Zukunft die Gefahren des Untergrundes zu teilen haben würden, traten nun dicke Nomenklatura-Akten, vollgestopft mit Fragebögen, Biographien und Photographien, mit Leumundszeugnissen, Protokollen der Parteikomitees und Berichten des KGB.

Auch Lenins Gedanken über die Auswahl von Führungskräften veränderten ihren Sinn in bezeichnender Weise. Lenin nahm Stalins Idee der Schaffung der Nomenklatura vorweg, als er sagte: „Jetzt ist der Arbeiter- und Bauernstaat der ‚Chef', und er muß großzügig, planmäßig, systematisch *und offen* die Auslese der besten Kräfte für den wirtschaftlichen Aufbau, der besten Administratoren und Organisatoren für spezielle und allgemeine, örtliche und gesamtstaatliche Aufgaben organisieren".[4])

Die Auswahl der leitenden Kräfte traf Stalin wahrlich planmäßig und systematisch. Nur „offen" war sie nicht, sondern völlig geheim und erfolgte nicht durch den Staat, sondern durch die führenden Organe der Nomenklatura; denn sie, nicht der „Arbeiter- und Bauernstaat", sind die Chefs.

Auch das von Stalin eingeführte Prinzip, die Auswahl der Mitarbeiter in erster Linie nach politischen Gesichtspunkten vorzunehmen, bürgerte sich ein. Noch Lenin hatte seinerzeit geschrieben, daß die Auswahl eines Mitarbeiters zu erfolgen habe „a) hinsichtlich seiner Zuverlässigkeit, b) seiner politischen Einstellung, c) seiner Fachkenntnisse, d) seiner Fähigkeiten auf dem Gebiet der Verwaltung..."[5])

Wie wir sehen, betrachtete schon Lenin Fachkenntnisse und Fähigkeiten als ein Moment von drittrangiger Bedeutung, verglichen mit der politischen Zuverlässigkeit. Stalin setzte das voll in die Praxis um, und so ist es auch heute. Der XXIV. Parteitag der KPdSU proklamierte in seiner Resolution: „Nach Auffassung der Partei ist es von erstrangiger Bedeutung, daß politisch reife, sachkundige und fähige Organisatoren alle Bereiche der Arbeit von Partei, Staat und Wirtschaft sowie der kulturellen, erzieherischen und gesellschaftlichen Arbeit leiten."[6]) Die „politische Reife" bleibt maßgebend.

Von der Nomenklatura wird noch etwas gefordert: das Streben des Kandidaten nach einem führenden Posten und seine Bereitschaft, alles zu tun, um sich eines Aufstieges auf der hierarchischen Leiter würdig zu erweisen. Mag auch in den Statuten der KPdSU der vor langer Zeit aufgenommene Satz prangen: „Die Partei säubert ihre Reihen von Karrieristen". In Wirklichkeit wissen alle, daß gerade der Karrierismus das hervorstechendste Merkmal aller Nomenklaturisten ist. Der Karrierismus, der auf diese Art zu einem Kennzeichen der Nomenklatura wurde, ist ein geheimes Kriterium für die Auslese der Nomenklaturafunktionäre. Eine derartige Einstellung fand sogar Eingang in die sowjetische Literatur, wie z. B. folgende Formulierung zeigt: „Um das ordentliche Funktionieren des Verwaltungssystems zu garantieren, hat die rechtzeitige Beförderung auf leitende Posten eine nicht geringe Bedeutung, ebenso das Vorrücken derjenigen Kandidaten, die für höhere Posten in Aussicht genommen sind. Rechtzeitig zu bemerken, ob sich ein *Spezialist für Führungstätigkeit interessiert*, ob er organisatorisch begabt ist, rechtzeitig seinen Ehrgeiz zu unterstützen, das ist die wichtigste Aufgabe des Vorgesetzten". Der Autor des zitierten Aufsatzes spricht sich voll Lob über die Praxis aus, in verschiedenen Organisationen Gruppen von Reservisten auszubilden, die „zur Arbeit auf einem höheren Posten befähigt sind und es verdienen, gefördert zu werden."[7])

In diesem Fall wird in der Nomenklatura-Sprache das militärisch klingende Wort „Patronenmagazin" (obojma) verwendet, um eine Gruppe erfolgreicher Karrieristen zu bezeichnen, welche zum Avancement vorgesehen ist. Aus so einem „Patronenmagazin" wird der Sprung in die Nomenklatura vollzogen.

Auf welche Weise kann ein nach Beförderung Dürstender – nennen wir ihn Iwan Iwanowič Iwanov – in die Nomenklatura hineinkommen?

In der Tiefe seiner Seele wird sich Genosse Iwanov von den gleichen Prinzipien leiten lassen, wie der Balzacsche Rastignac oder Maupassants Georges Duroy: jedes Mittel zum Aufstieg ist ihm recht. Wenn er eine Möglichkeit dazu hat, wird er sehr gern den Fußstapfen von „Bel-Ami" folgen. So machte Adžubej, der Schwiegersohn Chruščevs, seine Karriere; so kam der bescheiden wirkende Dozent Nikonov in die Nomenklatura, der seine Familie verließ und den Drohungen der Parteiorganisation trotzte, weil er Molotovs Tochter heiraten wollte – übrigens keine unwiderstehliche Schönheit. So drängt sich Grigorij Morozov, der erste Ehemann von Swetlana Stalin mit beneidenswerter Hartnäckigkeit in die Nomenklatura; noch zwanzig Jahre nachdem Swetlana ihn verlassen hatte, bemühte er sich als Fünfundvierzigjähriger vergeblich darum, die Tochter Gromykos zu heiraten. Geheiratet hat sie schließlich Professor Piradow, als „Berufs-Ehemann" bekannt: seine erste Frau war die Tochter Ordžonikidzes; dank dieser Ehe wurde er von der – ihm absolut nicht behagenden – deutschen Front auf die Diplomatenhochschule in Moskau abkommandiert. Man könnte mehr als einen hochgestellten Genossen aus der sowjetischen Nomenklatura nennen, der auf diese Weise den Weg nach oben gemacht hat.

I. I. Iwanov aber weiß, daß eine Heirat mit einer Chef-Tochter oder eine erfolgreiche Romanze mit einer Dame der Nomenklatura Glückssache und folglich kein sicherer Weg in die Nomenklatura sein kann. Er wappnet sich mit Geduld und stürzt sich in die Parteiarbeit. Unnötig zu sagen, daß Genosse Iwanov der Partei beigetreten ist, sobald sich die erste Möglichkeit dazu ergeben hat. Die Parteimitgliedschaft ist eine unerläßliche Voraussetzung für die Karriere; die wenigen Ausnahmen bestätigen nur diese Regel. Die sowjetische Volksweisheit hat ihr eine treffende Formulierung gegeben: „Willst du leben frank und frei – zahl' den Beitrag der Partei."

Genosse Iwanov beginnt ganz unten. Er betätigt sich zuerst als Agitator in einem Wahlsprengel, dann als Brigadier der Agitatoren, nachher als Parteiorganisator einer Gruppe, schließlich wird er Mitglied des Parteikomitees und dann Stellvertreter des Sekretärs des Parteikomitees. Während dieser ganzen Zeit des Emporklimmens auf der Parteileiter ist Iwanov schlicht und bescheiden, verläßlich und arbeitsam. Er ist bemüht, bei den Genossen der Parteiorganisation den Ruf eines Menschen zu erringen, der zwar Prinzipien hat, dabei aber gutmütig ist. Seine Liebedienerei vor den Chefs verbirgt er sorgfältig vor seinen Kollegen. Doch beginnt er den Kreis seiner Freunde auszusuchen, zu dem nur „aussichtsreiche" und nützliche Leute gehören dürfen, – im Idealfall das ganze „Patronenmagazin". Denn Iwanov weiß: ein Einzelgänger macht keine Parteikarriere, man muß Mitglied einer Clique sein, in der jeder jeden unterstützt, und man muß versuchen, der Führer dieser Clique zu werden, denn er ist es, der den höchsten Posten erhält. Kurz gesagt, Iwanov muß sich nicht wenig plagen und eine gehörige Portion Berechnung, Hartnäckigkeit und schauspielerische Fähigkeiten aufbringen, um sich bis zu den Stufen der Nomenklaturaposten durchzuschleichen.

Das beste Sprungbrett ist der Posten des Sekretärs eines Parteikomitees. Er wird durch das Büro des Rayonskomitees der Partei bestätigt, das heißt, daß er bereits zur Nomenklatura des Rayonskomitees gehört, – allerdings mit dem Unterschied, daß das kein Dauerposten ist, da jedes Jahr eine Neuwahl des Parteikomitees stattfindet. Es ist eine Art Probejahr für die Kandidaten der Nomenklatura. Wenn er nur ein Jahr Sekretär ist und nicht wiedergewählt wird, ist er gescheitert. Normalerweise bleibt man zwei Jahre auf dem Posten eines Parteisekretärs, wenn man gut ist – drei Jahre. Aus diesem Grunde wird Genosse Iwanov, nachdem er Sekretär geworden ist, das erste Jahr dazu benützen, seine Wiederwahl für das zweite zu sichern; im zweiten und dritten Jahr wird er sich bemühen, ein möglichst hohes Amt in der Nomenklatura oder zumindest in der Vor-Nomenklatura zu erhalten. Er wird bestrebt sein, sich einen „guten Ausgang" (vychod) zu sichern, wie es im Jargon der Personalabteilung heißt.

Iwanovs Erfolg hängt von den höheren Vorgesetzten ab und nicht von seinen Arbeitskollegen, daher beginnt er bereits zu diesem Zeitpunkt, die Beziehungen zu seinen Mitarbeitern zu ändern. Er verhält sich ihnen gegenüber immer offizieller und wird immer mehr in die Gruppe der „Chefs" aufgenommen, die hoch über den gewöhnlichen Sterblichen steht. In dieser Gruppe zeigt sich Iwanov als vertrauenswürdiger Mensch, auf den man sich in allem verlassen kann, er spielt einen „Kerl zum Pferdestehlen" und ist rührend freundschaftlich gegenüber den Mitgliedern der Gruppe.

Eine ganz besondere, hündische Ergebenheit wird Genosse Iwanov dem Chef der Gruppe entgegenbringen – nennen wir ihn Petr Petrovič Petrov, einen Nomenklaturisten, der gemäß seiner Stellung das Recht der Einreichung zur Aufnahme der Nomenklaturisten der unteren Ränge hat. Dem schon an die Macht gewöhnten und bereits durch sie merklich verdummten Petrov wird Iwanov gefallen, der ihn doch so anhimmelt und bereit ist, auf seinen leisesten Wink hin jede Gemeinheit zu begehen. Das harte Herz unter dem Parteiausweis und dem Passierschein für das Kreml-Restaurant schmilzt, und wenn sich eine passende Vakanz ergibt, wird Genosse Petrov dem Vorgesetzten seiner Kaderabteilung befehlen, die Personalakte Iwanovs für die Empfehlung nach oben vorzubereiten.

Vorher spricht Petrov mit dem im Parteiapparat zuständigen Mann für die Beförderungen, – nennen wir ihn S. S. Sidorov. Zuerst wird Petrov ihm berichten, wie er am vergangenen Wochenende jagen oder fischen war, und dann wird er zwischendurch einfließen lassen: „Weißt du, Šidor Sidorowič, ich habe ein Anliegen an dich. Mir ist hier für den Posten eines Leiters der Verwaltung ein guter Mann untergekommen. Er ist zwar noch nicht in der Nomenklatura, aber er ist ein Bursche mit Perspektive, drei Jahre lang war er bei mir Sekretär des Parteikomitees, ein verläßlicher Kerl, trinkt nicht, keine Weibergeschichten und kennt sich auch als Spezialist aus. Ich gedenke, ihn vorzuschlagen. Ich habe eine Bitte an dich, Šidor Sidorovič: schau ihn dir an; wenn er dir gefällt, unterstütze ihn!" Mit undurchdringlichem Ausdruck im feisten Gesicht sagt Sidorov kurz: „Schick die Akte, wir werden sehen."

Daraufhin wird die Akte fertig gemacht und dem Parteiorgan geschickt. Der Untergebene von Sidorov, der die Akte erhält, wird zuerst vorsichtig sondieren, wie sich der Chef zur Ernennung Iwanovs verhält („Šidor Sidorovič, da ist so eine Akte von Petrov gekommen, über einen gewissen Iwanov...?") Und nachdem er sich überzeugt hat, daß der Chef einverstanden ist („ja, ich weiß, Petrov hat mit mir darüber gesprochen“), bereitet er die Anfrage an das KGB vor, ob es einen Einspruch gegen die Ernennung des Genossen Iwanov I. I. gibt. Nach einem bis eineinhalb Monaten kommt die Antwort. Während dieser Zeit stellt der Referent Ermittlungen über den Kandidaten an: er beruft den Sekretär des Parteikomitees der Verwaltung zu sich und erkundigt sich über die Einstellung der Parteiorganisation zu Iwanov; er spricht mit dem Sekretär des Parteikomitees des Ministeriums, mit dem Sekretär des Rayonskomitees und mit dem Leiter der entsprechenden Abteilung im Rayonskomitee; er unterhält sich mit Kollegen, die mit Iwanov zu tun gehabt haben.

Diese Gespräche haben vor allem einen Sinn: die Verantwortung zu teilen, falls sich Iwanov nicht bewährt. Dem gleichen Zweck dient auch das schriftliche Material über den Kandidaten. Alle Beurteilungen werden nach dem gleichen Schema abgefaßt, es ist unmöglich, eine von der anderen zu unterscheiden: bei der Abfassung dieser Beurteilungen werden absichtlich alle individuellen Eigenschaften weggelassen. Hauptsache ist, daß die Beurteilung „positiv“ ist, daß sie vom „Dreieck“ unterschrieben (dem Leiter der Behörde, dem Sekretär des Parteikomitees und dem Vorsitzenden des Gewerkschaftskomitees) und vom Parteikomitee, Rayonskomitee usw. – je nach der Höhe des in Aussicht genommenen Postens – bestätigt ist. In der Beurteilung muß angegeben sein, für welchen Posten sie ausgestellt wurde. Wenn Genosse Sidorov, verleitet von den glänzenden Tugenden, die dem Genossen Iwanov in seiner Beurteilung zugeschrieben werden, daran dächte, ihn nicht zum Leiter der Verwaltung, sondern gleich zum Chef der Hauptverwaltung zu machen, so würde er eine neue Beurteilung Iwanovs brauchen; denn der Glanz der Iwanovschen Eigenschaften ist für den zweiten Posten völlig ungültig. In den mißtrauischen Augen der Nomenklatura ist ein Mensch nicht hochmoralisch schlechthin, sondern hochmoralisch für einen bestimmten Posten.

Kurz gesagt, die ganze sogenannte „Vorbereitung der Kandidatur“ wird nach dem Prinzip einer Versicherungsgesellschaft durchgeführt, bei der die Risiken durch eine Rückversicherung geteilt werden. Es ist charakteristisch, daß der Ausdruck „Rückversicherung“ (perestrachovka) in den Jargon der sowjetischen Nomenklatura eingegangen ist. Auch wenn er im abfälligen Sinn verwendet wird, zeigt er klar den Gedankengang.

Wenn diese Rückversicherungsprozedur beendet ist, bereitet der Referent den Entwurf eines Beschlusses vor, zeichnet ihn ab und schickt ihn auf den Instanzenweg. Zuerst wird der Entwurf dem zuständigen leitenden Funktionär im Apparat zur Unterzeichnung vorgelegt, dann kommt er zur Abstimmung auf der entscheidenden Ebene.

Abgestimmt wird von den Mitgliedern jenes Parteiorgans, in dessen Nomenklatura Iwanov aufgenommen werden soll. Auf der niedrigsten Ebene sind das die Büros der Rayons- oder Stadtkomitees der Partei, auf der mittleren die Büros der Gebiets- oder Kreiskomitees, die Sekretariate oder Büros der Zentralkomitees der Kommunistischen Parteien der Unionsrepubliken; auf höchster Ebene das Sekretariat oder das Politbüro des ZK der KPdSU.

Während auf der niedrigsten Ebene die Beschlüsse über Ernennungen durch Abstimmung in einer Sitzung gefaßt werden, kommen sie bei den höheren Organen gewöhnlich im Umlaufverfahren zustande. Der Entwurf wird den Mitgliedern des Parteiorgans zur Unterschrift vorgelegt. Da es auch hier nach dem Prinzip der Rückversicherung geht, müssen auf dem beiliegenden zweiten Exemplar die Paraffen der Leitenden stehen, die für die Vorbereitung des Entwurfes verantwortlich sind. Als erster unterschreibt der Sekretär des Komitees, der für jene Behörde zuständig ist, in die Genosse Iwanov aufgenommen werden soll. Interessanterweise ist eine Mehrheit bei dieser Abstimmung nicht notwendig: im Sekretariat des ZK der KPdSU gilt ein Beschluß als angenommen, wenn fünf Sekretäre – von zwölf – unterschrieben haben. Natürlich handelt es sich in diesen Fällen um Routinebeschlüsse, die keine Schwierigkeiten hervorrufen können.

Wenn der Beschluß vorliegt (oder „bestanden hat", wie man im Nomenklaturajargon sagt), wird er säuberlich ausgefertigt und sieht dann so aus: Auf einem Formular, das oben den schwarzen Kopf trägt: „Kommunistische Partei der Sowjetunion. Zentralkomitee" (oder „Moskauer Stadtkomitee", oder „X-Rayonskomitee") wird das Datum eingesetzt, der Vermerk „Streng geheim" und, etwas abgesetzt, die Nummer des Beschlusses und der unterstrichene Betreff (1984. Betrifft: Bestätigung des Genossen Iwanov I. I. als Chef der Verwaltung Y"), dann folgt der knappe Text, der das wiederholt, was oben steht: „Genosse Iwanov I. I. wird als Chef der Verwaltung Y bestätigt". Darunter steht „Sekretär des ZK" (oder: des Stadt-, Rayonskomitees) und seine faksimilierte Unterschrift. Über der Unterschrift der säuberliche Abdruck des Rundstempels: Im Kreis „Kommunistische Partei der Sowjetunion", in der Mitte in verzierter Schrift „ZK" (oder ein anderes Komitee).

Das auf diese Weise ausgefertigte Dokument wird an die Stelle geschickt, die formell die Ernennung vornimmt. Ein Feldjäger-Offizier des KGB mit einer Kunstledertasche überbringt den Bescheid in einem hellgrünen Umschlag mit dem Aufdruck „Sekretariat des Zentralkomitees der KPdSU“ (bzw. des Komitees, das den Beschluß gefaßt hat). Der Brief muß dem Chef persönlich übergeben werden, und dieser muß die an das Kuvert angeklebte Quittung unterschreiben. Wenn Genosse Petrov nicht anwesend ist, muß der Feldjäger bei seinem Vorgesetzten telefonisch rückfragen, und nur mit seiner Erlaubnis darf er das Dokument dem Sekretär Petrovs gegen dessen Unterschrift aushändigen. Der Chef persönlich öffnet den Brief und legt ihn, nachdem er ihn gelesen hat, zu den Geheimpapieren, wo er in der Mappe „Direktivengebende Organe“ im Safe aufbewahrt wird. Auf Grund dieses Papiers erläßt nun Petrov einen Befehl über die Ernennung Iwanovs. Der Beschluß des Parteiorgans wird im Befehl nicht erwähnt, die Direktive des Stalinschen Orgbüros des ZK noch aus dem Jahre 1922 lautet: „Es ist bedingungslos verboten, ...in staatlichen und Gewerkschaftsakten auf die Parteibeschlüsse schriftlichen Bezug zu nehmen“.

I. I. Iwanov hat alle Hürden überwunden. Von nun an kann er den Nomenklaturastatus genießen – bis in alle Ewigkeit.

4. „Die Nomenklatura ist unveräußerlich“

Kann man aus der Nomenklatura ausgeschlossen werden?

Diese auf den ersten Blick naive Frage hat eine ernste gesellschaftliche Bedeutung.

Formell kann man das natürlich. Die Aufnahme in die Nomenklatura ist juristisch nichts weiter als eine Ernennung auf einen in der Sonderliste angeführten Posten, die den Nomenklatura-Angehörigen vorbehalten sind. Daher, so scheint es, müßte das Hinüberwechseln auf einen Posten, der nicht in dieser Liste steht, automatisch den Verlust der Nomenklaturazugehörigkeit nach sich ziehen.

Das ist aber nur theoretisch so. In Wirklichkeit kann ein Genosse, der einmal Zugang zur Nomenklatura gefunden hat, mit voller Berechtigung darauf bauen, daß er für immer in ihr bleibt. Wenn es zu keinen Erschütterungen und Säuberungen kommt, wenn er sich nicht den Zorn eines hohen Vorgesetzten zuzieht, wenn er in einem freundschaftlichen Verhältnis zu den einflußreichen Nomenklaturakollegen steht, und wenn er alle schriftlich festgelegten und vor allem ungeschriebenen Regeln einhält, dann müßte er schon in einen gewaltigen Skandal verwickelt sein, um aus der Nomenklatura hinauszufliegen. Der Nomenklaturist steigt normalerweise die Leiter immer weiter empor, darum sind alle Posten, auf die er später versetzt wird, eben Nomenklatura-Posten.

Bekanntlich ist Ähnliches der Fall in den Offizierscorps sämtlicher Armeen und in der Beamtenschaft. Nun gut, die Nomenklatura ist keine Armee. Aber vielleicht ist sie eine Beamtenhierarchie?

Obwohl es in den sozialistischen Ländern offiziell keine Beamtenschaft gibt, würde es die Nomenklatura sehr gern sehen, wenn außenstehende Beobachter sie als Beamte betrachteten. Sie tarnt sich sorgfältig als gewöhnlicher Verwaltungsapparat und ist bereit, sich stillschweigend damit einverstanden zu erklären, für eine beliebige Kategorie dieses Apparates gehalten zu werden – nur nicht ans Tageslicht kommen lassen, daß sie eine Klasse ist.

In Wirklichkeit gibt es zwischen dem Beamtentum und der Nomenklatura nichts Gemeinsames. Welche treibende Kraft steht hinter der Beamtenschaft und welche hinter der Nomenklatura? Wessen Wille wird ausgeführt? Hier zeigt sich, daß die Beamten die Befehle ausführen, die sie von den staatlichen Organen erhalten, während die Nomenklatura selbst diesen Organen Befehle erteilt – als Beschlüsse, Empfehlungen und Anweisungen der leitenden Parteiinstanzen. Die Beamten sind privilegierte Diener, die Nomenklaturisten eigenwillige Herren.

Was zuerst als Gemeinsamkeit zwischen beiden erschien, erweist sich bei näherem Hinschauen als Verschiedenheit. In der Nomenklatura gibt es nicht jene strenge Hierarchie der Dienstklassen und Ränge, die immer für das Beamtentum charakteristisch ist und es erlaubt, die Beamtenposten in den verschiedenen Zweigen der staatlichen Verwaltung miteinander zu vergleichen. Und vor allem: in der Nomenklatura gibt es kein planmäßiges Vorrücken auf den Stufen der hierarchischen Leiter.

Natürlich gibt es auch folgende Variante einer Nomenklatura-Karriere: Fabrikdirektor – Abteilungsleiter in der Verwaltung – Leiter des GLAVK (der Hauptverwaltung) – Stellvertretender Minister – Minister. Daneben gibt es aber zahlreiche weniger erfolgreiche Nomenklaturisten, die sich auf einer kurvenreichen Flugbahn bewegen: Direktor einer Textilfabrik – Direktor eines Gerätebau-Betriebes – Direktor eines Mühlenkombinates, aber auch: Redakteur einer Bezirkszeitung –

Stellvertretender Minister für Leichtindustrie einer Unionsrepublik – Leiter der landwirtschaftlichen Abteilung eines Gebietskomitees der Partei. Es wechseln Fachgebiete, Büroräume, Mitarbeiterstäbe, Dienstautos; unveränderlich bleibt die Zugehörigkeit zur Nomenklatura.

Diese Unveränderlichkeit erklärt sich aus der Prozedur, in der die Nomenklatura rekrutiert wird.

Jeder Nomenklaturist gehört zur Nomenklatura eines bestimmten leitenden Parteiorgans; nur dieses Organ, das ihm den Posten gegeben hat, kann ihn auch absetzen. Da aber kein Parteimitglied arbeitslos sein darf, muß das Organ ihn nicht *ab-*, sondern *ver*setzen, d. h. auf einen anderen Posten *ein*setzen. Der neue Posten kann also praktisch nur in der Nomenklatura sein, denn das Organ ernennt nur auf solche Posten. Die Kette „ab = ver = einsetzen" garantiert sogar einem offenkundigen Versager unter den Nomenklaturisten einen Platz in der regierenden Klasse: das erboste leitende Parteiorgan kann ihn in die Wüste schicken – aber auch in der Wüste auf ein Nomenklaturapöstchen.

Endet die Nomenklaturazugehörigkeit mit der Pensionierung? Da ein Pensionist ja keine Arbeit mehr verrichtet, sollte sie eigentlich automatisch erlöschen. Nichts dergleichen! Nur die Bezeichnung ändert sich: der Genosse ist nicht mehr ein Nomenklatura-Angehöriger, sondern ein „Pensionist ad personam der lokalen Bedeutung" oder „der republikanischen Bedeutung" oder gar der „Unionsbedeutung". Der Sinn dieser läppischen Bezeichnung liegt darin, daß diese Pension im ersten Fall vom Stadt-, Rayons- oder Gebietskomitee der Partei zugesprochen wird, im zweiten Fall vom Büro des ZK der KP einer Republik der UdSSR, im dritten vom Sekretariat oder sogar vom Politbüro des ZK der KPdSU. Nun ist dies das Klassifikationsschema der Nomenklatura, wie es der Leser schon kennt. Die Pension ist also keine „Pension ad personam", sondern eine „Pension ad nomenclaturam", eine Nomenklatura-Pension.

Dennoch wurden zu Zeiten Stalins nicht wenige aus der Nomenklatura entfernt und in diesen Fällen meist physisch liquidiert. Diese Prozedur erstreckte sich bis zu den Spitzen der Nomenklatura: man denke nur an das Schicksal des Politbüromitgliedes Voznesenskij und des Sekretärs des ZK der KPdSU Kuznecov, die im Zuge der sogenannten „Leningrader Affäre" 1948 erschossen wurden; oder daran, daß Molotov als Stalins „engster Freund und Mitkämpfer" galt, während seine Frau – Polina Seménovna Žemčužina – zur gleichen Zeit in einem Lager saß. Chruščev erinnerte sich auf dem XX. Parteitag, mit welcher Angst er und Bulganin – beide Mitglieder des Politbüros – zu Stalin fuhren und niemals wußten, ob sie von diesem Besuch zurückkehren würden. Es kam aber auch damals vor, daß ein aus der Nomenklatura Ausgestoßener am Leben blieb. Ich kannte den Sekretär des ZK der KP Kasachstans, Mohamedžan Abdykalykov, der nach seinem Sturz Ende der vierziger Jahre als einfacher Lektor im kasachischen Staatsverlag arbeitete.

Nach Stalins Tod änderten sich die Sitten gerade in dieser Hinsicht. Obwohl Berija und seine nächsten Kumpane erschossen wurden, blieben diejenigen seiner Mitschuldigen, die ihm nicht so nahegestanden hatten, am Leben. Anatolij Marčenko berichtet, daß Anfang der sechziger Jahre im Gefängnis von Vladimir in einem gut eingerichteten Raum satte Berijaleute saßen, die einen eindeutig privilegierten Status genossen.[9]) Der Vater des bezaubernden Mädchens, mit dem ich eine sentimentale Schülerromanze hatte, General Afanasij Petrovič Vavilov, in den letzten Jahren der Stalinzeit Stellvertreter des Generalstaatsanwaltes der UdSSR, zuständig für „besonders wichtige Angelegenheiten" und gleichzeitig Erster Staatsanwalt des Ministeriums für Staatssicherheit der UdSSR, wurde für seine zweifellos blutigen Verbrechen lediglich degradiert und zur Arbeit in eine Rayonsprokuratur in Sibirien abkommandiert. Eine enge Mitarbeiterin Berijas, Oberstleutnant des KGB Modrzinskaja, ist jetzt Professor im Institut für Philosophie (!) der Akademie der Wissenschaften der UdSSR und entlarvt vehement die bürgerliche Ideologie.

Es bildete sich ein neues Element heraus, das zu Stalins Zeit unbekannt war: sogar gefallene Engel der Nomenklatura bewahrten einen Abglanz ihrer edlen Abstammung. Ich kannte den sympathischen und gescheiten A. A. Lavriščev, einen von Stalins Lieblingen, der im Krieg den schwierigen Posten des Sowjet-Botschafters in dem mit Hitlerdeutschland verbündeten Bulgarien bekleidete. Lavriščev wurde 1956 von seinem Posten als Botschafter in Nord-Vietnam abberufen, aus dem Ministerium für auswärtige Angelegenheiten entfernt und zu einer wissenschaftlichen Tätigkeit abkommandiert, mit der er sich vorher niemals beschäftigt hatte. Und dennoch: der so Gestürzte erhielt sofort einen Sondervertrag und wurde Sektorenleiter des Instituts für Weltwirtschaft und internationale Beziehungen der Akademie der Wissenschaften der UdSSR; bald darauf wurde er Sekretär des Parteibüros dieses Instituts. In der Nomenklatura untragbar, durfte er jedoch nicht zu einem normalen sterblichen Intellektuellen absinken. Sektorenleiter am gleichen Institut wurde der gleichzeitig mit Lavriščev entlassene ehemalige Sowjet-botschafter in Jugoslawien, Valkov. Der ehemalige Referent der Internationalen Abteilung des ZK der KPdSU, Kolomijcev, der sich mit den Angelegenheiten der spanischen KP befaßte, wurde in betrunkenem Zustand aufs Milizrevier gebracht und randalierte dort, wobei er den Milizionären seinen ZK-Dienstausweis unter die Nase hielt. Die in der Miliz beschäftigten Sadisten, zu deren Gewohnheiten es gehört, nachts hilflose Betrunkene zusammenzuschlagen, wagten es natürlich nicht, sich an einer Nomenklatura-Person zu vergreifen. Sie riefen schüchtern im ZK an, um von dem Vorfall zu berichten. Kolomijcev wurde aus dem ZK ebenfalls auf einen wissenschaftlichen Posten versetzt. Sehr bald wurde er stellvertretender Direktor des Lateinamerika-Instituts der Akademie der Wissenschaften der UdSSR.

Die Position eines Nomenklatura-Angehörigen ist so stabil, daß ihm sogar politische Entgleisungen – selbstverständlich nur in gewissen Grenzen – vergeben werden. P. W. Poljakov, der in der Internationalen Abteilung des ZK den Posten eines DDR-Referenten innehatte, war einmal Ulbricht als Begleitperson zugeteilt. Da Poljakow zuvor ausgiebig dem armenischen Cognak zugesprochen hatte, begann er im Auto, dem hohen Gast seine Meinung mitzuteilen, alle Deutschen seien Faschisten, auch die in der DDR. Der Schöpfer der Theorie der „Sozialistischen Menschengemeinschaft“ – einer abgewandelten „Volksgemeinschaft“ – fühlte sich verletzt; er ersuchte Poljakow, auf der Stelle auszusteigen und beschwerte sich beim ZK der KPdSU. Aber Poljakov wurde nicht aus der Partei ausgeschlossen, sondern ebenfalls in die leidgeprüfte Akademie der Wissenschaften der UdSSR expediert als wissenschaftlicher Sekretär des Instituts für Geschichte; auch weiterhin war er im Institut, das mehr als 200 wissenschaftliche Mitarbeiter zählt, der einzige, der nach einem Sondervertrag entlohnt wurde, nach wie vor voller Stolz wegen seiner Nomenklatura-Vergangenheit.

Selbst die Zugehörigkeit zu einer Gruppe, die im Kampf um die leitenden Posten den kürzeren gezogen hat – in einem realsozialistischen Land eine schwere politische Sünde – vernichtet bei den Besiegten heute nicht mehr die Aureole der Zugehörigkeit zur Nomenklatura. Der Vorsitzende des Komitees der Jugendorganisationen der UdSSR, Pavel Rešetov, der zur Gruppe Šelepin gehörte, erhielt bei der Schaffung der Informationsabteilung des ZK der KPdSU den hohen Posten des Stellvertretenden Abteilungsleiters. Die Wichtigkeit dieses Postens wurde für Rešetov zum Verhängnis, als Šelepin seine Macht verlor. Nach der Auflösung der Abteilung übertrug man dem mächtigen Stellvertretenden Leiter den lächerlichen Posten des Chefredakteurs einer kaum gelesenen Zeitschrift „Das zwanzigste Jahrhundert und der Frieden“, (offiziell das Organ des Sowjetischen Komitees zum Schutz des Friedens, in Wirklichkeit ein Anhang der „Moscow news“, der Moskauer fremdsprachigen Zeitung für ausländische Touristen.) Aber obwohl Rešetow dort ganze drei Untergebene hatte, gehörte er als Chefredakteur weiter zur Nomenklatura des Sekretariats des ZK.

Ich habe hier nur einige Beispiele aus dem Leben von Menschen angeführt, die ich persönlich kenne. Die Zahl ließe sich vervielfachen. In sowjetischen Zeitungen werden nicht selten Klagen darüber geführt, daß Leute, die erwiesenermaßen in ihrem früheren Aufgabenbereich gescheitert sind, einfach auf einen anderen Nomenklaturaposten abgeschoben wurden. Aber diese Klagen sind nun schon viele Jahre zu hören, die Vorgangsweise ändert sich jedoch nicht – ein deutliches Anzeichen dafür, daß die Jammertöne der Zeitungen nur zur Beruhigung des Lesers gedacht sind. Sogar in den seltenen Fällen, in denen jemand offiziell aus der Nomenklatura ausscheidet, bleibt er, verglichen mit dem Durchschnittsbürger, in einer privilegierten Lage und behält bis ans Ende seiner Tage den Glanz seiner Nomenklatura-Erhabenheit.

„*Die Nomenklatura ist unveräußerlich* – ebenso wie das Kapital in der bürgerlichen Gesellschaft“, heißt es im „Leningrader Programm“ der Mitglieder der Demokratischen Bewegung in der UdSSR. „Sie ist die Rechtsgrundlage unserer Gesellschaft, analog dem Recht auf Privateigentum im Kapitalismus.“[10]) Es ist die Erscheinung, über die Marx schrieb: „Der Kapitalist ist nicht Kapitalist, weil er industrieller Leiter ist, sondern er wird industrieller Befehlshaber, weil er Kapitalist ist.“[11])

Die Nomenklatura ist unveräußerlich, weil sie nicht ein Dienst ist, sondern eine Klasse.

Wie wir gesehen haben, ist diese Unveräußerlichkeit nicht von heute auf morgen entstanden. Offensichtlich war es Stalin nicht darum zu tun, seinen Kreaturen dieses Privilegium zuzugestehen. Als er, in Übereinstimmung mit den Wünschen der Nomenklatura, die Leningarde ausrottete, behielt sich Stalin das Recht vor, auch weiterhin jeden umzubringen, sei er auch Mitglied der Nomenklatura.

Eine treffende Formulierung dieser Lage hörte ich von dem als Botschafter in Algerien verstorbenen Dmitrij Petrovič Ševljagin, der im Zenit seiner Karriere Leiter der Informationsabteilung des ZK der KPdSU war. Im Jahr 1952, als er noch den Posten des Leiters des italienischen Sektors der Außenpolitischen Kommission (der heutigen Internationalen Abteilung) des ZK der KPdSU innehatte, war ich einmal spät abends bei ihm im Zentralkomitee. Unser Gespräch wurde durch einen Anruf des Regierungstelefons („Vertuška") unterbrochen. Ein leitender Beamter des Außenministeriums erkundigte sich, mit welchen Aussichten ein verhaftetes Paar – ein Italiener und eine Russin – rechnen könnten. „Aussichten?" sagte Ševljagin langsam, wie es seine Art war, „mit dieser Angelegenheit befassen sich ernstzunehmende Organe. Den Italiener wird man vielleicht ausweisen, und sie, – sie ist ja eine Sowjetbürgerin, ihr Schicksal liegt vollständig in Händen der Organe..."

Die klar erkannte Tatsache, daß nicht nur das Schicksal eines gewöhnlichen Sowjetbürgers, sondern auch eines jeden Nomenklaturisten vollständig in Händen der grausamen Organe Berijas lag, rief den schweigenden, aber tiefen Unwillen der Nomenklatura hervor. Nach Stalins Tod kam er in der Formulierung zum Ausdruck, daß Stalin und Berija „die Staatssicherheitsorgane über die Partei und den Staat gestellt hatten".

Stalins Widerstreben, die Unveräußerlichkeit der Nomenklatura zu garantieren, war praktisch der einzige wichtige Punkt, in dem sich die Interessen der Nomenklatura von denen des alten Diktators unterschieden. Das zeigte sich auf dem XX. Parteitag der KPdSU. Der im Westen veröffentlichte Text des Geheimreferats Chruščevs zeigt, daß nur von Stalins Repressionen gegen die Nomenklatura die Rede ist: das Schicksal der Millionen von gewöhnlichen Sowjetbürgern, die zur Stalinzeit vernichtet wurden, interessierte die Delegierten des Parteitages offensichtlich nicht.

Mit der ihr eigenen Präzision des politischen Denkens formulierte die Nomenklatura, was sie Stalin zur Last legt. Sie spricht nicht von Massenrepressionen, nicht von *grausamen* Repressionen, sondern von *ungerechtfertigten* Repressionen. Abgesehen von dem mit bewußter Verspätung einsetzenden und darum unaufrichtigen Jammergeschrei über die Leningarde, fallen unter die Kategorie der „ungerechtfertigten Repressionen" nur solche, die gegen die Nomenklatura begangen wurden. Die anderen waren anscheinend gerechtfertigt. Auf jeden Fall gibt es keinen Grund, die Opfer zu bedauern: sie waren ja nur gewöhnliche Sowjetbürger, deren Schicksal natürlich vollständig in den Händen der Organe lag.

Die Parteiführung nach Stalin säuberte die Staatssicherheitsorgane in mehreren Etappen: 1953 beim Abstoppen der „Ärzteaffäre", 1953 bis 1954 im Zusammenhang mit dem Fall Berijas, 1955 nach dem Sturz Malenkows und 1956 nach dem XX. Parteitag. Der Parteiapparat unterwarf sich diese Organe und beschnitt energisch ihre Freiheiten gegenüber der Nomenklatura. Aus einem geheimnisvollen Ungeheuer, vor dem sogar die führenden Köpfe des ZK zitterten, wurde das KGB zu dem, was es heute ist: zu einer eng mit dem Parteiapparat verbundenen und ihm unterstellten politischen Geheimpolizei. Das Verhältnis zwischen beiden ist ungefähr so: die höheren Dienstgrade im Apparat des KGB referieren den mittleren Rängen (Inspektoren, Instruktoren, Referenten) der entsprechenden Parteiinstanzen.

Die Kontrolle über das KGB wurde der Abteilung für die Administrativen Organe des ZK der KPdSU übertragen. In ihr gibt es den Sektor für das KGB; das ist der einzige Sektor, dessen Leiter nicht einmal im ZK-Telefonverzeichnis namentlich angeführt wird, es heißt dort einfach „Sektoren-Leiter". Es ist wie in Tynjanovs bekannter Erzählung „Secondelieutenant Sjedoch": „Die Person ist geheim und hat keine Figur".

Aber natürlich ist es nicht der rätselhafte Sektorenleiter, sondern der Abteilungsleiter selbst, dem in Wirklichkeit die Überwachung der einflußreichen „Organe" oblag. Die Überwachung war wahrscheinlich nicht immer angenehm. Mit dieser Tatsache wurde jedenfalls in Moskau die Flugzeugkatastrophe bei Belgrad in Zusammenhang gebracht, die sich einige Tage nach dem Sturz Chruščevs ereignete. Aus ungeklärten Gründen verließ damals ein Flugzeug mit einer sowjetischen Regierungsdelegation den gewöhnlichen Luftkorridor und prallte gegen den Berg Avlon; das wichtigste Mitglied der Delegation war der von Chruščev ernannte Leiter der Abteilung für die Administrativen Organe des ZK, Mironov. Es hieß damals, er habe Šelepin während dessen Zeit als Vorsitzender des KGB und später dessen Nachfolger Semičasnyj – die beiden eifrigsten Organisatoren von Chruščevs Sturz – gar zu sehr gestört.

Wie wenig einfach es ist, den Posten des Leiters der Abteilung für die Administrativen Organe des ZK zu bekleiden, beweist auch die Tatsache, daß die kollektive Führung nach Chruščev sich jahrelang nicht über die Kandidatur eines neuen Leiters einigen konnte. Der heutige Abt. Leiter Savinkin wurde erst bestätigt, als sich mit der Erweiterung der Rolle des KGB auch das Niveau der Kontrolle über ihn hob. Mit dieser Angelegenheit beschäftigte sich Iwan Vasiljevič Kapitonov, der eine langjährige Erfahrung bezüglich Parteiarbeit mit den „Organen" aufzuweisen hat: bereits vor mehr als 35 Jahren, als ich seine Bekanntschaft machte, war dieser strenge, rundgesichtige, militärisch aussehende

Mann Sekretär für Personalangelegenheiten im Partei-Rayonskomitee Krasnaja Presnaja in Moskau.

Obwohl durch die Aufnahme des KGB-Chefs J. V. Andropov ins Politbüro die Rolle des namenlosen Sektorenleiters ganz bedeutungslos geworden ist, wacht die Spitze der Nomenklatura-Klasse weiterhin aufmerksam darüber, daß die „Organe" ihrer Kontrolle nicht entschlüpfen.

Die Bändigung des KGB erwies sich als wichtigster Schritt auf dem Weg zur Unveräußerlichkeit der Nomenklatura. Alles andere ging leicht auf Grund des Kastengeistes der Nomenklatura und der uns bekannten Formel über Ab-, Ver- und Einsetzung.

Die Unveräußerlichkeit der Nomenklatura ist für die „neue Klasse" eine wichtige Garantie. Mit Recht wird von der Sowjetpropaganda die Bedeutung von sozialistischen Errungenschaften wie der kostenlosen ärztlichen Betreuung der Bevölkerung, dem kostenlosen Schulunterricht oder billigen Mieten unterstrichen. Von der sozialistischen Errungenschaft der „neuen Klasse", der Unveräußerlichkeit der Nomenklatura, schweigt die Propaganda. Und dabei ist von allen sozialistischen Errungenschaften sie es, die das Leben im Realsozialismus am meisten gestaltet.

5. Die Klasse der Deklassierten

Im Dritten Reich wurde die arische Abstammung geschätzt, in der Sowjetunion die proletarische. Die Sowjetpropagandisten bemühten sich nicht wenig darum, Beweise für die nicht-arische Abstammung der Naziführer zu entdecken. Die Bemühungen blieben erfolglos. Die gleichen Propagandisten bemühten sich noch mehr darum, Beweise für die proletarische Abstammung der Sowjetführer zu entdecken. Auch diese Bemühungen hatten keinen Erfolg: trotz aller Versuche der Führer, sich als erbliche Proletarier auszugeben, hatten die meisten nie manuelle Arbeit verrichtet.

Daran ist nichts Erstaunliches. Wie wir gesehen haben, hatte auch Lenin, als er den Embryo der Nomenklatura, die Organisation der Berufsrevolutionäre, schuf, nicht die Absicht, sie aus Arbeitern zu bilden. Die Karrieristen, die sich später in die Stalin'sche Nomenklatura drängten, waren auch nicht unbedingt Abkömmlinge von Arbeitern.

Aber es war außerordentlich schwer, das offen zuzugeben. Die Partei bezeichnete sich als „Vortrupp der Arbeiterklasse“, als „organisierter Trupp der Arbeiterklasse“, als „höchste Form der Klassenorganisation des Proletariats“ (Stalin).

Eine Legende gebar die andere. Es wurde verkündet, daß die Führung und der Apparat der Partei im ganzen zur Arbeiterklasse gehörten. So schrieben denn Parteiapparatschiks, die in ihrem Leben noch nicht eine einzige Stunde in einer Fabrik gearbeitet hatten, mit ihren gepflegten Händen in die Rubrik des Fragebogens „soziale Herkunft“ das Wort „Arbeiter“. Die Lächerlichkeit dieser Prozedur lag auf der Hand: ein Seufzer der Erleichterung ging durch die Nomenklatura-Büros, als die KPdSU zu einer „Volkspartei“ erklärt wurde.

Trotzdem kann man auch heute noch Prahlereien hören, daß der eine oder andere Nomenklaturist sein Berufsleben als Arbeiter begonnen habe. Man glaubt dadurch zu beweisen, in der Sowjetunion befänden sich Vertreter der Arbeiterklasse an der Macht, die auf diese Weise ihre führende Rolle in der Sowjetgesellschaft verwirkliche. Nur ist die Tatsache, daß der langjährige Sekretär eines Gebietskomitees der KPdSU vor vierzig Jahren ein Jahr lang als Arbeiter tätig war, kein Beweis dafür, daß er auch jetzt noch ein Vertreter der Arbeiterklasse ist. Während des Krieges wurden wir Studenten der Universität in der Landwirtschaft eingesetzt, so daß ich mein Berufsleben als Arbeiter in einer Sowchose begann; deswegen bin ich trotzdem heute kein Proletarier. Daß ein derartiger „ehemaliger Arbeiter“ auf dem Posten eines Partei-Gebietssekretärs sitzt, ist kein Beweis dafür, daß die Arbeiterklasse das Land regiert. Nicht wenige amerikanische Milliardäre der älteren Generation begannen ihre Laufbahn bekanntlich als Stiefelputzer oder Zeitungsausträger; das heißt aber nicht, daß im Kapitalismus die Stiefelputzer oder Zeitungsausträger die regierende Klasse der USA sind.

Von der Rolle, die eine Klasse in der Gesellschaft spielt, geben nicht jene Zeugnis, die sich von dieser Klasse abgewandt haben, sondern jene, die in der Klasse verblieben sind. Wenn die Sowjetpropaganda die proletarische Abstammung einzelner Nomenklaturisten unterstreicht, beweist sie damit, ohne dies zu beabsichtigen, daß man in der Sowjetunion nur dann einen leitenden Posten erringen kann, wenn man sich von der Arbeiterklasse abwendet. Von der Nomenklatura-Klasse haben sich die leitenden Funktionäre in der Sowjetunion nicht abgewandt, in ihr leben alle angenehm weiter.

Aus welchen sozialen Gruppen rekrutiert sich die Nomenklatura?

1971 verkündete „Kommunist“, die Zeitschrift des ZK der KPdSU, daß 80% der Sekretäre der Zentralkomitees der KP der Unionsrepubliken, der Regional- und Gebietskomitees und ungefähr 70% aller Minister und Vorsitzenden der Staatskomitees der UdSSR von Arbeitern und Bauern abstammen.[12])

70–80% ist weniger als der Prozentsatz der Arbeiter und Bauern in der Partei, damals, als die führenden Nomenklaturisten ihre Karriere begannen. Im Jahr 1929 betrug der Anteil der Arbeiter und Bauern 87,7% der Parteimitglieder.[13]) Dafür fallen die 70–80% genau mit dem Anteil der Arbeiter und Bauern an der Gesamtbevölkerung des Landes zusammen. Worin liegt also die Besonderheit dieser Avantgarde im Vortrupp der Arbeiterklasse?

Betrachten wir die Statistik aufmerksam. Warum ist für Arbeiter und Bauern zusammen nur eine Zahl angegeben? Was uns interessiert, ist die Vertretung der Arbeiterklasse im Personalstand der Partei unter den Bedingungen der „Diktatur des Proletariats“, anscheinend sind dabei die Bauern nicht notwendig. Den in der Sowjetpresse erscheinenden Nachrufen auf Nomenklatura-Funktionäre der älteren Generation ist jedoch zu entnehmen, daß die überwiegende Mehrheit aus Bauernfamilien stammt. Wie das Verhältnis zwischen Arbeitern und Bauern in der Nomenklatura ist, zeigt sich an folgendem Beispiel: 1946 gab es im Gebiet Minsk 855 leitende Funktionäre, 709 von ihnen waren bäuerlicher Abstammung, also fast 80%. Nur 58 kamen aus dem Arbeitermilieu.[14])

Die These von der proletarischen Abstammung der Nomenklaturisten wird durch diese Zahlen nicht gerade bestätigt. Aber sie sind das Spiegelbild einer bestimmten sozialen Gesetzmäßigkeit. Sie besteht nicht darin, daß die KPdSU der Vortrupp der Arbeiterklasse war, sondern darin, daß zur Zeit, als die Minsker Nomenklaturisten ihre Karriere begannen, die Bauernschaft tatsächlich ungefähr 80% der Bevölkerung des Landes ausmachte, während die Arbeiterschaft eine unbedeutende Minderheit darstellte. Wir stoßen auf die hartnäckig wiederkehrende Tatsache, daß die soziale Abstammung der Nomenklatura einfach der sozialen Zusammensetzung der Gesamtbevölkerung entsprach. Also: die Nomenklatura kommt nicht aus dem Proletariat, in Wirklichkeit rekrutiert sie sich gleichmäßig aus allen Schichten der Bevölkerung.

Wenn die Nomenklatura auch keine proletarischen Charakterzüge aufzuweisen hat, hat sie dann zumindest demokratische aufzuweisen, repräsentiert sie das ganze Volk? Nein, die Nomenklatura repräsentiert überhaupt keine Gruppe. Alle diese I. I. Iwanovs, die sich bis zur Nomenklatura hinaufgeturnt haben, tun dies nicht als Vertreter einer Klasse, aus der sie stammen. Wenn das Gespräch mit Nomenklaturisten intim wird, so entdeckt man, daß sie gegenüber der Klasse, deren Staub sie von ihren feinen Importschuhen geschüttelt haben, nichts anderes hegen als Antipathie und höhnische Verachtung. Ein Beispiel: Michail Kotov, dem Aussehen und der Sprache nach ein typischer Abkömmling von russischen Bauern, der bereits seit 30 Jahren den Nomenklaturaposten des Generalsekretärs des Sowjetischen Komitees zum Schutz des Friedens einnimmt, verblüffte uns immer wieder: für alles, was aus dem Dorf kam, zeigte er tiefe Verachtung und hatte nur geringschätzige Ausdrücke dafür übrig.

Aber nicht nur diese Geringschätzung verrät die Feindseligkeit der Nomenklaturisten gegenüber ihrem früheren sozialen Milieu. Es waren gerade die Lenin-Leute, Sprößlinge aus der Intelligenzia, die die Intellektuellen Rußlands mit allen Mitteln unterdrückten, als sie an die Macht kamen. Die heute ihr Leben beschließenden Nomenklaturisten aus der Bauernschaft waren in Stalins Nomenklatura in der Überzahl: sie waren es also, die jahrzehntelang die Bauern auf jede erdenkliche Weise verfolgten. Wie sich die Nomenklatura gegenüber den Arbeitern verhält – nicht in schönen Worten, sondern in Wirklichkeit – darüber werden wir noch sprechen.

Die feindselige Abkehr der Nomenklatura-Funktionäre von ihrem früheren sozialen Milieu ist eine aufschlußreiche Einstellung. Die Nomenklaturisten repräsentieren niemanden; sobald sie die Nomenklatura-Leiter erklommen haben, repräsentieren sie nur noch sich selbst.

Die Nomenklatura betrachtet sich mit Recht als neue soziale Gemeinschaft. Die Nomenklaturisten fassen sie nicht einfach als Gemeinschaft auf, die sich von den anderen Klassen der Gesellschaft unterscheidet, sondern als eine Gruppe, die diesen gegenübersteht und das Recht hat, von oben auf sie herabzuschauen. Diese Auffassung ist gerechtfertigt: nicht wegen der Tugenden der Nomenklatura, sondern deshalb, weil sie die herrschende Klasse ist.

In der Nomenklatura sind nicht die Vertreter anderer Klassen vereinigt. Die Nomenklatura ist die Klasse der Deklassierten.

Der gesellschaftliche Typus des Nomenklaturisten hat sich so deutlich herauskristallisiert, daß er gleich nach Stalins Tod Eingang in die sowjetische Literatur fand. Bereits in Ehrenburgs „Tauwetter" tritt, noch sehr vorsichtig und unter Anspielungen, die nur dem sowjetischen Leser verständlich sind, der Fabrikdirektor Žuravlev auf; ihm folgt der mit Gusto beschriebene Instruktor des Gebietskomitees Loktev in D. Granins Erzählung „Die eigene Meinung“ und der Nomenklaturist Drosdow aus Dudincevs aufsehenerregendem Roman „Der Mensch lebt nicht vom Brot allein“. Statt der im Kanon des sozialistischen Realismus vorgeschriebenen rührenden Schilderung des klugen und sensiblen Parteifunktionärs zog frech der Typus aus dem realen Leben in die Literatur ein. Der talentierte Schriftsteller Konstantin Paustovskij benützte den Namen Drosdow bereits als Gattungsbezeichnung der Nomenklaturisten, indem er sich an eine Kreuzfahrt sowjetischer Touristen rund um Europa erinnerte: „In der zweiten und der dritten Klasse reisten Arbeiter, Ingenieure, Künstler; in der ersten Klasse reisten die Drosdows. Ich brauche nicht zu sagen, daß sie mit der zweiten und dritten Klasse keine Berührung hatten, auch nicht haben konnten. Sie waren gegen alles eingenommen außer gegen ihre eigene Stellung, und sie verblüfften durch Ignoranz. Sie hatten ganz andere Vorstellungen als wir von dem, was Ruhm und Ehre unseres Landes ausmachen. Vor dem Jüngsten Gericht stehend fragt ein Drosdow: ‚Ist das die Verurteilung von Mussolini?‘ Und beim Anblick der Akropolis sagte ein anderer Drosdow: ‚Wie konnte das Proletariat nur zulassen, daß so etwas gebaut wurde?‘ Ein dritter, der hörte, wie jemand die Farbe des Mittelmeeres bewunderte, fragte barsch: ‚Ist das Wasser bei uns daheim etwa schlechter?‘ Diese Raubtiere, diese Besitzer, diese Zyniker und Dunkelmänner führten eindeutig antisemitische Gespräche, deren sich echte Nazis nicht hätten zu schämen brauchen... Sie haben gelernt, im Volk den Dünger zu säen, der ihre Karriere befruchtet. Intrige, Verleumdung, Rufmord und schlichter Mord – das sind ihre Waffen... Die Drosdows verstecken sich hinter Schlagworten, sie halten blasphemische Reden, in denen sie behaupten, zum Wohle des Volkes tätig zu sein.“ Und Paustovskij fragt: „Woher kamen sie bloß, diese Speichellecker und Verräter, die meinen, sie hätten ein Recht, für das Volk zu sprechen? Woher stammen sie?“[15])

Sie stammen aus der Klasse der Deklassierten. Und sie erklimmen die Sprossen zum sozialen Gipfel der Sowjetgesellschaft, zur Nomenklatura, genauso bar jeder sozialen Bindung und entwurzelt wie die von Gorki beschriebenen Bewohner des Nachtasyls.

6. Die zahlenmäßige Stärke der Nomenklatura

Da in der UdSSR so gut wie keine Information über die Nomenklatura veröffentlicht wird und die Nomenklatura-Verzeichnisse als „top secret“ gelten, ist es unmöglich, eine auch nur annähernd genaue Zahl zu nennen. Wenn man sich aber auf veröffentlichte statistische Daten stützt, kann man umreißen, in welcher Größenordnung sich diese Zahl ungefähr bewegt.

Als Quelle dienen hier die Volkszählungen der Jahre 1959 und 1970 sowie die Zahlen, die in den sowjetischen Propagandaschriften über die KPdSU angeführt sind. Diese Veröffentlichungen sind so abgefaßt, daß in den genannten Zahlen sowohl die Nomenklatura, als auch ihre Untergebenen enthalten sind; daher müssen die Kategorien, auf die sich die Ziffern beziehen, analysiert werden.

Zuerst muß die Kategorie unter die Lupe genommen werden, die mit vollem Recht in der Aufzählung an der Spitze steht: die „Leiter von Partei-, Komsomol-, Gewerkschafts- und anderen gesellschaftlichen Organisationen und deren Untergruppen“.

Wer gehört dazu? Die Ersten und alle übrigen Sekretäre, die Leiter von Abteilungen und Sektoren der Partei- und Komsomolorgane, ebenso die Vorsitzenden und Sekretäre der Gewerkschaftsorgane. Sie alle gehören zur Nomenklatura – mit Ausnahme der Sekretäre der Basisorganisationen der Partei. In diese Ziffer wurde aber – zweifellos mit Absicht – ein wichtiger Teil der Nomenklatura nicht eingeschlossen, nämlich die meisten Angehörigen des Parteiapparates, jene Funktionäre, die keine Abteilungen oder Sektoren leiten.

Folgende Zahlen werden genannt: Auf gesamtstaatlicher Ebene (d. h. die Zentralkomitees der KPdSU und des Komsomol, der Zentralrat und die Zentralkomitees der Gewerkschaften der UdSSR und der zentralen gesellschaftlichen Organisationen), auf Landesebene (die Zentralkomitees der nationalen kommunistischen Parteien und des Komsomol, die Zentralräte und -komitees der Gewerkschaften in den Republiken), auf Regional-, Gebiets- und Kreisebene (die Regions-, Gebiets- und Kreiskomitees der Partei, des Komsomol und der Gewerkschaften), gab es 1959 25912 Personen, die entsprechende Posten bekleideten und 1970 24571 Personen. Auf Rayons- und Stadtebene betrugen die Zahlen 61728 für 1959 und 74934 für 1970.

Die zweite Kategorie umfaßt laut Einteilung der Volkszählungen die

Leiter der staatlichen Verwaltung und deren nachgeordnete Stellen. Wer gehört dazu? Die Nomenklatura, die nicht im Partei-, sondern im Staatsapparat tätig ist: die Vorsitzenden der Ministerräte der UdSSR und der nationalen Republiken, die Minister, Vorsitzenden von Staatskomitees, die Leiter von Hauptverwaltungen, Verwaltungen und Abteilungen der Ministerräte, Ministerien und Staatskomitees, die Vorsitzenden von Exekutivkomitees (der Regionen, Gebiete, Kreise, Rayons und Städte), ebenso die Stellvertreter aller dieser Funktionäre. Man kann annehmen, daß auch die Nomenklatura der Obersten Sowjets der UdSSR und der nationalen Republiken in diese Kategorie fallen, (obwohl sie nach der Verfassung der UdSSR zu den Organen der Staatsgewalt und nicht zu jenen der staatlichen Verwaltung gehören). Offenbar gehört auch die Nomenklatura von Gerichtswesen und Staatsanwaltschaft dazu. Wie im ersten Fall ist auch hier der Apparat – KGB und diplomatischer Dienst – nicht mit eingeschlossen. Ob in dieser Rubrik auch die Nomenklatura der Streitkräfte enthalten ist, bleibt unklar.

Die Zahlen für diese zweite Kategorie sind: auf gesamtstaatlicher, Republiks-, Regional-, Gebiets- und Kreisebene 246534 im Jahr 1959 und 210824 im Jahr 1970. Auf Rayons- und Stadtebene: 90890 im Jahr 1959 und 70314 im Jahr 1970.[16])

Das ist alles, was die Volkszählungen über die zahlenmäßige Stärke jener Schicht aussagen, die in Wahrheit die politischen Geschicke des Landes lenkt. Diese Angaben sind nicht unproblematisch.

Die Aufteilung der Nomenklatura in zwei Kategorien hätte einen Sinn, wenn eine von beiden mit dem innersten Kern der Nomenklatura identisch wäre, nämlich jene, die in den Parteiorganen tätig ist, wobei Leitung und Apparat zusammengenommen werden müßten. Nun werden über den Apparat überhaupt keine Angaben veröffentlicht. Darüber hinaus werden die leitenden Funktionäre mit jenen von Komsomol, Gewerkschaften und anderen gesellschaftlichen Organisationen in einen Topf geworfen, so daß es unmöglich ist, sie aus dieser Masse herauszufinden. Es heißt, daß die bei den Volkszählungen verwendete Einteilung in zwei Kategorien für die Kennzeichnung der Nomenklatura keine grundlegende Bedeutung hat.

Interessant ist dafür die Einteilung in zwei Ebenen. Die Rayons- und Stadtkomitees (in Städten, die nicht in Rayons unterteilt sind) haben wirklich eine gewisse Sonderstellung: wenn die übergeordneten Ränge der Nomenklatura immer nur ihresgleichen verwalten, so kommt dieser unterste Rang unmittelbar mit der Bevölkerung in Berührung (hauptsächlich allerdings mit Parteimitgliedern).

Also betrachten wir zwei Nomenklatura-Ebenen. Zur ersten gehören die Leiter von Partei-, Gesellschafts- und Staatsorganen auf der Ebene des Gesamtstaates, der Unions- und Autonomen Republiken, der Regionen, Gebiete, Kreise und großen Städte (mit mehr als einer halben Million Einwohnern), zur zweiten die Leiter der gleichen Organe auf der Ebene der Rayons und Städte mit weniger als einer halben Million Einwohnern.

In der ersten Gruppe gab es 1959 25 912 + 51 151 = 77 063 und 1970 24 571 + 52 276 = 76 847 Personen. Diese Gruppe ist innerhalb von 11 Jahren sogar etwas kleiner geworden. Daran ist nichts Erstaunliches: eine solche Tendenz ist charakteristisch für jede aufstrebende herrschende Klasse. Das berühmte „Parkinsonsche Gesetz" hat hier keine Gültigkeit, denn es wurde formuliert, um die Tätigkeit von Beamten zu beschreiben, nicht von Klassen.

Diese Zahl in der Größenordnung von 77 000 muß einerseits etwas reduziert werden, da nicht alle darin enthaltenen Leiter von nachgeordneten Dienststellen der staatlichen Verwaltung und in noch geringerem Ausmaß jene der Genossenschaften und von anderen gesellschaftlichen Organisationen zur Nomenklatura gehören. Auf der anderen Seite muß diese Zahl bedeutend vergrößert werden, da die Nomenklaturisten des Parteiapparates, der Staatssicherheitsorgane, des diplomatischen Dienstes und anscheinend auch der Streitkräfte mitgerechnet werden müssen.

Die zahlenmäßige Stärke des Parteiapparates ist nicht groß. Die Abteilung des Zentralkomitees der KPdSU hat ungefähr 100–150 Mitarbeiter, jene der untergeordneten Komitees bedeutend weniger. Der Apparat eines städtischen Rayonskomitees besteht aus 40 Personen, der eines Rayonskomitees auf dem Land aus 20. Auch der Apparat des Außenministeriums ist nicht so groß, wie man sich das im Westen vorstellt. Das Hochhaus auf dem Smolenski-Platz in Moskau beherbergt gleichzeitig das Ministerium für Außenhandel der UdSSR (die sechs unteren Stockwerke und die Nebengebäude) und das Außenministerium. Das Gebäude ist sehr unrationell gebaut, ein großer Teil seiner Fläche besteht aus breiten Gängen und Liftschachten. In den Arbeitsräumen ist es allerdings eng und die Büros, selbst jene der stellvertretenden Minister, sind klein; trotzdem gibt es dort weniger Arbeitsplätze, als man annehmen könnte.

Wenn wir aber im allgemeinen die gesamte Nomenklatura des Partei-, KGB- und diplomatischen Apparates zusammenzählen, würden wir ohne Zweifel auf eine Zahl kommen, die die nicht von Nomenklatura-Funktionären besetzten Posten in den angeführten Kategorien bei weitem übertrifft. Unter Berücksichtigung der angegebenen Korrekturen bewegt sich die Zahl der Nomenklaturisten in der ersten Gruppe in einer Größe von 100000 Personen.

Nun zur zweiten Ebene. Laut Volkszählungen gab es in der zweiten Gruppe 1959 61728 + 90890 = 152618 und 1970 74934 + 70314 = 145248 Personen. Wir können hier die gleiche Tendenz zur Begrenzung der Zahl der Nomenklatura beobachten. Auch hier müssen wir wieder Korrekturen anbringen, allerdings mit dem Unterschied, daß der Anteil von nicht der Nomenklatura angehörenden Bediensteten unter den Leitern von staatlichen und gesellschaftlichen Organisationen größer ist als in der ersten Gruppe. Aber auch hier wird dieser Faktor durch die in den Apparaten arbeitenden Nomenklaturisten mehr als ausgewogen. Folglich irren wir uns wohl nicht besonders, wenn wir die zahlenmäßige Stärke der unteren Ränge der Nomenklatura mit 150000 Personen ansetzen.

So wird also die politische Herrschaft der Nomenklatura in der Sowjetunion von einer Gruppe von ungefähr 250000 Personen ausgeübt – von einem Tausendstel der Bevölkerung des Landes. Diese Gruppe, die von der Bevölkerung weder gewählt noch abgesetzt werden kann, entscheidet über ihr Schicksal und gibt ihr die politischen Direktiven.

Aber die Frage nach der zahlenmäßigen Stärke der Nomenklatura im ganzen haben wir noch nicht bis zum Schluß beantwortet. Zahlreiche Vertreter dieser Klasse sitzen nämlich in Schlüsselstellungen in der Wirtschaft sowie in wissenschaftlichen Institutionen und im Unterrichtswesen. Dieser Teil der Nomenklatura gehört nicht zum Kernstück der herrschenden Klasse, er gestaltet nicht die Politik. Aber diese Leute üben in ihren jeweiligen Bereichen die Klassenmacht der Nomenklatura aus.

Zur Gruppe der Betriebsleiter in der Industrie und Landwirtschaft gehörten: 1959: 283346 und 1970: 300843 Personen. Dieser Teil der Nomenklatura nahm also etwas zu, um 6%, worin sich vor allem die Errichtung neuer Industriebetriebe widerspiegelt. In der Landwirtschaft verringerte sich die Zahl der Nomenklaturisten: 1959 gab es 8835 Sowchosdirektoren und 102768 Kolchosvorsitzende, insgesamt 111603; 1970 waren es nur noch 25571 + 50518 = 76089.[17]) In der Forschung und im Hoch- und Mittelschulwesen sind ungefähr 150000 Nomenklaturisten beschäftigt.

Das Fazit für diesen Teil der Nomenklatura ist also die Größenordnung von 450–500000 Personen, etwa doppelt so viel wie im ersten Teil.

Jetzt haben wir die Antwort: die Zahl der Nomenklaturisten in der UdSSR bewegt sich in der Größenordnung von einer Dreiviertel Million.

Wenn man von einer Klasse spricht, so denkt man nicht nur an jene, die selbst im Produktionsprozeß tätig sind, sondern auch an ihre Familienangehörigen. Zur Klasse des Adels gehört nicht nur der Graf, sondern auch seine Frau und Kinder. Auch wir dürfen die Nomenklatura-Damen und -Kinderchen nicht vergessen. Nehmen wir als Grundlage den im Alltag gebräuchlichen Begriff der statistischen, aus vier Personen bestehenden Familie: Mann, Frau und zwei Kinder. Im wirklichen Leben einer Nomenklatura-Familie wird es freilich noch eine Schwiegermutter oder einen Schwager geben, dafür ist in einer anderen Familie die Frau selbst Nomenklatura-Funktionärin, in einer dritten gibt es keine Kinder. Wir werden im allgemeinen nicht sehr fehl gehen, wenn wir unseren Berechnungen eine statistische Familie zugrunde legen.

So kommen wir also auf eine Zahl von 3 Millionen. Das ist die ungefähre zahlenmäßige Stärke der regierenden Klasse der Nomenklatura in der UdSSR, berechnet auf Grund der statistischen Unterlagen. Einschließlich aller Familienangehörigen beträgt diese Klasse weniger als 1,5% der Bevölkerung des Landes.

Diese eineinhalb Prozent erklären sich selbst zur führenden und lenkenden Kraft des Landes, zu „Verstand, Ehre und Gewissen unserer Epoche", zum „Organisator und Inspirator aller Siege des Sowjetvolkes". Diese eineinhalb Prozent sind es, die sich im Rampenlicht aufspielen und sich ohne falsche Scham als Sprecher eines 260-Millionenvolkes und sogar „der ganzen progressiven Menschheit" bezeichnen.

7. Nomenklatura und Partei

Hier wird ein Sowjetpropagandist entgegnen: „Es wird nicht behauptet, daß die führende und lenkende Kraft nur die Nomenklatura ist. Die führende und lenkende Kraft, der Verstand, die Ehre, das Gewissen, der

Organisator und Inspirator ist die Partei. Und in ihr befinden sich nicht eineinhalb, sondern 9 Prozent der erwachsenen Bevölkerung des Landes – 16 Millionen Menschen.“

Untersuchen wir das Verhältnis der Partei zur Klasse der Nomenklatura.

Die zahlenmäßige Stärke der Partei ist tatsächlich groß. Jeder 11. volljährige Bürger der UdSSR gehört der KPdSU an. Im ganzen Land gibt es ungefähr 400000 Partei-Basisorganisationen – mehr, als es im Oktober 1917 Parteimitglieder gab (350000).

Zur Zeit Lenins wurde nur eine beschränkte Anzahl von Parteimitgliedern aufgenommen. Unter Stalin wuchs die KPdSU rasch: 1941 gab es 2,5 Millionen Parteimitglieder und 1,5 Millionen Kandidaten. Zur Kriegszeit, als Anwärter ohne besondere Auswahl aufgenommen wurden, stiegen diese Zahlen auf 4 bzw. 1,8 Millionen an. Aber auch nach dem Krieg blähte sich die Partei weiter auf, so daß sie jetzt tatsächlich 16 Millionen Menschen umfaßt. Die Partei vergrößerte sich seit 1917 um mehr als das Vierzigfache, während die Bevölkerung nur um 0,6 zunahm.

Welcher Prozeß verbirgt sich hinter dieser Entwicklung? Lenin schuf die Partei nicht als Massenorganisation, sondern als Elitepartei. Trotzdem stand sie im Schatten einer anderen Elite, – der Organisation der Berufsrevolutionäre. Die Aufgabe der Partei bestand darin, diese Organisation mit allen Mitteln zu stützen und als ihr Reservekader zu dienen.

Als sich nach ihrer Machtergreifung die Berufsrevolutionäre in Berufsherrscher verwandelten, wurde die Partei größer, blieb aber trotzdem weiterhin die Hilfselite. An den Bürgerkriegsfronten und im Hinterland sorgte sie für die Ausführung der Befehle, welche von der herrschenden Elite erlassen wurden; auch ihre Funktion der Auffüllung der Funktionärskader blieb weiter bestehen.

Unter Stalin vergrößerte sich die Partei weiter, obwohl sie immer noch eine Elite darstellte. Wie früher diente sie als Hilfskraft und Reservoir für die Auffüllung der herrschenden Klasse. Aber mit dem Erstarren der Herrschaft der Nomenklatura und ihrer Absonderung von der Gesellschaft wurde die Verbindung zwischen ihr und der Partei merklich schwächer.

Nach Stalin wurde mit dem weiteren Ansteigen der Mitgliedszahlen der Partei und mit der zunehmenden Versteinerung der herrschenden Klasse der Unterschied zwischen der Nomenklatura und ihrer Hilfselite immer größer. Die nunmehr viele Millionen umfassende Massenpartei spielt immer mehr die Rolle eines Dienstboten der Nomenklatura.

Natürlich ist die Grenze hier schwankend. Wie früher steht die Partei auf der Seite der Nomenklatura-Klasse und nicht auf der Seite des Volkes. Wenn man zum Vergleich die Kategorien eines nazistischen Konzentrationslagers heranzieht, so erinnert ihre Rolle eher an die des Kapos und nicht der unteren SS-Chargen: obwohl die Lager-Kapos in der Hoffnung, einige Brosamen zu ergattern und sich das Wohlwollen der Vorgesetzten zu erhalten, jeden beliebigen Befehl der Chefs ausführten, waren sie doch nur Gefangene; zwischen ihnen und der SS lag ein Abgrund.

Daher ist der Prozeß, der sich im Aufblähen der KPdSU manifestiert, nichts anderes als die Fortsetzung eines bereits seit Jahrzehnten dauernden Auseinanderrückens in der Sowjetgesellschaft. Die herrschende Klasse der Nomenklatura sondert sich immer mehr ab, die Kluft zwischen ihr und der Partei wächst, und die Partei wird allmählich zu einem Teil des Volkes.

Obwohl sie die Befehle der Nomenklatura mit größerer Bereitwilligkeit und weniger unwirsch ausführt als das Volk im allgemeinen, wäre es unrichtig, die Wandlung im Bewußtsein der Partei zu ignorieren. Anfang der dreißiger Jahre waren viele Parteimitglieder noch fast ebenso überzeugte Idealisten, wie es manche Kommunisten in den kapitalistischen Ländern heute sind. Wenn die Parteimitglieder der KPdSU heute überhaupt noch von irgend etwas überzeugt sind, so nur davon, daß der Preis für bessere Aufstiegsschancen das Wiederholen der offiziellen Lügen ist.

Das Gefühl der Entfremdung von der Nomenklatura übertrug sich auf das Fußvolk der Partei und fand seinen Ausdruck in einem ätzenden Zynismus. Diese Entfremdung wächst sich zu einer ständigen, wenn auch unterschwelligen Feindseligkeit gegenüber den Nomenklatura-Herren aus. Jeder Mißerfolg der Nomenklatura ruft heutzutage bei Parteimitgliedern eine merkbare Befriedigung hervor. Die bisher noch uneingestandene defätistische Stimmung ist ein wichtiger Bestandteil der gegenwärtigen Geistesverfassung der KPdSU. Diese Stimmung ist die direkte Folge der Auseinanderentwicklung der Schichten innerhalb der Sowjetgesellschaft.

Warum braucht die Partei eigentlich die Nomenklatura? Der Grund ist nicht so einfach, wie ihn Galič in einer Allegorie schildert:

„Dumme gibt's Katzen und Hunde:
Dies ist wohl eine „lex dura",
Sie können aus diesem Grunde
Nicht ohne Nomenklatura."

Die Bereitschaft von Millionen, der Partei beizutreten, um ihre Kräfte in noch größerem Ausmaß der Nomenklatura zur Verfügung zu stellen, hat einen rationalen Grund.

Bei der Aufnahme in die Partei wird auf die Standardfrage: „Warum willst du in die Partei eintreten?" die Standardantwort gegeben: „Weil ich mich aktiv am Aufbau des Kommunismus beteiligen will." Die Antwort ist schlecht erdacht: Theoretisch beteiligt sich ja das ganze Sowjetvolk aktiv am Aufbau des Kommunismus, man braucht nicht deshalb in die Partei einzutreten.

Was sagen die Sowjetbürger – nicht auf Versammlungen, sondern wenn sie unter sich sind – über das Motiv eines Eintrittes in die Partei? Nur eines: in die Partei tritt man ein, um Karriere zu machen.

Es muß nicht unbedingt eine schwindelerregende Karriere sein, von der wir hier sprechen. Aber wenn Sie sicher sein wollen, daß Sie an Ihrem Arbeitsplatz nicht vom Chef schikaniert werden, daß Sie in Ihrer Laufbahn noch mal vorrücken, daß Sie zu den Privilegierten gehören, statt zu den Verfolgten, dann treten Sie der Partei bei! Nun, ein Parteibuch ist noch keine Garantie für eine Karriere, aber kein Parteibuch bietet eine Garantie, daß Sie keine wie immer geartete Karriere machen werden. Ausnahmen bestätigen nur diese Regel; sie sind übrigens nur im Künstler- und Gelehrtenmilieu anzutreffen: es gibt eine gewisse Anzahl parteiloser Akademiemitglieder und bekannter Kunstschaffender.

So war z. B. der berühmte Flugzeugkonstrukteur General A. N. Tupolev kein Parteimitglied, ein eigenwilliger alter Herr, der zur Stalinzeit seine Frist in einer „Scharaschka" absaß. Auch Ilja Ehrenburg war parteilos. Es gibt Fälle, in denen es aus taktischen Gründen günstiger erscheint, wenn ein Prominenter nicht in die Partei eintritt. Der vollkommen konformistische Dichter Nikolai Tichonov war nie Parteimitglied, weil er den Posten des Vorsitzenden des Sowjetischen Komitees zum Schutz des Friedens innehatte: da dieses Anhängsel der Internationalen Abteilung des ZK der KPdSU als parteilose Organisation deklariert wurde, und man hielt es für besser, N. S. Tichonov nicht mit einem Parteiausweis zu versehen. Noch ein Kuriosum: der Obskurant Lysenko, der die biologische Wissenschaft in der UdSSR vernichtete, war parteilos, obwohl er seiner Mentalität nach geeignet gewesen wäre, in Stalins Zentralkomitee zu sitzen.

Aber selbst wenn es im Intellektuellenmilieu Ausnahmen gibt, so besteht trotzdem eine Regel, die keine Ausnahme kennt: ein Parteiloser kann in der Verwaltung keinen leitenden Posten einnehmen. Wenn er aus irgendwelchen Gründen formell auf einen derartigen Posten berufen wird (was auch nur auf dem Gebiet von Wissenschaft und Kunst denkbar ist), so nimmt das niemand ernst, und alle Geschäfte werden von einem Parteimann geführt, der ihm an die Seite gestellt wurde. So fungiert z. B. der Gelehrte von Weltrang, P. L. Kapiza, als Direktor des Instituts für physikalische Probleme der Akademie der Wissenschaften der UdSSR, aber für alle Verwaltungsfragen ist sein Stellvertreter, ein Parteimitglied, zuständig. In der Akademie der Wissenschaften der UdSSR war es überhaupt bis zum Beginn der fünfziger Jahre Tradition, daß ihr Präsident ein Parteiloser war, aber der effektive Leiter der Akademie wurde stets aus dem Kreis der Parteimitglieder ernannt: Zur Zeit von V. L. Komarov war dies der Erste Vizepräsident O. Ju. Schmidt, Polarforscher und Held der Sowjetunion, zur Zeit von S. I. Vavilov der Oberste wissenschaftliche Sekretär des Präsidiums und spätere Erste Vizepräsident A. V. Topčiev, der sich durch forsches Handeln und Ignoranz in der Wissenschaft auszeichnete.

Daß der Chef jeder Sowjetbehörde unbedingt Parteimitglied sein muß, ist ein fixer Bestandteil der eingeführten Ordnung: in jedem beliebigen Parteikomitee gibt es einen garantierten Chefposten; und als Gradmesser für seinen Einfluß wird die Anzahl von Stimmen angesehen, die für ihn bei Partkom-Wahlen abgegeben werden.

So ist also der Parteieintritt nicht eine Frage der Überzeugung, sondern eine Frage des Weiterkommens in der dienstlichen Laufbahn für die Mehrheit und eine der Karriere für die Minderheit.

Ich weiß, daß es dem westlichen Leser schwer fällt, daran zu glauben, und es ist doch wahr: der Eintritt in die KPdSU ist mit keinen Überzeugungen verbunden. Damit die Ungläubigen im Westen nachzudenken beginnen, möchte ich sie fragen:

Welche Überzeugung erwarten Sie eigentlich von Leuten, die in die KPdSU eintreten? Die Überzeugung, daß die Gesellschaftsordnung der Sowjetunion die demokratischste der Welt ist? Daß er, der Bürger der Sowjetunion, über sämtliche Freiheiten verfügt? Daß man in der UdSSR besser lebt als im Westen, wohin man ihn aber vorsorglich gar nicht erst fahren läßt? Daß während der ganzen Dauer der Sowjetherrschaft der materielle Wohlstand des sowjetischen Volkes ständig im Steigen begriffen ist, – und trotzdem der Lebensstandard in der UdSSR an letzter Stelle aller Industrienationen steht? Von welchen Dingen, die man ihn jahrelang zu wiederholen zwang, soll er überzeugt sein: daß Stalin und Berija recht hatten, wenn sie gegen Vaterlandsverräter Repressalien ergriffen? Oder daß der Vaterlandsverräter Berija auf Stalins verbrecherischen Befehl unberechtigte Repressalien gegen unschuldige Menschen ergriff? Oder schließlich, daß Solženizyn ein Vaterlandsverräter ist, weil er darüber schreibt?

Sehr vielsagend ist folgende Prozedur: Beim Eintritt in die Partei wird verlangt, daß man das Parteiprogramm kennt. Und so büffeln die heutigen Parteianwärter das Programm, das 1961 angenommen wurde: „Im nächsten Jahrzehnt (1961–70) wird die Sowjetunion beim Aufbau der materiell-technischen Basis des Kommunismus die USA – das mächtigste und reichste Land des Kapitalismus – in der Produktion pro Kopf der Bevölkerung überflügeln“[18])... „Im ersten Jahrzehnt wird im Lande dem Wohnungsmangel ein Ende gemacht werden.“ „Die schwere körperliche Arbeit wird verschwinden.“ Die Länge der Arbeitswoche wird im Jahr 1970 35 Stunden betragen und im folgenden Jahrzehnt noch verkürzt werden.[19]) Außerdem „wird es schon am Ende des ersten Jahrzehnts im Lande keine minderbezahlten Gruppen von Arbeitern und Angestellten mehr geben“.[20]) Über das zweite Jahrzehnt (1971–1980), das auch bald zu Ende geht, erzählt das Programm der KPdSU Dinge mit dem Wahrheitsgehalt der Märchen von 1001 Nacht. Was soll sich also der Parteianwärter denken, der diesen Unsinn lernt?

Zum Unterschied vom befremdeten westlichen Leser weiß der Sowjetmensch: bei seinem Eintritt in die Partei verlangt von ihm niemand Überzeugung. Verlangt wird einzig und allein, daß er brav wiederholt, was die Nomenklatura befiehlt, und nichts anderes sagt.

8. Die Nomenklatura wird erblich

Widerspricht nicht der Prozeß der Entfremdung der Nomenklatura von der Masse des Parteivolkes der Tatsache, daß sich die Nomenklatura aus dieser Masse rekrutiert?

Zweifellos besteht ein Widerspruch. Nun wird seine praktische Bedeutung durch einen anderen Prozeß überlagert, der zwar kaum Aufmerksamkeit auf sich gezogen hat, aber sich immer mehr entfaltet. Es ist dies der Prozeß der Eigenreproduktion der Nomenklaturaklasse.

Jene, die nicht bereit sind, die „Verwaltenden" in der UdSSR als Klasse zu definieren, führen als ihr wichtigstes Argument an, daß die Nomenklatura-Posten nicht vererbbar sind. Dieses Argument ist nicht stichhaltig: Erblichkeit ist nicht unbedingt das Attribut einer Klasse und daher in der Definition des Begriffs Klasse nicht enthalten. So rekrutiert sich die Arbeiterklasse, die im Zuge der Industrialisierung entstand, aus der Bauernschaft und ist dennoch eine Klasse.

Wahr ist etwas anderes: jede sich konsolidierende herrschende Klasse strebt danach, ihre Privilegien weiterzuvererben, d. h. sich selbst zu reproduzieren und mit allen Mitteln den Zustrom von Zuwanderern zu verhindern. Genau das spielt sich derzeit in der Sowjet-Nomenklatura ab. Die in ihrer Mehrzahl zur Ežov-Zeit und im Krieg auf ihre Posten berufenen Nomenklaturisten, die heutige Funktionärsgarnitur in der UdSSR, hatte gerade Zeit, ihre Kinder großzuziehen; sie sind heute in dem Alter, in dem sie selbst Nomenklaturisten werden können. Jetzt füllen die herangewachsenen Kinder in immer größerer Zahl die Nomenklatura-Posten auf.

Führen wir einige Beispiele an. Der Sohn von Leonid I. Brežnev wurde zum Ersten Stellvertretenden Außenhandelsminister der UdSSR ernannt. Bisher hat auf die Presse allerdings nur eine einzige seiner Außenhandelsoperationen Eindruck gemacht, als er, hingerissen vom Anblick der reizenden Tänzerinnen des teueren Pariser Strip-tease-Lokals „Crazy horse", dem Kellner ein Trinkgeld von 100 Dollar gab, das Halbmonatsgehalt eines sowjetischen Arbeiters. Völlig anders sind die Interessen der ernsten und fähigen Tochter Aleksej N. Kosygins, Ljudmila Aleksejevna Gvišiani. Allerdings bezogen sich diese Interessen bis jetzt nicht auf das Bibliothekswesen, was kein Hindernis dafür war, daß sie auf den Nomenklatura-Posten des Direktors der Staatlichen Allunionsbibliothek für ausländische Literatur in Moskau ernannt wurde. Der Sohn von A. I. Mikojan, der sympathische Sergo Mikojan, brachte unter meinen Augen – allerdings ohne sich zu überanstrengen – die steile Karriere von einem Doktoranden zum Chefredakteur der Zeitschrift „Lateinamerika" hinter sich, und kam damit in die Nomenklatura des Sekretariats des ZK. Der Sohn von Andrej A. Gromyko, Anatolij, befand sich plötzlich, nachdem er einige Jahre im Institut für die USA und Kanada der Akademie der Wissenschaften verbracht hatte, auf dem Nomenklatura-Posten des sowjetischen Gesandten in Washington, danach als Botschaftsrat in der DDR. Dann wurde er zum Direktor des Afrika-Instituts der Akademie der Wissenschaften der UdSSR bestellt, obwohl er nie vorher Afrikanist gewesen war. Dafür gehört dieser Posten zur Nomenklatura des Sekretariats des ZK.

Das gab es schon in den Zeiten vor Brežnev. Denken wir an Wasilij Stalin, einen jungen Säufer, der mit weniger als 30 Jahren zum Generalleutnant befördert und zum Kommandeur der Luftwaffe des Moskauer Militärbezirkes ernannt wurde. Denken wir an Aleksej Adžubej, Chruščevs Schwiegersohn, der zum Chefredakteur der zweitgrößten Zeitung der UdSSR, des offiziellen Regierungsorgans „Izvestija" bestellt und Mitglied des ZK wurde. Denken wir an Nikonov, der, als er Molotovs Schwiegersohn wurde, von einem bescheidenen Dozenten zum Nomenklatura-Abteilungsleiter im theoretischen und politischen Organ des ZK der KPdSU „Kommunist" (damals „Bolševik") avancierte.

Solche Beispiele könnte man noch viele anführen. Aber das ist nicht notwendig; das beschriebene Phänomen ist keine Ausnahme, sondern die Regel. Daß die Kinder von Gebietspartei-Sekretären Arbeiter werden, liest man nur in den Romanen des „sozialistischen Realismus"; im „realen Sozialismus" gehen sie in den Parteiapparat oder in den diplomatischen Dienst. Jemandem, der das bezweifelt, wird es schwerfallen, Beispiele zu nennen, bei denen Kinder aus Nomenklatura-Familien nicht ebenfalls auf einem Nomenklatura-Posten gelandet sind oder nicht Nomenklaturisten heiraten.

Die herrschende Klasse in der Sowjetunion geht immer auffallender dazu über, sich selbst zu reproduzieren. Ja, es stimmt, Nomenklatura-Funktionen sind nicht erblich. Aber die Zugehörigkeit zur Klasse der Nomenklatura ist praktisch erblich geworden.

Wir haben am Beispiel eines gewöhnlichen Parteikarrieristen den Weg in die Nomenklatura beschrieben – den schmalen Pfad durch die Parteiorganisationen. Die Möglichkeiten, auf diese Weise in die Nomenklatura einzurücken, werden in Zukunft immer mehr beschnitten. Immer häufiger wird man dorthin auf der bequemen Autobahn der Geburt gelangen, als Abkömmling einer wohlgeborenen Nomenklatura-Familie.

9. Ein Modell der Nomenklatura

Die moderne Wissenschaft bedient sich gern der Erstellung von Modellen. Über die Modelle technischer Erfindungen gelangte sie zu Modellen des Raumes und nun zu den Modellen gesellschaftlicher Erscheinungen; allerdings sind diese Modelle nicht räumlicher, sondern deskriptiver Natur. Kann man den Versuch wagen, die soziale Konstruktion der Klasse der Nomenklatura zumindest in den Grundzügen zu modellieren? Auf diese Weise wird es möglich, die Grundelemente der Klasse plastischer herauszuarbeiten.

Würde man versuchen, ein stereometrisches Modell der Nomenklatura zu entwerfen, so müßte man einen Kegel anfertigen, der ein ebenfalls kegelförmiges Herzstück enthält. Auf der Kegeloberfläche müßte man in parallel laufenden Kreislinien die Grenzen einzeichnen, die zwischen der Nomenklatura der Rayonskomitees auf dem unteren Abschnitt bis zur Nomenklatura des ZK an der Spitze des äußeren Kegels und von den Rayonskomitees im unteren Teil des Herzstücks bis zum Zentralkomitee der KPdSU an seinem oberen Ende verlaufen. Seine Spitze ist das Politbüro, die Spitze des Kegels der Generalsekretär des ZK.

Monolithische Teile würden sich allerdings nicht bei Parallelschnitten ergeben (das Komitee mit seiner Nomenklatura), sondern dann, wenn man die beiden zerlegbaren Kegel auseinandernimmt. Das klassenbildende Herzstück der Nomenklatura ist aus einem besonderen Material gemacht, das sich von der verhältnismäßig lose zusammenhaltenden Materie an der Außenseite des Kegels unterscheidet. Der äußere Kegel hält sich an dem Herzstück im Ganzen wie an einem Stengel.

Kehren wir nun von der Trigonometrie zur Politik zurück. Es wäre ein Fehler zu glauben, daß die Nomenklatura des ZK, die sich am obersten Teil des Kegels befindet, von oben herab stolz auf die Rayonskomitees blickt. Nein, stolz blickt sie nur auf die ihr untergeordnete Nomenklatura herab. Die Leiter der Rayonskomitees hingegen betrachtet sie mit freundlicher Zuvorkommenheit – sie sieht in ihnen wohl nicht ihre unmittelbaren, aber immerhin ihre Lehnsherren.

Gibt es dafür objektive Voraussetzungen? Tatsächlich, warum sollte z. B. ein Minister, ein Mitglied der Sowjetregierung, der zur Nomenklatura des Politbüros gehört, darauf Rücksicht nehmen, was ein Sekretär eines weit entfernten Gebietskomitees oder gar eines Rayonskomitees der Partei über ihn denken könnte? Es scheint doch das einfachste der Welt zu sein, ihnen einen Krach zu schlagen, wie das ein Minister tut, sie durchs Regierungstelefon genauso anzubrüllen, wie er es mit seinen Abteilungsleitern gewohnt ist – und die Sache wäre in Ordnung.

Auf keinen Fall wird der Minister so handeln. Im Gegenteil, er wird durch eben dieses Telefon mit der gleichen liebenswürdigen, fast könnte man sagen einschmeichelnden Stimme sprechen, die die Angestellten seines Ministeriums nur während der Empfänge für ausländische Gäste zu hören bekommen. (Das untertänige Gestammel des Ministers, wenn er der obersten Führung im Kreml telefonisch Bericht erstattet, hört überhaupt niemand im Ministerium, denn in diesem Fall ist es üblich, alle Mitarbeiter aus dem Büro zu entfernen; im Vorzimmer leuchtet dann die rote Lampe, die mit dem Apparat verbunden ist und anzeigt, daß der Eintritt verboten ist.) Denn der Minister weiß: ohne die Zustimmung des Gebietskomitees kann er einen Direktor, der in diesem Gebiet eine Fabrik leitet, weder ernennen noch abberufen; ohne das Einverständnis des Rayonskomitee-Sekretärs kann er ihn nicht einmal auf die kleinste Dienstreise in ein sozialistisches Land schicken, geschweige denn in ein kapitalistisches. Und wenn diese Sekretäre etwas gegen den Minister haben, können sie das Leben aller seiner Protegés im Gebiet oder Rayon einfach zur Hölle machen. Er hat keine Möglichkeit, sich an ihnen zu rächen, denn die höheren Organe denken nicht daran, die Sekretäre abzuberufen. Bei der professionellen Rachsucht der Sekretäre und ihrer Meisterschaft im Spinnen von Intrigen kann jede kleinste Reibung mit ihnen dem Minister fühlbaren Schaden im ZK zufügen.

Es wäre ein Fehler, dies als Zeichen einer – wenn auch eigenartigen – „innerparteilichen Demokratie" anzusehen: Es handelt sich nicht um Demokratie, sondern im Gegenteil um eine Aufforderung an die Nomenklatura-Lehnsherren, sich wie Diktatoren zu benehmen.

Wer sind nun diese Lehnsherren? In der westlichen sowjetologischen Literatur trifft man oft auf die formelle Ansicht, das höchste Organ der Parteikomitees der KPdSU (ebenso wie der anderen kommunistischen Parteien) sei, in Übereinstimmung mit den jeweiligen Parteistatuten, die Plenarversammlung dieser Komitees, d. h. die Gesamtheit ihrer Mitglieder. Dabei wird als höchstes Gremium das Plenum des ZK betrachtet. Westliche Forscher haben viel Arbeit für Untersuchungen über die Zusammensetzung des ZK der KPdSU aufgewandt.

Obwohl diese Analyse nützlich ist, da im ZK wirklich ein nicht geringer Teil der Spitze der Nomenklatura-Klasse vertreten ist, ist die Voraussetzung, die dieser Analyse zugrunde liegt, falsch. In Wahrheit ist das Plenum des ZK genauso wie die Gebiets- und Rayonskomitees kein Organ, das entscheidet, sondern das die bereits getroffenen Entscheidungen lediglich akklamiert; in dieser Beziehung unterscheiden sich die Plenarversammlungen wenig von Parteikonferenzen oder Parteitagen. Das ist alles nichts weiter als eine Bühneninszenierung für ein mehr oder weniger zahlreiches Publikum. Die Entscheidungen fallen nicht in den Plenartagungen, sondern in den Büros und in den Sekretariaten der Parteikomitees. Zur Behandlung durch das Plenum gelangen nur einige von den dort gefaßten Beschlüssen, und auch die nur pro forma, da die Zustimmung des Plenums schon von vorneherein gesichert ist.

Das heißt, daß nicht die leitenden Komitees der Kommunistischen Partei der UdSSR im ganzen die Lehnsherren der „neuen Klasse" sind, sondern ihre Büros und Sekretariate. Die Gesamtheit *dieser* Organe bildet den Kern der Nomenklatura.

Dieser Kern besteht auch noch aus einem zweiten Element: aus dem Parteiapparat.

Im Westen schreibt man oft über den kommunistischen Parteiapparat und die „Apparatschiki" (ein Wort aus den zwanziger Jahren, das in der Sowjetunion heute nicht mehr gebräuchlich ist). Der Apparat der Parteikomitees der KPdSU hat tatsächlich schon seit langer Zeit den Rahmen einer technischen Kanzlei gesprengt und sich in eine beachtliche politische Kraft verwandelt.

Dies erklärt sich aus dem Entscheidungsmonopol der Nomenklatura über sämtliche wichtigen (und über viele unwichtige) Fragen im ganzen Land.

Hier ein Beispiel: Nehmen wir an, ein Akademie-Mitglied wird sechzig Jahre alt. Es ist üblich, aus diesem Anlaß einen Orden zu verleihen – meist ist es das „Rote Arbeitsbanner". Die schwerfällige Maschinerie der Akademie der Wissenschaften studiert gründlich diese routinemäßige und recht belanglose Frage, verfaßt einen begründeten Antrag auf Verleihung der Auszeichnung, legt sämtliche Unterlagen bei und beweist mit allen Mitteln, daß der Jubilar nicht etwa ein Sacharov ist, sondern ein ehrliches sowjetisches Akademiemitglied, vielleicht einer, der sich selbst mehr bereichert hat als die Wissenschaft, aber jedenfalls einer, der für diese gebotene Gelegenheit entsprechend dankbar und daher der Partei treu ergeben ist. Und trotz alledem wird das Präsidium des Obersten Sowjets der UdSSR nicht den Erlaß verabschieden, um diesem ehrbaren Menschen die Auszeichnung zu verleihen, bevor es nicht eine dreizeilige Abschrift aus dem Protokoll des Sekretariats des ZK mit ungefähr folgendem Text erhält: „1001. Dem Präsidium des Obersten Sowjets der UdSSR wird empfohlen, dem Akademie-Mitglied Ignorantov Servilij Narzissovič wegen seiner Verdienste für die Weiterentwicklung der sowjetischen Wissenschaft und aus Anlaß seines 60. Geburtstages den Orden des ‚Roten Arbeitsbanners' zu verleihen."

In der gleichen Lage eines Befehlsempfängers befindet sich auch die Sowjet-Regierung – der Ministerrat der UdSSR. Auch er kann trotz sämtlicher positiver Bescheinigungen einen General, und sei es auch der talentierteste, nicht in den nächsten Rang befördern, bevor er nicht folgenden Auszug aus dem Sitzungsprotokoll des Sekretariats des ZK bekommen hat: „666. Dem Ministerrat der UdSSR wird empfohlen, dem Generalmajor Mazedonin, Alexander Philippovič den militärischen Rang eines Generalleutnants zu verleihen."

Die leitenden Organe der Nomenklatura klammern sich mit eisernem Griff an ihr Entscheidungsmonopol. Als Resultat ergibt sich die Notwendigkeit, eine unendliche Zahl von Fällen, in denen eine Entscheidung getroffen werden muß, durch den engen Flaschenhals der Büros und Sekretariate hindurchzupressen. Diese Organe verwandeln sich in Entscheidungsmaschinen. Genauer gesagt in Maschinen, die vorgelegte Entwürfe stempeln; anders geht es nicht, wenn in einer Sitzung mehr als hundert Fälle behandelt werden. Der Sekretär des Politbüros Bažanov erzählte nach seinem Absprung in den Westen Ende der zwanziger Jahre, daß auf der Tagesordnung des Politbüros 80, 100, sogar 150 Punkte standen.[21])

Natürlich wäre es möglich, öfter und länger zu tagen, aber es gibt auch andere Dinge, die warten: Konferenzen und Intrigen, Empfänge und Bankette, Jagden und Fischfang, alte Ehegattinnen und junge Tänzerinnen. Es gibt daher nur einen Weg: die vom Apparat in aller Ruhe vorbereiteten Entwürfe von Entscheidungen einfach mit einem Stempel zu versehen.

Die unerwartete Folge des Entscheidungsmonopols der Büros und Sekretariate ist es daher, daß die Entscheidungen in den meisten Fällen gar nicht von ihnen getroffen werden, sondern von ihren Apparaten, die mit ihren Chefs das süße Joch der Macht teilen.

Wie sieht diese Teilung in der Praxis aus? Natürlich nicht so, daß der Sekretär des Gebietskomitees der Partei einen Instrukteur oder sogar einen Abteilungsleiter in seinem Apparat als gleichberechtigten Partner bei der Beschlußfassung betrachtet. Die Distanz zwischen dem Sekretär und seinen Mitarbeitern ist groß; der Sekretär erteilt Anweisungen, gegen die es keinen Widerspruch gibt. Er versteht aber selbst: die ganze Arbeit kann nicht allein auf seinen Launen beruhen. Deshalb erhält meist der Apparat den Auftrag, eine Entscheidung „vorzubereiten".

Die Bezeichnung „Apparat" paßt für diesen Teil der herrschenden Klasse haargenau. Jedes Problem, das in den Apparat gelangt, wird glattgewalzt, zurechtgeschüttelt, und zum Schluß liefert die Maschine den Text der Entscheidung. Er ist in hölzerner, farbloser Apparatssprache verfaßt, entspricht dafür strikt der im Augenblick verfolgten Linie und wurde mit äußerster Vorsicht formuliert, um jeder Kritik, von welcher Seite sie auch kommen könnte, zu entgehen. Dabei drückt der Text alle notwendigen Elemente klar aus. Ein so präparierter Text hat normalerweise alle Chancen, von den Mitgliedern der Büros oder der Sekretariate angenommen zu werden.

Natürlich wird der Erste Sekretär, (der sich zu Stalins Zeit bemühte, als strenger, entschlossener Vorgesetzter zu erscheinen, zur Zeit Malenkovs sachlich, zur Zeit Chruščevs initiativ und jetzt entschlossen, aber nachdenklich wirken will) aus Prestigegründen einen gewissen Prozentsatz von Beschlüssen ändern, aber die größte Zahl der Entwürfe geht durch.

Auch diese Situation fand ihren Ausdruck in dem Nomenklaturajargon: „Die Angelegenheit ist nicht entschieden, aber vorentschieden." Das heißt, daß der Apparat seinen Text schon verfaßt hat, es fehlt nur noch der Stempel des Büros oder Sekretariats, aber das ist eine Formalität.

Die Mitwirkung des Parteiapparats am Zustandekommen einer Entscheidung geht weiter als die Vorbereitung eines Entwurfes. Es gibt nicht wenige Detailfragen, die als zu unbedeutend gelten, um mit ihnen die Büros oder Sekretariate zu belasten. Zum Teil werden sie von den Sekretären entschieden, meist vom Ersten Sekretär. Aber eine Reihe dieser Fragen werden den Funktionären im Apparat überlassen, übrigens nicht nur den Abteilungsleitern und ihren Stellvertretern, sondern den gewöhnlichen Instrukteuren (im ZK heißen sie Inspektoren und Referenten). Der Kreis der Angestellten des Parteiapparates, die bevollmächtigt sind, in begrenztem Rahmen allein über gewisse Fragen zu entscheiden, wird mit dem Ausdruck „verantwortlicher Mitarbeiter" umschrieben. Das heißt, daß die Bibliothekarin, die Stenotypistin oder die Leiterin der Kantine im ZK der KPdSU keine Entscheidungsgewalt haben. Aber bereits ein Unterreferent im Apparat des ZK kann Anweisungen geben, die befolgt werden müssen, obwohl seine Funktion sehr bescheiden ist: die eines technischen Sekretärs oder Übersetzers. Es versteht sich von selbst, daß die Funktionäre des Parteiapparates zu äußerster Vorsicht erzogen werden und nur in Routine-Angelegenheiten allein entscheiden, wenn es praktisch ausgeschlossen ist, von den Vorgesetzten desavouiert zu werden.

So müssen wir bei unserem Modell der Nomenklatura Ergänzungen anbringen. Das Herzstück erweist sich als zweischichtig: innen liegt die Schicht der entscheidenden Organe (die Büros und Sekretariate), außen die Schicht des vorentscheidenden Parteiapparates. Aber diese beiden Schichten sind untrennbar miteinander verbunden.

Wichtig ist auch eine zweite Ergänzung. In der westlichen Literatur wird die Meinung verbreitet, daß es in der Sowjetunion drei führende Kräfte gibt: Partei, Polizei und Armee. Diese Meinung fußt eindeutig auf einer Analogie zu den Machtstrukturen im Nazireich.

Das, was in diesem Fall unter dem Begriff „Partei“ verstanden wird, ist natürlich nicht die nach Millionen zählende Masse der KPdSU-Mitglieder, sondern die Parteikomitees und der Parteiapparat, d. h. das Herzstück unseres Modells der Nomenklatura. Wie wir gesehen haben, gehört diese soziale Gruppe nicht nur zur herrschenden Klasse, sie übt zweifellos die Macht aus.

Anders die Polizei. Die Polizei ist in der UdSSR kein homogener Körper, ebensowenig wie sie es im Dritten Reich war: es gibt die geheime politische Polizei (KGB) und die Organe des Innenministeriums (MWD), denen die Bewachung der Lager obliegt; es gibt die Miliz, deren Aufgabe die Aufklärung von Verbrechen und die Verkehrsregelung ist; es gibt die auch im Ausland bekannte Paßbehörde – die Abteilung für Visa und Registrierung (OWIR), die dem Sowjetbürger Pässe für private Auslandsreisen ausstellt – oder eben nicht.

Der Apparat des KGB gehört als ganzer der Nomenklatura an (ebenso wie der Apparat des diplomatischen Dienstes) und stellt daher einen Teil der herrschenden Klasse dar. Was den MWD betrifft, so gibt es dort, wie auch in den anderen Ministerien, sowohl Nomenklatura-Chargen als auch gewöhnliche Angestellte. Im ganzen stehen die Organe des MWD unter der Aufsicht des KGB, auf der Ebene der Parteihierarchie unter der Leitung der ZK-Abteilung für Administrative Organe und der entsprechenden Abteilungen oder Sektoren tieferstehender Parteikomitees.

Und die Armee? Die Streitkräfte, an deren Spitze das Verteidigungsministerium steht, sind genau so eine Behörde wie das Innenministerium und die anderen Ministerien. Die Streitkräfte haben die gleichen Nomenklatura-Chefs: Marschälle, Generale und Admirale, ebenso andere Ränge, die Nomenklatura-(Generals-) Posten bekleiden; auch dort gibt es Angestellte und Arbeiter bis herab zu den gewöhnlichen Soldaten.

Natürlich ist die Militärbehörde in der UdSSR riesengroß, sie verfügt über ein ungeheures Personal und Budget. Sie könnte tatsächlich eine Gefahr für die Herrschaft der Nomenklatura-Klasse darstellen. Nun kalkuliert die Nomenklatura diese potentielle Bedrohung ein, und sie hat die notwendigen Sicherheitsvorkehrungen getroffen.

Die erste Gruppe von Maßnahmen war rein militärischer Natur. Es wurden Divisionen von Innen- und Grenztruppen gebildet, die von den Einheiten der Sowjetarmee völlig getrennt sind, dem KGB und dem MWD unterstehen. Sie sind hervorragend ausgerüstet und ausgebildet und stellen eine ernstzunehmende Kraft dar, die imstande ist, einen Aufstand irgendwelcher Armee-Einheiten zu unterdrücken. Und um einem solchen Aufstand von vorneherein jede Aussicht auf Erfolg zu nehmen, wurde in der UdSSR eine Ordnung eingeführt, die in anderen Ländern beispiellos ist: alle Waffen- und Vorratsdepots befinden sich nicht unter der Oberaufsicht der Armcc, sondern der Inneren Truppen.

Die zweite Gruppe von Maßnahmen war vielleicht noch wichtiger: es sind soziale Vorkehrungen, die das Ziel haben, die militärische Obrigkeit materiell in vollkommener Weise zu befriedigen. Der Nomenklatura der Armee wurden besondere Privilegien geboten, damit die Armee-Nomenklaturisten die Parteifunktionäre nicht beneiden. Und wirklich: ihrer Leidenschaft zu herrschen und mit schönen Uniformen zu protzen, können die Marschälle und Generale in der Armee nach Gutdünken frönen, materiell sind sie ausgzeichnet gestellt, so daß sie keine Lust haben werden, sich in lebensgefährliche Abenteuer eines Staatsstreiches einzulassen, nur um sich im Fall eines Gelingens selbst auf die von den Apparatschiki geräumten Sessel zu setzen und mit der mühseligen Arbeit der Leitung, z. B. der Landwirtschaft, zu befassen. Die Armee-Nomenklaturisten haben es gut verstanden: der Weg der Karriere besteht darin, der Obrigkeit zu folgen und gegen die Konkurrenten zu intrigieren, und nicht darin, einen bewaffneten Putsch zu inszenieren.

Um ganz sicher zu gehen, wurde in der Armee die unausgesprochene Regel eingeführt, daß in die Nomenklatura nur Personen aufgenommen werden, die sich für Politik nicht interessieren. Eine Ausnahme von dieser Regel stellt die Nomenklatura dar, die in den politischen Organen arbeitet, aber diese ist ja das Auge des Parteiapparates. Dies ist nicht nur ihre tatsächliche, sondern auch ihre offizielle Funktion: die Politische Hauptverwaltung der Streitkräfte ist gleichzeitig identisch mit der Militärischen Abteilung des ZK der KPdSU, die einfach vom Alten Platz in Moskau auf den Gogolboulevard verlegt wurde. Dort sitzen Nomenklaturisten aus dem Zentralkomitee, denen hohe militärische Ränge verliehen wurden, damit sie beim Heer nicht als „Špak" angesehen werden (eine verächtliche militärische Bezeichnung für Zivilisten). Genau solche Apparat-Nomenklaturisten sind auch die der Truppe zugeteilten politischen Funktionäre. Die Politorgane der Streitkräfte der UdSSR sind ein Teil des Parteiapparates, und infolgedessen ein Teil der Nomenklatura.

Innerhalb der Streitkräfte gibt es noch eine weitere Vertretung der Nomenklaturaklasse: die Sonderabteilungen. Aber auch in dieser Beziehung unterscheidet sich die Militärbehörde nicht von den anderen Behörden: jede Sowjet-Dienststelle muß eine Sonderabteilung aufweisen (auch „1. Abteilung" genannt), – die Repräsentation des KGB. In den letzten zwanzig Jahren wurden in allen Ämtern, die Kontakte zum Ausland pflegen, noch dazu Auslandsabteilungen geschaffen, in den Ministerien die Verwaltungen für Auslandsbeziehungen. Das sind Außenstellen des KGB, und in einigen Ämtern gibt es GRU (militärischer Geheimdienst).

Die untergeordnete Rolle der Armee und des MWD unter die Apparate von Partei und KGB ist völlig gesetzmäßig: es ist dies die Unterordnung unter die herrschende Nomenklaturaklasse. Wahrscheinlich gab es auch in Nazideutschland kein „Dreieck": auch dort regierten die Parteibonzen und die Geheimpolizei; die Generalität befand sich in einer untergeordneten Rolle und wurde grausam bestraft, als sie versuchte, den Putsch vom 20. Juli 1944 durchzuführen.

Aber obwohl ein „Dreieck" nicht vorhanden ist, liegt diesem Begriff dennoch eine richtige Beobachtung zugrunde. KGB und Armee-Nomenklatura nehmen innerhalb der Nomenklatura-Klasse eine in gewisser Hinsicht besondere Stellung ein: Sie sind die Stützen der Macht dieser Klasse.

Das heißt, daß diese Erscheinung in unserem Modell der Nomenklatura-Klasse dargestellt werden muß. Dabei muß zur militärischen Nomenklatura auch die aus der Rüstungsindustrie gerechnet werden: das Ministerium für mittelschweren Maschinenbau (hinter diesem unverständlichen Ausdruck verbirgt sich der Riesenkomplex der Erzeugung von Nuklearwaffen), sowie mehrere andere Ministerien und Ämter.

Es wird wohl die Lage am besten charakterisieren, wenn wir in unserem Modell die Nomenklatura der Polizei und der Armee in Form von Zacken darstellen, die von der Basis des Kegels ausgehen, vom zentralen Kern des Parteiapparates. Ein dritter derartiger Zacken, weniger bedeutend und daher kleiner geformt, ist die Nomenklatura der Propagandaorgane (Presse, Rundfunk, Fernsehen, die sogenannten schöpferischen Verbände, die Gesellschaft „Znanie“ usw.). Die vierte Ausbuchtung ungefähr von der gleichen Größe, ist die Nomenklatura des Außenpolitischen Dienstes. Dazu gehören der Apparat des Außenministeriums der UdSSR und die Nomenklatura der Freundschaftsgesellschaften, der verschiedenen Komitees (zum Schutz des Friedens, für Europäische Sicherheit, der Jugendorganisationen, der Kriegsveteranen, für Solidarität mit den Völkern Asiens und Afrikas und andere) sowie der außenpolitischen Forschungsinstitute.

Die wichtigste Stütze der Klassenherrschaft der Nomenklatura sind Polizeiterror und militärische Stärke. Aber auch dic Propaganda und der Außenpolitische Dienst sind berufen, das ihre beizutragen.

Der so ergänzte Kegel unseres Modells der Nomenklatura nimmt die Umrisse einer vierstrahligen Rakete an: zwei Strahlen sind lang und zwei kürzer. Diese Rakete bewegt sich nicht im luftleeren Raum des Kosmos. Im Gegenteil, der Nomenklatura-Organismus wird von einer sozialen Nährlösung umgeben, von der Masse der Parteimitglieder. Diese Masse versucht, sich über das gewöhnliche Volk zu erheben und träumt im geheimen davon, Zugang zur Nomenklatura zu erhalten. Innerhalb der Masse des Parteivolkes geht eine ununterbrochene Bewegung vor sich: einige Teilchen, sowohl Einzelpersonen als auch ganze Gruppen, bemühen sich, näher an den ihnen so verlockend erscheinenden Körper des Nomenklatura-Kegels heranzukommen, andere werden aus der Masse ausgestoßen, eine dritte Gruppe, die sich davor fürchtet, ausgestoßen zu werden, gibt sich mit dem Platz zufrieden, auf dem sie sich befindet. Die Erfolgreichen rücken möglichst eng an den Körper heran und halten nach einer Möglichkeit Ausschau, in ihn einzudringen. Das sind die Sekretäre der Parteiorganisationen und die Mitglieder ihrer Büros, die

Stellvertreter und engsten Mitarbeiter von Nomenklatura-Funktionären. Alle zusammen stellen sie unter den Parteiangehörigen die oberste Schicht dar, die man als „Pränomenklatura“ bezeichnen könnte. Aus dieser Schicht heraus führt der Weg nach oben, den wir am Beispiel des Genossen Iwanov verfolgt haben.

Raymond Aron erblickt in jeder Klassengesellschaft drei Elemente: 1) die Elite, 2) die herrschende Klasse, 3) die politische Klasse. Zur Elite gehört nicht nur die herrschende Klasse, sondern auch alle jene, die sich im nationalen Maßstab ausgezeichnet und Anerkennung der Herrschenden gefunden haben. Die politische Klasse ist der Teil der herrschenden Klasse, der gemäß ihren Wünschen unmittelbar die politische Macht ausübt. Diese Klassifizierung ist auf die Sowjetgesellschaft völlig anwendbar.

Im Kapitel I haben wir westliche Autoren erwähnt, die die sowjetische Intelligenz zur herrschenden Klasse der UdSSR zählen. Damit verwechseln sie die Elite der Sowjetgesellschaft mit ihrer herrschenden Klasse. Der Komponist Šostakovič gehörte zur sowjetischen Elite, aber nicht zur herrschenden Klasse: weltbekannt und sehr wohlhabend hatte er dennoch keine Machtbefugnisse, die ein obskurer Nomenklaturist I. I. Iwanov besitzt.

Zur sowjetischen Elite gehören nicht nur die arrivierten Intellektuellen, sondern auch die zum offiziellen Ruhm freigegebenen Musterarbeiter, -Kolchosebauern, -Sportler u. a. Die Angehörigen dieser propagandistischen Prestigeelite spielen die Rolle der Mannequinspuppen im Schaufenster des Nomenklaturastaates; ihre politische Relevanz ist gleich Null.

Das Herzstück unseres Modells der Nomenklatura – der Parteiapparat mit seinen leitenden Organen – entspricht dem Begriff einer politischen Klasse. Die leitenden Parteikomitees und ihr Apparat fällen sämtliche politischen Entscheidungen und selektionieren den Nomenklatura-Nachwuchs, beides im Interesse der herrschenden Nomenklatura-Klasse. Das Herzstück der Nomenklatura spielt eine sehr wichtige Rolle im Realsozialismus. Es bleibt dennoch nur das Herzstück eines Ganzen, – der herrschenden Nomenklatura-Klasse.

Auf welchen Kurs hat sich diese raketenförmige Klasse auf ihrem Flug durch die Zeit festgelegt? Vielleicht verfolgt die Nomenklatura, ungeachtet ihres Karrierestrebens, ihres Intrigantentums, ihrer Versuche, eine erbliche Institution zu werden, den Kurs, den Marx proklamiert hat? Vielleicht fliegt sie der klassenlosen kommunistischen Gesellschaft und der Gleichheit aller entgegen, hin zu einer lichten Zukunft der ganzen Menschheit?

Die folgenden Kapitel sollen Material zur Beantwortung dieser Frage liefern.

Anmerkungen

1 *B. Lewytzkj:* Die Nomenklatur. „Osteuropa" 1961, H. 6, S. 408
2 *S. Zorin, N. Alekseev:* Vremja ne ždet. Naša strana nachoditsja na povorotnom punkte istorii. Frankfurt a. M. 1970, S. 6
3 Siehe „Stern" 1973, H. 21, S. 30
4 *Lenin:* Werke, Bd. 32, S. 405
5 *Lenin:* Briefe, Bd. 8, S. 100
6 XXIV s-ezd KPSS. Stenografičeskij otčet. Moskva 1972, Bd. II, S. 239
7 *V. Ozara:* Kadry upravlenija, ich podbor i podgotovka „Voprosy ekonomiki" 1973, Nr. 9, S. 112, 115
8 Porjadok chranenija sekretnych postanovlenij CK RKP (B-ov). Die Fotokopie des Dokumentes s. in : *B. Bajanov.* Avec Staline dans le Kremlin. Paris 1930
9 *A. Martschenko:* Meine Aussagen. Frankfurt a. M. 1969, S. 160
10 *S. Zorin, N. Alekseev:* a.a.O., S. 10
11 MEW Bd. 23, S. 352
12 „Kommunist" 1971, Nr. 5, S. 78
13 „Istorija SSSR" 1972, Nr. 3, S. 162–163
14 Struktura sovetskoj intelligencii. Minsk 1970, S. 124
15 Zitiert nach *Roy Medwedjew:* Die Wahrheit ist unsere Stärke. Frankfurt a. M. 1973, S. 600–601
16 CSU SSSR. Itogi vsesojusnoj perepisi naselenija 1970 goda. Bd. VI. Moskva 1973, S. 20
17 Ebenda
18 Programm der Kommunistischen Partei der Sowjetunion. Moskau 1961. S. 78
19 Ebenda, S. 111–112
20 Ebenda, S. 109
21 *B. Bajanov,* a.a.O., S. 141

V. Die Nomenklatura, die Ausbeuterklasse der Sowjetgesellschaft

„Man fragt uns: Im Kapitalismus wird der Mensch durch den Menschen ausgebeutet. Und im Sozialismus? Wir antworten: Im Sozialismus ist es umgekehrt!"

Radio Erevan

Die Geschichte bezeugt: Jede herrschende Klasse war immer gleichzeitig eine Ausbeuterklasse. Engels schrieb mit Recht, daß „die herrschende Klasse, einmal im Sattel, nicht verfehlt hat, ihre Herrschaft auf Kosten der arbeitenden Klasse zu befestigen und die gesellschaftliche Leitung umzuwandeln in die Ausbeutung der Menschen."[1])

Kann diese Regel auch auf die herrschende Nomenklatura-Klasse angewendet werden?

Um die so gestellte Frage zu untersuchen, müssen wir uns in die Politökonomie des Realsozialismus vertiefen. Damit meinen wir allerdings nicht die an den sowjetischen Hochschulen als Pflichtfach unterrichtete „Politökonomie des Sozialismus". Auf diese Disziplin trifft zu, was Marx schrieb: „Es ist... absolutes Interesse der herrschenden Klasse, die gedankenlose Konfusion zu verewigen. Und wozu anders werden die sykophantischen Schwätzer bezahlt, die keinen anderen wissenschaftlichen Trumpf auszuspielen wissen, als daß man in der politischen Ökonomie überhaupt nicht denken darf?"[2])

Obwohl nach Ansicht Lenins die Politökonomie einen der drei Bestandteile des Marxismus darstellt, hat der Sieg des Marxismus auf einem Sechstel des Planeten nicht den Sieg der marxistischen Wirtschaftslehre zur Folge gehabt. Im Gegenteil, gerade eine Politökonomie des Sozialismus wollte und wollte nicht gelingen, obwohl sogar Stalin Anweisungen dazu gab und ein Werk „Die ökonomischen Probleme des Sozialismus in der UdSSR" verfaßte. Erst nach Stalins Tod gelang es endlich im Jahr

1954, ein Lehrbuch über die Politökonomie des Sozialismus herauszugeben – als Grundlage für eine einzigartige wissenschaftliche Disziplin, in der jede These ein reines Phantasiegebilde ist.

Es ist nicht unsere Aufgabe, dieses Gebilde zu analysieren: Damit haben sich westliche Wissenschaftler schon beschäftigt[3]) und – von einem anderen Standpunkt aus – Mao Tse-tung.[4])

Wir wollen uns hier auf einige echte, nicht phantastische Probleme der Politökonomie des Realsozialismus beschränken.

1. Das „sozialistische Eigentum" ist das Kollektiveigentum der Nomenklatura

Die Verfassung der UdSSR verkündet in ihrem Artikel 10: „Das sozialistische Eigentum an den Produktionsmitteln in Form des staatlichen (dem ganzen Volk gehörenden) sowie des kollektivwirtschaftlichen und anderen genossenschaftlichen Eigentums ist die Grundlage des Wirtschaftssystems der UdSSR.

Sozialistisches Eigentum ist auch das Vermögen der gewerkschaftlichen und anderen gesellschaftlichen Organisationen...".[5])

Diese Formulierungen wirken nicht überzeugend: nicht nur wegen der falschen Gleichstellung des staatlichen und des „volkseigenen" Eigentums. Es bleibt unklar, welches gemeinsame Merkmal diese heterogenen Elemente zu einer Einheit – dem „sozialistischen Eigentum" macht.

Was bedeutet das überhaupt: das sozialistische Eigentum?

Das Eigentumsrecht ist das unbegrenzte Recht des Besitzers, über das Objekt seines Eigentums nach eigenem Gutdünken zu verfügen, einschließlich der Übertragung auf einen anderen Besitzer oder der Vernichtung des Eigentums. Vom Standpunkt des Marxismus ist eine *herrschende* Klasse die Besitzerin der Produktionsmittel.

Trifft dies auf die Nomenklatura-Klasse zu?

Hier kommen wir in das Eldorado der sowjetischen Propaganda: antikommunistische Lakaien des Weltimperialismus, die von einer „neuen Klasse" in der UdSSR reden, sollen doch beweisen, wo sich in der UdSSR Fabriken, Werke oder landwirtschaftliche Unternehmen in Privatbesitz befinden! – schreit diese Propaganda. Die Produktionsmittel der UdSSR sind Staatseigentum, also das Eigentum des arbeitenden Volkes. Schrieben doch Marx und Engels im „Manifest der Kommunistischen Partei“: „Das Proletariat wird seine politische Herrschaft dazu benützen, ... alle Produktionsinstrumente in den Händen des Staates, d. h. des als herrschende Klasse organisierten Proletariats, zu zentralisieren...“[6])

Zu diesem Argument greifen nicht nur die offiziellen Propagandisten in der UdSSR. Unwiderlegbar scheint es auch jenen in verschiedenen Ländern, die sich als marxistisch verstehen.

Als marxistisch betrachtet und hartnäckig verteidigt wird also die Behauptung, daß es dort keine ausbeutende Klasse geben kann, wo die Produktionsmittel nicht privaten Eigentümern gehören, sondern dem Staat. Aber was ist an dieser Behauptung eigentlich marxistisch? Überhaupt nichts.

Marx bezeichnet den Widerspruch zwischen dem gesellschaftlichen Charakter der Produktion und dem privaten Charakter der Aneignung als den Grundwiderspruch des Kapitalismus. Aber „private“ Aneignung ist für Marx nicht die Aneignung der Produkte der Arbeit durch die individuellen Kapitalisten; sonst hätte es genügt, um den Widerspruch zu liquidieren, die Kapitalisten in Gesellschaften zusammenzuschließen (z. B. in Aktiengesellschaften) und es wäre nicht nötig gewesen, von einer Revolution zu reden. Unter einem kapitalistischen Eigentum an den Produktionsmitteln und dem Produkt der Arbeit versteht Marx das Eigentum „des Gesamtkapitalisten“, d. h. der ganzen kapitalistischen Klasse.

Kann vom marxistischen Standpunkt aus das kapitalistische Eigentum die Form von Gruppeneigentum übernehmen? Zweifellos. Sämtliche kapitalistischen Gesellschaften, Konzerne, Syndikate, Trusts verkörpern diese Form.

Kann vom marxistischen Standpunkt aus die Form der Verwaltung des kapitalistischen Eigentums nicht nur von einer Gruppe, sondern auch vom Staat übernommen werden? Zweifellos. In der Wirtschaft vieler kapitalistischer Länder gibt es einen bedeutenden verstaatlichten Sektor, doch aus marxistischer Sicht ändert dies nichts an der Tatsache, daß die Produktionsmittel der kapitalistischen Klasse gehören.

Denn vom marxistischen Standpunkt aus steht der Staat *nicht über* den Klassen. Der Staat ist ein Apparat der herrschenden Klasse. Sie kann ihr Eigentum durch diesen Apparat verwalten, das ändert nichts am Klassencharakter ihres Eigentums. Darauf basiert der bekannte Begriff des staatsmonopolitischen Kapitalismus.

Die staatliche Form der Verwaltung des Besitzes der herrschenden Klasse existierte in allen Klassengesellschaften. In der Sklavenhaltergesellschaft, in der Wirtschaft der frühen orientalischen Despotien nahm sie einen wichtigen Platz ein; auf ihr war auch die Wirtschaft Spartas aufgebaut. Im Feudalismus gab es in verschiedenen Ländern die riesigen Besitztümer der Krone: so hieß das staatlich verwaltete Eigentum der feudalen Klasse.

Haben Marx und Engels geglaubt, daß man von Eigentum nur dann sprechen kann, wenn der Eigentümer offiziell und juristisch als solcher anerkannt ist? Nein, sie haben genau das Gegenteil geglaubt: Eigentum ist eine faktische und nicht eine juristische Kategorie, eine Sache „wird zu wirklichem Eigentum erst im Verkehr und unabhängig vom Recht…"[7]) Das heißt, die Tatsache, daß das Eigentum nicht direkt auf die Nomenklatura eingetragen ist, hat vom marxistischen Standpunkt aus überhaupt keine Bedeutung.

Alles was hier gesagt wird, ist keine Offenbarung, sondern das ABC der marxistischen Theorie. Nur weil diese Theorie in den nichtsozialistischen Ländern nicht genügend bekannt ist und weil man darüber in den sozialistischen Ländern nicht nachdenken darf, kann die kommunistische Propaganda mit ihrem „Argument" vom Staatseigentum das Bewußtsein der Menschen manipulieren.

Das ist ein Pseudo-Argument, es hat mit dem Marxismus nichts zu tun. Gerade die Tatsache, daß die anonymen Besitzer in der UdSSR ihre Betriebe durch den Staat – den Apparat der herrschenden Klasse – verwalten, macht es möglich, die glücklichen Eigentümer einwandfrei zu identifizieren. Es ist die herrschende Klasse der Sowjetgesellschaft, die Nomenklatura. Ihr Apparat verwaltet ihr Eigentum.

Es stimmt also: Die Tatsache, daß in der Sowjetunion die Unternehmen dem Staat gehören, erlaubt es in der Tat vom marxistischen Standpunkt aus, den Besitzer zu erkennen. Allerdings ist der Besitzer nicht „das ganze Volk", sondern die herrschende Klasse und zwar nicht „das als herrschende Klasse organisierte Proletariat", sondern die Nomenklatura.

Die Nomenklatura ist der *kollektive* Besitzer des „Staatseigentums" in der Sowjetunion. Daran ist überhaupt nichts Erstaunliches. Wenn sich die Form des kollektiven Besitzes sogar in der individualistischen kapitalistischen Gesellschaft durchgesetzt hat, so mußte die Nomenklatura mit ihrem Bekenntnis zu Kollektivismus zwangsläufig zu dieser Form gelangen. Das ist allerdings noch kein Beweis für ihre Fortschrittlichkeit im Vergleich zu den kapitalistischen Privatbesitzern: Die Spartaner waren Kollektivbesitzer der Heloten, und schon im finsteren Mittelalter war in vielen Ländern die Kirche kollektive Besitzerin von riesigen Reichtümern. Aber damit waren die antiken Spartaner und die mittelalterlichen Kleriker nicht fortschrittlicher als die modernen Kapitalisten.

Es versteht sich, daß zwischen dem kollektiven Besitz der Nomenklatura und der Kapitalisten Unterschiede bestehen. Beim Nomenklatura-Besitz werden die Anteile weder gekauft noch verkauft. Sie werden durch die Aufnahme in diese Klasse verliehen, und ihre Größe richtet sich nach der erreichten Stufe in der Hierarchie. Ein Ausscheiden aus der Nomenklatura bringt den Verlust dieses Anteils für den Betroffenen mit sich. Auf keinen Fall kann ein Nomenklaturist den auf ihn entfallenden Anteil des Kapitals auf die Hand ausgezahlt bekommen. Aber er erhält die ihm zustehenden Beträge und materiellen Privilegien, was man mit der Ausschüttung von Dividenden in der kapitalistischen Welt vergleichen kann.

Wir sprechen nur vom Staatsbesitz. Aber in der Sowjetunion wird die These verkündet, daß es sozialistisches Eigentum in zwei Formen gibt: als staatliches und als kollektivwirtschaftliches (also Kolchos-) und als genossenschaftliches Eigentum. Das Staatseigentum gehört der Nomenklatura. Und wer ist der Besitzer des genossenschaftlichen und des Kolchoseigentums?

Beachten wir folgendes: Das Eigentum der Genossenschaften und Kolchosen gehört zwar nicht dem Staat, jedoch werden beide Eigentumsformen unter dem allgemeinen Begriff „sozialistisches Eigentum" zusammengefaßt. Es muß einen gemeinsamen Nenner geben.

Ein zusätzlicher Beweis dafür ist die Leichtigkeit, mit der eine Form sich in die andere verwandelt. Zuerst gab es die Traktorenstationen (MTS), unter Chruščev wurden die Landwirtschaftsmaschinen den Kolchosen übergeben, d. h. die Produktionsmittel gingen aus Staatsbesitz in den kollektivwirtschaftlichen Besitz über. Auf der anderen Seite wurden unter dem gleichen Chruščev eine Anzahl von Kolchosen in Sowchosen umgewandelt, eine Änderung der Eigentumsverhältnisse in umgekehrter Richtung. Alles das war mit keinerlei Schwierigkeiten verbunden und verursachte nicht im entferntesten jene Probleme, die in kapitalistischen Ländern bei der Verstaatlichung oder Reprivatisierung auftreten. Mit einem Wort: das Gemeinsame liegt auf der Hand. Nur ist es im Rahmen der offiziellen Ideologie des Realsozialismus offensichtlich unmöglich, die Wurzel dieser Gemeinsamkeit beim Namen zu nennen.

Beginnen wir mit der Frage: gibt es in der Sowjetunion wirklich nur zwei Formen des sozialistischen Eigentums an den Produktionsmitteln? Wem gehört zum Beispiel der Verlag und die Zeitung „Pravda", das Organ des Zentralkomitees der KPdSU?

Die Partei ist nicht der Staat; heißt das also, daß die „Pravda" ein genossenschaftlicher oder ein Kolchosbesitz ist?

Darüber dachte man anfangs nicht nach, als man lautstark die Theorie von den zwei Formen des sozialistischen Eigentums verkündete: es war völlig klar, daß die „Pravda" dem gleichen Besitzer gehört wie das Regierungsorgan „Izvestija", die Gewerkschaftszeitung „Trud", die als Organ des Sowjetischen Schriftstellerverbandes geltende „Literaturnaja gazeta" und das „Journal des Moskauer Patriarchats". Erst später begriff man, daß überhaupt das gesamte Eigentum der Gewerkschaften, der sogenannten schöpferischen Verbände, der Gesellschaft „Znanie" (Wissen), der freiwilligen Sportvereinigungen, Kirchen und Religionsgemeinschaften und vieles andere formell zu keiner der beiden proklamierten Formen des sozialistischen Eigentums gezählt werden kann. Aber der Gedanke kam zu spät; erst dann, als die These von den beiden Formen sich bereits in ein Dogma verwandelt hatte, so wie „die Diktatur des Proletariats" und „der Staat des ganzen Volkes".

Die von allen bereits auswendig gelernte Zahl „zwei" zu ändern war unmöglich. Dann wurde eine salomonische Lösung gefunden: zwei Formen, aber es gibt noch eine dritte. Die neuentdeckte Form des sozialistischen Eigentums – „das Eigentum der gesellschaftlichen Organisationen" – wird nicht deshalb ungern und in Eile angeführt, weil an ihr etwas ist, was dem Ruf der sozialistischen Gesellschaft schadet, sondern deshalb, weil sie zu spät erfunden wurde.

Diese anekdotische Verspätung ist aufschlußreich: sie zeugt davon, daß die ganze Theorie von den Formen des sozialistischen Eigentums reine Fiktion ist.

In Wirklichkeit ist es so, daß nicht nur die staatlichen, sondern auch die beiden anderen Formen des sozialistischen Eigentums nur einem Herrn gehören: der Nomenklatura.

Tatsächlich: das Verhältnis der Nomenklatura zu den Produktionsmitteln entspricht genau dem Begriff des Eigentumsverhältnisses. Nur die Nomenklatura kann nach ihrem Gutdünken Produktionsmittel vernichten. Auf Grund ihrer Entscheidung wurde im Krieg bei dem Rückzug der Sowjetischen Armee die Talsperre von Dneproges – der legendäre Bau am Dnjepr aus den Dreißigerjahren – gesprengt, genauso wie mehrere Industrieunternehmungen. In vielen Fällen geschah das trotz verzweifelter Proteste der Arbeiter, der angeblichen Eigentümer der sowjetischen Betriebe, die auf diese Weise zu Arbeitslosigkeit und Hunger verurteilt wurden.

Der Nomenklatura gehört ganz offen das „Eigentum der gesellschaftlichen Organisationen". An erster Stelle unter ihnen sind Parteiorganisationen – d. h. Teile der Nomenklatura. Zweitens Organisationen, die von Parteiorganen verwaltet werden, – meistens direkt, in anderen Fällen durch staatliche Behörden (z. B. die Kirche durch den Rat für Religionskulte).

Und das Kolchoseigentum? Hier gibt es doch einen Eigentümer: die Mitglieder der jeweiligen Kolchose. Aber: Sind sie wirklich die Eigentümer? Gehört die Kolchose den Kolchosbauern?

Um darauf eine Antwort zu geben, wollen wir zuerst die Frage beantworten:

Dürfen die Kolchosmitglieder, etwa nach einem einstimmigen Beschluß, ihre Kolchose liquidieren, das Eigentum der Kolchose, die Produktionsmittel und die von ihr geschaffenen Produkte aufteilen, verkaufen oder vernichten? Nein, sie dürfen es nicht. Ein derartiger Vorschlag würde in der Sowjetunion als strafbare Tat gelten. Die Kolchosmitglieder haben strenge Vorschriften, wie sie sich „ihres" Eigentums bedienen dürfen. Sogar wenn sie hungern, sind sie nicht berechtigt, das Kolchosvieh zu schlachten. Der ganze Boden wurde der Kolchose vom Staat feierlich „zur freien und immerwährenden Nutzung" übergeben, aber einen kleinen Teil dieses Bodens abzutrennen, um darauf kleine Gärten für die Kolchosbauern zu machen, ist der Kolchosversammlung verwehrt. Was ist das also für ein Eigentum?

Übrigens: Auch ohne theoretische Nachforschungen geht der Sowjetbürger davon aus, daß die Kolchose selbstverständlich nicht den Kolchosbauern gehört. Die Städter wissen ganz genau, daß sie bei den regelmäßigen Einsätzen im Herbst, durch die sie die Ernte retten sollen, nicht für die Mitglieder der jeweiligen Kolchose arbeiten, sondern zusammen mit ihnen für den wahren Eigentümer. Denn allen ist klar, daß das Eigentum der Kolchose nicht herrenlos ist.

Doch weder der Staat, noch die „gesellschaftlichen Organisationen" bekennen sich dazu. Wer ist nun wirklich der Eigentümer?

Seinen Repräsentanten kennt jeder, der einmal in einem sowjetischen Dorfe war: es ist das Rayonskomitee der Partei. Der Bevollmächtigte des Rayonskomitees in der Kolchose ist der Kolchosvorsitzende.

Der Vorsitzende wird von der Vollversammlung der Kolchosmitglieder „gewählt", aber in die Kolchose gesandt wird er vom Rayonskomitee. Die Kolchosvorsitzenden gehören zur Nomenklatura der Rayonskomitees der Partei.

Das Rayonskomitee kann nun wirklich über das Kolchoseigentum verfügen, im Gegensatz zu den Kolchosbauern. Auf Beschluß der Rayonskomitees wurde während des Krieges das Kolchosvieh geschlachtet oder fortgetrieben und die Speicher der Kolchosen angezündet, als die Deutschen vormarschierten. Auf Beschluß der Rayonskomitees wurden die Kolchosen umgeformt, zusammengelegt und unterteilt.

Aber auch das Rayonskomitee ist nicht Eigentümer des Kolchoseigentums, sondern nur dessen bevollmächtigter Vertreter, der unter der Kontrolle des Gebietskomitees der Partei handelt.

Chruščev gab, als er die Gebietskomitees in industrielle und wirtschaftliche Komitees teilte, stillschweigend zu, daß es in der Industrie und in der Landwirtschaft einen Eigentümer gibt, und er wird von den leitenden Parteiorganen vertreten. Der Eigentümer der Industrie ist uns bekannt: die Nomenklatura.

Auch das Kolchoseigentum gehört der Nomenklatura.

Das ganze sozialistische Eigentum gehört der Klasse der Nomenklatura. Das ist das Gemeinsame, das das staatliche mit dem genossenschaftlichen bzw. Kolchoseigentum und mit dem Eigentum der gesellschaftlichen Organisationen verbindet. Das ist der gemeinsame Nenner, der den Übergang von einer Form zur anderen so leicht macht. Die sogenannten „Formen des sozialistischen Eigentums" sind nur Formen seiner *Verwaltung* von Seiten der Besitzerklasse.

Wofür braucht sie diese verschiedenen Formen? Wenn es nur einen Eigentümer gibt, – wäre es für ihn nicht einfacher, nur eine Form der Verwaltung einzuführen?

Diese Frage scheint logisch, aber sie ignoriert die Entstehungsgeschichte des sozialistischen Eigentums.

Es begann damit, daß die neue Klasse alle jene enteignete, die man enteignen konnte. Der gesamte Besitz der nach der Revolution liquidierten Klassen – der Adeligen und der Bourgoisie –, wurde zum staatlichen Eigentum erklärt.

Aus taktischen Gründen wurde zunächst der Boden der Gutsbesitzer

– in Übereinstimmung mit den Losungen der Sozial-Revolutionäre – den Bauern zur Nutzung übergeben. Die dann in den Jahren 1929–1932 durchgeführte totale Kollektivierung war nichts anderes, als die Enteignung der Bauern durch die Nomenklatura. Die Bauernschaft konnte man aber nicht liquidieren. Deshalb wurde diese Enteignung in eine spezifische Form gekleidet, so, als ob die Bauern sich freiwillig in Genossenschaften zusammengeschlossen hätten. So entstanden „die zwei Formen des sozialistischen Eigentums". Obwohl Stalin, und nach ihm Chruščev, konform mit der Meinung der Nomenklatura sagten, daß es an der Zeit wäre, das Kolchoseigentum „auf das Niveau des Volkseigentums anzuheben", ist bis heute nichts geschehen: man befürchtet nämlich einen Rückgang der Landwirtschaftsproduktion.

Und das Eigentum der gesellschaftlichen Organisationen? Die Frage wurde aktuell erst in Verbindung mit dem Versuch Chruščevs, dem Schlagwort vom Aufbau des Kommunismus Leben einzuhauchen. Es wurde verkündet, daß im Kommunismus der Staat zwar abstirbt, aber die Partei bleibt und die Funktionen der staatlichen Organe werden auf die gesellschaftlichen Organisationen übergehen. Das Eigentum dieser Organisationen wurde demnach als ein Modell betrachtet – für den Fall, daß man erklärt, der Kommunismus sei endlich da, der Staat sei abgestorben und die Parteiorgane hätten die Macht unmittelbar und mit Hilfe von „gesellschaftlichen Organisationen" übernommen. Der Sturz Chruščevs beendete das Gerede über eine derartige Entwicklung.

Ziehen wir das Fazit. Der Prozeß der Liquidierung des Privateigentums und seiner Umwandlung in sozialistisches Eigentum war nichts anderes als die Übergabe des gesamten Vermögens des Landes an die herrschende Klasse der Nomenklatura. Eine Ausnahme wurde nur für ein bescheidenes Höchstmaß an persönlichem Eigentum gemacht, das dem Bürger gestattet ist. Darin besteht im Realsozialismus die „Liquidierung des Privateigentums".

Wie es einer herrschenden Klasse gebührt, verfügt die Nomenklatura als Eigentümerin über die Produktionsmittel der Gesellschaft. Sie ist der kollektive Unternehmer im Realsozialismus.

2. Die Nomenklatura eignet sich den Mehrwert an

Als die größten Entdeckungen von Marx pries Engels das materialistische Geschichtsverständnis und die Mehrwerttheorie.[8]) So hoch, auf die gleiche Stufe mit dem Historischen Materialismus, stellte also Engels die Lehre vom Mehrwert. Lenin nannte diese Lehre den „Eckstein der Marxschen ökonomischen Theorie“.

Engels und Lenin haben recht. Die Mehrwerttheorie ist der ideologische Sprengstoff in der Marx'schen Analyse der kapitalistischen Produktionsweise. Übrigens stammt die Arbeitstheorie des Wertes nicht von Marx, sondern von Adam Smith und David Ricardo. Von Marx wurde sie nur angewendet, um eine allgemeine Grundlage für die Mehrwerttheorie zu geben.

Die Mehrwerttheorie wird gegenwärtig im Westen einer strengen Kritik unterworfen.

Tatsächlich: Wird der Wert einer Ware wirklich nur durch die gesellschaftlich notwendige Arbeitszeit bestimmt, die für die Herstellung dieser Ware gebraucht wird, wie die Wert-Theorie behauptet? Der gleiche Pelzmantel wird einen völlig anderen Preis im kalten Sibirien oder im heißen Afrika haben, obwohl die gesellschaftlich notwendige Arbeitszeit sich durch den Transport nicht ändert. Der Wert hängt nicht nur von der in die Ware investierten Arbeit ab, sondern anscheinend in noch höherem Ausmaß von der Nachfrage. Das haben die keinen Anspruch auf theoretische Erkenntnisse erhebenden kapitalistischen Firmen ausgezeichnet verstanden; sie veranstalten die dem westlichen Leser bekannten (und dem sowjetischen unbekannten) Sommer- und Winterschlußverkäufe.

Als Marx die Kategorie des Mehrwertes mit der Arbeitstheorie des Wertes verband, gab er dem Mehrwert notgedrungen eine Interpretation im Sinne dieser Theorie. Er erklärte, daß Mehrwert nur durch lebendige Arbeitskraft entstehe. Inzwischen hat die wissenschaftlich-technische Revolution klar gezeigt, daß diese Behauptung falsch ist. Andernfalls erhielte der Besitzer eines Betriebes desto mehr Mehrwert, je weniger Maschinen im Einsatz stehen; und bei Vollautomation würde es überhaupt keinen Mehrwert geben. Wenn dies so wäre, würde im kapitalistischen System nur Handarbeit verwendet werden.

Es wäre allerdings falsch, aus diesen offenkundigen Widersinnigkeiten den Schluß zu ziehen, daß es überhaupt keinen Mehrwert gibt. Tatsächlich entsteht er sowohl durch menschliche Arbeit, als auch durch den Einsatz von Maschinen im Verlauf jeder materiellen Produktion, sobald der Wert des Produktes die Gestehungskosten übersteigt.

Das Mehrprodukt (oder der Mehrwert) ist die Differenz zwischen dem Wert des Produktes, das im Verlauf des Prozesses der materiellen Herstellung entstanden ist, und den Ausgaben, die für seine Herstellung notwendig sind (einschließlich Lohnkosten, des Wertes der verbrauchten Rohstoffe, der Amortisation der Werkzeuge, usw.).

Wie wir sehen, gibt es hier keinen Zusammenhang mit der Arbeitswert-*Theorie.* Alle Komponenten des Mehrwertes existieren unabhängig vom Inhalt des Begriffes „Wert".

Die Komponenten hängen auch nicht von der Produktionsweise ab. In jeder beliebigen Gesellschaft, sei es die Sklavenhaltergesellschaft, der Feudalismus, der Kapitalismus, werden im Produktionsprozeß Rohstoffe verbraucht, die Arbeitswerkzeuge amortisieren sich, Ausgaben für die Erhaltung der Arbeitskräfte werden getätigt. Das neue Produkt übertrifft an Wert die Gestehungskosten, d. h. es enthält ein Mehrprodukt, einen Mehrwert.

Wir wollen hier nicht versuchen, eine Antwort auf die den Rahmen dieses Buches sprengende Frage zu geben, woher der Unterschied zwischen den Produktionskosten und dem Wert des Produktes kommt. Beschränken wir uns auf die Feststellung, daß der Unterschied, der als eines der Grundelemente auch die verbrauchte Arbeitszeit enthält, im Endeffekt dem Bedarf (d. h. der Nachfrage) nach dem Produkt direkt proportional ist. Lebensfähig ist nur ein rentabler Betrieb; mit Verlust arbeitende Betriebe können nur existieren, solange ihr Defizit aus dem in anderen Betrieben entstehenden Mehrwert gedeckt wird. Alles in allem gesehen ist die Produktion in jeder Gesellschaftsform rentabel, d. h. in jeder Gesellschaft entsteht Mehrwert.

Marx und Engels waren nicht abgeneigt, ihren Lesern zu suggerieren, daß der Mehrwert nur eine Kategorie der kapitalistischen Gesellschaft sei. So schrieb Engels: „Es wurde bewiesen, daß die Aneignung unbezahlter Arbeit die Grundform der kapitalistischen Produktionsweise und der durch sie vollzogenen Ausbeutung der Arbeiter ist."[9])

Aber natürlich begriff Marx sehr wohl, daß auch bei allen anderen Produktionsweisen Mehrwert entsteht. Ohne diese Feststellung ausdrücklich zu formulieren, bewies Marx in seiner Arbeit „Lohn, Preis und Profit", daß es bezüglich des Nutzens aus dem Mehrwert keinen prinzipiellen Unterschied zwischen der kapitalistischen, der feudalen und der Sklavenhaltergesellschaft gibt.[10]) Später, im 1. Band des „Kapitals", bemerkt er kurz, aber unzweideutig: „Das Kapital hat die Mehrarbeit nicht erfunden. Überall, wo ein Teil der Gesellschaft das Monopol der Produktionsmittel besitzt, muß der Arbeiter, frei oder unfrei, der zu seiner Selbsterhaltung notwendigen Arbeitszeit überschüssige Arbeitszeit zusetzen, um die Lebensmittel für den Eigner der Produktionsmittel zu produzieren."[11])

Es ist daher wichtig, sich über folgendes völlig im klaren zu sein:

1. Das Mehrprodukt (der Mehrwert) ist keine Erfindung von Marx, sondern ein Element, das für eine rentable materielle Produktion unentbehrlich ist.
2. Der Mehrwert ist nicht bloß eine Kategorie des Kapitalismus, er entsteht bei jeder Produktionsweise, die unter den Bedingungen einer gesellschaftlichen Arbeitsteilung entsteht.

Anders kann es gar nicht sein. Was hieße es wirklich, wenn Mehrprodukt nicht bei jeder beliebigen Produktionsform entstünde, die die Stufe einer Robinsonschen Naturalwirtschaft überwunden hat, d. h. nicht nur für den eigenen Verbrauch produziert? Es hieße, daß alle erzeugten materiellen Güter vollständig von den unmittelbaren Produzenten aufgebraucht würden. In diesem Fall könnten nur die produzierenden Personen existieren, nicht jedoch die Gesellschaft. Die Gesellschaft besteht zwangsläufig aus vielen Menschen, die nicht unmittelbar durch ihrer Hände Arbeit materielle Güter schaffen, diese aber sehr wohl verbrauchen.

Der Mehrwert entsteht in *jeder* Gesellschaft, ohne ihn könnte keine Gesellschaft existieren, auch eine sozialistische nicht. Mit mancherlei Vorbehalten schrieb darüber Marx im „Kapital": „Die Beseitigung der kapitalistischen Produktionsfolge erlaubt, den Arbeitstag auf die notwendige Arbeit zu beschränken. Jedoch würde die letztere, unter solch gleichbleibenden Umständen, ihren Raum ausdehnen. Einerseits weil die Lebensbedingungen des Arbeiters reicher und seine Lebensansprüche größer würden, andererseits würde ein Teil der jetzigen Mehrarbeit zu notwendigen Arbeiten zählen, nämlich die zur Erzielung einer gesellschaftlichen Reserve und Akkumulationsfonds nötige Arbeit."[12]) Dabei hegten Marx und Engels, ohne daß sie dies direkt aussprachen, die Befürchtung, auch im Sozialismus könne ein Mißbrauch des Mehrwertes entstehen. Daher unterstreicht Marx im dritten Band des „Kapitals", daß die Mehrarbeit und das Mehrprodukt im Sozialismus nur „einerseits zur Bildung eines Assecural- und Reservefonds, andererseits zur stetigen Erweiterung der Reproduktion in dem durch das gesellschaftliche Bedürfnis bestimmten Grad" benützt werden dürfen.[13])

Wenn sogar die Prediger des idealen Sozialismus, Marx und Engels, bekannten, daß die Mehrarbeit der unmittelbaren Produzenten auch in der lichten Zukunft erforderlich sein würde, so konnten die Architekten des Realsozialismus, Lenin und Stalin, die Rolle des Mehrwertes in dem von ihnen geschaffenen System nicht verschweigen – so gern sie dies auch getan hätten. Sie suchten bloß Ausflüchte. Lenin behauptete: „Im Sozialismus fließt das *Mehrprodukt* nicht in die Taschen der besitzenden Klasse, es geht an alle Arbeitenden und nur an sie."[14]) Auch Stalin wiederholte ständig, daß in der Sowjetunion alles den Werktätigen gehöre; lange Jahre zog er es vor, über das Mehrprodukt zu schweigen. Erst 1943 erklärte er vor sowjetischen Wirtschaftswissenschaftlern, daß in der Sowjetunion von den arbeitenden Menschen ein Mehrprodukt geschaffen würde, – vielleicht die einzige der Wahrheit entsprechende Feststellung in der stalinschen Politökonomie des Sozialismus.

Trotzdem ist es der Nomenklatura höchst unangenehm, wenn aufgedeckt wird, daß die von Marx verpönte Kategorie des Mehrwertes, das Synonym für die Ausbeutung der Arbeiter, auch bei ihr existiert. Nach Stalins Tod wurde Marx' „notwendige Arbeit" in der UdSSR plötzlich in „Arbeit für sich selbst" umbenannt, wenn sie in der sozialistischen Gesellschaft geleistet wurde, und die „Mehrarbeit" (durch die der Mehrwert entsteht) in „Arbeit für die Gesellschaft".

Diese sprachliche Maskerade ändert nichts am Kern der Sache: Im Realsozialismus produzieren die Arbeiter Mehrwert.

Der Realsozialismus unterscheidet sich also in dieser Beziehung nicht von allen anderen antagonistischen Gesellschaften: Auch seine Ökonomie basiert auf der Mehrarbeit der unmittelbaren Produzenten.

Wer erhält im Realsozialismus das erzeugte Mehrprodukt? „Der Staat", antworten die Lehrer des wissenschaftlichen Kommunismus, „der sozialistische Staat des ganzen Volkes, wer sonst? Und da es sich hier um den Staat der Arbeitenden selbst handelt, kann von Ausbeutung keine Rede sein!"

Wirklich nicht? Engels ist da anderer Meinung. Am Ende seines Lebens, im Jahr 1891, gab er zu: „Das ist ja gerade der wunde Punkt, daß, solange die besitzenden Klassen am Ruder bleiben, jede Verstaatlichung nicht eine Abschaffung, sondern nur eine Formveränderung der Ausbeutung ist."[15]) Die Nomenklatura ist eine zweifellos besitzende Klasse, und sie bleibt in der Sowjetunion bis heute am Ruder.

Die Worte der Marxisten, daß es der sozialistische Staat und sonst niemand anderer ist, der das Mehrprodukt dem unmittelbaren Produzenten entzieht, sind allerdings die pure Wahrheit. Die Rolle des Staates wurde von Lenin in seinem Vortrag „Über den Staat" eindeutig formuliert:

„Ohne ständigen Zwangsapparat kann der eine, der überwiegende Teil der Gesellschaft nicht zur systematischen Arbeit für den anderen Teil herangezogen werden."[16]) Diese Funktion erfüllt der realsozialistische Staatsapparat in beispielhafter Weise. Allerdings haben wir bereits gesehen, daß dieser Staat nicht ein Staat des Volkes ist, sondern der Nomenklatura, und Empfänger des Mehrwertes ist – über ihren Staat – die Nomenklaturaklasse. Sie, und keine andere Klasse der Sowjetgesellschaft eignet sich den Mehrwert an, genauso, wie dies die Klasse der Sklavenhalter und der Feudalen tat, wie dies heute die Kapitalistenklasse tut.

Die Nomenklatura erhält den Mehrwert *ganz* und ungeteilt. Die Garantie dafür ist, daß er im Realsozialismus dem Staat zufließt, der ein Apparat der Nomenklaturaklasse ist. Und die Nomenklatura verfügt über den gesamten Mehrwert nach eigenem Gutdünken: Wieviel davon für ihre eigenen Launen ausgegeben werden soll und wieviel für die Bezahlung der Intellektuellen, die im Staatsdienst arbeiten, wieviel für die friedliche Raumforschung und wieviel für den Bau von Raketen, wieviel für Schulbücher für die Kinder und wieviel für die Überwachung ihrer Eltern.

Nach marxistischer Theorie ist die Aneignung des Mehrwertes Ausbeutung, wobei der Marxismus keinen Unterschied macht, für welchen Zweck der gewonnene Mehrwert verwendet wird, für die Launen der Ausbeuter oder für die Ankurbelung der Wirtschaft. Da im Realsozialismus die Nomenklatura sich den Mehrwert aneignet, ist sie die Ausbeuterin der Arbeiter.

Die Nomenklatura ist die Ausbeuterklasse der Sowjetgesellschaft. Diese Wahrheit kann man durch keine Propaganda aus der Welt schaffen.

Bleiben wir bei dieser Feststellung nicht stehen, ziehen wir gleich einen Schluß.

Bekannt ist die von der Sowjetpropaganda unaufhörlich wiederholte Behauptung, in der UdSSR sei die Ausbeutung des Menschen durch den

Menschen liquidiert worden. Bereits Lenin unterstrich diese These: „Gerechtigkeit und Gleichheit kann also die erste Phase des Kommunismus noch nicht bringen: Unterschiede im Reichtum, und zwar ungerechte Unterschiede bleiben bestehen, unmöglich aber wird die *Ausbeutung* des Menschen durch den Menschen sein, denn es wird nicht mehr möglich sein, die *Produktionsmittel,* die Fabriken, Maschinen, den Grund und Boden usw. als Privateigentum an sich zu reißen.“[17])

Ist das richtig? Sofern die Volkswirtschaft der UdSSR das Kollektiveigentum der Nomenklaturaklasse darstellt und nicht das individuelle Eigentum ihrer Mitglieder, hat die Ausbeutung des Arbeitenden in der Sowjetunion äußerlich den Charakter einer Ausbeutung des Menschen durch den Staat, nicht des Menschen durch den Menschen. Aber die Nomenklaturisten können nicht verbergen, daß jeder von ihnen *persönlich* seinen Anteil am entstandenen Mehrwert erhält, denn auf die *kollektive* Abführung des Mehrwertes folgt seine *individuelle* Aneignung. Woher käme sonst das hohe Gehalt eines Nomenklaturisten, von welchem Geld werden die ihm zur Verfügung gestellte Wohnung und die Datscha gebaut und instandgehalten, aus welchen Mitteln stammt seine Einweisung in ein ZK-Sanatorium oder sein Dienstwagen, aus welchem Füllhorn ergießt sich die Kreml-Lebensmittelzuteilung?

Da der Mehrwert zuerst in den allgemeinen Topf des Nomenklaturastaates fließt und erst von da individuell herausgeschöpft wird, ist es unmöglich festzustellen, *welcher* Nomenklaturaangehörige *welche* Arbeiter ausbeutet. Aber die Unmöglichkeit, Namen zu nennen, ändert nichts an der Tatsache, *daß er* Arbeiter ausbeutet, indem er sich den von jenen erzeugten Mehrwert aneignet. Er beutet sie aus wie der Sklavenhalter seine Sklaven, wie der Feudalherr seine Leibeigenen. Der Unterschied besteht in der Form der Ausbeutung, nicht in der Substanz.

In der sozialistischen Gesellschaft existiert die Ausbeutung des Menschen durch den Menschen. Sie existiert, und die Menschen in den Ländern des Realsozialismus beginnen, das zu verstehen. Nicht ohne Grund ist die Anekdote, die als Motto am Beginn dieses Kapitels steht, in der Sowjetunion so populär.

Die Tatsache der Ausbeutung im Realsozialismus ist gerade aus marxistischer Sicht unwiderlegbar. Deshalb klingen sowjetische Versuche, sie zu widerlegen, so hilflos. Hier nur eine Kostprobe.

„Staatseigentum heißt in sozialistischen Ländern, daß sich die Produktionsmittel in Händen des ganzen Volkes befinden. Kann man davon sprechen, daß unter diesen Verhältnissen das Staatseigentum von einer neuen Klasse von Eigentümern verwaltet wird, die darüber verfügt? Nein, das ist unmöglich. In der sozialistischen Gesellschaft sind die arbeitenden Menschen Mitbesitzer aller Produktionsmittel, sie verkaufen nicht ihre Arbeitskraft und können dies auch nicht tun, denn das hieße, daß sie diese ihre Arbeitskraft sich selbst verkaufen. Unter diesen Umständen wäre es absurd, von einem Ausbeuterverhältnis zu sprechen. Die Ausbeutung des Menschen durch den Menschen existiert nur dann, wenn jener Teil der Gesellschaft, der die Produktionsmittel in der Hand hat, sich die Arbeit des anderen Teiles der Gesellschaft aneignet, der dieser Produktionsmittel beraubt und daher gezwungen ist, für die Eigentümer der Produktionsmittel zu arbeiten. Aber diesen Zustand gibt es in der sozialistischen Gesellschaft nicht, es kann ihn nicht geben."[18]) Das ist die klassische Formel: „Es kann nicht sein, was nicht sein darf!"

Im Realsozialismus gibt es den Mehrwert. Im Realsozialismus gibt es die Ausbeutung des Menschen durch den Menschen. Das ist die Basis, auf der das Wirtschaftssystem des Realsozialismus aufgebaut ist.

3. Die ursprüngliche Expropriation

Nach der Theorie von Marx begann die Klasse der Bourgeoisie mit der ursprünglichen Akkumulation des Kapitals und erreichte diese Akkumulation durch Methoden der grausamen Ausbeutung. Die Klasse der Nomenklatura, die weder auf solche Methoden, noch auf die Akkumulation selbst verzichtet, begann anders.

In Übereinstimmung mit den Marxschen Ideen sollte das Wirtschaftssystem des Sozialismus durch den unaufhaltsamen Strom herangereifter Veränderungen entstehen, das alte verfaulte System des Privateigentums mußte unter dem stürmischen Anprall der von außen kommenden progressiven Kräfte zusammenbrechen. Lesen wir die berühmten, wie Sturmglocken klingenden Worte von Marx: „Das Kapitalmonopol wird zur Fessel der Produktionsweise, die mit und unter ihm aufgeblüht ist. Die Zentralisation der Produktionsmittel und die Vergesellschaftung der Arbeit erreichen einen Punkt, wo sie unverträglich werden mit ihrer kapitalistischen Hülle. Sie wird gesprengt. Die Stunde des kapitalistischen Privateigentums schlägt. Die Expropriateure werden expropriiert."[19])

Die Expropriierung der früheren Eigentümer fand wirklich statt. Aber aus einem unerfindlichen Grund sah sie nicht wie der Einbruch einer historisch herangereiften Notwendigkeit aus, sondern wie ein hastiger Raubüberfall.

Wir bedienen uns im folgenden nicht der farbenprächtigen Schilderungen der Betroffenen, sondern einer sowjetischen Veröffentlichung: „Die ökonomische Geschichte der UdSSR".[20])

Am 20. November 1917 wurde überraschend die Staatsbank in Petrograd von einer bewaffneten Einheit von roten Soldaten und Matrosen besetzt. An der Spitze dieses Unternehmens stand der Stellvertretende Kommissar für Finanzen höchstpersönlich. Wem entriß der schon zwei Wochen an der Macht befindliche Kommissar die Staatsbank seines Landes? Abgesehen von einigen unklaren Worten über Sabotage findet man in der Sowjetliteratur auf diese Frage keine Antwort. Sie wäre auch schwer zu geben: hier ist nämlich nicht von kapitalistischem Privateigentum die Rede, sondern von sowjetischem Staatsbesitz, und der Stellvertretende Kommissar für Finanzen hätte wohl selbst nicht zu sagen gewußt, wen er in diesem Augenblick enteignete. Diese dramatische Aktion ist nur aus der Mentalität der im Entstehen begriffenen Nomenklaturaklasse zu erklären: man könne nur dort erfolgreich über etwas verfügen, wo man zuerst eine militärische Okkupation durchgeführt hat.

Die folgende Woche verging mit der Vorbereitung einer neuen Operation. Nicht irgend jemand, sondern Lenin persönlich war es, der zum Leiter der „Regierungs-Sonderkommission für die Beschlagnahme der Banken" ernannt wurde. Die Stelle mit dieser merkwürdigen Bezeichnung wurde von der provisorischen (damals hieß sie noch so) Regierung eines Landes ins Leben gerufen, das gerade Wahlen in die Konstituierende Versammlung hinter sich hatte.

Die Wahlen waren, wie sich bald herausstellte, für die Leninanhänger nur eine Farce; sie wollten nicht provisorisch an der Macht bleiben, sondern für ewige Zeiten, und im Zusammenhang damit stand die vorbereitende Aktion zur Beschlagnahme der Privatbanken. Im besten Gangsterstil wurden auf Befehl Lenins in der Nacht zum 27. November 1917 alle diese Banken von bewaffneten Gruppen besetzt. Am nächsten Tag wurde ein Dekret erlassen: das gesamte Bankwesen des Landes wurde zum Staatsmonopol erklärt und alle Privatbanken, wie dies delikat ausgedrückt wurde, „mit der Staatsbank vereinigt".

Nach dieser grandiosen Expropriation der Geldmittel erhob sich für

Lenins Regierung die Frage, was mit den Wertpapieren geschehen solle, die sich im Besitz der Bevölkerung befanden. Man erdachte einen einfachen Ausweg: Im Januar 1918 wurden sämtliche Aktien annulliert, im Februar alle Staatsanleihen, sowohl der zaristischen als auch der Provisorischen Regierung. So sehr beeilte sich die zur Welt kommende Nomenklatura, ihre bereits schwerer werdende Hand auf die Ersparnisse der Bürger zu legen.

Gegenüber den kleinen Besitzern von Anleihen erfolgte übrigens eine demokratische Geste: alle, die Obligationen besaßen, welche den Betrag von 100000,– Rubel nicht überschritten, erhielten Anleiheobligationen der RSFSR in der gleichen Höhe. Ein bescheidenes Geschenk, denn die folgende katastrophale Inflation brachte die Obligationen auf den Nullkurs.

Nachdem die Sowjetregierung die innere Verschuldung des Staates so einfallsreich beseitigt hatte, entledigte sie sich nach dem gleichen System auch ihrer Auslandsschulden. Sie weigerte sich schlicht, die Auslandsanleihen anzuerkennen und motivierte dies durch prinzipielle Überlegungen: die Anleihen seien durch das volksfeindliche zaristische Regime aufgenommen worden, außerdem für imperialistische Zwecke. Bald jedoch zeigte sich, daß es weniger um edle Prinzipien ging, als um Geld. Auf der Konferenz von Genua 1922 entschloß sich die Sowjetregierung, die zaristischen Anleihen anzuerkennen, jedoch unter der Bedingung, daß sie von den Westmächten eine noch größere Summe als Ersatz für Schäden erhalten würde, die Rußland durch die ausländische Intervention 1918–1920 zugefügt worden waren. Da der Westen nicht die Absicht hatte, der Sowjetregierung eine auf diese Weise getarnte Hilfe zukommen zu lassen, beschränkte sich die Angelegenheit auf die Enteignung von ausländischen Besitzern russischer Aktien.

Und wie verhielt es sich mit der Verstaatlichung der Industrie? Alle staatlichen Unternehmen gingen automatisch in die Hände des neuen Staates über, daher bildete nur die Verstaatlichung der Privatbetriebe ein Problem. Auch hier wurden zuerst vage Andeutungen von „Sabotage" gemacht. Unter dem Vorwand der Sabotagegefahr verstaatlichte die Lenin-Regierung bereits im November und Dezember 1917 eine Reihe von großen privaten Fabriken (die Putilov-Werke, den Sestrorekker-Konzern, eine Gruppe von Fabriken im Donez-Becken und im Ural).

Im Januar 1918 wurde ein Dekret über die Verstaatlichung der Handelsflotte erlassen. Die Versuche der Eigentümer, ihre Betriebe an Ausländer zu verkaufen, wurden an der Wurzel abgeschnitten: der Verkauf von Unternehmen wurde verboten.

Nun war der Moment gekommen, um zu einem Schlag auszuholen. Am 28. Januar 1918 erschien das Dekret über die entschädigungslose Übergabe der Großindustrie und der Privateisenbahnen in die Hände des Sowjetstaates. Die Operation wurde fast ebenso gründlich durchgeführt wie die Beschlagnahme der Banken und der Ersparnisse der Bevölkerung, so daß bereits im Oktober 1918 alles beendet war. Im Besitz der Eigentümer blieben noch die kleinen und ein Teil der mittleren Betriebe. Dies konnte unmöglich geduldet werden. Mit Dekret vom 20. November 1920 wurden den Besitzern *sämtliche* Unternehmen vom Sowjetstaat enteignet, die mehr als 10 Arbeiter beschäftigten (falls der Betrieb mechanisiert war, – mehr als fünf). In der Praxis entging lediglich die Heimindustrie der Verstaatlichung.

Vielleicht war gerade das schnelle Tempo der Verstaatlichungen ein Beweis für den Durchbruch der historischen Notwendigkeit? Es sieht nicht danach aus. Kaum hatte sich diese Notwendigkeit bis zum Ende des Jahres 1920 in vollem Licht gezeigt, als sie auch schon im Frühjahr 1921 wieder zurückgenommen werden mußte. Im Zuge des Überganges zur NÖP („Neue ökonomische Politik") wurden die kleinen Betriebe reprivatisiert, und bald erzeugten die privaten Unternehmungen in einigen Zweigen der Leicht- und Lebensmittelindustrie ein Drittel der Gesamtproduktion.[21])

Später wurde freilich wieder alles verstaatlicht, die NÖP-Leute wurden teils erschossen, teils verschwanden sie in diversen Lagern.

Nein, der Aufbau des Wirtschaftssystems des Realsozialismus war kein Einbruch der historisch herangereiften Notwendigkeit. Es war eine in drei Anläufen (Verstaatlichungen von 1917–1920, Abkehr von der NÖP und Kollektivierung) durchgeführte gewaltsame Übernahme sämtlichen Besitzes im Lande durch die Nomenklatura.

Das ersparte der Sowjetbevölkerung nicht die Ausbeutung, die laut Marx mit einer ursprünglichen Akkumulation verbunden ist. Aber am Anfang der Wirtschaftstätigkeit der Nomenklaturaklasse stand nicht die ursprüngliche Akkumulation, sondern die ursprüngliche Expropriation.

4. Das ökonomische Grundgesetz des Realsozialismus

Als phantastischste Behauptung in der offiziellen „Politökonomie des Sozialismus“ kann das von Stalin formulierte „Ökonomische Grundgesetz des Sozialismus“ angesehen werden. Es besteht angeblich in der „Sicherung der maximalen Befriedigung der ständig wachsenden materiellen und kulturellen Bedürfnisse der gesamten Gesellschaft durch ununterbrochenes Wachstum und stetige Vervollkommnung der sozialistischen Produktion auf der Basis der höchstentwickelten Technik“.[22])

Nun ist es allgemein bekannt: Eben dort, wo der Realsozialismus gesiegt hat, sinkt die Befriedigung der Bedürfnisse der Bevölkerung, und zwar je radikaler der Sieg, desto tiefer ist der Fall. Die Befriedigung der Bedürfnisse der Gesellschaft ist mit Sicherheit nicht das ökonomische Grundgesetz des Realsozialismus.

Was ist es also? Versuchen wir, vom ökonomischen Grundgesetz des heutigen Kapitalismus auszugehen. In der sowjetischen Politökonomie wird es definiert als „Sicherung des kapitalistischen Maximalprofits durch Ausbeutung, Ruinierung und Verelendung der Mehrheit der Bevölkerung des gegebenen Landes, durch Versklavung und systematische Ausplünderung der Völker anderer Länder, besonders der zurückgebliebenen Länder, und schließlich durch Kriege und Militarisierung der Volkswirtschaft, die der Sicherung von Höchstprofiten dienen.“[23] Der westliche Leser möge prüfen, in welchem Ausmaß diese Moskauer Entdeckung den Verhältnissen in seinem Land entspricht, ob die Mehrheit der Bevölkerung in der Bundesrepublik Deutschland ruiniert und verelendet ist, ob Österreich die Völker anderer Länder versklavt, ob die Schweiz Kriege führt, um den Höchstprofit sicherzustellen.

Alle diese Formulierungen erinnern nicht an die heutigen kapitalistischen Staaten, sondern an ganz andere. Stellen wir die Frage direkt: Ist die Sicherung des Maximalprofits vielleicht die wichtigste Aufgabe der Nomenklaturaklasse?

Nein, das ist sie nicht. Im entgegengesetzten Fall wäre das Resultat ihrer Wirtschaftspolitik ein anderes. Die keinem Zweifel unterliegende Profit-Leidenschaft der Kapitalisten führt dazu, daß sie Verbrauchsgüter im Überfluß erzeugen – nicht deshalb, weil ihnen die Versorgung der Bevölkerung am Herzen liegt, sondern einfach deshalb, weil sie einen Profit nur erzielen können, wenn sie ihre Waren verkaufen. Das ist es, was die Kapitalisten zwingt, sich intensiv für die Wünsche der Verbraucher zu interessieren. Als Resultat wird im hochentwickelten Kapitalismus der Markt von Konsumgütern übersättigt, und das Problem der kapitalistischen Wirtschaft sind die Krisen der Überproduktion.

Im Realsozialismus gibt es nichts, was damit auch nur im entferntesten vergleichbar wäre. Das heißt somit, daß unter den Bedingungen des Realsozialismus das ökonomische Grundgesetz der kapitalistischen Gesellschaft, die Jagd nach dem Maximalprofit, keine Gültigkeit hat.

Noch mehr: Die Produktion im Realsozialismus unterscheidet sich im besonderen sehr auffallend von der kapitalistischen dadurch, daß sie nicht nur die Unrentabilität von Betrieben oder ganzen Produktionszweigen zuläßt, sondern sogar erlaubt, daß diese dauernd mit Verlust arbeiten, – ein Vorgang, der beim Privatbetrieb im Kapitalismus unmöglich ist.

Wann geschieht das? Mit anderen Worten: Was ist es, das für die Nomenklaturaklasse von größerer Bedeutung ist als der Maximalprofit? Es geschieht dann, wenn dies zur Stärkung der Macht des Nomenklatura-Regimes notwendig ist. Ihr wird die Rentabilität der Produktion kaltblütig zum Opfer gebracht. Offensichtlich stoßen wir hier auf das wahre ökonomische Grundgesetz des Realsozialismus.

Djilas behauptet, die „neue Klasse“ sei eine Fanatikerin der Industrialisierung und führe diese mit allen Mitteln durch, ohne sich um den Bedarf zu kümmern. Kurón und Modzelewskij vertreten die Meinung, diese Klasse hege eine mystische Verehrung für die industrielle Produktion, Ziel der „zentralen politischen Bürokratie“ sei die Produktion um der Produktion willen.[24])

Das alles klingt nicht überzeugend. Die Nomenklatura hat nicht das Bedürfnis, Waren für den Verbrauch des Volkes zu erzeugen oder wahllos Industrieanlagen auszubauen. Die Nomenklaturisten sind Fanatiker der Macht, nicht der Industrialisierung, ja nicht einmal des Profites. Deshalb sehen sie auch in der Wirtschaft ihre vornehmste Aufgabe in der größtmöglichen Konsolidierung und Ausbreitung ihrer Macht. Daher bemühen sie sich, nur das zu produzieren, was für die Erreichung dieses Zieles notwendig ist.

Die Produktion von Waffen, neue technische Errungenschaften für die Polizeimaschine, die Errichtung von Regierungs- und Militärobjekten, – all das wird im Realsozialismus nicht zufällig, sondern ganz folgerichtig besonders gefördert und ist von der übrigen, als zweitrangig angesehenen Produktion völlig getrennt. Die Existenz des industriell-militärischen Komplexes ist in den Ländern des Realsozialismus und besonders in der Sowjetunion wesentlich deutlicher zu bemerken als im Westen.

Wie könnte man das ökonomische Grundgesetz des Realsozialismus formulieren?

Tun wir dies mit Vorbehalt. Stalins Überzeugung, daß jede Formation ihr eigenes ökonomisches Grundgesetz habe, wurzelt in einem für Stalin und seine Nachfolger typischen hierarchischen Denken: Wenn es eine Formation gibt, so heißt das, daß es innerhalb ihrer Gesetzmäßigkeiten ein Grundgesetz geben muß, das für alle anderen maßgebend ist. Solche Vorstellungen haben mit Wissenschaftlichkeit nicht viel gemein. Aber das Ziel zu formulieren, das die herrschende Klasse einer Gesellschaft in ihrer Wirtschaftspolitik verfolgt, ist eine wissenschaftliche Aufgabe, und mit dem hierarchischen Denken der Nomenklatura hat sie nichts zu tun.

In diesem Sinne besteht das ökonomische Grundgesetz des Realsozialismus *im Bestreben der herrschenden Nomenklaturaklasse, durch wirtschaftliche Maßnahmen die maximale Sicherung und Verbreitung ihrer Macht zu garantieren.*

Nur das, und nicht zielloser Fanatismus, geschweige denn der edle Drang, die Bedürfnisse der Werktätigen zu befriedigen, ist das Ziel und die Grundlage der gesamten wirtschaftlichen Aktivitäten dieser Klasse.

Und was ist das Ziel der Masse der Bevölkerung im Produktionsprozeß? Doch nicht etwa die Verewigung der Macht der herrschenden Klasse?

Nein, die Bevölkerung der Sowjetunion hat ein ganz einfaches und verständliches Ziel: Sie will für den Konsum produzieren und zwar nicht für den Konsum der Nomenklatura, sondern für den Konsum der Arbeitenden selbst. Die Menschen erstreben ein ausreichendes Warenangebot nicht nur für die privilegierte Obrigkeit in Spezialgeschäften, sie wollen Wohnraum statt Kasernen und Staatsdatschas, Autos für den gewöhnlichen Sterblichen statt Panzer und Regierungslimousinen, sie wollen Butter statt Kanonen. Sie möchten, daß der Produktionsprozeß der Erfüllung ihrer Bedürfnisse dient. Und es ist dieses Ziel, das von Stalin als „ökonomisches Grundgesetz des Sozialismus“ ausgegeben wurde.

Der Widerspruch dieses Ziels zu dem wirtschaftlichen Ziel der Nomenklatura macht den Antagonismus in der Gesellschaft des Realsozialismus deutlich. Stalin selbst hat diesen Widerspruch sehr gut ausgedrückt. In einem seiner letzten Werke, in dem Brief „Über die Fehler des Genossen L. D. Jaroschenko", schrieb Stalin: „Genosse Jaroschenko vergißt, daß die Menschen nicht um der Produktion Willen produzieren, sondern um ihre Bedürfnisse zu befriedigen. Er vergißt, daß eine Produktion, die nicht der Befriedigung der Bedürfnisse der Gesellschaft gilt, dahinsiecht und eingeht."[25])

Das ist richtig. Genau das geschieht.

5. Die Planwirtschaft und das Ultra-Monopol

Meine ersten Schuljahre fielen mit der Periode des ersten sowjetischen Fünfjahresplanes zusammen. Wir studierten ihn an Hand des Buches von Iljin „Die Geschichte vom großen Plan".[26]) Der Autor begann mit einer Beschreibung der Anarchie, die bei der kapitalistischen Produktion herrsche:

Ein amerikanischer Unternehmer kommt plötzlich zu dem Schluß, daß Herrenhüte sehr gefragt sein würden. Er beginnt in unaufhaltsamem Tempo, sie zu erzeugen. Seinem Beispiel folgen andere Kapitalisten. Das gesamte Kapital wird in die Huterzeugung investiert, die Hüte überschwemmen alle Geschäfte, füllen die Auslagen und Lagerhäuser. Aber so viele Hüte werden nicht gebraucht, sie finden keine Abnehmer, und in der Folge gehen Firmen zugrunde, Banken verkrachen, Arbeitslose vegetieren auf den Arbeitsämtern, es wütet eine Wirtschaftskrise. Dann kommt ein anderer Kapitalist auf den Gedanken, eine Feuerzeugproduktion zu starten. Alle Kapitalisten strömen sofort ins Feuerzeug-Business – und wieder füllen sich die Auslagen, und wieder krachen die Banken. Ganz anders verhält es sich mit der Planwirtschaft. Dort ist alles weise vorausberechnet, an Waren wird nur so viel erzeugt, wie für die Befriedigung der ständig wachsenden Bedürfnisse der Sowjetmenschen gebraucht wird.

Iljins Buch gefiel uns: es war auf gutem Papier gedruckt, wie wir es schon nirgends mehr sahen, und es enthielt Fotos von gediegenen Hüten und eleganten Feuerzeugen, die die Planwirtschaft nicht produzierte.

Erst viel später, in Wien, kam ich zum ersten Mal im Leben mit einem westlichen Unternehmer ins Gespräch, mit einem kleinen Schweizer Fabrikanten. Er machte sich über mich lustig wegen meiner von Iljin bezogenen Weisheiten und erklärte mir, daß jeder Kapitalist seine Produktion sehr genau vorausplanen müsse, schon allein deshalb, weil er seine eigenen Gelder investiere und nicht staatliche, im Gegensatz zu den Verfassern des großen Planes.

Indessen ist die theoretische Analyse der Planwirtschaft in der UdSSR immer noch nicht über das Niveau der Argumentation Iljins hinausgelangt. Sie wurde eigentlich nur durch eine einzige, von Stalin stammende These, bereichert: die Wirtschaftsplanung ist ein Gesetz der sozialistischen Wirtschaft.

Mit dieser These kann man nur einverstanden sein. Tatsächlich ist der Volkswirtschaftsplan keine Zufälligkeit, sondern ein gesetzmäßiger Zug des Realsozialismus.

Die gesamte Wirtschaft der Sowjetunion stellt, ähnlich der Fabrik meines Wiener Gesprächspartners, ein einziges Unternehmen dar und gehört einem einzigen Eigentümer – der Nomenklaturaklasse. Diese Klasse verfügt zur Gänze über ihr Unternehmen, genauer gesagt, über das gigantische Syndikat, welches die Sowjetwirtschaft darstellt. Das Wort „Syndikat" stammt hier von Lenin. In seinem Buch „Staat und Revolution" schreibt Lenin über den Weg, der zum Aufbau der Wirtschaft des Sozialismus führt: „... die Expropriation der Kapitalisten, die Umwandlung *aller* Bürger in Arbeiter und Angestellte *eines* großen Syndikats, nämlich des ganzen Staates, und der völligen Unterordnung der gesamten Arbeit dieses ganzen Syndikates unter den wahrhaft demokratischen Staat, den *Staat der Sowjets der Arbeiter- und Soldatendeputierten.*"[27])

Das hier verkündete Programm wurde erfolgreich durchgeführt – nur mit dem Unterschied, daß der Staat, der das Syndikat der Sowjetwirtschaft leitet, nicht ein demokratischer Staat ist, sondern ein Nomenklaturastaat, und die ihn Regierenden nicht Arbeiter- und Soldatendeputierte sind, sondern die von niemandem deputierten Mitglieder der herrschenden Nomenklaturaklasse.

Bezeichnen wir dieses Syndikat als Ultra-Monopol. Heißt es doch in einem Kollektivwerk sowjetischer Autoren:

„So groß auch die kapitalistischen Monopole sein mögen, so stark das Eigentum in der Hand des monopolistischen Staatskapitalismus konzentriert ist (in einzelnen Ländern bis zu 40%), erreicht trotzdem der Sozialismus durch die allgemeine nationale Konzentration aller wichtigen Produktionsmittel die höchste Eigentumskonzentration."[29]) Das ist eben ein Ultra-Monopol.

Sein Besitzer ist aber ebenfalls die Nomenklaturaklasse. Natürlich muß sie – durch ihren Staat – die Arbeit ihres Ultra-Monopols ebenso planen, wie dies der kleine Schweizer Fabrikant auf seinem bescheidenen Niveau tut. Folglich ist nicht erstaunlich, daß es in der Sowjetunion einen Plan gibt, sondern daß er offensichtlich immer unrealistisch ist, denn er wird niemals so ausgeführt, wie er aufgestellt wurde.

Erstaunlich ist auch, daß der Plan im Realsozialismus in Wirklichkeit nicht die Funktion erfüllt, die für die Produktion notwendigen Proportionen zu garantieren, wie es in der „Politökonomie des Sozialismus" formuliert ist und wie einige Leute im Westen annehmen. Ein Zeugnis davon, wie wenig ernst man diese Proportionen nimmt, ist die ständige Förderung einer unbegrenzten Übererfüllung des Planes. Eine Branche oder ein Betrieb mögen vom allgemeinen Plan aus gesehen völlig unnötige Einzelteile herstellen, und je mehr sie herstellen, desto mehr wird man sie dafür loben. Denn das Bestreben, die Arbeiter zu zwingen, für den gleichen Lohn ein Höchstmaß zu produzieren, nimmt im wirtschaftlichen Denken der Nomenklaturaklasse den absoluten Vorrang ein. Obwohl die Herstellung von Waren, die nicht verwendet werden, häufig verlustbringend ist und de facto das Ausmaß des Profites verringert, kann die Nomenklaturaklasse nicht auf den verlockenden Gedanken verzichten, zwar unnötige, dafür aber zusätzliche und anscheinend nichts kostende Erzeugnisse zu produzieren. So fördert die Nomenklatura selbst das Entstehen von Disproportionen in ihrem angeblich für die Einhaltung von optimalen Proportionen geschaffenen System.

Die Nomenklaturaklasse herrscht uneingeschränkt über die gesamte Wirtschaft der UdSSR wie über ein einziges gigantisches Syndikat – das ist der echte Hauptfaktor in der wirtschaftlichen Organisation der Sowjetunion. Für die Außenwelt wird er in der Planwirtschaft sichtbar.

Es ist kein Wunder, daß die Nomenklatura die Berichte von zaghaften Versuchen der westlichen Länder, ebenfalls Elemente der Planwirtschaft einzuführen, mit Verachtung quittiert. Denn tatsächlich ist es nur möglich, die Wirtschaft von Grund auf zu planen, wenn vorher die gesamte Volkswirtschaft des Landes in ein einheitliches Syndikat umgewandelt wurde, das der herrschenden Klasse gehört. Solange es das nicht gibt, wird ein Plan nichts anderes sein als eine mehr oder weniger einflußreiche Empfehlung, vergleichbar ungefähr der Konsultation durch ein Konjunkturforschungsinstitut. Die mit Wonne herumkommandierende Nomenklatura verschmäht diese Art Planung.

Der Realsozialismus hat den Gedanken der Planung in die Wirtschaft eingeführt. Das ist wirklich sein bedeutender Beitrag zur Weiterentwicklung der Weltwirtschaft. Nur darf man mit dieser positiven Seite nicht die Frage nach den tatsächlichen Resultaten der Planung des Nomenklatura-Syndikats verwechseln.

Es ist üblich, mit Marx leichthin den regulierenden Mechanismus des Marktes als anarchistisch und elementar zu bezeichnen. An dieser Beurteilung ist etwas Wahres, aber es ist nicht die ganze Wahrheit. Ja, der kapitalistische Markt ist anarchistisch in dem Sinn, daß er über sich keine kommandierende Obrigkeit hat. Ja, er ist elementar in dem Sinn, daß seine Reaktionen nicht das Resultat einer durchdachten Analyse der gesamten Marktsituation und einer bewußten logischen Schlußfolgerung aus dieser Analyse darstellen. Aber diese beiden Punkte sind nicht ein Zeichen für die Schwäche, sondern für die Stärke des Marktmechanismus.

Erinnern Sie sich an die Fabel vom Tausendfüßler, der sich nicht von der Stelle bewegen konnte, sobald er versuchte, seine Füße bewußt zu bewegen?

Oder nehmen wir als Beispiel den menschlichen Organismus. Er verfügt über Millionen von Zellen, und jede einzelne funktioniert. Stellen Sie sich vor, Sie versuchten, jeder einzelnen von ihnen bewußt Anleitungen zu geben. Es ist klar, daß dann keine mehr ihre Aufgabe erfüllen könnte und Sie selbst würden bald im Irrenhaus sitzen.

Die Natur, die im Verlauf der Evolution das Nervensystem hervorbrachte, versah das Bewußtsein mit einem Schutzmechanismus, der es von Arbeit befreit, die ohne sein Zutun geleistet werden kann.

Das gleiche kann man von der Gesellschaft und ihrem Bewußtsein sagen. Und nur als Folge des von Marx eingesogenen Rationalismus des 17. Jahrhunderts ist zu erklären, daß er, der Anhänger Darwins, dies nicht bedachte.

Der Markt erweist sich als automatisch regulierender Schutzmechanismus der Gesellschaft auf dem Gebiet der Wirtschaft. Er ist unvergleichlich elastischer, beweglicher, fähiger zu schnellen Reaktionen als eine, sei es auch noch so fähige, Bürokratie – von einer nach politischen Gesichtspunkten ausgewählten ganz zu schweigen. Und wenn außerdem noch die bürokratischen Befehle auf mehrere Jahre im voraus gegeben werden und eine versteinerte Norm des gerade laufenden Fünf-Jahrplanes sind, so wird jede Elastizität der wirtschaftlichen Reaktionen völlig unmöglich. Man kann die den Plan erstellenden Organe aufblähen und die Planziffern in die Höhe treiben – das Resultat wird nicht im entferntesten den selbstregulierenden Mechanismus des Marktes ersetzen können.

Obwohl seine selbstregulierende Fähigkeit vom ökonomischen Gesichtspunkt bestimmt wird, erweist sich der Markt in manchen Fällen weder als sozial noch als human. Derartige Elemente sind im Marktmechanismus einfach nicht enthalten. Daher entstehen Krisen der Überproduktion, Arbeitslosigkeit, Konkurse. Der Marktmechanismus leistet viel, aber man kann nicht alles in der Welt von ihm verlangen.

Wir haben bereits gesagt, daß vernünftige Planung der Wirtschaft nützlich ist. Es ist nützlich, in den Wildwuchs des Marktes ein Element des Bewußtwerdens der Situation und der Perspektiven für ihre Entwicklung einzuführen. Es ist nützlich, nicht Obrigkeit spielende, sondern wohlinformierte beratende Organe zu schaffen. Nützlich ist auch ein von Experten entworfener Plan in Form einer Empfehlung. Zwar gefällt der Nomenklatura diese Art Planung nicht, dafür wäre sie effizient.

Aber ein von der Bürokratie beschlossener Plan in Form eines Gesetzes, begleitet von der Zerstörung des sich selbst regulierenden Marktmechanismus, lähmt die Entwicklung. Natürlich verhindert er den Produktionsprozeß nicht ganz (dies würde die Liquidierung der menschlichen Gesellschaft bedeuten), aber die Wirkung des Planes, die Unterdrückung des Marktes durch das Ultramonopol, hat bittere Folgen.

6. Die Tendenz zur Drosselung der Entwicklung der Produktivkräfte

In seinem Buch „Der Imperialismus als höchstes Stadium des Kapitalismus" schreibt Lenin: „Wie wir gesehen haben, ist die tiefste ökonomische Grundlage des Imperialismus das Monopol. Dieses Monopol ist ein kapitalistisches, das heißt ein Monopol, das aus dem Kapitalismus erwachsen ist und im allgemeinen Milieu des Kapitalismus, der Warenproduktion, der Konkurrenz, in einem beständigen und unlösbaren Widerspruch zu diesem allgemeinen Milieu steht. Dennoch erzeugt es, wie jedes andere Monopol, unvermeidlich die Tendenz zur Stagnation und Fäulnis. In dem Maße, wie Monopolpreise, sei es auch nur vorübergehend, eingeführt werden, verschwindet bis zu einem gewissen Grade der Antrieb zum technischen und folglich auch zu jedem anderen Fortschritt, zur Vorwärtsbewegung; und insofern entsteht die *ökonomische* Möglichkeit, den technischen Fortschritt künstlich aufzuhalten."

Und weiter schreibt Lenin: „Gewiß kann das Monopol unter dem Kapitalismus die Konkurrenz auf dem Weltmarkt niemals restlos und auf sehr lange Zeit ausschalten (das ist übrigens einer der Gründe, warum die Theorie des Ultra-Imperialismus unsinnig ist), die Möglichkeit, durch technische Verbesserungen die Produktionskosten herabzumindern und die Profite zu erhöhen, begünstigt natürlich Neuerungen. Aber *d e Tendenz* zur Stagnation und Fäulnis, die dem Monopol eigen ist, wirkt nach wie vor und gewinnt in einzelnen Industriezweigen, in einzelnen Ländern für gewise Zeitspannen die Oberhand."[29])

Das wurde über das Monopol in kapitalistischen Ländern gesagt, aber es gilt, wie Lenin unterstreicht, für jedes Monopol. Unter dem Kapitalismus, meinte Lenin, befindet sich das Monopol in einem ständigen und unlösbaren Widerspruch zu seiner kapitalistischen Umwelt, der Herrschaft der Warenproduktion und der Konkurrenz. Unter diesen Umständen können sich die Monopole nicht bis zu ihrem logischen Ende entwickeln, bis zu dem, was Kautsky „Ultra-Imperialismus" nennt. Folglich sind die großen westlichen Konzerne, die in der marxistischen Propaganda als Monopole bezeichnet werden, in Wirklichkeit im ökonomischen Sinne keine solchen: nicht einer ist bisher imstande gewesen, Produktion und Markt in seiner Branche komplett zu monopolisieren. In dem Maße jedoch, in dem es den Konzernen auf Grund gegenseitiger Absprachen gelingt, monopolartig hohe Preise für ein Produkt festzusetzen und die Konkurrenz auszuschalten, zeigt sich die von Lenin genannte Tendenz zur Stagnation und Fäulnis. Lenin führt sogar ein Beispiel an: „In Amerika hat ein gewisser Owens eine Flaschenmaschine erfunden, die eine Revolution in der Flaschenherstellung herbeiführt. Das deutsche Kartell der Flaschenfabrikanten kauft Owens' Patente und legt sie in das unterste Schubfach, um ihre Auswertung zu verhindern."[30])

Es wäre aber selbstverständlich falsch zu glauben, daß Flaschen im Westen auch heute nicht maschinell hergestellt werden: Die Marktverhältnisse und die Jagd nach dem Maximalprofit hätten das nicht zugelassen.

So sind die Verhältnisse im Kapitalismus, der an und für sich gegenüber dem Monopol feindlich eingestellt ist und dessen Herrschaft begrenzt. Aber wie verhält es sich im Realsozialismus, der das kapitalistische Milieu mit heißem Eisen ausgebrannt und in der Wirtschaft das unbegrenzte Ultra-Monopol der herrschenden Nomenklaturaklasse errichtet hat?

Stellen Sie sich vor, Sie seien ein Sowjetbürger. In Reden, Artikeln, Rundfunksendungen, Transparenten und Plakaten versucht man, Ihnen einzureden, Sie müßten „das Gefühl, selbst Besitzer zu sein, in sich erwecken"; daher seien Sie verpflichtet zu arbeiten, ohne Luft zu schöpfen, um den Sowjetstaat reicher zu machen. Aber Sie leben ja nicht erst seit einem Jahr in der UdSSR; schon seit Ihrer Kindheit haben Sie begriffen, daß der Besitzer nicht Sie sind, daß der Verfasser der wohltönenden Appelle an seine Worte selbst nicht glaubt, sondern sie schreibt um des Honorars und der Karriere willen. Er hat seine Interessen, Sie haben die Ihren. Was ist Ihr Interesse? Sie sehen es darin, daß Sie, ohne es zu zeigen, möglichst wenig arbeiten und dafür möglichst viel bekommen.

Natürlich wird Ihr Wunsch durch die Ihnen vorgeschriebene Norm in Grenzen gehalten. Was aber geschieht, wenn Sie die Norm nicht erfüllen? Nichts Schreckliches: es gibt keine Arbeitslosigkeit, Arbeitskräfte werden überall gebraucht, daher wird Sie niemand entlassen. Wenn dies doch geschieht, stellt Sie die nächste Fabrik gleich wieder ein. Auch die Vorgesetzten wissen das und werden Ihnen nicht die Norm so erhöhen, daß Sie sie nicht erfüllen können.

Nun stellen Sie sich vor, Sie seien Abteilungsleiter, leitender Ingenieur oder Direktor eines Betriebes. Welches sind in diesem Fall Ihre Interessen? Es ist klar, daß Sie auf Parteiversammlungen darüber reden werden, wie sehr Ihnen das Wohl Ihres Betriebes am Herzen liegt. Aber im geheimen sind Sie davon überzeugt: Ihr Interesse ist, eine Prämie für die Übererfüllung des Planes zu erhalten und auf der Erfolgsleiter weiter nach oben zu kommen. Natürlich haben Sie mit den Arbeitern kein Mitleid und Sie wären bereit, diese faulen Kerle brutal anzutreiben. Aber Sie wissen, wie die Kerle denken, also haben Sie verstanden, daß man durch die Ausübung von Druck nur dem Unternehmen Schwierigkeiten bereiten würde, so daß Sie sich den Zorn der hohen Vorgesetzten zuzögen.

Was ist da zu tun? Sehr einfach. Der springende Punkt ist, daß vom Leiter eines Unternehmens nicht ein Maximum an Profit verlangt wird (das übrigens ohne freie Konkurrenz kaum festgestellt werden kann), sondern die leicht kontrollierbare Erfüllung des Planes. Schon für eine kleine Übererfüllung gibt es Prämien und Lob. Eine unvorhergesehene große Übererfüllung würde Ihnen dagegen nichts als Unannehmlichkeiten bringen: Die Mißgunst Ihrer Kollegen, der anderen Direktoren, den Verdacht der Obrigkeit, daß Sie bisher gefaulenzt oder Reserven der

Produktionserhöhung verheimlicht haben. Ihre Norm würde erhöht und das ganze würde nur Ihrer Karriere schaden.

Daher müssen Sie versuchen, für Ihr Unternehmen das am leichtesten zu bewältigende zu erreichen, d. h. einen *minimalen* Plan. Sie werden mit allen Mitteln die Hauptverwaltung und das Ministerium zu überzeugen trachten, daß Ihr Betrieb die Grenzen seiner Möglichkeiten erreicht hat. Im übrigen wird das Plansoll von Ihnen selbst festgelegt, denn weder die Hauptverwaltung noch das Ministerium, von der Staatlichen Planungskommission der UdSSR überhaupt nicht zu reden, haben eine Ahnung von der wirklichen Situation in Ihrer Fabrik, und Sie können daher das von Ihnen eingereichte Planprojekt nur abstempeln.

Damit diese Prozedur glatt vonstatten geht, muß der Plan bloß nach einem sehr einfachen Rezept erstellt werden: Die im Rechenschaftsbericht über die Planerfüllung in der gerade abgelaufenen Periode angeführte Produktionsziffer plus einem kleinen Prozent Zuwachs. Dabei müssen Sie jedoch ausdrücklich betonen, daß die Erfüllung dieses neuen Planes die volle Anspannung aller Kräfte und die Mobilisierung sämtlicher Reserven erfordern wird.

Das wird man in der Hauptverwaltung und im Ministerium akzeptieren. Warum?

Stellen Sie sich nun vor, Sie seien Leiter der Hauptverwaltung oder der Minister. Unterscheiden sich Ihre Interessen von denen eines Fabrikdirektors? In keiner Weise. Auch Sie wollen sich in Ihrem Chefsessel halten, Sie wollen noch einen Orden bekommen und möchten, daß man Sie im ZK der Partei für einen aussichtsreichen Industriemanager hält. Natürlich sind auch Sie völlig uninteressiert an all diesen Arbeitern oder Abteilungsleitern, die Sie nur sehen, wenn sie Ihnen bei Ihren seltenen Inspektionsfahrten durch die Betriebe ehrfurchtsvoll nachblicken. Um Ihrer Karriere willen wären Sie bereit, sie allesamt zum Teufel zu schikken. Ihrer Karriere nützt jedoch etwas anderes. Um ein Exempel zu statuieren, werden Sie vielleicht einen aufsässigen Abteilungsleiter oder einen Direktor, der nicht mit der Unterstützung des Gebietsparteikomitees rechnen kann, bestrafen, damit die allerhöchste Führung sieht, daß Sie wachsam sind. Noch wichtiger aber ist, daß sie etwas anderes sieht: Die der Hauptverwaltung bzw. dem Ministerium unterstehenden Betriebe erfüllen stets ihre Pläne, sie sind Spitzenreiter der Produktion und erhalten regelmäßig rote Fahnen als Auszeichnung für die Planübererfüllung. Deshalb werden Sie ihnen nicht einen unerfüllbaren Plan vorschreiben, sondern mit strenger Miene die vorgelegten Projekte unterzeichnen. Ebensowenig werden Sie in peinlich genauer Weise prüfen, ob die Rechenschaftsberichte über die Planerfüllung stimmen. Das einzige, was Sie brauchen, ist, daß der Plan formal richtig erstellt ist, so daß Prüfungskommissionen an ihm nichts aussetzen können. Sie werden natürlich auf Tagungen, in Parteiversammlungen auf jeder Konferenz lange Reden darüber halten, daß alle Kräfte angespannt und alle vorhandenen Reserven ausgenützt werden müssen. Aber in Wirklichkeit liegt es in Ihrem Interesse, daß sämtliche Betriebe der Hauptverwaltung oder des Ministeriums erfolgreiche Abschlußberichte über die Erfüllung und Übererfüllung ihrer Pläne vorlegen; und daß in Zukunft ebenfalls leicht erfüllbare, d. h. wieder minimale Pläne vorgeschrieben werden.

Der Plan wird vom Ministerium in die Staatliche Planungskommission der UdSSR, den Gosplan weitergereicht. Und nun, versetzen Sie sich in die Lage eines der Leiter des Gosplans, vielleicht sogar in die Lage seines Vorsitzenden, des Stellvertretenden Ministerpräsidenten der UdSSR. Bei Ihnen laufen richtig abgefaßte, von Ministern unterschriebene umfangreiche geheime Mappen voll von Plänen ein. Sie wissen, daß kein einziger Minister die seinem Ministerium unterstehenden Pläne ohne die Zustimmung der entsprechenden Abteilung im ZK der Partei unterschrieben hat. Ob die Abteilungen diese furchterregende Menge von Zahlen wirklich überprüft haben oder ob sich der Minister einfach während einer Jagd, bei einer Flasche Import-Cognac mit dem ZK-Abteilungsleiter geeinigt hat, interessiert Sie nicht: der Abteilungsleiter hat die Verantwortung übernommen, er ist Ihnen nicht unterstellt; wer weiß, er kann eines Tages zum Sekretär des ZK werden. Sie haben nicht die Absicht, wegen irgendwelcher dummen Zahlen das Mißfallen dieses einflußreichen Mannes zu erregen. Außerdem meldet Ihnen Ihr Apparat, daß die Zahlen stimmen; im Vergleich mit den Zahlen des Vorjahres ergibt sich ein Zuwachs. So haben Sie sich abgesichert, und Sie werden die Flut von Plänen unterschreiben, die sich in einem Meer von Zahlen verliert und natürlich von keinem einzigen Menschen, schon gar nicht von einem Mitglied des Politbüros, überblickt werden kann.

Schon beim Unterschreiben des Planes wissen Sie jedoch, daß das nicht das Ende ist. Sehr bald werden die ersten Gesuche um Planänderungen bei Ihnen eingehen, und das wird sich bis zum Ende des letzten Quartales der Planperiode fortsetzen. Sie sehen nicht Ihre Aufgabe darin, mit unbeugsamer Strenge die Erfüllung jeder einzelnen Zeile des Planes zu verlangen und jeden, der sich gegen ihn vergeht, der verdienten Strafe zuzuführen. Das Schicksal dieser Menschen ist Ihnen natürlich völlig gleichgültig. Aber wenn es viele nicht erfüllte Pläne gibt, wird der Makel an Ihnen hängenbleiben. Sie haben einen Plan bestätigt, der, wie sich herausstellt, aus der Luft gegriffen war. Um Ihre Festigkeit und die, wie man es sagt, bolschewistische Intoleranz gegenüber allen Mängeln zu beweisen, werden Sie zwar einige Verletzer des Plans opfern. Aber in der überwiegenden Mehrzahl der Fälle werden Sie geduldig während der ganzen Laufzeit des Planes Verbesserungen in den Plan eintragen, die alle nur ein Ziel haben werden: Die Herabsetzung der angegebenen Ziffern.

Nur ein naiver Fernstehender glaubt den drohenden Worten, der Plan sei ein Gesetz und müsse unbedingt erfüllt werden. Ein Wirtschaftsfunktionär in der Sowjetunion weiß, daß das Plansoll oft revidiert und herabgesetzt wird, so daß im Endeffekt eine wesentlich geringere Leistung erbracht wird, als ursprünglich geplant wurde.

Sie seien Mitglied des Politbüros oder gar der Generalsekretär des ZK selbst. Werden Sie lautstark im Nomenklatura-Jargon brüllen: „Das werden wir schon zurechtbrechen" – und wirklich versuchen, die Pläne von Grund auf zu ändern? Das werden Sie nicht tun, obwohl Ihnen alle diese Abteilungsleiter, Fabrikdirektoren, Leiter der Hauptverwaltungen und Mitglieder des Gosplans, die sich aus Ihrer Höhe ausnehmen wie wimmelnde Ameisen, natürlich nicht leid tun. Aber auch Sie haben schließlich Ihre privaten Interessen, die im allgemeinen mit den Klasseninteressen der ganzen Nomenklatura übereinstimmen. Selbstverständlich wäre es wünschenswert, von der Arbeit dieser Ameisen einen größeren Profit einzustreichen, aber das wichtigste ist, nichts zuzulassen, was auch nur im entferntesten dem Allerheiligsten ihrer unbeschränkten Macht im besonderen und der der Nomenklatura im allgemeinen gefährlich werden könnte. Vor diesem absoluten Gebot tritt alles andere zurück. Natürlich ist es möglich, einige dieser Faulpelze, die ihre Pläne nicht erfüllt haben, zu feuern und ihnen keine Arbeit zu geben; freilich wäre es auch möglich, die Norm zu erhöhen. Dann aber erhebt sich die Frage, was mit den Arbeitslosen zu geschehen hätte. Man kann doch nicht dem Beispiel der jugoslawischen Revisionisten folgen, die ihren Arbeitslosen erlauben, ins Ausland zu gehen. Sie kehren dann als unzuverlässiges, gefährliches Element zurück. Soll man sie einfach hier in Armut dahinvegetieren lassen? Ebenfalls ein für die Macht gefährliches Element. Alle in Straflager schicken? Aber jetzt sind andere Zeiten.

So wird sich herausstellen, daß Sie als Generalsekretär des ZK keine Alternative haben. Ihre Interessen diktieren Ihnen, daß alles bleiben muß, wie es ist. Sie können fordern, Aufrufe erlassen, Parolen verkünden, Sie können sogar eine Wirtschaftsreform proklamieren – aber in Wirklichkeit darf keine Änderung eintreten.

Der Kreis hat sich geschlossen. Ein bürokratischer Plan, erstellt im Ultramonopol des Realsozialismus, brachte ein unvermeidliches Resultat hervor: Es entstand ein Kraftfeld, das von unten bis zur höchsten Spitze reicht, vom ungelernten Arbeiter bis zum Generalsekretär des ZK, ein Kraftfeld, das hartnäckig in Richtung einer Minimalisierung sowohl des Planes selbst als auch seiner Übererfüllung wirkt. Dieses Feld entsteht nicht auf Grund einer Verschwörung; im Gegenteil, jedem einzelnen ist das Schicksal des anderen absolut gleichgültig. Das Kraftfeld entsteht auf solidester Basis – auf dem gemeinsamen Interesse aller Beteiligten.

Da dieses Kraftfeld absolut automatisch in jedem Betrieb der Sowjetunion, in jeder Kolchose, jeder Sowchose entsteht, ist seine Stärke unüberwindlich. Ministerien wurden geschaffen, geteilt und aufgelöst, sie wurden durch Sownarchosen und Staatskomitees ersetzt, danach wurden neue Ministerien gebildet; es gab Arbeiter- und Bauern-Inspektionen, es gab Staats-, später Volkskontrollkomitees – aber keine Reorganisation, und natürlich keine Propaganda konnten die Kraftlinien dieser Felder sprengen und die Eigendynamik des realsozialistischen Wirtschaftssystems überwinden.

Marx hatte diese Dynamik nicht vorausgesehen; Lenin jedoch sah so etwas kommen, denn zu seiner Zeit existierten bereits Großkonzerne. Lenin unterstrich mit Recht, daß nur von einer *Tendenz* zur Stagnation gesprochen werden kann, nicht von einer absoluten Stagnation: Das Wachstum der Produktion geht weiter, aber sein Umfang ist kleiner, als dies bei den vorhandenen Möglichkeiten normal wäre.

Im Realsozialismus ist die Tendenz zur Stagnation offensichtlich stärker ausgeprägt als im Kapitalismus; sogar dort, wo Großkonzerne existieren, wirkt der freie Markt dieser Tendenz entgegen. Das Wirtschaftssystem des Realsozialismus hat bei den Teilnehmern des Produktionsprozesses auf allen Stufen der sozialen Leiter eine vollständige Uninteressiertheit an den objektiven Resultaten ihrer Arbeit erzeugt.

Wenn wir im Rahmen der marxistischen Terminologie verbleiben, wäre es richtig, die Tendenz zur Stagnation als *Tendenz zur Drosselung der Entwicklung der Produktivkräfte* zu bezeichnen. Sie wird hervorgerufen durch die Eigendynamik des Produktionsmonopols, die im Realsozialismus einen Antagonismus zwischen den Interessen der Produzenten und der Produktion entstehen läßt. Die amtliche Lehre, der Realsozialismus öffne unbegrenzten Raum für die Entwicklung der Produktion, kann nicht über die Tatsache hinwegtäuschen, daß gerade im Realsozialismus dieser Raum außerordentlich eng ist: Denn schon jetzt verläuft offenkundig in diesem System der von Marx beschriebene Prozeß: Die Produktionsverhältnisse verwandeln sich in Fesseln für die Entwicklung der Produktivkräfte.

Seinen konzentrierten Ausdruck findet dieser Prozeß im Problem der „Einführung" (Vnedrenije). Unter dieser Bezeichnung versteht man die Einführung von neuen wissenschaftlich-technologischen Errungenschaften in die Produktion. Das ist eine Erscheinung jener Art, die Lenin durch sein Beispiel mit den Flaschen beschrieb – mit dem Unterschied, daß das Problem gerade im Realsozialismus besonders akut ist. Von der „Einführung" wird in der Sowjetpresse oft geschrieben, in der Akademie der Wissenschaften und in anderen wissenschaftlichen Instituten verschwindet sie überhaupt nicht von der Tagesordnung. Um eine Lösung dieses Problems zu finden, wurde das Staatliche Komitee für Wissenschaft und Technik gegründet, an deren Spitze der Stellvertretende Vorsitzende des Ministerrates der UdSSR steht.

Hier zeigt sich deutlich eine der schwachen Stellen der Wirtschaft im Realsozialismus. Es war in nicht geringem Ausmaß die schmerzende Wunde des Problems der „Einführung", die 1957 die berühmt gewordene Kritik Chruščevs an Wladimir Dudincevs Roman „Der Mensch lebt nicht vom Brot allein" hervorrief.

Vom westlichen Standpunkt aus klingt die Handlung des Romans wie eine Farce: Der Direktor eines Betriebes, der Nomenklaturist Drozdov, intrigiert mit aller Kraft gegen die Einführung einer neuen Maschine, die die Produktion seiner Fabrik vergrößern würde. Aber im Realsozialismus ist ein derartiger Konflikt kein Paradoxon, sondern eine natürliche Erscheinung, und in den Ländern des Ostblocks versetzt sie niemanden in Erstaunen.

Wir haben es ja schon gesehen: Vom Direktor wird nur eine kleine Übererfüllung des Plans verlangt, die gerade ausreicht, um eine Prämie zu bekommen. Daher bringt ihm die Einführung einer neuen Maschine nur Unannehmlichkeiten: Einen Knick in der Leistungstabelle, die Gefahr, daß das Plansoll und damit die Prämie nicht erreicht werden und in Zukunft die Erhöhung des Plans mit dem Hinweis auf seine neue technische Ausrüstung droht. Liegt es nicht auf der Hand, daß ein vernünftiger Direktor alles versucht, um die Einführung technischer Neuerungen solange wie möglich zu verhindern? Auch die Arbeiter sind an einer neuen Maschine nicht interessiert, denn sobald sie installiert ist, wird nicht ihr Gehalt, sondern ihre Norm erhöht, und an die Maschine wird man sich außerdem anpassen müssen.

Die bürokratische Planwirtschaft ist dem technischen Fortschritt gegenüber von Grund aus feindlich eingestellt. Das gilt nicht nur für die Aufstellung von komplizierten Maschinen. Sogar in der Bürotechnik ist der Rückstand der Sowjetunion so groß, daß ein ganz bescheidenes westliches Institut, nicht zu reden von Banken und Konzernen, bürotechnisch wesentlich besser ausgerüstet ist als der Apparat des ZK der KPdSU.

Die Einstellung gegenüber dem technischen Fortschritt (nicht in großen Worten, sondern in Wirklichkeit) ist im Realsozialismus der des Kapitalismus genau entgegengesetzt: Nachdem eine technische Erfindung gemacht wurde, hat der Kapitalismus das Problem der Industriespionage zu lösen, und der Realsozialismus das Problem der „Einführung". Es gibt im Realsozialismus außer dem Problem der „Einführung" noch andere Merkmale der Tendenz zur Drosselung der Entwicklung der Produktivkräfte.

Da ist zum Beispiel die schlechte Qualität der Produktion in den sozialistischen Unternehmungen. Im Westen ist die Legende verbreitet, daß sich die sowjetischen Waren trotz ihres unscheinbaren Äußeren durch Dauerhaftigkeit und gute Qualität auszeichnen. Die Menschen in der Sowjetunion wissen: die Qualität der Sowjetproduktion entspricht ihrem Äußeren.

Der Grund dafür ist, daß sich die Planerstellung im Realsozialismus auf die Menge erstreckt, ausgedrückt entweder in Stückzahl oder in Geld. In *diesen* Kategorien muß der Plan erfüllt oder übererfüllt werden. Die Qualität der Ware rückt auf den zweiten Platz. Durch Festsetzung von Staatsnormen (GOST) will man den Anschein erwecken, daß die Produktion diesen staatlich festgesetzten Qualitätsbegriffen entspricht. Aber kontrolliert wird äußerst oberflächlich. Die Kontrolle wird durch die OTK, die Abteilung für technische Kontrolle des jeweiligen Betriebes, durchgeführt. Die Kontrolleure sind abhängige Leute; das Äußerste, was sie tun können, ist, einem unbeliebten Vorarbeiter, höchstens einem Abteilungsleiter ein Bein zu stellen. Aber die werden es niemals riskieren, die Übererfüllung des Betriebsplanes, die notwendig ist, um Prämien zu kassieren, in Gefahr zu bringen.

Die Nomenklatura weiß über diese Tatsache so gut Bescheid, daß sie sich sogar zu einem originellen organisatorischen Eingeständnis durchgerungen hat: In der Rüstungsindustrie, wo die Nomenklatura ein lebenswichtiges Interesse an der Qualität der produzierten Ware hat, wird die Produktion von Vertretern des Verteidigungsministeriums der UdSSR (der „Vojenpred") übernommen, die nicht von den Leitern der Rüstungsbetriebe, ja nicht einmal von Rüstungsministerien abhängig sind. Einer äußerst strengen Kontrolle wird die Qualität der speziellen technischen Erzeugnisse unterworfen, die für das KGB angefertigt werden.

Die schlechte Qualität der Produktion ist eine Form der Arbeitserleichterung bei der Planerfüllung. Sie wird von der Nomenklatura stillschweigend geduldet. Die Qualität der Waren ist ein wichtiger Sektor der Produktion. Auf diesem Gebiet ist die Drosselung der Entwicklung vielleicht noch auffälliger als auf dem quantitativen Sektor: Die Quantität der produzierten Waren wächst, aber die Qualität sinkt in zahlreichen Fällen.

Eine weniger in die Augen springende, aber den sowjetischen Verbrauchern wohlbekannte Form der Tendenz zur Drosselung der Entwicklung der Produktivkräfte ist folgendes: Wenn der Plan nicht nach Stückzahl, sondern auf Geldbasis erstellt wurde, so versucht die Fabrik, teure Varianten des gleichen Produktes herauszubringen. Das erlaubt nämlich, weniger zu erzeugen, den Plan aber trotzdem zu erfüllen. Wenn Sie in einem Geschäft eine geschmacklos pompöse und dementsprechend zu einem stark überhöhten Preis angebotene Ware sehen, die natürlich von niemandem gekauft wird, so können Sie sicher sein: Es ist dem Direktor des Erzeugerbetriebs gelungen, seinen Plan auf diese Weise zu erfüllen. Ob die Ware Käufer findet, geht den Direktor nichts an.

Die Tendenz zur Drosselung der Entwicklung der Produktivkräfte im Realsozialismus ist der Aufmerksamkeit der Nomenklatura natürlich nicht entgangen. Aber die Nomenklaturaklasse will diese zutage getretene Gesetzmäßigkeit nicht anerkennen und verschleiert ihre Auswirkung auf allen Ebenen.

In den Rängen der Nomenklatura hat sich die Praxis des „Dazurechnens" (Pripiski) verbreitet. Die „Dazurechnung" ist einfach Betrug: In die Abrechnung über die Erfüllung des Planes werden wissentlich falsche Ziffern von Waren eingetragen, die niemals erzeugt wurden. Die Methode basiert auf der klaren Erkenntnis des bürokratisch-theoretischen Charakters der Nomenklaturaplanung und -Abrechnung: Aus den Büros des Gosplan und der Ministerien gehen theoretische Dispositionen nach unten, die ohne Kenntnis der wirklichen Verhältnisse erlassen wurden, und als Antwort wird eine rein theoretische Abrechnung hinaufgeschickt, die der Wirklichkeit nicht entspricht.

Manchmal werden die „Dazurechner“ entlarvt. Trotzdem fällt auf, daß die Praxis des „Dazurechnens“ von den Schuldigen meist viele Jahre lang ausgeübt wurde. Das heißt, daß diese betrügerische Methode unter den Verhältnissen im Realsozialismus leicht angewendet werden kann. Gerade die von ganz oben geleitete Planwirtschaft des Realsozialismus hat dazu geführt, daß es nicht die kleinen Gauner sind, die sich mit Betrug und „Dazurechnen“ beschäftigen, sondern die Stützen der Sowjetgesellschaft.

Eine dieser Stützen war z. B. der Erste Sekretär des Rjasaner Gebietskomitees der Partei, A. E. Larionov. Er übernahm feierlich die Verpflichtung, daß sein Gebiet im Jahr 1959 um 280% mehr Fleisch erzeugen würde als 1958. Auf dem Dezemberplenum des ZK berichtete Larionov stolz über die Erfüllung seiner Verpflichtung und wurde von Chruščev gelobt. Im Jahr darauf stellte sich heraus, daß alle Berichte Larionovs erfunden waren.

Eine noch höhere „Stütze“ war der Erste Sekretär des ZK der KP von Tadžikistan, T. U. Uldžabaev. Dieser Führer der Tadžikischen Nomenklatura meldete mehrere Jahre hindurch, daß seine Republik die höchste Baumwollernte der Welt erbringe. In diesem Zusammenhang wurden nicht wenige hochtrabende Worte gesprochen und geschrieben – auch im Ausland –, daß die machtvolle Stärke des Sozialismus den ehemals rückständigen Tadžiken die Möglichkeit gegeben habe, die ganze Welt zu überflügeln. Doch im April 1961 fand ein weniger laut hinausposauntes Plenum des ZK der Tadžikischen Partei statt, auf dem mitgeteilt wurde, daß der Plan für die Baumwollablieferung schon lange nicht mehr erfüllt worden sei und daß die Rechenschaftsberichte falsch gewesen wären.

Der Maßstab des Betruges war so gigantisch, daß der Ausdruck „Dazurechnung“ nicht mehr paßte.

In den siebziger Jahren entschloß sich das Politbüro endlich nach langem Zögern, das georgische Panama auffliegen zu lassen, von dessen Existenz alle seit langem wußten. Es hatte mehrere Jahrzehnte früher, noch zu Stalins Zeiten, angefangen. Anscheinend hielt es dieser für nützlich, in seinem Staat eine ihm ergebene Provinz zu besitzen, in die er übrigens meist auf Urlaub fuhr und aus der Berija nicht wenige seiner Mitarbeiter in den Staatssicherheitsorganen bezog.

Jeder, der in Georgien war, konnte dort die ungewöhnlich großen Bodenanteile der Kolchosbauern sehen, die Massen von herausgeputzten Georgiern, die in den Straßen von Tiflis flanierten, er staunte über die für einen Sowjetbürger unverhältnismäßig hohen Summen, die die Leute dort mit leichter Hand ausgaben. Alle wußten, daß es nirgends in der Sowjetunion eine so große Korruption gab wie in Georgien, daß man dort alles kaufen konnte; einen Platz auf einer Hochschule oder deren Abschlußdiplom und sogar ein Dokument über die Verleihung des Titels „Held der Sowjetunion". Dies setzte sich auch nach Stalins Tod fort, dessen Kult in Georgien offiziell beibehalten wurde. Nicht wenige Georgier betrachteten ihre Republik als eine Art besonderes Gebiet; es geschah nicht selten, daß Neuankömmlinge, die über die ungewohnten Sitten staunten, zu hören bekamen: „Gefällt dir Georgien nicht? Dann fahre zurück in die Sowjetunion!"

Um es in der Sprache der marxistischen Politökonomie auszudrükken: In Georgien wurde die Ausbeutungsrate etwas gesenkt. Die Pläne jedoch wurden nach der in der ganzen Sowjetunion gültigen Rate vorgeschrieben. Der Erste Sekretär des ZK der Georgischen KP, der Kandidat des Politbüros Mžavanadze, erstattete stolze Vollzugsmeldungen von Plansoll-Übererfüllungen. Alle diese Berichte waren gefälscht. Die untrennbar mit der Gesetzmäßigkeit der bürokratischen Planerstellung verbundene Augenauswischerei erreichte, so scheint es, ihre Apotheose: Sie drang bis zur Schwelle des Politbüros vor, – bis zur höchsten Stufe der Nomenklaturaklasse.

Mžavanadze wurde schließlich seines Amtes enthoben, aber die Methode des „Dazurechnens", die Methode der gefälschten Berichte über die Übererfüllung von Plänen, verblieb im Nomenklatura-Olymp. Denn sie hatte dort lange vor Mžavanadze ihren Einzug gehalten, – nur mit dem Unterschied, daß die Republiksfürsten mit ihren falschen Ziffern Sand in die Augen der Führung in Moskau streuen wollen, während diese selbst, die über sich keine Chefs mehr hat, versucht, mit ihren gefälschten Statistiken die ganze Welt zu belügen.

Die Frage der in der Sowjetunion praktizierten Fälschung von Statistiken wurde in der westlichen Literatur eingehend untersucht. Der amerikanische Forscher Naum Jasny hat viele der in der UdSSR veröffentlichten statistischen Daten analysiert und eine Reihe von Fälschungen aufgedeckt. Hier seien nur zwei Beispiele aus den Mitteilungen des

Statistischen Zentralamtes der UdSSR über die Ergebnisse der Planerfüllung des Jahres 1947 angeführt.

In dieser Veröffentlichung wurde erklärt, daß der Handel der Kolchosen 1949 um 22% über dem des Vorkriegsjahres 1940 lag. Nach dem XX. Parteitag stellte sich heraus, daß das Amt vorher, ohne ersichtlichen Grund, die Angaben des Jahres 1940 „neu berechnet" und sie von der seinerzeit veröffentlichten Zahl von 41,2 Milliarden Rubel auf 29,1 Milliarden gesenkt hatte. Nur auf Grund eines derartigen Manövers war es möglich, daß der Vergleich zugunsten des Jahres 1940 ausfiel (35,5 Milliarden Rubel nach den Preisen des Jahres 1940).

In der gleichen Veröffentlichung des Statistischen Zentralamtes hieß es, daß der Reallohn eines sowjetischen Arbeiters im Jahr 1948 im Vergleich zu 1947 – d. h. innerhalb eines Jahres – um mehr als das Doppelte gestiegen sei: Naum Jasny rechnete aus, daß er in Wirklichkeit nicht nur nicht stieg, sondern im Gegenteil im Zusammenhang mit der Währungsreform vom 15. Dezember 1947 etwas sank.[31])

1948 – das ist die Zeit Stalins. Aber die Fälschung der Statistiken setzte sich auch unter Chruščev fort; er selbst kritisierte sie auf dem ZK-Plenum im Januar 1961.[32]) Sie geht auch jetzt weiter.

Noch einmal: „Dazurechnung" ist kein einfacher Betrug, sie ist die direkte Folgeerscheinung der Planwirtschaft des Realsozialismus.

Diese Erscheinung entsteht, weil die Nomenklatura die mit ihrer Planwirtschaft gekoppelte Tendenz zur Drosselung der Entwicklung der Produktivkräfte vertuschen will. Da bleibt nichts anderes übrig, als Planerfüllungsdaten einfach zu erfinden. Auf einem niedrigeren Niveau, auf dem die Fälschungen nur für die eigene Karriere des betreffenden Nomenklaturisten notwendig sind, verhängt die höhere Nomenklaturaführung für solche „Dazurechnungen" Strafen. Aber sie selbst nimmt ständig zu dieser Methode Zuflucht, um die Auswirkungen der verschwiegenen Gesetzmäßigkeit zu verschleiern.

Die Nomenklaturaklasse hat guten Grund, die Tendenz zur Drosselung der Entwicklung der Produktivkräfte zu verheimlichen. Die Tendenz hat nämlich eine für den Realsozialismus gefährliche historische Dimension.

Es gehört zum ABC des historischen Materialismus, daß die Verwandlung der Produktionsverhältnisse in die Fesseln der Produktivkräfte das untrügliche Merkmal einer untergehenden Gesellschaftsordnung ist. Nun findet diese folgenschwere Erscheinung im Realsozialismus und nicht im modernen Kapitalismus statt. Welche von den beiden ist demnach eine Gesellschaft ohne Zukunft, wie Breżnev den Kapitalismus bezeichnete?

Genauer gesagt hat jede existierende Gesellschaft eine Zukunft, – aber was für eine? Aus der Sicht des Historischen Materialismus führt der Konflikt zwischen den fesselnden Produktionsverhältnissen und den wachsenden Produktivkräften zu einer sozialen Explosion, die die Fesseln sprengt und eine neue Form der Produktionsverhältnisse, eine neue Gesellschaftsform schafft. Gerade diese Explosion bezeichnet der Marxismus als eine soziale Revolution. Die Revolution kann verschiedene Formen haben: Eine unfriedliche (bewaffneter Aufstand) oder eine friedliche (gewaltloser Übergang der Macht an eine andere Klasse), aber den Inhalt der Revolution bildet aus marxistischer Sicht gerade die Sprengung der eng gewordenen Produktionsverhältnisse durch die Produktivkräfte – das revolutionäre Element der Produktion. Nähert sich also der Realsozialismus einer sozialen Revolution, die die Ablösung der herrschenden Nomenklaturaklasse bedeuten wird?

Es ist klar, daß die Nomenklatura versucht, einen solchen Gedankengang nicht einmal aufkommen zu lassen.

7. Die konstante Unterproduktionskrise und der Vorrang der Schwerindustrie

Im 2. Band des „Kapital“ sagte Marx für das Zeitalter des Sozialismus und des Kommunismus eine „fortwährende relative Überproduktion“ voraus.[33]) Der Realsozialismus hat diese Vorhersage nicht bestätigt.

Die Überproduktion ist ein charakteristisches Merkmal nicht der sozialistischen, sondern der kapitalistischen Wirtschaft. Mehr noch: Der Kapitalismus zeichnet sich durch eine so große Produktivität aus, daß er periodisch an Überproduktionskrisen zu leiden hat. Wie wir schon erwähnt haben, ist das die Wirkung des Verteilungsmechanismus des Marktes. Die Überproduktion ist nicht absolut, sondern relativ: Sie übersteigt nicht den Bedarf der Gesamtmasse der Verbraucher, sondern die zahlungsfähige Nachfrage. Daher führt nicht der Marktmechanismus allein zu diesen Absatzkrisen, sondern nur im Zusammenhang mit dem hohen Preisniveau.

Die kommunistische Propaganda unterstreicht immer voll Stolz, daß die Wirtschaft der realsozialistischen Länder keine Krisen kennt. Das ist falsch: Periodische Überproduktionskrisen gibt es im Realsozialismus nicht, doch ist für seine Wirtschaft eine konstante Unterproduktionskrise charakteristisch.

Betonen wir noch einmal: Diese Krise ist nicht periodisch, sondern konstant chronisch. Sie ist zur Alltäglichkeit des wirtschaftlichen Lebens im Realsozialismus geworden.

Der Sowjetbürger hat sich längst daran gewöhnt, daß grundsätzlich sämtliche Waren in zu geringem Ausmaß vorhanden sind. Manchmal hat man Glück und man kommt in ein Geschäft, in dem gerade eine Ware „ausgeworfen" wird, wie man sagt; daher pflegt jeder stets ein Einkaufsnetz bei sich zu haben, das den hoffnungsvollen Namen „Avoska" („Vielleichtchen") trägt. Aber nicht nur der Individualverbraucher trachtet, sich einzudecken, wenn er plötzlich auf eine Ware stößt; die Betriebsleitungen handeln ebenso, indem sie Vorratslager von Rohstoffen und Werkzeugen anlegen, wofür sie übrigens mit gespielter Naivität von den Zeitungen getadelt werden.

Durch die ihr innewohnende Tendenz zur Drosselung der Entwicklung der Produktivkräfte bestimmt die konstante Unterproduktionskrise im Realsozialismus den gesamten Wirtschafts- und Lebensstil in der Sowjetunion.

Auf dem Gebiet der Rüstungsindustrie in der UdSSR gibt es für den westlichen Beobachter scheinbar keine Unterproduktion.

Aber es wäre unrichtig, auf Grund dieser Tatsache den Schluß zu ziehen, daß im Realsozialismus die Tendenz zur Drosselung der Entwicklung der Produktivkräfte selektiv wirkt. Die Manager und Ingenieure der sowjetischen Rüstungsindustrie beklagen sich über die gleichen Schwierigkeiten und Probleme, die in den für friedliche Zwecke arbeitenden Fabriken so schwer zu überwinden sind. Anders könnte es auch nicht sein: auch in der Panzerindustrie werden Pläne erstellt, auch dort bemühen sich die Direktoren mit der stillschweigenden Unterstützung der vorgesetzten Stellen, die Pläne herabzusetzen, um sie leichter übererfüllen zu können und Prämien und Orden zu kassieren, auch dort will sich niemand auf Experimente einlassen und alle ziehen es vor, im Rahmen der eingefahrenen Routine weiterzuarbeiten; auch dort sind nicht die Arbeitsresultate wichtig, sondern Erfolgsmeldungen, die mit Lohnerhöhungen und anderen Belohnungen verbunden sind. Wie sollte die Tendenz zur Drosselung der Entwicklung der Produktivkräfte hier nicht wirksam werden?

Die Nomenklatura als herrschende Klasse hat ein Hauptbedürfnis: Die Verankerung und Erweiterung ihrer Macht. Dieses Bedürfnis wird befriedigt durch die Konstruktion der neuesten Typen von Waffen und Rüstungsmaterial für die Streitkräfte, der Sondertechnik für Staatssicherheitsorgane, durch den Ausbau der Schwerindustrie und der Technologie, die die Grundlage des Militärpotentials darstellen, durch den Bau von Befestigungen und Militärstützpunkten, durch die Sicherung von dichten Grenzen, durch die Propagandamaschinerie und den Aufklärungsapparat, durch die Spionagetätigkeit im Ausland, die Finanzierung von kommunistischen Parteien in kapitalistischen Ländern usw.

Auf dem Gebiet der Produktion von Kriegsmaterial werden diese Klassenbedürfnisse der Nomenklatura durch die Schwerindustrie befriedigt. Hier entsteht die Militärmacht der Nomenklatura. Nur deshalb tritt die Nomenklatura überall als Befürworterin der Industrialisierung auf: Mit einem mystischen Industrialisierungsfanatismus, den Djilas der „Neuen Klasse“ zuschreibt, hat diese Erscheinung nichts zu tun.

Es ist bekannt, daß Lenin die Industrialisierung nicht besonders propagiert hatte, obwohl ihm die Stalinsche Geschichtsschreibung das im nachhinein andichtete. In seiner vorletzten Rede am 13. November 1922 zählte Lenin die Bedürfnisse des Landes in folgender Reihenfolge auf: „Die Rettung Rußlands liegt nicht nur in einer guten Ernte der Bauern – das ist zuwenig – und nicht nur in dem guten Zustand der Leichtindustrie, die der Bauernschaft Gebrauchsgegenstände liefert – das ist ebenfalls zuwenig – wir bedürfen noch der Schwerindustrie.“[34]) Die Schwerindustrie tritt hier nur als eine Ergänzung auf.

Und dennoch: Gerade bei Lenin brach sich immer mehr der Gedanke Bahn, daß die Schwerindustrie nicht bloß als Ergänzung der Landwirtschaft betrachtet werden dürfe, wo sie, wie er sagte, möglich mache, den Bauern auf einen Traktor zu setzen. In den Thesen seines Vortrages auf dem III. Kongreß der Komintern heißt es: „Die einzige materielle Grundlage des Sozialismus kann nur die maschinelle Großindustrie sein, die imstande ist, auch die Landwirtschaft zu reorganisieren.“[35])

Das Hauptziel nannte er aber in seiner bekannten Arbeit „Die kommende Katastrophe und wie man sie bekämpfen kann“: „Der Krieg ist unerbittlich, er stellt mit schonungsloser Schärfe die Frage: entweder untergehen oder die fortgeschrittenen Länder *auch ökonomisch* einholen und überholen... Untergehen oder mit Volldampf vorwärtsstürmen. So wird die Frage von der Geschichte gestellt.“[36]) Eine einfache Umschreibung dieser Leninworte war Stalins oft zitierter Ausspruch, Rußland sei immer schon wegen seiner Rückständigkeit geprügelt worden, daher müsse diese „kriegswirtschaftliche“ Rückständigkeit umgehend liquidiert werden, „oder wir werden zermalmt“.[37])

Das ist der von beiden Vätern der Nomenklaturaklasse verkündete Sinn der Industrialisierung. Die Schaffung einer Militärmacht – das war von allem Anfang an dieser einfache Sinn, den die Nomenklaturaklasse jetzt zu verschleiern trachtet.

Stalin erfand die Formel: „bevorzugte Entwicklung der Produktion von Produktionsmitteln“. Das hieß nichts anderes, als das Primat der Schwerindustrie mit dem wichtigsten Ziel, die Kriegs- und Polizeimaschinerie des Nomenklaturastaates aufzurüsten. In der sowjetischen Statistik wurden Begriffe eingeführt: „Gruppe A“ und „Gruppe B“, Produktion von Produktionsgütern und Produktion von Konsumgütern. (Man darf diese Begriffe nicht mit den von Marx eingeführten Kategorien Erste und Zweite Unterabteilung, also Schwer- und Leichtindustrie, verwechseln: in die Erste Unterabteilung fallen auch einige Konsumgüter, z. B. Kühlschränke und Fernsehapparate, in die Zweite einige Produktionsgüter, z. B. Transmissionsriemen für Maschinen.) Die Stalinsche Formel wurde so ausgelegt: um die Erzeugung von Waren für das Volk sicherzustellen, müsse man zerst die Gruppe A (wie in der Sowjetunion die Produktion von Produktionsmitteln bezeichnet wird) voll ausbauen.

Die Gruppe A wird seit mehr als einem halben Jahrhundert – seit 1927 – in beschleunigtem Tempo ausgebaut. Verfolgen wir von Fünfjahrplan zu Fünfjahrplan, wie reibungslos das Prinzip der bevorzugten Entwicklung der Schwerindustrie (vor allem der Rüstungsindustrie) auf Kosten der Konsumgütererzeugung funktioniert.[38]) Wir halten uns dabei an sowjetische Quellen.

Der erste Fünfjahrplan (1928–32). Die Vorbereitung dieses Planes dauerte ebenfalls fünf Jahre, ab 1923; erfüllt wurde er in 4 Jahren und 3 Monaten. Aber wie? Die Schwerindustrie hatte eine Plan-Übererfüllung von 109% aufzuweisen, der Anteil der Unterabteilung I (Schwerindustrie) wuchs in diesen Jahren von 39,50% auf 53,40%. Hingegen erfüllte die Konsumgüterindustrie „im Zusammenhang mit der am Ende der Fünfjahresperiode erfolgten Überstellung einer Anzahl von Unternehmen an die reine Rüstungsproduktion“ den Plan überhaupt nicht.[39]) Allerdings kam niemandem der Gedanke, daß mit der Planerfüllung bei der Gruppe A der Plan als Ganzes noch gar nicht erfüllt war und daß man den Plan nicht vorzeitig beenden sollte. Diese Tatsache spiegelt das

Verhältnis der Nomenklatura zur Produktion von Konsumgütern wider.

Der zweite Fünfjahrplan (1933–37). Wieder wurde der Plan stolz in 4 Jahren und 3 Monaten erfüllt. Die Abteilung Schwerindustrie wuchs um mehr als das Doppelte. Es findet sich wieder der Beisatz: „Als Folge der Kriegsdrohungen mußten für die Produktion von Rüstungsmaterial große Ausgaben gemacht werden. Diese Tatsache war der Grund dafür, daß die Leichtindustrie ihr Programm nicht erfüllen konnte."[40]) Eine Anzahl von Betrieben für die Produktion von Konsumgütern, die im Plan namentlich genannt waren, wurden nicht einmal gebaut.[41]) Der Plan galt dennoch wieder als übererfüllt.

Der dritte Fünfjahrplan (1938–42) war der Vorkriegs- und Kriegsplan. Selbstverständlich „ging der Dritte Fünfjahrplan von der Notwendigkeit aus, eine bedeutende Erhöhung des kriegswirtschaftlichen Potentials und der Verteidigungsmöglichkeiten des Landes zu erreichen. Mit diesem Ziel vor Augen wurde im Plan der forcierte Ausbau der Rüstungsindustrie, die Bildung von großen staatlichen Reserven, vor allem von Brennstoffen und Elektroenergie und die Erzeugung einiger anderer für die Kriegsführung wichtiger Produkte vorgesehen..."[42])

Von 1943 bis 1945 gab es keinen Plan.

Der vierte Fünfjahrplan (1946–50) wurde nach der bereits festgelegten Stalinschen Tradition in 4 Jahren und 3 Monaten erfüllt. 1950 überstieg der Umfang der Industrieproduktion das Niveau des Vorkriegsjahres 1940 um 73%, „die Produktion von Waren des Massenbedarfs erreichte noch nicht den Vorkriegsstand."[43])

Der fünfte Fünfjahrplan (1951–55). Stalin starb mitten in dieser Planperiode, trotzdem gab es keine krassen Veränderungen: der Plan wurde in 4 Jahren und 4 Monaten erfüllt. Am Ende betrug das Übergewicht der Gruppe A bereits 70,50%.[44]) Aber die Landwirtschaft entwickelte sich im fünften Planjahrfünft langsamer, als im Plan vorgesehen war. Das Wachstum der landwirtschaftlichen Produktion blieb hinter dem Plansoll zurück. Die Ernte der landwirtschaftlichen Kulturen war noch niedrig. Die Produktivität der Viehzucht in den Kolchosen erreichte nicht das vom Fünfjahrplan festgesetzte Niveau.[45])

Der sechste Fünfjahrplan (1956–60) wurde vom XX. Parteitag der KPdSU bestätigt, – dem Parteitag der Entstalinisierung. Er veranschlagte ein Wachstum der Gruppe A um 70% und der Gruppe B um 60%.[46]) Diese liberalen Absichten wurden jedoch nicht bis zum Ende durchgeführt, da der Fünfjahrplan von Chruščev während seiner Laufzeit in einen Siebenjahrplan umgewandelt wurde.

Der Siebenjahrplan (1959–65) behielt natürlich das „bevorzugte Wachstumstempo der Produktionsmittelerzeugung bei.“[47]) Bezüglich der Landwirtschaft wurde der Plan nicht erfüllt: Die Pro-Kopf-Produktion wuchs innerhalb von sechs Jahren statt auf die geplanten 34 Milliarden Rubel (in Preisen von 1958) nur um 5 Milliarden; der Pro-Kopf-Zuwachs an Großvieh ging im Vergleich zum vorhergegangenen Fünfjahrplan um die Hälfte zurück, die Anzahl der Schweine, Schafe und Hühner verringerte sich sogar absolut.[48]) „Auch die Leicht- und Lebensmittelindustrie lieferten, hauptsächlich aus Mangel an landwirtschaftlichen Rohstoffen, weniger, als der Plan vorsah.“[49])

Es handelt sich bei diesem alarmierenden Ergebnis keineswegs um den Ausbruch einer Landwirtschaftskatastrophe, sondern um ein objektiveres Fazit als gewöhnt. Nach der Ablösung Chruščevs im Oktober 1964 sah nämlich die neue Führung keine Veranlassung, das wirkliche Ergebnis der Planerfüllung zu verbergen. Deshalb auch die kuriose Tatsache, daß nur von sechs Jahren des Siebenjahrplanes die Rede ist, also bis zum Jahr 1964. 1965 gehört schon zur Brežnev-Ära; von da an mußte natürlich alles gut gehen. Ob es gut ging oder nicht, wird sich erst nach Brežnevs Abgang herausstellen. Aber über seine Fünfjahrpläne kann bereits jetzt etwas gesagt werden.

Der achte Fünfjahrplan (1966–70). Es wurde verkündet, daß in diesem Plan das Wachstumstempo der beiden Gruppen A und B einander angenähert werden würde. Das Resultat dieser Annäherung war folgendes: 1970 war der Anteil der Gruppe A an der gesamten Industrieproduktion 74%, der Gruppe B 26%. Diese Ziffer war so vielsagend, daß sie im letzten Moment aus Brežnevs Rechenschaftsbericht auf dem XXIV. Parteitag gestrichen wurde.[50]) Im Jahr 1970 konnte man einer unvorsichtigen statistischen Veröffentlichung noch eine bezeichnende Tatsache entnehmen, die im Gegensatz zu der im Westen und sogar in der Sowjetunion verbreiteten Meinung stand. Im Rahmen der Gruppe A hat sich der Anteil der Produktion von Produktionsmitteln, die wieder nur für die Herstellung von Produktionsmitteln bestimmt waren (Gruppe A 1), seit Stalins Zeiten nicht verringert, sondern wuchs im Vergleich zur Gruppe A 2 (Produktion von Produktionsmitteln der Konsumgüter) unentwegt weiter. Wenn dieser Anteil in der Stalin-Ära (1950) 72% betragen hatte, so erreichte er unter Chruščev (1960) 78% und machte unter Brežnev und Kosygin (1965–66) bereits 82% aus.[51]) Hier sieht man mit aller Deutlichkeit: die Hauptlinien der sowjetischen Wirtschaftspolitik werden nicht von Generalsekretären, sondern von der herrschenden Nomenklaturaklasse bestimmt. Die Generalsekretäre kommen und gehen, aber die Politik bleibt.

Merken wir trotzdem an: der achte Fünfjahrplan war der einzige, in dem der Plan auch der Gruppe B endlich erfüllt (und sogar übererfüllt) wurde.[52]) So wirkten auf die Nomenklatura die Ereignisse von 1968 in der Tschechoslowakei und von 1970 in Polen.

Diese Ereignisse gehören nun der Vergangenheit an; das Leben kehrte in seine gewohnten Bahnen zurück. Davon zeugte eindeutig *der neunte Fünfjahrplan* (1971–75). Das war wieder ein normaler Fünfjahrplan, von einer Überflügelung im Wachstumstempo der Gruppe A durch die Gruppe B konnte keine Rede sein. Obwohl man sich scheute, die Ziffern der Gruppe A zu veröffentlichen, waren die Resultate aus der Mitteilung, daß „der Umfang der Industrieproduktion um 43% zunahm", während sich „die Produktion von Konsumgütern um 37% erhöhte" klar zu ersehen.[53] Der Plan wurde bezüglich der Gruppe B wieder nicht erfüllt – zum achten Mal von neun. Auf dem XXV. Parteitag verkündete Brežnev, daß es „nicht gelang, die Planziffer in der Konsumgüter- und Lebensmittelindustrie zu erreichen". Er kam zu dem Schluß: „Bisher haben wir noch nicht gelernt, neben der Sicherung des schnellen Ausbautempos der Schwerindustrie auch die Wachstumsrate bei der Gruppe B und den Dienstleistungsbetrieben beschleunigt voranzutreiben. Die Verantwortung dafür tragen viele."[54])

Das ist wahr – es sind viele: Die Nomenklaturaklasse. In einem Zeitraum von mehr als 60 Jahren ihrer Herrschaft und von mehr als 50 Jahren Planwirtschaft hat sie nicht gelernt, dem arbeitenden Volk die notwendigen Gebrauchsgüter zu geben. Aber auch jetzt hat diese Klasse, die ins Pensionsalter eingetreten ist, nicht die Absicht, die Lage radikal zu verändern.

Im derzeitigen *zehnten Fünfjahrplan* (1976–80) hat die Sowjet-Nomenklatura folgendes vorgesehen: Wenn 1975 die Produktion von Konsumgütern um 237 Milliarden Rubel hinter der Erzeugung von Produktionsmitteln zurückblieb, wird 1980 der Unterschied bereits 351 Milliarden betragen. Dabei wird sich das Gesamtvolumen der Konsumgüterproduktion 1980 nur auf ca. 1986–189 Milliarden Rubel belaufen.[55]) Das heißt, daß allein das Übergewicht der Schwerindustrie (in Geld ausgedrückt) fast doppelt so hoch sein wird wie die ganze Erzeugung von Konsumgütern für die Bevölkerung.

Aber selbst diese große Diskrepanz ist noch zu niedrig angesetzt. Die sowjetische Statistik verwendet nämlich bei der Gruppe A die niedrigen

Lieferantenpreise der Betriebe, die die Gestehungskosten nur um ein Geringes übersteigen und von den Staatsbetrieben gegenseitig für die Bilanzen in Rechnung gestellt werden. Bei der Gruppe B verwendet die Statistik hingegen die hohen Einzelhandelspreise mit den Aufschlägen, die in manchen Fällen (z. B. bei den Personenkraftwagen) die Gestehungskosten um 800–900% übersteigen.

Nachdem wir die zehn Fünfjahrpläne kennengelernt haben, kommen wir zu einem nicht uninteressanten Schluß: Der Kurs in Richtung einer bevorzugten Entwicklung der Produktion von Produktionsmitteln bedeutet nicht nur, daß der Anteil und das Wachstumstempo der Gruppe A von der Nomenklatura systematisch auf Kosten der Gruppe B, d. h. auf Kosten der konsumierenden Bevölkerung, geplant wird. Dieser Kurs bedeutet auch, daß sich die Nomenklatura bemüht, bei den so unproportionierten Plänen die Gruppe A regelmäßig über die gesteckten Ziele hinaus zu erfüllen und die Gruppe B regelmäßig nicht zu erfüllen, wobei auf diese Weise die tatsächliche Produktion von Konsumgütern auf ein schon völlig jämmerliches Minimum heruntergedrückt wird. Und das seit einem halben Jahrhundert!

Das also ist die „bevorzugte Entwicklung der Produktion von Produktionsmitteln". Hinter diesem scheinheiligen Euphemismus verbirgt sich ein Kurs, der ausschließlich an den Klasseninteressen der Nomenklatura orientiert ist und das Ziel verfolgt, ihre Macht und Herrschaft zu befestigen, auf Kosten der elementarsten Bedürfnisse der von ihr regierten Bevölkerung.

8. Die Ausbeutung auf marxistischer Grundlage

Wir haben in Grundzügen Bekanntschaft mit der Struktur und dem Funktionieren des ökonomischen Systems des Realsozialismus gemacht, – des Systems, welches der Nomenklatura die Möglichkeit gibt, den Mehrwert abzuschöpfen. Wenden wir uns jetzt dem Mechanismus dieses Prozesses zu.

Als die herrschende Nomenklaturaklasse ihr System für die Aneignung des Mehrwertes schuf, wandte sie eine eher verblüffende Methode an, die man, selbst bei größter Abneigung gegen scharfe Urteile, nicht anders als zynisch bezeichnen kann.

Lenin riet, niemals Parteien, Klassen oder einzelne Menschen nach dem zu beurteilen, was sie selbst über sich aussagen, sondern immer die realen Tatsachen zu analysieren. Wenn wir diesem Rat folgen und nicht die in wohlklingenden Phrasen der Nomenklatura über ihre unverbrüchliche Treue zum Marxismus beteuert, sondern ihre Taten betrachten, können wir eines nicht übersehen: sie beeilt sich nicht, die Ideen von Marx über die Umgestaltung der Gesellschaft nach der proletarischen Revolution in die Tat umzusetzen. Die Vergesellschaftung der Produktionsmittel ist nicht über ihre Anfangsstufe hinaus gediehen, denn nach Marx stellt die Verstaatlichung nur eine erste Etappe dar; der Staat stirbt nicht ab, er wird immer stärker; mit der Pariser Kommune hat er nicht die geringste Ähnlichkeit; die Unterschiede in der materiellen Situation der einzelnen Mitglieder der Gesellschaft wurden nicht liquidiert, im Gegenteil, sie werden immer größer, und die klassenlose kommunistische Gesellschaft, die laut Marx nach einer kurzen Übergangsperiode der Diktatur des Proletariates hätte entstehen sollen, ist nicht nur nicht errichtet worden, sie verwandelt sich in einen Mythos, der immer verschwommener wird.

Aber ausgerechnet die Aneignung des Mehrwertes durch die Kapitalisten, die Marx im „Kapital" beschreibt, wurde von der Nomenklatura rasch übernommen.[56]) Es wird erzählt, daß Lenin einmal Stalin als „Dschingis Khan, der ‚das Kapital' von Marx gelesen hat" bezeichnet habe. Diese Bezeichnung ist treffend.

So blasphemisch das für jeden Marxisten klingt, die Tatsache bleibt bestehen: Die Nomenklatura hat bewußt die durch Marx erfolgte Entlarvung der Ausbeutung des Arbeiters durch den Kapitalisten zur Grundlage der Organisation der „sozialistischen Produktion" gemacht.

Wie jeder weiß, der marxistische Politökonomie studiert hat – und dazu gehören alle Nomenklaturisten – gibt es zwei Grundmethoden, den beim Produktionsprozeß entstehenden Mehrwert zu vergrößern: 1. durch Verlängerung des Arbeitstages („absoluter Mehrwert"), 2. durch Verkürzung der notwendigen Arbeitszeit („relativer Mehrwert"). Das letztere erfolgt durch Steigerung der Arbeitsproduktivität bzw. durch Herabsetzung des Lohnes der Arbeitenden. Die Nomenklaturaklasse der UdSSR bediente sich aller Methoden gleichzeitig. Analysieren wir sie der Reihe nach.

9. Die Verlängerung des Arbeitstages

Nach der Oktoberrevolution wurde zuerst die Arbeitszeit verkürzt. Dann wurde sie wieder länger. Ich erinnere mich, wie die Konsomolzenführer uns Schulkinder korrigieren mußten, wenn wir herunterleierten, was wir zuvor gelernt hatten: unser Vaterland sei das Land mit dem kürzesten Arbeitstag der Welt; das war es damals nicht mehr. Die Zahl der Arbeitstage wuchs: Anstelle der Fünftagewoche (4 Arbeitstage) wurde die Sechstagewoche (5 Arbeitstage) eingeführt, im Jahr 1940 die Siebentagewoche mit Achtstundentag: 48 Arbeitsstunden. Der nach der Revolution versprochene Urlaubsanspruch von einem Monat wurde auf zwölf Arbeitstage reduziert. Die Zahl der Feiertage wurde eingeschränkt. Zuerst wurden die religiösen Feiertage Ostern und Weihnachten abgeschafft, dann ging es an die Liquidierung revolutionärer Festtage: der 22. Januar, der Jahrestag des „blutigen Sonntags" des Jahres 1905 (er wurde mit dem 21. Januar, dem Todestag Lenins, zusammengelegt); der 18. März, der Tag der Pariser Kommune; man hörte auf, den Jahrestag der Februarrevolution und den Internationalen Jugendtag (den 31. August) zu feiern. Zusätzlich wurden „Subbotniks" und „Voskresniks" organisiert – unbezahlte Arbeits-Samstage und -Sonntage.

Damit diese verordnete oder auf Umwegen eingeführte Verlängerung der Arbeitszeit auch wirklich den entsprechenden Zuwachs an Mehrprodukt erbrachte, führte die Nomenklatura eine strenge Arbeitsdisziplin ein. Auch hier erwies sich Lenin als Lehrmeister: Wie wir gesehen haben, startete er eine Kampagne gegen jene „Gruppen und Schichten von Arbeitern, die möglichst viel Geld ergattern und möglichst wenig und schlechte Arbeit liefern" wollten.[57]) Die Aufgabe der im Entstehen begriffenen herrschenden Klasse war genau die entgegengesetzte: für sich selbst möglichst viel zu ergattern und den Arbeitern möglichst wenig zu lassen.

Stalin führte nach und nach eine so grausame, gegen die Arbeiterschaft gerichtete Gesetzgebung ein, wie sie Europa seit langem nicht mehr gekannt hatte. Durch Erlaß des Präsidiums des Obersten Sowjets der UdSSR vom 26. Juni 1940 wurden für Arbeitsversäumnis oder einer als gleichbedeutend betrachteten Verspätung am Arbeitsplatz um 20 Minuten die Schuldigen vors Gericht gestellt und zu Zwangsarbeit verurteilt. Strenge Kontrollen wurden eingeführt, um zu erreichen, daß die Ärzte Krankschreibungen nur in Fällen von schwerer Erkrankung ausstellten. Ebenso wie in Konzentrationslagern wurde für die Ärzte in den Polikliniken des Landes ein Maximum für die Ausgabe von Krankschreibungen eingeführt.

Streng disziplinierend wirkten auch die Arbeitsbücher und Beurteilungen. Der Lohnempfänger in der UdSSR muß ein Arbeitsbuch haben, in das jede Änderung des Arbeitsverhältnisses eingetragen werden muß. Ohne Arbeitsbuch bekommt ein Sowjetbürger keinen Arbeitsplatz und kann nicht in Pension gehen. Lange Zeit wurden vom „Dreieck" (Betriebsleiter, Parteisekretär, Gewerkschaftsvorsitzender) unterschriebene Beurteilungen beim Eintritt in ein Arbeitsverhältnis verlangt. Später wurde diese Vorschrift formell abgeschafft, da man es zweckmäßiger fand, Auskünfte über einen Bewerber inoffiziell an seinem früheren Arbeitsplatz einzuholen. Aber Beurteilungen werden auch heute noch für alle möglichen Anlässe gebraucht; sie dienen als Peitsche, mit der die Menschen angetrieben werden.

10. Die Steigerung der Arbeitsintensität

Vom Standpunkt von Marx dürfte das Problem der Arbeitsintensivierung nach dem Sieg der proletarischen Revolution überhaupt nicht existieren: Alle Arbeiter würden dann ihre gesamten Kräfte anspannen, da sie ja für sich selbst arbeiten würden.

Gerade das ist nach dem Sieg des Realsozialismus nicht eingetreten. Wenn die Voraussetzung wegfällt, so fällt auch die Folge weg. In der UdSSR verbirgt die Nomenklatura schon lange nicht mehr, daß die Steigerung der Arbeitsproduktivität ein Problem von erstrangiger Bedeutung ist.

Interessanterweise war es Lenin, der diesen Gedanken zum ersten Mal am Vorabend der Oktoberrevolution klar aussprach, als er ernstlich darüber nachdachte, was nach der Machtübernahme zu geschehen habe. In seinem Buch „Staat und Revolution" verkündete er nicht nur, daß die Werktätigen des Sowjetstaates „ohne Unterordnung, ohne Kontrolle, ohne ‚Aufseher und Buchhalter' nicht auskommen werden".[58]) Lenin bemerkte auch grimmig: „Im Sozialismus wird das Umgehen dieser vom ganzen Volk durchgeführten Rechnungsführung und Kontrolle so ungeheuer schwierig werden, eine so höchst seltene Ausnahme bilden und wahrscheinlich eine so rasche und ernsthafte Bestrafung nach sich ziehen (denn die bewaffneten Arbeiter sind Menschen des praktischen Lebens, keine sentimentalen Intelligenzler und werden kaum mit sich spaßen lassen), daß die *Notwendigkeit* zur Einhaltung der unkomplizierten Grundregeln für jedes Zusammenleben von Menschen sehr bald zur *Gewohnheit* werden wird."[59])

Unter „Grundregeln für jedes Zusammenleben" ist hier nicht das Benehmen an Öffentlichen Orten gemeint, sondern die widerspruchslose Arbeitsdisziplin; unter den „bewaffneten Arbeitern" die Straforgane des Staates (die richtigen Arbeiter sind die anderen, die unbewaffneten, die sich den Aufsehern unterordnen, von Buchhaltern kontrolliert werden und für nachlässige Arbeit „rasche und ernsthafte Bestrafung" zu erwarten haben). Lenins Gedankengang ist klar: Durch Überwachung und strenge Strafen müssen die Werktätigen zu einer hohen Arbeitsproduktivität für den Sowjetstaat gebracht werden.

Schon im Jahrzehnt vor dem Ersten Weltkrieg machte sich in der Industrie des zaristischen Rußlands ein großes Interesse für die im kapitalistischen Westen ausgearbeiteten Systeme der maximalen Intensivierung der Arbeit bemerkbar, vor allem für das Taylor-System. Die wichtigsten Werke Taylors wurden in russischen Übersetzungen herausgebracht, russische Autoren (Levenstern, Poljakov, Pankin u. a.) traten für die Einführung des Taylorismus in den Unternehmen des Landes ein.

Wie zu erwarten war, kritisierte Lenin vor der Revolution diese Gedankengänge auf das schärfste und nannte den Taylorismus „ein ‚wissenschaftliches' System zur Schweißauspressung". Allerdings machte er noch vor der Revolution, 1914, die rätselhafte Bemerkung, der Taylorismus „bereitet ohne Wissen und gegen den Willen seiner Erfinder die Zeit vor, wo das Proletariat die ganze gesellschaftliche Produktion in seine Hände nehmen wird".[60])

Und wirklich: Sobald nach dem Sieg im Bürgerkrieg diese Zeit gekommen war, entdeckte Lenin plötzlich im System des Taylorismus eine ganze Menge guter Eigenschaften. Unter dem Titel „Wissenschaftliche Organisation der Arbeit" (NOT) wurde dieses System eiligst in die Volkswirtschaft des Sowjetstaates aufgenommen.

„Eiligst" ist hier kein leeres Wort. Im November 1920 war der Bürgerkrieg im europäischen Teil Rußlands beendet, doch bereits im August 1920 eröffnete der Zentralrat der Gewerkschaften in Moskau ein „Zentrales Arbeitsinstitut". Unter Vorwegnahme des Stalin-Wortes, daß die Sowjet-Arbeiter „Schrauben" seien, erklärten die Organisatoren des Instituts, sie wollten „mit den Menschen umgehen wie mit einer Schraube, einer Schraubenmutter, einer Maschine".

Im Januar 1921 trat in Moskau die „Erste Allrussische Konferenz über Fragen des NOT" zusammen. Die sachliche Fragestellung war, wie man in der sowjetischen „intersozialistischen Gesellschaft die maximale Arbeitsleistung bei der größten Arbeitsfreude herausholen" könne.[61]) Der Physiologe V. M. Bechterev hielt einen Vortrag „Über die rationelle Ausnützung der menschlichen Kraft in der Arbeit".

Mittlerweile hatte das Arbeitsinstitut bereits seriöse wissenschaftliche Erfolge zu verzeichnen: Es zerlegte alle Bewegungen des Arbeiters in „Schlag und Druck". Auf dieser Grundlage wurde die „Biomechanik von Schlag und Druck" ausgearbeitet. Die sowjetischen Neo-Tayloristen sahen voll Verachtung auf ihren Vorgänger herab und erklärten, daß Taylor zwar verschiedene Probleme der wissenschaftlichen Organisation der Arbeit gestreift, sie aber nicht bis zum Ende durchdacht habe und daher nur imstande gewesen sei, seinen Namen mit einem „odiosen Terminus" zu verbinden.

Der Neotaylorismus verbreitete sich über die gesamte Sowjetunion. 1925 wurden im ganzen ungefähr 60 NOT-Institute gezählt. Für die Koordinierung ihrer Tätigkeit mußte ein „Zentralrat für wissenschaftliche Organisation der Arbeit" (SOVNOT) gegründet werden. Alle diese Ämter befaßten sich damit, die Produktionstätigkeit in bezug auf ihren zeitlichen Ablauf zu erfassen, jede Bewegung des Arbeiters zu studieren und seine Arbeitszeit so gut wie möglich auszufüllen. Die NOT-Theoretiker hielten „wissenschaftliche" Vorträge darüber, daß die Arbeiter-Aktivisten selbst für eine Verlängerung des Arbeitstages und für eine Verkürzung der Freizeit einträten und daß das Fließband den Vorstellungen von Marx über die fortschrittliche Organisation der Produktion am besten entspräche.

Schon Lenin hatte die Erhöhung der Arbeitsproduktivität als entscheidende Bedingung für einen Sieg des Sozialismus über den Kapitalismus bezeichnet. Der Ruf nach einer Erhöhung der Produktivität der Arbeit mit allen Mitteln war eine unabdingbare Forderung der Nomenklaturaklasse. Und in der Breznev-Periode wurde sie noch durch die These bereichert, daß im Sozialismus das Ansteigen der Arbeitsproduktivität größer sein müsse als das Ansteigen des Lohnes.

Um die Arbeitsintensität zu steigern, bedient sich die Nomenklatura einer strengen Arbeitsdisziplin. Obwohl es heißt, dies sei keine eingepeitschte, sondern eine freiwillige, dem Pflichtbewußtsein der Arbeiter entspringende Disziplin, ist sie in Wirklichkeit auf der Furcht vor Bestrafungen begründet. Schon Lenin unterschrieb am 20. April 1920 ein Dekret „Über den Kampf gegen Arbeitsbummelei“, in dem die zwangsweise Nacharbeitung von versäumten Arbeitsstunden nach der regulären Arbeitszeit und an Feiertagen eingeführt wurde. Nach diesem ersten Schritt einer gegen die Arbeiter gerichteten Gesetzgebung des Sowjetstaates folgten viele andere, über die wir bereits gesprochen haben.

All das gehört der Geschichte an. Wie aber definiert die Nomenklatura heute das Wesen der Arbeitsdisziplin?

Zitieren wir die KP-Zeitschrift „Kommunist“: „Die sozialistische Arbeitsdisziplin schließt auf der einen Seite die Pflicht der Administration ein, die Arbeit rationell zu organisieren, auf der anderen Seite die Pflicht der Arbeiter und Angestellten, unter voller Hingabe ihrer Kräfte zu arbeiten.“ Von den Arbeitenden wird also nicht viel verlangt: Nur die volle Hingabe ihrer Kräfte.

Und was wird von der Administration verlangt, was bedeutet die Verpflichtung, „die Arbeit rationell zu organisieren“? „Die Fähigkeit, den Arbeitsprozeß zu organisieren, ist die maximale Ausnützung der Arbeitszeit, die Schaffung der Arbeitsatmosphäre, Rechnungsführung und Kontrolle“, erklärt „Kommunist“.[62])

Der einzige Sinn der sozialistischen Arbeitsdisziplin, der einzige Sinn der Organisation des Arbeitsprozesses liegt für die Nomenklatura in der Maximierung des Mehrwertes.

Von ihrem Standpunkt aus völlig richtig sieht die Nomenklatura ihre Aufgabe in der maximalen Erhöhung der Normen. Obwohl sie in den Zeitungen lange Tiraden über noch nie dagewesenen Arbeitsenthusiasmus des Sowjetvolkes von sich gibt, ist sie im Innersten fest davon überzeugt, daß diese faule Bande nur mit halber Kraft arbeitet, daß sie sich störrisch weigert, dem Staat alles das an Produktion zu geben, was sie könnte, und daß man diesen permanenten Bummelstreik brechen muß.

Auf ihrer Suche nach Streikbrechern stieß die Nomenklatura auf die marxistische These, daß die Bourgeoisie in der Absicht, die Arbeiterklasse zu spalten, eine Arbeiteraristokratie ins Leben ruft und sie mit Brotkrumen ihres Profits füttert.[63]) Ohne zu zögern unternahm die Nomenklatura Schritte zur Schaffung einer solchen Arbeiteraristokratie in der UdSSR.

Lenin schlug zum ersten Mal der Parteiführung die Organisation von „sozialistischen Arbeitswettbewerben“ im Dezember 1917 vor, also gleich nach der Oktoberrevolution![64]) Im April fand die von Lenin gepriesene „Große Initiative“[65]) statt, der erste „Kommunistische Subbotnik“ – also Arbeitssamstag – der Parteizelle der Bahnmeisterei des Moskauer Rangierbahnhofes. Und danach breiteten sie sich aus; sogar Lenin ließ sich bei einem Subbotnik im Kreml fotografieren: Im Rock mit aufgestelltem Kragen schiebt er eine Schulter unter einen Holzklotz, der von seinen Leibwächtern behutsam getragen wird. Aussehen sollte der Wettbewerb natürlich wie eine revolutionäre Schöpfung, die aus dem Volk selbst kam, daher wurde das nüchterne Leninsche Dokument „Wie soll man den Wettbewerb organisieren?“ erst zehn Jahre nach der „Großen Initiative“ veröffentlicht.[66])

Auf der Grundlage von Wettbewerben organisierte die Nomenklatura zuerst die „Bewegung der Stoßarbeiter“ (Udarniki), später die „Stachanovbewegung“, danach die „Brigaden der kommunistischen Arbeit“. Die Methoden wurden der Reihe nach in den Zeitungen propagiert und vom ZK oder den Gebietskomitees der Partei gutgeheißen. Dieser Rummel hatte und hat einen einzigen Zweck: Den Arbeitenden sollen höhere Normen aufgezwungen werden, die noch dazu nicht wie ein Phantasieprodukt der Funktionäre aussehen, sondern wie reale Normen, die von Bestarbeitern wirklich erfüllt oder sogar übererfüllt werden können.

Welche Tricks dabei von der Nomenklatura angewandt wurden, läßt sich am Beispiel der Stachanovbewegung ersehen. Wie aus jedem sowjetischen Geschichtsbuch bekannt ist, begann es damit, daß in der Nacht zum 31. August 1935 der Hauer Alexej Stachanov aus der Kohlenzeche „Centralnaja-Irmino“ im Donezbecken während einer Schicht nicht eine, sondern gleich vierzehn Normen erfüllt haben soll. Ein Arbeiter aus derselben Zeche erzählte mir später, daß Stachanov, vorher durch nichts besonderes ausgezeichnet, gern trank, aber einen fügsamen Charakter und ein angenehmes Äußeres hatte. Offensichtlich war Stachanovs photogenes Gesicht der Anlaß, daß ausgerechnet er den Befehl bekam, ein Held zu werden.

Danach prasselten die Kohlengrubenrekorde wie Hagel hernieder, bis es zu völligen Absurditäten kam. Es wurde z. B. verkündet, daß der Hauer Nikita Isotov während einer Schicht 240 Tonnen Kohle brach und auf diese Weise 33 Normen erfüllte.[67])

Ist es möglich, daß ein Mann ohne irgendwelche technische Hilfsmittel die Arbeit von genau 33 Bergleuten bewältigen kann? Es ist klar, daß entweder die 33 skandalös gefaulenzt haben oder daß die Meldung eine Lüge ist. Da weder die eine Version noch die andere der Nomenklatura paßte, hielten sich die nachfolgenden Stachanovrekorde in anständigeren Grenzen.

Eine tausendprozentige Übererfüllung der Norm wurde übrigens nicht verlangt, aber hinaufgesetzt wurde sie beträchtlich. Die Urheber der Stachanovbewegung erhielten Orden, wurden in den Obersten Sowjet gewählt und auf hohe Bürokratenposten versetzt, begleitet von den Wünschen ihrer früheren Kollegen, die wohl nicht gerade die freundlichsten waren.

Die Versuche der Nomenklatura, mit den gleichen demagogischen Methoden auch eine Stachanovbewegung unter den Kolchosbauern zu schaffen, erbrachten nicht die gewünschten Resultate. Die Kolchosbauern, die den Glauben an die Worte der Parteiführer längst verloren hatten, wollten sich wegen eines unbestimmten Versprechens, die Gnade der Nomenklatura zu erringen, nicht auf Rekorde einlassen. Daher mußte für Kolchosbauern eine in der Geschichte der Ordensverleihung noch nie dagewesene Preisliste eingeführt werden: Für die Erfüllung eines bestimmten Ernteergebnisses die Verleihung des dementsprechenden Ordens, für ein – auch festgesetztes – höheres Ergebnis die Verleihung des Titels „Held der sozialistischen Arbeit". Einzig und allein dieses nüchterne System von „Zug um Zug" war imstande, halbwegs ins Gewicht fallende Resultate zu erbringen.

Die Nomenklatura versuchte nicht nur die Eitelkeit der Menschen, sondern auch die Unerfahrenheit der Jugend auszubeuten. Es wurden Jugendbrigaden geschaffen und Komsomolzen-Bauarbeitertrupps organisiert. Das Resultat entsprach nicht immer den Wünschen der Nomenklatura; die Stadt Komsomolsk am Amur mußte schließlich von Lagerhäftlingen erbaut werden. Übrigens bemühte man sich, sogar bei ihnen den Enthusiasmus zu erwecken. Solženizyn hat das in seinem nicht zensurierten „Archipel Gulag" gut beschrieben; in seinem zensurierten „Ivan Denissowitsch" war er gezwungen, einen derartigen Pseudo-Enthusiasmus zu besingen.

Alle diese verschiedenen Methoden verfolgen bewußt und sogar offen ein einziges Ziel: die maximale Steigerung der Arbeitsintensität.

11. Der niedrige Lohn

Das Verhältnis zwischen dem Lohnbetrag der Werktätigen und ihrer Ausbeutung durch die besitzende Klasse gehört seit langem zum ABC der Politökonomie. Schon David Ricardo (1772–1823) formulierte das Wirtschaftsgesetz: je höher der Lohn der Arbeiter, desto niedriger der Profit des Unternehmers und umgekehrt.[68]) Für alle Länder des Realsozialismus ist das niedrige Lohnniveau der Arbeiter und das hohe Profitniveau charakteristisch, das sich besonders in dem überaus hohen Akkumulationsanteil (in der UdSSR 25% des Volkseinkommens) ausdrückt.[69])

Aus der Volkswirtschaft kennen wir den Begriff „statistische Durchschnittsfamilie“: Mann, Frau und zwei Kinder. Das statistische Existenzminimum wird an dieser Familie berechnet: das Minimum ist vorhanden, wenn das Oberhaupt der Familie alle vier erhalten kann.

In der Statistik der Sowjetunion fehlt der Begriff des Existenzminimums. Der Sowjetbürger begegnet ihm nur, wenn er in seinen Zeitungen liest, daß in diesem oder jenem kapitalistischen Land ein bestimmter Prozentsatz der Familien unter dem Existenzminimum lebt. Und der Sowjetbürger fragt sich: Wie kommt es, daß diese Menschen bis jetzt noch nicht verhungert sind? Er weiß nicht, daß auch er selbst und alle Menschen in seiner Umgebung, alle, die er auf der Straße sieht – mit Ausnahme der hochkarätigen Genossen, die in ihren Limousinen an ihm vorbeisausen – daß sie alle weniger als das statistische Existenzminimum verdienen, denn es gibt in der Sowjetunion keinen gewöhnlichen Menschen, der von seinem Gehalt eine vierköpfige Familie ernähren könnte.

Nennen wir die offiziell bekanntgegebene Ziffer: der Durchschnittslohn der Arbeiter und Angestellten in der Sowjetunion beträgt (1979) vor Abzug der Steuern 163 Rubel im Monat. Das entspricht nach dem offiziellen sowjetischen Kurs (100 DM = 35,66 Rb) ungefähr DM 456,–. Von diesem Betrag werden die Steuern und Gewerkschaftsbeiträge abgezogen; was bleibt, sind ungefähr DM 430,–. Kann eine vierköpfige Familie mit diesem Betrag auskommen? Damit kann ein Mensch leben, und auch das nur schwer.

Noch dazu ist das der *statistische Durchschnitt* des Verdienstes der Arbeiter und Angestellten. Das heißt, daß auch Minister und Marschälle mitgezählt werden, nicht jedoch Kolchosbauern, Pensionisten und Studenten. Im wirklichen Leben sind 163 Rubel im Monat in der Sowjetunion nicht ein Durchschnitts-, sondern ein gutes Gehalt. Das echte Durchschnittsgehalt ist beträchtlich niedriger und übersteigt wohl kaum 100 Rubel im Monat. Eine genaue Ziffer anzugeben ist unmöglich, da die Lohnstatistik in der UdSSR als Geheimnis gilt!

Was ist mit Lohnerhöhungen? Die Nomenklatura behauptet: Das Anwachsen der Arbeitsproduktivität muß dem Anstieg der Löhne und Gehälter vorausgehen. Die Sowjetpropaganda erklärt denen, die das nicht verstehen, bereitwillig, zuerst müsse mehr produziert werden, danach könne man mehr auszahlen; anders gehe es nicht: Man könne zahlen, erst nachdem man das Erzeugte realisiert habe.

Auf den ersten Blick scheint das ein treffendes Argument zu sein. Unklar ist nur, warum die Bolschewiki eine so elementare Angelegenheit lange nicht verstanden haben. So wurde auf dem VIII. Parteitag (1923) festgelegt, daß das Ansteigen der Löhne eine Erhöhung der Arbeitsproduktivität mit sich bringt, und nicht umgekehrt.[70]) Und 1926, auf der XV. Allunions-Parteikonferenz, brach zwischen Stalins nachdrängenden Nomenklaturisten und der Opposition wegen dieser Frage ein Streit aus. Die Opposition erklärte: „Das Problem der Löhne und Gehälter darf nicht so gesehen werden, daß der Arbeiter zuerst eine erhöhte Arbeitsleistung erbringen muß, die erst dann einen höheren Lohn nach sich zieht; das System muß umgekehrt funktionieren: Lohnerhöhungen... müssen die Voraussetzung für eine erhöhte Arbeitsproduktivität darstellen."[71])

Offensichtlich ist das so einleuchtend klingende Argument der Nomenklatura doch nicht ganz überzeugend. Sagen wir es genauer: es ist einfach falsch.

Stellen Sie sich vor, Sie seien Bauarbeiter und errichten eine Fabrik: werden Sie Ihre Bezahlung erst erhalten, wenn die Fabrik fertig ist, mit der Produktion begonnen hat und wenn das Geld für die ersten gelieferten Waren hereinkommt? Wenn das so wäre, würden Sie lange vor Beendigung der Bauarbeiten verhungern. In Wirklichkeit bekommen Sie alle zwei Wochen Ihren Lohn; mit anderen Worten, Sie erhalten einen Vorschuß. Und das Problem besteht nicht darin, woher das Geld für den Vorschuß stammt (es stammt aus der gleichen Quelle, aus der der Sowjetstaat sein Geld für alle Zwecke bezieht, aus der Notendruckerei der Staatsbank). Das Problem liegt anderswo: Warum ist der Staat imstande, es Ihnen auszuzahlen? Er ist deshalb dazu imstande, weil die Produktion des Landes nicht erst bei Ihrer Fabrik einsetzt. Die Produktion läuft auf hohen Touren, eine ungeheuere Menge von Mehrwert hat sich angesammelt und steigt ununterbrochen. Der Stein des Anstoßes ist nicht, daß die ach so bettelarme Nomenklatura die von Ihnen produzierten Waren absetzen muß, bevor sie mit Ihnen abrechnen kann. Der Stein des Anstoßes ist eben der Mehrwert. Die Nomenklatura hat genug angesammelt, wovon die Löhne der Werktätigen erhöht werden könnten, aber sie will nicht einmal auf den geringsten Teil des erbeuteten Mehrwertes verzichten. Sie möchte dies sogar im Hinblick auf eine darauf folgende Erhöhung der Arbeitsproduktivität nicht tun: Die Nomenklatura begreift die ganze Schärfe des Konfliktes zwischen ihr und den Werktätigen und glaubt nicht daran, daß die Werktätigen bereit wären, auf das Almosen einer Lohnerhöhung durch eine Erhöhung der Arbeitsproduktivität zu antworten.

Die Nomenklatura bevorzugt statt einer materiellen Stimulierung der Arbeiter die Methode des Zwanges, die organisatorische und propagandistische Peitsche statt des Zuckerbrotes. Das unterscheidet sie von den Kapitalisten und stellt sie auf eine Stufe mit den Feudalherren und Sklavenhaltern. Die Klasse der Nomenklatura übernimmt aber auch die Methoden der Ausbeutung, die sich im Kapitalismus herausgebildet haben. In der marxistischen Politökonomie des Kapitalismus wird klar unterschieden zwischen dem Stundenlohn, der eine weniger ausbeuterische Form des Arbeitsentgeltes darstellt, und dem Akkordlohn, durch den ein intensiveres Herauspressen des Mehrwertes erreicht wird.

Im oben schon zitierten sowjetischen Politökonomie-Lehrbuch steht dazu folgendes: „Der kapitalistische Akkordlohn bewirkt eine ständige Steigerung der Arbeitsintensität. Gleichzeitig erleichtert er dem Unternehmer die Überwachung der Arbeiter. Der Grad der Arbeitsintensität wird hier vermittels der Quantität und Qualität der Erzeugnisse kontrolliert, die der Arbeiter herstellen muß, um die notwendigen Existenzmittel zu erlangen. Der Arbeiter ist gezwungen, mehr Erzeugnisse herzustellen, immer intensiver zu arbeiten. Sobald aber ein mehr oder weniger großer Teil der Arbeiter das neue erhöhte Niveau der Arbeitsintensität erreicht, setzt der Kapitalist die Stückpreise herab... Der Arbeiter sucht die Masse seines Arbeitslohns zu behaupten, indem er mehr arbeitet, sei es, daß er mehr Stunden arbeitet, sei es, daß er mehr in derselben Stunde liefert... Das Resultat ist: *Je mehr er arbeitet, um so weniger Lohn erhält er* (Karl Marx: „Lohnarbeit und Kapital“). Darin besteht die wichtigste Besonderheit des Akkordlohns im Kapitalismus.“[72])

Nach den Mitteilungen des Statistischen Zentralamtes der UdSSR erhielten 1975 56,2% der sowjetischen Industrie- und Bauarbeiter Akkordlöhne und nur 43,8% Stundenlöhne.[73]) Dabei wird jetzt die Akkordentlohnung in der Sowjetunion als besonders „progressive Form der Lohnauszahlung“ gepriesen. Die Nomenklatura überspringt diesen Widerspruch zu ihren eigenen ökonomischen Lehrsätzen leichtfüßig, indem sie erklärt, im sozialistischen System arbeiteten die Arbeiter für sich selbst.

Bei ihrer Forderung, zuerst die Arbeitsproduktivität zu steigern, ohne dabei die Löhne zu erhöhen, geht die Nomenklatura offensichtlich davon aus, daß zwar jeder im sowjetischen System der Parteischulung das „Kapital“ studieren soll, daß aber in Wirklichkeit niemand dieses Buch auch nur öffnet. In der Tat, übertragen wir die These der Nomenklatura in die Sprache der Marxschen Formulierungen. Dann wird ersichtlich, daß im Sozialismus der vom Arbeiter erzeugte Wert, d. h. auch der Mehrwert im Vergleich zum Arbeitslohn steigen soll. Aber gerade dieses Verhältnis zwischen Mehrwert und Lohn ist, in Prozenten ausgedrückt, nach Marx die *Ausbeutungsrate* der Arbeiter. Diese Rate soll also steigen.

Wie sind die Aussichten auf eine Normalisierung der Lohnverhältnisse in der UdSSR? Nach dem auf dem XXV. Parteitag angenommenen Fünfjahrplan soll der statistische Durchschnittslohn der sowjetischen Arbeiter und Angestellten bis zum Jahr 1980 auf 170 Rubel ansteigen, d. i. 476,– DM brutto im Monat.[74]) Das heißt, daß 1980 der durchschnittliche Werktätige in der UdSSR für seine Arbeit um 4mal weniger erhalten soll, als 1977 ein durchschnittlicher Werktätiger in der Bundesrepublik Deutschland (DM 2140,–) und um 2½mal weniger als ein Dauerarbeitsloser in der Bundesrepublik Deutschland Arbeitslosenhilfe bekommen kann. Das ist das Ergebnis von 60 Jahren sozialistischer Errungenschaften in der Sowjetunion auf dem Lohnsektor.

12. Die Frauen- und Kinderarbeit

Wie kann man von diesem Lohn leben? Man kann, nur weil in einer durchschnittlichen sowjetischen Familie nicht nur der Mann, sondern auch die Frau und in manchen Fällen die Kinder arbeiten.

Natürlich wird auch das von der Propaganda als eine „sozialistische Errungenschaft“ dargestellt. In Wirklichkeit handelt es sich aber um eine zusätzliche Ausbeutungsmethode, auf die schon Marx hingewiesen hat.

Das sowjetische Lehrbuch der Politökonomie konstatiert: „Der Wert der Arbeitskraft wird durch den Wert der Existenzmittel bestimmt, die der Arbeiter für sich und seine Familie benötigt. Daher verringert sich der Lohn, wenn die Frau und die Kinder des Arbeiters in die Produktion einbezogen werden; jetzt erhält die ganze Familie annähernd so viel, wie das Oberhaupt der Familie früher allein verdiente. Damit verschärft sich die Ausbeutung der Arbeiterklasse insgesamt noch mehr."[75])

Bekanntlich verurteilt die Sowjetpropaganda die Kapitalisten wegen der Kinderarbeit. Dabei wurde in der UdSSR die Kinderarbeit in beträchtlichem Ausmaß organisiert. Bereits in den zwanziger Jahren wurden in der Sowjetunion Schulen für Fabriklehrlinge (FZU) eröffnet. Die Schüler dieser Anstalten mußten in Fabriken arbeiten. Zahlreiche eltern- und obdachlose Kinder wurden hier als billige Arbeitskräfte verwendet, – unter dem Vorwand, sie würden nach den Prinzipien des sowjetischen Pädagogen und Tschekisten A. Makarenko erzogen. Zur Stalinzeit wurden Handwerksschulen gegründet, in denen militärische Disziplin herrschte und die Schüler schwarze Uniformen tragen mußten. Dorthin wurden jene Kinder zwangseingewiesen, die in einer normalen Schule das Lehrziel nicht erreichten oder sich disziplinlos aufführten.

Die Organisation der Frauenarbeit erfolgt im Realsozialismus nicht durch administrativen Zwang: Der ökonomische Zwang reicht. In der Sowjetunion ist die Frauenarbeit eine absolute Notwendigkeit für den Fortbestand der überwältigenden Mehrzahl aller Familien. Daher die Folgeerscheinung, daß es den Typus der Nur-Hausfrau in der UdSSR vor dem Pensionsalter praktisch nicht gibt. Das geht übrigens eindeutig aus der sowjetischen Statistik hervor: 1975 stellten die Frauen 53,6% der Gesamtbevölkerung und 51,5% aller Beschäftigten.[76]) Seit Stalin besteht die Tradition, daß Frauen von Offizieren, Generalen und Akademiemitgliedern nicht arbeiten; in immer wachsender Zahl gilt das für die Gattinnen verschiedener höherer Nomenklaturachargen.

Wie zu erwarten stand, brachte diese Politik der Nomenklaturaklasse unterschiedliche Resultate für die Sowjetgesellschaft. Einige sind als positiv zu bewerten: Die Frauen wurden finanziell unabhängig von ihren Männern, da diese einfach nicht imstande waren, sie zu erhalten. Das hat die Emanzipation der Frauen gefördert. Andere Folgeerscheinungen rufen bei der Sowjetführung Besorgnis hervor: Das demographische Problem hat sich zugespitzt. Die Geburtenziffer ist nicht zufriedenstellend. Belohnungen für kinderreiche Mütter, die in Anlehnung an das Stalinsche Prämiensystem für die Viehzucht eingeführt wurden (der Titel „Heldenmutter“, der Orden „Mutterehre“) erbrachten nicht den gewünschten Erfolg. In den Industrie- und Kulturzentren des Landes sind kinderreiche Familien zur Seltenheit geworden, die Bevölkerungsziffer wächst langsam, hauptsächlich dank der asiatischen Unionsrepubliken. Alle diese Folgeerscheinungen und Probleme haben einen Grund: das hartnäckige, durch nichts zu beeinflussende Streben der Nomenklaturaklasse nach dem Mehrwert, der durch alle bei Marx angegebenen Möglichkeiten herausgepreßt wird.

13. Der Zwangslebensstandard

In ihrem Drang nach Mehrwert wagt die Nomenklatura auch Schritte auf dem von Marx unerforschten Terrain. Sie hat neue praktische Schlußfolgerungen aus Marx' These gezogen, daß die Verkürzung der notwendigen Arbeitszeit den relativen Mehrwert steigert. Hier kommen wir zur Frage des Lebensstandards der Sowjetbevölkerung.

In jeder Ausbeutergesellschaft erarbeitet der Produzent für den Arbeitgeber das Produkt und für sich und seine Familie einen bestimmten Lebensstandard. Je größer das notwendige Produkt, desto höher der Lebensstandard.

Die Klassiker des Marxismus-Leninismus haben eine sprunghafte Steigerung des Lebensstandards des Volkes durch den Sozialismus vorausgesagt. Lenin hatte seinerzeit prophezeit: „Nur der Sozialismus wird es ermöglichen, die gesellschaftliche Erzeugung und Verteilung der Güter nach wissenschaftlichen Erwägungen umfassend zu verbreiten und richtig zu meistern, ausgehend davon, wie das Leben aller Werktätigen aufs äußerste erleichtert, wie ihnen ein Leben in Wohlstand ermöglicht werden kann.“[77]) Lenin versprach großzügig die „Sicherung der *höchsten* Wohlfahrt und der freien allseitigen Entwicklung *aller* Mitglieder der Gesellschaft“.[78])

Alles das stellte sich als leere Phrasen heraus. Im Gegenteil, in den vergangenen sechzig Jahren hat sich immer deutlicher gezeigt: Der Lebensstandard der Bevölkerung in den Ländern des Realsozialismus ist niedriger als jener in den kapitalistischen Ländern.

Da es sich hier um eine Gesetzmäßigkeit handelt, muß man sich mit ihr wissenschaftlich auseinandersetzen, nicht propagandistisch. Man darf nicht die DDR mit Nepal vergleichen oder die Schweiz mit der Mongolei, man muß Länder wählen, bei deren Vergleich eine seriöse Antwort auf die Frage gefunden werden kann, welchen Einfluß die Errichtung des Realsozialismus auf den Lebensstandard der arbeitenden Bevölkerung hatte.

Die Geschichte des letzten halben Jahrhunderts hat selbst Laboratorien geschaffen, in denen derartige Vergleiche durchgeführt werden können. Bei einer Gegenüberstellung der Lebensbedingungen in Nord- und in Südkorea, in der DDR und in der Bundesrepublik, in Ost- und in Westberlin ist das Resultat so frappierend, daß nicht einmal die Propaganda der Nomenklatura versucht, es ernsthaft anzuzweifeln. Böhmen galt in der Habsburgermonarchie und in der Zwischenkriegszeit als Land, in dem der Lebensstandard beträchlich höher war als in Österreich. Als jedoch in den Monaten des „Prager Frühlings" die Propagandatiraden über das „Aufblühen der sozialistischen Tschechoslowakei" verstummten, stellte sich die KPTsch-Führung offen die Aufgabe, an den Lebensstandard in Österreich heranzukommen. Es erübrigt sich zu sagen, daß dieses Ziel auch heute nicht erreicht ist.

Was geschah in Nordkorea, in der Tschechoslowakei, in der DDR, in Ostberlin? Waren es Elementarkatastrophen, Erdbeben, Epidemien? Mitnichten, es wurde dort bloß die Gesellschaftsordnung des Realsozialismus errichtet. Warum wirkt diese Gesellschaftsordnung so verheerend auf den Lebensstandard der Bevölkerung, trotz der entgegengesetzten Vorhersagen von Marx, Engels und Lenin?

Um dieses offenkundige Zurückbleiben des Realsozialismus hinter dem Kapitalismus in bezug auf den Lebensstandard der arbeitenden Bevölkerung offiziell zu erklären, fiel der Nomenklatura nichts besseres ein, als sich auf den Marshall-Plan zu berufen – so, als ob sie ihn nicht selbst als Politik der Ausbeutung Westeuropas durch den amerikanischen Imperialismus gebrandmarkt hätte und als ob seither nicht ein gutes Vierteljahrhundert vergangen wäre! In einem vertraulichen Gespräch wird ein beliebiger Angehöriger der Nomenklaturaklasse allerdings sofort zu murmeln beginnen: „Weil diese Kerle so miserabel arbeiten, darum sind sie eben arm!"

Warum arbeiten die Menschen im Realsozialismus schlecht, obwohl ihnen eingetrichtert wird, daß sie die Besitzer sind? Weil die Nomenklaturaklasse, für die die Werktätigen im Realsozialismus tatsächlich arbeiten, sie so brutal ausbeutet. Allerdings hilft diese Brutalität wenig. Je mehr die Nomenklatura aus den Arbeitern herauspressen will, desto geringer wird deren Interesse am Resultat ihrer Arbeit.

Da die Arbeitsproduktivität der sowjetischen Werktätigen niedrig ist, hat die Nomenklatura eine Methode entwickelt, die ihr den relativen Mehrwert dennoch garantiert. Der zusätzliche Reiz dieser Methode besteht darin, daß sie beim ersten Blick menschenfreundlich aussieht: es handelt sich nämlich um die Festsetzung billiger Preise für einen bestimmten Kreis von Waren und Dienstleistungen.

Vielleicht sind die Lebenshaltungskosten in der UdSSR tatsächlich niedrig? Nein. Die dort lebenden Ausländer beklagen sich über hohe Preise, und sie versuchen, sämtliche Einkäufe möglichst im westlichen Ausland zu machen. Westliche Korrespondenten in Moskau vertreten die Ansicht, daß der amtliche sowjetische Wechselkurs den Rubel gegenüber den Westwährungen überbewertet. Der realen Kaufkraft des Rubels entspricht vielmehr der – auch amtliche, aber der Sowjetbevölkerung nicht mitgeteilte – Umrechnungskurs in den Valutaläden „Berjoska“. Die gar nicht verschwenderischen Finanzämter im Westen stufen die Lebenshaltungskosten bei den Dienstreisen in die UdSSR als besonders hoch ein.

Nein, in der Sowjetunion sind nicht die Waren billig, sondern die Ware „Arbeitskraft“, die von der Nomenklatura konsumiert wird. Damit aber diese Arbeitskraft leistungs- und reproduktionsfähig bleibt, wird ihr ein präzise umrissenes Minimum aus westlicher Sicht billiger Waren und Dienstleistungen zur Verfügung gestellt. In den Augen der Masse der sowjetischen Lohnempfänger sind sie nicht billig, sondern gerade erschwinglich. Die Preise dieser Waren und Dienstleistungen sind mit dem niedrigen Lohn- und Gehaltsniveau abgestimmt. Der Empfänger eines Durchschnittslohnes kann auf diese Weise bei sehr bescheidener Lebensführung seine Arbeitskraft aufrechterhalten und sie in seinen Kindern reproduzieren. Die Rentner kommen bei diesem System zu kurz: sie sind auf materielle Unterstützung ihrer Verwandten angewiesen; als Alleinstehende landen sie in Altersheimen, wo ihre Lebenserwartung gering ist. Die Nomenklatura braucht leistungsfähige Arbeitskraft und nicht Rentner.

Es ist grotesk, daß diese ausbeuterische Behandlung der Menschen als nur Arbeitskraft einige Marxisten im Westen zum Schwärmen verführt: sie begeistern sich für billige Wohnungen in der Sowjetunion, billiges Brot und Nudeln, billige Straßenbahnfahrkarten. Marx selbst hätte diese

Begeisterung kaum geteilt: er betrachtet die Billigkeit der Arbeitskraftsunterhaltung nicht als eine Wohltat für den Arbeiter, sondern als eine Methode zur Steigerung seiner Ausbeutung.

Es ist richtig, daß das Wohnen in der UdSSR billig ist. Aber es wäre falsch, daraus den Schluß zu ziehen, daß der gewöhnliche Sowjetbürger eine Wohnung von 100 m^2 zur Verfügung haben kann, wie es bei nicht wenigen im Westen der Fall ist, und daß er dabei bloß eine Bagatelle bezahlt. In Wirklichkeit gibt es in der UdSSR pro Kopf ein erlaubtes Maximum von 9 m^2 Wohnraum; was darüber hinausgeht, wird von Gesetzes wegen beschlagnahmt. Ist der Schwärmer bereit, mit Frau und Kind in eine 27 m^2-Wohnung zu ziehen? So lebt eine Durchschnittsfamilie in der Sowjetunion.

.Es ist richtig, daß das städtische Transportwesen in der UdSSR billig ist. Dafür wurden Autos zur Luxusware erklärt. Um ein Auto zu kaufen, muß ein durchschnittlicher sowjetischer Lohnempfänger ungefähr $3^1/_2$ Jahre lang den ganzen Lohn beiseite legen, ohne auch nur eine Kopeke auszugeben. Bei Anwendung dieser Methode kann man zweifellos auch im Westen nicht wenig nützliche und angenehme Einkäufe tätigen.

Es ist richtig, daß in der UdSSR Brot, Nudeln, Kartoffeln, Milch, Gemüse, Mais und ähnliche Grundnahrungsmittel billig sind. Dafür sind Fleisch, Fisch, Geflügel, Obst, Schokolade, Kaffee, Konditoreierzeugnisse teuer und dazu Mangelware. Da man nicht gut Nudeln mit Brot und als Nachspeise Kartoffeln essen kann, gehen ca. 80% des Budgets einer sowjetischen Normalfamilie auf Lebensmittel. Ist das zu beneiden?

Es ist richtig, daß die medizinische Betreuung in der UdSSR umsonst ist. Allerdings sind die für die Bevölkerung bestimmten Polikliniken und Krankenhäuser überfüllt; man muß stundenlang Schlange stehen, um zu einem Arzt vorzudringen. Die Ärzte in den Polikliniken müssen sich an eine Norm halten: 15 Minuten pro Patienten, wobei ungefähr die Hälfte dieser Zeit für die Niederschrift der Krankengeschichte verwendet wird (der Arzt muß selbst schreiben, da es in den Polikliniken nur sehr wenig Schwestern gibt). Deshalb ist es üblich geworden, um die Aufmerksamkeit des Arztes und der Schwester zu erkaufen, ihnen Geschenke zu machen oder gar Geld zu zahlen. Damit aber ist die medizinische Betreuung nicht mehr umsonst. Ist es nicht doch besser, daß vom Gehalt Beiträge für die Krankenversicherung abgezogen werden und man dafür zu jedem beliebigen Arzt gehen kann?

Dies um so mehr, als es für die arbeitende Bevölkerung im Realsozialismus – wie übrigens in jedem politischen System – nichts gibt, das gratis wäre, und dies auch nicht geben kann. Staat und Nomenklatura säen nicht, sie ernten nicht und stehen nicht selbst an der Drehbank. Alle materiellen Güter werden von den Werktätigen erzeugt und nur von ihnen. Die Nomenklatura verteilt bloß diese Güter durch ihre Staatsmaschinerie, und der Sinn dieser Verteilung liegt darin, den Löwenanteil für die Bedürfnisse der Nomenklaturaklasse abzuzweigen.

Dennoch ist es wahr: im Realsozialismus kann man zu einem lächerlich niedrigen Preis eine 100 m^2-Wohnung und außerdem eine Datscha bewohnen, ohne Mühe ein Auto kaufen – oder noch besser, es ganz umsonst erhalten, mit einem Chauffeur als Draufgabe, ausgezeichnet und billig essen und die Familie verköstigen, umsonst gute Polikliniken und Spitäler benützen und sich jedes Jahr kostenlos in einem Sanatorium erholen. Das alles ist in der UdSSR möglich, nur muß man zuerst Nomenklaturist werden. Wir werden darüber im nächsten Kapitel sprechen.

Für den unmittelbaren Produzenten hat die Nomenklatura den Kreis deutlich vorgezeichnet, innerhalb dessen seine materiellen Möglichkeiten liegen: nicht mehr als 9 m^2 Wohnraum pro Kopf, einfache Nahrung, billige Transportmöglichkeiten in den städtischen Verkehrsmitteln zur Arbeit und zurück, billige Zeitungen und ähnliche Propagandaliteratur, für die Intellektuellen billige erlaubte Bücher (damit sie in ihrer Freizeit etwas Lehrreiches lesen und nicht auf schlechte Gedanken kommen), ärztliche Hilfe im Krankheitsfall, damit man schnell wieder zur Arbeit erscheint, eine kleine Alters- oder Invalidenrente (Obergrenze: weniger als 340 DM pro Monat), eine Beihilfe von 20 Rubel zu den Begräbniskosten. Das ist alles. Es wäre falsch, den von der Nomenklatura geschaffenen Zwangslebensstandard für das Gros der Bevölkerung mit einem sozialen Netz zu verwechseln, das eine kleine Minderheit vor dem sozialen Versinken bewahren soll. Gerade das letztere wird von der Nomenklatura nicht gewährleistet: Es gibt in der UdSSR weder gesetzliche Sozialhilfe noch Arbeitslosenunterstützung, es gibt nicht einmal Arbeitsämter; dafür gibt es ein Gesetz gegen „die Parasiten“, das eine administrative Einweisung der aus dem Arbeitsprozeß Ausgestoßenen in die entfernten Verbannungsorte zur Zwangsarbeit vorschreibt. Der Zwangslebensstandard für die werktätige sowjetische Bevölkerung ist keine soziale Wohltat, sondern eine Maßnahme der Nomenklatura-Ausbeuterklasse mit dem Ziel, die notwendige Arbeit zu verkürzen und dadurch die Mehrarbeit zu verlängern, also den Mehrwert zu steigern.

Wir sprechen hier nicht über diese Realitäten, um sie in einem ungünstigen Licht darzustellen. Im Gegenteil, es verdient Anerkennung, daß ein Regime, welches, wie die Erfahrung mit Stalin lehrt, imstande ist, ganze Völker und Klassen in Konzentrationslager zu jagen, dies nicht tut. Es gibt auf der Welt Länder, in denen das Beschriebene wahrscheinlich verlockend klingt. Aber darüber in Begeisterung zu geraten, wenn man im Westen lebt, entbehrt jeder Grundlage; und der Versuch der Nomenklatura, alle diese Dinge als grandiose sozialistische Errungenschaften feiern zu lassen, ist zynisch und weiter nichts.

14. Der Effektivlohn

Der Zwangslebensstandard der Ausgebeuteten ist eine Erfindung, die allerdings kein grundsätzliches Novum darstellt: Diese Methode wurde von den Sklavenhaltern und den Feudalherren angewendet. Aber das schöpferische Denken der Nomenklatura hat zur Entdeckung einer prinzipiell neuen Methode der Aneignung des Mehrwertes geführt, die Marx nicht vorausgesehen hatte. Über diese Bereicherung der marxistischen Politökonomie schweigt die Nomenklatura bescheiden.

Es handelt sich darum, daß Marx, als er die Ausbeutung im Kapitalismus analysierte, mit dem Problem der Unterproduktion, die es in dieser Gesellschaftsform nicht gibt, nicht konfrontiert wurde. Daher konnte er die zusätzliche Ausbeutungsmöglichkeit nicht aufdecken, die diese Krise den Machthabern in die Hand gibt.

Marx beginnt seine Analyse der kapitalistischen Ausbeutung mit der Feststellung: Im Produktionsprozeß entstehen Waren. Für wen sie bestimmt sind, war für den im kapitalistischen England schreibenden Verfasser des „Kapital“ klar: für die Verbraucher. Ebenso klar war für ihn, daß auch die Erzeugung von Produktionsmitteln im Endeffekt das gleiche Ziel der Nachfragebefriedigung von zahlungsfähigen Verbrauchern verfolgte, denn nur eine rasch umgesetzte Ware bringt dem Kapitalisten Geld und verwirklicht gleichzeitig den Mehrwert: Beides braucht er für Neuinvestitionen.

Entsprechend diesen Vorstellungen entwickelte Marx seine berühmte Formel des Kapitals: Geld – Ware – Geld$_1$ (G-W-G$_1$), wobei G$_1$ die Geldsumme bedeutet, die auf Grund des verwirklichten Mehrwertes zugewachsen ist. Marx dachte nicht daran, daß diese Formel nicht für jede Art der Produktion gilt, sondern nur für die *kapitalistische.*

Die Nomenklatura braucht nämlich nicht die erzeugte Produktion zu verkaufen, um den Mehrwert zu realisieren. Im Gegensatz zu den Kapitalisten hat sie es nicht nötig, von jemandem Geld zu bekommen – in ihren Händen befindet sich der Staat, und sie druckt selbst die Noten, die sie braucht.

Da das gesamte Arbeitsprodukt an den Staat, d. h. an die Nomenklatura abgeliefert wird, steht ihr der Mehrwert selbstverständlich zur Verfügung, noch dazu in der Form, in der sie ihn haben möchte und dementsprechend in die Produktionspläne aufnimmt. Unter diesen Umständen besteht die Aufgabe des Nomenklatura-Unternehmers – des Staates – nicht mehr darin, für den Bedarf der Käufer zu produzieren; die Nomenklatura kann das direkt für ihren Klassenbedarf tun.

Das ist nicht der Bedarf einer Masse von gewöhnlichen Verbrauchern. Die zahlenmäßig kleine Klasse von Nomenklaturisten kann ihren Bedarf an Waren bester Qualität zum persönlichen Gebrauch sehr schnell bis zum Überdruß decken, vor allem an Importwaren oder an Dingen, die für den Export hergestellt werden. Oben haben wir bereits davon gesprochen, welche Produktion dem Klassenbedarf der Nomenklatura entspricht: die Schwer- und in erster Linie die Rüstungsindustrie.

Nun kann die Nomenklaturaklasse als Ultramonopolist in der sowjetischen Volkswirtschaft nach Belieben entscheiden, wieviel von einem Artikel erzeugt wird. Sie wäre bereit, alles, was an Produktionsvermögen anfällt, für die Befriedigung ihres Bedarfes zu verwenden, ohne etwas übrig zu lassen. Aber sie kann das nicht tun, denn die Bevölkerung des Landes braucht Konsumgüter. Daher ist die Nomenklatura gezwungen, auch die Erzeugung dieser Güter einzuplanen: Sie betrachtet es als reines Verlustgeschäft und als Zugeständnis an die Bevölkerung.

Das sind wesentliche Umstände, die der Leser aus nichtsozialistischen Ländern verstehen muß. Denn nur dann wird er die chronisch jammervolle Lage der Leichtindustrie und der Landwirtschaft in der UdSSR begreifen. Nur dann wird er aufhören, in typisch westlicher Art über die Tatsache zu staunen, daß ein Land, welches Raketen in die Weite des Sonnensystems schickt, bis heute die Frage der Schuhproduktion nicht lösen kann und daß dieses Land, das nach Größenordnung an erster Stelle auf der Weltkugel steht und auf eine tausendjährige Tradition in der Landwirtschaft zurückblickt, regelmäßig jedes Jahr im Ausland Getreide kaufen muß. Erst wenn der Leser begriffen hat, daß die Konsumgüterindustrie und in hohem Ausmaß auch die Landwirtschaft in der UdSSR von der Nomenklatura nur als unvermeidliches Übel angesehen werden, als Zugeständnis an die Arbeitskräfte, und daß die Ausgaben für diese Sparten bis zum äußersten beschnitten werden, wird für ihn das Bild der Wirtschaftsentwicklung in der Sowjetunion klar hervortreten.

Die vor der Errichtung des Realsozialismus entstandenen Wirtschaftswissenschaften und die Statistik kennen zwei Lohnkategorien: den Nominallohn und den Reallohn. Uns interessiert hier der letztere.

Das Sowjetlehrbuch der Politökonomie gibt folgende Definition: „Der *Reallohn* ist der in Existenzmitteln des Arbeiters ausgedrückte Lohn; er zeigt, wie viele und welche Gebrauchsgüter und Dienstleistungen der Arbeiter für seinen Geldlohn kaufen kann.“[79]) Aber was geschieht, wenn man wohl seinen Lohn bekommt, dafür aber keine Gebrauchsgüter kaufen kann? Dieser Fall ist in der westlichen Wissenschaft nicht vorgesehen. Dabei ist das im Realsozialismus bei der konstanten Unterproduktionskrise und bei dem Primat der Schwerindustrie eine ganz typische Erscheinung.

Ein Beispiel, um dies deutlich zu machen: Ein Traktormechaniker in Sibirien. Wie jeder Lohnempfänger in der Sowjetunion kennt er seinen Bruttolohn nur theoretisch, da die Abzüge bei der Lohnauszahlung zurückbehalten werden. Aber auch der Nettobezug eines Mechanikers in der Landwirtschaft ist verhältnismäßig hoch. Das Geschäft in seinem ländlichen Bezirk verfügt jedoch nur über folgendes Warenangebot: Schwarzbrot, Makkaroni, Fischkonserven von zweifelhafter Frische, Wodka, Salz, Zündhölzer, Bonbons und Zigaretten. Manchmal wird Wurst und Bier angeliefert. Wie hoch ist nun sein Reallohn?

Der Realsozialismus verträgt sich mit dem Reallohn schlecht. Er tilgt diesen bourgeoisen Begriff, der aus dem Warenüberfluß entstanden ist, aus der Voraussetzung, daß es mehr Waren gibt als Geld. Im Realsozialismus ist die Situation umgekehrt: einer Menge von Geld, die sich in Händen der Bevölkerung befindet und eben dadurch für den Erwerb von Gebrauchsgütern bestimmt ist, steht eine offensichtlich ungenügende Menge von Verbrauchsgütern gegenüber. Und das trotz der Tatsache, daß der Arbeitslohn der Werktätigen, wie wir gesehen haben, niedrig ist und daß die Preise für manche Konsumgüter recht hoch sind.

Im Realsozialismus ist es notwendig, einen neuen Begriff einzuführen, den wir den *Effektivlohn* nennen wollen. Zum Unterschied vom Reallohn stellt der Effektivlohn nicht die arithmetisch errechnete, sondern die *tatsächliche Menge der vom Lohnempfänger gewünschten Gebrauchsgüter und Dienstleistungen dar, die er für seinen Lohn erhalten kann.*

Der Reallohn ist folglich nur im Idealfall mit dem Effektivlohn identisch, nämlich dann, wenn die *gesamte* Summe, die der Werktätige erhält, tatsächlich für die von ihm gewünschten Gebrauchsgüter und Dienstleistungen ausgegeben werden kann. Im Realsozialismus ist dies nur bei jenem Teil der Nomenklatura der Fall, der Zugang zu den Sondergeschäften, -Restaurants und Spezialbuffets hat (über sie werden wir im nächsten Kapitel sprechen).

Wenn aus dem Reallohn des Werktätigen ein Effektivlohn wird, steigt die Ausbeutungsrate merklich an. Denn sobald die Nomenklatura dem Werktätigen weniger Konsumgüter und Dienstleistungen zur Verfügung stellt, als er nach den festgesetzten Preisen für seinen Lohn bekommen müßte, senkt sie faktisch die Bezahlung seiner Arbeitskraft.

Der Unterschied zwischen dem Real- und dem Effektivlohn ist eine von der Nomenklatura erschlossene zusätzliche Quelle der Aneignung des Mehrwertes.

Wie gut das die Nomenklaturaklasse versteht, haben wir in den Kriegsjahren deutlich zu spüren bekommen. Bald nach Kriegsbeginn wurde in der UdSSR das Kartensystem für Lebensmittel und Bedarfsartikel eingeführt, das auf einer strengen, aber trotzdem biologisch vertretbaren Rationierung basierte. Danach folgte allerdings eine zusätzliche Verlautbarung: Die tatsächliche Ausgabe von Lebensmitteln würde nicht auf alle, sondern nur auf die „aufgerufenen" Abschnitte erfolgen; für Bedarfsartikel und Dienstleistungen würden spezielle Berechtigungsscheine ausgegeben werden. Die Folge war, daß die speziellen Berechtigungsscheine nur privilegierte Glückspilze erhielten, und daß auf die Karten für Normalverbraucher bloß Brot und sehr selten auf einige Abschnitte ein paar Lebensmittel ausgegeben wurden. Als damals die sowjetischen Zeitungen die Meldung brachten, daß die Brotration in Italien pro Tag nur 150 Gramm betrug, konnte das in der UdSSR niemand glauben: Alle verstanden, daß bei solchen Rationen die Italiener längst verhungert sein müßten, – so wie die Leningrader verhungerten, die ebenso 150 Gramm Brot bekamen. Daß es ein Land gab, in dem auf die Lebensmittelkarten nicht nur Brot ausgegeben wurde, kam niemandem überhaupt nur in den Sinn. Daher wissen die Menschen in der Sowjetunion: nicht das Anrecht auf Warenversorgung zählt, sondern die effektiv ausgehändigte Ware.

Der Unterschied zwischen dem Reallohn und dem Effektivlohn zeigt sich auch in der soliden Summe von Ersparnissen, über die die Bevölkerung der UdSSR verfügt. Die Sowjetpropaganda stellt das als Beweis für den materiellen Wohlstand dar. Das ist falsch. Bei einer normalen Versorgung der Bevölkerung mit Waren und Dienstleistungen würde die Summe von 163 Rubel monatlich Rücklagen für Ersparnisse nicht enthalten. In der UdSSR gehen die Ersparnisse auf Kosten des Unterschiedes zwischen dem Real- und dem Effektivlohn. Und das Geld auf den Sparkonten der Nomenklaturisten stammt aus dem Mehrwert. Nicht der Wohlstand, sondern die Ausbeutung der sowjetischen Werktätigen steht hinter der Höhe der Ersparnisse.

Auch in einem anderen Fall hat die Praxis der Nomenklaturaklasse die Theorien von Marx bereichert. Marx machte einen Unterschied zwischen dem Wert und dem Gebrauchswert und analysierte die Ausbeutung nur am Beispiel des ersten. Es stellt sich jedoch heraus, daß es nicht genügt, die arithmetische Mehrwertsrate auszurechnen, um die Ausbeutung darzustellen. Für die Abstraktion der Politökonomie mag unwichtig sein, welche Art von Produktion entsteht; für das Leben der Gesellschaft liegt aber die außerordentliche Bedeutung darin, daß sich bei einer gleichbleibenden Mehrwertsrate der Ausbeutungsgrad ändert, je nachdem, ob Kanonen oder Butter produziert werden. Mit vollem Recht kann die Behauptung aufgestellt werden: Die Sklaven im alten Ägypten, die an der Bewässerung der auch für ihre Ernährung notwendigen Felder arbeiteten, wurden weniger ausgebeutet als jene, die beim Bau von Pyramiden, den Grabmonumenten der Pharaonen, eingesetzt wurden. Die Leibeigenen, die die Schwerarbeit der Installierung eines Brunnens leisteten, aus dem sie später selbst Wasser holen konnten, wurden weniger ausgebeutet als die leibeigenen Spitzenklöpplerinnen, die Spitzen für die Herrschaftsprunkkleider knüpften. Die Metallarbeiter der DDR, die Kleinwagen herstellen, welche sie sich vielleicht später einmal selbst werden kaufen können, werden weniger ausgebeutet als jene Metallarbeiter, die Selbstschußanlagen anfertigen. Keine noch so schön arithmetisch errechnete Ausbeutungsrate kann diese Tatsachen ändern.

Man muß verstehen: Das von Stalin verkündete und seither von der Nomenklatura hartnäckig in die Tat umgesetzte Prinzip einer vorrangigen Entwicklung der Produktion von Produktionsmitteln ist keine abstrakte ideologische These. Hinter ihr verbirgt sich die Verewigung einer zusätzlichen Ausbeutungsquelle der unmittelbaren Produzenten durch die Nomenklaturaklasse.

In der Sowjetunion sind die unmittelbaren Produzenten gezwungen, ihre Arbeitskraft für die Produktion von Waren zur Verfügung zu stellen, die nur der Nomenklaturastaat braucht; für sie selbst ist diese Produktion entweder unnötig oder gar schädlich. Während die sowjetischen Arbeiter nach wie vor Konsumgüter in unzureichender Quantität produzieren, werden sie gezwungen, mit eigenen Händen das niedrige Niveau ihres Effektivlohnes einzuzementieren.

So führt die theoretische Bereicherung des Marxismus zur Bereicherung der Nomenklaturaklasse. Daher schweigt sie sich über diese ihre Entdeckung aus.

15. Der Grad der Ausbeutung

Wie hoch ist der Grad der Aneignung des Mehrwertes durch die Nomenklaturaklasse? Das wäre ein Thema für eine ökonomische Spezialuntersuchung. Wir können hier nur eine ungefähre Größenordnung angeben.

Kurón und Modzelewski kommen zu dem Schluß, daß ein Industriearbeiter in Polen zu Anfang der sechziger Jahre ein Drittel seiner Arbeitszeit für die Schaffung des notwendigen Produktes und zwei Drittel für die Schaffung des Mehrproduktes aufwandte.[80]) Hierbei wird der Unterschied zwischen dem Real- und dem Effektivlohn als Faktor, durch den der Mehrwert vergrößert wird, nicht einkalkuliert. Die Sowjetunion oder ein anderes Land des Comecon unterscheidet sich in der Größenordnung der Mehrwertschaffung wohl kaum von Polen.

Aus diesem hohen Mehrwertsniveau in den Ländern des Realsozialismus wird die bekannte Tatsache verständlich, daß die Investitionen in diesen Ländern einen größeren Anteil des Nationalproduktes ausmachen als in kapitalistischen Staaten. In keinem Land fallen die Investitionsmittel wie Manna vom Himmel. Die Quelle der Investitionen ist der Mehrwert – im Realsozialismus ebenso wie im Kapitalismus. Der Unterschied in der Größenordnung der Investitionen in realsozialistischen und kapitalistischen Staaten spiegelt folglich den Unterschied in der pro-Kopf-Produktion von Mehrwert wider: nach diesem Indikator liegen die realsozialistischen Staaten an der Spitze. Es gibt eine weitere Tatsache, die darauf hinweist: Es ist bekannt – und wird von den Nomenklatura-Staaten auch nicht bestritten – daß bei ihnen die Arbeitsproduktivität niedriger ist als in den industriell hochentwickelten kapitalistischen Ländern. Das heißt, daß die Werktätigen im Realsozialismus, die ein relativ kleineres Gesamtprodukt herstellen als ihre Kollegen in einem entwickelten kapitalistischen Land, trotzdem ein größeres Mehrprodukt erzeugen. Dieses Paradoxon ist nur dank eines bedeutend höheren Ausbeutungsgrades im Realsozialismus möglich. Als Resultat erzielt die Nomenklatura einen hohen Mehrwert, auch wenn die Arbeitsproduktivität der Arbeiter in der UdSSR gering ist.

Dieses Phänomen ist nicht neu: so war es auch in den Kolonien. Die Bestätigung dafür, daß wir es hier mit diesem kolonialen Phänomen zu tun haben, ist eine im Osten verheimlichte, im Westen aber wohlbekannte Tatsache: die realsozialistischen Länder gelten in gleicher Weise wie die Länder der Dritten Welt als „Niedriglohn-Länder". Dieser niedrige Lohn (oder das im Vergleich zu den hochentwickelten kapitalistischen Ländern unproportionell niedrige notwendige Produkt) ermöglicht es der Nomenklaturaklasse, im Kampf mit der Konkurrenz um die Märkte der kapitalistischen Welt Dumpingmethoden anzuwenden. Vertreter von westdeutschen Textilfirmen können von den Schwierigkeiten erzählen, die ihnen in Krisenzeiten der Import von Herrenhemden und -anzügen aus der DDR bereitete, die buchstäblich für ein paar Mark verkauft wurden. Übrigens kosten Hemden in der DDR selber wesentlich mehr als in der Bundesrepublik, aber für harte Währung ist die Nomenklatura-Wirtschaftsführung bereit, auf einen überhöhten Gewinn in Ostmark zu verzichten und einen Teil der Produktion zu Dumpingpreisen in D-Mark abzusetzen.

Es gibt aber noch eine andere, für westliche Unternehmer wesentlich angenehmere Ausnutzung der Niedriglöhne im Realsozialismus. Für die gleiche harte Währung ist die Nomenklaturaklasse bereit, mit dem westlichen Kapital ein Stückchen ihres Mehrwertgewinns zu teilen. Im Rahmen der hochgepriesenen wirtschaftlichen Zusammenarbeit von Ländern mit unterschiedlichen Wirtschaftssystemen werden z. B. folgende Geschäfte gemacht: In Bulgarien werden „amerikanische" Zigaretten erzeugt und dann im Westen verkauft; in Rumänien werden für den amerikanischen Markt aus amerikanischem Stoff und streng nach amerikanischem Schnitt Herrenanzüge angefertigt und zum Verkauf in die USA transportiert. Um so viel weniger müssen also die Arbeiter in realsozialistischen Staaten bekommen als in Amerika: der Unterschied rechtfertigt nicht nur den Transport des Materials von den USA nach Osteuropa und der Fertigware zurück in die USA (inklusive aller Aufschläge – Schaden, Versicherung, Verpackung usw.), er verschafft offensichtlich den amerikanischen Unternehmern auch einen größeren

Gewinn, als wenn diese ihre Waren in Amerika erzeugten; und außerdem sichert er den östlichen Unternehmern, die den Auftrag ausführen, den in ihrem Plan vorgesehenen Gewinn!

Ein Vergleich mit kolonialer Ausbeutung drängt sich förmlich auf. Wir widerstehen ihm nur deshalb, weil wir uns an die Regel halten, keine pathetischen Worte zu gebrauchen, deren Inflation in der heutigen Welt viel stärker ist als die Geldinflation.

16. Die Abführung des Mehrwertes

Der Mehrwert ist also für die Nomenklatura produziert worden. Er erreicht sie als „Gewinn", was nur ein anderes Wort für Profit ist.

Einer der Erfolge der kommunistischen Propaganda im Westen ist die Tatsache, daß hier der Begriff „Profit" ausschließlich mit den Kapitalisten, mit Konzernen und besonders mit den multinationalen Konzernen assoziiert wird. Indessen verzichtet auch die Nomenklaturaklasse nicht auf Profit, obwohl sie, wie wir schon festgestellt haben, die Sicherung und Erweiterung ihrer Macht als vorrangig betrachtet. Die in patriotischem Licht dargestellten Bemühungen der Nomenklatura, eine Erhöhung der Arbeitsproduktivität in der Volkswirtschaft der UdSSR zu erreichen, verwandeln sich, wenn sie Erfolg haben, in einen deutlich spürbaren Zufluß von Geld in die Säckel dieser Klasse.

Nehmen wir als Beispiel die bereits erwähnte Stachanov-Bewegung der dreißiger Jahre: Stalin verbreitete sich wortreich über die Wurzeln dieser Bewegung, die, wie er sagte, herangereift war und die Arbeitermassen zum Sturm auf die – aus unerfindlichen Gründen über Nacht veralteten – Normen antreten ließ; in den Zeitungen wollten die Lobpreisungen des heldenhaften Einsatzes der Stachanovisten kein Ende nehmen. Nun zur Sache, und zwar so, wie sie im sowjetischen Standard-Lehrbuch für Geschichte formuliert ist: „Ein wichtiges Resultat der Stachanov-Bewegung war die Steigerung der Rentabilität der Schwerindustrie. Hatte sie 1934 einen Gewinn von 430 Millionen Rubel, so lag er 1936 bei 3,2 Milliarden Rubel."[81]) Innerhalb von zwei Jahren stieg der Profit der Nomenklatura auf das Siebeneinhalbfache. Welche Multis können sich mit einem derartigen Resultat ihrer Ausbeutung des unmittelbaren Erzeugers brüsten?

Auch jetzt hat sich die Situation nicht geändert. In Prozenten ausgedrückt ist der Zuwachs an Profit der Nomenklatura nicht mehr so groß, dafür aber ist seine absolute Größe zu bewundern. Auf dem XXV. Parteitag fiel gleichsam nebenbei die Bemerkung, daß während des 9. Fünfjahrplanes (1971–75) ein Gewinn von 500 Milliarden Rubel erzielt worden sei, um 50% mehr als während des ersten Breževschen Fünfjahrplanes 1966–70.[82]) Wahrlich, eine Gewinnexplosion!

Der Gewinn ist der von den Werktätigen für die Nomenklaturaklasse erarbeitete Mehrwert. Durch welchen Mechanismus landet er in den Safes des Nomenklaturastaates?

Dieser Mechanismus ist das Steuersystem. In seiner heutigen Form geht es auf die Steuerreform des Jahres 1930 zurück, d. h. unmittelbar auf die Zeit nach dem Beginn der Massenkollektivierung in der Landwirtschaft, wodurch die Umwandlung der sowjetischen Volkswirtschaft in ein Übermonopol der Nomenklatura vollzogen wurde.

Das sowjetische Steuersystem ist an dieses Übermonopol angepaßt. Da die Nomenklatura Besitzerin der Volkswirtschaft und der Staat ihr Machtapparat ist, verliert die direkte Besteuerung der Bevölkerung ihren Sinn: dementsprechend beträgt sie weniger als 10% der Staatseinnahmen. Ungefähr 90% des Staatshaushaltes der UdSSR stammen, wie dies so schön heißt, „aus der sozialistischen Wirtschaft".

In der kapitalistischen Welt bedeutet die Besteuerung der Privatbetriebe, daß der Staat beim Unternehmer einen bestimmten – nicht selten recht beträchtlichen – Prozentsatz des erhaltenen Mehrwertes abschöpft. Im Realsozialismus gehören alle Unternehmen dem Staat. Bei wem konfisziert er also den Mehrwert, wenn er diese Unternehmen besteuert?

Bei niemandem. Der sozialistische Staat legt einfach den Mehrwert, der ihm von seinen Beauftragten, den Direktoren der Betriebe, übergeben wird, auf seine Banken.

Diese Prozedur nennt man „Gewinnabfuhr der sozialistischen Unternehmen". Sie besteht darin, dem Unternehmen aus dem von den Arbeitern produzierten Mehrwert eine im Vorhinein eingeplante Summe für den weiteren Ausbau des Werkes und andere im Plan veranschlagte Zwecke zu überlassen, alles andere wird dem Staatshaushalt zugeführt.

Es ist eigentlich bei diesem System überflüssig, von der Bevölkerung Steuern zu erheben: Der Mehrwert wird unmittelbar beim Betrieb eingezogen, der Staat setzt die Löhne fest und zahlt sie selbst aus – wozu überhaupt noch Steuern?

In Albanien hat man diesem logischen Gedankengang Folge geleistet und die Steuern abgeschafft. In der Sowjetunion wurde unter Chruščev ebenfalls ein Gesetz über die stufenweise Abschaffung der Steuern erlassen. Die kommunistische Propaganda verbreitete sich darüber in der ganzen Welt lange und lautstark, um den Eindruck zu erwecken, daß die Steuern tatsächlich abgeschafft worden waren. In Wirklichkeit hat man sie nur für jene abgeschafft, die weniger als 70 Rubel im Monat verdienen (also unter DM 200,–). Das Gesetz auf die anderen Kategorien von Arbeitern auszudehnen, sei nicht möglich, wurde als bescheidene Ausrede erklärt.

Dabei wird der Hauptteil der Steuern, die die Nomenklatura von der Bevölkerung einhebt, durch das Chruščevsche Gesetz nicht einmal berührt, es betrifft nur die direkten Steuern, während der Hauptanteil die indirekten Steuern sind.

Als Lenin vor der Revolution die Verbrechen des Zarismus entlarvte, ließ er an der indirekten Besteuerung kein gutes Wort. „Die indirekten Steuern sind die ungerechtesten Steuern", schrieb Lenin. „Je reicher jemand ist, um so weniger indirekte Steuern zahlt er von seinem Einkommen... Die indirekten Steuern sind eine Besteuerung der Armen."[83])

Ausgerechnet diese Besteuerung wurde von der Nomenklatura in der UdSSR unter der Bezeichnung „Umsatzsteuer" eingeführt. Auch sie wird offiziell bei „der sozialistischen Wirtschaft" erhoben. Die verworrenen Erklärungen der sowjetischen ökonomischen Wissenschaft, daß die Umsatzsteuer eigentlich gar keine richtige Steuer sei, da sie nicht den Übergang von einer Eigentumsform in eine andere darstelle, umgehen sorgfältig die Frage: wer ist es nun eigentlich, der diese Steuer zahlt?

Die Antwort liegt auf der Hand. Die Umsatzsteuer ist im Abgabepreis der Ware enthalten, als Unterschied zwischen dem Abgabe- und dem Betriebspreis. Sobald die Ware an die Handelsorganisationen abgegeben wird, bezahlt das Unternehmen dem Staat Umsatzsteuer von der Summe, die es für die Ware erhalten hat.

Die Regeln sind streng: Die Überweisung der Umsatzsteuer von der ausgelieferten Ware erfolgt am 3. Tag nach der Auslieferung der Ware. Kleineren Unternehmen ist es erlaubt, die Umsatzsteuer einmal in zehn Tagen zu überweisen (am 3., 13. und 23. eines jeden Monats). Nur ganz kleine Betriebe, die so wenig produzieren, daß die Umsatzsteuer nicht mehr als 1000 Rubel im Monat ausmacht, brauchen sie nur einmal im Monat (an jedem 23.) zu überweisen. Auf diese Weise erhält die Nomenklatura den produzierten Mehrwert ohne jede Verzögerung.

Der Handel schlägt die Umsatzsteuer dem Detailpreis der Ware zu. Hier endlich kommt der echte Zahler dieser Steuer zum Vorschein: Es ist der Käufer. Da die Umsatzsteuer vor allem bei der Produktion von Konsumwaren eingehoben wird, ist der Käufer die Bevölkerung der Sowjetunion. Auf sie wälzt die Nomenklatura diese indirekte Steuer ab, die als „staatliche Einnahme aus der sozialistischen Wirtschaft" dargestellt wird.

Die Einnahmen aus der Umsatzsteuer werden natürlich geheimgehalten. Aber eine ungefähre Vorstellung von ihrer Größe kann man sich aus den Ziffern machen, die in den letzten Jahren der Chruščev-Ära, als die Wachsamkeit der Zensur ein wenig nachgelassen hatte, im Druck erschienen. Die Steuern – d. h. die Aufschläge – betrugen bei folgenden Waren 50–75% des Abgabepreises: Benzin, Petroleum, Fahrräder (für Erwachsene), Autos, Fotoapparate, Schreibmaschinen, Füllfedern, Textilien, Zündhölzer, Zwirn u. a.; 33–66% bei Nähmaschinen, Nähnadeln, Metallgeschirr, Aluminiumgeräten, Tapeten, Gummiwaren, Glühbirnen, Leitungsdraht, Schreibpapier, Zement; 50% bei Mehl, 55% bei Zucker, 70% bei Lederschuhen, bis zu 77% bei Kunstseide.[84]) Wie wir sehen, sind diese Aufschläge nicht klein.

Wohin fließt der von der Nomenklatura kassierte Mehrwert?

Es wäre naiv, anzunehmen, daß die Nomenklaturaklasse ihn zur Gänze verbraucht. Ebensowenig wie in anderen ausbeuterischen Gesellschaftsordnungen könnte die herrschende Klasse des Realsozialismus die gesamte Masse des von vielen Millionen von Menschen erzeugten Mehrproduktes für ihren persönlichen Bedarf ausgeben, selbst wenn sie noch so verschwenderisch damit umginge. Allerdings gibt es neben dem persönlichen Bedarf der Mitglieder dieser Klasse noch einen kollektiven, einen *Klassen*bedarf. Dieser verschlingt in der UdSSR den Löwenanteil des erzeugten Mehrwertes.

Die wichtigsten Elemente des Klassenbedarfs der Nomenklatura werden in dem Buch von Kurón und Modzelewski im allgemeinen richtig angeführt, nur sind sie nach dem traditionalen marxistischen Schema angeordnet und nicht nach ihrer Bedeutung im System des Realsozialismus.[85]) In Wirklichkeit richtet sich der Klassenbedarf der Nomenklatura nicht nach irgendwelchen ideologischen Schemata, sondern ausschließlich nach ihren Klasseninteressen.

Als wichtigstes Element muß man zweifellos jene Verwendung ansehen, die eine weitere Festigung und Erweiterung der Macht der Nomenklaturaklasse zum Ziel hat – in völliger Übereinstimmung mit dem ökonomischen Grundgesetz des Realsozialismus. Wir sprechen hier von Ausgaben für die Tätigkeit der Parteiorgane und ihrer Apparate, für die Maschinerie des KGB, der Streitkräfte und der Rüstungsindustrie, für Apparat und Truppen des MVD (Innenministerium), für Straflager, Gefängnisse und die Staatsanwaltschaften. Ein kleiner Teil entfällt auch auf weniger lebenswichtige Anhängsel dieses Systems: auf die Gerichte und die Miliz.

Wesentlich mehr als für diese Anhängsel, wenn auch natürlich weniger als für die grundlegenden Elemente der Macht, wird für die ideologische Bearbeitung der Bevölkerung sowie für die Organe auswärtiger Beziehungen verwendet (für politische, wirtschaftliche, kulturelle Beziehungen usw., die in Wirklichkeit alle politische sind).

An zweiter Stelle muß die sogenannte „sozialistische Akkumulation“ angeführt werden, die für Investitionen in die Volkswirtschaft bestimmt ist. Die Rede ist hier von der Akkumulation des kollektiven Eigentums der Nomenklatura, etwas, das im Kreise ihrer Interessen an zweiter Stelle steht.

Den letzten Platz nehmen Ausgaben für Wissenschaft, Kultur, Bildung, Gesundheitswesen, Sport usw. ein. Sie tragen einen weniger ausgeprägten Klassencharakter, obwohl sie natürlich ebenfalls ausschließlich im Interesse der herrschenden Klasse erfolgen.

Ein Unterschied zwischen den drei Kategorien besteht in dem Grad ihrer Annehmbarkeit für die arbeitenden Menschen.

Am annehmbarsten ist für die Menschen die dritte Kategorie. Obwohl wir von zusätzlichen Ausgaben sprechen, die die Sicherung des Mehrwertes für die Nomenklatura zum Ziel haben, sind das Gesundheitswesen, die Ausbildung, die Weiterentwicklung der Wissenschaft für friedliche Zwecke, ebenso die Kultur auf jenen Teilgebieten, die nicht ausschließlich der Propaganda unterworfen sind, eine für die Werktätigen annehmbare Form der Verwendung des von ihnen geschaffenen Mehrwertes.

In der zweiten Kategorie gibt es ebenfalls einige für die Bevölkerung annehmbare Seiten. Da ist zuerst die Sicherung der Arbeitsplätze als Folgeerscheinung der getätigten Investitionen. Obwohl die Nomenklatura sie durchführt, um das Mehrprodukt zu bekommen, entsteht parallel dazu das notwendige Produkt, das den Arbeitern die Existenzmöglichkeit gibt. Zweitens sind dies Investitionen in die Produktion von Konsumgütern und in die Bauindustrie – kurz, in die Erzeugung dessen, was die arbeitenden Menschen selbst brauchen.

Sogar in der ersten Kategorie kann man ein kleines Element entdekken, das sich für die Bevölkerung positiv auswirkt: Gerichtsbarkeit und Miliz dienen zumindest teilweise auch ihren Interessen, obwohl sie von einer beträchtlichen Masse des Sowjetvolkes als verhaßte Institutionen betrachtet werden.

Aber zum größten Teil wird in den beiden ersten Kategorien der aus der arbeitenden Bevölkerung herausgepreßte Mehrwert für Ziele verwendet, die der Bevölkerung gegenüber einen feindlichen Charakter tragen. Denn wie anders könnte man das Ziel der Nomenklatura bezeichnen, ihre Macht über die Bevölkerung zu sichern und zu erweitern und auch in Zukunft aus dem Mehrwert Nutzen zu ziehen? Im System des Realsozialismus produziert der Arbeiter, wie Kuroń und Modzelewski konstatieren, „das Existenzminimum für sich und unterhält die Staatsmacht gegen sich. Das Produkt seiner Arbeit stellt sich ihm als eine ihm fremde, feindliche Macht entgegen, weil er es zwar erzeugt, es ihm aber nicht gehört.“[86])

17. Der Zwangscharakter der Arbeit

Marx entdeckte nicht den Wert, sondern den Mehrwert. Stellen wir nun die Frage: Warum mußte der Mehrwert eigentlich überhaupt entdeckt werden?

Schon seit Jahrhunderten war ja die Tatsache der Schaffung des Mehrproduktes durch die unmittelbaren Produzenten und seiner Aneignung durch die Herrschenden allgemein bekannt. Eduard Bernstein bemerkte richtig, daß in der vorkapitalistischen Zeit niemand versuchte, diese Tatsache zu verschleiern. „Der Sklave war, wo er für den Austausch zu produzieren hatte, reine Mehrarbeitmaschine, der Leibeigene und Hörige leistete Mehrarbeit in der offenkundigen Form von Frondiensten, Naturalabgaben...“[87]) Die unmittelbaren Erzeuger wurden offen als Arbeitstiere betrachtet, denen man nur deshalb zu existieren erlaubte, weil sie den Besitzern Gewinn brachten.

Diese Einstellung begann mit dem Sieg des Kapitalismus und der Entwicklung der bürgerlichen Demokratie der Vergangenheit anzugehören. Zum ersten Mal wurde die Rechtsgleichheit aller Menschen und aller Gesellschaftsklassen verkündet: Natürlich ging die Erzeugung des

Mehrproduktes weiter, allerdings in verschleierter Form. Nur darum war Marx gezwungen, den Mehrwert zu „entdecken“.

Es handelte sich im Kapitalismus nicht nur um Verschleierung, sondern auch um eine gewisse Begrenzung der Ausbeutung. Die Gewerkschaften entstanden, die die ökonomischen Rechte der Arbeiter verteidigten; das Streikrecht als Mittel des Kampfes um die Verbesserung der Arbeitsbedingungen ist anerkannt und wird praktiziert; Arbeitslose sind keine Bettler mehr, sie beziehen eine garantierte Unterstützung, die ihre Existenz sichert; die Arbeitenden haben die Möglichkeit, ihren Arbeitgeber frei zu wählen und sogar in andere Länder auszuwandern. All dies brachte zwar nicht eine ideale Gesellschaft hervor, aber zweifellos setzte es der Ausbeutung Grenzen, bewirkte eine wesentliche Verbesserung der Arbeitsbedingungen und eine Erhöhung des Lebensstandards der Lohnempfänger. Man muß unterstreichen, daß das nicht ein Resultat der Menschlichkeit der Kapitalisten ist, sondern das Verdienst der Arbeiterbewegung und in nicht unbeträchtlichem Maße das Verdienst der Ideen von Karl Marx.

Und wie verhält es sich dort, wo der vollständige Sieg dieser Ideen verkündet wurde, in den Ländern des Realsozialismus? Dort ist der Bürger verpflichtet zu arbeiten – richtiger gesagt, auf einem Arbeitsplatz registriert zu sein, sofern er nicht minderjährig, Pensionist oder Invalide ist. Im entgegengesetzten Fall ist er „Parasit“ (Tunejadec) und wird vom Gesetz verfolgt.

Offiziell wird diese Maßnahme mit der kommunistischen Moral begründet. „Die Arbeit in der UdSSR ist eine Sache der Ehre, eine Sache des Ruhmes, eine Sache der Tapferkeit und des Heldentums“ hatte schon Stalin verkündet. Die Arbeit, betont die Nomenklatura, muß für jeden Menschen in der Sowjetunion und Erbauer der kommunistischen Gesellschaft zu einer Lebensnotwendigkeit werden. Aus diesen tönenden Worten geht jedoch nicht hervor, warum derjenige, der vorderhand noch kein Bedürfnis nach Ehre und Ruhm verspürt, aufs Milizrevier geschleppt wird.

Die Sache ist einfach, die kommunistische Moral hat damit nichts zu tun: Jeder Mensch in der UdSSR weiß, daß ausgerechnet die Familienmitglieder von Nomenklaturaangehörigen ruhig der Arbeit fernbleiben dürfen, ohne daß sie irgendwelche Schwierigkeiten haben. Der Grund liegt anderswo. Erstens rechnet die Nomenklaturaklasse, wie bereits gesagt, in Übereinstimmung mit der Marxschen Theorie damit, daß jeder Arbeiter Profit bringt und daß folglich jeder Nichtarbeitende Schaden verursacht. Zweitens verfügt derjenige, der nicht arbeitet, über eine gewisse Unabhängigkeit gegenüber dem Nomenklaturastaat, was nicht geduldet werden kann. Drittens garantiert die Unterbringung aller Werktätigen im Staatsdienst eine wesentlich vollständigere Kontrolle der Nomenklaturaklasse über die Bevölkerung.

Und die so oft beschworenen sozialistischen Errungenschaften der Arbeiter im Realsozialismus?

In den Ländern des Realsozialismus verteidigen die Gewerkschaften nicht mehr die Interessen der Arbeiter gegenüber dem Arbeitgeber – hier gegenüber dem Staat; statt dessen überwachen sie die Durchführung der vom Arbeitgeber entworfenen Pläne und die Arbeitsdisziplin. Stalin hat die sowjetischen Gewerkschaften treffend als „Transmissionsriemen der Partei" (d. h. der Nomenklatura) bezeichnet.

Das Streikrecht der Arbeitnehmer wird nicht anerkannt, – mit der Begründung, daß sie für sich selbst arbeiten. Aber gerade in diesem Fall wäre es die Sache der Arbeiter, selbst zu entscheiden, ob sie arbeiten oder streiken wollen. Nun läßt sich die Nomenklatura auf Diskussionen über diese Frage nicht ein; sie verfolgt einfach jede Arbeitsniederlegung als Staatsverbrechen.

Eine Arbeitslosenunterstützung existiert nicht, indem darauf verwiesen wird, daß es keine Arbeitslosigkeit mehr gibt. Auch dieses Argument ist falsch. Das Fehlen der Arbeitslosigkeit ist ein statistischer Begriff; er bedeutet, daß die Zahl der Arbeitslosen im Land nicht höher ist als die Zahl der offenen Stellen. In einem Land mit einer Einwohnerzahl von 260 Millionen ist es nicht zu verhindern, daß es viele Zehntausende von Menschen gibt, die aus den verschiedensten Gründen gerade in diesem Augenblick nicht arbeiten, den Arbeitsplatz wechseln oder entlassen wurden (die sowjetische Arbeitsgesetzgebung sieht die Entlassung sogar auch als eine Disziplinarmaßnahme vor). Unterstützung bekommt jedoch keiner der arbeitslos gewordenen.

Die Arbeitnehmer haben nicht die Möglichkeit, ihren Arbeitgeber zu wechseln: Der Arbeitgeber ist der Staat, und eine Auswanderung wird nicht erlaubt. Lange Jahre hindurch hatten die Werktätigen in der Sowjetunion nicht einmal das Recht, nach eigenem Willen den Arbeitsplatz zu wechseln; jetzt wird es gestattet, aber es wird von ständigen Presseangriffen auf die „Herumflieger" (Letuny) und von Überlegungen begleitet, wie man sie wohl fester anbinden könnte. Kolchosbauern haben genauso wenig wie früher das Recht, ihre Kolchosen zu verlassen.

Diesen von der Nomenklatura restaurierten vorkapitalistischen Verhältnissen entspricht auch der *Charakter* der Arbeit im Realsozialismus.

In der Sklavenhaltergesellschaft und in der feudalen Gesellschaft arbeitete der unmittelbare Erzeuger nicht etwa deshalb für seinen Arbeitgeber, weil er seinen Lebensunterhalt verdienen wollte, sondern weil er zur Arbeit gezwungen wurde. Die Arbeit des unmittelbaren Erzeugers ist unfrei, sie wird zur Zwangsarbeit. Um die Marxsche Terminologie zu gebrauchen: hier wird ein *außer-ökonomischer* Zwang angewendet.

Der Kapitalismus bricht mit dieser Tradition. Was er braucht, sind persönlich freie Menschen, die dem Unternehmer ihre Arbeitskraft verkaufen. Zwang ist auch hier vorhanden, aber es ist ein *ökonomischer* Zwang. Zu welcher Klasse auch immer ein Mensch gehört, ist er im Kapitalismus nicht verpflichtet zu arbeiten.

Im Realsozialismus sind alle dazu verpflichtet, unabhängig davon, ob sie es für nötig halten oder nicht. „Alle" heißt hier nicht wirklich alle. Die Frauen der Nomenklaturisten brauchen nicht berufstätig zu sein: sie werden nicht zu „Parasiten" erklärt. Die Kinder der Nomenklatura sind bei angenehmen Sinekuren registriert.

Die Tatsache, daß die Nomenklatura alle zwingt, bei einer Arbeitsstelle geführt zu werden, ist folgenschwer. Jedem Arbeitnehmer im Realsozialismus erscheint seine Arbeit wie Zwangsarbeit, auch wenn er seine Arbeit anscheinend aus freiem Willen antritt, auch wenn er den Arbeitsplatz wechseln darf und ohne Lohn nicht auskommen kann.

Was ist Zwangsarbeit? Zwangsarbeit ist, wenn man: 1. zur Arbeit gezwungen wird, 2. Arbeitsbedingungen und Lohn einzig und allein von demjenigen bestimmt werden, der den Zwang ausübt, 3. das Verlassen des Arbeitsplatzes oder der Verzicht auf Arbeit durch Anwendung von physischem Zwang verhindert werden.

Alle diese Elemente sind im Realsozialismus vorhanden.

Erstens wird man gezwungen, irgendwo als Arbeitender geführt zu werden. Daß die überwältigende Mehrheit der Arbeitnehmer in der Sowjetunion ohne Verdienst nicht existieren könnte, ändert nichts am Zwangscharakter dieser Maßnahme. Genau so wenig hätten die Sklaven des Altertums oder die Leibeigenen des Mittelalters leben können, ohne sich ihren Unterhalt zu verdienen, aber das änderte nichts am Zwangscharakter ihrer Arbeit.

Zweitens werden die Arbeitsbedingungen und der Lohn einzig und allein von der Nomenklatura bestimmt. Durch sie werden die Löhne für die verschiedenen Kategorien von Arbeitnehmern festgesetzt; Verhandlungen über dieses Thema finden nicht statt. Die traurige Rolle der Gewerkschaften im Realsozialismus und Streikverbot haben wir bereits erwähnt. Sogar kollektive Beschwerden sind für die Arbeitnehmer verboten: Die Nomenklaturaprediger des sozialistischen Kollektivismus haben solche Beschwerden voll Verachtung „Kollektivereien" (kollektivki) getauft.

Drittens: Es ist unmöglich, sich vom Nomenklatura-Arbeitgeber zu trennen. Das Wechseln von einem Betrieb zum anderen ist keine Trennung vom Arbeitgeber, der Nomenklaturaklasse, sondern nur der Wechsel von einem seiner Beauftragten zum anderen. Innerhalb der Landesgrenzen gibt es keine andere Möglichkeit: Der Nomenklaturastaat ist allgegenwärtig, er hat bewußt alle Wege zu einer Arbeit, die nicht für ihn bestimmt ist, versperrt, – und eine Ausreise ins Ausland ist unmöglich.

Was helfen da alle schönen Worte über die Arbeit als Lebensinhalt des Sowjetmenschen! In Wirklichkeit lebt dieser Mensch wieder unter einem außerökonomischen Zwang zur Arbeit, wie zur Zeit des Sklaventums und des Feudalismus.

18. Die Entfremdung im Realsozialismus

Wenn jemand, der in der Sowjetunion Politökonomie studiert hat, in den Westen kommt und hier die marxistische Literatur liest, verblüfft ihn der laute Chor von Stimmen, die von den „anthropologischen" Gedanken des jungen Marx und von der „Entfremdung" sprechen. Daß Marx einmal jung war, kann der Mensch aus der Sowjetunion gerade noch verstehen, obwohl der Begründer des Marxismus bei ihm unmittelbare Vorstellungen von standardisierten bärtigen Porträts und Büsten hervorruft. „Entfremdung" assoziiert er mit gar nichts oder nur mit dem routinemäßig in Gerichtsurteilen vorkommenden Satz: „Entfremdung des Eigentums des Verurteilten zugunsten des Staates".

Erst nach und nach beginnt sich der Mensch aus der Sowjetunion daran zu erinnern, daß er ja wirklich diesen Terminus im Politökonomie-Kurs kurz gehört hat, im einzelnen hielt man sich dabei aber nicht auf. Und er versteht plötzlich mit aller Deutlichkeit, daß das nicht zufällig geschah.

Marx bemühte sich, bei seinen Lesern den Anschein zu erwecken, als könne die Entfremdung nur im Kapitalismus entstehen. Hier darf man nicht umhin, auch über Marx eine kritische Bemerkung zu machen: Die wissenschaftliche Genauigkeit hätte nämlich die Feststellung verlangt, daß sich die Entfremdung im Kapitalismus weniger deutlich zeigt als in früheren Gesellschaftsformationen.

Ein Sklave wurde als ein Arbeitstier betrachtet und er hatte natürlich für seine Arbeit kein Interesse. Auch ein Leibeigener wurde zur Arbeit gezwungen, aber er verfügte schon über einen gewissen Teil des Produktes.

Im Kapitalismus ist der Arbeiter persönlich frei, ihn zwingt kein durch Geburt zum Herren bestimmter Mensch zur Arbeit, sondern die Notwendigkeit, sich seinen Lebensunterhalt zu verdienen. Juristisch verfügt er sogar über die gleichen Rechte wie jener, der ihn anstellt, obwohl die ökonomische Abhängigkeit des Arbeiters zwischen beiden Ungleichheit schafft. Der Arbeiter hat freilich nicht die Absicht, sich über Gebühr anzustrengen, um den Gewinn seines Arbeitgebers zu sichern, aber er ist bereit, sogar Überstunden zu machen, um selbst mehr zu verdienen. Die Entfremdung existiert, aber sie ist merklich schwächer als zur Zeit der Feudalherrschaft, von der Sklavenhaltergesellschaft erst gar nicht zu reden. Verschwindet die Entfremdung im Realsozialismus, so wie Marx es vorausgesagt hat? Im Gegenteil, sie wächst. Die sozialistische Politökonomie überspringt nicht etwa deshalb hastig den Begriff „Entfremdung", weil er mit dem Sieg des Realsozialismus der Vergangenheit angehört, sondern weil er zu einer alltäglichen Erscheinung wird.

Wie wäre es auch anders möglich? Wenn man den Menschen in der Sowjetunion und in den anderen realsozialistischen Ländern deutlich gezeigt hat, daß es nicht ihre Aufgabe ist, die Nase in die Angelegenheiten der Nomenklatura zu stecken, daß sie vielmehr die Entscheidungen der Obrigkeit brav ausführen, mehr arbeiten und die geliebte Partei lobpreisen müssen – was kann entstehen außer Entfremdung?

Als Marx die Entfremdung im Kapitalismus beschrieb, erklärte er, daß ihre Ursache das Privateigentum an den Produktionsmitteln sei. Die Einführung des Kollektiveigentums der herrschenden Klasse hat die Entfremdung jedoch in keiner Weise überwunden. Die Ursache der Entfremdung auf ökonomischem Gebiet ist überhaupt nicht, wie Marx annahm, die Form des Eigentums an sich. Die Ursache ist das Ziel und die tatsächlichen Ergebnisse der Produktion.

Die Maximierung des Profits für die Kapitalisten ist kein Ziel, das die

Arbeit beflügelt; deshalb gibt es die Entfremdung im Kapitalismus. Das tatsächliche Ergebnis der Produktion ist im Kapitalismus aber nicht nur die Ausbeutung der Arbeitenden und die Profite der Unternehmer, sondern zugleich damit die Schaffung von Überfluß an Konsumwaren und die bedeutend höhere Entlohnung der Werktätigen als in den realsozialistischen Ländern. Dieses Ergebnis hält den Grad der Entfremdung in Grenzen, was immer man auch behaupten mag, wenn man das Leben im Realsozialismus nicht kennt. Im Realsozialismus ist nicht allein das Ziel der Produktion, die maximale Festigung und Ausweitung der Macht der Nomenklatura, den Arbeitenden fremd. Auch das tatsächliche Ergebnis, die militärisch-polizeiliche Macht des Staates anstelle von Konsumgütern, steigert nicht das Interesse des unmittelbaren Erzeugers an den Resultaten seiner eigenen Arbeit. Die Aufrufe der Nomenklatura zu Arbeitsenthusiasmus haben sich in sechzig Jahren verbraucht und ihre Wirkung verloren.

Wieder Zwangscharakter der Arbeit. Wieder wachsende Entfremdung. Wieder keine freien Gewerkschaften, kein Streikrecht. Wieder Arbeitsgesetze, die an die absolutistische Gesetzgebung gegen „Vagabunden" erinnern.

So zeigt sich in der Mehrwertproduktion beim Realsozialismus, in der Ausbeutung der Arbeitenden durch die Nomenklaturaklasse, eine erstaunliche Bewegung vom Kapitalismus weg zu vorkapitalistischen Ausbeutungsformen.

*

Wir haben nicht versucht, hier einen systematischen Abriß der Politökonomie des Realsozialismus zu geben; wir haben nur einige Knotenpunkte berührt, die für das Verständnis der in diesem Buch dargelegten Probleme unbedingt nötig sind.

Die Erarbeitung eines systematischen Lehrganges der Politökonomie des Realsozialismus ist eine Angelegenheit der Zukunft. Aber selbst das, was in diesem Kapitel gesagt wurde, gibt hoffentlich dem Leser eine bessere Vorstellung von der Wirklichkeit der realsozialistischen Ökonomie, als die Bände der sowjetamtlichen „Politökonomie des Sozialismus" – dieses „Stoffes aus dem die Träume sind".

Anmerkungen

1 MEW, Bd. 20, S. 263
2 MEW, Bd. 32, S. 554
3 Siehe z. B.: *Günther Wagenlehner:* Das sowjetische Wirtschaftssystem und Karl Marx. – Köln–Berlin 1960
4 *Mao Tse-Tung:* Das machen wir anders als Moskau. Kritik der sowjetischen Politökonomie. – Reinbek b. Hamburg 1975
5 Verfassung (Grundgesetz) der Union der Sozialistischen Sowjetrepubliken. – Moskau 1977, S. 10. Deutsch auch in: Archiv der Gegenwart 1977, S. 21387 A
6 MEW, Bd. 4, S. 481
7 MEW, Bd. 3, S. 63
8 MEW, Bd. 20, S. 26
9 Ebenda
10 MEW, Bd. 16, S. 103, 152
11 MEW, Bd. 23, S. 249
12 Ebenda
13 MEW, Bd. 25, S. 883
14 Leninskij sbornik XI, S. 382
15 MEW, Bd. 38, S. 64
16 Lenin: Werke Bd. 29, S. 470
17 Lenin: Werke Bd. 25, S. 480
18 S. I. Sdobnov: Sobstvennost' i kommunizm. – Moskva 1968, S. 92, 93
19 MEW, Bd. 23, S. 791
20 *V. T. Čuntulov:* Ekonomičeskaja istorija SSSR. – Moskva 1969
21 Ebenda S. 186-188, 190-193, 204, 234
22 *Stalin:* Werke Bd. 17, S. 291
23 Politische Ökonomie (Lehrbuch). Berlin (West) 1971, Bd. 1, S. 269; vgl. Stalin. Werke, Bd. 17, S. 290
24 *J. Kurón, K. Modzelewski:* Monopolsozialismus. – Hamburg 1969, S. 30–32, 46
25 *Stalin:* Werke, Bd. 17, S. 325
26 *M. Iljin:* Fünf Jahre, die die Welt verändern. – Berlin 1932
27 *Lenin:* Werke Bd. 25, S. 485
28 Problemy izmenenija social'noj struktury sovetskogo obščestva. – Moskva 1968, S. 67
29 *Lenin:* Werke Bd. 22, S. 280–281
30 Ebenda S. 280
31 *Naum Jasny:* Essays on the Soviet economy. – Munich 1962, S. 270–272, 276–281
32 „Pravda", 14. 1. 1961
33 MEW, Bd. 24, S. 465
34 *Lenin:* Werke Bd. 33, S. 412
35 *Lenin:* Werke Bd. 32, S. 480
36 *Lenin:* Werke Bd. 25, S. 375
37 *Stalin:* Werke Bd. 13, S. 36
38 *I. B. Berchin:* Geschichte der UdSSR 1917–70. – Berlin (Ost) 1971, S. 378
39 *V. T. Čuntulov,* a.a.O. S. 254
40 Ebenda S. 281
41 *I. B. Berchin,* a.a.O. S. 410
42 *V. T. Čuntulov,* a.a.O. S. 294-295
43 *I. B. Berchin,* a.a.O. S. 590
44 *V. T. Čuntulov,* a.a.O. S. 363
45 Istorija SSSR. Epocha socializma (1917–1957). Moskva 1957, S. 699-700

46 *V. T. Čuntulov,* a.a.O., S. 369
47 Ebenda S. 383
48 Ebenda S. 395
49 *I. B. Berchin,* a.a.O. S. 708
50 Osteuropa-Wirtschaft 1971, H. 3, S. 209
51 „Ekonomika i organizacija promyšlennogo proizvodstva“ 1970, Nr. 1, S. 31
52 *I. B. Berchin,* a.a.O. S. 769
53 Hauptrichtungen der Entwicklung der Volkswirtschaft der UdSSR in den Jahren 1976–1980. Entwurf des ZK der KPdSU zum XXV. Parteitag, Moskau 1976, S. 6–7
54 „Pravda“ 25. 2. 1976
55 *A. N. Kossygin:* Hauptrichtlinien der Entwicklung der Volkswirtschaft der UdSSR in den Jahren 1976–1980. – Moskau 1976, S. 34
56 Günther Wagenlehner hat mit Recht auf diese merkwürdige Tatsache hingewiesen. *G. Wagenlehner:* Das sowjetische Wirtschaftssystem und Karl Marx, S. 22–25
57 *Lenin:* Werke Bd. 28, S. 87
58 *Lenin:* Werke Bd. 25, S. 438
59 *Lenin:* Werke Bd. 25, S. 489
60 *Lenin:* Werke Bd. 20, S. 147
61 „Autonomie“, Oktober 1975, Nr. 1, S. 8
62 „Kommunist“ 1975, Nr. 10, S. 46
63 *Lenin:* Werke, Bd. 22, S. 198
64 *Lenin:* Werke, Bd. 26, S. 405
65 *Lenin:* Werke, Bd. 29, S. 413
66 „Pravda“ 20. 1. 1929
67 *I. B. Berchin,* a.a.O. S. 406
68 Političeskaja ekonomija. Učebnik. – Moskva 1955, S. 307
69 *A. N. Kossygin,* a.a.O. S. 14
70 „KPSS v rezoljucijach...“ – Moskva 1954, Bd. 1, S. 698
71 „XV Vsesojuznaja Konferencija VKP(b)“. Stenografičeskij otčet. – Moskva 1927, S. 507
72 „Politische Ökonomie“, Lehrbuch, Bd. I, S. 145
73 „Vestnik statistiki“ 1976, Nr. 1, S. 91
74 *A. N. Kossygin,* a.a.O, S. 14, 28
75 Politische Ökonomie. Lehrbuch, Bd. I., S. 151
76 „Vestnik statistiki“, 1976, Nr. 1, S. 80, 85
77 *Lenin:* Werke Bd. 27, S. 408
78 *Lenin:* Werke Bd. 6, S. 40
79 Politische Ökonomie, Lehrbuch, Bd. I, S. 148
80 *J. Kurón, K. Modzelewski,* a.a. O., S. 22
81 *I. B. Berchin,* a.a.O. S. 409
82 *A. N. Kossygin,* a.a.O. S. 49
83 *Lenin:* Werke, Bd. 6, S. 399–400
84 *A. Smirnov:* Ekonomičeskoe soderžanie naloga s oborota. – Moskva 1963
85 *J. Kurón, K. Modzelewski,* a.a.O. S. 23–25
86 Ebenda S. 26
87 *Eduard Bernstein:* Die Voraussetzungen des Sozialismus und die Aufgaben der Sozialdemokratie. – Stuttgart–Berlin 1921, S. 75

VI. Die Nomenklatura, die privilegierte Klasse der Sowjetgesellschaft

„Die Regeln sind für alle gleich, nur die Ausnahmen sind verschieden“

Literaturnaja gazeta 28. 12. 1977

„Vom Staatskuchen ißt er gern und viel,
sitzt zu Tisch mit Freunden in Kollegien,
hochbeglückt durch sein Intrigenspiel
und Nomenklatura-Privilegien.“

A. Galič: Pokolenie obrečennych
Frankfurt a. M. 1974, S. 28

Ich muß gestehen: Dieses Kapitel beschloß ich unter dem Einfluß des Westens zu schreiben.

Solange ich in der Sowjetunion war, hielt ich es für natürlich, daß die herrschende Klasse gleichzeitig auch die privilegierte Klasse ist, wie dies in der Geschichte immer der Fall war. Erst im Westen begriff ich, daß es auch eine Frage nach dem Ausmaß der Klassenprivilegien gibt.

Ebenso wie in den sozialistischen Ländern hatte ich auch im Westen Gelegenheit, mit Menschen aus verschiedenen sozialen Schichten zusammenzukommen. Unter ihnen befanden sich auch solche, die auf den obersten Stufen der sozialen Leiter stehen. Ich machte eine für mich unerwartete Entdeckung: um wie vieles kleiner sind die Privilegien der führenden Schicht im Westen als in den Ländern des Realsozialismus!

Im Westen sah ich zum ersten Mal, daß Minister von ihrem Gehalt leben müssen wie andere Menschen auch. Dieses Gehalt ist hoch, aber nicht übermäßig hoch. Um ein Landhaus bauen zu können, müssen sie lange sparen und ab und zu auf etwas verzichten. Sie haben oft keine Hausangestellten; ihre Frauen kochen und räumen die Wohnungen selbst auf. Alles das wäre in der Familie eines Ministers in einem realsozialistischen Staat undenkbar.

Ein westlicher Minister, der gleichzeitig stellvertretender Vorsitzender der regierenden Partei ist, beschädigte versehentlich mit seinem Auto den Wagen seines Nachbarn. Die Polizei nahm dem Minister den Führerschein ab und das Gericht verurteilte ihn zu Schadenersatz. In der Sowjetunion wäre das anders gewesen: die Miliz hätte geprüft, ob der Nachbar sein Auto, das er so frech dort abstellt, wo der Minister vorbeifährt, auch wirklich von seinem Arbeitslohn gekauft hat.

Ich habe gesehen, daß das Haus des Regierungschefs eines europäischen Landes nicht größer ist als viele andere Häuser in der Hauptstadt, daß seine Familie ein normales Leben führt und daß es im Hause nicht von Geheimpolizisten wimmelt. Ich habe gesehen, daß der im Ruhestand befindliche Staatspräsident eines der einflußreichsten Länder des Westens, nachdem er seine Residenz verlassen hatte, wieder die Wohnung bezog, in der er gewohnt hatte, als er noch Rechtsanwalt war. Einfache Menschen begegneten ihrem gewesenen Präsidenten mit Sympathie und Ehrerbietung, aber er war nicht bis an sein Lebensende ein Bonze, der üppig und prächtig auf Kosten dieser Menschen lebte.

Das alles war für mich neu und unerwartet. Doch ich verstand, daß die westlichen Leser gerade diese Lebensweise als normal betrachten und daß sie sich in der heutigen Zeit auch nichts anderes vorstellen können. Und deshalb beschloß ich, dieses Kapitel zu schreiben.

1. Wer lebt glücklich in Rußland?

Jeder sowjetische Schüler lernt im russischen Literaturunterricht das Poem N. A. Nekrasovs, eines revolutionären Demokraten des 19. Jahrhunderts, „Wer lebt glücklich in Rußland?“. In diesem Gedicht ziehen sieben Bauern aus, um den zu suchen, „der glücklich, ... lebt in Rußland“. Es stellt sich heraus, daß das nur der junge Griša Dobrosklonov tut, ein Kämpfer für die Revolution, obwohl für ihn „das Schicksal Schwindsucht und Sibirien“ vorbereitet hat. Der Schüler, der zuerst nicht begreifen kann, warum Griša denn so glücklich ist, versteht bald; Grišas Sache ging nicht unter, die Revolution hat gesiegt, und jetzt kann man endlich eine klare Antwort auf die Frage geben, wer in Rußland glücklich lebt: die Nomenklatura.

Der sowjetische Schüler weiß das genau, denn diese Tatsache ist vor der Bevölkerung der UdSSR nicht mehr zu verheimlichen. Auch wenn in der Sowjetunion nicht über die vielen Autos berichtet wird, die Brežnev in den verschiedenen Ländern geschenkt bekommt, sieht der Sowjetbürger ja doch die vielen „ZIL“ und „Čaikas“ mit den darin thronenden Nomenklatura-Bossen. Auch wenn die sowjetischen Massenmedien kein Wort über die Valuta-Läden und die Sonderabteilung im GUM verlieren, sind sowjetische Käufer auf ihrer Jagd nach Waren mehr als einmal an jene finsteren Türsteher geraten, die sie eindringlich aufforderten, von den Türen dieser geheimnisvollen Einkaufsquellen „weiterzugehen“. Die Nomenklatura kann ihr süßes Leben nicht verbergen. Sie kann nur seine wahren Ausmaße und die den lästigen Mitbürger interessierenden Einzelheiten verschleiern. Und sie versucht auch, eine ziemlich widersprüchliche Begründung dieses Wohllebens zu formulieren.

Wir zitieren: „In der Sowjetunion existiert derzeit noch ein *beträchtlicher Unterschied* bei den Gehältern der verschiedenen Kategorien von Angestellten des *Staatsapparates*. Höher ist das Gehalt jener leitenden Angestellten, die mit *weitreichenden Vollmachten* ausgestattet sind und gleichzeitig große Verantwortung für die ihnen überantwortete Aufgabe tragen und in der Regel über hohe sachliche und *politische* Qualitäten verfügen. Der zahlenmäßige Anteil dieser Kategorie ist im Vergleich zur Anzahl der übrigen Mitarbeiter des Staatsapparates unbedeutend.“[1]) Die Schilderung der Situation ist durchaus realistisch. Erstens ist der Unterschied zwischen dem Gehalt eines Angehörigen der Nomenklatura und eines gewöhnlichen Arbeitnehmers beträchtlich; zweitens ist die Nomenklatura mit weitreichenden Vollmachten ausgestattet, d. h. sie verfügt über den gewöhnlichen Arbeitnehmer nach Belieben; drittens unterscheiden sich die Nomenklaturisten von den gewöhnlichen Menschen durch ihre Zuverlässigkeit; schließlich ist die Nomenklatura eine dünne Oberschicht, deren zahlenmäßiges Gewicht gegenüber der Masse der Arbeitnehmer unbedeutend ist. Nur eines wagten die Verfasser nicht auszusprechen: daß sich all dies nicht nur auf den Staatsapparat bezieht, sondern in erster Linie auf den Parteiapparat.

Die theoretische Begründung dieser Lage lieferte die „Pravda“ in einem Artikel „Das Maß der Arbeit und das Maß des Konsums“: „Die Arbeit ist bis jetzt noch nicht für *alle* Sowjetbürger das erste Lebensbedürfnis. Das begründet die Notwendigkeit einer materiellen Stimulierung der Arbeit.“[2])

Logischerweise müßte man sagen, daß die materielle Stimulierung der

Arbeit nur bei jenen Menschen notwendig ist, für die sie noch nicht erstes Lebensbedürfnis ist. Bei einigen Sowjetbürgern müßte dies ja bereits der Fall sein, wenn man nach den Worten der „Pravda" urteilt. Doch offensichtlich bei jenen, die den Kommunismus am bewußtesten aufbauen, bei der Avantgarde, d.h. bei der Nomenklatura? Folglich sollte gerade ihre Arbeit nicht eines zusätzlichen materiellen Ansporns bedürfen.

Das ist kein ironischer Syllogismus. Die von uns formulierte Schlußfolgerung entspricht den Vorstellungen von Marx und Lenin, daß die Bezahlung der leitenden Kader nicht höher sein dürfe als die eines qualifizierten Arbeiters. Diese Vorstellung fand in Lenin'scher Verfügung über „das Parteimaximum" ihren Niederschlag. Ein Parteimitglied konnte kein Gehalt beziehen, das über einer gewissen, nicht zu hoch bemessenen Grenze lag. Nach Lenins Idee gebührten hohe Gehälter, und das auch nur „für eine gewisse Zeit"[3]), den *bourgeoisen* Spezialisten, die aufgrund ihrer käuflichen Natur bereit waren, für viel Geld den Aufbau des von ihnen gehaßten Kommunismus zu unterstützen. Warum verlangt also plötzlich die Avantgarde der Arbeiterklasse nicht etwa weniger, sondern wesentlich mehr als die gierigen bourgeoisen Spezialisten? Eine Antwort auf diese Frage gibt die „Pravda" nicht.

Den im Netz der logischen Widersprüche zappelnden Parteitheoretikern eilt die schöngeistige Literatur zur Hilfe. Sie bemüht sich, dem einfachen Sowjetmenschen einzutrichtern, daß die Arbeit eines Vorgesetzten etwas ist, wovon der kleine Arbeiter nichts versteht, und daß es überhaupt ungehörig ist, wenn er sich mit der Nomenklatura vergleicht.

Der Dichter Sergej Michalkov, bekannt durch ganz besondere Unterwürfigkeit gegenüber der Führung, verfaßte zu diesem Zweck die Fabel „Das schwere Brot". Der einfache Sowjetbürger wird hier als Lastpferd dargestellt, das „den Hafer heran- und den Mist wegführt". Die Nomenklaturisten werden schmeichlerisch als „Traberhengste und Vollblüter" beschrieben, die, wie der Dichter bescheiden bemerkt, „das hab'n, was ihnen ihrem Stand gemäß zusteht". Das uneinsichtige Lastpferd beneidet sie, aber, wie sich herausstellt, zu Unrecht: es sieht nicht, wie schwer sie es bei einem Rennen haben. Zum Schluß hebt der Barde den moralischen Zeigefinger:

„So ist's, wenn sein Urteil ein Bürger wagt, der schlichte,
wie der und jener lebt, der steht im Rampenlichte!"

Der Sowjetbürger darf über den Lebensgang dieser Personen kein

Urteil wagen; seine Sache ist es, den Nomenklatura-Pferdchen Hafer herbeizuschleppen und ihren Mist abzutransportieren.

Das Klimpern der Nomenklaturalyra wird von einem mächtigen Chor der Parteiideologen begleitet, die behaupten, daß die Ansichten des Lastpferdes kleinbürgerlich und unkommunistisch seien, daß das Grundprinzip des Sozialismus „Jeder nach seinen Fähigkeiten, jedem nach seiner Leistung“ heiße und daß schon Marx geschrieben habe, es gebe einfache und komplizierte Arbeit. Was Marx wirklich über die Bezahlung der geleisteten Arbeit geschrieben hat, erwähnen die Ideologen in diesem Zusammenhang nicht.

Die Nomenklatura selbst begreift ganz genau, daß sie gegen die Theorien von Marx und im Gegensatz zum Vermächtnis Lenins handelt. Daher verbirgt sie ihr süßes Leben so sorgsam vor dem Volk, als wäre es eine peinliche Krankheit. Zur Zeit der Renaissance entlarvte Boccaccio die scheinheiligen Mönche. Die Nomenklatura wartet noch auf ihren Boccaccio.

Aber Gerüchte darüber, daß in Rußland nur die Nomenklatura gut lebt, dringen schon heute durch die Zäune der Staatsdatschas, durch die KGB-Abschirmspaliere und die Parteizensur. Hier werden wir über die materielle Lage der Nomenklatura etwas mehr berichten, als der Sowjetbürger normalerweise erfährt, vom Ausländer gar nicht erst zu reden.

Nehmen wir als Beispiel einen Nomenklaturafunktionär, der nicht ganz oben, aber auch nicht unten in der Nomenklaturahierarchie steht, einen Sektorenleiter im ZK der KPdSU. – Und vergleichen wir ihn mit einem durchschnittlichen Sowjetbürger – statistisch, soweit Angaben veröffentlicht wurden, und praktisch, wenn derartige Angaben nicht vorliegen.

2. Wieviel ein Sektorenleiter im ZK der KPdSU verdient

Ein durchschnittlicher statistischer sowjetischer Arbeiter und Angestellter erhält im Monat 163 Rubel. Das Gehalt eines Sektorenleiters im ZK beträgt monatlich 450 Rubel. Einen Monat im Jahr verbringt er im Urlaub (der Urlaub beträgt für ZK-Mitarbeiter 30 Tage + Reisetage für die Fahrt zum und vom Urlaubsort; ein gewöhnlicher Werktätiger hat einen Urlaubsanspruch von zwei Wochen im Jahr). Bei Urlaubsantritt erhält der Sektorenleiter nicht nur ein 12., sondern auch ein 13. Monatsgehalt; zusätzlich 450 Rubel als „Kurgeld". Allerdings kosten ihn weder eine Kur noch überhaupt der Urlaub auch nur einen Groschen: er wird für einen Monat kostenlos in ein Sanatorium des ZK oder des Ministerrates eingewiesen. Im gleichen Sanatorium wird seiner Frau ein beträchtlich ermäßigter Platz zur Verfügung gestellt, und die Kinder werden in ein erstklassiges Pionierlager geschickt. Das heißt, daß in Wirklichkeit die 13 Monats-Gehälter des Sektorenleiters nur für 11 Monate reichen müssen. Pro Monat macht das 531 Rubel und 80 Kopeken.

Das ist aber noch nicht alles. Der Sektorenleiter besitzt eine „Kremljovka", den Stolz jedes erfolgreichen Nomenklaturisten. Das sind Bezugsscheine für ein Kontingent von Lebensmitteln, bestehend aus einem Warenkorb erstklassiger Produkte, die man in keinem Moskauer Geschäft kaufen kann, geschweige denn in der Provinz. Die Ausgabe der „Kremljovka"-Ration erfolgt in der Kreml-Kantine, Uliza Granovskogo, 2. Der amerikanische Journalist Hedrick Smith zeichnet in seinem Buch „Die Russen" ein genaues Bild der Auffahrt von Nomenklaturisten und ihren Gattinnen, die rasch hinter einer unscheinbaren Glastür mit der Aufschrift „Passierscheinbüro" verschwinden. Heraus kommen sie mit großen, in braunes Papier gewickelten Paketen und setzen sich in die auf sie wartenden Limousinen.[5]) Smith hat eine andere Kategorie von Besuchern nicht beschrieben, nämlich die Chauffeure und Hausgehilfinnen, die für ihre Herrschaft mehrstöckige Aluminiumbehälter abholen, in denen die Kreml-Mittagessen transportiert werden. Ein Mittagessen ist so reichlich bemessen, daß eine ganze Familie damit auskommt. Viele Nomenklaturadamen ziehen es vor, diese erstklassig zubereiteten Mahlzeiten zu beziehen, statt sich auf die kulinarischen Fähigkeiten und die Ehrlichkeit ihrer selbstverständlich vorhandenen Köchin zu verlassen.

Der Sektorenleiter erhält „Kremljovka"-Coupons im Wert von 70 Rubel pro Monat.[6]) Das sind allerdings keine gewöhnlichen 70 Rubel. Die „Kremljovka"-Preise werden nach der Preisliste des Jahres 1929 berechnet. Nomenklaturisten, die sich in diesen Dingen nie irren, haben ausgerechnet, daß der Sektorenleiter nach den heute gültigen Preisen Lebensmittel im Wert von über 200 Rubel im Monat erhält, d. h. nochmals 2400 Rubel im Jahr, verteilt auf elf Arbeitsmonate.

Ziehen wir den ersten Schluß: ein Sektorenleiter im ZK verdient in Wirklichkeit 750 Rubel im Monat, fünfmal so viel wie der durchschnittliche Arbeiter und Angestellte.

Wenn man aber nicht den Durchschnittsbürger der Statistik als Vergleichsobjekt heranzieht, sondern den echten? Der Unterschied zwischen ihm und dem durchschnittlichen Sowjetbürger ist folgender: 1. auf den echten entfällt nicht ein statistischer Anteil am Nomenklatura-Einkommen, 2. er ist nicht nur „Arbeiter und Angestellter", sondern auch Kolchosbauer, Schüler, Rentenempfänger, d. h. gehört auch zu den Kategorien, die beträchtlich weniger verdienen als ein gewöhnlicher Arbeiter oder Angestellter (darum erscheinen diese Kategorien nicht in der Statistik).

Ohne Statistik ist es nicht möglich, eine Durchschnittszahl für das Einkommen eines gewöhnlichen Sowjetbürgers anzugeben. Aber jeder in der UdSSR weiß, daß es kaum 100 Rubel im Monat übersteigt. Folglich ergibt sich, daß der Sektorenleiter des ZK siebeneinhalb mal mehr verdient als ein gewöhnlicher Sowjetbürger.

Fügen wir hinzu, daß der Sektorenleiter eine zehnprozentige Zulage bekommt „für Kenntnis einer Fremdsprache und ihre Verwendung im Dienst", selbst wenn diese Kenntnis fragwürdig ist und ihre Verwendung im Dienst niemals erfolgt.

Aber auch das ist noch nicht alles. Das Effektivgehalt des Sektorenleiters ist gleich seinem Nettogehalt. Er bezieht nämlich alle Waren, die er braucht, aus Spezialgeschäften und Spezialbuffets, während der gewöhnliche Bürger nur das bekommt, was er mit viel Geschick im ärmlich bestückten normalen Staatshandel auftreiben kann. Diesen Unterschied in Prozenten auszudrücken, wäre nur möglich, wenn man über Zahlen betreffend die durchschnittliche Versorgung der Sowjetbevölkerung mit Konsumgütern verfügte. Diese Zahlen gelten aber in der Sowjetunion als Staatsgeheimnis.

Nehmen wir an, daß der tatsächliche Unterschied zwischen dem Gehalt eines Sektorenleiters im ZK und eines gewöhnlichen Arbeitnehmers im Verhältnis von 10:1 steht. Möglicherweise ist diese Annahme falsch, aber höchstens in dem Sinne, daß wir das Verhältnis zu niedrig angesetzt haben. Ein Sektorenleiter bekommt also zehnmal soviel wie ein normaler Mensch in der Sowjetunion. Er zahlt aber nicht zehnmal soviel Lohnsteuer. Der Höchstsatz, der von einem Arbeitseinkommen abgezogen wird, beträgt 13%. Dieser Höchstsatz wird ab 200 Rubel monatlich einbehalten: bei einem Bezug von 200 Rubel hört das Prinzip der progressiven Lohnbesteuerung in der UdSSR auf. Hier triumphiert die Gleichmacherei. Unser Sektorenleiter zahlt also 13% Lohnsteuer, – freilich nur von seinem Grundgehalt, von 450 Rubel im Monat.

Stalin erfand für seine Nomenklatura noch eine zusätzliche, völlig illegale Einnahmequelle: das sogenannte „Paket“. Der Kassier überbrachte den Nomenklaturafunktionären, die in der Buchhaltung auf einer Sonderliste geführt wurden, neben ihrem Gehalt ein Päckchen Geldnoten in einem Briefumschlag. Das Päckchen mußte nicht unbedingt dick sein: ich erinnere mich, daß anfangs der Fünfzigerjahre der Assistent des Leiters des Sowjetischen Informationsbüros Jurij Volskij ein „Paket“ mit der lächerlichen Summe von 50 alten Rubeln bekam. Aber wichtig war das Prinzip. Von dem Augenblick an, da er Anrecht auf ein Nomenklatura-„Paket“ hatte, konnte Volskij, wie es in der Sowjetpresse heißt, dem morgigen Tag zuversichtlich entgegensehen – und er täuschte sich nicht: er wurde Botschafter der UdSSR in Argentinien, dann in Mexiko und Jamaika.

Das „Paket“ war so geheim, daß von ihm nicht einmal Parteibeiträge zu bezahlen waren. Nach Stalins Tod wurde diese einer Bestechung gleichende Zuwendung abgeschafft – und durch andere Zuwendungen ersetzt.

3. Der „unsichtbare Bestandteil“ des Gehaltes eines Nomenklaturisten

Wenn die Stalinschen „Pakete“ ein geheimer Bestandteil der Nomenklaturagehälter darstellten, so können die Güter, von denen nun die Rede sein wird, mit gutem Gewissen zu der aus der sowjetischen ökonomischen Literatur bekannten Kategorie eines „unsichtbaren Bestandteiles des Gehaltes“ gezählt werden.

Dieser Terminus war bis Anfang der Siebzigerjahre in Gebrauch, dann wurde er durch den Begriff „gesellschaftlicher Konsumfonds“ ersetzt. Gemeint sind die kostenlosen privilegierten Einweisungen in Sanatorien und Ferienhäuser, die Bereitstellung von Wohnungen, Kinderkrippen, Kindergärten und Pionierlagern, von Kantinen, Krankenhäusern und Kliniken. Der Anteil eines durchschnittlichen Arbeiters und Angestellten an diesen Gütern wird vom Statistischen Zentralamt der

UdSSR errechnet, das mit gespielter Naivität davon ausgeht, daß die vorhandenen Möglichkeiten unter alle aufgeteilt werden und noch dazu in erster Linie den Schlechtestgestellten zugute kommen. Im Resultat entfallen nach dieser Rechnung auf den durchschnittlichen Arbeitnehmer sogar Plätze in Sanatorien des ZK, des Ministerrates und des KGB sowie ein Anteil an Wohnfläche in den Staatsdatschas. Jeder Arbeitnehmer in der Sowjetunion weiß allerdings, daß er nicht einmal in ihre Nähe gelassen wird. Deshalb wurde auch die Bezeichnung geändert: der ZK-Apparat begann über die Worte „*unsichtbarer* Teil des Gehaltes“ nachzudenken und entdeckte darin eine Ironie.

Was aber die Klasse der Nomenklatura betrifft, so ist der „unsichtbare Bestandteil“ ihres Gehaltes absolut sichtbar, hier ist nichts ironisch gemeint. Es ist also gar nicht notwendig, einen anderen Ausdruck zu suchen. Wir möchten ihn aber nicht auf Kinderkrippen anwenden, sondern auf die Nebeneinkünfte, die aus der Stellung in der Nomenklatura resultieren.

In erster Linie sind dies Honorare für Artikel, Bücher und Vorträge. Ein Autor mag schreiben wie Leo Tolstoj, aber ob seine Bücher auch gedruckt werden, ist fraglich. Für jeden Autor wird in jeder Redaktion eine sogenannte „Autorenkarte“ angelegt, auf der Parteizugehörigkeit, Nationalität, Schulbildung, Beruf und Dienststelle vermerkt sind. Ich war selbst Redakteur und habe solche Karten ausgefüllt. Die Richtlinien sind einfach: gedruckt werden müssen vor allem Parteimitglieder, Russen (es können auch „Nationale“ sein, aber sehr unerwünscht sind Juden), mit höherer Schulbildung, besser noch mit einem akademischen Grad. Aber ganz ideal ist es, wenn der Verfasser einen Nomenklaturaposten innehat. Falls noch dazu als Dienststelle das ZK der Partei oder eine andere Parteistelle vermerkt ist, so kann der Verfasser den größten Unsinn schreiben, alles wird umgeschrieben, ihm voll Dankbarkeit zur Unterschrift vorgelegt und er bekommt ein Honorar der höchsten Kategorie. So, und nicht durch die besondere Begabung der Nomenklaturisten erklärt sich die Tatsache, daß sie alle Artikel schreiben und viele von ihnen sogar Bücher veröffentlichen.

Die höchsten Honorare in der UdSSR werden von der Parteipresse gezahlt. Keine Zeitung zahlt so gut wie die „Pravda“, keine Zeitschrift so gut wie der „Kommunist“. Die seit der Mitte der Fünfzigerjahre ständig fortschreitende Senkung der Honorarsätze betrifft nicht die Nomenklatura-Presse: dort wird immer noch wie früher für eine Autorenlage (24 Schreibmaschinenseiten) ein Tarif von 300 Rubel gezahlt, d. h.

ebenso viel wie ein gewöhnlicher Arbeiter in einem Vierteljahr verdient.

Die zweite zusätzliche Einnahmequelle der Nomenklatura sind Auslandsreisen. Die Frage einer Entsendung ins Ausland wird von A bis Z vom Parteiapparat entschieden (unter Hinzuziehung des KGB, wenn es sich um eine Reise in ein kapitalistisches Land handelt). Jeder weiß: die zahlreichen Filter, die auf dem Weg des Reisewilligen errichtet sind, können nur Nomenklaturisten leicht passieren.

Bei dem Mangel an Gebrauchsgütern, der in der UdSSR und anderen realsozialistischen Ländern chronisch ist, sind ausländische Waren nicht nur Gegenstände von größtem Wert und Statussymbole, sie stellen ein Kapital dar: sie können sehr vorteilhaft verkauft werden. Manchmal stoßen Nomenklaturisten – selbstverständlich nicht sie selbst, sondern auf Umwegen, so etwa durch eine Freundin der Tante der Frau – die im Ausland gekauften Waren wieder ab, die sich plötzlich als „unnötig", „in der Größe nicht passend" herausstellen oder „nicht mehr gefallen".

Übrigens braucht man nicht einmal auf die guten Dienste der Freundin der Tante zurückzugreifen. Auf Wunsch der Nomenklatura hat der sozialistische Staat dem Erwerb von ausländischen Waren eine rechtliche Form gegeben. In allen Ländern der sozialistischen Staatengemeinschaft gibt es Geschäfte, in denen nur gegen ausländische Währung eingekauft werden kann.

Welch originelle Erfindung! In keinen anderen Ländern der Welt, weder in entwickelten noch in unterentwickelten, kann man ganze Ketten von Geschäften, Restaurants und Bars finden, in denen gerade die eigene Währung nicht angenommen wird. Wer nicht glücklicher Besitzer von ausländischem Geld oder von besonderen Gutscheinen ist, die für ausländische Valuta bezogen werden können, darf ein derartiges Lokal nicht betreten, – sonst bekommt er es mit einem der bereits erwähnten Türsteher zu tun.

Dieses System wurde ungeachtet der Tatsache eingeführt, daß es in der Sowjetunion (und in anderen realsozialistischen Ländern) laut offiziellen Behauptungen keine Inflation gebe und daß der Rubel die stabilste Währung der Welt sei. Am Beginn eines jeden Monats veröffentlicht das Regierungsorgan „Izvestija" die Devisenkurse der ausländischen Währungen – vom Gesichtspunkt des einfachen Sowjetbürgers aus, der mit den Besonderheiten der internationalen Verrechnung nicht vertraut ist, eine idiotische Aneinanderreihung von Zahlen, die meist zugunsten einer Erhöhung des Rubelkurses schwanken, obwohl jeder weiß, daß man den Rubel gegen keine andere Währung einwechseln kann.

Aber der Nomenklaturist, der ins Ausland reist, weiß: die Zahlen auf diesen Tabellen haben einen Sinn, man kann Rubel gegen Devisen einwechseln. Aufgrund der Wechselkurse erhält er seine ausländische Valuta; wenn er das erforderliche Dokument vorweisen kann, wechselt ihm die Bank für Außenhandel in der Neglinnaja-Straße in Moskau eine bestimmte Menge von Rubel. Ansuchen wird er immer um das Maximum und sich ohne Bedauern von der stabilsten Währung der Welt trennen. In der sowjetischen Handelsvertretung im Ausland kann er für das ausländische Geld, das er nicht verbraucht hat, „Zertifikate" kaufen. Es gibt drei verschiedene Kategorien: die erste erhält man für harte Währungen, d.h. für Devisen aus westlichen Ländern, die zweite für Geld aus den Entwicklungsländern, die dritte für das Geld der realsozialistischen Staaten. In entsprechender Abstufung gibt es auch Geschäfte (oder Abteilungen in Geschäften) nach verschiedenen Kategorien: die besten Waren, noch dazu zu den billigsten Preisen, erhält man gegen westliche Zertifikate, die schlechtesten gegen sozialistische. Für Zertifikatrubel oder Einzahlungen, die während eines Auslandsaufenthaltes in Devisen gemacht wurden, kann man in der Sowjetunion sogar Autos oder eine Genossenschaftswohnung kaufen, – übrigens unter Umgehung der Warteliste (die Wartezeit für ein neues Auto beträgt in der UdSSR mehrere Jahre). Überdies sind sie wesentlich billiger als für einen gewöhnlichen Rubelbesitzer.

So zieht ein Nomenklaturist im Gegensatz zu den Gesetzen der Mathematik, aber im Einklang mit den Gesetzen des Realsozialismus, einen beachtlichen materiellen Vorteil aus dem Umtausch einer stabilen Währung in eine inflationäre. Der Vorteil vergrößert sich noch dadurch, daß die ins Ausland Reisenden ihre Devisenzuteilungen nicht statt ihres Inlandsgehaltes bekommen, sondern zusätzlich zu ihren weiterlaufenden Bezügen (in eingeschränktem Umfang, wenn sich die Arbeit im Ausland über einen längeren Zeitraum erstreckt).

Der unsichtbare Bestandteil des Gehaltes des Sektorenleiters und vieler anderer Nomenklaturafunktionäre vergrößert noch die Kluft zwischen ihnen und den gewöhnlichen Sowjetbürgern. Andere, nicht in Geld bestehende Formen der Nomenklatura-Privilegien verwandeln diese Kluft in einen Abgrund.

4. Das Nomenklatura-Bakschisch

Wir sehen, der Nomenklaturist verdient mehr als genug. Aber selbst das ist ihm zu wenig. Abgesehen von den Dividenden, die offiziell aus dem Mehrwert an die Nomenklatura ausgezahlt werden, versucht er, aus dem Kapital seiner Herrschaft noch zusätzliche Zinsen herauszuschlagen. Diese Zinsen werden in Form von Bestechungsgeldern eingehoben.

Die Korruption ist kein Monopol eines Landes oder eines Gesellschaftssystems. Im Westen erinnert sich jeder an den Skandal, der durch freigiebig verteilte Schmiergelder der Firma Lockheed ausgelöst wurde. Aber das Bestechungswesen gedeiht auf einem bestimmten Nährboden: der Herrschaft der Bürokratie. Je größer die unkontrollierte Macht der Bürokratie ist, desto mehr Möglichkeiten haben bürokratische Bonzen, Schmiergelder zu fordern. Nicht umsonst waren es gerade die östlichen Despotien des Mittelalters mit ihrem verzweigten Beamtenapparat und dem völligen Fehlen einer freien Information, in denen das Bakschisch nach und nach alle Poren der Gesellschaft durchdrang. Ebenso wie vieles andere wurde diese Tradition der orientalischen Despotien in das von den Tataren unterworfene Rußland verpflanzt und hat dort dauerhafte Wurzeln geschlagen.

Es ist wichtig zu verstehen: Die Machtergreifung der Klasse der Nomenklatura hat die Tradition des Bakschischs nicht abgeschwächt, sondern verstärkt, da im Realsozialismus die unkontrollierte Herrschaft der politischen Bürokratie ihren Höhepunkt erreicht hat.

Bestechungsgelder anzunehmen ist für Nomenklaturisten natürlich nicht erlaubt. Aber die Bestrafung erfolgt selten und ist milde, während Bestechungsgelder von Nomenklaturisten oft und viel genommen werden. In der Nomenklaturaklasse werden Schmiergelder insgeheim geduldet. Besonders offenkundig wird das in jenen Sowjetrepubliken, in denen sich das Bestechungswesen schon aus historischen Gründen am dauerhaftesten eingebürgert hat: in Transkaukasien und in Mittelasien.

Als Zentrum der Korruption in der UdSSR gilt meist Georgien. Man kann sicher sein: wäre das Material über die Bestechungsaffären der georgischen Nomenklaturisten im Zusammenhang mit der Ablösung Mžavanadzes vom Posten des Ersten ZK-Sekretärs Georgiens ans Tageslicht gekommen, hätte die Welt den Lockheed-Skandal vergessen.

Uns stehen bloß einige Angaben über eine bescheidenere Sowjetrepublik zur Verfügung – über Azerbaidschan. Die Angaben sind verläßlich: sie stammen aus dem Geheimmaterial des ZK der Azerbaidschanischen KP. Veröffentlicht wurden sie von dem in den Westen ausgereisten Ilja Zemcov, der in der Informationsabteilung des ZK der KP Azerbaidschans arbeitete.

Wir nennen einige Zahlen, die die Lage in Azerbaidschan beleuchten: es sind keine sensationellen Höhepunkte von Nomenklatura-Bakschischen, sondern bleiben durchaus im Rahmen des üblichen. Der Posten eines Rayons-Staatsanwaltes wurde in Azerbaidschan (nach dem Tarif von 1969) für 30000 Rubel verkauft. Für diesen verhältnismäßig niedrigen Betrag konnte ein Parteimitglied, falls die Stelle frei war, diesen Posten bei den Sekretären des Partei-Rayonskomitees kaufen und so Hüter der sozialistischen Gesetzlichkeit werden.

Wesentlich teurer war der Posten eines anderen Ordnungshüters, des Chefs der Rayonsabteilung der Miliz: Hier betrug der Preis 50000 Rubel.

Für die gleiche Summe konnte man Kolchosvorsitzender werden. Eigentlich wird dieser Posten zur Wahl ausgeschrieben; aber so wie alle Sowjetbürger stimmen auch Kolchosbauern für denjenigen, der ihnen zur Wahl „empfohlen" wird. Der Kolchosvorsitzende gehört zur Nomenklatura des Partei-Rayonskomitees.

Die gleiche Nomenklaturastelle eines Sowchosdirektors wurde höher eingstuft, auf 80000 Rubel: sie ist einträglicher und eröffnet größere Möglichkeiten, in der Nomenklatura vorwärtszukommen.

Für die angegebene Summe wurde von den Sekretären des Rayonskomitees der notwendige Ernennungsbeschluß des Rayonskomitees gefaßt. Das Geld, das die Sekretäre dafür erhielten, war eine willkommene Aufbesserung ihrer Nomenklatura-Gehälter und Sonderzuteilungen.

Allerdings mußte man seinerzeit, um Sekretär des Rayonskomitees zu werden, ebenfalls tief in die Tasche greifen, wesentlich tiefer als der Staatsanwalt des Rayons. Der Posten des Ersten Sekretärs des Rajkom der KP Azerbaidschans kostete 1969 200000 Rubel, der Posten des Zweiten Sekretärs 100000 Rubel. Diese Gelder mußten bei den Sekretären des ZK in Baku erlegt werden, da die Posten in die Nomenklatura des ZK der azerbaidschanischen Partei fallen.

Die Posten der Rajkom-Sekretäre sind lukrativ: ihre Macht ist groß, und wie wir sehen, ergibt sich die Möglichkeit, ein schönes Bakschisch einzustreichen; daher rangieren sie so hoch. In der gleichen azerbaidschanischen ZK-Nomenklatura waren auch billigere Posten zu haben: die Stelle eines Theaterdirektors kostete zwischen 10000 und 30000

Rubel, die des Direktors eines Forschungsinstitutes 40000, der Titel „Mitglied der Akademie der Wissenschaften der Azerbaidschanischen SSR“ 50000 Rubel.

Der Posten eines Hochschulrektors war hingegen wesentlich teurer als der Titel eines azerbaidschanischen „Unsterblichen“: bis zu 200000 Rubel, je nach Hochschule.[7]) Der Grund dafür ist, daß der Rektor von den Studenten für die Aufnahme eine illegale Gebühr einhebt, die je nach Hochschule verschieden ist: an der Hochschule für Fremdsprachen betrug sie 10000 Rubel, an der Universität Baku 20000–25000, an der Medizinischen Hochschule 30000, am Institut für Landwirtschaft bis zu 35000 Rubel.[8])

Eine realistisch begründete Preisliste wurde nicht nur für Führungspositionen auf Rayonsebene erstellt, sondern auch für solche Positionen in Wissenschaft und Kultur und sogar in der Regierung der Azerbaidschanischen Sozialistischen Sowjetrepublik. Der Posten des Ministers für soziale Fürsorge wurde mit 120000 Rubel billig eingestuft: sich auf Kosten der ohnedies miserablen Pensionen und Renten einen zusätzlichen Gewinn herauszuschlagen war kaum möglich. Der fast ebensowenig bietende Posten des Ministers für Kommunalwirtschaft stand Interessenten für 150000 Rubel zur Verfügung. Der Handelsminister, formell jedem anderen Ministerposten gleichgestellt, kostete allerdings 250000 Rubel – eine Viertelmillion.[9]) Bei dem chronischen Warenmangel winkten auf diesem Posten Aussichten auf Riesengewinne.

Die Zahlen stammen aus einem Geheimbericht des Ersten Sekretärs des ZK der Azerbaidschanischen KP und jetzigem Kandidaten des Politbüros des ZK der KPdSU, G. Aliev, vorgelegt auf dem Plenum des ZK der KP Azerbaidschans am 20. März 1970.

Wie das immer bei Nomenklatura-Intrigen der Fall ist, wurden diese Enthüllungen im Zusammenhang mit der Ablösung des ehemaligen Ersten Sekretärs Achundov gemacht. Aliev, zur Zeit von Achundov Vorsitzender des azerbaidschanischen KGB, bemühte sich, die unter seinem Vorgänger herrschende Korruption aufzudecken. Unter dem Vorwand, die Führung auf eine gesunde Basis zu stellen, setzte er seine eigenen Leute ein. Innerhalb von drei Jahren (von 1969 bis 1972) wurden in Azerbaidschan 1983 KGB-Mitarbeiter auf leitende Nomenklaturaposten versetzt.[10])

Bereits 1973 stellte sich allerdings heraus, daß Alievs KGB-Chargen auf ihren neuen Nomenklaturaposten Bestechungsgelder genauso wenig verschmähten wie ihre Vorgänger.[11])

Was hätte man anderes erwarten können? In der Sowjetunion ist längst bekannt, daß die KGB-Nomenklaturisten ebenso anfällig für ein Bakschisch sind wie alle anderen. Ich erinnere mich, daß schon anfangs der Dreißigerjahre eine Bekannte unserer Familie, die in Abchasien lebte, nach vielen vergeblichen Versuchen, ihre verhaftete Schwester freizubekommen, der Frau des GPU-Chefs von Abchasien eine massive goldene Uhrkette schenkte. Am nächsten Tag war die Schwester frei. Einer meiner Bekannten erzählte, daß sein Schulfreund, ein Mitarbeiter des KGB, mit ihm ausmachte, daß er ihn auf die Liste einer Delegation setzen würde, die eine Reise durch die USA unternahm – und augenblicklich von ihm 300 Rubel einkassierte; dabei bemerkte er: „Du bekommst grünes Licht. Du zahlst doch zu Hause auch für das Licht? Siehst du, man muß auch für grünes Licht bezahlen!"

Die Nachsicht gegenüber dem Bakschisch findet natürlich in erster Linie ihre Erklärung in der Solidarität der Nomenklaturisten bei ihren Bemühungen, noch mehr materielle Güter anzuhäufen. Es gibt aber noch einen Grund.

Kann ein gewöhnlicher Sowjetbürger Handelsminister von Azerbaidschan werden? Ein Arbeiter oder Angestellter mit seinem Gehalt von damals 150 Rubel im Monat mußte für den Erwerb des gewünschten Postens 138 Jahre lang arbeiten, ohne auch nur eine Kopeke auszugeben. Und wenn wir das Monatsgehalt eines normalen sowjetischen Werktätigen von 100 Rubel nehmen? Wo gibt es Leute, die, ohne das Alter von Methusalem erreicht zu haben, so viel Geld zusammengerafft haben? Sie können nur aus der Nomenklatura oder ihr nahestehenden Gruppen kommen.

Es ist die Nomenklatura, die Geld hat. So berichtet Zemcov, daß der Erste Sekretär des Oktoberrayons-Komitees in Baku, Mamedov, in Moskau auf das Sparbuch seiner Frau den Betrag von 195000 Rubel einlegte – das Verdienst eines normalen Arbeiters in ungefähr 160 Jahren.[12])

Natürlich gibt es in der Sowjetgesellschaft auch einzelne Gruppen außerhalb der Nomenklatura, die über viel Geld verfügen, nämlich die erfolgreichen Diebe, großen Schieber und ähnliche Personen, die sich im Konflikt mit dem Gesetz befinden. Aber diese Leute reflektieren nicht auf Nomenklaturaposten, ihre Mittel werden bei anderen Anlässen als Bakschisch an die Nomenklatura abgeführt. So stellte der Vorsitzende des Präsidiums des Obersten Sowjets der Azerbaidschanischen Sowjetrepublik Iskenderov folgenden illegalen Tarif auf: Für die Begnadigung eines zu einer langjährigen Kerkerstrafe verurteilten Verbrechers 100 000 Rubel.[13]) Zweifellos war es die Möglichkeit, von Verbrechern große Summen an Bestechungsgeldern zu kassieren, die die Kaufpreise für die Posten des Rayons-Staatsanwaltes und des Chefs der Miliz bestimmten, denn die offiziellen Gehälter sind bescheiden: ersterer bekommt im Monat 150–180 Rubel, der zweite 200-250 Rubel.[14]) Der Tarif der zu bezahlenden Summen ist verschieden, übersteigt aber in der Regel um ein beträchtliches das Monatsgehalt des zu bestechenden Nomenklaturisten: der Richter kassiert das drei- bis vierfache, der Parteisekretär das zehnfache.[15]) Nicht die Verbrecher erwerben mit ihrem Geld Nomenklaturaposten: die Nomenklaturisten kaufen sich mit dem Verbrechergeld noch höhere Posten.

Daher kann nur derjenige einen Posten in der Nomenklatura kaufen, der selbst zu diesem Milieu gehört. Das ist eine wichtige Funktion des Nomenklatura-Bakschisches: sie mündet in den Strom der Bemühungen, die Zugehörigkeit zu dieser Klasse erblich zu machen.

5. Von der guten und bekömmlichen Kost

Bald nachdem in der Sowjetunion der Nachkriegszeit die Lebensmittelrationierung abgeschafft worden war, erschien ein schön illustriertes Buch mit dem Titel „Von der guten und bekömmlichen Kost“. Für die überwältigende Mehrheit der Sowjetbürger waren die darin angegebenen Rezepte einfach unrealistisch: die benötigten Zutaten waren nicht erhältlich. Trotzdem wurde das Buch bald zu einer bibliophilen Rarität, so schnell wurde es von Interessenten aus der Nomenklatura aufgekauft.

Die gute und bekömmliche Kost ist Gegenstand der unermüdlichen Sorge der Nomenklaturisten. Wenn man bei einem Nomenklatura-Würdenträger eingeladen ist, staunt man immer wieder über die Vielfältigkeit und die erstklassige Qualität der Speisen, die auf den Tisch kommen. In Nomenklatura-Behörden, ob in Moskau oder in der Provinz, sind ausgezeichnete Kantinen und Buffets ein wichtiges Attribut, und das Essen dort wird zu einem angenehmen Ritual im Leben eines Nomenklaturisten.

Im ZK der KPdSU werden die Spezialbuffets um 11 Uhr geöffnet. Sie füllen sich rasch mit Nomenklaturachargen, die sich dort zum zweiten

Frühstück einfinden. Alle Lebensmittel in den Buffets sind von bester Qualität und tadelloser Frische, und sie kosten wenig. Allerdings sind die Portionen verhältnismäßig klein, nicht aus Geiz (gibt es etwas, das für die Nomenklatura zu schade wäre?), sondern weil das Frühstück leicht sein soll, da die Nomenklaturafunktionäre auf ihre Linie achten. Auf kleinen Schüsselchen sind Portionen von schwarzem und rotem Kaviar angerichtet, auf Tellern liegen verschiedene köstliche Fische – Lachs, Stör, Hausen. Hier kann man immer Kumys trinken, das berühmte Getränk aus Stutenmilch der östlichen Steppe. Joghurt schmeckt hier so, daß er von Sahne kaum zu unterscheiden ist, der süße Quark riecht nach Frische und zerfließt im Mund.

Um 1 Uhr öffnen sich die Türen der Kantine. Lange Zeit befand sie sich in der Straße des 25. Oktober. Jetzt ist das Restaurant „Slavjanskij bazar" dort untergebracht, eine Kapelle dröhnt, angeheiterte Besucher scharren beim Tanzen mit den Füßen. Aber stellen Sie sich vor, wie dieses Lokal in den Zeiten seines Glanzes ausgeschaut hat, als beim großen Spiegel im Vestibül ein KGB-Beamter in Zivil stand und die Passierscheine überprüfte, als in den Sälen speziell ausgesuchte, verläßliche Kellnerinnen hin und her eilten und an den Tischchen das gemächliche, selbstsichere Murmeln von Nomenklatura-Gesprächen erklang.

Obwohl der Weg vom ZK-Gebäude zur Straße des 25. Oktober nicht weit ist – 10 Minuten zu Fuß – und es im übrigen angenehm ist, sich etwas die Füße zu vertreten, rief die ungenügende Abschirmung der Kantine von der Umwelt die Unzufriedenheit der Nomenklaturisten hervor. Es war ihnen nicht recht, daß sie durch eine für sie ungewohnte Menge einfacher Sowjetbürger, die sich tagsüber in den Straßen um den Dzierzinski-Platz drängen, gehen mußten. Wie üblich tarnte sich das Unbehagen der Nomenklatura hinter politischer Wachsamkeit. Man begann zu munkeln, daß sich eines Tages ein ausländischer Agent neben der Kantine aufstellen und alle Hineingehenden fotografieren könnte und bitte sehr, auf einmal würden sich die Porträts des gesamten ZK-Apparates im Dossier des CIA befinden.

Wie zu erwarten war, hatte dieses Argument augenblicklich Erfolg. In einem Gäßchen neben den ZK-Gebäuden mit einer malerischen Kirche aus dem 17. Jahrhundert (Dreifaltigkeitskirche von Nikitny) wurde ein dreistöckiges helles Gebäude errichtet, das jetzt die Kantine beherbergt. Die Adresse dieses durch kein Schild ausgewiesenen Restaurants ist: Nikitnikovgasse 5. Betreten kann man es nur mit einem Dienstausweis des ZK der KPdSU, und der bei der Tür stehende KGB-Beamte überprüft ihn aufmerksam. Mit Spezialausweisen werden auch Leute eingelassen, die nicht zum ZK-Apparat gehören, aber im ZK-Gebäude irgendwelche Arbeiten verrichten. Eine Stunde vor Betriebsschluß erhalten die Mitarbeiter der Parteihochschule und der Akademie für Gesellschaftswissenschaften beim ZK der KPdSU Zutritt.

Im geräumigen Vestibül befindet sich links ein Kiosk mit Zeitungen und Zeitschriften, dahinter die Kassen, an denen man Bons für die ausgewählten Speisen löst. Rechts liegt die Garderobe. Von der Kasse führt eine Tür zu einem Spezialbuffet, in dem man zu billigen Preisen alle erdenklichen Lebensmittel kaufen kann, und dabei in der Qualität, in der es sie in normalen Geschäften seit 1928 nicht mehr gibt.

Mit dem Lift oder über die in modernem Stil erbaute Treppe erreicht man den ersten oder zweiten Speisesaal; im zweiten wird Diätkost serviert. Die Tische sind jeweils für vier Personen bestimmt. Auf einem langen Tisch an einer Seitenwand stehen Gefäße mit Obst-, Beeren- und Gemüsesäften und einem vitaminreichen Hagebuttengetränk. Hier kann man sein Glas selbst füllen und ein paar Kopeken auf einen bereitstehenden Teller legen.

Die Kantine befindet sich direkt gegenüber dem Gebäude der Abteilung für Auslandsreisen des ZK, diesem merkwürdigen hybriden Gebilde zwischen Parteiapparat und KGB. Hier fällt keinem Außenstehenden ein, stehen zu bleiben oder gar zu fotografieren.

Das Essen besteht aus erstklassigen Produkten und ist gut zubereitet. Wieder sind die Portionen nicht groß, man bestellt daher nicht nur zwei oder drei, sondern vier oder fünf verschiedene Speisen. Der Preis entspricht dem eines ärmlichen, schlecht schmeckenden Menüs in einer gewöhnlichen Kantine, wo sich zur gleichen Zeit Schlangen von Werktätigen in ihrer Mittagspause um ihr Essen anstellen.

In der ZK-Kantine essen nicht nur jene, die keine „Kremljovka" haben, sondern auch deren glückliche Besitzer. Freilich könnten sie in die Granovskij-Straße fahren, wo wirklich, wie es auf russisch heißt, außer Vogelmilch alles vorhanden ist. (Als Kompensation gibt es die köstlichen Bonbons „Vogelmilch", die im allgemeinen nur in den Spezialbuffets der Nomenklatura zu haben sind.) Die mit einer „Kremljovka" beglückten Nomenklaturisten tun dies nicht; es wäre ungünstig. Wenn man sein Mittagessen auf „Kremljovka"-Abschnitte nach Hause nimmt, ist die Portion so groß, daß sie für die ganze Familie reicht. Daher kann man in der Kantine des ZK nicht nur Sektorenleiter, Konsultanten und andere höhere Funktionäre des Apparates sehen, die im Besitz einer

„Kremljovka“ sind; sogar die mächtigen Abteilungsleiter des Zentralkomitees, die im offiziellen Protokoll höher eingestuft sind als die Minister der UdSSR, verschmähen die Kantine nicht.

Vor dem Ende des Arbeitstages wird das Buffet noch einmal geöffnet. Obwohl alle ZK-Mitarbeiter nochmals dorthin gehen könnten, ist es nicht üblich, das zu tun. Jeder denkt (mit Recht), daß zu Hause ein erstklassiges Abendessen auf ihn wartet, und ohne einen besonderen Grund etwas vorher im Buffet zu essen gilt als unschicklich. Statt dessen begibt man sich in ein anderes Gebäude, das offiziell auch Buffet heißt, aber in Wirklichkeit ein Luxus-Delikatessengeschäft ist, und holt dort die schon früher bestellten Lebensmittel ab. Diese Pakete nimmt man nach Hause mit, genauso wie die höheren Funktionäre ihre Pakete in der Granovskij-Straße abholen.

Etwas bescheidener, aber im gleichen Stil, sind die Kantinen in den dem ZK unterstehenden Dienststellen: in der Parteihochschule, in der Akademie für Gesellschaftswissenschaften, im Institut für Gesellschaftswissenschaften, im Institut für Marxismus-Leninismus. Die Speisekarte ist dort etwas weniger reichhaltig, aber alles andere ist gleich, und die Preise sind niedrig.

Ganz umsonst ist das Essen im Hotel der Internationalen Abteilung des ZK der KPdSU, das anonym in einem neuen Gebäude in der Plotnikov-Gasse 12, nicht weit vom Arbat untergebracht ist. Ausländische Gäste können im Restaurant des Hotels essen, soviel sie wollen, sie können Wein, Cognac und alles mögliche andere trinken, und das alles kostet nichts. Das gleiche System ist in den Gästehäusern der Zentralkomitees in allen sozialistischen Ländern in Kraft, z. B. im Gästehaus des ZK der SED in Ostberlin, einem erstklassigen neuen Haus gegenüber dem Märkischen Museum.

Auf die gleiche Art ist auch die Verpflegung der Nomenklatura in der Provinz organisiert. In jeder Hauptstadt der Unionsrepubliken, in jedem Zentrum eines Gebietes finden sich Kantinen der republikanischen ZK bzw. der Gebiets- oder Stadtkomitees der Partei, zu denen die Bevölkerung keinen Zutritt hat. Die Kantine des ZK der KPdSU wird dort zwar nicht vollständig kopiert, aber ihr wird überall sehr erfolgreich nachgeeifert.

Vom Überfluß und der Köstlichkeit des Essens auf den höchsten Höhen der Klasse der Nomenklatura wollen wir erst gar nicht reden. Die Mitglieder dieser höchsten Spitze erhalten sogenannte „Schonkost“, obwohl sie nicht schonungsbedürftig sind, und diese Kost ist natürlich sowohl für sie als auch für ihre Familien und ihre Dienstboten völlig gratis.

Und all das spielt sich ab, während sich zur gleichen Zeit gewöhnliche Sowjetbürger anstellen müssen, um zu teueren Preisen mittelmäßige Lebensmittel kaufen zu können. Wir haben es schon gesagt: zwischen dem Leben der Klasse der Nomenklatura und der normalen Bevölkerung der Sowjetunion klafft ein Abgrund.

6. Die Wohnung

Die Tiefe dieses Abgrundes zeigt sich noch deutlicher bei einem Vergleich der Wohnverhältnisse eines Nomenklaturisten – sagen wir, unseres Sektorenleiters im ZK – mit denen eines gewöhnlichen Sowjetbürgers.

Die Wohnungsfrage ist für den gewöhnlichen Sowjetbürger so schwierig, daß ihre Ungelöstheit sogar offiziell zugegeben wird. Aus allen Beschlüssen der Partei und der Regierung, aus Reden und Artikeln wird deutlich: der Sowjetbürger wird zwar mit sämtlichen Wohltaten des Lebens verwöhnt, nur mit der Wohnung steht es zur Zeit eben noch nicht zufriedenstellend. Das heißt, wir können natürlich eine grandiose Bautätigkeit vorweisen, der arbeitende Mensch verbessert seine Wohnmöglichkeiten von Tag zu Tag, aber die zu Anfang der sechziger Jahre verkündete Aufgabe, es so weit zu bringen, daß jeder Arbeitende ein eigenes Zimmer zur Verfügung hat – diese Aufgabe ist noch lange nicht gelöst.

Es stimmt: sie ist nicht gelöst. Die Norm der Wohnfläche des Sowjetbürgers ist 9 m^2 pro Kopf. Wie ich mich überzeugen konnte, versteht man das im Westen eigentlich überhaupt nicht oder man nimmt an, es handle sich dabei um ein Schlafzimmer. Diese 9 m^2 sind nicht einmal das garantierte Minimum, sondern das zugelassene Maximum: Wohnfläche, die größer ist als die Norm, wird einfach beschlagnahmt und nur dann, wenn das aus technischen Gründen unmöglich ist, muß eine dreifache Miete bezahlt werden. Als eine Art Minimum, das übrigens auch von niemandem garantiert wird, betrachtet man eine Fläche von 4 m^2 pro Person. In diesem Fall gilt die Familie nämlich als „auf dem Wohnsektor notleidend“ und kann in eine Warteliste aufgenommen werden; das ist eine Liste von Wohnungsanwärtern beim Wohnungsamt des Rayons-Sowjets mit sehr langen Wartezeiten. Eine Familie, die in einem Zimmer in einer Gemeinschaftswohnung wohnt, ist immer noch keine Seltenheit in der Sowjetunion.

Das alles betrifft nicht die Nomenklatura. Der Sektorenleiter hat weder mit Wartelisten noch mit dem Rayons-Wohnungsamt zu tun, er erhält eine Wohnung in einem dem ZK gehörenden Haus. Trotzdem versucht jeder Nomenklaturist, auch diese Wohnung gegen eine noch größere und bequemere einzutauschen. In Nomenklaturakreisen hören Sie fast ununterbrochen Gespräche von Übersiedlungen – aus einer guten Wohnung in eine noch bessere. Die sowjetischen Zeitungen berichten gern darüber, daß irgendwo „eine Arbeiterfamilie ihre Wohnverhältnisse verbessert hat“. Das Thema ist nicht neu: Gleich nach der Oktoberrevolution wurden einige Arbeiter sehr feierlich in die Häuser der Bourgeoisie einquartiert. 1920 besang Majakowskij in Versen den Umzug einer Arbeiterfamilie in eine neue Wohnung mit Badezimmer. Niemand jedoch dichtete Verse über die Umzüge der Nomenklatura. Inzwischen wächst immer weiter in den schönsten Vierteln der Städte die Zahl von erstklassigen Häusern des ZK, der Gebiets- und Stadtparteikomitees, des Ministerrates, die u. a. den Touristen von weitem als Neubauten für sowjetische Werktätige gezeigt werden.

Die für die Nomenklatura bestimmten Häuser werden durch eine eigene Bauleitung errichtet. Das sind nicht die rasch hingestellten standardisierten Bauten, sondern solide und schöne Gebäude mit lautlosen Aufzügen, bequemen Treppen und geräumigen Wohnungen. In Moskau finden sich diese Wohnkomplexe auf dem Kutuzoskij Prospekt oder im Bezirk Kuncevo. Solche Häuser stehen auch einzeln, eingeschachtelt zwischen anderen Häusern in zentral gelegenen, aber ruhigen Straßen der Hauptstadt, z. B. das berühmte Haus in der Granovskij-Straße gegenüber der Kreml-Kantine, oder das neue Haus in der Stanislavskij-Straße. In Ostberlin, der Hauptstadt der DDR, kann man ein ganzes „Städtchen der Wolgadeutschen“ finden, wie man dort sagt – in dem Sinn, daß dort Deutsche wohnen, die einen Dienstwagen „Wolga“ fahren.

Vorbei sind die Zeiten, als die siegreichen Kommunisten Arbeiter aus den Kellern in die Wohnungen der Reichen umsiedelten. Im Realsozialismus gibt es wieder Aristokratenhäuser und -Wohnviertel, und besonders überprüfte Arbeiter werden dorthin nur zugelassen, um in Herrschaftswohnungen Reparaturarbeiten durchzuführen.

Diese Wohnungen sind groß: manchmal haben sie bis zu 8 Zimmer. Besonders wichtige Nomenklaturisten bekommen ein ganzes Stockwerk, in dem zwei nebeneinanderliegende Wohnungen miteinander verbunden werden.

Die nach sowjetischen Maßstäben übermäßige Größe der Nomenklatura-Wohnungen drückt sich in der offiziellen Statistik aus.

Hier sind die veröffentlichten Angaben über die Einwohnerzahl der UdSSR und den ihr zur Verfügung stehenden Wohnraum (Nutzfläche), Stand von 1975: In der gesamten Sowjetunion leben 253 261 000 Menschen, der auf sie entfallende Wohnraum beträgt 1 798 589 000 Quadratmeter. Anscheinend war es diese grandios klingende Milliardenziffer, die die Wachsamkeit der Zensur einschläferte. Wenn wir jedoch die angegebene Wohnfläche durch die Einwohnerzahl dividieren, erhalten wir den durchschnittlichen Wohnraum eines Menschen in der UdSSR: 7 Quadratmeter! Die früher erwähnten 9 m^2 sind nicht das garantierte Minimum, sondern das erlaubte Maximum an Wohnraum: es ist in der Sowjetunion im Durchschnitt noch lange nicht erreicht.

Dann muß es im übervölkerten Moskau (7,6 Millionen Einwohner) besonders arg sein? Ja, die beengten Wohnverhältnisse in Moskau sind schlimm, und es gibt unendlich lange Wartelisten für „auf dem Wohnsektor Notleidende" mit weniger als 4 m^2 pro Person. Trotzdem ist der mittlere Wohnungsdurchschnitt in Moskau 15 m^2 pro Person – mehr als doppelt so hoch wie in der gesamten Sowjetunion. In Moskau gibt es eben viele Mitglieder der Nomenklaturaklasse, die Weitläufigkeit ihrer Wohnungen ist so groß, daß sie Moskau statistisch zu der am besten mit Wohnraum ausgestatteten Stadt der UdSSR macht.

Nach dem tatsächlichen Vorhandensein an Wohnraum müßte in Moskau schon heute, nicht erst im hellen kommunistischen Morgen, eine durchschnittliche Familie von vier Personen eine Wohnung von 60 m^2 zur Verfügung haben.

Die Wohnungskrise in Moskau ist keine materielle, sondern eine sozialbedingte Krise. Nicht deshalb besitzen die Moskauer so wenig Wohnraum, weil es in der Stadt zu wenig Wohnraum gibt, sondern weil die Nomenklatura zu viel davon hat. Man muß verstehen: die Nomenklatura bestiehlt Menschen, die sich jahrelang mit ihren Familien in einem Zimmer zusammendrängen und als „Anwärter für Wohnraum" auf einer Warteliste geführt werden.

Ebenso wie bei der Frage der Ausbeutung des Menschen durch den Menschen wäre es unrichtig, hier hinter dem allgemeinen Begriff Nomenklatura nicht die einzelnen Mitglieder dieser Klasse zu sehen, die den ihnen untergebenen Menschen die Wohnungen wegnehmen. Nur ein Beispiel: Im Institut für Weltwirtschaft und internationale Beziehungen der Akademie der Wissenschaften der UdSSR wartete man auf die Zuteilung von seit langem versprochenem Wohnraum für Anwärter, die auf der Warteliste standen – natürlich nicht für alle, sondern für 1–2. Das ereignet sich nicht jedes Jahr, deshalb prüft das Gewerkschaftskomitee (dessen stellvertretender Vorsitzender ich damals war) nochmals genau die Liste der besonders Bedürftigen. An der Spitze der Liste stand ein junger wissenschaftlicher Mitarbeiter, der überhaupt kein Zimmer besaß und bei jemandem eine Zimmerecke gemietet hatte, und ein zweiter, bei dessen Familie pro Person 3 Quadratmeter zur Verfügung standen. Doch plötzlich stellte sich heraus, daß die Wohnungszuteilung an das Institut schon erfolgt war: anstelle der Anwärter auf der Warteliste erhielt der Erste Stellvertreter des Direktors, der vorher Parteisekretär gewesen war, eine neue Wohnung. Dabei verzichtete dieser auf den schon in Aussicht genommenen Kauf einer Eigentumswohnung – für sie hätte er zahlen müssen – und nahm die neue, die nichts kostete. Die Wohnung war groß, so daß das Kontingent, das dem Institut zur Verfügung stand, für lange Zeit ausgeschöpft war. Außerdem hatte der geschäftstüchtige Stellvertreter gar nicht die Absicht, die Wohnung in den nächsten Jahren zu benützen, da er nach New York abreiste, wo er einen hohen UNO-Posten bekommen hatte. Dann wurde er Sowjet-Botschafter in einem afrikanischen Staat. Ich nenne seinen Namen nicht; er ist kein Ungeheuer, sondern ein gewöhnlicher, sogar sympathischer Nomenklaturist. Aber so sind die Sitten in dieser Klasse.

Auch die Argumente: ein gewisser Teil des Wohnraumes gehe in Moskau auf das Konto der ausländischen Botschaften sowie der Auslandskorrespondenten und: einige Nomenklaturafunktionäre müßten repräsentative Wohnungen haben, sind nicht stichhaltig. Die Wohnungen der in Moskau arbeitenden Diplomaten und Journalisten sind kleiner und schlechter als ihre Wohnungen zu Hause. Repräsentation ist zwar tatsächlich eine Ausrede der Nomenklaturisten, um ihren Wohnungsluxus zu rechtfertigen: jeder beliebige Nomenklaturist wird beteuern, er würde nichts lieber tun, als gemäß dem Vermächtnis Lenins sehr bescheiden zu wohnen, aber seine Repräsentationspflichten zwängen ihn zu einer großen Wohnung. Aber das ist nur ein Argument, das gegenüber Fremden angewendet wird. Wenn sie unter sich sind, erfreuen sich die Nomenklaturisten an ihren Wohnungen, Möbeln und

Bildern, ohne irgendwelche Hemmungen zu zeigen. Wer von ihnen empfängt schon bei sich zu Hause Ausländer? Ab und zu einer der Stellvertretenden Außenminister, so tat es z. B. der jetzige Botschafter in Bonn, V. S. Semjonov, in seiner Wohnung, die wie ein Museum angefüllt ist. Das mit der Repräsentation ist bloßes Geschwätz. Werfen wir einen Blick auf die Lage in den Hauptstädten der Unionsrepubliken. Dort gibt es keine Diplomaten, es gibt niemanden, vor dem man repräsentieren muß – vielleicht ist dort alles anders als in Moskau? Nein, alles ist das gleiche. Tallin: 14,60 m^2 pro Person; Riga: 14,2 m^2; Kiev: 13,70 m^2; Wilnius: 12,50 m^2; Minsk: 11,60 m^2, Kišinev: 11,50 m^2; Alma-Ata: 11,20 m^2; Tbilisi: 11 m^2, Baku: 10,30 m^2, Erevan: 9,90 m^2; Frunze: 9,80 m^2, Aschabad: 9,70 m^2, Dušanbe: 9,50 m^2; Taškent: 8,60 m^2.[16])

Nur in dem während des Erdbebens von 1967 schwer beschädigten Taškent übersteigt die durchschnittliche Quadratmeterzahl nicht das erlaubte Maximum. Aber auch dort wohnt die Nomenklatura gut.

Für den gewöhnlichen Sowjetbürger ist also der durchschnittliche Wohnraum in Wirklichkeit noch geringer als 7 Quadratmeter pro Person. Denn die weitläufigen Nomenklatura-Wohnungen, die ganze Pracht ihrer Palais und Datschas gehen auf Kosten dieser armseligen sieben Quadratmeter!

7. Die Datscha

Der Sektorenleiter bekommt nicht nur eine Wohnung, sondern auch ein Landhaus – eine Datscha.

Wer kann in der UdSSR eine Datscha haben? Theoretisch jeder Bürger, der vom Rayons-Sowjet ein Stück Land erhält und darauf ein Haus baut oder das Haus mit Erlaubnis des gleichen Sowjets erwirbt. Wenn es von einer Genossenschaft errichtet wurde, braucht man auch die Einwilligung ihres Vorstandes.

Diese an sich völlig logische Regelung ist allerdings in der Praxis mit so viel Klasseninhalt beladen, daß der Besitz einer Datscha nur den privilegierten Schichten der Gesellschaft möglich ist. Das Rayons-Sowjet teilt Bauparzellen nur jenen Personen zu, die eine hohe Position einnehmen. Bei der Erteilung einer Erlaubnis zum Kauf einer Datscha wird streng auf die Befolgung der Vorschrift geachtet, daß der Kauf nur durch

„erarbeitete Einnahmen“ erfolgen kann. Da eine Datscha in der Nähe von Moskau 7000–12000 Rubel kostet, wird das Sowjet einem einfachen Arbeiter, der 6–10 Jahre lang arbeiten muß, um diesen Betrag zu verdienen, eine Erlaubnis gar nicht geben; er kann in der Tat eine derartige Summe für den Kauf eines Landhauses niemals von seinem Lohn ersparen.

In der westlichen Literatur stößt man manchmal auf die Behauptung, in der Sowjetunion gäbe es eine „Klasse der Datschabesitzer“. Diese Behauptung ist nicht richtig, aber auch nicht ganz falsch: Diese Klasse gibt es nicht, aber der Besitz einer Datscha ist tatsächlich mit dem Klassencharakter der Sowjetgesellschaft verbunden.

Der Besitz von Datschas ist vor allem ein Privileg der Intellektuellen. Die Nomenklaturaklasse ist auf dieses Privileg nicht angewiesen. Unserem Sektorenleiter wird eine Datscha praktisch kostenlos zur Verfügung gestellt. Ohne Tausende von Rubel auszugeben (die er, im Gegensatz zu einem einfachen Arbeiter, besitzt), ohne sich mit der Jagd nach dem natürlich immer fehlenden Baumaterial und mit der Mühsal der Bauüberwachung abzuplagen, ohne es später zu reparieren, zieht der Sektorenleiter in ein fertiges Haus ein. Die dem Staat gehörende Datscha wird ihm und seiner Familie in einer bequem erreichbaren und von einem hohen Zaun umgebenen Villensiedlung für den ganzen Sommer überlassen. In der Siedlung gibt es ein ausgezeichnetes Lebensmittelgeschäft, eine sehr gute Kantine, ein Kino, einen Klub, eine Bibliothek, einen Sportplatz. Die Miete für die Datscha ist nur symbolisch. Zur Siedlung führt eine gute Straße, über die der Sektorenleiter in seinem Dienstwagen – einem schwarzen „Wolga“ mit ZK-Nummer – direkt von Staraja-Ploščad angefahren kommt.

Im Winter fährt er am Freitag gleich nach Arbeitsschluß in ein Erholungsheim des ZK. Hier wird ihm, seiner Familie und sogar seinen Gästen eine ganze Wohnung zur Verfügung gestellt. Er wird erstklassig verpflegt, ebenfalls zu einem sehr niedrigen Preis, und kann umsonst Ski und Schlittschuhe benützen und abends Filme sehen.

Obwohl der Sektorenleiter in der Regel Jahr für Jahr das gleiche Landhaus bezieht, wird er nie vergessen, daß das Haus nicht ihm gehört. Dies zeigt sich nicht etwa darin, daß er die Datscha besonders sorgfältig pflegt (im Gegenteil), sondern darin, daß er buchstäblich nichts zu ihrer Verschönerung tut. Diese Häuser machen einen ganz merkwürdigen Eindruck: um sie herum keine einzige Blume, nur die von der Verwaltung gepflanzten Beete; niemand schlägt auch nur einen Nagel ein, um ein Brett zu befestigen (die Datschas sind aus Holz, wie immer in Rußland), selbst die kleinste notwendige Reparatur wird der Verwaltung gemeldet. Die Nomenklaturisten liegen in Hängematten, gehen spazieren, spielen Tennis und Volleyball, trinken und essen auf der Terrasse, gehen ins Kino. Der Gegensatz zu gewöhnlichen Datschas, deren Besitzer von früh bis abends graben, hämmern, gießen, ist auffallend.

Es geht gar nicht darum, daß die Nomenklaturisten im einzelnen, jeder für sich, körperliche Arbeit scheuen. Nicht wenige von ihnen stammen, wie schon gesagt, von Bauern ab, die Gartenarbeit wäre für sie wahrscheinlich ein Vergnügen. Aber es ist nicht Usus. Körperliche Arbeit ist unter der Würde eines Mitglieds der Nomenklaturaklasse. Darin zeigt sich nochmals die kollektive Abneigung der Nomenklatura-Parvenus gegen die Arbeit ihrer früheren Klassen. Und so schämen sich Leute, die auf dem Land aufgewachsen sind, Blumen zu setzen, und die leidenschaftlichen Autofahrer lassen ihren Dienstwagen mit Chauffeur kommen.

Es gehört sich nicht, daß ein Nomenklatura-Funktionär eine eigene Datscha besitzt, ebensowenig wie ein eigenes Auto. Ein formelles Verbot existiert nicht, aber es würde als Freidenkertum betrachtet werden und sogar als Zweifel an der eigenen Zukunft innerhalb der Nomenklatura. Deshalb erwirbt der Sektorenleiter zwar eine Datscha, aber auf den Namen seiner Eltern, und das Auto wird auf die erwachsenen Kinder oder den Bruder eingetragen. Er selbst bleibt auf diese Weise rein von jedem Verdacht kleinbürgerlicher Neigungen, er wird nur trachten, daß sein Anteil am kollektiven Eigentum der Nomenklatura größer wird.

8. Die Ballade von den Telefonen

Der 1979 verstorbene langjährige Vorsitzende des Sowjetischen Komitees zum Schutz des Friedens und Sekretär des Vorstandes des Schriftstellerverbandes der UdSSR, der fröhliche und zynische Nikolaj Tichonov, gab seiner am häufigsten zitierten Dichtung den Titel „Die Ballade von den Nägeln". Darin verherrlicht er die unbeugsamen Bolschewiken, aus denen man nach Meinung des Autors die unverwüstlichsten Nägel der Welt machen könnte. Der Hofpoet schmeichelte den Nomenklaturisten. Besingen müßte man sie in einer Ballade von den Telefonen.

Es wurde schon erwähnt: Als Breznev in seinem Büro im Kreml die Korrespondenten des „Stern“ empfing, zeigte er ihnen voll Stolz seine Telefone. Das wäre einem westlichen Politiker nicht eingefallen, aber für das Oberhaupt der sowjetischen Nomenklaturaklasse war das völlig natürlich.

Das Telefon ist das Statussymbol eines Nomenklaturisten, der Gegenstand seines Stolzes. In den Büros der westlichen Politiker und Manager ist der Gast aus der Sowjetunion jedesmal erstaunt darüber, daß ein solches Symbol fehlt; es fehlt eben dieser Telefontisch mit einer Menge von Apparaten, die, ich weiß nicht warum, an eine Elefantenherde erinnern.

Ein hochgestellter Nomenklaturist muß über sechs Telefone verfügen. Das sind: zwei Telefone, die über den Sekretär gehen – das auswärtige und das Haustelefon; weitere zwei Apparate (ebenfalls ein auswärtiger und einer für Hausgespräche), die der Sekretär nicht abhören kann. Und schließlich gibt es den besonderen Stolz des Nomenklaturisten, zwei Apparate von speziellen Regierungslinien, genannt „Vertuška“ und „WČ“. In einigen Dienststellen (z. B. im Außenministerium der UdSSR) sind diese „Vertuškas“ und „WČ“ pompöse, dem bombastischen bürokratischen Geschmack der Nomenklatura angepaßte hellgraue Telefonapparate, verziert mit dem vergoldeten Staatswappen der Sowjetunion. Zu Ehren des ZK der KPdSU sei gesagt, daß die Telefonapparate dort ganz normal sind.

Die Nomenklaturisten, die mit dem Militär verbunden sind, besitzen einen siebenten Telefonapparat – den einer militärischen Fernsprechlinie.

Obwohl in Lenins Büro im Kreml ein einziges altmodisches Telefon steht, war er es, der die Ära des Telefonglanzes eröffnete. Lenin ließ im Kreml eine kleine automatisierte Telefonzentrale (ATS) installieren, um die Telefonistinnen am Abhören der Gespräche der Kremlführung zu hindern. Damals waren Apparate mit Wahlscheibe eine technische Neuerung, sie unterschieden sich von den gewöhnlichen Apparaten mit Telefongabel und erhielten den Namen „Vertuška“ (von „vertet“ = drehen). Obwohl seither schon lange alle Telefonnetze automatisch funktionieren, hat sich der Name erhalten – nicht nur als volkstümliche Bezeichnung, sondern auch offiziell: in den Dienstverzeichnissen der Telefonanschlüsse des ZK steht vor der Nummer der „Vertuška“-Anschlüsse der Buchstabe „V“. Auch die Bezeichnung „Kreml-ATS“ (ebenso wie der weniger gebräuchliche Ausdruck „Kremljovka“ für die

„Vertuška"-Apparate) existiert noch, obwohl diese Regierungslinie jetzt offiziell Telefonzentrale des KGB der UdSSR heißt: Dem KGB wurde nämlich die technische Wartung und vor allem die Kontrolle darüber anvertraut, daß sich kein Außenstehender in die Gespräche einschalten kann.

Zu Lenins Zeiten gab es weniger als hundert „Vertuškas", gegen Ende der zwanziger Jahre überstieg ihre Zahl die Fünfhundertgrenze.[17])

„WČ" ist ein Kürzel für „wysokočastotnyj", also Hochfrequenztelefon. Das ist die telefonische Fernverbindung der Regierung. „WČ"-Apparate befinden sich bei den höchsten Partei- und Regierungsstellen in Moskau, in den Hauptstädten der Unionsrepubliken und den Gebietszentren der UdSSR. Sie sind auch in den Botschaften der Sowjetunion in den sozialistischen Ländern installiert. In nicht-sozialistischen Ländern gibt es sie nicht, da man dort die Linien nicht vor einer möglichen Anzapfung schützen kann. Als 1955 die sowjetische Besatzung Österreichs beendet war, wurde auch die „WČ"-Linie abmontiert, die seinerzeit zum Apparat des Sowjetischen Hochkommissars in Österreich (im Hotel „Imperial" in Wien) und in das Stabsquartier der Heeresgruppe (in Baden) gelegt worden war. In Anbetracht der riesigen Entfernungen, über die sich das „WČ"-Liniennetz erstreckt, ist die Zentrale nicht automatisiert; man nimmt den Hörer ab und sagt dem Telefonisten, mit welcher Stadt und mit wessen Apparat man verbunden werden möchte.

Der glückliche Besitzer einer „Vertuška" erhält jedes Jahr ein kleines rotes Büchlein im Taschenformat – das Telefonverzeichnis. Darin findet man in alphabetischer Reihenfolge Familiennamen, Vor- und Vatersnamen, in einigen Fällen auch die Dienststelle (auf jeden Fall, wenn es mehrere Abonnenten des gleichen Namens gibt, manchmal auch aus irgendwelchen anderen Gründen). Funktion und Adresse werden nicht angegeben. Alle Nummern der Moskauer „Vertuškas" sind vierstellig, d. h. daß theoretisch 9999 Apparate existieren könnten; in Wirklichkeit sind es viel weniger.

Die ungeschriebene Regel besagt, daß nur der „Vertuška"-Besitzer selbst den Hörer abnehmen darf und sich mit seinem Familiennamen melden muß. Das tun sogar Mitglieder des Politbüros. Wenn der Nomenklatura-Besitzer des Apparates – sagen wir, Genosse Ivanov, – nicht anwesend oder beschäftigt ist, nimmt sein Mitarbeiter oder Sekretär den Hörer ab und sagt: „Apparat des Genossen Ivanov." Bei wichtigeren Nomenklatura-Funktionären steht auf dem Tisch des Sekretärs ein parallel geschaltetes „Vertuška"-Telefon, aber auf diesen Apparat umschalten kann nur der Nomenklaturist selbst. Weniger hochgestellte Persönlichkeiten verfügen über keinen zweiten Apparat, so daß die Sekretärin in Abwesenheit des Besitzers in sein Büro laufen muß, um die „Vertuška"-Anrufe zu beantworten. Von einer „Vertuška" aus anzurufen, wenn der Anrufer selbst über keine verfügt, ist zwar formell nicht verboten, gilt aber als etwas, das man nicht tut.

Ein bißchen anders verhält es sich mit dem „WČ". Es gibt nicht viele „WČ"-Apparate und sie werden nicht nur für die Verbindung zwischen einzelnen wichtigen Nomenklaturisten, denen sie gehören, verwendet, sondern auch für die Weitergabe von sachlichen Informationen und für Gespräche über verschiedene wichtige Angelegenheiten (über das gewöhnliche Telefonnetz von einer Stadt in die andere anzurufen ist in der Sowjetunion schwer, eine Durchwahl gibt es nur in seltenen Fällen). Folglich sind es weniger die herrschenden Nomenklaturabosse selbst, die sich dieser Apparate bedienen, sondern ihre Untergebenen, die unmittelbar mit der Ausführung betraut sind. Über „WČ" werden auch zahlreiche Regierungstelefonogramme durchgegeben, die „WČ-gramme", wie sie im Nomenklatura-Jargon heißen.

Die Leidenschaft für „Vertuškas" hat sich in der ganzen Sowjetunion und in den von ihr abhängigen Ländern ausgebreitet. In jeder Hauptstadt der Unionsrepubliken, in jedem Gebietszentrum gibt es eigene „Vertuškas". Alle realsozialistischen Länder verfügen über analoge Einrichtungen, jedenfalls die europäischen; ich habe sie selbst benützt.

Mehr noch: der süße Genuß, von einem Telefon aus zu sprechen, das gewöhnlichen Sterblichen nicht zugänglich ist, hat dazu geführt, daß sogar in einzelnen Ämtern hausinterne „Vertuškas" eingeführt wurden. Das Sowjetische Informationsbüro beim Ministerrat der UdSSR war während des Krieges im Palais der ehemaligen deutschen Botschaft, Stanislavskij-Straße 10, untergebracht (heute befindet sich dort die Botschaft der DDR). Die Haustelefone, die von den Deutschen installiert worden waren, wurden der Direktion des Sowinformbüros zur Verfügung gestellt: dem Leiter, seinen Stellvertretern und seinem Assistenten, den Hauptredakteuren und den Abteilungsleitern, und hießen nun „Vertuška" (eine Kreml-„Vertuška" und ein „WČ" besaß nur der Leiter des Sowinformbüros). Obwohl diese Pseudo-Vertuška vollkommen unnötig war, wurde bei der Übersiedlung in ein anderes Gebäude in der Ždanov-Straße 21 diese Botschaftslinie abmontiert und mitgenommen; man zog es vor, die Botschaft der DDR, die das Gebäude in der Stanislavskij-Straße übernahm, ohne Haustelefon zu lassen, als den Sowinformchefs ihre „Vertuškas“ wegzunehmen, dieses Symbol ihrer Überlegenheit über die gewöhnlichen Mitarbeiter.

Das gleiche elitäre Denken der Nomenklatura fand seinen Ausdruck in der Geschichte der ZK-Telefone.

Dort war es nicht notwendig, für die Bosse ein lokales „Vertuška“-Surrogat einzuführen, denn dort hat jeder Boß einschließlich der Sektorenleiter und Konsultanten eine Kreml-„Vertuška“ auf seinem Tisch stehen. Untereinander sprechen diese Genossen überhaupt nur per „Vertuška“, selbst wenn sie nur eine Verabredung fürs Mittagessen treffen. Es ist ein ungeschriebenes Gesetz, daß ein Nomenklaturist mit einer „Vertuška“ einen anderen „Vertuška“-Besitzer nicht über das gewöhnliche Telefon anrufen darf, ohne den Verdacht der gespielten Bescheidenheit oder der demonstrativen Verachtung der ihm zur Verfügung gestellten Möglichkeiten (also des Freidenkertums) zu erwecken.

Das Problem im ZK war ein anderes: was konnte man tun, um auf dem Telefonsektor den gesamten, nur aus Nomenklaturisten bestehenden Apparat des ZK herauszuheben und ihn von Unwürdigen zu trennen? Bei der Automatisierung des Moskauer Telefonnetzes wurde eine eigene Linie mit der Kennziffer K-6 (später 296) geschaffen. An sie angeschlossen wurden die Telefone des Kreml, des ZK und des Moskauer Komitees der Partei, des NKVD und des Volkskommissariates für auswärtige Angelegenheiten, d. h. jene Ämter, in denen alle verantwortungsvollen Posten ausnahmslos von Mitgliedern der Nomenklatura-Klasse besetzt sind. Das Nomenklatura-Telefonnetz K-6 wurde unter die Überwachung durch das NKWD gestellt. Es wurde in technischer Hinsicht besonders sorgfältig betreut und hat unangetastet alle anderen Moskauer Linien überdauert. Nach dem Krieg mußten alle anderen Zentralen umgebaut werden und wurden bei dieser Gelegenheit mit dem hohen Signalton, wie bei den westlichen Telefonen, ausgestattet. Wenn man aber eine Nummer mit der Kennzahl 296 wählte, konnten die Freunde nostalgischer Erinnerungen bis zum Beginn der siebziger Jahre voll Rührung den alten Baßton der Vorkriegszeit vernehmen.

Als die Anzahl der Nomenklatura-Telefonapparate immer größer wurde, wurden auch ihre Netze auf andere Kennzahlen umgeschaltet. Kreml und Lubjanka (KGB und Innenministerium der UdSSR) erhielten die Kennzahl 224, das Außenministerium 244. Die altvertraute Kennzahl verblieb beim ZK und dem Moskauer Komitee der Partei; wie es im Sprachgebrauch heißt, beim „Alten Platz“ – Staraja Ploščad, wo die ZK-Gebäude stehen.

Lange Jahre hindurch war die Linie K-6 gleichzeitig Innen- und Außentelefon; man wählte die Nummer, ohne zuerst K-6 zu drehen (allerdings war das nur innerhalb des ZK- und MK-Gebäudes möglich; wenn man vom ZK aus den Kreml oder Lubjanka anrufen wollte, mußte man die ganze Nummer wählen); um die Stadt zu erreichen, mußte „9" vorgesetzt werden. Diese heutzutage selbstverständliche Prozedur stellte in Moskau lange Zeit eine technische Neuheit dar und hob folglich die Besitzer der K-6-Apparate auf angenehme Weise aus der Masse der übrigen Abonnenten heraus.

In den sechziger Jahren war das keine technische Neuheit mehr, und im ZK-Apparat begannen sich Stimmen zu erheben, daß es aus Sicherheitsgründen wünschenswert wäre, bei den Linien am „Alten Platz" eine Trennung zwischen Außen- und Innentelefon durchzuführen, um das Abhören der Hausgespräche zu verhindern. Natürlich ging es in Wirklichkeit nicht um Sicherheitsfragen (die K-6-Linie hatte unangetastet selbst die ärgsten Zeiten der Spionagehysterie überstanden), es ging um den Wunsch jener Nomenklaturisten, die über keine „Vertuška" verfügten, sich ebenfalls auf irgendeine Weise von dem Mitarbeitern anderer Ämter zu unterscheiden. Diesem rechtmäßigen Wunsch kam man entgegen: seit dem Beginn der siebziger Jahre ist die ATS 296 nur mehr die Hauslinie des ZK und MK der Partei; alle Mitarbeiter erhielten Außentelefone mit der Kennzahl 206, und die ehemalige K-6 verwandelte sich in die hausinterne „Vertuška" für die Verbindung von Gleichgestellten untereinander, die sich hoch über die gewöhnlichen Sowjetbürger erhoben haben.

Von „Vertuška" und „WČ" aus darf über geheime Partei-, Regierungs- oder Militärangelegenheiten gesprochen werden. Aus diesem Grund wurden in den Wohnungen und Datschas der Mitglieder und Kandidaten des Politbüros und der ZK-Sekretäre „Vertuškas" installiert, ebenso bei allen Stellvertretern des Vorsitzenden des Ministerrates, bei den Chefs von KGB, Innenministerium und der Streitkräfte der UdSSR. In Wirklichkeit ist das bloß eine formelle Begründung für die Überlassung einer „Vertuška" an die Spitzen der Nomenklaturaklasse als zusätzliches Statussymbol. Gleichen Zwecken dienen die Funktelefone in den Wagen, die den Spitzengenossen zur Verfügung gestellt werden. Bekanntlich ist es nicht ratsam, geheime Gespräche über Funktelefon zu führen, denn sie können leicht abgehört werden. Aber als Attribut der Macht erscheinen die Autotelefone den hohen Nomenklaturisten außerordentlich begehrenswert: die Stellvertretenden Vorsitzenden des

Ministerrates der UdSSR – ernste und vielbeschäftigte Leute – führten lange Zeit hindurch einen erbitterten Kampf darum, daß ihre Dienstlimousinen „Čaikas“ mit diesen unnötigen Apparaten verziert wurden, bis es ihnen endlich gelang, die Zustimmung des ZK-Sekretariates durchzusetzen.

Es stimmt schon: Die Benützung des normalen Moskauer Telefonnetzes ist kein Garant dafür, daß die Gespräche nicht abgehört werden, u. a. auch zufällig. Im Moskauer Telefonnetz herrscht Unordnung; es kommt oft vor, daß man in ein fremdes Gespräch gerät, wenn man den Hörer abnimmt. Derartige Zufälligkeiten können manchmal peinlich sein; eines Tages sprach ich von meiner Moskauer Wohnung aus mit dem Stellvertretenden Außenminister Valerian Alexandrovič Zorin (der als Organisator des kommunistischen Umsturzes in der Tschechoslowakei im Jahre 1948 berühmt wurde). Plötzlich mischte sich in unser Gespräch eine nicht ganz nüchterne Männerstimme, die erklärte, daß alles, was wir sagten, Unsinn sei. Zorin kicherte nervös ins Telefon und hat wahrscheinlich diesen Fall später oft als Beispiel angeführt, um seine Untergebenen zur Wachsamkeit aufzufordern. Das Abhören von Telefongesprächen, die über das allgemeine Telefonnetz laufen, ist daher nicht ausgeschlossen; von den systematischen Tonaufzeichnungen nicht zu reden, die das KGB bei Telefongesprächen von irgendwie verdächtigen Abonnenten und ausnahmslos bei allen Auslandsgesprächen macht.

Aber die Gespräche, die über „Vertuška“ geführt werden, werden *alle* abgehört! Der ehemalige Sekretär Stalins, Boris Bažanow, hat beschrieben, wie er 1923 das spätere Genie der Menschheit beim Abhören von „Vertuška“-Gesprächen ertappte.[18]) Als Stalin an die Macht kam, stellte er das Abhörsystem auf eine solide Grundlage. Bereits 1950 wurde mir folgende Geschichte erzählt: Der Assistent eines Ministers wollte sich einen dummen Scherz erlauben; er rief über „Vertuška“ den Assistenten eines anderen Ministers an, meldete sich als Malenkov und teilte mit, er bestelle den Minister für den nächsten Tag ins ZK.

Bereits nach 15–20 Minuten meldeten sich auf den beiden „Vertuškas“ anonyme Personen; der erste Minister wurde darüber informiert, daß sein Assistent einen Anruf fingiert hatte, der zweite, daß er nicht zu Malenkov vorgeladen sei. Das Vertuška-Gespräch war abgehört worden. Die Nomenklatura-Besitzer von „Vertuška“ und „WČ“ wissen, daß das wachsame Ohr des Abhördienstes an ihren Apparaten lauscht. Aber das trübt nicht ihre Freude darüber, daß sie – und nur sie in der ganzen großen Sowjetunion – solche Apparate besitzen.

Das bewußte Bestreben, sich vom Volk abzusondern und nur im Kreise der eigenen Klasse zu verkehren, ist der psychologische Hintergrund dieses ganzen Telefon-Theaters. Manchmal grenzt dieses Bestreben an das Absurde. So werden in Regierungsresidenzen keine gewöhnlichen Telefone eingeleitet, sondern nur „Vertuškas“. Ich selbst mußte in den fünfziger Jahren in Prag und 1970 in Sofia einen Ausweg aus der verwickelten Frage finden, wie man aus der Stadt in dieses Haus und aus diesem Haus in die Stadt telefonieren konnte. Groß war meine Verblüffung und meine Bewunderung, als vor meinen Augen der Regierungschef eines westeuropäischen Staates bei sich zu Hause beim Läuten seines – vollkommen normalen – Telefons selbst den Hörer abhob und mit einer unbekannten einfachen Frau sprach, die eine Rente nach ihrem verstorbenen Mann beanspruchte und beschloß, in dieser Angelegenheit den Ministerpräsidenten zu Hause anzurufen; die Nummer stand im normalen Telefonbuch!

9. Im Spezialland Nomenklaturien

Liberale russische Intellektuelle übersetzten vor der Revolution die Worte „Bien-être général en Russie“ mit bitterem Sarkasmus: „Es ist gut, in Rußland General zu sein.“ Inzwischen ist das reinigende Gewitter der Oktoberrevolution vorbeigebraust, und in Rußland General zu sein, ist noch besser geworden.

Fühlt denn dieser General oder der Sektorenleiter oder ein anderes hochgestelltes Mitglied der Nomenklaturaklasse überhaupt, daß er in Rußland lebt? Ausgerechnet im Kreis von Nomenklaturisten hörte ich eine originelle Feststellung: Nomenklaturafunktionäre von einer bestimmten Rangstufe an leben so, als befänden sie sich nicht in der UdSSR, sondern in einer Art Spezialland.

Gewöhnliche Bürger werden von diesem Spezialland ebenso sorgfältig isoliert wie vom Ausland überhaupt. In diesem Land, das wir Nomenklaturien nennen wollen, gibt es von allem Spezialanfertigungen. Es gibt besondere Wohnhäuser, die von speziellen Baufirmen errichtet werden, besondere Landhäuser und Ferienheime, Sondersanatorien, -Krankenhäuser und -Polikliniken, Spezialprodukte, die in Spezialgeschäften verkauft werden, Spezialbuffets und -Kantinen, besondere Frisiersalons, Autozentralen, Tankstellen, Autonummern, ein verzweigtes Netz der Spezialinformation, ein Sonder-Telefonnetz, exklusive Kindergärten, Schulen, Internate, ein Spezial-Hochschulstudium, abgeschlossen durch einen akademischen Grad, exklusive Klubs, in denen exklusive Filmvorführungen stattfinden, Sonder-Wartesäle auf Bahnhöfen und in Flughäfen und sogar einen besonderen Friedhof.

Eine Nomenklatura-Familie kann in der UdSSR ihr ganzes Leben von der Geburt bis zum Grab verbringen, sie kann arbeiten, sich erholen, essen, einkaufen, reisen, sich unterhalten und krank werden, ohne mit dem sowjetischen Volke zusammentreffen, in dessen Diensten die Nomenklatura angeblich steht. Die Abgeschirmtheit der Nomenklatura von der Masse der Bevölkerung ist die gleiche wie die der Ausländer in der Sowjetunion. Der Unterschied besteht darin, daß es den Ausländern nicht gestattet ist, mit der Bevölkerung zu verkehren, während die Nomenklatura das selbst nicht will.

Das Spezialland Nomenklaturien kann man im Detail ausmalen, aber eine derartige Beschreibung würde den Rahmen dieses Kapitels sprengen. Daher wollen wir einfach wie Touristen in einem Autobus durch dieses originelle polit-geographische Gebilde des Realsozialismus fahren.

Der Entdecker dieses Speziallandes war Lenin, und als Datum der Entdeckung kann der 25. Oktober 1918 bezeichnet werden. An diesem Tag erschien Lenin mit der Krupskaja und seiner Schwester Maria zum ersten Mal in dem für ihn bereitgestellten Gut Gorki bei Moskau. Das Landhaus war dem reichen Gutsbesitzer Reinbot weggenommen worden und wurde zur ersten Staatsdatscha in der Geschichte von Nomenklaturien. An der Eingangstür wurde Lenin von der dort bereits anwesenden Tschekistenwache feierlich mit einem Blumenstrauß begrüßt. Danach gingen die glücklichen Entdecker von Nomenklaturien durch das Haus, wo ihnen, wie ein sowjetischer Journalist schreibt, „alles überwältigend ungewohnt vorkam, die erlesenen Möbel, Teppiche, Lüster, auf Schritt und Tritt venezianische Spiegel im Goldrahmen…“[19]) Lenin befahl, im Haus keine Änderungen vorzunehmen und ließ sich in all dieser Pracht, die ihn anscheinend nicht störte, häuslich nieder. Er nannte das Haus bescheiden „unsere Datscha“ – es wäre ja peinlich gewesen, „unser Gut“ oder „unser Sommerpalais“ zu sagen. So bürgerte sich das Wörtchen „Datscha“ auch für die vielen Palazzi ein, die seither von der Nomenklatura errichtet worden sind.

Schon im Herbst des Jahres 1920, noch während des Bürgerkrieges, war die entstehende Nomenklatura derartig auf den Geschmack der Privilegien gekommen, daß sich im September 1920 die Notwendigkeit ergab, eine sogenannte „Kreml-Kontrollkommission“ zu gründen. Ihre Aufgabe bestand darin, das Problem der „Kreml-Privilegien“ (so wurde es formuliert) zu studieren und sie, soweit möglich, in einen Rahmen zu bringen, daß sie, wie es hieß, jedem Parteigenossen verständlich sein würden. Diese Mitteilung wurde in der „Izvestija des ZK der RKP(b) (wie damals die KPdSU hieß) vom 20. 12. 1920 veröffentlicht, an jenem Tag, der sich zwischen die Geburtstage Stalins und Brežnevs einschiebt.[20]) Liquidiert wurden selbstverständlich nicht die Kreml-Privilegien, sondern erstens die Kommission selbst und zweitens die Zeitung, die diese Mitteilung gebracht hatte.

Der XI. Parteitag (1922) formulierte bereits eine bescheidenere Aufgabe: „Dem *großen* Unterschied in der Bezahlung von verschiedenen Gruppen von *Kommunisten* ein Ende zu bereiten.“ Ein im Oktober 1923 verschicktes Rundschreiben des ZK der Partei war noch bescheidener: es protestierte bloß gegen die „Verwendung von Staatsmitteln für die Ausstattung von Wohnungen“ der Obrigkeit, gegen die „Möblierung von Büroräumen in Ämtern und von Privatwohnungen“ sowie gegen die „durch Kostenvoranschläge nicht gedeckten Ausgaben von Staatsmitteln für die Landhäuser einzelner Mitarbeiter“. Das Rundschreiben stellte fest, daß „der unbedingt notwendige Lebensstandard der verantwortlichen Mitarbeiter durch ein höheres Gehalt gesichert werden“ müsse.[21])

Im Februar 1932 wurde das zur Zeit Lenins eingeführte „Partei-Maximum“ der Gehälter von Parteimitgliedern abgeschafft und dadurch das letzte Hindernis beseitigt, das der stürmischen Aufwärtsentwicklung im Wohlbefinden der Nomenklatura im Wege stand. Es war dies gerade das Jahr der furchtbaren Hungersnot in der Ukraine. Und nun begannen Gehaltserhöhungen für die Mitglieder der entstehenden Nomenklaturaklasse, die auf Grund von Geheimbeschlüssen durchgeführt wurden.

Wir bringen hier den Text eines derartigen Beschlusses; er gilt bis heute in der UdSSR als geheim, aber er befindet sich im Smolensker Archiv, das nach dem Krieg in die Vereinigten Staaten gelangte:

> „*Nicht zur Veröffentlichung.* Beschluß Nr. 274 des Rates der Volkskommissare der UdSSR und des Zentralkomitees der KPdSU vom 11. 2. 1936. *Über die Erhöhung der Gehälter von führenden Rayonsfunktionären.*

Der Rat der Volkskommissare der UdSSR und das Zentralkomitee der KPdSU beschließen:

1. Ab 1. 2. 1936 die Gehälter der Vorsitzenden der Rayons-Exekutivkomitees und der Ersten Sekretäre der Rayonskomitees der Partei in 50% der Rayons auf 650 Rubel zu erhöhen, in den übrigen 50% auf 550 Rubel, die Gehälter der Stellvertretenden Vorsitzenden der Exekutivkomitees und der Zweiten Sekretäre der Rayonskomitees entsprechend auf 550 bzw. 450 Rubel, die Gehälter der Leiter der Abteilungen Landwirtschaft, Handel und Finanz, der Rayonsfilialleiter der Staatsbank, der Abteilungsleiter Kultur und Propaganda der Rayonskomitees und der Sekretäre der Rayonskomitees des Komsomol entsprechend auf 500 bzw. 400 Rubel;
2. Den Vorsitzenden von 250 Rayons-Exekutivkomitees und Ersten Sekretären von 250 Rayonskomitees der Partei der größten Rayons laut einer Sonderliste, die vom Orgbüro des ZK der KPdSU bestätigt wird, wird ein Gehalt von 750 Rubel zugesprochen; den Stellvertretern der Vorsitzenden der Rayons-Exekutivkomitees und den Zweiten Sekretären der Rayonskomitees der KPdSU 650 Rubel;
3. Sämtliche Gehaltserhöhungen sind im Rahmen der für 1936 erstellten Voranschläge durchzuführen.

Der Vorsitzende des Rates der Volkskommissare der UdSSR:
Molotov
Der Sekretär des ZK der KPdSU: Stalin.“[22])

Parallel dazu und unter dem Vorwand, daß in der UdSSR in der ersten Hälfte der dreißiger Jahre Lebensmittel und Textilien rationiert waren, wurden für die Nomenklatura Sondergeschäfte und spezielle Kantinen eingeführt.

Mit den heutigen Arbeits- und Wohnverhältnissen im Spezialland haben wir uns bereits vertraut gemacht, wir haben Wohnhäuser und Datschas gesehen. Werfen wir nun einen Blick auf einen anderen Komplex: auf Sanatorien, Krankenhäuser und Polikliniken.

Es wäre kaum möglich, unter den zahlreichen Kurorten der UdSSR einen zu finden, in dem es kein dem ZK oder dem Ministerrat gehörendes Sanatorium gibt. Und sogar wenn die Laune des Sektorenleiters es fügt, daß er in einen kleinen Kurort gerät, z. B. in mein Geburtsstädtchen Berdjansk am Asovschen Meer, so wird er auch dort nicht in einem

Sanatorium untergebracht, wohin auch gewöhnliche Leute kommen. Auch dort gibt es eine dem Stadtkomitee der Partei gehörende Datscha, in der der Nomenklatura-Urlauber absteigen kann. Ein normaler Sowjetbürger darf für keine noch so hohe Summe in so einem Sanatorium oder so einer Datscha Unterkunft finden.

An diesen Plätzen sind die Nomenklaturisten unter sich. Eine erstaunliche Folge davon ist die verblüffende Freiheit der Sitten, die in den Nomenklatura-Sanatorien herrscht. Nomenklatura-Funktionäre beiderlei Geschlechts, die elf Monate im Jahr die Rolle von treuen Ehegatten spielen, holen jetzt alles Versäumte nach. Das wird gestattet; Schwierigkeiten in der Parteiorganisation gibt es nachher keine.

Das gehört auch in normalen Sanatorien und Ferienhäusern zur Tradition. In der Anekdotenreihe „Berichte von Ausländern über den Moskauer Staat" kann man auf folgende Bemerkungen treffen: Die Moskowiten sind diskret. Das was im Westen „Freudenhaus" heißt, nennen sie „Ferienhaus". Allerdings stellen die Nomenklatura-Sanatorien auch keine Ausnahme dar, die Intensität der Ausschweifungen ist dort größer. Sowohl Essen als auch Unterbringung sind erstklassig; es gibt viele Ärzte und – was besonders angenehm ist – viele hübsche Krankenschwestern.

Die Sorge um seine Gesundheit ist überhaupt ein charakteristischer Zug des Nomenklaturisten. Wenn man ihm Glauben schenkt, so gibt er sich bei seiner Arbeit bis zum letzten aus. Auf sein gutes Aussehen angesprochen, gibt er die traurige Antwort „Der Schein trügt!" Was in Wirklichkeit trügt, ist nicht das blendende Aussehen des Nomenklaturisten, sondern der Schein von Überbeanspruchung durch Arbeit, den er zu erwecken trachtet.

Er und seine Familie werden von der Vierten Medizinischen Verwaltung des Gesundheitsministeriums der UdSSR betreut (früher hieß sie Kur- und Sanitätsverwaltung des Kreml). Er und seine Angehörigen sind dem Kremlspital und der Kremlpoliklinik zugeteilt; sie haben dort ihren ständigen behandelnden Arzt. Von diesem luxuriös eingerichteten Heilkombinat, das in zwei Gebäuden auf dem Kalininprospekt an der Ecke der Granovskij-Straße und in einer Gasse beim Arbat untergebracht ist, heißt es boshaft: „Poly parketnye, vrači anketnye" (Parkett am Fußboden, Ärzte dank Fragebogen). Die Ärzte werden dort wirklich nach den „politischen Eigenschaften" ausgesucht, aber sie brauchen auch kaum zu heilen: Sie führen freundliche Gespräche mit ihren Patienten und in jedem etwas komplizierteren Fall verweisen sie den erkrankten Nomenklaturisten an einen Konsultanten. Konsultanten sind hervorragende Spezialisten, Mitglieder der Akademie der Medizinischen Wissenschaften der UdSSR. Die besten von ihnen sind die persönlichen Ärzte der Spitzenpolitiker. Als Stalin 1952 die „Verschwörung der Ärzte" konstruierte, geriet die gesamte Elite der sowjetischen Medizin in die unterirdischen Zellen des KGB-Untersuchungsgefängnisses auf der Lubjanka. Den Fähigkeiten der Fragebogen-Ärzte traute der alte Diktator nicht und blieb daher, als er auf dem Höhepunkt der „Ärzteverschwörung" erkrankte, ohne medizinischen Beistand; er starb an einem Gehirnschlag, während sein Leibarzt Professor Vinogradov, auf Stalins eigenen Befehl regelmäßig geprügelt, in einem Lubjanka-Keller in Ketten lag.

Das Kremlkrankenhaus ist mit Apparaten und Medikamenten ausgerüstet, die aus dem Westen eingeführt werden (auf die einheimische Technik und Pharmakologie verläßt sich die Nomenklatura nie, wenn es um ihre Gesundheit geht). Verköstigung und Pflege sind hervorragend; es gibt viel Personal, geschult und freundlich – zum Unterschied von den normalen Krankenhäusern, wo alle Gänge mit Betten verstellt sind, wo Mangel an Pflegepersonal herrscht und das Essen so schlecht ist, daß man ohne zusätzliche Gaben von Verwandten nicht durchkommen kann. Für Rekonvaleszenten und chronisch Kranke gibt es eine Filiale des Kremlkrankenhauses außerhalb der Stadt im Waldpark Kuncevo.

Das Kremlkrankenhaus ist vom sowjetischen Schriftsteller A. Bek geschildert worden – in einem Roman über das Leben und das Sterben eines Nomenklaturisten. Sein Krankenzimmer besteht „aus einem Kabinett und einem Schlafzimmer, dem Balkon, einem Bad und einem Entree mit direktem Ausgang auf die mit einem Teppichläufer belegte Treppe". In dieser „hellen, geräumigen Unterkunft" gibt es weiche Sessel, Teppiche, teure Statuetten", an den Wänden hängen Bilder in „schweren, vergoldeten Rahmen".[22a]) Ein solches Appartement wird im Krankenhaus als „Halbluxus" bezeichnet; wie dort ein „Luxus" aussieht, kann man nur raten.

Betrachten wir nun ein weiteres Gebiet von Nomenklaturien, das Transportwesen.

Wir haben schon gesagt, daß der Sektorenleiter angenehm leben, arbeiten und sich erholen kann, ohne mit der Bevölkerung der UdSSR zusammenzutreffen. Es gelingt ihm, sich sogar auf Reisen durch die riesige

Sowjetunion vor einem Zusammentreffen mit seinen Landsleuten zu schützen.

Eisenbahn- oder Flugkarten erhält er direkt im ZK. In einer engen Gasse hinter dem Gebäudekomplex des Zentralkomitees ist in einem unscheinbaren Häuschen der Transportsektor des ZK untergebracht. Der bereits erwähnte amerikanische Journalist Hedrick Smith gibt mit naiver westlicher Empörung den Bericht eines offenherzigen Fremdenführers wieder, daß in allen Flugzeugen, Zügen und Hotels eine bestimmte Zahl von Plätzen für den Fall reserviert werden muß, daß plötzlich hohe Funktionäre kommen könnten. Für den Sowjetbürger ist das etwas ganz Gewöhnliches: er weiß, daß es eine sogenannte „Regierungsreserve" (bronja) der besten Plätze gibt, die erst 30 Minuten vor Abfahrt an Normalbürger zum Verkauf gelangen. In den Hotels werden die reservierten Zimmer überhaupt nicht vergeben, da ein Hotel nicht abfährt und jeden Moment ein Nomenklaturist erscheinen kann.

In der UdSSR sind Züge und Flugzeuge immer überfüllt. Erst im Westen habe ich zum ersten Mal gesehen, daß man einfach zur Bahnhofskasse gehen und dort eine Fahrkarte lösen kann. In der Sowjetunion stehen tagelang riesige Schlangen bei den Vorverkaufskassen, von den Bahnhofskassen gar nicht zu reden, so daß die Platzreservierung ein sehr angenehmes Privileg darstellt.

Die Fahrkarte ist vorhanden, und ein schwarzer „Wolga" bringt unseren Sektorenleiter auf den Bahnhof oder zum Flughafen. Er fährt ihn nicht zur allgemeinen Halle, sondern zu einem Sonderraum, dem sogenannten „Zimmer für Abgeordnete des Obersten Sowjets". Eine herrliche Erfindung, auf die die Organisatoren der Betreuung der Nomenklatura mit Recht stolz sind. Es klingt demokratisch und verfassungskonform: kein Saal für irgendwelche Bonzen, sondern ein schlichtes Zimmer für die von uns allen gewählten Volksvertreter. Wer weiß schon, daß in diesem mit Polstermöbeln und Teppichen ausgestatteten Saal mit eigenem Personal meist nicht gewählte Abgeordnete sitzen, sondern Nomenklatura-Funktionäre? Übrigens: so viele reisende Abgeordnete gibt es gar nicht, daß die Aufrechterhaltung dieser vielen Räume gerechtfertigt wäre. Man fand auch eine Lösung des Problems, wie die Existenz dieser Räume den Ausländern begreiflich zu machen sei, die sehr wohl wissen, daß sie keine Abgeordneten des Obersten Sowjets sind. Im englischen Text der Anschläge ist die Bezeichnung des Raumes mit „VIP-Hall" übersetzt. Wer wird schon etwas dagegen haben, als „very important person" betitelt zu werden?

Aus dem Abgeordneten-Zimmer führt das höfliche Personal – nicht jenes, das in den übrigen Räumen die Reisenden anbrüllt – unseren Sektorenleiter direkt zum Zug oder zum Flugzeug, einige Minuten bevor zum Einsteigen aufgerufen wird –, damit er auf dem Bahnsteig oder bei der Gangway nicht mit dem Volk zusammentrifft. Im Schlafwagenabteil 1. Klasse oder in der 1. Klasse des Flugzeugs findet er sich unter seinesgleichen wieder. Bei der Landung des Flugzeugs wird die Treppe zuerst zum Abteil 1. Klasse gerollt, er steigt auf das leere Rollfeld herunter und wird dort von der lokalen Obrigkeit begrüßt – dann erst werden die übrigen Passagiere von Bord gelassen. Nur aus dem Zug muß er leider gleichzeitig mit dem gewöhnlichen Volk aussteigen –, aber der Weg auf dem Bahnsteig ist nicht weit: nur bis zum neuen Abgeordneten-Zimmer. Dort wartet schon am Sondereingang ein Wagen des Zentral-, Gebiets- oder Stadtkomitees der Partei und führt ihn in die für ihn reservierte Residenz. Hier kann er sich gut auf seine Rede vor dem Parteiaktiv vorbereiten, etwa über das traditionelle Thema „Die Einheit von Partei und Volk".

Werfen wir nun einen Blick auf das Ausbildungswesen in Nomenklaturien. Auch hier steht alles zum besten: die Kinder der Nomenklatura wurden nicht vergessen.

Mit der Schule war es schon schwer. Nach der Oktoberrevolution wurde nämlich verkündet, daß es im Sowjetstaat für alle Kinder ohne Unterschied nur eine Einheitsschule geben würde. Bestrebungen, die Sprößlinge der Nomenklatura von den gewöhnlichen Kindern abzusondern, machten sich im Moment des Aufstieges der Stalinschen Nomenklatura zu den Gipfeln der Macht am Ende der dreißiger Jahre bemerkbar, als plötzlich Spezialschulen gegründet wurden. Offiziell war ihre Bestimmung, zukünftige Artillerie-Kommandanten der Roten Arbeiter-und-Bauern-Armee (so hieß damals die Sowjet-Armee) heranzubilden, aber tatsächlich waren es privilegierte Schulen, die weder mit den Arbeitern und Bauern noch mit der Artillerie irgend etwas zu tun hatten.

Inzwischen ist diese militärisch-proletarische Tarnung entfallen.

Jetzt werden die Kinder der Nomenklatura in Spezialschulen untergebracht, in denen der Unterricht in einer Fremdsprache erteilt wird (Englisch, Französisch oder Deutsch); Kinder von Diplomaten und anderen Personen auf verantwortlichen Posten im Ausland kommen in besondere Internate.

Auch beim Übergang in eine Hochschule brauchen sich die Kinder würdiger Eltern nicht mehr unter die Menge der ordinären Studenten zu mischen. Zu diesem Zweck existiert die Hochschule für Internationale Beziehungen in Moskau. Dort herrscht solch elitärer Kastengeist, wie es ihn wahrscheinlich zur zaristischen Zeit nur im Pagenkorps gab.

Es gibt eine Reihe von geschlossenen Lehranstalten: die Parteihochschule beim ZK der KPdSU, die Diplomatische Akademie des Außenministeriums, die Außenhandelsakademie, die Komsomolzentralschule des ZK des Komsomol, die Militärakademie, die Hochschule des KGB und die Akademie des Innenministeriums der UdSSR. Einige von diesen Lehranstalten nehmen Kandidaten erst nach Abschluß eines Hochschulstudiums auf, die bereits Erfahrungen als Parteifunktionäre gesammelt haben. Auf diese Weise vollzieht sich meist die Vorbereitung der Nomenklaturakinder zur Übernahme von selbständigen Aufgaben in der Nomenklatura.

Auch der in diesen Kreisen weitverbreitete Drang zu wissenschaftlichen Titeln wird berücksichtigt. Seit 1947 gibt es in Moskau eine eigene akademische Anstalt zur Promotion der Nomenklaturisten: die Akademie für Gesellschaftswissenschaften beim ZK der KPdSU. Ich war einige Jahre lang Mitglied des wissenschaftlichen Beirates in dieser Institution und kann sagen, daß an keiner normalen Universität derartige Anstrengungen gemacht werden, um dem Doktoranden eine Dissertation zu entlocken. Jeder Professor oder Dozent der Akademie hat die gleiche Anzahl von „Aspiranten" wie in einer gewöhnlichen Hochschule, aber hier ist das die Hauptbeschäftigung (außerdem wird nur noch die Abfassung eines einzigen Artikels im Jahr gefordert). Die Zuweisung der „Aspiranten" erfolgt durch das ZK der KPdSU auf Antrag des republikanischen ZK oder des Gebiets-Parteikomitees. Die Bedingungen sind erstklassig, die Aspiranten leben in einem guten Heim in der Akademie selbst, sie werden in einer ausgezeichneten Kantine verköstigt, ihr Stipendium ist fast so hoch wie das Dozentengehalt, sie werden auf lange Auslandsreisen geschickt, um Material für ihre Dissertationen zu sammeln. Alles das kann man überhaupt nicht mit dem Leben von gewöhnlichen Aspiranten vergleichen, die sich in überfüllten Heimen drängen, in die spartanische Studentenmensa laufen, ein kleines Stipendium beziehen und von Auslandsreisen nicht einmal träumen. Die Dissertationen der normalen Aspiranten sind im Durchschnitt jedoch meist besser als die ihrer Nomenklatura-Kollegen. Es ist allgemein bekannt, daß die Dissertationen der Akademie für Gesellschaftswissenschaften zwar stets angenommen werden, aber daß sie nicht schwer wiegen.

Es geht nicht nur darum, daß die Aspiranten der Akademie für Gesellschaftswissenschaften im Durchschnitt weniger fähig sind, denn sie werden nicht nach ihrer wissenschaftlichen Kapazität ausgewählt, sondern nach politischen Gesichtspunkten. Noch mehr ist daran wohl die besondere Atmosphäre schuld, die in dieser Akademie für die Jung-Nomenklatura herrscht. Der von einem Parteigremium empfohlene und vom Sekretariat des ZK approbierte Aspirant der Akademie weiß vom ersten Moment an, daß er von allerhöchster Stelle für würdig befunden wurde, einen akademischen Grad zu erlangen. Das heißt, daß nur sein wissenschaftlicher Mentor schuld sein kann, wenn er diesen Grad nicht bekommt. In der Akademie fühlt man ununterbrochen, daß die Aspiranten, die bereits automatisch in die ZK-Nomenklatura aufgenommen werden und unmittelbar nach der Promotion verantwortungsvolle Posten im Parteiapparat übernehmen werden, von oben herab auf die ihre Dissertationen eifrig redigierenden Professoren blicken. Wahrscheinlich haben sich die vornehmen Athener Sprößlinge gegenüber ihren Sklaven-Pädagogen ebenso verhalten.

Nach Angaben, die von einem ehemaligen Instruktor der Abteilung Wissenschaft im ZK, Ilja Zemcov, veröffentlicht wurden, beträgt die Zahl der Mitarbeiter des ZK, die einen akademischen Grad haben, 63%; in den Zentralkomitees der Republiken ist die Zahl noch höher: 73%.[23]) So haben sich die Mitglieder der herrschenden Klasse geändert, deren erste Generation sich damit brüstete, daß sie „keine Gymnasien abgeschlossen" hätte.

Die offiziell zur „Zwischenschicht der Intellektuellen" zählende Nomenklatura-Klasse hat auch gehobene kulturelle Ansprüche. Es ist üblich, daß in den Wohnungen der Nomenklaturisten ein gefüllter Bücherschrank steht, wobei er jetzt nicht mehr nur mit Klassikern des Marxismus gefüllt ist, sondern auch mit den schön gebundenen Werken russischer Schriftsteller (einschließlich des Emigranten Bunin) und den Übersetzungen ausländischer Autoren. Es ist schwer zu sagen, ob diese Bücher gelesen werden oder ob sie nur zum Dekorum einer Nomenklatura-Wohnung gehören. Jedenfalls werden sie angeschafft, wobei die Nomenklaturisten, getreu ihrem Streben nach Exklusivität, schwer erhältliche Bücher bestellen, die sie durch die Buchversandstelle des ZK erhalten. Aber: eine Nomenklatura-Bibliothek enthält keine suspekten Werke. Sammelbände der Reden Chruščevs wurden sofort nach seinem Sturz entfernt, ebenso die Hefte der Zeitschrift „Novyj mir" aus den Jahren 1962 und 1963 mit den Werken Solschenizyns. Daß sich dort der nach dem Tod des Dichters veröffentlichte Gedichtband Pasternaks oder Anna Achmatovas befindet, ist wahrscheinlicher, obwohl nicht sicher. Nichts darf den Verdacht erwecken, der Besitzer habe irgendwelche „ungesunden Interessen", wie dies so schön heißt.

Theaterkarten zu bekommen ist für Nomenklatura-Funktionäre sehr leicht: Auch dafür gibt es eine Regierungsreserve für die besten Plätze. Allerdings ist es im Nomenklatura-Milieu nicht ratsam, als Theaterfan zu gelten. Das wäre unseriös und kann als Zeichen für einen zweifelhaften Geschmack gedeutet werden. Daher profitieren von den Theaterkarten meist die halbwüchsigen Nomenklatura-Kinder, auch Verwandte und Bekannte, die es nicht bis zu Nomenklatura-Ehren gebracht haben.

Es gibt übrigens nicht viele Bekannte dieser Art. Die verständigen Mitglieder der herrschenden Klasse erfaßten rasch die von oben erlassene verklausulierte Anweisung, mehr im eigenen Kreis zu verkehren und aus Sicherheitsgründen zum Schutz von Partei- und Staatsgeheimnissen womöglich keine Freundschaften außerhalb der Nomenklatura zu pflegen. Sie haben auch verstanden, daß damit weniger die amtlichen Geheimnisse gelten (diese teilt der Nomenklatura-Funktionär sowieso niemandem mit), sondern das vor der Bevölkerung verborgene süße Leben der Nomenklaturaklasse.

Werfen wir einen kurzen Blick auf die Altersversicherung in Nomenklaturien.

Die Kinder sind erwachsen und selbst Nomenklaturisten geworden. Die Jahre sind verflossen und der Sektorenleiter tritt, wie man so sagt, in den wohlverdienten Ruhestand. Er ist nicht dazu gezwungen, wie ein gewöhnlicher Bürger, eine Unzahl von Bestätigungen zu sammeln und in der Rayonsabteilung des Sozialversicherungsamtes (Rajsobes) eine Pension zu beantragen, deren Höchstmaß 120 Rubel (336 DM) im Monat beträgt. Ein Beschluß des Sekretariats des ZK wird gefaßt, durch den ihm eine Pension ad personam auf Unionsebene bewilligt wird – und wie früher wird er in einem ZK-Haus wohnen und sich in ZK-Sanatorien erholen. Ein Militär-Nomenklaturist, ein General, wohnt in einer Datscha, die ihm offiziell gehört. Generäle erhalten einen Baugrund für eine Datscha, nicht bloß 0,08 Hektar wie gewöhnliche Leute, sondern bis zu einem Hektar, also um das Zwölfeinhalbfache mehr. Generalobersten und Armeegenerale (von Marschällen nicht zu reden) werden in die sogenannte „Paradiesgruppe" des Verteidigungsministeriums der UdSSR aufgenommen. Es bleibt ihnen alles erhalten, was sie an Annehmlichkeiten des Lebens vor ihrer Pensionierung hatten: Dienstwagen mit Chauffeur, Dienstwohnung, Staatsdatscha, Adjutant, Lebensmittelration, Uniform usw., ohne daß von ihnen auch nur die kleinste Arbeit verlangt wird.

Mancher westliche Leser wird vielleicht sagen: „Was heißt das schon; eine Vierzimmerwohnung, ein Haus außerhalb der Stadt, ein Grundstück, ein Dienstwagen, eine Pension von 2700 DM im Monat. Das ist nicht schlecht, aber noch kein Reichtum!"

Doch, das ist Reichtum. Denn eine arithmetische Ziffer, bei der der Reichtum beginnt, gibt es nicht. Es ist ein relativer Begriff. Im Vergleich zur Masse der Sowjetbevölkerung ist das, was ein Nomenklaturist bekommt, Reichtum.

Und vor allem ist es ein Privileg. Der Mensch ist ein Gesellschaftswesen, er betrachtet seine Lage niemals isoliert, sondern stets im Vergleich zu anderen Mitgliedern der Gesellschaft. Sie, verehrter Leser, gehen ruhig über die Straße und verspüren in diesem Zusammenhang keine besonderen Gefühle. Aber stellen Sie sich vor, eine strenge Obrigkeit würde alle anderen zwingen, auf allen vieren zu kriechen, ihnen aber gnädig erlauben, aufrecht zu gehen wie früher: Sie würden unglaublich glücklich und stolz sein und würden sich bemühen, das, wie man in der UdSSR sagt, in Sie gesetzte Vertrauen zu rechtfertigen.

So denkt nicht nur der Nomenklaturist. Nicht selten habe ich mit Interesse beobachtet, daß westliche Journalisten, die in Moskau gearbeitet hatten, voll Nostalgie an diese Zeit als an eine glückliche Periode ihres Lebens zurückdachten. Objektiv gibt es dafür überhaupt keinen Grund: Informationen zu erhalten, die über das bereits Veröffentlichte hinausgehen, ist dort äußerst schwierig, die Auslandsjournalisten stehen unter der ständigen Überwachung des KGB, schreiben darf man nur das, was nicht den Unwillen der Sowjetbehörden erregt, sonst erfolgen Schikanen und Repressionen, bis zur Landesverweisung; Kontakte mit der einheimischen Bevölkerung sind aufs äußerste beschnitten, verschiedene Waren, selbst Lebensmittel, müssen aus dem Ausland bestellt werden; die Wohnungen sind schlechter als im Westen, und als Ausländer darf man im Lande nicht frei herumreisen.

Für einen westlichen Journalisten ist es zweifellos interessant, in Moskau zu arbeiten. Aber was machte das Leben in Moskau so anziehend?

Die privilegierte Stellung. Trotz aller Unbequemlichkeiten ging es den westlichen Journalisten in Moskau unvergleichlich besser als den gewöhnlichen Moskauern. Die Wohnungen, die schlechter waren als jene im Westen, stellten für die Moskauer eine unerreichbare Herrlichkeit dar. Die Moskauer konnten keine Waren in Devisengeschäften und noch weniger im Ausland kaufen. Die Moskauer konnten nicht ins Ausland fahren und von dort Sachen mitbringen, sie durften keine westlichen Zeitungen und Bücher bekommen, sie konnten nicht frei über politische Fragen sprechen. Die Moskauer krochen auf allen vieren, die westlichen Korrespondenten jedoch gingen auf zwei Beinen, wenn auch gebückt – und diese Auserwähltheit blieb für sie eine zauberhafte Erinnerung.

Die privilegierte Stellung an sich ist für die Nomenklatura, diese für die Attribute der Herrschaft so hellhörige Klasse, das Entscheidende. Aber auch der materielle Inhalt der Privilegien braucht nicht unterschätzt zu werden.

Wir haben das Spezialland Nomenklaturien von der Warte eines Sektorenleiters im ZK der KPdSU betrachtet, von einer nicht gerade niedrigen, aber auch nicht allzu hohen Warte. Nomenklaturien ist aber ein gebirgiges Land mit der Besonderheit, daß der Boden in der Höhe immer ertragreicher wird, immer süßere Früchte trägt.

Der Unterschied zwischen dem Leiter eines Sektors und dem einer Abteilung im ZK der KPdSU springt in die Augen, sobald man ihre Büros betritt. Zum Sektorenleiter können Sie direkt vom Gang hineingehen, er hat einen bequemen, aber kleinen und gesichtslosen Arbeitsraum. Der „Zamzav" (stellvertretender Abteilungsleiter) sitzt in einem eleganten Büro mit Vorzimmer und einer Sekretärin (meist ist sie nicht jung, damit nicht einmal der Schatten eines Verdachtes auf den Nomenklaturisten fällt; bei höheren Funktionären ist der Sekretär männlichen Geschlechts). Der Sektorenleiter bestellt sich einen Dienstwagen von der Wagenzentrale des ZK; der stellvertretende Abteilungsleiter verfügt über ein Auto samt Fahrer, die ihm persönlich zugeteilt sind. Der stellvertretende Abteilungsleiter fährt nicht in ein Ferienheim; ihm steht eine winterfeste Datscha mit Bedienungspersonal zur Verfügung. Es ist verständlich, daß er auch ein höheres Gehalt bezieht, mehr „Kremljovka"-Gutscheine, eine bessere Wohnung hat. Wenn wir noch höher hinaufsteigen, finden wir den Ersten Stellvertretenden Abteilungsleiter. Dieser gehört nicht mehr zur Nomenklatura des Sekretariats des ZK, sondern zu der des Politbüros. Dementsprechend größer sind auch die Privilegien, die ihm zustehen.

Der Erste Sekretär eines Gebietskomitees der Partei ist der unbeschränkte Satrap seines Gebietes, die übrigen Sekretäre des Gebietskomitees seine Gehilfen. Sie haben nicht nur ein höheres Gehalt, Dienstwohnungen und -Datschas, Autos, Lebensmittelzuteilungen, Spezialkliniken und -Sanatorien, sie verfügen über die praktisch unbegrenzte Möglichkeit, aus den materiellen Gütern ihres Gebietes zu schöpfen, das der Größe nach einem mittleren europäischen Land entspricht.

Der Abteilungsleiter im ZK der KPdSU verfügt vielleicht über etwas weniger materielle Güter als die Gebietsfürsten. Dafür steht er aber an der Schwelle zur Führungsspitze der Nomenklatura. Die Leiter der großen Abteilungen sind gleichzeitig Sekretäre des ZK der KPdSU; sie gehören zur Gruppe jener, die an Festtagen auf dem Mausoleum stehen und winken, und die das Volk von Fotographien und vom Fernsehschirm kennt.

Der Abteilungsleiter steht hoch über unserem Sektorenleiter. Selbst im Tod sind sie nicht vereint. Über den Tod des Sektorenleiters erscheint in der „Pravda“ eine kurze Traueranzeige mit schwarzer Umrahmung oder ein kurzer Nachruf mit der Unterschrift „Eine Gruppe von Genossen“; über die Verdienste des Abteilungsleiters oder des Ersten Sekretärs eines Gebietskomitees wird ein langer Nekrolog verfaßt, mit einem Bild des Verstorbenen und den Unterschriften der Politbüro-Mitglieder. Aber sonst kann der Sektorenleiter zufrieden sein. Nicht das Gewerkschaftskomitee wird der Witwe 20 Rubel für das Begräbnis unwillig hinblättern – die pompöse Beerdigung wird vom Staat bezahlt, ein Konvoi von schwarzen „Čaikas“ und „Wolgas“ wird hinter dem Katafalk herfahren, auf der sog. „zivilen Totenmesse“ werden Reden gehalten werden – und nach der Rückkehr vom Friedhof wird zum Andenken an den Toten armenischer Kognac getrunken. An der prunkvollen Bahre des verstorbenen Nomenklaturisten wird ein Blasorchester flammend intonieren:

Ihr mutigen Opfer gefallen im Kampf,
Im Dienst an dem arbeitenden Volke,
Ihr habt, was Ihr könnt, nur für sein Wohl getan...

Nicht auf einem gewöhnlichen Friedhof für normale Sterbliche west der Sektorenleiter dahin, sondern auf einem Spezialfriedhof – im Novodevičij-Kloster, dort, wo überall unter prunkvollen Grabsteinen Überreste von Nomenklatura-Leuten ruhen. Hier liegt Stalins Frau Allilujewa und ihre Verwandten, die Frau Kosygins, der in Ungnade gefallene Nikita Chruščev. Des Sektorenleiters Gattin, die sich die Gedankengänge ihres Mannes vollkommen zu eigen gemacht hat, wird nur bitter bereuen, daß es ihm nicht gelang, bis zu jener Nomenklatura-Sphäre aufzusteigen, in der man auf dem Roten Platz in der Kremlmauer beigesetzt wird. Und sie wird neidisch sein, daß sogar hier, auf dem Novodevičij-Friedhof, den verstorbenen Generalen die letzten militärischen Ehren erwiesen werden, und ihm nicht, obwohl der Verstorbene im Leben nichts so liebte wie Ehren und Macht.

10. Die Häuser auf dem Olymp

Und wie leben die Spitzengenossen der Nomenklatura, die vom Mausoleum herunterwinken und die man später an der Kremlmauer beisetzt? „Wie die größten Milliardäre in Amerika", antwortete mir auf diese Frage einmal ein diesen Kreisen nahestehender Nomenklaturist.

Die Sekretäre des ZK der KPdSU bekommen im Monat 700 Rubel, ein Sekretär, der gleichzeitig Mitglied oder Kandidat des Politbüros ist, 800 und der Generalsekretär 900 Rubel. Natürlich sind das nicht die 163 Rubel des sowjetischen Durchschnittswerktätigen, aber besonders viel ist das auch nicht. Was hat das mit einem Milliardär zu tun?

Erstens hat jeder von ihnen neben seinem Gehalt, seinen Remunerationen als Abgeordneter des Obersten Sowjets, seinen Honoraren usw. ein offenes Konto in der Staatsbank der UdSSR. Das heißt, er kann zu jeder beliebigen Zeit jede beliebige Summe, die er braucht, aus Staatsgeldern abheben. Zweitens braucht er überhaupt kein Geld, weder von einem offenen Konto noch von seinem Gehalt. Sie alle leben im Luxus auf Staatskosten und geben nicht einen Groschen aus eigener Tasche aus. Der „Gensek" braucht nur über „Vertuška" den Leiter der ZK-Verwaltung anzurufen und die Anweisung zu geben, ein Haus oder eine Datscha bauen zu lassen. Dann muß er den diesbezüglichen Beschluß unterschreiben und einige Zeit später in das bereits möblierte und sorgfältig bewachte neue Quartier einziehen.

Dieses Quartier wird viel besser sein als der Bungalow eines westlichen Generaldirektors. In Moskau haben sich zwei Häuser aus der Stalinzeit erhalten, die man schon heute besichtigen und sich dabei vorstellen kann, wie „sie" damals lebten. Denn nach der Beschreibung, die Henri Barbusse von der kleinen Wohnung im Kreml gegeben hat, in der ihn Stalin empfing, über diesen Einfaltspinsel in seinen Schnurrbart lachend, kann man diese Vorstellung nicht gewinnen.

Eines dieser Häuser ist die tunesische Botschaft auf dem Sadovoje-Ring neben der Ploščad Vosstanija. Das war früher das Palais von Berija. Damals war es nicht ratsam, entlang der das Palais umgebenden hohen Mauer aus dunkelgrauem Stein und den unteren zugemauerten Fenstern auf der Straße zu gehen – man verspürte dazu auch keine Lust, so viele finsterblickende Kerle in Zivil standen dort herum. Deshalb war es damals üblich, entweder auf die der Mauer gegenüberliegende Straßenseite des Ringes zu wechseln oder zumindest vom Gehsteig herunterzusteigen. Für einen gewöhnlichen Sowjetbürger ist es auch jetzt unmöglich, das Palais zu betreten, wegen der gleichen Kerle, die jetzt nicht Zivil tragen, sondern die Uniform der Miliz. Aber sogar wenn Sie dort zu einem Botschaftsempfang geladen sind, ist es nicht angenehm, über die Parkettböden der Suite von Salons zu schreiten. Hier fanden widerliche Orgien mit verschreckten Mädchen statt, die von Berijas Leibwache herbeigeschleppt wurden. Im Keller des Hauses folterte Berija eigenhändig Gefangene, die man ihm brachte, um ihn zu unterhalten. Nach seinem Fall fand man hier eine Auswahl von speziell hergestellten und mit liebevoller Sorge instandgehaltenen Folterinstrumenten. Im Keller gibt es einige enge Zellen mit schweren Eisentüren, die mit einem Guckloch ausgestattet sind. Dort wurden Bürger des Landes des Sozialismus gefangengehalten, die ein Mitglied des Politbüros mit eigenen Händen folterte, weil ihm dies Spaß bereitete. Daneben befindet sich noch eine kleine Tür, die fest verrammelt ist. Entweder verbirgt sich dahinter ein besonders scheußliches Geheimnis oder es ist ein unterirdischer Gang in den Kreml, wie behauptet wird.

Ein zweites Haus wurde vor einem Jahrzehnt für die Allgemeinheit zugänglich: das Haus, in dem Maxim Gorkij gelebt hatte, wurde zu einem Museum umgestaltet. Nach 30 Jahren des Zögerns entschloß man sich nur deshalb, dieses herrschaftliche Haus des proletarischen Schriftstellers dem Publikum zu zeigen, weil der Hausherr nach eigener Aussage ein „Meister des Literaturhandwerks“ war und nicht ein Mitglied der regierenden Nomenklatura-Spitzengarnitur. Aber Gorkijs Palais spiegelt in gleißendem Licht die Wahrheit wider, wie diese Spitzengarnitur bereits in den dreißiger Jahren lebte. In Gorkijs Haus waren Stalin und sein Politbüro zu Gast – und sie kamen doch wohl nicht aus engen Wohnungen, um ein paar Stunden lang ihre Schultern geradezubiegen.

Es gibt in Moskau auch ein Denkmal der nachstalinistischen Ära: die kubanische Botschaft in Pomeranzev pereulok. Malenkov reichte es nicht, was unter dem alten Diktator für die Mitglieder des Politbüros eingeführt worden war: zwei Moskauer Wohnungen, eine im Kreml und eine in der Granovskij-Straße im Haus gegenüber der Kremlkantine. Er beschloß, sich eine Residenz errichten zu lassen und gab den Auftrag, dieses riesige Palais zu bauen, das sich später ebenfalls als geräumig genug erwies, um eine Botschaft mit ihren Kanzleien, Empfangsräumen und die Residenz des Botschafters aufzunehmen. Sich an diesem Palais zu freuen, gelang ihm nur deshalb nicht, weil Chruščev ihn davonjagte.

Aber auch zur Chruščevzeit vegetierte die Spitze der Nomenklatura nicht in Armut dahin. Seinerzeit, schon unter Stalin, aber noch vor der Vernichtung der Leningarde, wurde bei Moskau eine Genossenschaftssiedlung von Datschas für Alt-Bolschewiken errichtet – lauter bescheidene Holzhäuschen. Die Siedlung trug den Namen „Zavety Iljiča" – „Iljičs Vermächtnis". Die gleiche Bezeichnung, diesmal jedoch im ironischen Sinn, erhielten im Volksmund die hinter der Moskauer Universität auf den Leninbergen für die Mitglieder von Chruščevs „kollektiver Führung" erbauten Paläste.

Eine hohe, cremefarbene Steinmauer, ein schweres Eisentor. Dahinter die Bewachungsmannschaft. Ein Haus inmitten eines großen Gartens, von der Straße fast überhaupt nicht zu sehen. Das Stehenbleiben zahlt sich nicht aus – sofort zeigt sich ein „Pflastertreter" – Toptun, wie man die KGB-Wachtposten in Zivil nennt. Wenn Sie allerdings ein Auserwählter sind, gibt Ihr Auto ein Lichtsignal, und das Eisentor öffnet sich für Sie. Jetzt schreiten Sie durch den Garten, begleitet von den durchdringenden Blicken der Geheimdienstleute in Uniform, und Sie treten durch die schwere Tür in das Palais ein. Es ist weitläufig und massiv gebaut, geschnitztes Holz, Marmor, helle Bergkristallüster, offene Kamine. Unten befinden sich Empfangssäle, im nächsten Stockwerk weitere große Räume, ganz oben die Schlafzimmer. So wohnten die Führer von Partei und Regierung unter Chruščev.

Und wie wohnen sie heute?

„Iljičs Vermächtnis" auf den Leninbergen steht leer. Dort gibt es jetzt unförmige amtlich beschaffte Möbel, die Häuser dienen als Unterbringung für hochgestellte Gäste aus dem Ausland. Die Führer von Partei und Regierung sind aus den Palais in demokratische Wohnungen übergesiedelt. Als Demonstrationsobjekt dient eine Wohnung, die, wie es sich gehört, formell geheim ist, von der in Wirklichkeit inoffiziell aber jeder spricht. Bei einem großen, nicht mehr neuen Haus im Besitz des ZK auf dem Kutosovskij Prospekt Nr. 26 steht ostentativ ein uniformierter Milizionär; neben einer Tür befindet sich das rote Schild: Park- und Halteverbot. Man erzählt sich, daß hier in einer Fünfzimmerwohnung Leonid Breżnev selbst mit seiner Frau Viktorija Petrovna und seinen übrigen Familienangehörigen wohnt und daß seine Nachbarn der KGB-Vorsitzende Jurij Vladimirovič Andropov und der Innenminister der UdSSR, Nikolai Anisimovič Ščelokov sind. In den zahlreichen Gebäudeteilen des Hauses haben sich ZK-Mitarbeiter der mittleren Ränge angesiedelt, sogar einige ehemalige und gewöhnliche Sowjetbürger können durch den weitläufigen Hof gehen, ohne kontrolliert zu werden und sich über die unter dem neuen Iljič zurückgekehrte Leninsche Schlichtheit freuen.

Allerdings lebt Brežnev in Wirklichkeit gar nicht dort. Die Wohnung ist auf seinen Namen registriert, das Hauspersonal ist da, manchmal kommen auch die Familienangehörigen und Viktorija Petrovna. Aber der Alleroberste selbst lebt wie die anderen Mitglieder der Führungsspitze in einer Staatsdatscha bei Moskau, auf dem Gebiet des Dorfes Usovo, und die Wohnung hat für ihn die gleiche Funktion wie für Stalin seine Klause im Kreml. Übrigens gehörte auch die Datscha im Rayon Usovo früher Stalin. Sie ist bekannt unter dem Namen „Weite Datscha" (Dalnjaja), im Gegensatz zur „Nahen" (Bližnjaja) im Gebiet von Kuncevo, in der Stalin starb. In der „Weiten Datscha" wohnte später Chruščev. Aufnahmen von diesem zweistöckigen weißen Palast mit Säulen, Balkonen und Dutzenden von Räumen erschienen zu den Zeiten des publicitybewußten Chruščev in der westlichen Presse.

11. Hinter sieben Zäunen

Die Staatsdatschas in der Umgebung von Moskau liegen in einer Sperrzone, ihre Gärten sind von hohen Zäunen eingefriedet und werden streng bewacht. Die Nomenklatura-Obrigkeit hat sich sorgsam vom Volk abgeschirmt.

In einem Lied von Galič „Hinter sieben Zäunen" werden die Eindrücke eines Moskauers von den Datschas in der Umgebung von Moskau wiedergegeben:

„Fahr ins Grüne zu den Bäumen,
Geh spazieren und schau hin
auf Staatsdatschas hinter Zäunen:
Unsre Führer sitzen drin.

Rasen ohne Defekte,
Ruhe, frische Luft,
„Vogelmilch"-Konfekte
angenehmer Duft.

Vögel singen – welch' ein Kitzel
für der Führer edlen Sinn!
Durch Gucklöcher gucken Spitzel
streng auf die Passanten hin.

Der Kragen hochgezogen,
wachsam scharfer Blick...
Die Chefs, von Stalin erzogen,
essen Kars-Schaschlik.

Dann kommt die Vorführung purer
Sexfarbfilme – stets bei Nacht,
exklusiv, nur für die Führer,
nur für jene an der Macht.

Und schnaufend starrt der Fette
auf die Leinwand hin:
Wie fehlt sie ihm im Bette,
Monroe Marylin!"

Alles an diesem Bild stimmt, einschließlich der westlichen Filme, die wirklich in den Datschas gezeigt werden, nach Stalinscher Tradition in der Nacht, übersetzt von durch das Vertrauen und das gute Essen beglückten Dolmetschern des Staatskomitees für Kinematographie.

Übrigens sind die Nächte auf den Staatsdatschas überhaupt fröhlicher, als sich der gewöhnliche Sowjetbürger vorstellt, der sich abends in seiner 7-Quadratmeter-Wohnung schlafen legt und den Wecker stellt, damit er nicht zu spät zur Arbeit kommt. Die Bewohner der Staatsdatschas begnügen sich nicht damit, beim Anblick der üppigen Formen von

Marilyn Monroe zu schnaufen. Aber schweigen wir lieber – das sind Kindereien im Vergleich zu den Unterhaltungen von Berija.

Wann begann die Sowjetführung, sich Staatsdatschas zuzulegen? Die Antwort wird für einen sowjetischen Leser unwahrscheinlich klingen: im Jahr 1919. Im gleichen unvergeßlichen Jahr 1919, als abgerissene Rotarmisten mit einem Viertellaib Brot pro Tag für die Macht der Sowjets in den Tod gingen, wurden unter den Führern von Partei und Staat Landpalais verteilt. Es geschah das, wie uns Swetlana Allilujewa mitteilt, „als sich ihnen dann nach der Revolution im Jahr 1919 die Möglichkeit bot, die zahlreichen von den Besitzern verlassenen Landhäuser und Güter in der Umgebung Moskaus zu benützen".[25])

So sah von 1919 an nach der Schilderung von S. Allilujewa die Datscha Mikoyans in der Nähe von Moskau aus: „... die aus Italien importierten Marmorstatuen im Hause, die alten französischen Gobelins an den Wänden, die bunten Vitragen in den niedrigen Fenstern. Der Park, der Garten, der Tennisplatz, die Orangerie, die Glashäuser, der Pferdestall ..."[26]) „Auf seiner Datscha gab es immer, auch im Winter, frisches Gemüse aus dem eigenen Glashaus."[27])

In den sowjetischen Zeitungen der damaligen Zeit, die das Volk unaufhörlich dazu aufforderten, sich zu opfern, wird man vergeblich eine Mitteilung darüber suchen, daß sich die Führer so gemütliche Häuschen organisierten. Die Menschen in der Sowjetunion ahnen bis heute nicht, daß das voll Ehrfurcht den Touristen gezeigte Landhaus Lenins in Gorki bei weitem keine Ausnahme darstellte, die für den schwerkranken Iljič gemacht wurde (er war 1919 noch gar nicht krank), sondern daß dies einfach eine der vielen Regierungsdatschas aus der Zeit des Bürgerkrieges ist.

In den zwanziger Jahren, als die Führer der sozialistischen Revolution noch in Russenhemden herumliefen und sich – allerdings immer ungeschickter – als Proletarier gebärdeten, lebten sie schon wie aristokratische Gutsbesitzer. Wie aus Turgenjevs „Adelsnest" dringen die süßen Erinnerungen von Stalins Tochter zu uns: „Unser Gut... wurde immer wieder umgebaut und umgestaltet. Der Vater ließ den Wald rings um das Haus unverzüglich lichten, die Hälfte davon fällen, es wurden Durchschläge angelegt, es wurde heller, wärmer, trockener. Der Forst wurde in Pflege genommen, das Unterholz beseitigt, das dürre Laub im Frühjahr zusammengerecht; vor dem Haus war ein wunderbarer, durchsichtiger, weiß leuchtender junger Birkenhain, wo wir Kinder Pilze sammelten. Nicht weit davon wurde ein Bienenhaus errichtet und zwei

Waldwiesen nebenan in jedem Sommer, des Honigs wegen, mit Buchweizen bebaut. Die Reviere, die rings um den hochstämmigen trockenen Fichtenwald blieben, wurden gleichfalls sorgfältig gepflegt; dort wuchsen Erdbeeren, Blaubeeren und die Luft war dort irgendwie besonders frisch und aromatisch... Große Flächen wurden mit Obstbäumen bepflanzt, auch Gartenerdbeeren, Himbeeren und Johannisbeeren wurden reichlich gesetzt. In einer gewissen Entfernung vom Haus wurde eine kleine Wiese, die mit Sträuchern bestanden war, eingezäunt; hier wurden Fasane, Perlhühner und Truthühner gezüchtet; in einem kleinen Bassin schwammen Enten. Das alles entstand nicht auf einmal, doch in den Jahren meiner Kindheit gelangte das alles allmählich zum Blühen und Gedeihen und wir Kinder wuchsen eigentlich unter den ländlichen Verhältnissen eines kleines Gutsbesitzers auf, mit Heumahd, Beeren- und Pilzesammeln, mit frischem, jedes Jahr eingesammeltem – „eigenem" – Honig, mit – „eigenem" – Eingesalzenem und Gepökelten, mit – „eigenem" – Geflügel..."[28])

Das war zur gleichen Zeit, als die in ihren Datschas wohnenden Führer gegen die „kleinbürgerlichen Instinkte" der einfachen Menschen wetterten, die sich ein paar Hühner halten wollten.

Die bereits bei Lenin festgestellten verschiedenen Maßstäbe – streng und anspruchsvoll gegenüber dem Volk, aber ganz anders gegenüber sich selbst und den Nahestehenden, wurden von Lenins Diadochen bereitwillig übernommen. Damals trugen sie zwar noch keine Marschallsuniformen oder erlesene Anzüge: Stalin hatte noch einen Soldatenrock an, Bucharin latschte nach S. Allilujewas Beschreibung in „Sandalen, Tolstojbluse, leichten Sommerhosen herum"[29]), – aber das war bereits bloße Maskerade.

Die Führer forderten für die Erziehung der Kinder aus dem Volk das strenge System des Tschekisten Makarenko. Aber in ihren Adelsnestern wuchsen schon gepflegte Aristokratenkinder heran, mit ausländischen Gouvernanten und ergebenen Kinderfrauen. So spielte sich das nicht bloß im Zentrum der Macht ab: die Tochter von Berijas Stellvertreter, Generaloberst Sumbatov-Topuridze, die elegante Nelli, die auf einer Regierungsdatscha bei Baku aufgewachsen war, erzählte mir, wie sie ihre Gouvernanten in Fremdsprachen, Musik und Gesellschafts- sowie kaukasischem Volkstanz unterrichteten.

Allerdings war dieses Leben in den zwanziger Jahren nach der Beurteilung von S. Allilujewa „noch ganz normal und bescheiden".[30] Der echte Luxus im Leben der Nomenklatura-Obrigkeit begann später.

Nach 1932, teilt S. Allilujewa mit, „begann man noch einige Datschen eigens für Vater zu bauen. Meine Mama hatte keine Gelegenheit mehr, den späteren Luxus zu genießen, der aus den unbegrenzten Staatsmitteln floß".[31])

Da haben wir es: aus Staatsmitteln. Schon damals spielte sich das Luxusleben der obersten Nomenklatura unabhängig von ihrem ohnedies unverhältnismäßig hohen Einkommen ab. In den dreißiger Jahren berichteten die Moskauer Zeitungen einmal voll Rührung, daß nach einer Parade auf dem Roten Platz ein kleiner Junge von seinen Eltern getrennt wurde, da kam Stalin vom Mausoleum zu ihm herunter und wollte ihm einen Rubel für die Heimfahrt schenken; er suchte lange in seinen Taschen, aber er fand keinen. Der Zweck dieser Veröffentlichung war natürlich, den Sowjetmenschen zu zeigen, daß nicht nur sie keinen Rubel in der Tasche hatten, sondern sogar Genosse Stalin. In diesem Sinn war die Erzählung eine Lüge. Swetlana Allilujewa erinnert sich an Geldpakete, die Stalin monatlich erhielt und daran, daß in seinem Schreibtisch in der „Nahen Datscha" „die Laden mit versiegelten Geldpaketen angefüllt" waren.[32]) Aber an und für sich ist die Geschichte glaubwürdig. „Er selbst gab überhaupt kein Geld aus", schreibt S. Allilujewa, „er hätte es ja auch für gar nichts ausgeben können, denn sein ganzes Leben, die Datschas, die Häuser, Bedienung, Ernährung und Bekleidung – das alles wurde vom Staat bezahlt."[33]) „Für seinen Tisch brachte man Fische aus besonderen Teichen, Fasane und Hammel aus eigenen Zuchtanstalten, georgische Weine besonderer Jahrgänge. Frische Früchte kamen aus dem Süden per Flugzeug."[34]) Und für alles das zahlte er keine Kopeke. Alle Geldangelegenheiten regelte in diesem Fall eine Spezialabteilung des Staatssicherheitsministeriums. Die Summen waren riesig: sogar der Chef von Stalins Leibwache, General des Staatssicherheitsdienstes N. S. Vlasik „disponierte persönlich über Millionen".[35])

Swetlana Allilujewa erzählt, wie sich das abspielte: Nach dem Selbstmord ihrer Mutter ging in Stalins Haushalt alles auf Staatskosten. „Sogleich wuchs der Stab des Bedienungspersonals oder ‚Betreuungspersonals' (wie man es, zum Unterschied von den früheren ‚bourgeoisen' Dienstboten, nannte) ins Unermeßliche. In jeder Datscha erschienen Kommandanten, ein ganzer Stab von Bewachungspersonal (mit ihren eigenen Befehlshabern), es gab zwei Köche, die sich täglich ablösten, doppelte Belegschaften von Serviererinnen und Putzfrauen, die sich ebenfalls abwechselten. Alle diese Menschen wurden eigens von einer Spezialabteilung ausgesucht, selbstverständlich nach den besonderen

Bedingungen, die diese Behörde zu stellen pflegte, und so wurden die, die man als ‚Betreuungspersonal' aufgenommen hatte, zu Mitarbeitern des MGB oder der GPU, wie es damals noch hieß... Der amtliche ‚Betreuungsstab' wuchs mit unglaublicher Geschwindigkeit, und zwar nicht allein in unserem Haushalt, sondern in allen Häusern der Regierungsmitglieder, besonders bei allen Angehörigen des Politbüros."[36]) In den Wohnungen und Datschas aller Partei- und Regierungsführer „war das System überall das gleiche: vollkommene Abhängigkeit von Staatsgeldern und von staatlichem Personal".[37])

Aber auch die Kinder der Obrigkeit wurden nicht vergessen. So lebte Stalins Sohn nach der Beschreibung seiner Schwester Swetlana: „Wassili wohnte auf seinem riesigen Staatsgut, wo er einen mächtigen Haushalt führte, mit Hundezwinger und großem Stall – natürlich gleichfalls nicht auf eigene Kosten... Man verlieh ihm Orden und Auszeichnungen, gab ihm Autos, Pferde und alle möglichen Sonderrechte, kurz, alles."[38])

Der goldene Regen ergießt sich über die Spitzen der Nomenklaturaklasse so üppig und unkontrolliert, daß auch das Bedienungspersonal davon profitiert. Dabei gilt dies nicht nur für so nahestehende Personen wie die von S. Allilujewa beschriebene „junge stupsnasige Valetschka"[39]), Valentina Vasiljevna Istomina, Stalins letzte Geliebte, die bis zu seinem Tod mit ihm in der „Nahen Datscha" als Wirtschafterin lebte. Es bereicherten sich (und bereichern sich noch heute) das zahlreiche Personal und die Bewacher der Staatsdatschas. Über die höheren Offiziere schreibt S. Allilujewa: „Sie alle hatten nur *ein* Ziel: soviel wie möglich für sich zu erraffen, solange sie auf diesem warmen Pöstchen saßen. Alle bauten sich ihre eigenen Datschas, alle legten sich auf Staatskosten Autos zu..." Sie lebten „um kein Haar schlechter als die Minister". Als Ausnahme führt sie den Kommandeur einer der Stalinschen Datschas an, der es dank seiner bewundernswerten Bescheidenheit nicht bis zum Niveau eines Ministers brachte, so daß ihn bloß „so manches korrespondierende Mitglied der Akademie der Wissenschaften um seine Wohnung und seine kleine Datscha beneiden konnte".[40]) Die Korrespondierenden Mitglieder der Akademie der Wissenschaften der UdSSR, zusammen mit den Akademiemitgliedern, gehören zur privilegiertesten Gruppe der sowjetischen Intellektuellen.

Die Zahl der Stalin-Residenzen wuchs – so Swetlana – auch nach dem Krieg weiter. Im ersten Nachkriegsjahr, während es auf der riesigen Fläche von der Westgrenze des Landes bis zur Wolga nichts anderes gab als Ruinen, entfaltete sich der Bau von neuen Datschas mit neuem

Schwung. S. Allilujewa berichtet von einer Autofahrt ihres Vaters in den Süden im Jahr 1946, die er offiziell unternahm, um „mit eigenen Augen zu sehen, wie die Menschen lebten“.[41]) Sie lebten in Ruinen und Erdhütten. „Nach dieser Reise in den Süden“, erzählt Swetlana, „begann man noch einige Datschas zu bauen, jetzt heißen sie ‚Staatsdatschas‘... Man baute eine Datscha bei Suchumi, in der Nähe des Klosters ‚Neu-Athos‘, sodann einen ganzen Komplex von Datschas an der Riza und eine Datscha in den Waldai-Bergen.“[42]) Alle diese Gebäude sind auch heute noch Staatsdatschas oder Regierungs-Sanatorien. Stalin „baute immer neue Datschas am Schwarzen Meer... noch höher in den Bergen. Die alten kaiserlichen Paläste in der Krim, die ihm jetzt zur Verfügung standen, waren ihm nicht genug. Bei Jalta wurden neue Datschas errichtet“.[43]) Stalins Datschas entstanden auch im Norden: „Allein in der Umgebung von Moskau (ohne Subalovo... und ohne Kunzevo) gab es noch Lipki, ein altes Gut an der Dimitrow-Chaussee mit einem Teich, einem wunderschönen Haus und einem riesigen Park mit prächtigen hundertjährigen Linden, und Semjonovskoje, ein neues Haus, das kurz vor dem Krieg in der Nähe eines alten Gusthofes errichtet worden war... Es gab dort riesige, noch von Leibeigenen gegrabene Teiche mit klarem, strömendem Wasser und ausgedehnte Forste – ein herrlicher Besitz. Jetzt ist das ganze eine ‚staatliche Datscha‘, in der die bekannten Sommertreffen zwischen der Regierung und den Künstlern stattfinden.“[44]) Außerdem gab es zahlreiche Datschas in Georgien: das riesige Haus am Meer bei Zugdidi, eine Residenz im Rayon des Seebades Cchaltubo und noch einige andere. Stalin und die Mitglieder seines Politbüros hätten sich buchstäblich in Stücke reißen müssen, um in allen diesen Datschas Urlaub zu machen. Swetlana Allilujewa erinnert sich: „Vater war nur sehr selten dort, es verging manchmal ein ganzes Jahr, ehe er wiederkam, aber der ganze Stab war Tag und Nacht seiner Ankunft gewärtig und befand sich ununterbrochen in Alarmbereitschaft.“[45])

Und wie sahen die Datschas der übrigen Politbüro-Mitglieder aus? Hören wir wieder S. Allilujewa: „Berijas Datscha war sehr groß und luxuriös ausgestattet. Das weiße Haus lag inmitten großer, prächtiger Kiefern. Möbel, Tapeten, Beleuchtungskörper und alles andere war nach Entwürfen des Architekten... ausgeführt... Es gab einen Kinosaal – wie übrigens in den Datschas aller ‚Führer‘.“[46]) „Die Stadtwohnung und Datscha Molotows zeichneten sich durch Geschmack und durch eine... luxuriöse Einrichtung aus... Sein Haus war unvergleichlich besser eingerichtet...“[47]) „Woroschilow liebte den Luxus. Seine Datscha in der

Nähe von Moskau war sicherlich eine der prunkvollsten und größten... Die Häuser und Datschas von Woroschilow, Mikojan, Molotow waren angefüllt mit Teppichen, Gold- und Silbergegenständen aus dem Kaukasus, wertvollem Porzellan... Jaspisvasen, geschnitztes Elfenbein, indische Seide, persische Teppiche, Kunstgewerbeerzeugnisse aus Jugoslawien, der Tschechoslowakei, Bulgarien – was war nicht alles in den Heimen der ‚Veteranen der Revolution' anzutreffen... Der mittelalterliche Brauch des Vasallentributes an den Fronherrn lebte wieder auf. Woroschilow, dem alten Kavalleristen, wurden Pferde geschenkt: auf der Datscha machte er ständig große Ausritte, desgleichen Mikojan. Ihre Datschas verwandelten sich in reiche Landsitze mit Gärten, Glashäusern und Pferdeställen, selbstverständlich auf Staatskosten erhalten und bearbeitet..."[48])

Die Datschas der obersten Nomenklaturaspitze unterschieden sich wirklich nicht von feudalen Landsitzen. Sie waren nicht nur mit seltenen und teuren Kunstgegenständen geschmückt, sondern nach dem Beispiel von Schlössern auch mit Familienbildern. So schreibt S. Allilujewa über Woroschilow: „Die Wände seiner Datscha waren geschmückt mit schlechten Porträts aller seiner Familienangehörigen, angefertigt vom ‚akademischen Hofmaler' Alexander Gerassimov... Der ‚akademische Maler' wurde selbstverständlich vom Staat bezahlt."[49])

Wie auf den Landschlössern des Adels wurden den Nomenklatura-Führern auf ihren Datschas große Bibliotheken eingerichtet, die sie nicht einen Groschen kosteten. Swetlana Allilujewa erzählt: „Woroschilow, Molotow, Kaganowitsch und Mikojan hatten genau die gleichen Bibliotheken wie Vater in seiner Wohnung im Kreml. Die Bücher wurden von den Verlagen gleich nach Erscheinen geschickt, so war es Vorschrift. Selbstverständlich wurden sie nicht bezahlt."[50])

Und zur gleichen Zeit gab es in Moskau – und nicht nur dort – wahrscheinlich kaum einen Keller, in dem sich nicht Menschen zusammendrängten. Wie oft war ich in diesen engen, feuchten, finsteren Löchern, die nicht im entferntesten mit den weitläufigen Kellerräumen westlicher Häuser verglichen werden können.

Die Obrigkeit liebte und schützte ihre Staatsdatschas. Es wurde erzählt, daß während der Schlacht um Moskau im Jahr 1941 eine Gruppe von Soldaten, angeführt von einem Leutnant, etwas in der Datscha von A. A. Andreev ruinierten, der als einer der anspruchslosesten von Stalins Politbüro galt. Der anspruchslose Andreev ließ den Leutnant erschießen.

Dabei hatte Andreev in Wirklichkeit keinen Schaden. Die Landhäuser der wichtigen Besitzer wurden ebenso kostenlos wieder aufgebaut, wie sie errichtet worden waren. S. Allilujewa erinnert sich: „Woroschilows große, zweistöckige Datscha mit ihrer riesigen Bibliothek brannte nach dem Krieg durch die Unvorsichtigkeit eines kleinen Enkels bis auf die Grundmauern... Die Datscha wurde sofort im früheren Ausmaß wiederaufgebaut..."[51])

Ich erinnere mich, wie gegen Kriegsende die mir bekannte Studentin Milena Klimov, Tochter eines Korrespondierenden Mitgliedes der Weißrussischen Akademie der Wissenschaften, die in einer Staatsdatscha auf Besuch gewesen war, voll Begeisterung und mit Stolz, den weltmännischen Ton nachahmend, den sie dort gehört hatte, davon schwärmte, wie nett dort alles gewesen sei, was für Speisen auf den Tisch gekommen wären und wie schön der Garten illuminiert gewesen sei. Der Weltkrieg sollte auf den Staatsdatschas nicht spürbar gewesen sein! Wenn man sagen kann, daß ein Sektorenleiter des ZK wie in einem anderen Land lebt, so bemüht sich die Spitze der Nomenklatura, quasi auf einem anderen Planeten zu leben.

Der Bau von neuen Staatsdatschas ging auch in der Zeit nach Stalin weiter. Die bekannteste von ihnen ist vielleicht jene in Picunda, die für Chruščev errichtet wurde.

Die Bucht von Picunda am Schwarzen Meer, nicht weit von Gagra entfernt, ist in der ganzen Welt berühmt wegen ihres einzigartigen Bestandes an alten Kiefern. In sowjetischen Veröffentlichungen wurde viel von der großen wissenschaftlichen Bedeutung dieses Naturschutzgebietes geschrieben. Dann jedoch wurde ein beträchtlicher Teil des Waldes von einer hohen Betonmauer abgesperrt und dort eine große Staatsdatscha mit eigenem Hafen gebaut. Hier habe ich 1959 gesehen, wie zwei Geheime in Zivil diensteifrig einem einlaufenden schneeweißen Motorboot entgegeneilten und ehrfurchtsvoll auf dem Sand einen roten Läufer ausrollten; gleich darauf entstieg Chruščev dem Motorboot und schritt wichtig über den roten Läufer zu seiner Datscha.

Übrigens leben auch diese Geheimen in Zivil wie früher nicht schlecht. An der Straße, die entlang der Mauer führt, liegen einige solide kleine Landhäuser aus Stein. Hier wohnen die Bewacher mit ihren Familien, und ungeachtet aller Aufrufe zur Wachsamkeit vermieten sie in der Badesaison an Urlauber.

Und was ist hinter der Mauer? Hier ein Fragment aus den Erinnerungen des bundesdeutschen Botschafters Hans Kroll, der dort zu Gast war: Die Datscha in Picunda liegt, wie Kroll mitteilt, „in einem ausgedehnten herrlichen Park mit seltenen alten Bäumen, ist natürlich eingezäunt und offenbar scharf bewacht“. Besonders gefiel Kroll „das Sporthaus, das von einem berühmten Moskauer Architekten erst kurze Zeit vorher im modernsten Stil errichtet worden war. Es enthält ein riesiges Schwimmbassin mit Glasdach und Glaswänden, die sich durch Druck auf einen Knopf öffnen lassen, dann eine Reihe von Sport- und Turnsälen mit den dazugehörigen Dusch- und Ankleideräumen und eine herrliche weite Terasse mit Blick auf das unmittelbar davorliegende Schwarze Meer“.[52])

Wenn es sogar dem ZK-Sektorenleiter mit Erfolg gelingt, den Kontakt mit der Bevölkerung der Sowjetunion zu vermeiden, so verschanzt sich die Spitze der Nomenklaturaklasse vor ihr wirklich hinter sieben Zäunen.

Die Nomenklatura-Obrigkeit reist immer noch auf die Stalinsche Manier in gepanzerten SIL-Autos mit Telefon, mit grünlichem kugelsicherem Glas und natürlich begleitet von KGB-Beamten in Zivil. Aus Sicherheitsgründen werden die Autonummern fast täglich gewechselt. Die Spitze der Nomenklaturaklasse kann über viele Wagen verfügen. Im Westen wird jetzt nicht selten von Brežnevs Autokollektion gesprochen, aber auch die übrigen Mitglieder der Führungsspitze besitzen ähnliche Sammlungen. An der Quelle dieses Auto-Reichtums finden wir wieder Lenin. Im Frühjahr 1922 befanden sich in seiner Garage bereits sechs Wagen; die Garage stand nach seinen eigenen Worten „unter der strengen Überwachung der GPU“.[53])

Unter der gleichen Überwachung stehen die Wagen der Nomenklaturaspitze auch heute noch. Stalin reiste in Begleitung von vier Autos voll Sicherheitsbeamten; unter Chruščev wurde ihre Zahl reduziert. Jetzt ist sie wieder größer geworden. Die Wagen der Obrigkeit und der Bewachung werden mit hochoktanigem Benzin an eigenen KGB-Tankstellen versorgt.

Die Minister der Sowjetunion fliegen mit Linienflugzeugen und besetzen allein das ganze Abteil 1. Klasse. In diesem Fall wird die Tür zwischen der 1. und 2. Klasse fest versperrt. Höhere Persönlichkeiten verfügen über Sondermaschinen. Dafür wurde ein Sonderregiment der sowjetischen Luftwaffe bereitgestellt. Früher flog die Nomenklatura-Führungsspitze vom Flughafen Zentralnyj ab, jetzt vom Flughafen Vnukovo II. Die Maschinen sind sehr bequem ausgestattet: es sind richtige Wohnungen mit Salon, Kabinett, Schlafzimmer und Küche. Ich reiste einmal in einem solchen Flugzeug, das nicht etwa einem der obersten Nomenklatura-Führer gehörte, sondern bloß einem Marschall der Sowjetunion – und ich kann bestätigen, daß das Flugzeug sehr komfortabel war.

Nach Stalinscher Tradition obliegt die Bewachung der Nomenklatura-Führungsspitze der extra zu diesem Zweck geschaffenen Neunten Verwaltung des KGB der UdSSR. Das Wort „Bewachung" wird hier sehr weitherzig ausgelegt: obwohl der im Ausland vom KGB unterstützte Terrorismus für die sowjetischen Führer keine wie immer geartete Gefahr darstellt, gehen sie davon aus, daß sie sich ständig in Lebensgefahr befinden; daher wird jeder ihrer Schritte von Schutzmaßnahmen begleitet, die vom KGB sorgfältig geplant sind.

Wenn hohe Nomenklaturisten auf Reisen gehen, benützen sie nicht die Deputiertenzimmer. Die „SIL" und „Čaikas" der Obrigkeit fahren direkt auf das Flugfeld und bringen die Ankommenden nach der Landung unverzüglich in ihre Datschas und Wohnungen. Die Sorge um die Koffer und die Abfertigung der Pässe bei Auslandsreisen übernehmen Mitarbeiter der Neunten Verwaltung des KGB. Selbstsicher geben sie auf dem Flughafen, wo sie überall Zutritt haben, ihre Befehle. Es war schmerzlich zu beobachten, wie einer dieser Kagebisten und Herumkommandierer, der auf den Flughafen Šeremetjevo gekommen war, um das Gepäck der zu unserer Delegation gehörenden Tochter Kosygins abzuholen, voll Herablassung den Vizepräsidenten der Akademie der Wissenschaften der UdSSR A. P. Vinogradov zum Sonderausgang mitnahm. Und dieser alte Herr, einer der größten Gelehrten des Landes, trippelte mühsam mit untertäniger Dankbarkeit hinter dem wichtigtuerisch stolzierenden Lakaien der obersten Nomenklatura.

Wir haben gesehen, daß die mittlere Nomenklaturistengarnitur ihre Gebrauchsgüter in Devisengeschäften kaufen.

Im Ausland wird für die Nomenklaturaspitze von Untergebenen oder besonderen Vertrauenspersonen in den Botschaften oder Handelsvertretungen der Sowjetunion eingekauft.[54]) In Moskau haben sie es nicht nötig, ihre Leute in Devisengeschäfte zu schicken. Im Moskauer Warenhaus GUM gibt es im 3. Stock die sogenannte „Spezsektion" (eine Sonderabteilung, die offiziell den Namen „Sektion Nr. 100" trägt), zu der nur die Familien der höchsten Würdenträger Zutritt haben. Hier werden zu sehr billigen Preisen ausgezeichnete Importwaren abgegeben, von deren Existenz der sowjetische Normalverbraucher keine Ahnung hat. Es gibt übrigens auch daheim erzeugte Waren, z. B. prachtvolle Pelze, die in keinem öffentlich zugänglichen Geschäft in der UdSSR zu haben sind.

S. Allilujewa beschreibt, wie Stalin sie einmal nörgelnd fragte, ob die Kleidungsstücke, die sie trug, sowjetischer oder ausländischer Herkunft seien und wie patriotisch er sich freute, als sie sagte, es seien sowjetische Kleider.[55]) Ich erinnere mich an Swetlana in den Jahren 1943–1944, als wir zusammen auf der Historischen Fakultät der Universität Moskau studierten: Wenn ihr kurzer Feh-Pelz, ihre dunklen englischen Kostüme, ihre bunten Seidenblusen, erstklassigen Schuhe mit niedrigen Absätzen – lauter Dinge, die wir nie gesehen hatten – wirklich auf dem Gebiet der UdSSR erzeugt worden waren, so jedenfalls trotzdem im Ausland, im gebirgigen Spezialland Nomenklaturien.

Die von Stalin erfolglos eingeführte russische Mode gehört seit langem der Vergangenheit an. Die heutigen Führer der Nomenklaturaklasse und ihre Familienangehörigen werden nicht von Patriotismus geplagt und tragen ausländische Luxus-Sachen. Nur die Pelze sind sowjetisch wie früher. Wie mir berichtet wurde, zeigt Galina Brežneva, die den Freuden des Lebens zugetane Tochter des Generalsekretärs, ihren Gästen in ihrer Staatsdatscha bei Moskau sehr gern einen Wandschrank, der sich auf Knopfdruck automatisch öffnet und mit teuersten Pelzen angefüllt ist. So eine Garderobe sehen die Sowjetbürger wirklich nur in Filmen über das Leben der amerikanischen Milliardäre.

In den Datschas und Wohnungen der Spitzenfunktionäre gibt es auch Bücherschränke. Sie enthalten viele Bücher, aber wie früher zahlen die Besitzer nicht eine Kopeke: die Verlage für politische und schöne Literatur schicken ihnen kostenlos Pflichtexemplare. Sie gehen auch umsonst ins Theater: in die Proszeniumsloge, wenn sie hochgestellte ausländische Gäste begleiten, und noch öfter in die Regierungsloge, die links direkt neben der Bühne liegt, gegenüber der Direktionsloge. Beim Logeneingang steht in diesem Fall ein KGB-Leibwächter in Zivil. Die Loge zu verlassen brauchen die hohen Nomenklaturisten nicht – sie ist mit einem Spezialbuffet und einer Toilette ausgestattet.

12. Die Klasse der Einzelgänger

Diese Lebensweise erzeugt eine besondere Mentalität. Es ergab sich, daß ich im Sommer 1970 einige Tage auf diese Art in Sofia verbrachte, wo ich mich zusammen mit dem Ersten Vizepräsidenten der Akademie der Wissenschaften der UdSSR und Vorsitzenden des Obersten Sowjets der RSFSR, M. D. Millionščikov, und dem Vizepräsidenten A. P. Vinogradov aufhielt. Man brachte uns in einem Regierungspalais unter, das früher der Schwester des Zaren Boris und später einem der kommunistischen Führer Bulgariens, Vasil Kolarov, gehört hatte. Das Palais liegt in einer stillen Straße nicht weit vom Stadtzentrum entfernt. Alles ist so, wie es sich gehört: eine Mauer mit eisernem Tor, neben dem Tor die Bewachung, hinter dem Haus ein großer, schattiger Garten. Rechts neben dem Hauseingang machen zwei „Čaikas" mit Regierungsnummern und würdigen Fahrern Dienst. Zum Haus gehört Dienstpersonal, aber wir haben es nur mit einem zu tun, offensichtlich dem Chef. Bei ihm kann man jede beliebige Speise, Wein oder Kognak bestellen, alles erscheint augenblicklich. In einem kleinen Kabinett neben dem Salon befindet sich das Regierungstelefon, die bulgarische „Vertuška". Wenn man genug gegessen und getrunken hat, verläßt man das Haus, gibt dem Fahrer ein Zeichen, sofort fährt eine „Čaika" vor, der Sicherheitsbeamte öffnet das Tor und man rollt durch Sofia auf der Mittellinie der Straße und wird von den Verkehrspolizisten gegrüßt. Danach finden Sitzungen, Bankette, Empfänge statt, wieder wird man von der „Čaika" abgeholt und wieder befindet man sich im Palais. Bereits nach wenigen Tagen stellt sich das Gefühl der vollkommenen Losgelöstheit vom realen Leben ein. Für mich war dieses Gefühl unerträglich; ich ging fort, um zu Fuß durch die Stadt zu streifen. Aber natürlich kann man sich daran gewöhnen. M. D. Millionščikov, von Natur aus ein lebhafter und kontaktfreudiger Mensch, der in Moskau in einem Einfamilienhaus lebte und bei seinen Reisen durch die Unionsrepubliken der UdSSR und durch die Ostblock-Länder in Regierungshäusern abstieg, saß stundenlang in der warmen bulgarischen Sonne im Garten und fühlte sich durch diese „splendid isolation" nicht mehr bedrückt.

Gewöhnen kann man sich schon. Allerdings wird durch die Gewöhnung nur das Bewußtsein eingeschläfert. Am Zustand der vollständigen Abgeschlossenheit vom normalen Leben und den Menschen ändert sich nichts. Stalin versuchte, diese Abgeschlossenheit dadurch zu kompensieren, daß er sich sowjetische Spielfilme vorführen ließ, die ihm, wie er glaubte, das Leben des Volkes zeigten. Chruščev machte sich in seiner Geheimrede auf dem XX. Parteitag über ihn lustig, konnte aber selbst keine bessere Informationsquelle finden als das Kino, wenn es auch die Wochenschau war. In Wirklichkeit hatten sie keine reale Vorstellung vom Leben des Volkes, das sie beherrschten. S. Allilujewa erinnert sich, daß Stalin von den Preisen im Land keine Ahnung hatte und sich nur an die Preise vor der Revolution erinnerte.[56])

Die Stalinsche Tradition, über das Volk zu herrschen, ohne auch nur eine annähernde Vorstellung davon zu haben, wie es lebt, wird unangetastet weiter erhalten. Auch heute beschränkt sich der Kontakt zwischen den Führern der Nomenklaturaklasse und dem Volk auf offizielle Besuchsreisen in eine Unionsrepublik oder ein Gebiet, bei der beflissene Untergebene – nicht gegen den Wunsch der Führer – Potjomkinsche Dörfer zeigen, falls zwischen Banketten und Meetings dazu noch Zeit bleibt.

Nachdem sie einen Abgrund zwischen sich und dem ihnen untergebenen Volk aufgerissen haben, vor dem sie sich voll Angst und Verachtung hinter sieben Zäunen und den Divisionen des KGB verschanzen, lieben es die hohen Nomenklaturisten, von ihrer „Volksverbundenheit“ zu sprechen und alle jene als „Abtrünnige“ zu bezeichnen, die offen ihre Unzufriedenheit mit dem Nomenklatura-Regime ausdrücken. Aber ist es nicht in Wirklichkeit diese Klasse der Nomenklatura, diese Klasse von deklassierten Funktionären, die nach ihrem Wesen und durch ihren Lebenswandel zu einer Klasse von Abtrünnigen wurde? Wie könnte man treffender die Mitglieder einer Klasse definieren, die es zustande gebracht hat, in dem Land, das sie regiert, wie Ausländer zu leben?

*

Dies ist das süße Leben der Nomenklatura – der herrschenden, ausbeuterischen und privilegierten Klasse der Sowjetgesellschaft.

Wir haben uns davon überzeugt: für einen Vergleich mit den Lebensbedingungen der höchsten Klasse des bürgerlichen Westens ist sie kein geeignetes Objekt. Das ist nicht verwunderlich; im Kapitalismus sind nicht Privilegien ausschlaggebend, sondern Geld; im Realsozialismus nicht Geld, sondern Privilegien. Diese Privilegien machen die Nomenklatura arrogant und ängstlich zugleich: sie weiß nur zu gut, welche Gefühle ihre wachsenden Privilegien in der Sowjetbevölkerung hervorrufen. Die Nomenklaturisten beginnen sich als Herrscher auf Abruf zu fühlen und Angst davor zu haben, was wohl geschehen wird, wenn das alles einmal ein Ende nimmt. Dazu eine Anekdote, die in den siebziger Jahren in Nomenklaturakreisen die Runde machte und den westlichen Korrespondenten als Brežnev-Anekdote serviert wurde, obwohl sie in Moskau über Nomenklaturafunktionäre im allgemeinen erzählt wird:

Zu einem Mitarbeiter des ZK der KPdSU kam seine Mutter aus einer Kolchose auf Besuch. Sie lebte im ZK-Luxus in Moskau und in der Datscha, sie wurde mit „Kremljovka"-Speisen bewirtet; danach rüstet sie sich eiligst zur Heimreise.

„Wohin denn, Mutter?" fragt der Sohn beleidigt. „Bleib hier, bei uns ist es doch so schön!"

„Schön ist es schon", antwortet das alte Weiblein, „aber gefährlich: Was geschieht, wenn die Roten kommen?"

Anmerkungen

1 Struktura sovetskoj intelligencii. Minsk 1970, S. 122–123 (Die Hervorhebungen sind von mir. – M. V.)
2 „Pravda", 28. 6. 1975. (Die Hervorhebungen sind von mir. – M. V.)
3 *Lenin:* Werke Bd. 29, S. 98
4 „Krokodil" 1969, H. 4
5 *Hedrick Smith:* Die Russen. Bern, München 1976, S. 43
6 *A. Pravdin:* Inside the CPSU Central Committee. „Survey". London, Autumn 1974, Bd. 20. Nr. 4 (93), S. 103
7 *Ilja Zemcov:* Partija ili mafia? Razvorovannaja respublika. Paris 1976, S. 33–34
8 Ebenda, S. 41
9 Ebenda, S. 35
10 Ebenda, S. 89
11 Ebenda, S. 92–93
12 Ebenda, S. 30
13 Ebenda, S. 57
14 Ebenda, S. 26
15 Ebenda, S. 27
16 Vestnik statistiki 1975, Nr. 11, S. 89, 92
17 *Boris Bajanov:* Avec Staline dans le Kremlin. Paris 1930, S. 119
18 *Boris Baschanow:* Ich war Stalins Sekretär. Berlin 1977
19 „Izvestija", 22. 1. 1978
20 „Izvestija" CK PKP (b), 20. 12. 1920, Nr. 26, S. 2
21 Zitiert nach *R. A. Medvedev.* K sudu istorii. Genezis i posledstvija stalinizma. New York 1974, S. 1085
22 USA National Archives, Miscellaneous Russian Record Coll. Call number 10732, microcopy no. T 88, roll no. 1, list 57

22a *Alexander Bek:* Die Ernennung. Frankfurt a. M. 1972, S. 134
23 *A. Pravdin,* a.a.O., S. 102
24 *A. Galič:* Pokolenie obrečennych. Frankfurt a. M. 1974, S. 228–229
25 *Swetlana Allilujewa:* Zwanzig Briefe an einen Freund. Berlin, Darmstadt, Wien 1968, S. 45
26 Ebenda, S. 46
27 *Swetlana Allilujewa:* Das erste Jahr. Wien, München, Zürich 1969, S. 357
28 *S. Allilujewa:* Zwanzig Briefe, S. 46–47
29 Ebenda, S. 50
30 Ebenda, S. 53
31 Ebenda, S. 52
32 *S. Allilujewa:* Das erste Jahr, S. 342
33 *S. Allilujewa:* Zwanzig Briefe, S. 283
34 *S. Allilujewa:* Das erste Jahr, S. 341
35 *S. Allilujewa:* Zwanzig Briefe, S. 284
36 Ebenda, S. 178–179
37 Ebenda, S. 179
38 Ebenda, S. 290
39 Ebenda, S. 179
40 Ebenda, S. 180
41 Ebenda, S. 181
42 Ebenda, S. 260–261
43 *S. Allilujewa:* Das erste Jahr, S. 346
44 *S. Allilujewa:* Zwanzig Briefe, S. 181–182
45 Ebenda, S. 182
46 *S. Allilujewa:* Das erste Jahr, S. 363
47 Ebenda, S. 358
48 Ebenda, S. 353–354
49 Ebenda, S. 354
50 Ebenda, S. 355
51 Ebenda
52 *Hans Kroll:* Lebenserinnerungen eines Botschafters. Köln 1967, S. 483
53 *Lenin:* PSS, Bd. 54, S. 266, 649 (in der DDR-Ausgabe nicht vorhanden)
54 1954 wurde in der westlichen Presse in sensationeller Aufmachung berichtet, daß die Hüte des damaligen Führers der Sowjetregierung, G. M. Malenkov, in Italien bestellt wurden. Dabei ist eine derartige Praxis überhaupt keine Sensation; sie erstreckt sich nicht nur auf die Hüte und auf Malenkov.
55 *S. Allilujewa:* Zwanzig Briefe, S. 79
56 Ebenda, S. 283

VII. Die Diktatur der Nomenklatura

„Wir haben eine Partei, eine regierende Partei. Was sollen wir mit einer Opposition? Da reden die Leute immer von Freiheit. Was heißt denn das?“

L. I. Brežnev in einem Gespräch mit Redakteuren des „Stern“ vom 12. Mai 1973. Der „Stern“, 1973, Nr. 21, S. 33–34.

Die gesamte Innenpolitik der Nomenklatura-Klasse konzentriert sich darauf, die „Roten“ nicht aufkommen zu lassen. In der Außenpolitik aber hat diese Klasse zum Ziel, als „Rote“ getarnt in alle Länder der Welt einzudringen.

Beginnen wir mit der Innenpolitik. Wir behandelten schon die „Diktatur des Proletariats“ in der UdSSR, eine Diktatur, die es nie gab. Nun wollen wir uns mit der Diktatur beschäftigen, die es tatsächlich gibt, mit der Diktatur der Nomenklatura.

1. Gibt es in der Sowjetunion eine Sowjetmacht?

Eine solche Frage zu stellen scheint allein schon unangebracht. Welche Macht sollte es im Sowjetstaat denn sonst geben? Ob sie nun schlecht oder gut ist, so ist sie doch die Sowjetmacht. Es sei jedoch im Interesse der wissenschaftlichen Präzision erlaubt, diese Behauptung zu überprüfen.

Was ist die Sowjetmacht? Ist es eine beliebige Herrschaftsform in einem Staat, der sich als „Sowjetstaat“ bezeichnet, oder gibt es spezifische Merkmale dieser Macht? Sowjetmacht ist eine bestimmte Herrschaftsform, deren Konzept sorgfältig entwickelt wurde. In der UdSSR pflegt man zu behaupten, daß Lenin die Sowjets (Deutsch: Räte) als Staatsform der Diktatur des Proletariats entdeckt habe. Obwohl es eine Diktatur des Proletariats nicht gab, hat diese Behauptung doch eine bestimmte Bedeutung: Die Sowjets entstanden wirklich, und Lenin lenkte wirklich seine Aufmerksamkeit auf sie als eine Form staatlicher Machtausübung.

Bis zur russischen Revolution 1905 war Lenin, ebenso wie alle Bolschewiki, von Marx und Engels ausgehend, der Ansicht, daß die Staatsform in der Periode von der sozialisitischen Revolution bis zur Errichtung der klassenlosen kommunistischen Gesellschaft eine vom Typ der Pariser Kommune des Jahres 1871 sein würde. Als im revolutionären Rußland des Jahres 1905 spontan, und nicht nach dem Plan irgendeiner Partei, Räte (Sowjets) entstanden, betrachtete Lenin diese als eine auf Grund historischer Gesetzmäßigkeiten zustandegekommene Form eines solchen Staates. Die Macht der Sowjets, schrieb Lenin, ist eine „Herrschaftsform *desselben Typs,* wie es die Pariser Kommune des Jahres 1871 war".

„Die Grundmerkmale dieses Typus", setzt Lenin fort, „sind: 1. Quelle der Macht ist nicht das vorher vom Parlament beratene und beschlossene Gesetz, sondern die direkte, von unten kommende Initiative der Volksmassen im Lande... 2. Ersetzung von Polizei und Armee als vom Volke getrennte und dem Volke entgegengestellte Institutionen durch die direkte Bewaffnung des ganzen Volkes; die Staatsordnung wird unter einer solchen Macht von den bewaffneten Arbeitern und Bauern *selbst,* vom bewaffneten Volke *selbst* geschützt; 3. ebenso wird die Beamtenschaft, die Bürokratie, entweder durch die unmittelbare Herrschaft des Volkes selbst ersetzt oder zumindest unter besondere Kontrolle gestellt; die Beamten verwandeln sich in nicht nur wählbare, sondern auch auf die erste Forderung des Volkes hin *absetzbare* Personen; ihre Rolle wird auf die von einfachen Bevollmächtigten reduziert: aus einer privilegierten Schicht mit hoher, bourgeoiser Bezahlung ihrer „Pöstchen" verwandeln sie sich in Arbeiter einer besonderen „Waffengattung", deren Entlohnung *nicht höher* ist als der übliche Lohn eines guten Arbeiters. Darin und *nur darin* besteht das *Wesen* der Pariser Kommune als eines besonderen Staatstypus."[1])

Die Staatsform der Sowjetunion stellt, mehr als die irgendeines anderen Staates, das genaue Gegenteil der Pariser Kommune dar, so wie sie Lenin beschrieben hat. Dies gilt für alle von Lenin angeführten Punkte: das Volk ist den Befehlen von oben vollkommen unterworfen; es ist auf das strengste entwaffnet; im Land gibt es eine riesige Armee und Polizei; die politische Bürokratie ist nicht bloß eine Schicht mit bourgeoisen Gehältern, sondern die herrschende, ausbeutende und privilegierte Klasse.

Aber nur in jenen Merkmalen besteht, nach Lenin, das Wesen eines Staates vom Typus der Pariser Kommune, d. h. der Sowjetmacht. Also: Gibt es in der Sowjetunion eine Sowjetmacht?

Die Abhandlungen sowjetischer Staatsrechtler, die im Laufe der ersten Jahrzehnte nach dem Oktober 1917 veröffentlicht wurden, gingen auf die Theorie zurück, die Sowjets seien eine besondere, der Diktatur des Proletariats entsprechende Staatsform. Während der bourgeoise Staat auf der früher einmal fortschrittlichen, nunmehr aber hoffnungslos veralteten Idee der Teilung der Gewalten beruhe, stellten die Sowjets auf allen Ebenen einheitliche Organe der proletarischen Herrschaft dar, die zugleich legislativ und exekutiv seien; selbst die lokalen Sowjets seien keine Munizipalbehörden, sondern Organe der staatlichen Macht. Diese Staatsorgane, alle zusammen, von den untersten bis zu den obersten Instanzen, bildet ein einheitliches System gleichwertiger Kettenglieder von verschiedener Größe. Ein solches System sei ungleich demokratischer als ein beliebiges parlamentarisches System mit seinen bourgeoisen Wahlen. Es verkörpere den wahren Fortschritt.

Kaum waren diese Worte zur Untermauerung der Theorie geschrieben, als im Jahre 1936 die Stalinsche Verfassung beschlossen wurde. Mit einem dicken Strich durchkreuzte sie die spekulativen Gedankengänge der Theoretiker. Die viel gelobte Einheit des Systems wurde in mehrere Teile gespalten: in die höchsten und örtlichen Organe der staatlichen Macht und ebensolche der staatlichen Leitung. Die örtlichen Organe – die Sowjets und ihre Exekutivkomitees – erwiesen sich dabei als gewöhnliche Munizipalbehörden; die „höchsten Organe der staatlichen Macht" – die Obersten Sowjets als gesetzgebende (genauer gesagt als die Gesetze veröffentlichende), und die „höchsten Organe der staatlichen Leitung" die Räte der Volkskommissare (nach 1945 Ministerräte) als Exekutivorgane.

Die Obersten Sowjets begannen nun stolz, sich als „sowjetische Parlamente" zu bezeichnen, obwohl sie eine solche Bezeichnung keineswegs verdienten. Dies geschah ungeachtet der Tatsache, daß Lenin lauthals den „parlamentarischen Kretinismus" verspottet hatte und das Wort „Parlament" in der UdSSR lange Zeit eine verächtliche Bedeutung hatte.

Die parlamentarische Maskerade in der Sowjetunion ging noch weiter. Man versuchte das Fehlen irgendwelcher Parteien, außer der herrschenden, bei den Wahlen durch die Fiktion eines „Blockes der Kommunisten und Parteilosen" zu maskieren. Im Namen dieses von unbekannten Proponenten zu unbekannter Zeit angeblich gebildeten Blocks werden Kandidaten nominiert, und zwar umgekehrt proportional: die absolute Mehrheit der Wähler sind Parteilose, die absolute Mehrheit der Kandidaten sind Kommunisten. An dieser Struktur der Machtorgane hat sich in Breževs Verfassung nicht das Geringste geändert.

Kam damit ein parlamentarisches System zustande? Natürlich nicht. Aber auch keine Sowjetmacht. Es ist kein einziges ihrer wichtigsten Charakteristika erhalten geblieben, weder im Sinne Lenins noch im Sinne der erwähnten Theoretiker. An Stelle des einheitlichen Systems trat eine strenge Trennung der Gewalten. Übriggeblieben ist von der Sowjetmacht in der UdSSR bloß das Wörtchen „Sowjet". Dieses Wort – „Rat" ist aber in den staatlichen Systemen vieler Länder in Gebrauch. Ministerrat ist eine übliche Bezeichnung für die Regierung. So heißt in Frankreich der Regierungschef „Président du Conseil" – Ratsvorsitzender. Das Wort „Rat" findet in den Parlamenten Anwendung: „Bundesrat" in der Bundesrepublik Deutschland, „Nationalrat" und „Bundesrat" in Österreich. Überall in Europa gibt es „Stadträte", „Gemeinderäte" und andere lokale Räte. Die in Osteuropa politisch in Mode gekommene Bezeichnung „Staatsrat" ist auch nichts Neues. Einen Staatsrat gab es im zaristischen Rußland, und im Deutschland der Vorkriegszeit war Adenauer Vorsitzender des preußischen Staatsrates. In all diesen Ländern gab und gibt es aber keine Sowjetmacht. So auch nicht in der Sowjetunion. Auch vom Standpunkt der sowjetischen Ideologie kann es nicht anders sein. Die Sowjetmacht ist doch die Staatsform der Diktatur des Proletariats. In der UdSSR gibt es die Gesellschaft des entwickelten Sozialismus, eine Diktatur des Proletariats gibt es nicht mehr. Wie kann demnach die Sowjetmacht noch existieren? Als Form ohne Inhalt? Das ist aus marxistischer Sicht unmöglich. Die Sowjetmacht hat, genauso wie die Diktatur des Proletariats, ihre historische Mission erfüllt und ihr Dasein beendet, indem sie in eine neue, dem Charakter des Staates als eines Staates des ganzen Volkes entsprechende Form überging. So könnte es Wort für Wort in einem Referat von L. I. Brežnev stehen.

Wenn wir also davon sprechen, daß es in der Sowjetunion keine Macht der Sowjets gibt, so behaupten wir damit nur, was die Ideologen der Nomenklatura sagen müßten, wenn sie ihre eigenen Worte über die

Diktatur des Proletariats und die sie ablösende Herrschaft des ganzen Volkes ernst nähmen. Aber gerade das tun sie nicht. Sie wissen nämlich genau, daß das Ganze eine Fiktion ist. Da man es sich jedoch angewöhnt hat, zu denken, daß in einem *Sowjet*staat auch selbstverständlich die *Sowjet*macht besteht, nützen die Ideologen diese Gewohnheit zur Behauptung, in der UdSSR gebe es eine Sowjetmacht.

„Alle Macht den Sowjets" ist eine Losung der Revolutionsjahre, die sich in der Folge in einen versteinerten Wortfetisch verwandelte. In Wirklichkeit war die bolschewistische Führung selbst in den Jahren der Revolution der Ansicht, daß man ohne die Macht der Sowjets auskommen könne. Die Losung „Alle Macht den Sowjets" wurde von Lenin nach den Juli-Ereignissen des Jahres 1917 zurückgezogen, nachdem es sich herausgestellt hatte, daß die Sowjets nicht beabsichtigten, die bolschewistische Partei zu unterstützen. Wieder hervorgeholt wurde sie erst, als die Bolschewiki im Herbst 1917 die Führung in den Sowjets eroberten (nach der sogenannten „Bolschewisierung der Sowjets"). Das heißt also, daß Lenin sich nicht für die Sowjets an sich, sondern nur für Sowjets als Organe der *bolschewistischen* Diktatur interessierte.

Diese Tatsache ist übrigens ein anschaulicher Beweis dafür, daß die Räteherrschaft und die Herrschaft der Bolschewiki durchaus nicht identisch sind. Die Räte sind bloß die einfachste und daher spontan entstehende Form der Selbstverwaltung in all jenen Fällen, in denen die Staatsmacht plötzlich zusammenbricht. Daher gibt es auch antikommunistische Sowjets. So entstanden spontan Arbeiterräte während der ungarischen Revolution im Oktober 1956 und während der revolutionären Ereignisse in Polen im Dezember 1970. In den Tagen des Aufstandes in Novočerkassk im Juni 1962 wurde in dieser Stadt ein Sowjet gebildet: nicht der staatlich sanktionierte, der aus Angst auseinandergelaufen war, sondern ein neuer, revolutionärer. Schon die Kronstädter Matrosen hatten im Frühjahr 1921 während ihres Aufstandes die Losung aufgestellt „Für die Sowjets, ohne Kommunisten".

In der Sowjetunion liegt die Macht nicht in Händen der Sowjets, sondern der Parteiführung, also der Nomenklatura-Klasse. „Die Sowjetmacht" ist eine euphemistische Bezeichnung der Diktatur der Nomenklatura. Nur die Bezeichnung, denn auch die Staatsform dieser Diktatur ist nicht die Sowjetmacht, sondern der Stalinsche Pseudo-Parlamentarismus.

Die Leninschen Sowjets wurden „proletarische Demokratie", der Stalinsche Parlamentarismus „sozialistische Demokratie" benannt. Wie kam es dazu, daß die Diktatur, die sich ursprünglich auch so nannte, sich Demokratie nennt? Lenin verkündete: „Die proletarische Demokratie ist millionenfach demokratischer als jede bürgerliche Demokratie; die Sowjetmacht ist millionenfach demokratischer als die demokratischste bürgerliche Republik.“[2]) Auch heute behauptet die Propaganda der Nomenklatura, der Staat des Realsozialismus sei der demokratischste der Welt. Es ist nützlich, das Manöver kennenzulernen, das sich hinter solchen Formulierungen verbirgt, denn es gibt Versuche, es im Westen zu wiederholen.

Die erste Etappe des Manövers bestand darin, den Begriff „Diktatur“ in der Vorstellung der Menschen zu vernebeln. Zu diesem Zweck behaupteten Lenin und seine Anhänger, lange vor der Revolution, unter Berufung auf Marx, daß jeder Staat eine Diktatur der herrschenden Klasse sei. Hier gebe es keinen Unterschied zwischen der liberalsten Republik und einer blindwütigen Despotie. Diktatur bedeute nämlich, daß die Staatsmacht den Bürgern *diktiert*, was sie zu tun haben. So aber handele jede Staatsmacht. Daher könne eine Diktatur auch demokratisch sein und nichts mit einem Polizeiregime zu tun haben. Eine solche demokratische und freiheitliche Diktatur wäre die Diktatur des Proletariats.

Die zweite Etappe begann, als Lenin an die Macht kam. Als da nicht eine imaginäre Diktatur des Proletariats, sondern die reale Diktatur der Organisation der Berufsrevolutionäre errichtet wurde, die man durch Massenverhaftungen und Erschießungen zu festigen versuchte, erklärten „die Bolschewiki“ den entmutigten Enthusiasten: wundern könnten sich darüber nur Kleinbürger, es sei doch immer die Rede gewesen von einer Diktatur und wer wüßte nicht, was eine Diktatur ist? Unter solchen Umständen blieb den Enthusiasten nichts übrig, als den Diktatoren ergebenst alles nachzuplappern: das, was in den sich ablösenden sowjetischen Verfassungen proklamiert wird. Auch den Autoren der Sowjetverfassung von 1977 fiel nichts anderes ein, als die sattsam bekannten „Höchsten Organe der staatlichen Macht und Leitung“ und die Sowjets, die bloß von „Sowjets der Deputierten, der Werktätigen“ in „Sowjets der Volksdeputierten“ umbenannt wurden.[3]) Wenn die Autoren der Breževschen Verfassung den Mut gehabt hätten, das Feigenblatt des Pseudo-Parlamentarismus wirklich wegzuwerfen und wenn sie beschrieben hätten, wie der Staat des Realsozialismus aufgebaut ist und wie er funktioniert, dann hätte ihr Text ein ganz anderes Bild geschildert.

2. Die „Direktivorgane", alias „die Instanz"

Das Kapitel IV enthält eine Darstellung der Prozedur der politischen Beschlußfassung in der UdSSR einschließlich der Herausbildung der Nomenklatura. Dieses Kapitel wird das Funktionieren des Systems auf höchster Ebene zeigen, denn dort wird die Politik bestimmt und die Macht im gesamtstaatlichen Maßstab ausgeübt.

Im Nomenklatura-Jargon behauptete sich zur Bezeichnung dieser obersten Spitze der Terminus „Direktivorgane". Er bringt hölzern, aber prägnant, die Vorstellung zum Ausdruck, daß es sich hier nicht um irgendwelche „höchste Organe" der staatlichen Macht oder Leitung handelt, sondern um Organe, die de facto allen diesen „höchste" Direktiven erteilen. Die Bezeichnung „Direktivorgane" wird nicht nur in der Umgangssprache verwendet; sie gehört zum Vokabular amtlicher Dokumente als Umschreibung für das Zentralkomitee der KPdSU.

Es gibt noch einen anderen Nomenklatura-Euphemismus zur Bezeichnung des ZK der KPdSU: „die Instanz". Er ist auf seine Art gleichfalls sehr anschaulich. Im System der wildwuchernden Bürokratie, welche die Gesellschaft des Realsozialismus hervorgebracht hat, gibt es viele Instanzen. Aber unter ihnen ist nur eine „*die* Instanz". Wenn es heißt: „Beschlußfassung der Instanz", so weiß der Kundige, daß vom ZK der KPdSU die Rede ist.

ZK der KPdSU ist ein mehrdeutiger Begriff. Er bedeutet 1. das Plenum (d. h. die Gesamtheit der auf jedem Parteitag gewählten Mitglieder) des ZK der KPdSU, 2. das Plenum des Politbüros und des Sekretariats des ZK und 3. den Apparat des ZK der KPdSU.

Die wirklichen und in die Verfassung nicht eingetragenen höchsten Organe der Staatsmacht und der staatlichen Leitung sind nicht das Plenum und nicht der Apparat, sondern das Politbüro und das Sekretariat des ZK. Wenn ein Außenstehender ein Büro des ZK-Apparates betritt, mag er sich vorerst wundern, wenn er zu hören bekommt: „Diese Frage muß an das ZK der KPdSU weitergeleitet werden." „Wir können in dieser Sache keine Entscheidung treffen, dafür ist die Zustimmung des ZK der KPdSU erforderlich" – als ob man sich nicht gerade im ZK befinde. Unter ZK der KPdSU versteht man eben das Politbüro und das Sekretariat des ZK, zwei Organe, die die Kommandogewalt über die ganze Staatsmaschinerie haben.

Das Politbüro und das Sekretariat des ZK der KPdSU bilden zusammen die eigentliche Regierung der Sowjetunion. Der Ministerrat der UdSSR ist bloß eine hohe verordnende Behörde, die keine Regierung im politischen Sinn dieses Wortes ist. Eine noch geringere Rolle spielt das Präsidium des Obersten Sowjet der UdSSR: Es ist ein Repräsentationsorgan ohne reale Arbeitsaufgaben. Das Regierungskabinett in der Sowjetunion sind das Politbüro und das Sekretariat des ZK der KPdSU. Nicht von ungefähr kann man in Kreisen des Ministerrates der UdSSR die Redewendung hören: „sich mit dem Vorschlag an die Regierung wenden", wobei der „sich Wendende" gerade die Regierung der UdSSR, nämlich der Ministerrat, ist, und unter „Regierung" die beiden Direktiv-Organe zu verstehen sind.

Daß diese beiden Organe die allerhöchsten in der UdSSR sind, wird deutlich demonstriert durch den Rang, den sie in allen sowjetischen Publikationen einnehmen. Bei Aufzählungen der führenden sowjetischen Politiker werden an erster Stelle die Mitglieder und Kandidaten des Politbüros und die Sekretäre des ZK der KPdSU genannt, wobei das Amt dieser Personen nicht angeführt wird; es wird angenommen, daß jedermann es kennt. Danach folgen unter Anführung ihrer Ämter die stellvertretenden Vorsitzenden des Präsidiums des Obersten Sowjet der UdSSR, die stellvertretenden Vorsitzenden des Ministerrates der UdSSR und andere hochgestellte Bürokraten der Nomenklatura-Hierarchie. Unter Stalin erfolgte die Aufzählung nicht nach dem Alphabet, sondern in der Reihenfolge, wie sie der Führer selbst gerade anordnete. Unter Chruščev ging es nach dem Alphabet. Unter Brežnev steht sein Name an der Spitze der Aufzählung, hierauf folgen (in alphabetischer Reihenfolge) die Mitglieder des Politbüros, die Kandidaten des Politbüros (ebenfalls in alphabetischer Reihenfolge) und die Sekretäre des ZK (nach der Dauer ihrer Zugehörigkeit zu diesem Gremium – ein Beweis für die hierarchische Ordnung im Sekretariat).

Ist es richtig, das Politbüro als das faktisch höchste gesetzgebende Machtorgan des Staates und das Sekretariat als das faktisch höchste Organ der staatlichen Verwaltung der UdSSR zu bezeichnen? Diese Definition trägt einen allzu legalistischen Charakter, sie widerspiegelt nur sehr schwach die Realität und sagt daher nicht viel aus.

Es ist nämlich so, daß das Sekretariat des ZK nicht das Exekutivorgan eines gesetzgebenden Politbüros ist. Die Beziehung zwischen diesen beiden Instanzen darf man nicht in Analogie mit anderen sehen, sondern als eigenständige, historisch entstandene. Obwohl die Bezeichnung der beiden Direktivorgane scheinbar farblos ist, könnte man für sie keine bessere erfinden. In der Gesellschaft des Realsozialismus herrscht die politische Bürokratie. Man könnte das höchste Organ in dieser Gesellschaft kaum präziser genannt haben als „Politbüro“. Im Realsozialismus herrscht als Kern der Nomenklaturaklasse – wie Trockij schrieb – die „Hierarchie der Sekretäre“. In der Sowjetunion entstand das geflügelte Wort: „Am Anfang war das Matriarchat, dann das Patriarchat, jetzt das Sekretariat.“ Wie sollte man das zweite oberste Organ in dieser Gesellschaft anders nennen als „Sekretariat“?

3. Der Generalsekretär

Es ist eine weit verbreitete Ansicht, daß der Generalsekretär des ZK das Land regiert. Sie ist falsch. Um sich davon zu überzeugen, genügt es, über eine Frage nachzudenken: wenn so verschiedene Leute wie Stalin, Chruščev und Breženv eigenmächtig über die Politik der UdSSR entscheiden, warum bleiben alle irgendwie bedeutenden Tendenzen dieser Politik immer gleich?

Weil eben nicht die Generalsekretäre das Land regieren, sondern die Nomenklaturaklasse; und die Politik des ZK der KPdSU ist nicht die Politik der Generalsekretäre, sondern die dieser Klasse. Die Väter der Nomenklatura, Lenin und Stalin, bestimmten die Richtung und die wichtigen Leitlinien der Politik des Nomenklaturastaates in Übereinstimmung mit ihren Wünschen. In nicht geringem Ausmaß ist das der Grund, warum Lenin und Stalin als so autokratische Herrscher betrachtet werden. Zweifellos bedienten sie sich ihrer Elternrechte gegenüber der damals noch nicht konsolidierten herrschenden Klasse, aber gleichzeitig waren sie, wie wir bereits unterstrichen haben, auch von ihr abhängig. Dagegen sind Chruščev und noch mehr Brežnev immer nur hochgestellte Vollstrecker des Willens der Nomenklatura gewesen.

Der Generalsekretär des ZK ist der allerhöchste Nomenklaturist, folglich auch der mächtigste Mann in der Gesellschaft des Realsozialismus. Wer es vermochte, diesen Posten zu besetzen, kann in seinen Händen eine riesige Macht konzentrieren: Das stellte schon Lenin fest, nachdem Stalin nur wenige Monate als Generalsekretär des ZK fungierte. Wer den Versuch unternimmt, die Führung der Nomenklaturaklasse an sich zu reißen, ohne sich diesen Posten gesichert zu haben, fliegt unweigerlich aus der Führung hinaus, wie das mit Malenkov und Šelepin der Fall war.

Die Frage lautet daher nicht, ob die Macht des Generalsekretärs im Realsozialismus groß ist (sie ist groß), sondern, ob sie die einzige Macht im Lande ist, während Politbüro, Sekretariat und Apparat nur Gehilfen des Generalsekretärs auf verschiedenen Ebenen sind.

Der Generalsekretär leitet zwar sowohl das Politbüro als auch das Sekretariat des ZK. Aber die Beziehungen zwischen ihm und diesen höchsten Organen der Nomenklaturaklasse sind nicht ganz identisch mit den Beziehungen eines Chefs zu seinen Untergebenen.

Man muß zwei Stadien in den Beziehungen des Generalsekretärs zu Politbüro und Sekretariat unterscheiden. Das erste Stadium, wenn der Generalsekretär einer Zusammensetzung dieser Organe gegenübersteht, die er von seinem Vorgänger übernommen hat: das zweite Stadium, wenn in diesen Gremien seine eigenen Protegés sitzen.

Die Nomenklaturaklasse ist ein Milieu, in das ein einzelner nur mit starker Unterstützung eindringen kann. Deshalb versucht man das in Gruppen, deren Mitglieder einander unter die Arme greifen und andere zurückdrängen. Wer eine Nomenklaturakarriere machen will, schmiedet sich sorgfältig eine solche Gruppe zusammen und benutzt jede Gelegenheit, eine für diese Gruppe nützliche Person zu gewinnen. Persönliche Sympathien spielen dabei eine untergeordnete Rolle.

Der Anführer der Gruppe ist bemüht, selbst in die Gruppe eines womöglich höheren Nomenklaturafunktionärs aufgenommen zu werden und wird so an der Spitze seiner eigenen Gruppe zu dessen Vasallen. Daraus ergibt sich, daß die Zelle der herrschenden Klasse des Realsozialismus eine Gruppe von Vasallen ist, die einem bestimmten Suzerän unterstehen. Je höher dieser Nomenklaturasuzerän steht, desto mehr Vasallen hat er. Der Suzerän protegiert und schützt seine Vasallen, und sie unterstützen ihn mit allen Mitteln, singen sein Lob und sind ihm scheinbar treu ergeben.

Scheinbar, weil sie ihm nur bis zu einem bestimmten Augenblick dienen. Die Beziehungen zwischen einem Nomenklatura-Suzerän und seinen Vasallen sehen nur von außen idyllisch aus. Der erfolgreichste und am weitesten vorangekommene Vasall wartet nur darauf – während er seine Liebedienerei dem Suzerän gegenüber immer noch fortsetzt – ihn in einem günstigen Moment zu stürzen und sich an seine Stelle zu setzen. So spielt es sich in allen Gruppen der Nomenklaturaklasse ab, einschließlich der höchsten: im Politbüro und im Sekretariat des ZK.

Hinzu kommt, daß nach dem Abgang des alten Generalsekretärs sein Nachfolger, d. i. der erfolgreichste seiner Vasallen, sich an der Spitze der Vasallengruppe des Vorgängers sieht.

Seine eigene Gruppe muß er noch auf die höchste Stufe nachziehen und auf diese Weise in das zweite Stadium seiner Beziehungen zur Spitze der Nomenklatura eintreten.

Diese Spitze hat freilich ihn formell als ihren Souverän anerkannt, indem sie es zugelassen hat, daß er den Posten des Generalsekretärs besetzt. In Wirklichkeit aber sehen die Mitglieder der Führungsspitze im neuen Generalsekretär einen Emporkömmling, der sie überholt hat. Sie betrachten ihn als einen ihresgleichen, bestenfalls den Ersten unter Gleichen. Aus diesem Grund beginnt jede Amtsperiode eines neuen Generalsekretärs damit, daß das Prinzip der kollektiven Führung betont wird. Das wird auch weiterhin so sein.

Der Generalsekretär selbst hat das Ziel, die uneingeschränkte Macht in seinen Händen zu konzentrieren. Zur Erreichung dieses Zieles bietet ihm seine Position gute Voraussetzungen. Die Schwierigkeit besteht nur darin, daß sein Ziel bekannt ist. Mit Gewalt die widerspenstigen Mitglieder des Politbüros und des Sekretariats verjagen, das kann er, zumindest anfänglich, nicht. Da sie der höchsten Stufe der Nomenklaturaklasse angehören, hat jeder von ihnen zahlreiche Vasallen und außerordentlich komplizierte, historisch gewachsene Positionen.

Das heißt, daß der neue Generalsekretär das beste Verhältnis zu allen Mitgliedern der Nomenklaturaspitze haben muß. Jeder von ihnen muß ihn auf dem Generalsekretärsposten als das geringste von allen möglichen Übeln ansehen. Indessen muß der Generalsekretär sehr erfindungsreich eine Koalition gegen jene, die ihm besonders im Wege stehen, aufbauen und schließlich ihre Beseitigung erwirken. Gleichzeitig bemüht er sich, Mitglieder seiner eigenen Gruppe in die Nomenklaturaspitze hineinzubringen. Die übliche Methode besteht darin, die eigenen Vasallen immer mehr avancieren zu lassen und sie, unter Ausnützung seiner Macht, auf Zugangspositionen zur Nomenklaturaspitze zu plazieren. Das ist ein kompliziertes Schachspiel. Deshalb ist die Ernennung auf höhere Nomenklaturaposten eine so qualvoll lang dauernde Angelegenheit. Es handelt sich nicht um Zweifel an den politischen Eigenschaften der Kandidaten (von den fachlichen Fähigkeiten ganz zu schweigen), sondern um die Schachzüge der Politik.

In dem Maße, in dem es dem Generalsekretär gelungen ist, seine Vasallen an die Nomenklaturaspitze zu bringen oder sie an ihren Zugängen zu postieren, wächst seine Stärke. Im optimalen Fall, der möglich ist, denn das haben Lenin und Stalin erreicht, besteht dann die Spitze aus Vasallen, die der Führer selbst ausgewählt hat. Wenn das erreicht ist, verstummt das Gerede von kollektiver Führung. Politbüro und Sekretariat sinken zu Gehilfen des Generalsekretärs herab, das zweite Stadium seiner Beziehungen zu dieser Gruppe beginnt.

So sieht das Schema der Machtentfaltung im ZK der KPdSU aus: von der kollektiven Führung zur scheinbaren Alleinherrschaft des Generalsekretärs. Dieses Schema ist keineswegs spekulativ. Genauso ging es unter Stalin, unter Chruščev und unter Brežnev vor sich. Selbst wenn das optimale Ziel nicht erreicht ist (ein Beispiel hierfür ist die Regierung Brežnev), führt die Stärkung der Position des Generalsekretärs zu einem Kräfteverhältnis, bei welchem die ursprünglich nicht zu seiner Gruppe gehörenden Mitglieder der Nomenklaturaspitze es vorziehen, seine Vasallen zu werden.

Diese Vasallen sind aber nicht verläßlich, weder die neuen noch die alten. Erinnern wir uns daran, daß Brežnev der Gruppe Chruščevs angehört hatte, was ihn nicht daran hinderte, sich am Sturz seines Souveräns zu beteiligen.

Wie sieht eine solche Gruppe im realen Leben aus? Nehmen wir ein Beispiel.

Wenn man die Biographien der sowjetischen Spitzennomenklaturisten liest, stößt man auf eine geographische Anomalie: unerwartet Viele von ihnen stammen aus der Stadt Dnepropetrovsk.

Das Politbüromitglied und Sekretär des ZK der KPdSU, Andrej Pavlovič Kirilenko, war Erster Sekretär des Gebietskomitees von Dnepropetrovsk; ein anderes Politbüromitglied, Vladimir Ščerbickij, bekleidete diesen Posten als Kirilenkos Nachfolger, vorher hatte er in verantwortlichen Positionen in Dneprodzerzinsk, einer Nachbarstadt von Dnepropetrovsk, gearbeitet. Der Kandidat des Politbüros Nikolaj Aleksandrovič Tichonov, ist Absolvent der Dnepropetrovsker Metallurgiehochschule, er arbeitete viele Jahre in dieser Stadt, zuletzt als Vorsitzender des Volkswirtschaftsrates vom Dnepropetrovsker Gebiet. Tichonovs Kollege als stellvertretender Vorsitzender des Ministerrats der UdSSR, I. V. Novikov, ist Absolvent derselben Dnepropetrovsker Hochschule, auch ein Metallurg. Aber nicht nur er. Metallurgen aus dieser Schule sind auch G. E. Cukanov, Leiter des Sekreteriats von Brežnev, und Armeegeneral G. P. Cinev, stellvertretender Vorsitzender des KGB. Ihr Kommilitone ist der Innenminister der UdSSR, N. A. Ščelokov, seinerzeit Vorsitzender des Dnepropetrovsker Stadtsowjet. Der Verwaltungschef des ZK der KPdSU, Pavlov, ist auch Absolvent der metallurgischen Hochschule in Dneprodzerzinsk. Breźnevs Assistent, A. I. Blatov, absolvierte zwar eine andere Hochschule (die der Eisenbahningenieure) – aber doch in Dnepropetrovsk.

Der erste Stellvertretende Vorsitzende des Ministerrats der RSFSR, N. F. Vasiljev, war Vorsitzender des Dnepropetrovsker Gebietssowjet. Der Vorsitzende des Präsidiums des Obersten Sowjet der Ukrainischen SSR, A. F. Vatčenko, hat seine ganze Nomenklaturakarriere in Dnepropetrovsk gemacht. Diese Liste könnte man fortsetzen.

Im 18. Jahrhundert prägte der große russische Wissenschaftler und Dichter, Michail Lomonosov, den bekannten Vers:

„daß seine eignen weisen Platos
und eigne blitzgescheite Newtons
der Russen Land gebären kann."

Der Russen Land, ja! Aber warum gerade Dnepropetrovsk? Die Frage wird viel einfacher, wenn wir noch einen Metallurgen aus Dnepropetrovsk bzw. Dneprodzerzinsk nennen: L. I. Breźnev. Dort begann er seinen Nomenklatura-Aufstieg, und er war – vor und nach dem Krieg – Sekretär des Dnepropetrovsker Gebietskomitees als Vorgänger von Kirilenko und Ščerbickij. Danach wurde Breźnev Erster Sekretär des ZK der moldauischen KP. Dementsprechend findet man an der Spitze der Nomenklatura Genossen aus der Moldauischen Republik: Mitglied des Politbüros und Sekretär des ZK der KPdSU, Konstantin Ustinovič Černenko, Leiter der Allgemeinen Abteilung des ZK der KPdSU, früher Leiter der Propagandaabteilung im moldauischen ZK; den Ersten Stellvertretenden Vorsitzenden des KGB, Armeegeneral S. K. Cvigun (übrigens Breźnevs Schwager), früher stellvertretender Chef des moldauischen KGB; den Leiter der Abteilung Wissenschaft und Lehranstalten im ZK der KPdSU, S. P. Trapeznikov, früher Direktor der moldauischen Parteihochschule; den schon erwähnten Innenminister der UdSSR, Ščelokov, der unter Breźnev Erster Stellvertretender Vorsitzender des Moldauischen Ministerrats und später Zweiter ZK-Sekretär in dieser Republik war.

Das ist die realistische Erklärung der Dnepropetrovsker-moldauischen Anomalie. Es handelt sich nicht um eine Brutstätte russischer Genies, sondern um die Breźnev-Gruppe.

Daß es sich um die Protektionskinder Brežnevs handelt, wurde anläßlich der Verleihung des Leninordens und des 2. Goldsterns „Held der Sozialistischen Arbeit" an Ščerbickij im September 1977 demonstrativ unterstrichen. Bei dieser Gelegenheit sagte Brežnev: „Wir alle und ich vielleicht mehr als viele Genossen wissen genau, wieviel Energie, Willen und bolschewistische Leidenschaftlichkeit Sie für den Fortschritt und das Aufblühen der Sowjet-Ukraine aufgewendet haben. Ich erinnere mich gut an Ihre Arbeit in der Fabrik, in der einst auch ich gearbeitet habe." Ščerbickij beeilte sich zu erwidern: „Teuerer Leonid Iljič ... ich war immer stolz darauf und bin es weiter, daß fast alle Jahre meiner aktiven Arbeit unter Ihrer Leitung standen."[4])

In Brežnevs Gruppe gibt es aber noch ältere Bekannte, so z. B. der frühere Sekretär des ZK und heutige Stellvertretende Ministerpräsident der UdSSR, Konstantin Katušev. Noch sein Vater war ein guter Freund Brežnevs.

Die Mitglieder der Brežnev-Gruppe sind gute Spezialisten: Brežnev verstand es ausgezeichnet, fähige Mitarbeiter heranzuziehen. Unter ihnen gibt es hochqualifizierte Leute, die keineswegs zum Kreis seiner Jugendfreunde gehören, darunter sein Assistent, ein erfahrener Diplomat, Andrej Michailovič Alexandrov-Agentov, der Leiter der Abteilung Internationale Information im ZK, Leonid Michailovič Zamjatin, sein erster Stellvertreter Valentin Michailovič Falin, der talentierte erste stellvertretende Leiter der Internationalen Abteilung im ZK Vadim Valentinovič Zagladin und Brežnevs Referent Evgenij Samoteikin.

Dennoch ist es nicht die Eignung des Betreffenden für den Posten, die seine Ernennung bestimmt, sondern die Gunst des Generalsekretärs.

Da ist zum Beispiel der bereits erwähnte Leiter der Abteilung Wissenschaft im ZK der KPdSU, Trapeznikov, ein dogmatischer und unbegabter Parteihistoriker aus der Provinz. Er hat sich die erstaunlich einmütige Verachtung der Akademie der Wissenschaften der UdSSR zugezogen. Ende der sechziger Jahre bereitete man ihm einen demonstrativen Durchfall bei seiner Wahl zum Korrespondierenden Mitglied der Akademie. Es war eine außergewöhnliche Schmach für einen Mann, der die sowjetische Wissenschaft zu leiten berufen war. Erst zehn Jahre später gestanden ihm die Akademiemitglieder schließlich den begehrten Titel zu.

Die Machtentfaltung des Generalsekretärs in der geheimnisvollen Abgeschiedenheit der „Direktivorgane" widerspiegelt sich nach außen hin als der Aufbau seines Personenkultes.

Der Begriff „Personenkult“ entstand in sowjetischer politischer Sprache als eine Bezeichnung der Diktatur Stalins. Man warf aber dem gestürzten Chruščev ebenfalls vor, daß er, der Entstalinisator, seinen eigenen Personenkult aufgebaut hatte. In diesem Zusammenhang erinnerte man sich an die ironischen Worte von Marx, die Geschichte wiederhole sich – das erste Mal als Tragödie, das zweite Mal als eine Farce: die dritte Wiederkehr hatte Marx nicht vorgesehen. Der Brežnev-Kult rief in der Sowjetbevölkerung Heiterkeit und Langeweile zugleich hervor. Die Leute fingen an zu begreifen, daß auch in Zukunft jeder neue Generalsekretär unweigerlich zu einem politischen und militärischen Genie, großen Theoretiker und Friedenskämpfer hochstilisiert werden wird.

Das stimmt. Der äußere Ausdruck des zweiten Stadiums in der Machtentfaltung des Generalsekretärs ist der Personenkult, gleichzeitig das Sonderprivileg, das nur dem Leiter der Nomenklatura-Klasse zusteht. Natürlich gibt es Ansätze eines Personenkultes der Ersten Sekretäre in den Unionsrepubliken, den Gebieten, Städten und Rayons: Man bekommt dort immer schmeichelhafte Bemerkungen über die Talente des lokalen Nomenklaturahäuptlings zu hören. Aber er selbst wird sich hüten, auf den warmen Wogen dieser erlogenen Bewunderung zu schwimmen: Das darf nur der Generalsekretär. Die Ausschließlichkeit des Rechtes des Generalsekretärs auf den Kult seiner Person ist im Laufe der Zeit immer größer geworden. Noch in den vierziger Jahren war es üblich, in den offiziellen Parteidokumenten der Unionsrepuliken, Gebiete, Städte und Rayons die entsprechenden Ersten Sekretäre lobend zu erwähnen – jetzt wäre das undenkbar.

Als Maßstab des Personenkults dient für die Nomenklatura der Kult Lenins, der oft groteske Formen annimmt und über den in der Sowjetunion viele amüsante Witze erzählt werden. Dessenungeachtet ist jeder Generalsekretär des ZK in seiner Eigenschaft als Haupt der Nomenklaturaklasse bestrebt, den Kult seiner Person anzufachen. Im Idealfall – was bisher nur von Stalin erreicht wurde – wird er Lenin gleichgestellt. In seinem naiven Büchlein über Stalin fand Henri Barbusse für diese Erscheinung eine glückliche Formulierung: „Stalin – das ist der Lenin von heute.“

In diesem Idealfall wird der Kult des toten Führers durch den lebenden ersetzt. Denn wenn es möglich war, daß Lenin nach dem Tod von Marx und Engels zu einem lebenden Gott des Marxismus wurde, so ist es nur natürlich, daß nach Lenins Tod ein anderer diesen Platz einnehmen muß. Wer? Klarerweise der Nomenklaturist Nr. 1, der Generalsekretär des Zentralkomitees der Partei.

Je weiter der lebende Generalsekretär vom Höhepunkt der Vergötterung entfernt ist, desto aktiver wird der Kult Lenins. Das ist eine Gesetzmäßigkeit.

4. „Machtkämpfe im Kreml“

Der byzantinische Personenkult um den Generalsekretär kann vor der Welt nicht verbergen, daß sich auf den Gipfeln der Nomenklaturaklasse ein Kampf abspielt – in erster Linie eben um diesen Posten, obwohl jeder, der ihn gerade innehat, stets als unersetzlich und als gleichsam direkt für diesen Posten geboren dargestellt wird.

Westliche Leser sind an die Formel „Machtkämpfe im Kreml“ gewöhnt. Mit ihr verbinden sie allerdings die Vorstellung von ständigen Meinungsverschiedenheiten und dramatischen Diskussionen, wie in einem Parlament des Westens. Indes gibt es so etwas im ZK der KPdSU überhaupt nicht. Ein Kampf findet wohl statt, aber nicht mit den Mitteln parlamentarischer Redekunst, sondern durch jahrelanges Auflauern und die raffiniertesten Intrigen, die ein Politiker des Westens wahrscheinlich gar nicht verstehen kann. Der Rhetorik, wenn man dieses Wort auf die vom Apparat im nomenklaturabürokratischen Kauderwelsch aufgesetzten und vom Blatt abgelesenen Reden noch anwenden kann, – bedient man sich erst in der letzten Etappe, wenn man dem bereits zu Fall gebrachten Gegner ein politisches Etikett anheften will. Vorher gibt es keine offene Stellungnahme gegen ihn. Im Gegenteil, man ist bemüht, seine Wachsamkeit durch demonstrative Freundschaftlichkeit einzulullen.

Aus diesem Grund ist es ein wenig versprechendes Unternehmen, einen Zwist in der Nomenklaturaspitze zu entdecken, indem man unterschiedliche Schattierungen in den Reden der Führer sucht. Es gibt wohl Nuancen, doch stehen sie im Zusammenhang mit den andersartigen Funktionen der Führungsmitglieder, manchmal mit der Verschiedenheit des Auditoriums, vor dem die Rede gehalten wird, oder auch mit Fragen der außenpolitischen Taktik, z. B. wenn ein neuer Akzent gesetzt werden soll, aber nicht in der verbindlichen Form, in der die Reden des Generalsekretärs gehalten werden. Man sollte im Westen ein für allemal begreifen, daß es in den Reden der Nomenklatura-Führer nichts Persönliches gibt. Die Texte werden vom Apparat geschrieben und vom ZK amtlich approbiert.

Das Hauptziel des Machtkampfes im ZK ist der Posten des Generalsekretärs. Aber diesen Posten kann nur ein einziger erobern. Deshalb bemüht sich die Spitze, die günstigsten Ausgangspositionen zu beziehen.

Wer hat die meisten Chancen, zum Generalsekretär gewählt zu werden, der Stärkste oder der Tüchtigste? Weder noch, es ist der unter den Mitgliedern des Politbüros, der nicht sonderlich gescheit und eher harmlos scheint. Das schien Stalin Anfang der zwanziger Jahre, verglichen mit den anderen Mitgliedern des Leninschen Politbüros zu sein, ebenso Chruščev nach dem Tode Stalins (Malenkov hingegen galt als sehr starker Mann); als einen schwachen Provinzler stufte man Brežnev nach dem Sturz Chruščevs ein, als man Šelepin für den starken Mann hielt. Bekanntlich waren die Feudalfürsten immer bestrebt, einen möglichst schwachen Kandidaten auf den Königsthron zu setzen. Die Fürsten der Nomenklaturaklasse wählen nach demselben Prinzip den Generalsekretär des ZK. Aus diesem Grund darf derjenige der Politbüromitglieder, der unbedingt Generalsekretär werden will, nicht mit seinen Fähigkeiten und seiner Dynamik glänzen, sondern sollte beschränkt und flügellahm scheinen, bescheiden und in technischer Arbeit vergraben, wie das Stalin machte, den dummen Hans spielen, wie das Chruščev tat, oder den durchschnittlichen Parteifunktionär, wie Brežnev.

> Wo sind sie, jene Schreier und Kümmerer?
> Längst verschollen... Wie anders die Schweigenden!
> Hohe Tiere sind jetzt diese Schlummerer –
> Denn das Schweigen ist Gold für den Steigenden.[5])

Sehen wir uns jetzt – als ein Beispiel – den Machtkampf Brežnev – Šelepin an. Die westliche Presse hat darüber viel geschrieben, aber die wesentlichen Elemente dieser Geschichte sind bis jetzt nicht an den Tag gekommen.

Wie war die Karriere Alexander Šelepins?

Ende der dreißiger Jahre studierte er am Moskauer Institut für Philosophie, Literatur und Geschichte (MIFLI), das damals in Intellektuellenkreisen am meisten „en vogue" war. Im Komsomol arbeitete sich Saša Šelepin bald empor und wurde Sekretär des Komsomolkomitees von MIFLI. Er war streng und wachsam, wie es damals der Brauch war. Als eine mir bekannte Studentin des MIFLI ihr Mitgliedsbuch des Komsomol verloren hatte, brüllte Saša sie an: „Weißt du, was du angestellt hast? Du hast dein Mitgliedsbuch dem Feind ausgeliefert! Du sitzt hier und einstweilen schleicht sich ein Feind, ein Spion und Saboteur, mit deinem Mitgliedsbuch ins ZK des Komsomol ein!“

Ins ZK des Komsomol gelangte aber nicht ein Feind, sondern Šelepin selbst. Nach Studiumsabschluß wurde der wachsame Sekretär in das Moskauer Stadtkomitee des Komsomol berufen. Als der Krieg ausbrach, erhielt er den Auftrag, Komsomolmitglieder zur Absetzung im feindlichen Hinterland auszusuchen, und zwar gerade als Spione und Saboteure, diesmal nicht fingierte. Unter den von ihm Ausgewählten befand sich auch Zoja Kosmodemjanskaja, eine Schülerin. Ihre Klassenkameraden schilderten sie als ein verschlossenes, zu Hause schikaniertes und ihre Mutter hassendes Kind.[6]) Als Diversantin wurde sie unter dem Decknamen Tanja eingesetzt, von den Deutschen gefangengenommen und in der Nähe von Moskau, im Dorf Petriščevo erhängt. Die Schlinge um den Hals, rief Zoja aus: „Stalin ist mit uns! Stalin wird kommen!“, wofür sie zur sowjetischen Nationalheldin erhoben wurde.

Auf den Tod des unglücklichen Mädchens baute nicht nur ihre publizitätssüchtige Mutter, sondern vor allem Šelepin seine Karriere auf. Einer seiner Bekannten erzählte mir, wie er durch Zufall Augenzeuge der Sternstunde Šelepins wurde. Er war zufällig im Arbeitszimmer des Ersten Sekretärs des ZK des Komsomol, N. A. Michailow, als dieser von Stalin angerufen wurde. Stalin erkundigte sich, wer Zoja Kosmodemjanskaja ausgesucht hatte und sagte: „Das ist ein guter Bursche, auf den mußt du ein Auge haben!“ In diesem Augenblick begann der unaufhaltsame Aufstieg des Alexander Šelepin, der dazu führte, daß er fast zum (dritten) Nachfolger Stalins wurde.

Šelepin war der Reihe nach: Erster Sekretär des Moskauer Komsomolkomitees, Sekretär des ZK des Komsomol, Erster Sekretär des ZK des Komsomol, Vorsitzender des KGB der UdSSR, schließlich Kandidat des Präsidiums (so hieß damals das Politbüro) und Sekretär des ZK der KPdSU, der die Partei- und administrativen Organe einschließlich des KGB leitete; gleichzeitig war er ein Stellvertreter des Vorsitzenden des Ministerrats der UdSSR. In dieser äußerst starken Position strebte Šelepin den Posten des Ersten Sekretärs des ZK der KPdSU an.

Den Versuch, sich des höchsten Postens in der Nomenklatura zu bemächtigen, unternahm Šelepin nach sorgfältigen Vorbereitungen. Jahrelang baute er seine Vasallenkader auf und protegierte kräftig die Mitglieder seiner Gruppe. Er nahm in diese Gruppe nur nützliche Personen auf, Leute „mit Perspektive", wie man im Nomenklaturajargon zu sagen pflegte. Ich entsinne mich, wie einer der Freunde Šelepins aus der Studentenzeit im MIFLI mir ganz beleidigt erzählte, er habe Saša, damals Erster Sekretär des ZK des Komsomol, angerufen, und Saša habe kalt erklärt, er könne sich an ihn nicht erinnern und habe aufgelegt. Bei nützlichen Leuten litt Šelepin nicht an Gedächtnisschwäche, sie alle zog er im ZK des Komsomol zusammen, einige von ihnen brachte er hernach in leitenden Stellungen des KGB unter. Als er von hier ins ZK der Partei wechselte, übergab er den Posten des KGB-Vorsitzenden seinem einstigen Nachfolger auf dem Posten des Ersten Sekretärs des ZK des Komsomol, Semičasnyj und plazierte seine ehemaligen Komsomolfreunde in den verschiedensten Führungspositionen im Parteiapparat. Vor unseren Augen machten sich freche junge Karrieristen aus dem Apparat des Komsomol, die alsbald „Maos Rotgardisten" genannt wurden, in der Nomenklatura breit.

So war die Lage zum Zeitpunkt des Sturzes von Chruščev. Dieser Sturz wurde von Šelepin und Semičasnyj organisatorisch vorbereitet. Die beiden riegelten Chruščev, der sich gerade auf der Staatsdatscha Pizunda aufhielt, unbemerkt ganz von der Welt ab, so daß es seinen Anhängern nicht gelang, ihm von dem geplanten Umsturz Mitteilung zu machen. Beide organisierten auch den Transport Chruščevs von Pizunda direkt zur Sitzung des ZK-Präsidiums, wo er von seinem Rücktritt in Kenntnis gesetzt wurde.

Šelepin führte diese nicht ungefährliche Aktion nicht für andere, sondern in seinem eigenen Interesse durch.

Ich möchte hier eine bislang nicht bekanntgewordene Tatsache erwähnen, ohne deren Kenntnis man den ganzen Verlauf der Ereignisse nicht verstehen kann. Beim Sturz Chruščevs war nämlich *nicht Brežnev, sondern Šelepin* für den Posten des Ersten Sekretärs des ZK der KPdSU vorgesehen. Ein dementsprechender Beschlußentwurf des ZK lag vor. Man kam allerdings überein, daß Brežnev vorübergehend zum Ersten Sekretär des ZK gewählt werden sollte, um die wirklichen Hintergründe der Verschwörung gegen Chruščev zu verschleiern; nachher sollte der Posten von Šelepin besetzt werden.

Welche Garantien gegen eine Konzentration der Macht in den Händen Šelepins konnte die Spitze der Nomenklatura sich sichern? Das ZK-Plenum, das Chruščev absetzte, entschied sich in einem unveröffentlichten Beschluß, eine Personalunion des Ersten Sekretärs des ZK der KPdSU mit dem Vorsitzenden des Ministerrates der UdSSR in Zukunft nicht zuzulassen: Es gab deutliche Hinweise darauf, daß die Šelepin-Gruppe mit diesem Beschluß unzufrieden war.

Nun ist es überhaupt fraglich, ob die Mitglieder des ZK-Präsidiums wirklich den Posten des Ersten Sekretärs des ZK Šelepin überlassen wollten, dessen diktatorische Neigungen genug bekannt waren. Man kann sich des Eindrucks nicht erwehren, daß die Mitglieder des ZK-Präsidiums Šelepin einfach täuschten. Sie brauchten ihn, weil die Verschwörung ohne die Unterstützung des von ihm und Semičasnyj kontrollierten KGB keine Erfolgschancen gehabt hätte. Das Versprechen, er würde den Posten des Ersten Sekretärs des ZK bekommen, war der Preis für die von ihm geleistete Durchführung des Sturzes von Chruščev. Aber offensichtlich hatte das Präsidium des ZK der KPdSU nicht die Absicht, dieses Versprechen einzulösen.

Nur so kann man die Rede erklären, die Mikojan auf der Sitzung des ZK der KPdSU gegen [3]elepin gehalten hat. Mikojan warnte die Anwesenden väterlich, sollten sie Šelepin zum Ersten Sekretär wählen, würden sie „viel Scherereien mit diesem jungen Mann" erleben. Mikojan, der sich niemals ohne Not in eine Gefahr begab und gegen Šelepin persönlich nichts hatte, wäre nie so aufgetreten und hätte sich der Rache Šelepins nicht ausgesetzt, wenn er nicht davon überzeugt gewesen wäre, daß das Präsidium des ZK seinem Rat folgen würde.

Šelepin avancierte vom Kandidaten zum Mitglied des ZK-Präsidiums, Semičasnyj wurde Mitglied des ZK der KPdSU. Aber Brežnev blieb weiter Erster Sekretär des ZK, weil er, wie gesagt, von den alten Mitgliedern des Präsidiums als das geringste Übel angesehen wurde. Auch Mikojan wurde unter Brežnev nicht benachteiligt: längst pensioniert und aus dem Politbüro ausgeschieden, genoß der wendige Greis sämtliche Privilegien eines Politbüromitgliedes bis zu seinem Tod im Jahre 1978.

Brežnev wußte natürlich, wie unsicher seine Lage war. Eindringlich wurde er daran durch folgenden Vorfall erinnert. Wenn sich im Westen ein Tonband mit der vom sowjetischen Radio ausgestrahlten Eröffnungszeremonie des XXIII. Parteitages erhalten hat, kann man das sogar heute vernehmen: als bei der Wahl des Parteitagspräsidium der Name Šelepins genannt wurde, gab es im Saal plötzlich stürmischen Beifall, der offenbar organisiert war. Die Anhänger Brežnevs begannen dann, nach der Nennung eines jeden sogar wenig bekannten Namens ebenso laut zu applaudieren. Diese Demonstration der Šelepin-Anhänger bewies, daß sie die Hoffnung auf eine Machtübernahme nicht aufgegeben hatten und daß man also rasch gegen sie vorgehen müsse.

Šelepin war der einzige im Politbüro, der als Vorsitzender des Komitees für Partei- und Staatskontrolle gleichzeitig Sekretär des ZK der KPdSU und Stellvertretender Vorsitzender des Ministerrates der UdSSR war. Um ihm diesen besonderen Status zu nehmen, liquidierte das ZK der KPdSU ganz einfach das Komitee für Partei- und Staatskontrolle und ersetzte es durch ein Komitee für Volkskontrolle. Damit verlor Šelepin den Posten des Stellvertretenden Vorsitzenden des Ministerrates der UdSSR, er wurde auch nicht zum Vorsitzenden des Komitees für Volkskontrolle ernannt. Ihm war jedoch ein noch wichtigerer Posten geblieben – der des Sekretärs des ZK der Partei. Hierauf folgte der nächste Schachzug Brežnevs. Es wurde ein Posten gefunden, formell so hoch, daß ein Mitglied des Politbüros ihn bekleiden konnte und dessen Inhaber nicht gleichzeitig Sekretär des ZK sein konnte: Man ernannte Šelepin plötzlich zum Vorsitzenden des All-Unions Gewerkschaftsbundes. Auf diese Weise mußte er als Sekretär des ZK ausscheiden. Nun war es klar, daß Šelepin das Spiel verloren hatte. Er konnte sich auch nicht mehr zur Wehr setzen, weil Brežnev nicht nur die Position Šelepins untergraben, sondern auch seine ganze Gruppe auseinandergetrieben hatte.

Semičasnyj wurde seines Postens als Vorsitzender des KGB der UdSSR enthoben und nach Kiew als Stellvertretender Vorsitzender des Ministerrates der Ukrainischen SSR abgeschoben. Um einen anderen Anhänger Šelepins, das Mitglied der Regierung der UdSSR und ehemaligen Sekretär des ZK des Komsomol, Romanovskij, auszubooten, wurde das von ihm geleitete Staatliche Komitee für kulturelle Beziehungen mit dem Ausland beim Ministerrat der UdSSR aufgelöst. Romanovskij selbst wurde als Botschafter nach Norwegen geschickt. Ich kannte ihn seit meiner Studentenzeit und traf ihn oft bei verschiedenen Gelegenheiten. Ich erinnere mich, wie Romanovskij, der mich noch kurz vorher feierlich aus seinem „Čajka" gegrüßt hatte (er fuhr nämlich von seinem Komitee zur Kremlkantine, obwohl das ein Fußweg von 5 Minuten ist), nach der Auflösung seines Komitees bescheiden in unser Institut für Weltwirtschaft und Internationale Beziehungen gekommen war und um Aufnahme als Doktorand ersuchte; und so schüchtern wartete er vor der Tür der Doktorantur-Abteilung.

Von noch einem hochgestellten Šelepin-Anhänger, dem Stellvertretenden Leiter der Informationsabteilung des ZK der KPdSU, Rešetov, war schon die Rede. Ähnliches kann man über viele andere der Šelepin-Clique berichten.

Šelepin selbst frondierte im Politbüro ziemlich offen gegen Brežnev: dieser Einstellung entsprang sein „Nein“ bei der Abstimmung im Politbüro über den Beschluß des Einmarsches in die Tschechoslowakei 1968. Dennoch entfernte man ihn nicht. In Kreisen des ZK-Apparates hieß es, daß dies Brežnev selbst so wünschte: Die Anwesenheit Šelepins im Politbüro sollte alle anderen Mitglieder daran gemahnen, Brežnev nicht zu gehorchen: dann würde Šelepin wieder emporklettern und sich rächen. Šelepin wurde erst aus dem Büro verjagt, als Brežnev erkrankte und sein Abtreten in den Bereich der Möglichkeit rückte. Die Enthebung Šelepins vollzog sich nach allen Regeln der Nomenklatura-Intrigenkunst. Er wurde nach England geschickt, wo gegen ihn gerichtete Demonstrationen und Protestaktionen stattfanden, die man leicht hätte voraussehen können. War es doch gerade Šelepin gewesen, der als Vorsitzender des KGB der UdSSR den Killer Stašinskij für die Ermordung von zwei ukrainischen Emigrantenführern in München mit dem Roten Bannerorden ausgezeichnet hatte. Die gegen Šelepin gerichteten Demonstrationen in England wurden diesmal nicht wie gewöhnlich zu „Ausschreitungen faschistischer Elemente“ erklärt, sondern als Begründung für die Ausbootung Šelepins aus dem Politbüro benützt. Kurz danach erfolgte die Absetzung Šelepins von seinem Posten als Vorsitzender des Gewerkschaftsbundes. Damit war die Vernichtung Šelepins als Politiker perfekt.

In Nomenklaturakreisen scherzte man, die Zerschlagung der Šelepingruppe sei die einzige konsequent durchgeführte Aktion der Brežnev-Führung gewesen. Diese Konsequenz war keine zufällige: Im Kampf um die Macht – was für sie das Wichtigste ist – bekunden die Nomenklaturapolitiker immer eiserne Konsequenz.

Sind das nun Operationen, die nur im engen Kreis der Nomenklaturaspitze im Kreml durchgeführt werden? Nicht ganz. Natürlich weiht die Nomenklaturaspitze niemanden unnötig in ihre Angelegenheiten ein. Als Chruščev abgesetzt wurde, erfuhren die Mitarbeiter des ZK von den Vorgängen nur auf indirekten Wegen: durch die äußerste Nervosität der Sekretäre des ZK, durch das gleichzeitige Eintreffen der führenden Parteifunktionäre aus verschiedenen Unionsrepubliken und Gebieten, durch die Tatsache, daß Chruščevs Name plötzlich aus den Zeitungen verschwand. Aber die führenden Kreise der Nomenklaturaklasse in der Provinz waren rechtzeitig von dem bevorstehenden Umsturz in Kenntnis gesetzt worden. Der damals in Weißrußland amtierende Sekretär des ZK dieser Republik, Šauro (heute ist er Leiter der Kulturabteilung des

ZK der KPdSU), erzählte uns später in Minsk, daß die Führung des weißrussischen ZK es bereits vorher erfahren hatte, daß Chruščev abgesetzt werden würde. Auf diese Weise wurde das Einverständnis der Nomenklatura mit der Absetzung des Kremlführers erzielt.

Die Diktatur des Generalsekretärs des ZK der KPdSU ist eben keine persönliche, sondern eine Klassendiktatur, und die Zustimmung der obersten Schicht dieser Klasse mußte eingeholt werden. Die kollektive Diktatur von Politbüro und Sekretariat sowie die Diktatur des Generalsekretärs sind nur verschiedene Erscheinungsformen jener Diktatur, die im Realsozialismus tatsächlich herrscht: der Diktatur der Nomenklatura.

5. Das Politbüro

Bis 1917 existierte das Politbüro des ZK überhaupt nicht. Auf dem II. Parteitag der RSDRP (Sozialdemokratische Arbeiterpartei Rußlands) wurde ein Zentralkomitee gewählt, das bald danach von der zaristischen Polizei verhaftet wurde. Auf dem Parteitag wurden zwei Führungsorgane gewählt – die Redaktion der „Iskra“ und das Zentralkomitee, wobei das Schwergewicht bei der Redaktion lag. Das ist begreiflich, denn auf Grund des Leninschen Planes einer gesamtrussischen politischen Zeitung wurde die Partei mit Hilfe der „Iskra“ aufgebaut und geleitet, die Rolle des ZK war zweitrangig. Nachdem der Aufbau der Partei im wesentlichen abgeschlossen war, sollte das ZK das Führungsorgan der Partei werden. Aber die RSDRP spaltete sich in Menševiki und Bolševiki, und Lenin bildete ein eigenes Führungsorgan, das Büro der Mehrheitskomitees, welches gegen das menševistische ZK auftrat. Auf der Prager Konferenz (1912) wurde das Zentralkomitee der Partei der Bolševiki gewählt und dann erweitert (damals wurde Stalin ins ZK kooptiert).

Das ganze ZK hatte weniger Mitglieder als das heutige Politbüro; das Problem, in seinem Rahmen irgendwelche Organe zu schaffen, tauchte gar nicht auf. Zum ersten Mal wurde ein Politbüro als interimistisches, provisorisches Organ auf der Sitzung des ZK der bolševistischen Partei vom 10. Oktober 1917 eingesetzt, die zu Recht als historische Sitzung des ZK betrachtet wird. In ihr wurde der bewaffnete Aufstand gegen die

Provisorische Regierung beschlossen. Die Schaffung des Politbüros bedeutete selbstverständlich in keiner Weise die Übertragung aller politischen Vollmachten des ZK auf das neue Organ.

Das Politbüro als ständiges Organ des ZK wurde erst auf dem VIII. Parteitag im März 1919 gebildet. Seine Aufgabe bestand darin, nur in unaufschiebbaren Fragen Beschlüsse zu fassen und über sie auf der nächsten Sitzung des ZK zu berichten; diese Sitzungen sollten alle 2 Wochen stattfinden. Gleichzeitig wurde ein Orgbüro des ZK gebildet, dem die ganze Organisationsarbeit der Partei übertragen wurde. Das heißt, daß das Politbüro, ebenso wie das Orgbüro, ursprünglich bloß ein Hilfsorgan des ZK und nicht jener über ihm stehende Rat der Götter war, zu dem es unter Stalin wurde und der es heute noch ist.

Unter Stalin setzte sich das Politbüro aus einer Gruppe persönlicher Freunde des Führers zusammen. Die einen standen ihm näher als die anderen. Lange Zeit wurde Vjačeslav M. Molotov der „engste Freund und Mitstreiter Stalins" genannt, dann, nach der Verhaftung seiner Frau P. S. Žemčužina fiel er in Ungnade. Stalin nahe stand Lazar M. Kaganovič. Nur er und Ežov wurden die „Volkskommissäre Stalins" genannt, manchmal auch Kliment J. Vorošilov. Nahe stand ihm auch Andrej A. Ždanov; sehr nahe Berija. Vor seinem Tod zog Stalin Malenkov ins Vertrauen. Die ihm mißliebig gewordenen Mitglieder des Politbüros liquidierte Stalin kaltblütig. Das geschah z. B. mit Voznesenskij.

Nach dem Tode Stalins hörten diese patriarchalischen Bräuche auf. Einen garantierten Platz im Politbüro hat nicht nur der Vorsitzende des Ministerrates der UdSSR und die leitenden Sekretäre des ZK der KPdSU, sondern auch der Vorsitzende des KGB, der Verteidigungsminister und der Außenminister, die Ersten Sekretäre der ZK der größten Unionsrepubliken (Ukraine, Kazachstan) sowie abwechselnd der anderen Republiken, die Ersten Sekretäre der Moskauer und Leningrader Stadtparteikomitees. Dies ist eine von mehreren neueren Tendenzen zur Schaffung von Ordnung, zu einer konservativen Stabilität und zur Herausbildung bestimmter Regeln, wie sie die Nomenklaturaklasse wünscht.

Da es sich nicht um eine Clique von Freunden, sondern um Personen handelt, die mehr oder weniger nach dem Grundsatz der Vertretung ausgewählt wurden, sind die Beziehungen im Politbüro kompliziert. Die Ernennungen auf wichtige Posten ziehen sich immer quälend lang hin, weil das Kräfteverhältnis im Politbüro sehr genau ausgewogen wird: gewöhnlich ist jeder für einen solchen Posten designierte ein Strohmann und daher ein Vasall irgendeines der Politbüromitglieder. Im Zusammenhang mit dem 70. Geburtstag L. I. Breznevs wurde sogar in veröffentlichten Reden andeutungsweise von seiner Kunst zu „integrieren“ gesprochen, was offenbar im Politbüro nötig ist.

Die Spielregeln der Politik und des Karrieremachens sind in den sozialistischen Ländern andere als im Westen. Wenn ein Politiker im Westen Karriere machen will, muß er sich profilieren, hervorragen, da sein Aufstieg von den ziemlich breiten Massen der Partei oder sogar der Wähler abhängt. Einem führenden Politiker kann unter den Bedingungen des Realsozialismus nur das Wohlwollen des Generalsekretärs des ZK die Karriere ermöglichen, und wenn schon nicht die Unterstützung, so das Fehlen des Widerstandes von seiten der übrigen Führungsmitglieder. Daher wird er bestrebt sein, gerade kein individuelles Profil zu erwerben und in den Augen seiner Kollegen harmlos, ungefährlich, ja sogar etwas dümmlich zu erscheinen. Wir sagten es schon: Auf diese Weise machten Stalin, Chruščev und Breznev Karriere. Im Gegensatz dazu ist ein Politiker, wenn er noch nicht Generalsekretär des ZK der KPdSU ist und so unvorsichtig war, sich in bestimmter Art zu profilieren, zum Scheitern verurteilt. So erging es Trockij, Bucharin, Kirov, Tuchačevski und anderen unter Stalin; so Molotov und Marschall Žukow unter Chruščev, so Šelepin unter Breznev.

Für einen führenden sowjetischen Politiker ist nicht nur eine Profilierung, sondern auch ein jugendliches Alter hinderlich. Es ist bekannt, daß die Mitglieder des Politbüros alte Männer sind. Jedesmal, wenn ins Politbüro oder ins Sekretariat ein relativ junger Mann gerät, geht eine Welle von Spekulationen durch die Presse des Westens: das ist der kommende Führer! Aber in der Regel fliegen immer gerade die Jungen und nicht die Alten aus dem Politbüro. So geschah es mit Muchitdinov, der vom Posten eines Präsidiumsmitgliedes und Sekretärs des ZK auf den Sessel eines Stellvertretenden Vorsitzenden des Konsumgenossenschaftsbundes katapultiert und dann sowjetischer Botschafter in Syrien wurde. Das passierte auch Poljanskij, der am 7. November 1917, genau an dem Tag der Oktoberrevolution, geboren wurde und Mitglied des Politbüros und erster Stellvertreter des Ministerrates der UdSSR war. Er verlor alle diese Posten und wurde Botschafter in Japan. Dasselbe erfuhr Demičev, ein Kandidat des Politbüros, der vom Posten eines Sekretärs des ZK für ideologische Fragen auf den untergeordneten Posten eines Kulturministers der UdSSR versetzt wurde. Dasselbe spielte sich auch mit Katušev ab, der aus dem Sekretariat des ZK entfernt und zu einem der zahlreichen Stellvertreter des Vorsitzenden im Ministerrat der UdSSR ernannt wurde. Noch tiefer stürzte ein anderer Jüngling im Sekretariat des ZK: Rjabov. Er wurde Stellvertreter des Stellvertreters im Ministerrat der UdSSR. Jugend garantiert keineswegs einen Aufstieg an die Spitze der Nomenklaturaklasse, hingegen garantiert sie ein Mißtrauen von seiten der bejahrten Mitglieder der Direktivorgane. Die Nomenklaturaspitze hält zäh an ihrer Macht und an ihren Privilegien fest und verstößt alle, die in Zukunft eine politische Rolle spielen könnten: Funktionäre mit einem eigenständigen politischen Profil und diejenigen, die bereits in relativ jungen Jahren an die Spitze der Nomenklaturaherrschaft emporgeklettert sind.

Daraus darf man nicht die falsche Schlußfolgerung ziehen, daß unfähige Leute ins Politbüro gelangen und sich dort behaupten. Die erfolgreichen Aufsteiger müssen, im Gegenteil, eine zusätzliche Fähigkeit besitzen, nämlich die, ihr wahres politisches Format zu verbergen und dennoch nicht hilflos oder ungenügend qualifiziert zu erscheinen. Obwohl sie alle, mit Ausnahme des Generalsekretärs, gleich farblos aussehen, sind die Mitglieder des Politbüros und des Sekretariats des ZK in Wirklichkeit Menschen, die zweifellos bedeutende politische Fähigkeiten haben.

Wie funktioniert das Politbüro?

Einem noch von Lenin eingeführten Brauch folgend, tritt das Politbüro einmal wöchentlich zu einer Sitzung zusammen, und zwar am Donnerstag. Der Tag wurde mit Bedacht gewählt. Am Freitag werden die Protokolle der Sitzung gedruckt, die die mit Nummern versehenen Beschlüsse enthalten. Für die von ihnen betroffenen Behörden werden die entsprechenden Beschlüsse kopiert; und am Montag frühmorgens gelangen sie in die Hände der Amtsleiter, die dann schon an ihre Durchführung gehen können.

Lenin erfand auch die bis heute gültige Form für die Einbringung von Fragen, über die das Politbüro und andere leitende Nomenklatura-Organe zu entscheiden haben. Er führte im Rat der Volkskommissare eine Geschäftsordnung „über die vorherige *schriftliche* Einbringung von Fragen“ ein, mit folgenden Angaben:

„a) *Worum* es sich handelt (kurz); es genügt nicht ein bloßer Hinweis (betrifft das und das), sondern in der Darlegung muß der *Inhalt der Frage* angegeben sein.

b) Was wird dem Rat der Kommissare vorgeschlagen? (Geld zu

geben, eine *bestimmte* Resolution anzunehmen usf., genaue Angaben, *was* derjenige, der die Frage einbringt, will).

c) Ob diese Frage in das Ressort anderer Kommissare fällt? Welcher? Liegen schriftliche Gutachten vor?"[7])

Es ist das gleiche Schema, nach dem Fragen zur Behandlung durch das Politbüro eingebracht werden.

Bei den Sitzungen des Politbüros (und des Sekretariates) wird ein Kurzprotokoll geführt, in dem der Inhalt der Debatten nicht angegeben ist. Dieses Protokoll beschränkt sich auf eine fortlaufend numerierte Aufzählung der Beschlüsse. Offensichtlich wird auch ein Stenogramm geführt, aber als offizielles Dokument über die Sitzung gilt das Protokoll.

Die numerierten Exemplare der im Politbüro und im Sekretariat des ZK gefaßten Beschlüsse – jeder von ihnen ein ziemlich dickes Konvolut in dunkelrotem Einband – werden auf der Rotationsmaschine abgezogen und durch KGB-Kuriere allen Mitgliedern des ZK zur Einsichtnahme zugestellt. Sie müssen selbstverständlich im Safe aufbewahrt und mit der die Kenntnisnahme bestätigenden Unterschrift zurückgeschickt werden. Aber wirklich geheime Beschlüsse sind darin nicht enthalten. Diese werden in der sogenannten „Sondermappe" abgelegt. Ins Protokoll wird einfach die Nummer des Beschlusses und die den Entwurf vorlegende Behörde eingetragen, sowie der Hinweis darauf, daß der Beschluß sich in der Sondermappe befindet. Auch die verantwortlichen Mitarbeiter des Apparates im ZK der KPdSU sind berechtigt, die Beschlüsse zu lesen. (Nach den Ereignissen in der CSSR 1968 verloren sie für einige Jahre dieses Recht.)

Hierauf müssen die broschierten Beschlüsse vernichtet werden, und nur eine geringe Anzahl von Exemplaren werden im Archiv des ZK aufbewahrt. Schließlich werden die Materialien des ZK dem Zentralen Parteiarchiv (ZPA) im Institut für Marxismus-Leninismus beim ZK der KPdSU übergeben.

Die „Sondermappe" ist keine neue Erfindung, sie wurde bereits unter Lenin eingeführt. Wie Bažanov bezeugt, der Stalins Sekretär und somit auch technischer Sekretär des Politbüros war, wurde schon im Protokoll der ersten Sitzung des Politbüros, an der er teilnahm (am 23. August 1923), die Formulierung gebraucht, die noch heute in Kraft ist: „Eine Frage des (...) Siehe den besonderen Umschlag." Bereits damals wurde es kaum jemandem gestattet, diesen „Umschlag" zu „sehen". Bažanov teilt mit, daß der „besondere Umschlag" im Safe in seinem Arbeitszimmer aufgehoben wurde und daß den Schlüssel dazu nur er besaß: „Die

Mitglieder des ZK, die solche Dokumente einsehen konnten, mußten um die Erlaubnis des ZK bitten; nur dann durfte ich sie ihnen zeigen. Bleibt noch zu erwähnen, daß es während meiner Zeit einen solchen Fall nicht gegeben hat…"[8])

„Sondermappen" gibt es nicht nur im ZK der KPdSU, sondern auch in den ZK der KP der Unionsrepubliken, in den Regional- und Gebietskomitees.

Wenn die Materialien der so sorgfältig geheimgehaltenen Nomenklatura-Archive einmal für die Forschung freigegeben werden – und das geschieht eines Tages wie bei allen, auch den geheimsten Archiven – dann werden höchst wichtige Dokumente an das Licht des Tages kommen. Aber keines wird so wichtig sein wie die trockenen Beschluß-Protokolle des Politbüros und des Sekretariats des ZK, die ein Bild davon vermitteln, wie diese beiden Gremien im Laufe von vielen Dezennien, Tag für Tag, Woche für Woche, ein riesiges Land beherrschten und in diesem Land die Klassenherrschaft der Nomenklatura ausübten.

6. Das Sekretariat

Das Sekretariat des ZK als rein technisches Organ führt seine Anfänge noch auf die Zeit vor der Revolution zurück. Im Jahr 1917 spielte es bereits eine gewisse selbständige Rolle, indem es für die schriftliche Verbindung mit den bolševistischen Komitees in den verschiedenen Teilen des Landes zuständig war. Aber als ständiges Organ des ZK wurde es, ebenso wie das Politbüro und das Orgbüro, erst auf dem VIII. Parteitag begründet.

Zuerst war das Sekretariat nur ein Anhängsel des Orgbüros. Es sollte aus dem verantwortlichen Sekretär und fünf technischen Mitarbeitern bestehen (die Zahl der letzteren stieg sehr bald auf 30 an). Auf dem IX. Parteitag (im März/April 1920) wurde das Sekretariat des ZK in ein selbständig funktionierendes Organ umgewandelt. Es wurde beschlossen, daß es sich aus 3 Mitgliedern des ZK zusammensetzen soll, alle drei ständige Mitarbeiter des ZK-Apparates. Auf diese Weise wurden in der Praxis die Posten der Sekretäre des ZK geschaffen, darunter ein „verantwortlicher Sekretär". Die Aufgabe des Sekretariats bestand in der Erledigung der laufenden Angelegenheiten organisatorischen und vollziehenden Charakters, während dem Orgbüro bloß eine „allgemeine Leitung der Organisationsarbeit" übertragen wurde. Zu dieser Zeit hatte das Sekretariat schon einen Mitarbeiterstab von 150 Personen. In einem Jahr, bis zum X. Parteitag, erhöhte sich diese Zahl auf 600.[9])

Im letzten Jahrzehnt schwankte die Zahl der Sekretäre des ZK der KPdSU zwischen 10 und 12. Der Generalsekretär ist für alle Fragen zuständig, die anderen Sekretäre für bestimmte Bereiche. Das sind: die Organisationsarbeit der Partei, die Ideologie, die Landesverteidigung, die Industrie, die Landwirtschaft und die internationale kommunistische Bewegung. Unter Stalin gab es außerdem noch Sekretäre für Kaderfragen und für die Staatssicherheit. Gegenwärtig ist die Kaderarbeit auf alle Abteilungen des ZK verteilt, und die Abteilung für administrative Organe ist den Sekretären unterstellt, die auf dem Gebiet der Partei-Organisationsarbeit fungieren.

Wie bereits erwähnt, sind alle Mitglieder des Politbüros gleichgestellt, mit Ausnahme des Generalsekretärs, der als Leiter des Politbüros gilt. Im Sekretariat herrscht unverhohlene Hierarchie.

Erstens wird ein Unterschied gemacht zwischen den Sekretären, die gleichzeitig Mitglieder oder Kandidaten des Politbüros sind und jenen, die es nicht sind. Der Unterschied ist so groß, daß man von Ober- und Untersekretären sprechen könnte. So ist das Mitglied des Politbüros und Sekretär des ZK der KPdSU, Michail A. Suslov, oberster Chef in Fragen der Ideologie und der internationalen kommunistischen Bewegung. Unter den Sekretären niederen Ranges (als Kandidat des Politbüros ist er schon auf dem Weg zu dem Rang eines Ober-Sekretärs) und als Stellvertreter Suslovs beschäftigt sich Boris Nikolaevič Ponomarev mit den Beziehungen zu den kommunistischen Parteien in den nicht-sozialistischen Ländern und sein Kollege, Konstantin Rusakov, mit jenen zu den Parteien in den realsozialistischen Ländern. Michail Zimjanin ist Sekretär für Ideologie. Die Mitglieder des Politbüros, Sekretäre des ZK der KPdSU Kirilenko und Černenko sind für die Fragen der Parteiorgane und der Organisation zuständig. Als Untersekretär des ZK fungiert auf diesen Gebieten Iwan W. Kapitonov.

Zweitens gibt es einen Rangunterschied unter den Sekretären, die nicht Mitglieder des Politbüros sind. Er zeigt sich darin, daß ihre Namen, wie bereits erwähnt wurde, nicht nach dem Alphabet, sondern nach den Jahren ihrer Mitgliedschaft im Sekretariat genannt werden. Unter ihnen wird als erster I. W. Kapitonov genannt.

Der Unterschied im Status der Sekretäre des ZK wird vom Apparat beim Versand der Beschlußentwürfe, die im Umlaufverfahren abgestimmt werden sollen, genau beachtet. Tatsächlich werden die Beschlußentwürfe nicht allen Sekretären zugestellt – nicht einmal den meisten, da im Umlaufverfahren für die Verabschiedung eines Beschlusses nur 5 von 12 Stimmen der ZK-Sekretäre erforderlich sind. Die Allgemeine Abteilung des ZK, die die Entwürfe verschickt, erhält zuerst die Unterschrift jenes Sekretärs, der für das betreffende Arbeitsgebiet zuständig ist. Sie muß die Stimmeneinholung so organisieren, daß unbedingt ein oder zwei von den höheren Sekretären den Entwurf unterzeichnen. Die erfahrenen Leiter der Allgemeinen Abteilung, die die Stimmung, die Sym- und Antipathien der Sekretäre des ZK genau kennen, sind daher imstande, im gegebenen Fall einen Beschluß aufzuhalten oder sogar zu Fall zu bringen.

Jeder Sekretär des ZK der KPdSU hat ein eigenes kleines Sekretariat. Die höheren Sekretäre verfügen über 2 Mitarbeiter und 2 Sekretäre, die niederen über einen Mitarbeiter und 2 Sekretäre. Die Sekretäre der Sekretäre des ZK arbeiten jeden zweiten Tag vom Morgen bis spät in die Nacht hinein, um das Tagespensum zu bewältigen. Sowohl die Mitarbeiter als auch die Sekretäre der ZK-Sekretäre gehören zur Nomenklatura des Sekretariats des ZK der KPdSU mit Kremlration und einer „Vertuška“. Dem Nomenklatura-Rang nach sind die Mitarbeiter der Sekretäre Kandidaten für den Posten eines Stellvertretenden Abteilungsleiters im ZK der KPdSU und die Sekretäre der ZK-Sekretäre Kandidaten für den Posten eines Sektorenleiters.

Wenn Sie über den rosa-grünen Laufteppich auf dem Parkett des Korridors gehen, ist lange keine Tür in Sicht. Das bedeutet, daß hinter der Wand sich das Büro eines Mitglieds der ZK-Spitze befindet. Endlich eine mit dunklem Kunstleder beschlagene Tür, daran unter Glas ein gewöhnliches weißes Schildchen mit den Initialen des Vor- und Vaternamens und dem Familiennamen. Es ist einer der Namen der höchsten Führer der Sowjetunion.

Sie treten ein. Ein geräumiges, helles Vorzimmer. Hinter einer Barriere, an einem Schreibtisch aus hellem Holz sitzt der Sekretär des Sekretärs, ein junger Mann; links von ihm ein kleiner Tisch mit einer ganzen Batterie von Telefonen. Das Vorzimmer hat 2 Türen; die eine führt in das nicht sehr große Arbeitszimmer des Mitarbeiters, die andere in das große des ZK-Sekretärs.

Auch in diesem Heiligtum werden sie keinerlei Luxus zu Gesicht bekommen. Wie alles im Gebäude des ZK blitzt der Raum vor Sauberkeit.

Er ist trocken und sachlich, nichts Persönliches findet man hier. Weder ein Foto der Frau oder der Kinder, keine Bücher zur Entspannung oder Muße. An der Wand hängt ein Leninbild. Ein großer, aber einfacher Schreibtisch mit einer Standardlampe darauf, zur linken Hand ein kleiner Tisch mit den Telefonen. Ein langer Tisch für Sitzungen, ein Panzerschrank. Am Ende des Raumes eine Tür, die in ein kleines Erholungszimmer führt. Darin ein Bett, ein Kühlschrank, ein Tischchen, eine Lampe, ein Lehnsessel. Dahinter die Toilette und eine Dusche. Alle diese Arbeitszimmer ähneln sich in ihrer Unpersönlichkeit.

Das ebenfalls sachliche Arbeitszimmer Lenins im Kreml erscheint gemütlich und heimelig im Vergleich mit dieser seelenlosen Funktionsbestimmtheit.

Diese Anonymität wurde nicht bewußt erzeugt, aber sie ist aufschlußreich. Sie unterstreicht: Hier herrscht nicht er persönlich, der mächtige Sekretär des ZK, hier herrscht durch ihn die anonyme Klasse der Nomenklatura.

7. Sind Konflikte zwischen Politbüro und Sekretariat denkbar?

Das Politbüro und Sekretariat des ZK der KPdSU sind Zwillingsorgane. Läge ein Konflikt zwischen ihnen im Bereich der Möglichkeit? Oder ist ihre Macht so ungleich, daß von einem Konflikt überhaupt keine Rede sein kann? Nein, die Macht der beiden Instanzen ist durchaus vergleichbar. Bei aller Allmacht des Politbüros hat dieses einen schwachen Punkt: Die Zugehörigkeit zum Politbüro bringt ungeheuere Privilegien, aber kein Amt – während das Sekretariat ein Amt auf höchster Ebene im Nomenklaturastaat ist.

Sicherlich ist der Posten des Ministerpräsidenten der UdSSR höher als der Posten eines der 12 Sekretäre des ZK der KPdSU. Aber das Präsidium des Ministerrates mit seinem Vorsitzenden an der Spitze rangiert wesentlich niedriger als das Sekretariat des ZK, an dessen Spitze der Generalsekretär steht. Dementsprechend sind alle ZK-Sekretäre der obersten Führungsgruppe zuzuzählen, während vom Präsidium des Ministerrats nur sein Oberhaupt und dessen erster Stellvertreter dazugehören.

Im Politbüro befinden sich Personen, die weniger Macht haben als ein beliebiger Sekretär des ZK der KPdSU. Das sind zum Beispiel die Ersten Sekretäre der ZK der KP der Unionsrepubliken, der Minister für auswärtige Angelegenheiten der UdSSR, der Erste Stellvertreter des Vorsitzenden des Präsidiums des Obersten Sowjet der UdSSR. Das erklärt sich nicht daraus, daß diese Personen über wenig Macht verfügten, sondern aus der ungeheueren Machtfülle des Sekretariats des ZK. Dieses befehligt den allgewaltigen zentralen Parteiapparat, von den Ministerien und Behörden ganz zu schweigen. Alles in allem verfügt das Sekretariat des ZK vollberechtigt in allen Angelegenheiten des Landes praktisch ebenso wie das Politbüro. Diese Gleichstellung wird dadurch erreicht, daß, obwohl das Politbüro höher steht, die Anzahl der Hebel der Macht im Sekretariat größer ist.

Daraus ergeben sich natürlich Konflikte zwischen dem Politbüro und dem Sekretariat. Von einzelnen Meinungsverschiedenheiten in Teilfragen abgesehen, kann man zumindest drei große Konflikte aufzählen:

Der erste war der Kampf des an der Spitze des Sekretariats stehenden Stalin gegen Trockij, Kamenev, Zinovjev, Bucharin und Rykov, alle Mitglieder des Politbüros. Gewöhnlich wird über diesen schweren Kampf nur vermerkt, wie geschickt Stalin es verstanden habe zu manövrieren, indem er die Front seiner Gegner aufspaltete und sie gegeneinander ausspielte. Es wäre aber falsch, außer acht zu lassen, daß das in erster Linie ein Konflikt zwischen zwei Direktivorganen, dem Politbüro und dem Sekretariat, war. Er endete mit dem Sieg des Stalinschen Sekretariats. Das Politbüro wurde von den Stalin-Anhängern erobert.

Der zweite Konflikt ist weniger bekannt. Er entbrannte in den Jahren 1953–1954, als es nach dem Tod Stalins seinem Nachfolger Georgij M. Malenkov nicht gelang, sich den Posten des Generalsekretärs zu sichern. Dabei spielte die wenig bekannte Tatsache eine Rolle, daß die Nachfolger Stalins im Jahre 1952, als sein Tod schon in Sicht war, es zuwege brachten, den Posten des Generalsekretärs des ZK der KPdSU überhaupt abzuschaffen. Stalin war damit einverstanden, – seit langem unterschrieb er schon nicht als Generalsekretär, sondern schlicht als „Sekretär des ZK der KPdSU J. Stalin". Er hatte allen Grund anzunehmen, daß sein Name mehr Gewicht hatte als das vorangestellte „General-". So ergab sich nach dem Tod Stalins die paradoxe Situation, daß es in allen Komitees der KPdSU, angefangen von den Zentralkomitees der Unionsrepubliken bis hinunter zu den Rayonskomitees, einen Ersten Sekretär gab, aber im ZK der KPdSU nicht. Dieses Paradoxon war geschaffen worden, damit Malenkov nicht gleich auf Stalins Sessel hinaufrutschen könne.

In den ersten Tagen nach Stalins Tod im März 1953 war es Brauch, die Reden auf den Trauerkundgebungen mit der stereotypen Phrase zu beenden: „Ewiger Ruhm dem Vorsitzenden des Ministerrates der UdSSR, dem Sekretär des ZK der KPdSU, J. V. Stalin! Es lebe der Vorsitzende des Ministerrates der UdSSR, der Sekretär des ZK der KPdSU, G. M. Malenkov!" Von dieser Formel, die an das „Le roi est mort, vive le roi" erinnert, mußte man abgehen, da das Büro des ZK-Präsidiums Malenkov seines Amtes als Sekretär des ZK der KPdSU enthoben hatte. Die Begründung lautete, daß es unmöglich sei, dieses Amt gleichzeitig mit dem eines Vorsitzenden im Ministerrat der UdSSR auszuüben, welches den ganzen Mann erforderte. Ein Hinweis auf den Präzedenzfall, die Vereinigung beider Ämter in der Person Stalins, wäre anmaßend und ohnehin erfolglos gewesen.

Unter diesen Umständen war Malenkov bemüht, die Rolle des Sekretariats und des unter der Leitung des letzteren stehenden Apparates des ZK der KPdSU zu schmälern. Er begann, obwohl dies in der Presse nicht erschien, sich einen „den Vorsitz führenden" (nicht: Vorsitzenden!) des Präsidiums des ZK zu nennen. Vom Sekretariat begann man als von einem technischen Organ zu sprechen; zum verantwortlichen Leiter des Sekretariats wurde Chruščev eingesetzt, der fälschlich, wie sich erwies, für unfähig gehalten wurde, Malenkov Konkurrenz zu machen. Im Apparat des Ministerrates der UdSSR schuf Malenkov große Abteilungen, denen er die Funktionen der Abteilungen des ZK der KPdSU übertragen wollte.

Auch diesmal siegte das Sekretariat. Mit Unterstützung des Parteiapparates gelang es dem Sekretariat mit Chruščev an der Spitze, Malenkov rasch in die Knie zu zwingen und ihn Anfang 1955 zur Demission zu veranlassen.

Der dritte Konflikt des Politbüros (Präsidium) mit dem Sekretariat des ZK ereignete sich im Jahre 1957. Mit Stimmenmehrheit (8 gegen 4 Stimmen) beschloß das Präsidium des ZK Chruščev seines Amtes als Erster Sekretär des ZK zu entheben. Dagegen stimmten drei Sekretäre des ZK, die auch Mitglieder des Präsidiums waren: Chruščev selbst, Suslov und Furceva (der vierte, der für Chruščev stimmte, war Mikojan). Der dem Sekretariat unterstellte Apparat des ZK organisierte es, mit Unterstützung von Marschall Žukov, in aller Eile, daß ungefähr 100 Mitglieder des ZK in den Kreml kommen konnten. Sie konstituierten sich als Juni-Plenum des ZK der KPdSU und unterstützten Chruščev bei der Niederschlagung der Mehrheit des Präsidiums.[10]) Es wäre falsch, diese Aktion als Aufstand der Mitglieder des ZK gegen das Präsidium zu deuten, es handelte sich vielmehr um eine Operation des Sekretariats. Der einzige Sekretär des ZK, der die Anti-Chruščev-Mehrheit des Präsidiums unterstützt hatte, Šepilov, wurde exemplarisch bestraft. Er wurde mit Schimpf und Schande aus dem Sekretariat des ZK verjagt, aus der Partei und aus der Akademie der Wissenschaften der UdSSR ausgeschlossen. Zum dritten Mal hatte das Sekretariat in einem Konflikt mit dem Politbüro den Sieg davongetragen.

Es wäre nicht richtig, aus diesen wiederholten Siegen zu folgern, das Sekretariat sei dem Politbüro an Macht überlegen. Aber man kann sagen, daß es im Ernstfall nicht schwächer ist als das Politbüro.

Die Selbständigkeit des Sekretariats wird auch statistisch dokumentiert. Es wurde offiziell berichtet, daß in den 5 Jahren zwischen dem XXIV. und XXV. Parteitag das Sekretariat im Zuge der Kontrolle der Durchführung von Parteibeschlüssen „mehr als 80 Fälle“ untersucht hat, d. h. im Durchschnitt 16 Fälle pro Jahr; daraus wird klar, daß die Überprüfung der Durchführung von Parteibeschlüssen keineswegs die wichtigste Aufgabe des Sekretariats ist. Auch ist die Vorbereitung der Unterlagen für die Sitzungen des Politbüros offensichtlich nicht seine Aufgabe. Im obengenannten Zeitabschnitt trat das Politbüro 215mal, das Sekretariat aber nur 205mal zu Sitzungen zusammen.[11])

Das Politbüro und das Sekretariat des ZK der KPdSU arbeiten parallel.

Beide stellen jene Maschine dar, die die politischen Beschlüsse der Nomenklatura faßt.

8. Der Apparat des ZK

Die im Westen verankerte Vorstellung vom Funktionieren der herrschenden Schicht der sowjetischen Nomenklatura ist ungefähr die folgende: Sie sitzen da im Kreml und beraten Tag und Nacht, was zu tun ist und wie die Generallinie weitergeführt werden soll. Und da die Führung einer Weltmacht wie die UdSSR bei vollem Entscheidungsmonopol fast unzählige Beschlüsse zu fassen hat, ist es für die westlichen Beobachter ein Rätsel: wann finden diese Leute Zeit, nicht nur zu schlafen, sondern auch Bankette und Empfänge zu besuchen, ins Ausland und quer durch die Sowjetunion zu fahren, Wochen in ihren Datschas in der Umgebung Moskaus oder am Schwarzen Meer zu verbringen, sich mit ihren Gemahlinnen und mit Nichtgemahlinnen die Zeit zu vertreiben, auf die Jagd zu gehen und sich des dolce vita zu erfreuen? Die Beantwortung dieser Frage wurde auch durch die Beschreibung – im Buche der Swetlana Allilujewa – der langen nächtlichen Stunden bei Tisch auf der Datscha Stalins nicht erleichtert. Sicherlich, die saßen dort stundenlang und manchmal wurden auch irgendwelche politischen Fragen behandelt, aber meistens erzählten sie einander alte Witze, betranken sich und überschlugen sich in Schmeicheleien dem Chef gegenüber.

Indes lief und läuft alles weiter, eine politische Aktion folgt auf die andere und alles geht von ihnen aus, von dieser kleinen Gruppe alter Herren. Wer sind sie? Genies oder übermenschlich leistungsfähige Menschen?

Weder das eine, noch das andere. Sie wären längst an Überarbeitung gestorben wie Lenin, der alles selbst zu überdenken und zu bearbeiten versuchte. Sie aber lassen es sich gut gehen und erreichen in beneidenswerter Gesundheit ein hohes Alter. Das Geheimnis dieses gerontologischen Phänomens liegt darin, daß ein riesiger Nomenklatura-Apparat für die Mitglieder des Politbüros und des Sekretariats des ZK denkt und arbeitet. In der Vorstellung des Westens von der Arbeit der Nomenklatura-Spitze der UdSSR steckt ein methodologischer Fehler: Man berücksichtigt nicht, daß die Beschlüsse, die von ihr gefaßt werden, nur den Schlußtakt eines komplizierten Arbeitsmechanismus darstellen. Das Politbüro und das Sekretariat, welche die Beschlüsse fassen, sind nur der letzte, wenn auch sehr wichtige Teil dieses Mechanismus. In mehr als einem halben Jahrhundert nach jener Zeit, als Lenin im menschenleeren Kreml improvisierte, wurde dieser heute reibungslos funktionierende Mechanismus geschaffen und vervollkommnet.

Wir haben bereits gesehen, daß die Beschlüsse des ZK der KPdSU heutzutage nicht so gefaßt werden wie zu Lenins Zeiten. In der Gesamtausgabe der Werke Lenins gibt es viele Texte von Beschlüssen des ZK und des Rates der Volkskommissare, die von Lenin persönlich verfaßt worden sind. Schon in den Dokumenten Stalins wird man kaum ähnliche selbstverfaßte Entwürfe finden. Und unter den Dokumenten Chruščevs und Brežnevs fehlen sie ganz. Man vergleiche nur das mit Büchern, Literatur über verschiedene Fragen, Nachschlagewerken und Wörterbüchern überfüllte Arbeitszimmer Lenins im Kreml, mit dem Kremlbüro Brežnevs, in dem kein einziges Buch steht, sondern nur Telefone, Knöpfe, ein langer Tisch für Sitzungen, und, an beherrschender Stelle dieser Tischgarnitur, eine Tischuhr in der symbolhaften Form eines Schiffssteuers.

Es geht nicht darum, daß Brežnev am Steuer weniger arbeitete als Lenin. Seine Arbeit wurde anders organisiert. Es ist nicht nötig, selbst in den Büchern zu wühlen; ein Referent bringt alles Nötige, sorgfältig überprüft und maschinegeschrieben, in einer Mappe aus Saffianleder; es sind keine Rohmaterialien, sondern bereits der fertige Text eines Beschlusses, eines Berichtes, eines Referates oder einer Tischrede. Der Text ist von Fachleuten verfaßt, sorgfältig redigiert und erwogen, aufmerksam von allen möglichen Gesichtspunkten aus durchgesehen. Könnte Brežnev selbst einen Bogen Papier zur Hand nehmen und das besser schreiben? Natürlich nicht. Das heißt, man muß einfach nur unterschreiben oder vorlegen ohne viel nachzudenken. Aufschlußreich ist in dieser Hinsicht einer der zahlreichen Brežnev-Witze: Brežnev rügt seinen Referenten: „Ich habe gesagt, eine Rede für zehn Minuten, und ich mußte zwanzig Minuten lesen!" Der Referent antwortet schüchtern: „Leonid Iljič, in der Mappe waren zwei Durchschläge!"

Es gibt auch im Westen ghost-writers für die Reden der Politiker, aber das System ist ein anderes. Im Westen schreibt für den Präsidenten, den Premierminister oder den Parteichef ein Mensch mit flotter Feder in einem Stil, der seinem Chef gefällt. Es ist bekannt, daß die Arbeit der ghost-writers individuell geprägt ist, obwohl sie unter dem Namen ihrer Chefs schreiben. In den realsozialistischen Ländern schreibt der Apparat. Der Text wandert durch eine Vielzahl von Händen, wobei sogar der erste Entwurf von verschiedenen Leuten verfaßt ist, von welchen jeder, je nach Inhalt, für einen bestimmten Text des Chefs zuständig ist. Ich selbst schrieb zum Beispiel regelmäßig die Grußbotschaften Chruščevs an die internationalen Pugwash-Konferenzen, und sie wurden in der Sowjetpresse fast ohne Änderungen abgedruckt. Einen individuellen ghost-writer hatte Chruščev nicht; die Texte wurden von verschiedenen Leuten geschrieben.

Damit will ich keineswegs die Fähigkeiten der Politiker der Nomenklaturaklasse in Frage stellen. Schreiben konnte Chruščev nicht, aber er war ein guter Redner und begabter Demagoge. Die von ihm auf Tonband diktierten Memoiren sind ein interessantes Dokument. Obwohl man in der Sowjetunion nicht selten hören kann, Brežnev wäre ein beschränkter Bürokrat, war er in Wirklichkeit immer ein talentierter Politiker – selbstverständlich in den Kategorien des Realsozialismus.

Der Apparat spielt eine wichtige Rolle nicht nur bei der Abfassung von Beschlüssen, Erklärungen und Reden, sondern auch bei der Meinungsbildung der Nomenklaturaführung, die in diesen Texten zum Ausdruck kommt.

Im letzten Kapitel war die Rede davon, wie unendlich weit die Spitze der Nomanklaturaklasse vom realen Leben entfernt ist. Alle Informationen, die sie erhält, stammen und sind präpariert vom Apparat. Der einfache Sowjetbürger sammelt seine Kenntnisse von der Lage im Land und in der Welt tropfenweise. Der Nomenklaturaspitze steht ein Meer von Informationen zur Verfügung. Diese Fülle kommt von den Ministerien und Behörden, vom Statistischen Zentralamt der UdSSR, von den Korrespondenten der TASS, von den Nachrichtensatelliten, den Spionen und Informanten des KGB, den Botschaften und Handelsvertretungen, dem Rundfunkabhördienst, den ausländischen kommunistischen Parteien und ausländischen Diplomaten, kurz, aus vielen Quellen. Aber alles das scheint nicht genug zu sein. Es gibt wahrscheinlich kein anderes Land, in dem die herrschende Schicht mit einer solchen Verbissenheit hinter Informationen her ist wie in der Sowjetunion.

Dennoch sind die Beherrscher dieses Landes nicht die am besten informierten Leute der Welt. Swetlana Allilujewa schreibt über die Tischgesellschaft des Stalinschen Politbüros verwundert: „Das übliche lange Verweilen bei Tisch – und nichts Neues, kein einziges Wort. Als ob die Welt ringsum nicht existierte. Haben denn alle diese Leute, die da sitzen, an diesem Tag nichts Neues, Interessantes aus aller Welt erfahren? Sie verfügen doch über Informationen wie niemand sonst. Aber es ist, als verfügten sie nicht über solche.“[12]) Das ergibt sich nicht etwa aus dem Bestreben, Staatsgeheimnisse vor Außenstehenden zu bewahren. Die Führer der Nomenklaturaklasse sind einfach nicht sehr informiert und nur selektiv wissensdurstig: sie sind begierig, nur das zu wissen, was ihre Karriere betrifft.

Wie wird das Meer von Informationen schließlich zu jenem dünnen Bächlein, aus dem die Mitglieder des Politbüros und des Sekretariats ihr eher karges Wissen schöpfen?

Für alle informativen Dokumente, die den Direktivorganen zugeleitet werden, besteht, ohne Rücksicht auf den Grad der Wichtigkeit, eine strenge Norm: nicht länger als zwei Schreibmaschinenseiten zur Begründung der Notwendigkeit des Beschlusses und fünf Seiten zum

Zwecke der reinen Information. Dabei wird von den Verfassern des Dokumentes verlangt, für einen Leser zu schreiben, der überhaupt keine Ahnung von der betreffenden Frage hat.

Die so verfertigten Dokumente gelangen in die Hände der Mitarbeiter der Führungsmitglieder. Hier werden die Informationen sorgfältig sortiert, Überflüssiges eliminiert, Unangenehmes geglättet, der Rest stark gekürzt. Derart entsteht ein retouchiertes Schema eines Schemas, das den Führern der Nomenklatura zur Kenntnis gebracht wird. Es ist bekannt, daß diese der täglich gelieferten Information des KGB über die politische Lage im Innern des Landes besondere Aufmerksamkeit widmen (eine analoge Information über die Lage in jeder Unionsrepublik wird vom dortigen KGB dem Ersten Sekretär des ZK der KP dieser Republik vorgelegt).

Ein solches System bietet ein gewisses Halbwissen und die Illusion, gut informiert zu sein. Die bejahrten Führer werfen einen eiligen Blick auf die kurzen, glattgeschliffenen Sätze, in welchen jedes Wort bedeutungsvoll ist, wenn man darüber nachdenkt. Da aber das letztere nicht der Fall ist, sind praktisch diese Texte eine Rückversicherung, sie sind so abgefaßt, daß man dem Verfasser nicht vorwerfen kann, er habe etwas falsch dargestellt oder verschwiegen. In der Erinnerung der Nomenklaturaführer bleibt von einer solchen Information nicht sehr viel haften, nur was sie eventuell zufällig interessiert hat, was ihnen besonders wichtig oder auffallend erschien. Aber auch daran erinnern sie sich nur schematisch und ungefähr.

Natürlich besteht die Möglichkeit, in einer beliebigen Frage sehr reichhaltige Information zu bekommen, wenn man dies wünscht. Nur wünschen sie das nicht: über alles kann man sich nicht informieren, dazu fehlt es an Zeit, und es ist auch nicht nötig. Es gibt keine Opposition, und die Führer der Nomenklatura sind seit eh und je gewohnt, daß jeder Beschluß von den sie umgebenden Schmeichlern als Ausdruck höchster Weisheit akklamiert wird und daß das Volk alles duldet.

Die Rolle des Apparates bei der Ausübung der Nomenklatura-Herrschaft im Lande ist nicht auf die Information und auf die Ausarbeitung von Beschlußentwürfen beschränkt. Der Parteiapparat ist auch befugt, Anweisungen zu erteilen, deren Durchführung obligatorisch ist. Dieses Recht ist außerordentlich wichtig. Die Zahl der protokollierten Beschlüsse der Büros und der Sekretariate von Parteikomitees – angefangen vom ZK bis hinunter zum Rayonskomitee – wie imponierend sie auch sein mag – ist lächerlich gering im Vergleich mit der Zahl der mündlichen und telefonischen Anweisungen, die nirgends fixiert, aber unbedingt befolgt werden. Ein Versuch, bei der höheren Instanz des Parteiapparates gegen eine Anweisung einer niedrigeren zu protestieren, ist vergeblich: Der Klassenzusammenhalt des Nomenklaturaapparates ist derart stark, daß selbst ein höchster Angehöriger dieses Apparates einen ihm Untergebenen vielleicht in seinem Büro zurechtweisen, aber niemals nach außen hin desavouieren würde. Der Beschwerdeführer jedoch kann seine Karriere als abgeschlossen ansehen: Der rachsüchtige Apparat wird ihm unbedingt einen Schlag versetzen. Wenn man in den Jahren der Stalinschen Parteisäuberungen noch hoffen konnte, daß die Apparatfunktionäre in ihren Intrigen gegeneinander eine Beschwerde zum Vorwand nehmen würden, um mit dem jeweiligen Gegner abzurechnen, so ist das heute aussichtslos. Das Zusammenhalten auf Gedeih und Verderb Außenstehenden gegenüber wurde in der Nachstalinschen Ära zum Axiom.

Anders verhält es sich im staatlichen Apparat. Hier kann man sich bei den höheren Bürokraten über einen Beschluß der niedrigeren beschweren. Hier kann man sich auch schließlich mit der Beschwerde an den Parteiapparat wenden. Die Verfügung des Parteiapparates muß aber widerspruchslos befolgt werden. Sie stammt ja nicht von irgendeiner gewöhnlichen staatlichen Behörde, sondern von der Zentrale der herrschenden Klasse.

9. Das KGB, eine sowjetische Behörde

Keine Diktatur kann ohne Terror auskommen. Der Mythos von einer „Diktatur der überwältigenden Mehrheit über eine winzige Minderheit", von den jungen Marx und Engels erfunden und von Lenin aufgegriffen, ist Papier geblieben. In der gesellschaftlichen Realität ist und bleibt die Diktatur immer die Herrschaft einer winzigen Minderheit über eine überwältigende Mehrheit. Anders wäre sie ja keine Diktatur, sondern eine Demokratie. Die diktatorische Macht kann man nur durch Zwang und Einschüchterung, das heißt durch Terror, behaupten.

Jede Diktatur ist ein Polizeistaat. Aber ein Polizeistaat ist nicht ein Staat, der eine gut organisierte gewöhnliche Polizei hat. Übrigens ist eine normale Polizei (die dort Miliz heißt) in der Sowjetunion schlecht ausgebildet und kümmerlich ausgerüstet. Die Sowjetunion ist keineswegs eine Oase der Sicherheit der Person und des Eigentums. In den Großstädten der USA gibt es mehr, aber in Westeuropa weniger Verbrechen als in der Sowjetunion.

Ein Polizeistaat ist ein Staat mit einer mächtigen politischen Geheimpolizei. Sie jagt nicht Räuber und Mörder, sondern Andersdenkende. Solche Polizisten gibt es in der Sowjetunion tatsächlich viele, und sie sind sorgfältig ausgebildet und ausgerüstet.

Orwell hat ganz richtig das Bestreben der Diktaturen vermerkt, ihre Spürhunde durch veredelnde Bezeichnungen zu tarnen. In seinem Roman „1984“ heißt die Geheimpolizei „Ministerium der Liebe“. Obwohl die sowjetische Nomenklatura einen solchen Euphemismus nicht erreicht hat, probierte sie zur Bezeichnung ihrer Geheimpolizei bereits eine Reihe klingender Namen durch: Tscheka (ČK) – Außerordentliche Kommission zur Bekämpfung der Konterrevolution und der Sabotage; GPU – Politische Hauptverwaltung; NKWD – Volkskommissariat für innere Angelegenheiten; NKGB – Volkskommissariat für Staatssicherheit; MGB – Ministerium für Staatssicherheit; MWD – Ministerium für innere Angelegenheiten; und schließlich KGB – Komitee für Staatssicherheit. Das ist die Reihe der Namen ein- und derselben geheimpolizeilichen Behörde, die bereits einen Monat nach dem Oktoberumsturz im Dezember 1917 gegründet werden mußte. Alle diese periodisch wechselnden Bezeichnungen vereinfachend, sprechen die Sowjetbürger von den „Organen“.

Die Nomenklatura kann sich nicht genug tun in der Propaganda der Menschlichkeit und Großherzigkeit der „Organe“. Ihr erster Chef, Felix Dzerzinski, wurde zum „furchtlosen Ritter der Revolution“ erklärt, seine Statuen stehen vor den Gebäuden des KGB (unter anderem auch in Moskau), die Büros dieser Gebäude sind mit seinen Portraits geschmückt. Einmal hielt ich in Wilna eine Vorlesung für den Apparat des KGB der Litauischen Unionsrepublik. Im Sitzungssaal hing ein riesiges Portrait Dzerzinskis, das fast vom Boden bis zur Decke reichte. Meisterhaft gemacht, schien der Abgebildete einen jeden im Saal durchdringend und mißtrauisch zu beobachten.

Wie funktionierten die von diesem „Ritter“ angeführten „Organe“, damals Tscheka genannt? Professor P. Miljukow liefert uns folgende leidenschaftslose Aufzählung: „Jede Abteilung der Tscheka in der Provinz hatte ihre eigenen, von ihr bevorzugten Foltermethoden. In Charkov wurden die Leute skalpiert und von den Handknochen „Handschuhe“

abgezogen. In Voronež setzte man die Gefolterten nackt in Fässer, die innen mit Nägeln ausgeschlagen waren und brachte die Fässer ins Rollen; man brannte den Opfern einen fünfzackigen Stern in die Stirn, und den Priestern setzte man einen Kranz aus Stacheldraht auf. In Caricyn und Kamyšin zersägte man die Knochen mit einer Säge. In Poltava und Kremenčug setzte man die Opfer auf einen Pfahl. In Ekaterinoslav kreuzigte und steinigte man sie. In Odessa briet man die Offiziere im Ofen oder zerriß sie in Stücke. In Kiew legte man sie in einen Sarg mit einem sich bereits zersetzenden Leichnam, begrub sie lebendig und grub sie nach einer halben Stunde wieder aus.“[13])

So geschehen in der Provinz. Man kann sich leicht – oder eher schwer – vorstellen, was in Moskau in der Lubjanka vor sich ging. Ilja Ehrenburg – nicht der bedrückte und brummige, den ich in den fünfziger Jahren kennenlernte, sondern ein Ehrenburg, der eben aus der Emigration zurückgekommen war, noch vom Hauch der freien Pariser Luft umweht – schrieb über die Lubjanka in einem Roman, der 1923 in Moskau herauskam: „Sie besetzten das Haus... ein gewöhnliches Haus. Besetzten es und schufen in ihm ein derariges Grauen, daß der Vorübergehende sogar in der Hitze des Sommers erzitterte und vorsorglich einen Bogen darum machte. Man braucht nur nachts jemanden mit dem Ruf „Lubjanka“ wachrütteln, dann wird der auf seine nackten Füße blicken, sich von den Seinen verabschieden und der junge, kräftige Bär von einem Mann wird wie ein kleiner Bub zu heulen anfangen.“[14]) Denn bereits damals, unter Lenin und Dzerzinski, war die Lubjanka ein Ort, „wo das Blut zu Klumpen gerann, wo man die Seele herausschraubte, wo jede Rotznase mit Schirmkappe ein Dschingis Khan war“.[15])

Der Oberst des Staatssicherheitsdienstes, Stepan Gavrilovič Kornejev – den westlichen Wissenschaftlern ist er als langjähriger Leiter des Amtes für die Auslandsbeziehungen der Akademie der Wissenschaften der UdSSR bekannt – fragte mich einmal, ob für mich das Gebäude auf der Lubjanka allein schon schrecklich sei und erklärte dabei: „Viele behaupten, daß sie sich sogar fürchten, an unserem Gebäude vorbeizugehen – so Schreckliches spiele sich drinnen ab.“

Es spielte sich sicher gar Vieles darin ab. Die Henker von damals sind jetzt verschwunden. Selbst in der Umgebung der Lubjanka sieht man nicht jene finsteren Männer, wie sie zu Zeit Stalins dort eilig hin und her liefen. Ihren Beruf erkannten wir immer an ihrem kalten, starren Blick. Ob er ein Spiegel ihrer dunklen Seele war oder das Schandmal der blutigen und abscheulichen Beschäftigung, die sie Tag und Nacht ausübten?

Im Sommer 1951 mußte ich in einem Sanatorium in der Nähe von Kaliningrad (Königsberg) fast einen Monat lang mit einem von diesen Leuten in einem Zimmer wohnen. Schon am ersten Tag, als er auftauchte, fragte mich eine Bekannte: „Wer ist der Mensch mit den schrecklichen Augen eines Mörders?“ Er hatte es mir selbst gesagt: er war Untersuchungsrichter des MGB und arbeitete auf der Lubjanka. „Ich bin überarbeitet“, klagte er mit heiserer Stimme. In der Tat war er mager und hohlbrüstig, konnte nachts nicht schlafen und rauchte ununterbrochen. Er war entsetzlich primitiv, ungebildet, grob und mürrisch und las nichts. Später freundete er sich mit einer Frau an, die auch diesen starren Blick hatte, und erklärte mir: „Wir arbeiten im selben Betrieb.“ Es lag mir auf der Zunge, ihn zu fragen: „Was produziert ihr dort? Leichen aus lebendigen Menschen?“ Aber eine solche Frage wäre Selbstmord gewesen. Nach Ablauf der Urlaubszeit und des langweiligen Techtelmechtels mit der Frau flog er nach Moskau zurück, wo er wirklich ein Assargadon, Herr über Leben und Tod jener gemarterten Menschen war, die durch seine behaarten Hände gingen.

Vom Standpunkt der Nomenklaturaklasse sind solche Typen „ruhmreiche Tschekisten“, welchen wir nacheifern sollten. Zu Vorbildern wurden auch die Denunzianten erklärt. Verweigerung der Denunziation war sogar dem Gesetz nach strafbar, aber die Nomenklatura versuchte uns zu überzeugten und auf ihr Metier stolze Denunzianten zu erziehen. Zu diesem Zweck wurde der Kult des Pavlik Morosov begründet, eines Schulbuben, der die Gespräche seines Vaters – eines „Kulaken“ – belauscht und der GPU hinterbracht hatte, worauf der Vater erschossen wurde. Pavliks Sippschaft machte den jungen Helden auf die einzige für sie mögliche Art unschädlich. Dem Pavlik wurden posthum Denkmäler errichtet (eines davon steht in Moskau) und nach seinem ruhmreichen Namen Schulen und Pioniergruppen benannt. Die Heldentat des Denunzianten wurde nicht als eine für uns unerreichbare Spitzenleistung, sondern als normale Handlungsweise gepriesen. Als zur Zeit der Ežovščina die Kinder der Verhafteten sich den Komsomolzenversammlungen stellen mußten, wurden sie immer gefragt: „Wie konntest du, ein Mitglied des Komsomol, mit einem Volksfeind (d. h. mit dem Vater oder mit der Mutter) zusammenleben, ohne ihn (oder sie) zu durchschauen und das dem NKWD zu melden?“

Über die Polizeiherrschaft in der Sowjetunion und über die sowjetischen „Organe“ sind viele Bücher, eine ganze Bibliothek, geschrieben worden. Dieses Kapitel hat den Zweck, nur einen Faktor zu unterstreichen, der in dieser Bibliothek fehlt.

In ihren Beschreibungen der Verbrechen der Tscheka-GPU-NKWD-NKGB-MGB-KGB erwecken die Autoren dieser Bücher nolens volens den Eindruck, die „Organe" seien ein Haufen Teufel, eine irgendwie mystische Macht. Aber dem ist nicht so. So war es übrigens auch zu Stalins Zeiten nicht, als es mehr Grund gab, das zu glauben. Der Chef der Personalabteilung des Sowjetischen Informationsbüros P. I. Pavlovcev, der viele Jahre bei den „Organen" gearbeitet hatte, sagte bereits Anfang der fünfziger Jahre: „Das MGB ist keine Ikone, sondern eine sowjetische Behörde." Für den Vergleich mit einer „Ikone" ist der persönliche Geschmack Pavlovcevs verantwortlich, aber der Sinn des ganzen ist zutreffend. Das KGB ist eine Nomenklaturabehörde. Es ist nicht der Sitz von Mystik und Teufeln, sondern von Nomenklaturisten, die nicht schlechter und nicht besser sind als in einer beliebigen anderen Behörde. Wenn das sogar auf die Ežovščina zutrifft, dann um so mehr auf die heutigen „Organe" mit ihrem viel anständigeren Personal.

Die kommunistische Propaganda stellt die Mitarbeiter des KGB immer noch als Proletarier dar, die mit ihren schwieligen Fäusten die Revolution verteidigen. Viele Leute im Westen bilden sich ein, die KGB-Angestellten seien entartete und genialische Intellektuelle, eine Mischung von Sherlock Holmes und James Bond. Aber sie sind anders. Die Mitarbeiter der „Organe" sind heute typische, hochdotierte Bürokraten, die sich sehr an ihren Posten klammern und bemüht sind, sich verdient zu machen. Intellektuelle, die fallweise in den Dienst der „Organe" treten, bleiben da im allgemeinen nicht. Sie werden aus diesem Milieu hinausgedrängt – jedenfalls machen sie dort nicht Karriere.

Mitarbeiter der „Organe" sind von militärischer Exaktheit und unverbrüchlichem Gehorsam ihren Vorgesetzten gegenüber. Sie denken nicht in logischen, sondern in den psychologisierenden Kategorien von Berufspolizisten. Wichtigster Grundsatz dieses Denkens ist, daß man keinem Menschen auch nur ein einziges Wort glauben darf; die Menschen hätten nur den Wunsch, es sich im Leben besser einzurichten, eine Überzeugung haben sie nicht und können sie nicht haben; zur Verwirklichung dieses Bestrebens sei jeder bereit, alles zu tun. Deshalb ist die KGB-Einschätzung der Dissidenten als psychisch Abnormale zum Teil ernst gemeint.

Die Mitarbeiter des KGB sind extrem konservativ. Sie sehen den Sinn ihres Lebens darin, die geringste Entwicklung der sowjetischen Gesellschaft zum Liberalismus zu verhindern. Natürlich gibt es unter ihnen auch heimliche Nostalgie für die Zeit Stalins, in der sie von allen, einschließlich der höchsten Mitglieder der Nomenklatura, gefürchtet wurden, in der es, wie Nomenklaturisten zu sagen pflegen, noch „Autorität" und „Ordnung" gab. Sie sind nicht gegen die Wiederkehr einer solchen „Ordnung", wünschen aber kaum das Wüten des Ežov- oder des Berija-Terrors mit ihren unausweichlichen blutigen Säuberungen in den eigenen Reihen. Eine wichtige Stütze der herrschenden Nomenklaturaklasse, die Mitarbeiter des KGB, wollen eine Garantie für das unerschütterliche Weiterbestehen der Nomenklatura und sehnen sich nach Sicherheit.

Sind sie sich dessen bewußt, daß sie eine schmutzige Arbeit verrichten? Das wohl, aber irgendwelche seelischen Konflikte in diesem Zusammenhang kann man bei ihnen nicht feststellen. Die Verteidigung der Herrschaft und der Privilegien ihrer selbst und ihrer Klasse halten sie für lebensnotwendig. Die Methoden werden innerlich gerechtfertigt durch die Überzeugung, daß alle Menschen Schweine sind. Etwaige restliche Zweifel werden durch Pflege des Kastengeistes in den Reihen der Mitarbeiter des Staatssicherheitsdienstes sowie des Gefühls der Überlegenheit und Wichtigkeit erstickt, ferner durch den offiziell geförderten Mythos vom tschekistischen Heroismus, von der Unerbittlichkeit dem Feind gegenüber, der Treue und anderer SS-Tugenden. Ja, SS-Tugenden! Diese ganze Ideologie läßt sich in der bekannten Formulierung Himmlers zusammenfassen: „Unsere Ehre heißt Treue." In den vom Faschismus befreiten Ländern heißt die Ehre wieder Ehre.

Mit Recht pflegt man die zahllosen Opfer des Terrors der Nomenklaturapolizei zu bedauern. Aber auch die Mitarbeiter der Organe selbst verdienen Mitleid. Obwohl sie von Gewissensbissen nicht geplagt werden, sind sie sich doch des Abscheus bewußt, den sie bei der sowjetischen Bevölkerung hervorrufen. Zur Zeit Stalins trugen sie, wenn sie in Pension gingen, noch stolz das Abzeichen „Ehrentschekist" und die Uniform mit der blauen Kappe. Jetzt verbergen sie ihre tschekistische Vergangenheit. Die Leute machen um sie einen Bogen. In keiner Gesellschaft sieht man einen Mitarbeiter der Organe, nicht einmal auf Gesellschaften von Nomenklaturisten aus dem Parteiapparat oder der Diplomatie. Nur ihre eigenen Kollegen der Strafjustiz, der Staatsanwaltschaft und der Gerichte meiden sie nicht.

So verhalten sich nicht nur die Intellektuellen, sondern auch die Werktätigen zu den „Organen". Dieses Verhalten ist seit langem in der scherzhaften Frage ausgedrückt: „Bist du ein Mensch oder ein Milizionär?“ (Im sowjetischen Volk heißen sowohl die Mitarbeiter des MWD als auch des KGB Milizionäre.)

Ein interessanter Beweis für die psychologische Kapitulation des KGB vor der ihr entgegengebrachten Abscheu ist Folgendes: Wenn die „Organe“ jemanden diskreditieren wollen, dann verbreiten sie das Gerücht, er sei ein Agent des KGB. Kann man besser den Minderwertigkeitskomplex der KGB-Nomenklaturisten dokumentieren?

Das KGB ist eine sowjetische Nomenklatura-Behörde mit einem Plan und einem Rechenschaftsbericht über dessen Erfüllung. In dieser Behörde herrscht eine komplizierte Hierarchie der Chefs, es gibt Prämien und Rügen, Partei- und Komsomolzenversammlungen, also alles, was es in einer beliebigen sowjetischen Behörde sonst auch gibt. Auch gibt es im KGB Erfolge und Mißerfolge in der Arbeit, Passivität und Intrigen, Gedankenfaulheit und Gedankenflug, Speichelleckerei – alles ist da.

Was es nicht gibt, ist jene Unfehlbarkeit, jener legendäre, durchdringende Scharfsinn, an welchen einige naive Leser der westlichen Presse glauben.

Die „Organe“ sind seit Jahrzehnten gewohnt, es mit hilflosen Menschen zu tun zu haben und mit ihnen erbarmungslos zu verfahren. Dafür braucht man nicht viel, – nur eine schwere Hand, wie sie schon seit Dzerzinskis Zeit trainiert wird. Ob die „Organe“ imstande sind, auf intellektueller, ja sogar auf organisatorischer Ebene, einen denkenden und durch ihren Ruf nicht eingeschüchterten Gegner zu besiegen, ist zweifelhaft.

Gibt es eine Garantie dafür, daß das KGB nicht in den Abgrund einer neuen blutigen Ežovščina hineinstürzt? Eine solche Entwicklung ist wenig wahrscheinlich, aber eine Garantie gibt es nicht. Es gab nämlich schon Zeiten (die Periode der NÖP und auch später), da die Leute in der Sowjetunion glaubten, die Organe seien gemäßigter geworden. Und dann begann ein neues Bacchanal des Terrors.

So war es übrigens unmittelbar vor der Ežovščina. Die folgende Behauptung stellte ein sowjetischer parteiloser Journalist in einem Gespräch mit dem Korrespondenten der „Frankfurter Zeitung“, Hermann Pörzgen, auf: „Wer im Genuß von Privilegien steht, der tut alles, um sie zu erhalten. Das Bedürfnis nach Rechtssicherheit wird verstärkt. Und sehen Sie, dieser Entwicklung ist selbst die GPU zum Opfer gefallen. Sie war eine vollkommen unabhängige souveräne Geheimpolizei. Heute ist sie eine normale Behörde, an Gesetze gebunden, eine Instanz, die in das

Dasein und in die Rechte wenigstens der übrigen Funktionäre nicht mehr eingreifen kann."[16])

Jedes dieser Worte könnte noch einmal heute gesagt werden. Sie stammen jedoch aus dem Jahre 1936, als sich der ungeheuerliche Schatten der Ežovščina über das Land ausbreitete. Daher enthalten wir uns lieber einer ähnlichen, schon einmal gemachten Voraussage.

10. Die nationalen Republiken, Halbkolonien der Nomenklatura

Bisher behandelten wir die Frage, wie die Diktatur der Nomenklatura auf Unionsebene organisiert ist. Die Sowjetunion ist aber ein Bundesstaat, er besteht aus Unionsrepubliken. Wie ist der Machtapparat in den Republiken organisiert?

Er ist eine Kopie der obersten Spitze der Nomenklaturaklasse im Zentrum. Aber einen Unterschied gibt es: die Zweiteilung in Politbüro und Sekretariat fehlt. An ihrer Stelle finden wir ein Büro des ZK der KP, das alle seine Sekretäre sowie den Vorsitzenden des Ministerrates, den Vorsitzenden des Präsidiums des Obersten Sowjets der Republik und noch einige der wichtigsten Würdenträger der Nomenklatura im Republikmaßstab umfaßt.

Das Direktivorgan ist in den Republiken das Büro des ZK. Es tritt auch einmal wöchentlich zu einer Sitzung zusammen, faßt Beschlüsse, ernennt Nomenklaturisten, entscheidet über das Schicksal von Menschen. Die Sekretäre des ZK und ihr Apparat erteilen ebenfalls Anweisungen, haben ihre „Vertuškas" und „WČ"; es gibt auch für sie eine Leibwache, bestehend aus KGB-Leuten, riesige Wohnungen, Staatsdatschas, ZK-Pensionen, Dienstwagen, Sonderversorgung mit Lebensmitteln, ZK-Kantine, mit einem Wort, alles, wie für die Kollegen im Zentrum.

Moskau ist weit. Für den einfachen Mann in den Republiken verkörpert die Spitze der lokalen Nomenklatura die Macht. Nur ein kleiner Kreis von Personen, die einen außerordentlich wichtigen Posten in einer Unionsrepublik bekleiden, hat Zugang zur Moskauer Nomenklatura. Aber die Herren der Republiken bekommen täglich den Arm ihrer Moskauer Suzeräne zu spüren – bald hilfreich, bald strafend und stets lenkend. Dies hängt mit dem Charakter der sowjetischen nationalen Republiken zusammen.

Theoretisch sind diese Republiken souveräne Nationalstaaten, die sich freiwillig zu einer Union zusammengeschlossen haben und das Recht haben, wenn sie es wünschen, aus diesem Verband auszutreten. Das „Recht der Nationen auf Selbstbestimmung bis zur staatlichen Lostrennung“ ist die traditionelle Formel für die Lösung der nationalen Frage, wie sie in allen einschlägigen Dokumenten der KPdSU seit ihrer Gründung wiederkehrt. Aber schon Lenin liebte es, im gegebenen Fall zu erklären, daß das Recht auf nationale Lostrennung eines sei, die Zweckmäßigkeit einer Lostrennung aber etwas ganz anderes. Dementsprechend erweist sich das in den sowjetischen Verfassungen immer wieder festgehaltene Recht einer Unionsrepublik auf freien Austritt aus der Sowjetunion (Art. 72 der Verfassung der UdSSR) offenbar als Fiktion. Nicht nur, daß es keinerlei gesetzliche Grundlagen für die Prozedur eines solchen Austrittes gibt; jedes Wort für eine Erweiterung der Selbständigkeit einer Republik im Rahmen der UdSSR – vom Austritt ganz zu schweigen – gilt als Propaganda eines „bürgerlichen Nationalismus“ und ist strafbar.

Sind die nationalen Republiken der UdSSR Nationalstaaten mit eigenen Regierungen oder aber Kolonien mit lokaler Verwaltung?

Ihrer historischen Entstehung nach sind alle mittelasiatischen und transkaukasischen Republiken der UdSSR Kolonien. In der Epoche der großen Entdeckungen hatte der Moskauer Staat keinen Zugang zu den warmen Meeren, so daß ihm die Möglichkeit, sich überseeische Kolonien anzueignen, versperrt war. Die von Moskau ausgehende Kolonisierung vollzog sich auf anderen Wegen: Die Unterwerfung Sibiriens, wo die örtliche Bevölkerung mit nicht geringerer Gründlichkeit ausgerottet wurde als die Indianer in Amerika, die Angliederung der rückständigen Staaten in Mittelasien; die Eroberung des Kaukasus – das waren die Etappen der Schaffung eines russischen Kolonialreiches. Die Idee, ein Kolonialimperium auf dem Festland zu begründen, erwies sich als erfolgreich. Die Imperien mit überseeischen Kolonien fielen auseinander, die Sowjetunion hingegen behielt unverändert alle Kolonien des zaristischen Rußland.

Etwas differenzierter ist die Entstehungsgeschichte der anderen Republiken der UdSSR. Die Baltischen Republiken und die Moldavische Republik kamen in den Verband der Sowjetunion auf dem Wege militärischer Okkupation. In der RSFSR (Russische Sozialistische Föderative

Sowjetrepublik) wurden, außer dem eigentlichen Rußland, das kolonisierte Sibirien, der Ferne Osten und der Hohe Norden zusammengefaßt, sowie das im Gefolge des Zweiten Weltkrieges eroberte Ostpreußen (Kaliningrader Gebiet) und die Kurilen. Keine Kolonien waren in der Vergangenheit die Ukraine und Weißrußland, die Bevölkerung dieser Länder ist mit der russischen ethnisch verwandt. Sie gerieten unter die Herrschaft der Moskauer Fürsten im Prozeß der „Sammlung der Rus". Das heißt aber nicht, daß für sie die nationale Frage weniger brennend ist als für andere Republiken der Sowjetunion.

So sehen wir, daß 12 von 15 Unionsrepubliken der UdSSR in der Vergangenheit Kolonien oder eroberte Territorien waren und daß mehr als Dreiviertel des Territoriums der RSFSR dieselbe Entstehungsgeschichte aufzuweisen haben. Daher lautet die Frage nicht, ob die sowjetischen nationalen Republiken Kolonien waren, – die Antwort darauf ist klar – sondern, ob sie es auch heute noch bleiben.

Ich war viele Male in verschiedenen Unionsrepubliken und konnte aus der Nähe sehen, wie sie von der Vasallen-Nomenklatura regiert werden. Daher weiß ich, daß die gestellte Frage nicht einfach zu beantworten ist.

Einerseits fehlt in den Republiken offensichtlich das traditionelle Merkmal einer Kolonie, nämlich die privilegierte Stellung jener Nation, die die Metropole bewohnt. Die Russen, die in den Sowjetischen Nationalen Republiken wohnen, genießen keine Privilegien. Sie sind dort eine nationale Minderheit, gegen die sich nicht selten die den Nomenklaturaherren in Moskau geltende Feindseligkeit der Einheimischen auswirkt. Freilich, zu einer direkten Verfolgung der russischen Minderheit kommt es nicht, da die Moskauer Nomenklatura eingreifen würde – nicht zum Schutz der Russen, sondern um den hinter ihrer Verfolgung verborgenen Haß auf die Nomenklaturaherrschaft zu bestrafen. Im allgemeinen ist aber das Leben der russischen Bevölkerung in den nationalen Republiken nicht angenehm. In den Republiken werden die „nationalen Kader" gefördert, nicht die russischen. Die Russen sind dort nicht das „Herrenvolk", sie sind im Gegenteil abhängige Menschen mit beschränkten Möglichkeiten, die offensichtlich geringer sind als die der Einheimischen.

Andererseits herrschen in jeder Republik zweifellos politisch uneingeschränkt Russen, – aber andere Russen: die vom ZK der KPdSU hierhergeschickten Nomenklaturisten. Diese Russen besetzen die Schlüsselpositionen in der Republik. Es gilt als ungeschriebenes Gesetz, daß der zweite Sekretär des ZK einer nationalen KP ein Russe ist, und zwar nicht einer, der dort beheimatet ist, sondern einer aus Moskau. Es ist auch schon vorgekommen, daß man einen Nomenklaturisten aus Moskau auf den Posten des Ersten Sekretärs des ZK der KP einer Republik entsandt hat, z. B. den langjährigen Ersten Sekretär des Moskauer Gebiets- und Stadtkomitees der Partei, Chruščev, in die Ukraine; für kurze Zeit folgte ihm auf diesen Posten L. M. Kaganovič. Brežnev war Erster Sekretär in Moldavien, dann in Kasachstan.

Die übrigen Sekretäre der Partei-Zentralkomitees in den nationalen Republiken sind Angehörige der nationalen Minderheiten, jedoch hat jeder einen russischen Aufpasser. Ein Beispiel: ist der Sekretär des ZK für Ideologie ein Einheimischer, dann ist der Leiter (oder stellvertretende Leiter) der Propagandaabteilung des ZK ein Russe. Fast überall ist der Vorsitzende des KGB in den Republiken ein Russe, und der Apparat des KGB besteht mehrheitlich aus Russen. Das Militärkommando der Republiken ist in Händen von Russen. Die Einheimischen, die auf wichtige Posten gestellt werden, sind vorwiegend nicht in der Republik ansässige Funktionäre, sondern russifizierte, mit russischen Frauen, in Rußland an einer Parteihochschule oder an der Akademie für Gesellschaftswissenschaften beim ZK der KPdSU ausgebildet. Trifft man auf einen dieser Leute, dann sieht man sofort, daß sie eigentlich Halbrussen sind.

Was sind demnach also die sowjetischen Unionsrepubliken, Kolonien oder souveräne Nationalstaaten? Weder das eine noch das andere. Sie sind Halbkolonien.

Im politischen Sprachschatz der Sowjetideologie gibt es diesen Terminus für die Bezeichnung der vom Westen abhängigen Staaten der Dritten Welt. Dieselben Staaten werden in der sowjetischen Literatur einfach als „abhängige Länder" bezeichnet. Man nimmt es also mit der Genauigkeit in der Anwendung des Terminus nicht sehr ernst. Indes charakterisiert er sehr genau den Status der nationalen Republiken der Sowjetunion.

Diese Länder sind nicht einfach ganz abhängige Länder, sie sind nur Verwaltungseinheiten, Teile des sowjetischen Nomenklaturastaates. Ihre Administration rekrutiert sich im wesentlichen aus nationalen Elementen, doch sind die Schlüsselpositionen mit Kommissaren aus der Metropole besetzt. Über das Territorium der nationalen Republiken sind die Truppen der Metropole verteilt. Die offiziellen Sprachen sind russisch und die lokale Sprache; ebenso werden die Zeitungen, Zeitschriften und Bücher zweisprachig herausgegeben und erfolgt der Unterricht in den Elementar- und höheren Schulen.

Kolonien sind die sowjetischen nationalen Republiken deshalb nicht, weil in ihnen im wesentlichen die nationale Nomenklatura herrscht. Die in die Republiken abkommandierte russische Nomenklatura ist nur ihrem politischen Gewicht nach, nicht aber zahlenmäßig von Bedeutung. Die suzeräne Nomenklatura bemüht sich vernünftigerweise, das Nationalgefühl der lokalen Bevölkerung nicht zu verletzen, und die Erniedrigung der einfachen Russen in den nationalen Republiken hat zur Folge, daß die Einheimischen die halbkoloniale Abhängigkeit ihres Heimatlandes nicht wahrnehmen.

Die Nomenklaturisten selbst empfinden keine nationalen Gefühle. Sie sind ausschließlich an ihrer Macht und an den mit ihr verbundenen Privilegien interessiert, so daß sie wirkliche Internationalisten sind. Auf dieser Basis entstand die von der Nomenklatura in den letzten Jahren propagierte These, das Sowjetvolk sei „eine neue historische Gemeinschaft". Diese These ist ebenfalls ein Mittel zur Verschleierung des halbkolonialen Regimes der Nomenklatura in den sowjetischen Nationalrepubliken.

Mit der Feststellung, daß die nicht-slawischen Unionsrepubliken der UdSSR Halbkolonien sind, will ich keineswegs behaupten, daß dort keine Erfolge zu verzeichnen wären. Im Gegenteil, die Erfolge auf dem Gebiet der Industrialisierung, des Gesundheitswesens, der Volksbildung sind offensichtlich. Am deutlichsten treten diese Erfolge in den am meisten zurückgebliebenen Gebieten Mittelasiens in Erscheinung. Freilich spielt sich das Leben dort – sogar in den Hauptstädten, von der Peripherie ganz zu schweigen – nicht so ab, wie es die Nomanklatura-Propaganda ausmalt. Ich war mehrmals in diesen Republiken: Es gibt viel Schmutz, Armut und Kulturlosigkeit. Die gut gekleideten, wohlgenährten Nomenklaturisten, die sich europäisch vorkommen und in Wirklichkeit russifiziert sind, unterscheiden sich auffallend von der übrigen Bevölkerung. Aber es gibt, wenn auch sehr bescheidene, so doch Krankenhäuser und Polikliniken, Hochschulen, Bibliotheken und Theater, es gibt – wenn auch in bescheidenem Format – Akademien der Wissenschaften. Es wäre falsch, das nicht zu sehen. Ebenso falsch übrigens wie die Ansicht, daß diese Länder, ohne die Diktatur der Nomenklatura, heute noch so leben würden wie vor 1918.

Wichtig aber ist etwas anderes. Südafrika ist der am meisten industrialisierte Teil des afrikanischen Kontinents. Schulen, Universitäten und Krankenhäuser gibt es dort mehr als in anderen afrikanischen Ländern. Aber ist das ein Grund für die Rechtfertigung des dort herrschenden politischen Regimes? Dasselbe gilt für die Halbkolonien der sowjetischen Nomenklatura.

Deshalb müssen wir, ungeachtet der Existenz der Betriebe, Bergwerke und folkloristischen Tanz- und Gesangensembles in den sowjetischen nationalen Republiken doch feststellen: Heute, fast zwei Jahrzehnte nach Auflösung des Kolonialsystems, ist die Sowjetunion das letzte Kolonialreich der Welt geblieben.

11. Hat die Nomenklatura eine marxistische Ideologie?

Im Herbst des Jahres 1938, als die Welle der Verhaftungen und Erschießungen ihren Höhepunkt erreichte, wurde ein neues Werk von Stalin veröffentlicht: „Über den dialektischen und historischen Materialismus." In den Ruhepausen beim Unterschreiben von Todesurteilen hatte der Führer zur Abwechslung ein philosophisches Oeuvre zu Papier gebracht.

Gleich im ersten Absatz verblüfft es den Leser mit der Definition: „Der dialektische Materialismus ist die Weltanschauung der marxistisch-leninistischen Partei." Nicht also die Behauptung, daß die marxistisch-leninistische Partei sich an den Marxschen dialektischen Materialismus hält, sondern die Verkündung: alles, was die Partei sagt, ist eo ipso dialektischer Materialismus.

Die so entdeckte einfache Weise, ohne Marx marxistische Weisheiten zu produzieren, überlebte den Stalin-Kult. Auch nach dem XX. Parteitag der KPdSU blieb Stalins Werk in der Liste der empfohlenen Literatur zum Thema Marxismus-Leninismus.

Marx selbst scherzte einmal kokett, er sei kein Marxist. Dieser Scherz erwies sich als prophetisch. Für die Nomenklatura ist der Marxismus nicht das, was Marx irgendwann gesagt hat; Marxismus ist nur das, was im gegebenen Augenblick die Partei, d. h. die Nomenklaturaklasse sagt.

Ist die Sowjetideologie also marxistisch oder nicht? Es gibt verschiedene Auffassungen dessen, was überhaupt Marxismus ist.

Marx selbst betrachtete sein Werk als eine wissenschaftliche Theorie mit klar definierbaren Thesen. In diesem Sinne ist der „Marxismus-Leninismus“ Stalinscher Prägung sicher kein Marxismus: taktisch bedingte propagandistische Wendungen der herrschenden Nomenklaturaklasse haben mit einer wissenschaftlichen Theorie nichts gemein.

Es gibt aber eine andere Betrachtungsweise: Marxismus sei die Gesamtheit dessen, was Marx und Engels im Laufe ihres Lebens geschrieben haben, vom Schulheft bis zum Testament, einschließlich sogar Randbemerkungen und Ankreuzungen in den Büchern, die sie gelesen haben. Dieser unkritische Buchstabenmarxismus orientiert sich nicht auf das Wesentliche der Theorie von Marx, sondern auf Zitate, die nach Bedarf verwendet werden können.

Nicht einmal in diesem Sinn ist die Ideologie der sowjetischen Nomenklatura marxistisch. Freilich, diese Ideologie macht ausgiebig Gebrauch vom Zitieren aus den Werken von Marx und Engels, von marxistischen Termini und von einzelnen Thesen Marxens, die für ihre propagandistischen Ziele nutzbar gemacht werden können. Gleichzeitig verschweigt die Nomenklatura eine Reihe von marxistischen Lehrsätzen; einige Werke von Marx sind überhaupt mit strengem Verbot belegt, z. B. die „Geschichte der Geheimdiplomatie des 18. Jahrhunderts“, wo Marx kritisch über die Geschichte Rußlands schreibt.

Im Gegensatz zum Marxismus ist der Leninismus keine Theorie oder Hypothese. Er ist die Strategie und Taktik der Machtergreifung unter marxistischen Losungen. Der Leninismus steht der Nomenklaturaklasse näher als der Marxismus. Aber auch der Leninismus ist gleichwohl ihre Vergangenheit, da die Macht ja längst erobert ist. Deshalb wird der Leninismus von der Nomenklaturaklasse bloß in der Außenpolitik mit größerem Ernst in Anwendung gebracht, da die Machteroberung in anderen Ländern auf der Tagesordnung der Nomenklatura steht. Für den Gebrauch innerhalb der UdSSR ist der umstürzlerische Geist der vorrevolutionären Leninschen Ideen nicht geeignet, er wird aus der Ideologie der Nomenklatura sorgfältig ausgemerzt.

Immer mehr verschwindet in der sowjetischen Ideologie das marxistische Prinzip des klassenmäßigen Herangehens an gesellschaftliche Erscheinungen. Die neue herrschende Klasse ist bemüht, den Begriff der Klassentrennung im Realsozialismus zu verwischen. Statt eines klassenmäßigen Herangehens ist die moderne sowjetische Ideologie bis an den Rand voll von dem, was Lenin den Großmacht-Chauvinismus genannt hat.

Es ist falsch, den Nomenklatura-Chauvinismus mit dem russischen Nationalismus zu verwechseln. Ersterer ist nicht russisch, sondern der Nomenklatura eigen, auch seine Großmachtkomponente ist nicht russisch, sondern nomenklaturaspezifisch. Die Nomenklatura beliebt, verschiedenes, was von ihr stammt, mit dem Prädikat „russisch" auszustatten, weil diese Klasse im wesentlichen aus Russen besteht. Aber fast mit derselben intensiven Übertreibung wie das „Russische" wird auch das „Kubanische", das „Mongolische" oder das „Vietnamesische" gepriesen. Ein sozialistischer Internationalismus? Nein, denn das Chinesische, das Albanische oder das Jugoslawische wird keineswegs gerühmt. Der Nomenklatura-Chauvinismus ist eben Großmachtchauvinismus, denn er zieht nicht zwischen Russen und Nichtrussen eine scharfe Grenzlinie, sondern zwischen denjenigen, die der sowjetischen Nomenklatura untertan sind und den von ihrer Macht Unabhängigen.

Die sowjetische Presse ist voll der hurra-patriotischen Propaganda. Der lautstarke „Sowjet-Patriotismus" wird aus jedem Anlaß verkündet. Im Westen gibt es heute keine Zeitung, die eine so intensive chauvinistische Propaganda betreibt. Das gab es nur im Nazireich und im faschistischen Italien. Sogar die Formen der Propaganda in diesen Ländern waren den sowjetischen sehr ähnlich. Der Unterschied lag darin, daß sie vom nazistisch-faschistischen Lexikon durchsetzt waren, während das Propaganda-Vokabular in der Sowjetunion dem marxistisch-leninistischen Lexikon entnommen worden ist.

Nicht der Marxismus, sondern der Großmacht-Chauvinismus der Nomenklatura ist das Kernstück der offiziellen sowjetischen Ideologie. Er drückt die Weltanschauung jener zur Macht emporgeklommenen und deklassierten Karrieristen aus, die heute als herrschende Klasse an der Spitze der Großmacht Sowjetunion stehen.

Seien wir uns darüber im klaren: Diese Ideologie sichert der Nomenklatura eine gewisse Unterstützung von seiten des Volkes. Die Vitalität des Nomenklatura-Chauvinismus beruht darauf, daß er weniger verlogen ist als die marxistischen und leninistischen Elemente der sowjetischen Ideologie. Die Nomenklaturaherren sind doch keine Marxisten! Marx hätte sich mit Grauen von ihnen und dem von ihnen errichteten System abgewandt. Sie sind auch keine Leninisten, die Leninisten wurden bereits vor 40 Jahren in den Kellern des NKWD erschossen. Aber sie sind in ihrer überwiegenden Mehrheit wirklich Russen. Sie herrschen über die Sowjetunion und die anderen von der UdSSR abhängigen Länder des Realsozialismus. Deshalb findet ihr Großmacht-Gehaben und ihr Chauvinismus, der besonderen Nachdruck auf einen russischen Patriotismus legt, einen gewissen Anklang im russischen Volk.

Man darf diesen Faktor nicht unterschätzen. Gerade er und die Politik Hitlers haben der sowjetischen Nomenklatura den Sieg im Zweiten Weltkrieg gebracht. Die Nomenklaturaklasse, die sich nach dem Vorbild des Adels – der im zaristischen Rußland herrschenden Klasse – vom Volk sorgfältig abgesondert hatte, schlug damals mit Hilfe dieser pseudo-patriotischen Ideologie eine Brücke zum Volk.

Die Leninisten hatten seinerzeit dieses Manöver des Adels gut verstanden. Deshalb waren sie in den Jahren vor der Revolution bestrebt, eine solche ideologische Brücke zu sprengen, indem sie die Idee des Klassenkampfes und des Internationalismus propagierten. An die Macht gelangt, wandte sich die Nomenklatura selbst dem Großmacht-Chauvinismus zu und verschwieg absolut die Klassenprobleme in der von ihr beherrschten Gesellschaft.

Fassen wir zusammen: Die Ideologie der Nomenklaturaklasse ist nicht der Marxismus und auch nicht der Leninismus. Sie ist eine vom Adel als herrschende Klasse der feudalen Gesellschaft geschaffene Ideologie des Großmacht-Chauvinismus, in welche marxistische Termini und zu den Interessen der Nomenklatura passende Thesen Marxens und Lenins eingebaut sind.

12. Fremdenfeindschaft und Antisemitismus

Die Kehrseite der chauvinistischen Ideologie ist immer die Aufhetzung des eigenen Volkes gegen andere Völker. Die Nomenklatura spricht dauernd von ihrem Internationalismus. In der Praxis versucht sie, Chauvinismus-Vorurteile und Mißtrauen gegenüber jedem Menschen ausländischer Herkunft einzuflößen. Die Losung des Internationalismus hinderte die Nomenklaturaklasse keineswegs daran, im Sowjetvolk die Vorstellung zu kultivieren, jeder Ausländer sei ein verdächtiger Typ, wahrscheinlich ein Feind und Spion.

Für die ausländischen Diplomaten, Journalisten und Touristen hat das ständige Verfolgung von seiten des KGB, Abhören ihrer Gespräche und Durchwühlen ihres Gepäcks im Hotel zur Folge. Für jene Ausländer, die ihren ständigen Wohnsitz in der Sowjetunion haben, bringt die

Xenophobie der Nomenklatura dauerndes Mißtrauen mit sich; zur Zeit Stalins führte sie fast immer zu einer unausweichlichen Katastrophe.

Hier ein Beispiel für das Schicksal eines solchen Menschen. An der Moskauer Universität hatte ich einen Kommilitonen, dessen Vorfahren Schweizer waren: Alfred Stöckli. Während des Krieges wurde Alfred wegen seiner verdächtigen Abstammung nicht einberufen. Im Jahr 1948 aber wurde er, nach Abschluß seiner Dissertation (er war Slawist), vom MGB verhaftet, gefoltert und zu 25 Jahren Haft verurteilt, die Dissertation wurde verbrannt. Erst 8 Jahre später, nach dem XX. Parteitag, kam er frei. Eine neue Dissertation zu schreiben war schwer. Und das alles, nur weil er einen ausländischen Namen hatte.

In Zusammenhang mit der Xenophobie der Nomenklatura steht auch ihr Antisemitismus. Anfangs versteckte er sich hinter der Losung des Kampfes gegen den Trockismus, dann – schon weniger maskiert – hinter dem Kampf gegen die vaterlandslosen Kosmopoliten, nunmehr – schon ganz transparent – hinter dem Kampf mit dem Zionismus. Alles das sind Etiketten für den eingefleischten Antisemitismus der Nomenklaturisten, den sie aus ihrem früheren sozialen Milieu mitgebracht haben und in ihrer neuen Klassengemeinschaft pflegen.

Innerhalb der Nomenklaturaklasse gehört es zum guten Ton, Antisemit zu sein. Falls ein Propagandist der Nomenklatura das abstreiten sollte, glauben Sie ihm bitte nicht: er lügt und er weiß genau, daß er lügt. Schenken Sie auch jener winzigen Gruppe sowjetischer Juden keinen Glauben, die das Sekretariat des ZK der KPdSU ins Ausland schickt, damit sie mit ihren Stellungen und Titeln demonstrieren, daß Juden in der Sowjetunion dieselben Posten bekommen können wie die Russen. Die Mitglieder dieser Gruppe kann man an den Fingern abzählen: den Helden der Sowjetunion, General Dragunskij, den Chefredakteur der „Literaturnaja gazeta", Čakovskij, den stellvertretenden Direktor des Instituts für Staats- und Rechtswissenschaften der Akademie der Wissenschaften der UdSSR, Professor Zivs, den Professor am Institut für Gesellschaftswissenschaften beim ZK der KPdSU, Gililov und noch ein paar andere. Einige von ihnen kenne ich persönlich – es sind begabte und sympathische Leute. Aber mögen sie es mir nicht übelnehmen: sie haben sich für eine erniedrigende Rolle hergegeben.

Der staatliche Antisemitismus in der Sowjetunion brach plötzlich aus, seltsamerweise während des Krieges gegen Hitler-Deutschland. Es schien, als ob dieser Aussatz von jenseits der Front gekommen wäre und die Spitze der Nomenklatura angesteckt hätte. Aber das schien nur so. In Wirklichkeit hat die zur Zeit der Ežovščina emporgekommene Stalinsche Nomenklatura den beharrlichen Geist des Antisemitismus mitgebracht.

Obwohl es damals noch möglich war, daß die Juden Kaganovič und Mechlis dem engeren Kreis um Stalin angehörten, und die Juden Losovskij und Majskij Stellvertreter des Volkskommissärs für Auswärtige Angelegenheiten Molotov waren, dürften ihre Tage schon gezählt gewesen sein. Für den jungen Nachwuchs der Juden waren die Wege bereits versperrt.

Als man im Frühjahr 1944 uns, die Absolventen der Moskauer Universität, in politisch wichtigen Stellen verwenden wollte – im Kreml oder in der Diplomatenhochschule – wurden von den betreffenden Personalabteilungen minutiöse Erkundigungen eingeholt, ob wir nicht Juden seien oder jüdische Verwandte hätten. Der Chef der Kaderverwaltung im Volkskommissariat für Auswärtige Angelegenheiten der UdSSR, Michail Alexandrovič Silin, vormals Leiter des Sektors für Auslandskader des ZK der KPdSU und später Botschafter der UdSSR in der Tschechoslowakei, versuchte sogar, meinen Namen zu analysieren. Erst als er herausfand, daß solche Familiennamen wahrscheinlich von Popen getragen wurden, sagte er mit Genugtuung: „Also, dann ist es in Ordnung. Popen waren niemals Juden."

Als Swetlana Stalina im Jahre 1945 Griša Morosov, einen Juden (den Familiennamen hatte Griša damals schon russifiziert, sein Vater hieß noch Moros), heiratete, war Stalin sehr gegen diese Ehe und wollte seinen Schwiegersohn überhaupt nicht sehen. Als dann Swetlana sich von Griša scheiden ließ, beeilte sich Malenkov, auch den Mann seiner Tochter, Wladimir Schamberg, zu verjagen, mit dem ich einige Jahre in demselben Institut arbeitete und in dessen Augen für immer die heimliche Trauer über die Unbeständigkeit des Schicksals schimmerte.

Gegenwärtig gibt es in der Nomenklaturaklasse kaum mehr Juden. Da ist noch ein Jude in höchster Stellung der Sowjetunion, der Jude Nr. 1, Wenjamin Dymšic, einer der Stellvertretenden Vorsitzenden des Ministerrates der UdSSR. Aber weder im Politbüro noch im Sekretariat, ja auch nicht im Apparat des ZK der KPdSU gibt es Juden. Genauer gesagt, gibt es im Apparat einige Mischlinge, die sich für Russen ausgeben und russische Namen tragen – z. B. die Konsultanten der Internationalen Abteilung des ZK – Igor Sokolov und Alexander Berkov. Im Außenministerium gibt es, soviel ich weiß, nur einen Juden, nämlich den sehr begabten Lew Mendelevič. Als Mann, der fast zwei Jahrzehnte lang im sowjetischen Geheimdienst gearbeitet hat, ist er vom Standpunkt der Nomenklatura verdienstvoll.

Auch in den Reihen des KGB ist die Zahl der Juden, wie man hört, außerordentlich gering, außerdem bekleiden sie keine leitenden Posten. Dasselbe Bild bietet sich in jeder Republik, in jedem größeren und kleineren Gebiet dar. Im Apparat des ZK erzählt man sich als Witz, wie schwer es war, einen Juden (Šapiro) für den Posten des Ersten Sekretärs des Gebietskomitees der KPdSU in Birobidžan zu finden. Man scherzte, dieser Posten sei für Šapiro auf Lebensdauer gesichert, ein zweites Mal würde niemand die Mühe einer solchen Suchaktion auf sich nehmen wollen.

Widerwillig gestattet man es den Juden, auf wissenschaftlichem Gebiet zu arbeiten. Ein wenig leichter ist es für sie auf dem Gebiet der Musik und des Journalismus. In günstigerer Situation befinden sich Mischlinge mit russischen Familiennamen wie Arbatov und Inosemzev. Sie wurden sogar Mitglieder der Akademie der Wissenschaften, Institutsdirektoren und Kandidaten des ZK der KPdSU. Aber hier handelt es sich um Ausnahmen. Die Regel ist anders. Auch im Rahmen der Wissenschaften werden die Namen der Juden möglichst von den diversen Listen gestrichen, wird die Publikation von Autoren mit jüdischen Namen beschränkt. Unter verschiedenen Vorwänden wird ihnen die Reise ins Ausland verweigert, und sei es auch nur ins sozialistische Ausland: für einen Sowjetjuden ist es einfacher, aus der UdSSR überhaupt zu emigrieren, als ins Ausland zu reisen.

Zur Illustration dieser Tatsachen will ich eine Seite aus meinem Tagebuch anführen. Zeit der Handlung: Donnerstag, der 4. März 1971. Ort der Handlung: Abteilung Wissenschaft und Lehranstalten des ZK der KPdSU. Personen der Handlung: Der Inspektor dieser Abteilung Kusnezov, der Leiter des Sektors der Geschichtswissenschaften in dieser Abteilung Chromov. Die Juden: Akademiemitglied Minz, Korrespondierendes Mitglied der Akademie der Wissenschaften der UdSSR Smirin, der Stellvertretende Vorsitzende der Historiker-Kommission UdSSR-DDR Davidovič; Drabkin, Doktor der Geschichtswissenschaften und Autor eines umfangreichen Buches über die Novemberrevolution 1918 in Deutschland, das in der DDR erschienen ist; Gefter, Mitverfasser und Herausgeber eines scharf kritisierten Werkes im Institut für allgemeine Geschichte; Melamid (alias Professor Melnikov), Spezialist für die BRD (er hatte Unannehmlichkeiten wegen eines „Spiegel"-Gespräches); Tartakovskij, Mitarbeiter am Institut für Marxismus-Leninismus beim ZK der KPdSU; Kremer, Abteilungsleiter im Institut für Internationale Arbeiterbewegung. Die Nicht-Juden: L. N. Smirnov, Vorsitzender des Obersten Gerichtshofes der UdSSR; Akademiemitglied W. M. Chvostov, Präsident der Akademie der pädagogischen Wissenschaften der UdSSR und Vorsitzender der Historiker-Kommission UdSSR-DDR. Ich war zu jener Zeit der Stellvertretende Vorsitzende dieser Kommission und legte an diesem Tag im ZK zur Bestätigung die Liste der Kommissionsmitglieder vor.

Nun der Text: „Um 16 Uhr ins ZK zu Kusnezov. Er führt mich zum neuen Leiter des Sektors Geschichte, Chromov... Er sieht die ganze Liste der Mitglieder der Kommission durch und streicht die Juden (außer Minz, Smirin und Davidovič): Drabkin wegen der Kritik am Sammelband von Gefter; Melamid wegen der „Spiegel"-Geschichte; Tartakovskij soll durch den Leiter seines Sektors, Malyš, ersetzt werden; Kremer, denn „die Genossen aus der DDR reagieren feinfühlig auf die nationale Frage". In der Kommission gefällt ihm L. N. Smirnov, weil er Sinjavski und Daniel verurteilt hat. Ich werde gebeten, alles Chvostov mitzuteilen und nicht über eine Woche hinauszuziehen. Über die Unterredung ist Schweigen zu bewahren.

Bedrückt fahre ich zur Feier des 8. März ins Institut für allgemeine Geschichte. Jetzt werden die Juden glauben, es sei meine Initiative gewesen! Ich rufe Chvostov an. Er ist auf der Stelle mit allem einverstanden."

Das sind nicht nachträgliche Aufzeichnungen und Zusammenfassungen. Die Zeilen sind aus dem Leben gegriffen, am selben Abend niedergeschrieben.

Im Frühjahr 1949, zur Zeit der Kampagne gegen den Kosmopolitismus, gab es einen speziell zur Durchführung dieser Kampagne ernannten Stellvertretenden Leiter der Propaganda-Abteilung des ZK der KPdSU, Professor Golovenčenko. Er war ein beschränkter, aber dienstbeflissener Ukrainer mit rundem Gesicht, der vordem Ordinarius für russische Literatur an der Hochschule gewesen war, an welcher ich meine Dissertation schrieb. Golovenčenko erklärte auf einer Versammlung der Parteiaktivisten in Podolsk (einer Stadt in der Nähe von Moskau): „Schauen Sie, wir sprechen von Kosmopolitismus. Und was bedeutet das? Einfach gesagt, in der Arbeitersprache, es bedeutet, daß alle diese Moische und Abrahame unsere Stellen besetzen wollten." Dies wurde schon am Ende der Kampagne gesagt und Stalin nützte diese Worte dazu, um den Mohren, der seine Schuldigkeit getan hatte, ins Institut zurückzuschicken.

Jetzt ist der Stil ein anderer, so offen drücken die Nomenklatura-Bürokraten ihre Gedanken nicht mehr aus. Aber unter vier Augen mußte ich manchmal noch ganz anderes von ihnen hören, zum Beispiel die Theorie, daß die Juden in der Gesellschaft alles, womit sie in Berührung kommen, zersetzen. Sogar der Mensch, in dessen Familie ein Jude sich eingenistet habe, sei bereits vom jüdischen Gift infiziert und nicht mehr vollwertig. In diesem Zusammenhang wird häufig erwähnt, daß Iljič (wie die Nomenklaturisten oft Brežnev nennen) eine jüdische Frau hat. Freilich fügt man gleich darauf beruhigend hinzu, daß Iljič mit ihr seit langem nicht mehr zusammenlebt. Man erinnert auch an die jüdischen Gattinnen von Ponomarev und Molotov.

Wir sehen, daß die Xenophobie und der Antisemitismus sogar stärker sind als die Ehrerbietung vor den höheren Diensträngen der Nomenklatura, so sehr sind sie ein untrennbarer, organischer Bestandteil der Nomenklaturaideologie.

13. Die ideologische Front

Nomenklatura-Propagandisten betonen, daß der ideologische Kampf des Realsozialismus gegen seine Gegner keinen Augenblick zum Stillstand kommt. Man pflegt diesen Kampf mit militärischen Fachausdrükken zu charakterisieren: die ideologische Front, ideologische Offensive, ideologischer Gegner usw. Die ideologische Front zerfällt ihrerseits in die ökonomische, philosophische, historische, literaturwissenschaftliche und andere Fronten. Von denjenigen, die an diesen Fronten stehen, verlangt die Nomenklaturaklasse Kampfgeist, Wachsamkeit, Unduldsamkeit, Unversöhnlichkeit und andere Tugenden eines Wachhundes.

Unter den mannigfaltigen Legenden, die im Westen über die Sowjetunion im Umlauf sind, befindet sich auch die: die sowjetische Propaganda sei, ähnlich der göbbelsschen, außerordentlich wirksam, daher seien die Sowjetbürger alle miteinander überzeugte Bolševiken. In Wirklichkeit ist sowohl das eine wie das andere falsch. Es ist kaum möglich, in der Sowjetunion überzeugte Kommunisten zu finden, und die sowjetische Propaganda versucht gegenwärtig nicht einmal ernstlich, die Leute davon zu überzeugen, daß sie Recht hat.

Der ideologischen Front der Nomenklatura ist ein anderes Ziel gesetzt: Nämlich den Sowjetbürgern gewisse Formeln als obligate Sprachregelung einzuhämmern. Die Bürger sollen sich an diese Formeln gewöhnen und wissen, man habe nur so zu reden und nicht anders.

Diese Sprachregelung für die Gesamtbevölkerung des Landes und in erster Linie für alle Intellektuellen hat folgende Besonderheiten. Erstens bemüht sich die sowjetische Propaganda kaum, ihre Formulierungen und Parolen den Hörern oder Lesern zu interpretieren, um sie zu überzeugen, sondern wiederholt sie einfach unablässig, um die Formeln ins Gedächtnis einzuprägen. Zweitens ist da der untrennbare Zusammenhang der Nomenklaturapropaganda mit dem Terror. Wenn jemand an der Richtigkeit einer Formel zweifelt oder etwas anderes sagt, wird er nicht belehrt, sondern bestraft. Es gibt in der UdSSR nicht nur die Strafe der Erschießung oder der Lagerhaft. Auf Grund ihrer monopolistischen Macht können die Organe der Nomenklatura eine passende Bestrafung ausfindig machen, die vielleicht nach außen hin nicht unbedingt streng aussieht, aber dem Unbotmäßigen einen schweren Schlag versetzt.

Die Strafe überzeugt einen nicht davon, daß die Nomenklatura recht hat, sondern davon, daß man ihr zustimmen muß. Im Kreise sowjetischer Intellektueller erinnert man sich oft an das russische Sprichwort: „Wer mit Wölfen lebt, muß mit den Wölfen heulen.“ Mit einer solchen Einstellung ist die Nomenklatura durchaus zufrieden. Sie glaubt nicht an die Möglichkeit, ihre Untertanen zu überzeugen, sie wünscht aber, daß sie die Hoffnung auf eine Befreiung vom aufgezwungenen ideologischen Konformismus aufgeben. Es macht nichts aus, daß sie sich dessen bewußt sind, mit den Wölfen heulen zu müssen, Hauptsache ist, sie heulen weiter.

Die Nomenklaturaklasse hat enorme Angst davor, daß andere Ideen und Worte an das Ohr ihrer Untertanen dringen. Sie fürchtet sich, daß anders klingende menschliche Stimmen, Träger kritischer Gedanken, in den Ohren der Sowjetbürger zu einer verführerischen Dissonanz im monotonen Geheul der ideologischen Front werden und daß die Bürger dann keine Bereitschaft mehr zeigen, mitzuheulen. Um das zu verhindern, trifft die Nomenklatura radikale Maßnahmen.

Sie schalten in der Sowjetunion Ihr Radio ein. Die Stimme eines

Auslandssenders. Plötzlich ein unerträglich schriller, sägender Laut, bestehend aus einem Ton, der ununterbrochen weiterschrillt: Eine menschliche Stimme wird mit Hilfe der Radio-Säge erstickt. Sie hören diese Stimme nicht mehr, aber Sie wissen, daß Sie auf russisch oder in einer anderen Sprache der Völker der UdSSR zu Ihnen spricht und daß die Nomenklatura Ihnen die Ohren verstopft, damit Sie nichts hören.

Die Ohren verstopft sie Ihnen, aber nicht sich selbst. Im Radio-Komitee und in der Presseagentur TASS werden die gestörten Sendungen aufgezeichnet und ihr Wortlaut unverzüglich mit der Rotationsmaschine für das geheime Informationsblatt über aufgefangene Radiosendungen vervielfältigt. Die Würdenträger der Nomenklatura können sie ohne Eile lesen.

Die Türme der Störsender kann man in vielen Großstädten der RSFSR und in den Hauptstädten der Unionsrepubliken erblicken. Das Stören kostet viel Geld – ein Störsender ist ein richtiger Sender mit allen Apparaten und mit entsprechendem Personal, aber er verbreitet keine Information, sondern schickt Wellen aus, die durch den knirschenden Ton einer Säge die menschliche Stimme übertönen sollen.

Die Technik des Störens ist nicht sehr effektiv. Man braucht nur wenige Kilometer von Moskau oder von einer anderen Großstadt, in welcher sich der Störsender befindet, wegzufahren, um die gestörten Sender zu empfangen. Es wäre aber falsch, daraus den Schluß zu ziehen, daß das Stören sein Ziel nicht erreicht. Die Großstädte sind Ballungspunkte der Intelligenzia, die auf diese Weise ziemlich zuverlässig von jenen Sendungen ausländischer Radiostationen abgeschnitten werden, die der sowjetischen Nomenklatura nicht passen.

Die Praxis des Störens wird in der Sowjetunion nunmehr schon seit 30 Jahren geübt. Im Laufe dieser Zeit wechselten die Zielobjekte der Störsender. Es gab eine Zeit, da alle russischen Sendungen aus dem Ausland gestört wurden. Es gab auch eine Zeit, in der keine einzige dieser Sendungen gestört wurde. In letzter Zeit werden nur die Sendungen von „Radio Liberty“ und „Radio Free Europe“ gestört. Die anderen Sendungen in russischer Sprache werden nicht gestört. Jedoch wurde das sowjetische Radio-Komitee vom ZK angewiesen, den Empfang tunlichst zu erschweren. Daher wird gewöhnlich auf der entsprechenden Welle von sowjetischer Seite eine Gegenwelle ausgeschickt, hauptsächlich mit Musik oder Gesang.

Freilich ist das Stören ausländischer Sender eine typische Handlung des Kalten Krieges. Man setzt sich mit der Argumentation dieser Sender nicht auseinander, sondern versucht, sie mit technischen Mitteln zum Schweigen zu bringen. Aber die Nomenklatura meint, daß sie sich das leisten kann: Der Westen protestiert ja nicht gegen diese Ohrfeige.

14. Die Bewegungsfreiheit aus der Sicht der Nomenklatura

Was ist, wenn einem die Diktatur der Nomenklatura so widerwärtig geworden ist, daß man sich an nichts mehr erfreut, weder am Rauschen der Birkenblätter im Winde, noch am Wellengang der Wolga, noch an der endlosen Weite des Landes unter dem Himmel, der sich vom Pol bis zu den Subtropen und von einem Ozean zu den Gestaden des anderen erstreckt? Eine normale menschliche Antwort wäre: man muß weg.

Die Nomenklaturaklasse weiß: Viele in der Sowjetunion wollen weg. Welche Schlußfolgerungen zieht sie daraus?

Unter Stalin wurde der Wunsch, die Sowjetunion zu verlassen, als schwerstes Staatsverbrechen angesehen. Im berüchtigten Paragraph 58 des Strafgesetzbuches der RSFSR wurde die Flucht ins Ausland oder die Weigerung, von einer Auslandsreise zurückzukehren, als „Vaterlandsverrat" mit dem Tode oder mit langjähriger Haft bestraft, die in der Mehrheit der Fälle einem Todesurteil gleichkam. Wenn ein Armeeangehöriger desertierte, sah das Stalinsche Gesetz nicht nur eine langjährige Haft für alle Familienmitglieder, die von der Fluchtvorbereitung gewußt hatten, vor, sondern auch die Verbannung jener Familienmitglieder, die nichts gewußt hatten. Dementsprechend galten *alle* Familienmitglieder eines Armeeangehörigen als Geiseln. In der Praxis betraf das die Familienangehörigen aller Flüchtlinge, nicht nur der Militärs.

Seither haben sich die Zeiten geändert – doch nicht sehr. Das Sippenhaftgesetz ist abgeschafft, der Paragraph 58 aus dem Strafgesetzbuch gestrichen. An seine Stelle trat aber der Paragraph 64, demzufolge die Flucht ins Ausland oder die Weigerung zurückzukehren nach wie vor als „Vaterlandsverrat" gewertet werden. Dies widerspricht indessen den internationalen Verpflichtungen, die der Sowjetstaat auf sich genommen hat. Im folgenden seien diese Verpflichtungen aufgezählt.

Die von der Generalversammlung der UNO am 10. Dezember 1948 im Paragraph 13/2 angenommene Allgemeine Erklärung der Menschenrechte lautet: „Jeder hat das Recht, jedes Land, einschließlich seines eigenen, zu verlassen und in sein Land zurückzukehren."[17]) Die Sowjetunion, die sich bei der Abstimmung der Deklaration der Stimme enthalten hatte, schloß sich ihr nachträglich an.

Der Artikel 5 (d) der internationalen Konvention über die Liquidierung aller Formen von Rassendiskriminierung, die von der Generalversammlung der UNO am 31. Dezember 1965 angenommen wurde, enthält eine Wiederholung der zitierten Formulierung aus der Deklaration.[18]) Die Sowjetunion hat die Konvention im Jahre 1969 ratifiziert.

Der Internationale Pakt über bürgerliche und politische Rechte vom 16. Dezember 1966 konstatiert im Artikel 12 (2): „Jedermann steht es frei, jedes Land, einschließlich seines eigenen, zu verlassen." Die Sowjetunion hat nicht nur selbst im Jahre 1973 diesen Pakt unterschrieben und ratifiziert. Dasselbe taten auch die beiden sowjetischen Unionsrepubliken, die Mitglieder der UNO sind, die Ukraine und Weißrußland. Seit März 1976 ist der Pakt rechtskräftig.

Die Sowjetunion hat also nicht nur das von der Deklaration postulierte Recht auf Bewegungsfreiheit prinzipiell anerkannt, sondern übernahm auch mittels Konvention und Pakt die direkte Verpflichtung, ihre Bürger frei ins Ausland reisen zu lassen. Um die Zahl der möglichen Vorbehalte auf ein Minimum zu reduzieren, wird im Artikel 12 (3) des Paktes genau festgehalten, in welchen Fällen ein Staat das in diesem Dokument fixierte Menschenrecht beschränken kann. Unbedingte Voraussetzung für Beschränkungen ist, daß diese durch ein Gesetz des betreffenden Staates legalisiert werden. Ein solches Gesetz gibt es in der Sowjetunion nicht.

Es gibt zwar auch kein Gesetz, das das Recht des Bürgers, frei und nach seinem Gutdünken das Land zu verlassen, bestätigt. Dies aber ist im Artikel 2 (2) des Paktes vorgesehen, der alle Teilnehmer verpflichtet, „die gesetzgeberischen oder sonstigen Vorkehrungen zu treffen, die notwendig sind, um den in diesem Pakt anerkannten Rechten Wirksamkeit zu verleihen".[19]) Das ist eine Verpflichtung, ein entsprechendes Gesetz zu erlassen und die Praxis darauf einzustellen.

Aber vielleicht ist es möglich, solange der Oberste Sowjet der UdSSR ein solches Gesetz nicht erlassen hat, die Bestimmungen des Paktes nicht einzuhalten, indem man sich auf das Fehlen des Gesetzes beruft? Über die Vorbereitung eines solchen Gesetzes hört man nämlich nichts und auch in die Verfassung von 1977 wurde das Recht auf freie Ausreise aus der Sowjetunion nicht aufgenommen. Die eigene sowjetische Gesetzgebung entzieht der Nomenklatura die Möglichkeit einer solchen Interpretation. Sowohl in den „Grundlagen der bürgerlichen Gesetzgebung der UdSSR“ (§ 129), als auch in den „Grundlagen der Gerichtsbarkeit der UdSSR“ ist als Richtschnur für den Fall der Kollision von inländischen und internationalen Rechtsnormen festgehalten: Im Falle einer Kollision zwischen einem in der UdSSR geltenden Gesetz und einer durch internationale Vereinbarung übernommenen Verpflichtung der UdSSR hat die internationale Norm den Vorrang. Wie man sieht, fehlt die gesetzliche Norm nicht, sie ist vorhanden. Es ist die Norm der oben zitierten internationalen Abkommen: Jedem Bürger – im gegebenen Fall jedem Sowjetbürger – steht es frei, jedes Land, einschließlich seines eigenen – der Sowjetunion – zu verlassen.

Die Theorie ist klar. Wie verhält es sich mit der Praxis? In der Praxis will die Nomenklaturaklasse sich nicht an die Verpflichtungen, unter welche sie „im Geiste der Entspannung“ ihre Unterschrift gesetzt hat, halten. Sie kontrolliert auch weiterhin beharrlich alle Auslandsreisen der Sowjetbürger. Hinter den Propagandaparolen vom großen Glück, ein Bürger der Sowjetunion zu sein, verbirgt sich die feste Überzeugung der Nomenklatura, daß das Land leer werden würde, sollte man die freie Ausreise aus der Sowjetunion gestatten. Darin und auch im Vorhandensein eines riesigen repressiven Apparates drückt sich die wahre – und nicht die von der Propaganda verkündete – Einschätzung der Sowjetbevölkerung durch die Nomenklatura aus.

Es ist ungeheuer schwer, aus der Sowjetunion ins Ausland zu kommen. Nicht nur dann, wenn man das Land für immer verläßt, sondern sogar für eine kurzfristige, nur einige Tage dauernde Auslandsreise. Die Nomenklatura ist überzeugt davon, daß ein jeder ihrer Untertanen – egal welchen Alters, wenn er sich für nur eine Minute aus ihrem Machtbereich entfernt, bereit ist, seine Verwandten und Freunde, seine Arbeit, seine Wohnung, sein Vermögen aufzugeben, um in einem von der Nomenklatura freien Land zu bleiben und ein neues Leben zu beginnen. Das ganze System der Erteilung von Bewilligungen für Auslandsreisen außerhalb der Ostblockländer verfolgt als einziges Ziel, eine Flucht zu verhindern.

Logischerweise ist das ein System der Auswahl der Zuverlässigsten. Diese Auswahl ist nicht ganz identisch mit dem uns bekannten System der Auswahl nach politischen Merkmalen. Eine bittere Erfahrung überzeugte die Nomenklatura davon, daß nicht wenige, die, solange sie unter ihrer Herrschaft Karriere machten, eine hündische Ergebenheit an den Tag legten, bei erster Gelegenheit mit Vergnügen die Flucht ergriffen. Man erklärte mir im ZK der KPdSU, daß die Frage der Zuverlässigkeit eines Menschen, der ins kapitalistische Ausland fahre, eine komplizierte Gleichung sei. Auf der einen Seite stünden die Faktoren, die den Ausreisenden von der Weigerung zurückzukehren abhalten (die Familie, eine gute dienstliche Position, materielle Güter und Privilegien, die Wohnung, die Datscha, Möbel, das Alter, Unkenntnis fremder Sprachen, die Schwierigkeit, im Ausland eine der Fachausbildung entsprechende Arbeit zu finden u. dgl. m.). Auf der anderen Seite stehen die Tatsachen, die den in jedem sowjetischen Staatsbürger als vorhanden angesehenen Wunsch, die UdSSR zu verlassen, verstärken (Schwierigkeiten am Arbeitsplatz und in der Familie, materielle Probleme, Kränkungen, die ihm oder seinen Verwandten einmal von der Nomenklatura zugefügt worden waren, Verwandte im Ausland, günstige Aussichten, im Ausland eine Arbeit in seinem Fach finden zu können, Beherrschung fremder Sprachen u. dgl. m.). Aus dieser Gleichung ergibt sich das Bild jenes Sowjetbürgers, der die meisten Chancen hat, ins Ausland zu gelangen: er ist Parteimitglied, überaus erfolgreich in seinem Beruf, Familienvater, der um das Fortkommen seiner Kinder besorgt ist, mit gutem Einkommen, mit Wohnung und Datscha gesegnet. Weder er noch einer seiner nächsten Verwandtschaft wurden jemals Opfer der sowjetischen Organe oder aus der Partei ausgeschlossen, er hat keine Verwandten im Ausland, er beherrscht keine Fremdsprachen, er hat keine Aussicht in seinem Fachgebiet im Ausland eine Arbeit zu finden oder ist nicht genügend qualifiziert.

Aber auch einen solchen Mustermenschen entläßt die Nomenklatura nur mit äußerstem Mißtrauen ins Ausland und überwacht ihn aufmerksam. Erst allmählich, nachdem sie sich überzeugt hat, daß er zurückkehrt, beruhigt sich die Nomenklatura einigermaßen.

Im Jargon der mit Personalfragen beschäftigten Mitarbeiter sowjetischer Behörden werden die Menschen in „Reisetaugliche“ (vyezdnye) und „Reiseuntaugliche“ (nevyezdnye) eingeteilt. Die „Reisetauglichen“ – ein kleines Häuflein von Glückspilzen – sind gewöhnlich die Chefs und ihr Anhang; die „Reiseuntauglichen“ sind alle anderen.

Es ist interessant, daß es sogar im Ministerium für Auswärtige Angelegenheiten der UdSSR nicht wenig „reiseuntaugliche“ Mitarbeiter gibt und zwar nicht nur im technischen Verwaltungsapparat (Verwaltung,

Buchhaltung, Bibliothek, Archiv), sondern auch im diplomatischen Apparat.

Es reisen allerdings nicht nur Leute des oben beschriebenen Typus aus der UdSSR aus, doch kann ein Mensch, der diesem Muster nicht entspricht, nur dann ausreisen und sogar in die Kategorie der „Ausreisetauglichen“ eingereiht werden, wenn er, vom Standpunkt der Nomenklatura gesehen, schwerwiegende Gründe hat, die UdSSR nicht zu verlassen.

So wurden dem parteilosen Mitglied der Akademie der Wissenschaften, Arzimovič, trotz seiner aufmüpfigen Gesinnung, Reisen ins Ausland gestattet. Das war ein hervorragender Physiker, einer der Väter der sowjetischen Atombombe, Held der Sozialistischen Arbeit, er wohnte in einem komfortablen Einfamilienhaus, hatte ein Monatseinkommen, das (die Honorare nicht mitgerechnet) das 15fache des Durchschnittslohnes eines sowjetischen Werktätigen ausmachte, hatte natürlich eine schöne Datscha und ein Dienstauto mit Chauffeur.

Komplizierter war die Sache für ein anderes bekanntes sowjetisches Mitglied der Akademie der Wissenschaften, Petr Leonidovič Kapiza. Dieser berühmte Physiker lebte und arbeitete in jungen Jahren in England. Er wurde eingeladen, die Sowjetunion zu besuchen, um die Arbeit in den dortigen physikalischen Instituten kennenzulernen, dann ließ man ihn nicht zurückfahren. Stalin hoffte, daß Kapiza ihm die Atombombe bauen würde. Man errichtete für Kapiza in Moskau ein gut ausgestattetes Institut für physikalische Probleme. Im riesigen Park des Institutes wurde für Kapiza eine zweistöckige Villa erbaut, in welcher er bis auf den heutigen Tag wohnt. Aber davon, daß man ihn auch nur für eine Stunde ins Ausland ließ, konnte natürlich nicht die Rede sein. Erst Anfang der sechziger Jahre erklärte sich Chruščev nach einer persönlichen Aussprache mit dem gealterten Akademiemitglied einverstanden, ihn ins sozialistische Ausland reisen zu lassen. Und erst in der zweiten Hälfte der sechziger Jahre wurde dem 70jährigen, unter Wahrung größter Vorsicht, eine kurze Reise nach Schweden gestattet. Aber sein Leben war bereits vorbei, seine Söhne Sergei und Andrei hatten in der Akademie der Wissenschaften Karriere gemacht. Kapiza kehrte zurück, nachdem er seinen Nomenklatura-Kerkermeistern einen kleinen Schrecken eingejagt hatte. Ohne Erlaubnis fuhr er von Schweden nach Dänemark, von wo er ein Telegramm an das Präsidium der Akademie abschickte, er sei aufgehalten, was einige Nomenklaturisten im ZK und im KGB in Angst versetzte. Im übrigen ging die Gleichung auf. Das jahrzehntelang gewohnte Leben war stärker als der natürliche Drang eines Menschen, sich für seine Entführung und Gefangenschaft zu revanchieren.

Die Einteilung in „Reisetaugliche“ und „Reiseuntaugliche“ wurde in der Sowjetgesellschaft zum Angelpunkt vieler Intrigen und dramatischen Leiden. Es handelt sich nicht einfach darum, daß ein Mensch als Tourist nach Finnland fahren möchte und er, da man ihm das verweigert, in den Kaukasus fährt. Es handelt sich darum, daß die führenden Instanzen der Nomenklatura ihn öffentlich der Fluchtabsichten, also des Hochverrats verdächtigt haben. Darauf müssen seine Parteiorganisation und seine unmittelbaren Vorgesetzten reagieren. Man wird im Parteikomitee und in der Direktion beginnen, von ihm als von einer fragwürdigen Person zu sprechen. Er wird nicht avancieren, und seine Chefs werden überhaupt danach trachten, ihn loszuwerden. Ich erinnere mich, wie im Präsidium der Akademie der Wissenschaften der UdSSR die Rede darauf kam, daß der Vorsitzende des Gewerkschaftskomitees des Präsidiums abgesetzt werden müßte: Er bereise nur sozialistische Länder, in kapitalistische dürfe er wahrscheinlich nicht fahren, also genießt er kein politisches Vertrauen. Dementsprechend muß ein Intrigant, der jemanden kompromittieren will, nur durchsetzen, daß die Behörden dieser Person die Ausreiseerlaubnis verweigern. Ich hatte Gelegenheit, verschiedene Methoden einer solchen Provokation zu beobachten, angefangen von der primitiven Denunziation an die Kommission für Auslandsreisen beim ZK der KPdSU bis zum komplizierten psychologischen Manöver. Die Organe der Nomenklatura geben selbst dann, wenn keine Verdachtsgründe vorliegen, nur selten die Erlaubnis zur Ausreise und bedienen sich jeder Möglichkeit, um den Bittsteller zu schikanieren und ihm die Ausreise zu verweigern. Allen Deklarationen, Konventionen und Pakten zum Trotz, die die Freizügigkeit der Menschen sichern sollen, bleibt es in der Sowjetunion bei dem Grundsatz: Nicht ins Ausland lassen!

15. „Oformlenie", oder wie man eine Ausreisegenehmigung bekommt

Wenn in anderen Ländern ein Mensch die Absicht hat, ins Ausland zu fahren, holt er zu Hause seinen Personalausweis oder seinen Paß, löst einen Fahrschein und fährt los. In den Ländern des Realsozialismus ist für jede Auslandsreise eine besondere Genehmigung erforderlich, die nur nach einer langdauernden Prozedur erteilt werden kann. Diese Prozedur heißt in der UdSSR „Oformlenie". Die „Oformlenie" einer Ausreisegenehmigung erfolgt nach dem gleichen Schema, ob es sich nun darum handelt, daß man für einen Tag oder für mehrere Jahre hinausfährt. Dies ist logisch, denn um draußen zu bleiben genügt es, die Grenzen der Sowjetunion auch nur für eine Minute zu überschreiten. In diesem Sinn sind die Vorschriften charakteristisch, die in der Botschaft der UdSSR in Ostberlin praktiziert werden. Wenn ein Sowjetbürger nach Ostberlin kommt, ersucht er oft um die Erlaubnis, für ein paar Stündchen Westberlin besuchen zu dürfen. Das wird ihm strikt verweigert unter Berufung darauf, daß für eine solche Reise ein Beschluß des ZK der KPdSU nötig sei. Als ich im Januar 1968, aus Frankfurt am Main kommend, in Ostberlin gelandet war und mein Gepäck in der Sowjetbotschaft deponiert hatte, bat ich darum, für ein paar Stunden nach Westberlin geführt zu werden. Die Bitte rief bei den leitenden Botschaftsbeamten schwere Bedenken hervor. In ihrer panischen Angst vor Fluchtversuchen waren sie so verblendet, daß sie dem absurden Gedankengang nicht abgeneigt waren, ich wäre aus der Bundesrepublik Deutschland zurückgekommen, nur um meine Koffer bei ihnen zu lassen und dann, über Westberlin, in eben diese Bundesrepublik zu flüchten.

Für die Genehmigung genügt nicht einfach der Wunsch des Staatsbürgers, ins Ausland zu fahren. Als Grundlage für die Genehmigung werden anerkannt: 1) Die Befürwortung der Dienststelle des Antragstellers für eine Dienstreise ins Ausland. 2) Die Empfehlung einer Organisation (der Gewerkschaft oder einer gesellschaftlichen Organisation) für die Ausgabe eines Touristenreisescheines oder eines Einweisungsscheines in ein ausländisches Erholungsheim. 3) Eine persönliche Einladung aus dem Ausland.

Die Genehmigung der Ausreise wird von den folgenden Behörden der Nomenklatura erteilt: Im ersteren Fall (Dienstreise) von einer Abteilung des ZK der KPdSU (lange Zeit hieß diese Abteilung Kommission für Auslandsreisen beim ZK der KPdSU). Im zweiten Fall (Tourismus) von der Kommission für Auslandsreisen im Stadt- oder Gebietskomitee oder beim ZK der KP einer Unionsrepublik. Im dritten Fall (private Ausreise) ist die Abteilung für Visaerteilung und Registrierung (OWIR) zuständig; OWIR gehört zum Ministerium für Innere Angelegenheiten der UdSSR, steht aber praktisch unter der Kontrolle des KGB.

Diese Instanzen können gestatten, sie können aber nicht verpflichten, das Land zu verlassen. Ein diesbezüglicher Befehl kann nur durch einen Beschluß des ZK der KPdSU, in der Regel des Sekretariats des ZK, erteilt werden. Manchmal jedoch beschränken sich auch die Direktivorgane darauf, eine Ausreiseerlaubnis, die sogenannte „Zustimmung“ (Soglasie), zu geben. Die Zustimmung des Sekretariats des ZK für eine Reise ins Ausland brauchen unbedingt die Mitglieder und Kandidaten des ZK der KPdSU. In einem solchen Fall genügt der Beschluß der Abteilung des ZK nicht. Auch alle Mitglieder des ZK-Apparates können nur auf Grund eines Beschlusses des Sekretariates des ZK eine Auslandsreise antreten.

Es gibt einige Ausnahmen bei der Durchführung der erwähnten Vorschriften. So können sich Armeeangehörige der in den Ländern des Warschauer Paktes stationierten sowjetischen Militäreinheiten ohne Beschluß der Abteilung im ZK, auf Grund von Dokumenten, die ihnen vom Verteidigungsministerium der UdSSR ausgestellt werden, in die entsprechenden Länder begeben. Es gibt auch eine Sonderregelung für die Ausreise illegaler Agenten des KGB und der Hauptverwaltung „Aufklärung“ im Verteidigungsministerium. Sie wird allerdings von der Abteilung des ZK der KPdSU kontrolliert.

Es gibt eine kleine Zahl von Pässen mit einem sogenannten „offenen Visum“. Das ZK der KPdSU beschließt, den Inhaber eines solchen Passes zu ermächtigen, im Laufe eines Jahres Dienstreisen in die sozialistischen Länder oder, was aber noch seltener ist, überhaupt in alle Länder der Welt zu unternehmen. Wie sparsam mit der Vergabe solcher Pässe umgegangen wird, kann man daraus ersehen, daß im ganzen riesigen Komplex der Akademie der Wissenschaften der UdSSR nur eine winzige Gruppe der Mitglieder der Kommission für multilaterale wissenschaftliche Zusammenarbeit mit den sozialistischen Ländern ein „offenes Visum“ für diese Länder hatte. Mehr „offene Visa“ besitzen Mitarbeiter des Ministeriums für Auswärtige Angelegenheiten und des Außenhandelsministeriums, aber auch da sind es nur wenige.

Die Nomenklaturaklasse hat sich in ihrem eigenen System gefangen.

Auch der Nomenklaturabürokrat kann nicht fahren, wohin er will. 1969, als der Apparat der KP Deutschlands von der DDR in die Bundesrepublik Deutschland übersiedelte, war ich Zeuge, wie sich führende Funktionäre freuten, daß sie nun einen westdeutschen Paß bekommen und überall ungehindert würden reisen können. Indes bedeutete die Übersiedlung anscheinend keine Verbesserung der Lage dieser Funktionäre, denn sie gehörten in der DDR der herrschenden Klasse an, und in der Bundesrepublik wurden sie zu Mitarbeitern einer kleinen Oppositionspartei.

Der Prozeß der Visaerteilung für das Ausland zerfällt in drei Stadien: 1) Die Beschaffung der Unterlagen für die Ausreiseakte, 2) die Überprüfung und die Beschlußfassung, 3) die Aushändigung des Auslandspasses mit dem Ausreisevisum, der ausländischen Währung und der Fahrkarte.

Die Ausreiseakte enthält eine Reihe von Dokumenten:

1. Am wichtigsten ist das Leumundszeugnis. Es lautet etwa so: „Lakain Iwan Iwanovič, Jahrgang 1930, Russe, Mitglied der KPdSU, wissenschaftlicher Mitarbeiter des Institutes für diverse Probleme der Akademie der Wissenschaften der UdSSR. Während seiner Arbeit am Institut bewährte sich Genosse Lakain I. I. als hochqualifizierter Wissenschaftler und Spezialist auf dem Gebiete von... Er ist Autor einer Reihe von wissenschaftlichen Arbeiten. Er ist aktives Mitglied der Parteiorganisation, Leiter einer Agitationsgruppe, war mehrere Male auf Dienstreisen in (hier folgt eine Aufzählung der Länder, zuerst der sozialistischen, dann der kapitalistischen). Genosse Lakain ist verheiratet, hat 2 Kinder. Er ist politisch aufgeklärt, moralisch gefestigt, bescheiden in seiner Lebensführung.

Die Direktion, das Partei- und das Gewerkschaftskomitee des Institutes für diverse Probleme der Akademie der Wissenschaften der UdSSR empfiehlt Gen. Lakain I. I. für eine wissenschaftliche Dienstreise nach (Land) im (Monat, Jahr) für (Frist).

Das Zeugnis wurde vom Parteikomitee des Institutes in der Sitzung vom (Datum) bestätigt. Protokoll der Sitzung No ( )."

Auf der Kopie dieses Dokumentes müssen die Unterschriften des sogenannten „Dreiecks", des Sektorenleiters, des Sekretärs der Sektorparteigruppe und des Gewerkschaftsorganisators stehen.

Das Leumundszeugnis wird dem Parteikomitee des Institutes zur Bestätigung vorgelegt. Nun kommt darauf noch das Datum und die Nummer des Protokolls, das auf der Sitzung dieses Parteikomitees geführt wurde und dazu die Unterschriften des „großen Dreiecks“ (des Institutsdirektors, des Parteisekretärs und des Vorsitzenden des Institutsgewerkschaftskomitees) sowie der Institutsstempel. Das Original des Schriftstückes wird der betreffenden Personalakte in der Personalabteilung beigegeben.

Nun beginnt die zweite Etappe. Die Akte geht an das Rayonskomitee der KPdSU. Das Leumundszeugnis gelangt in die Kommission für Auslandsreisen beim Rayonskomitee. Von ihr wird man zu einer Unterredung vorgeladen, bei welcher die drei Mitglieder der Kommission ungefähr 15 Minuten lang die bohrende Frage stellen, wozu der Befragte die Auslandsreise braucht. Wenn man imstande ist, einen guten Eindruck auf diese Leute zu machen, dann schreiben sie ins Protokoll, daß sie den Kandidaten für die Reise empfehlen. Auf Grund dieses Protokollvermerks schreibt der Sekretär des Rayonskomitees auf das Leumundszeugnis: „Genehmigt, Sekretär des Rayonskomitees der KPdSU (Unterschrift)“ und setzt den Stempel des Rayonskomitees darunter. Damit ist das Leumundszeugnis fertig.

2. Der Ausreise-Fragebogen. Er ist in 2 Exemplaren auszufüllen. Früher brauchte man außer ihm noch einen handgeschriebenen Lebenslauf (ebenfalls in 2 Exemplaren).

3. Kurze Lebenslauftabelle (die sogenannte „Objektivka“), cnthaltend dic wichtigsten biografischen Daten und eine chronologische Liste aller Schulen, Arbeitsstellen und Dienstgrade des Betreffenden.

4. Ein ärztliches Attest über den Gesundheitszustand mit dem Vermerk „praktisch gesund“ sowie dem Hinweis, daß das Attest im Zusammenhang mit der Reise nach (Land) für die Dauer von (Frist) ausgestellt wurde.

Um ein solches Attest zu bekommen, muß man sich von einer Reihe von Fachärzten untersuchen lassen, muß auch eine Blut- und Harnanalyse gemacht werden. Das Attest trägt die Unterschrift des behandelnden und des Chefarztes (oder dessen Stellvertreters).

5. Sechs Fotos.

6. Die „Richtlinien“. Sie werden vom Direktor des Institutes unterschrieben und von dem Sekretär der Abteilung der Akademie der Wissenschaften, der ein Mitglied des Akademiepräsidiums ist, bestätigt. Das ist ein sinnloses Dokument, das Punkt für Punkt aus Banalitäten besteht: Man solle die Linie der Außenpolitik der Sowjetunion einhalten, auf diesem Gebiet aufklärerisch wirken, aktiven Anteil an der internationalen Veranstaltung nehmen, zu welcher man hinausgeschickt wird und

dgl. mehr. Der einzige wichtige Punkt besteht in der Verfügung, man müsse alle Äußerungen in der Presse und im Rundfunk mit der sowjetischen Botschaft im Ankunftsland vereinbaren. Die „Richtlinien" haben wesentlich mehr Sinn, wo es sich um Delegationen handelt, die zu wichtigen Verhandlungen ins Ausland reisen. Dann werden sie von einem Sekretär des ZK der KPdSU bestätigt. Wenn man keine Dienstreise, sondern eine private Reise ins Ausland anzutreten beabsichtigt, braucht man keine „Richtlinien", wohl aber eine Quittung über die Bezahlung des Ausreisevisums in der Höhe von 30 Rubel für ein sozialistisches Land und von 200 Rubel für das kapitalistische Ausland (bei einem durchschnittlichen Monatslohn von 163 Rubeln). Im Falle einer privaten Reise müssen in der Ausreiseakte noch aufliegen: eine Bestätigung der Hausverwaltung, daß man dort wohnt und seit dem Jahre X polizeilich gemeldet ist; eine Bescheinigung der Arbeitsstelle über die Art der Beschäftigung, den Monatslohn und den Urlaubsanspruch.

Nun ist die Ausreiseakte komplett. Die Verwaltung für Auslandsbeziehungen der Akademie der Wissenschaften der UdSSR verfaßt ein Begleitschreiben, das die Unterschrift des Wissenschaftlichen Hauptsekretärs des Präsidiums der Akademie der Wissenschaften trägt. Mit diesem Brief wird die Akte per Geheimpost in das ZK der KPdSU befördert.

Die „Oformlenie" tritt in ihr zweites Stadium ein, in das Stadium der Vorbereitung des Beschlusses und der Beschlußfassung.

Die Akte kommt in die Abteilung für Auslandsreisen des ZK der KPdSU. Wir haben diesen Zwitterapparat des ZK und des KGB schon einmal erwähnt.

Für die Vorlage der Ausreiseakte sind folgende Fristen festgesetzt: Für Reisen in kapitalistische Länder 45 Tage vor der Abreise, für solche in sozialistische Länder 30 Tage. Wenn die Dokumente später abgeschickt werden, muß der Wissenschaftliche Hauptsekretär ein spezielles Ansuchen an die Abteilung richten, die zu spät eingegangenen Papiere doch noch zu prüfen. Gewöhnlich lehnt das ZK das nicht ab, doch läßt es durchblicken, daß es damit eine Gnade erweist. Die Überprüfung und Beschlußfassung für eine Reise in ein kapitalistisches Land dauern hingegen im Falle äußerster Dringlichkeit ungefähr eine Woche, denn diese Prozedur ist kompliziert.

In der Ausreiseabteilung des ZK müssen zwei Referenten die Akte bearbeiten. Der eine, der für die Auslandsreisen der Mitarbeiter der Akademie der Wissenschaften und der andere, der für das Land zuständig ist, in welches der Ausreisende von der Akademie geschickt wird. Der erstere überreicht die Akte zur Begutachtung in die Abteilung für Wissenschaft und Lehranstalten des ZK und der letztere in eine der beiden internationalen Abteilungen des ZK. Wenn man in ein kapitalistisches Land fährt, wird gleichzeitig an das entsprechende Department des KGB eine Anfrage (mit der Unterschrift des Stellvertretenden Abteilungsleiters des ZK) gerichtet, ob gegen die Ausreise von seiten des KGB Einwände erhoben werden. Wenn man in ein Land des Warschauer Paktes fährt, erfolgt keine Anfrage beim KGB. Vor der Errichtung der Berliner Mauer war für die Ausreise in die DDR dennoch die Zustimmung des KGB erforderlich, denn man konnte dort die Flucht ergreifen.

So geht die uns bereits bekannte Prozedur der Rückversicherung der Nomenklaturisten vor sich, bevor sie eine Entscheidung treffen. Verantwortlich für diese Entscheidung sind viele, das heißt also niemand.

In einer jeden der obengenannten Abteilungen nimmt der Referent Einblick in die Papiere des Ausreisekandidaten und verfaßt sein Gutachten. Dieses kann von zwei Abteilungen gemeinsam unterschrieben werden oder, wenn ein diesbezügliches Übereinkommen besteht, von einer allein; unterschreiben tun der Stellvertretende Abteilungsleiter und der Sektorenleiter. Das Gutachten wird an die Abteilung für Auslandsreisen dirigiert. Unterdessen ist die Antwort des KGB eingetroffen.

Wenn beide Antworten positiv ausgefallen sind, wird der Ausreisekandidat möglicherweise zu einer Unterredung vorgeladen. Unter Stalin mußten alle Auslandsreisenden zu einer Unterredung im ZK erscheinen. Diese Unterredung, die mit einer großen Gruppe von ins Ausland kommandierten Personen geführt wurde, leitete manchmal der Genosse Strunnikov persönlich, der Stellvertretende Leiter des Sektors für Auslandskader, der im Rahmen der damaligen Kaderverwaltung des ZK existierte. Jedoch gab es auch individuelle Unterredungen mit dem betreffenden Instruktor des ZK. Bei dieser Gelegenheit mußte man den seitenlangen Text der Verhaltensvorschriften für Sowjetbürger im Ausland durchlesen und unterschreiben. Diese Vorschriften waren ohnehin selbstverständlich: Man sollte keine persönlichen Beziehungen zu der örtlichen Bevölkerung haben, sich vor Provokationen in acht nehmen und sich in allen Fragen an die sowjetische Vertretung wenden. Im Gedächtnis haften blieben nur ausgefallene Vorschriften, wie: man möge nachts im Zug nicht mit einer ausländischen Person des anderen Geschlechts in einem Abteil bleiben und den Begleitschaffner ersuchen, in ein anderes Abteil übersiedelt zu werden; man sollte ohne spezielle Anweisung keine Verbindung mit den Kommunisten des betreffenden Landes haben und ihre Versammlungen nicht besuchen. Trocken wurde mitgeteilt, daß man für einen Verstoß gegen die Vorschriften „außergerichtlich zur Verantwortung gezogen werden" würde. Wir wußten, daß dieses „außergerichtliche" eine Aburteilung durch das Dreiertribunal (Troika), d. h. Konzentrationslager, wenn nicht gar Todesstrafe, bedeutete.

In der Nach-Stalin-Zeit wurde die Atmosphäre leichter. Die Unterredungen wurden individuell und in freundlichem Ton durchgeführt, und es wurden auch nicht alle Anwärter vorgeladen, sondern nur die, die zum ersten Mal oder nach langer Zeit wieder ausreisten. Mit Strafen wurde nicht mehr gedroht. Aber die Verhaltensvorschriften – immer noch die gleichen – muß man lesen und unterschreiben.

Nehmen wir an, daß alles gut geht. Die Abteilung wird beschließen, die Akademie der Wissenschaften zu ermächtigen, den Anwärter in das betreffende Land für eine bestimmte Zeit dienstlich zu entsenden. Der Beschluß wird unter einer Ordnungszahl protokolliert. Sein Wortlaut, ein paar Zeilen auf einem Blatt Papier, wird mit einem KGB-Kurier unverzüglich in die Akademie der Wissenschaften und in das Konsularamt des Außenministeriums der UdSSR geschickt. Wenn die Abreise eilig ist, erfolgt die Mitteilung des Beschlusses außerdem noch telefonisch.

Es herrscht die strenge Regel, daß der Beschluß erst im letzten Augenblick gefaßt wird. Die Ausreiseakte mag noch so rechtzeitig eingetroffen sein, trotzdem wird der Beschluß immer erst einige Stunden vor dem Abflug bekanntgegeben. Deshalb muß das Außenministerium lange Zeit vorher das Ausreisevisum anfordern und die Akademie wird die Fahr(Flug)karte bestellen, obwohl man immer noch nicht weiß, ob man fahren wird oder nicht. Das geschieht mit Absicht. Wenn man vorhat zu flüchten, dann soll keine Zeit für die Fluchtvorbereitung bleiben. Es ist nämlich so, daß der Sowjetbürger, der auf eine Ausreisegenehmigung wartet, gewöhnlich davon überzeugt ist, daß er besonders aufmerksam beobachtet wird und deshalb, auch wenn er nicht im entferntesten daran denkt auszureißen, sorgfältig vermeidet, etwas zu tun, was seiner Meinung nach Verdacht erwecken könnte.

Gelegentlich verweigert das ZK die Ausreise. Die Verweigerung erfolgt vollkommen willkürlich und ist ein Ausdruck der Geringschätzung, die die Nomenklatura für ihre Untergebenen hat. Die nicht selten geäußerte Begründung lautet: „Er war in diesem Jahr schon einmal im Ausland.“ Aber die Stelle, die jemanden dienstlich ins Ausland schicken will, weiß das ja ebensogut, wie die Referenten in der Abteilung für Auslandsreisen. Es ist übrigens auch den Rayonskomitees der Partei bekannt. Weshalb also der Aufwand von vielen Arbeitsstunden auf den verschiedensten Ebenen für die Anlegung der Akte, wenn eine solche Antwort gegeben wird? Wer aber würde schon der Abteilung im ZK eine solche Frage stellen? Alle tun so, als ob sie eine Offenbarung erführen: ja, wirklich, er war schon im Ausland, und uns ist das nicht eingefallen. Die ZK-Abteilung duldet nämlich keine Widerrede und würde sich für eine solche bitter rächen. Derjenige, der es wagen würde, diese Frage zu stellen, kann mit Sicherheit damit rechnen, daß er für Jahre hinaus keine Erlaubnis für eine Auslandsreise bekommen würde.

Sogar mit zweifellos „reisetauglichen“ Nomenklaturisten, die nicht zum inneren Kreis der Klasse gehören, springt das ZK der KPdSU ziemlich rücksichtslos um. So geschah es mir in den Jahren 1970–71 – ich war damals Stellvertretender Vorsitzender der Historiker-Kommission UdSSR–DDR –, daß die Abteilung für Administrative Organe des ZK dem damaligen Präsidenten des Obersten Gerichtshofes der RSFSR, Lev N. Smirnov (jetzt ist er Präsident des Obersten Gerichtshofes der UdSSR) nicht gestattete, für ein paar Tage in die DDR zu reisen. Begründung: Smirnov wäre bereits in Schweden gewesen, er möge sich in Moskau seinen Aufgaben widmen, deren es genügend gebe. Alle meine Bemühungen, mit Hilfe der Wissenschaftsabteilung des ZK die Zustimmung für die Reise Smirnovs nach Ostberlin zu erlangen, blieben erfolglos. Die Abteilung für Administrative Organe bestand auf einer Ablehnung. Eine ähnliche Haltung kam zum Ausdruck, als das Sekretariat des ZK der KPdSU Ende 1960 unerwarteterweise die Ausreise des Ersten Vizepräsidenten der Akademie der Wissenschaften der UdSSR, M. D. Millionščikov, der zu einem Treffen mit westlichen Mitgliedern der Pugwash-Bewegung fahren sollte, ablehnte. Millionščikov, der bereits seine Ankunft telegrafisch avisiert hatte, brannte vor Scham über die erlittene Demütigung und erschien ein paar Tage nicht zur Arbeit. All das fand seine Erklärung nicht etwa darin, daß der Vizepräsident fluchtverdächtig war und auch nicht in irgendwelchen Gründen der hohen Politik (Millionščikov kannte sich in der Pugwash-Bewegung besser aus als das Sekretariat), sondern einfach in dem Wunsch, von Zeit zu Zeit auch einen hochgestellten Untergebenen der Nomenklaturaspitze daran zu erinnern, wer der Herr im Hause ist.

Wie geht es weiter, wenn die Entscheidung positiv war? Die Erledigung der Ausreiseformalitäten tritt in ihr letztes Stadium ein, das notwendigerweise sehr kurz ist. Es beinhaltet die Aushändigung des Reisepasses mit dem Ausreisevisum, der ausländischen Valuta und der Fahrkarte.

Reisepässe gibt es in der Sowjetunion, wie in den anderen Ländern, in drei Varianten: einen für gewöhnliche Staatsbürger, einen für Dienstreisen und den Diplomatenpaß. Alle drei sind theoretisch für alle Länder gültig. Eine Besonderheit besteht darin, daß der Paß für die Reise in sozialistische Länder einen Stempel des Außenministeriums der RSFSR, für die Reise in kapitalistische Länder aber einen Stempel des Außenministeriums der UdSSR erhält. So kommt es, daß, wenn man z. B. die Ausreiseerlaubnis für die Tschechoslowakei erhalten hat und versucht, von dort nach Österreich oder in die Bundesrepublik Deutschland einzureisen, der tschechische Grenzpolizist den Betreffenden auf Grund des RSFSR-Stempels im Paß aufhält.

Das Konsularamt des Ministeriums für Auswärtige Angelegenheiten der UdSSR holt nach der Mitteilung, daß der Beschluß bereits vorliegt, aus ihren Safes unverzüglich den Reisepaß des Abreisenden (in der Sowjetunion werden die Auslandspässe nicht zu Hause aufbewahrt, sondern im Außenministerium; sie werden nur für die Fahrt ausgehändigt). Zu diesem Zeitpunkt steht im Paß bereits das Einreisevisum des Landes, in welches man sich begibt. Hinzu kommt das sowjetische Ausreisevisum, und der Paß wird per Kurier in die Akademie der Wissenschaften der UdSSR geschickt, wo ihn der Paßreferent in der Verwaltung für Auslandsbeziehungen dem Ausreisenden aushändigt, nachdem man den Empfang schriftlich bestätigt hat. Gleichzeitig wird einem der Inlandspaß abgenommen; dieser wird bis zur Rückkehr des Dienstreisenden in einem Safe aufbewahrt. Mitglieder der Partei oder des Komsomol müssen für die Zeit ihres Aufenthaltes im Ausland auch ihre Mitgliedsbücher im ZK der KPdSU bzw. im ZK des Komsomol abgeben.

Ausländisches Geld in streng normierter Menge, die davon abhängt, in welches Land man sich begibt, wird ebenfalls bereitgestellt. Wenn man mit einer Delegation fährt, erhält man das Geld vom Delegationssekretär im Flugzeug. Wenn man allein ausreist, bekommt man eine Anweisung, mit welcher man sich das ausländische Geld in der Außenhandelsbank der UdSSR holen kann. Das Flugticket oder die Eisenbahnfahrkarte ist in der Abteilung für Transportservice der Akademie abzuholen.

Kontrolliert wird man bis zur letzten Minute. Man kann auch noch aus dem Flugzeug oder aus dem Zug geholt werden mit der Begründung, daß das Ausreisevisum annulliert wurde. Zur Zeit Stalins entstand das darauf bezügliche Sprichwort: „Erst verlasse Czop, dann sage hopp!"*

Bei Überprüfungen verschmäht die Nomenklatura es nicht, sich auch des Mittels der Provokation zu bedienen. Hier ein Beispiel: Einer der begabtesten Volkswirtschaftler des Institutes für Weltwirtschaft und internationale Beziehungen der Akademie der Wissenschaften der UdSSR, Professor Anikin, sollte in die USA geschickt werden, um einige Jahre in der UNO zu arbeiten. Der Ausreisebeschluß lag vor. Anikin bekam Paß und Fahrkarte. Da tauchte plötzlich ein Schulkamerad auf, den er seit Jahren nicht mehr gesehen hatte. Der bat ihn, er möge ihm in den USA diverse Sachen kaufen und übergab ihm 200 Dollar. Anikin genierte sich abzulehnen und nahm das Geld an. Am Tag vor seinem Abflug nach New York wurde Anikin in die Kommission für Auslandsreisen beim ZK zitiert und so nebenbei gefragt, ob er keine Valuta mitführe (was streng verboten ist). Anikin geriet in Verlegenheit, worauf man ihm sagte, daß man alles wisse, er habe beabsichtigt, die Vorschriften für die Ausreise zu verletzen, daher könne er nicht in die USA fahren. Nach langdauernden Kalamitäten im Institut konnte er wenigstens bei seiner Arbeit bleiben.

Diese Prozedur, die aus dem „Schloß" von Kafka abgeschrieben zu sein scheint, wird auch bei den Reisen in Ostblockstaaten angewendet, nur ohne Anfrage beim KGB.

Es gab eine kurze Zeit, 1967–1968, da die Dienstreisen in die Länder des Comecon ohne das ZK der KPdSU abgefertigt wurden. Die Ausreiseakten wurden von der damals begründeten Ausreise-Kommission beim Präsidium der Akademie der Wissenschaften der UdSSR bearbeitet. Stimmte die Kommission für die Dienstreise, dann wurde der Beschluß nur noch vom Staatskomitee für Wissenschaft und Technik signiert, und man konnte losfahren. Es war eine gewaltige Erleichterung. Obwohl das System bei der Abfertigung von Auslandsreisen nach wie vor umständlich blieb, gewann es an Sachlichkeit und Transparenz und war nicht von der Laune einer geheimen Dienststelle abhängig. Nach dem Einmarsch in die Tschechoslowakei wurde die Neuregelung durch einen Beschluß des Sekretariates des ZK der KPdSU abgeschafft. Und wieder mußten alle Dienstreisen in sozialistische Länder vom ZK über-

* Czop = Grenzstation an der Westgrenze der Sowjetunion.

prüft werden. Im internen Kreis des ZK-Apparates gab man offen zu, daß die Tschechoslowakei nur als Vorwand für die Abschaffung gedient hatte. Die arbeitslos gewordenen Nomenklaturisten in der Kommission hätten einfach Angst gehabt, auf niedrigere Posten ohne „Vertuška" und „Kremlovka" versetzt zu werden. Sie überzeugten das Sekretariat des ZK von der Notwendigkeit einer verstärkten Wachsamkeit und Kontrolle über die Reisen der Bürger in die sozialistischen Länder, die sich als so unzuverlässig erwiesen hatten.

Für Sowjetbürger, die in den Unionsrepubliken wohnen, ist es noch schwerer, ins Ausland zu fahren. Vor allem ist es für sie gefährlicher als für die Bewohner Moskaus. Man begegnet nicht selten auch in Moskau Leuten, die es lieber gar nicht versuchen wollen, eine Ausreiseerlaubnis in andere Länder zu beantragen, damit sie keine Ablehnung mit allen ihren unangenehmen Folgen riskieren. In der Provinz sind solche Menschen noch zahlreicher. Dort werden nämlich die Ausreiseakten nicht nach Moskau, sondern an die Zentralkomitees der KP der jeweiligen Republik geschickt, und das Büro des ZK beschließt eine Empfehlung für die Dienstreise. Erst mit dieser Empfehlung kann die Ausreiseakte der Abteilung des ZK der KPdSU übermittelt werden. Aber wie wir bereits erwähnt haben, ist das Büro des ZK der KP einer Unionsrepublik das Direktivorgan in der Republik. Es gibt nur wenige, die es wegen einer angenehmen, aber nicht unbedingt notwendigen Auslandsreise wagen, vor diesem Forum launenhafter und eitler Satrapen zu erscheinen. Wenn sie jemanden ablehnen und damit ihm ihr politisches Mißtrauen zum Ausdruck bringen, ist sein Schicksal in Zukunft nicht beneidenswert. Nicht zuletzt aus diesem Grund sind die Dienstreisenden und sogar die als Touristen in den Westen fahrenden in der Mehrzahl Moskauer, obwohl die Bewohner Moskaus bloß 3% der Bevölkerung der Sowjetunion ausmachen.

So sehen die Auslandsreisen der Sowjetbürger in der Praxis aus. Die Praxis unterscheidet sich wesentlich von der Theorie, vor allem von den internationalen Verpflichtungen der Nomenklatura. Daher ist es schwer, Terroristen, die ein Flugzeug nach Libyen oder in den Südjemen umdirigieren, mit jenen verzweifelten Menschen zu vergleichen, die einen Piloten der Aeroflot zwingen, sie in den Westen zu bringen.

16. Die abgeriegelte Grenze

Schon seit frühen Kinderjahren hörten wir diese Bezeichnung. Man trichterte uns ein, daß die Imperialisten scharf darauf aus seien, uns von allen Seiten zu überfallen, daß aber die ruhmreichen sowjetischen Grenzsoldaten wachsam auf ihrem Posten stünden, so daß es jenen Spionen und Diversanten, die in die Sowjetunion einschleichen wollten, unmöglich sei, unsere Grenze zu überschreiten. Sie sei abgeriegelt. Das erzählt man den sowjetischen Kindern auch heute noch.

Herangewachsen, glaubt der Sowjetbürger nicht mehr an dieses Märchen und begreift allmählich, daß das Schloß, welches die vieltausend Kilometer lange Grenze der Sowjetunion abschließt, nicht für die Imperialisten angebracht wurde, sondern zu dem Zweck, die eigenen Bürger an der Flucht vor ihren Nomenklaturaherren zu hindern.

Man pflegt die sowjetischen Staatsgrenzen mit dem Drahtverhau rundum mit einem Konzentrationslager zu vergleichen. So peinlich es ist, diesen abgedroschenen Vergleich zu wiederholen, ist ein besserer wohl kaum zu finden. Die Grenze der UdSSR ist wirklich wie die Umzäunung eines Lagers ausgestattet. Von den Bewohnern des Landes erwartet man, daß sie mit allen Mitteln versuchen werden hinauszugelangen, was man mit allen Mitteln verhindern muß. Daher ist die sowjetische Grenze keine befestigte Frontlinie mit Kampfständen und Minenfeldern wie die Westgrenze einiger kleiner realsozialistischer Länder. Sie ist auch kein Gefängniszaun wie die Berliner Mauer, sie ist schlicht und einfach die Umzäunung eines riesigen KZ.

Die sowjetische Grenze erhebt keinen Anspruch auf „Modernität“, hier sind keine Selbstschußgeräte, aber sie ist gut ausgerüstet, und auch einige technische Neuerungen finden Verwendung. Der Schutz der Staatsgrenzen der UdSSR wird in Speziallehrgängen in den Schulen des KGB und des Innenministeriums gelehrt und ist auf diese Weise in den Rang einer Wissenschaft erhoben.

Ein Lehrbuch dieser traurigen Wissenschaft steht mir nicht zur Verfügung, doch soll über die technische Ausrüstung und die Einrichtung eines durchschnittlichen sowjetischen Grenzabschnittes kurz etwas gesagt werden. Wenn man sich aus dem Innern des Landes auf die Grenze zubewegt, besteht sie aus folgenden Zonen:

1. Die Grenzzone. Das ist das der Grenze benachbarte Gebiet. Jeder Bewohner des Gebietes muß eine Sondererlaubnis für die Ansiedlung

und einen Vermerk in seinem Paß haben. Für das Betreten und sogar für den Transit durch die Grenzzone ist eine spezielle Erlaubnis der Miliz erforderlich. Die Kontrolle erfolgt durch Sonderabteilungen der Grenztruppe. Alle im Grenzgebiet ohne Erlaubnis aufgegriffenen Personen werden festgenommen und der Zweck ihrer Einreise in das Sperrgebiet wird überprüft.

2. Die befestigte Zone. Sie ist ungefähr 100 m breit. In diesem Streifen sind diverse sogenannte „Grenzsysteme" untergebracht. Hier die Liste derselben:

a) Ein Stacheldrahtverhau auf Betonpfählen mit Schutzblech. Im Verhau gibt es viele Durchgänge, die per Tele-Relais von den Grenzwachstationen aus geöffnet werden können. Wenn der Grenzsoldat will, daß der Diensthabende der Grenzwachstation das Relais einschaltet, muß er ihm telefonisch das Codewort mitteilen, das jeden Tag vom Leiter des Grenzabschnittes neu ausgegeben wird. Entlang der Grenze stehen im Niemandsland (in der neutralen Zone) Pfosten mit eingebauten Zellen, an die der Grenzsoldat den an seinem Gurt hängenden Hörer anschließen kann. Der Drahtverhau steht unter Schwachstrom. Bei Berührung bewegt sich der Leitungsdraht oder das Schutzblech und löst ein Signal auf der Grenzwache aus.

b) Gleich hinter dem Drahtzaun liegt der Kontrollspurenstreifen, der eine Breite von 5–6 m hat. Er wird regelmäßig umgepflügt, damit sich in die aufgeworfene Erde Spuren eingraben können.

c) Darauf folgt ein Spiralendrahtverhau, der über niedrige Keile gezogen ist.

d) Im Gras und im Gestrüpp ist ein verstecktes „System" angelegt, – ein unmerklicher Stahldraht mit Schlingen. „Wenn ein Mensch im Gestrüpp läuft und sich mit dem Fuß in einer Stahlschlinge verfängt, fällt er zu Boden. Er versucht aufzustehen und fällt neuerlich in eine ebensolche Schlinge...", erzählte ein sowjetischer Grenzsoldat. „Je mehr er versucht, sich zu befreien, desto mehr verstrickt er sich in den Schlingen. Wir haben Probeübungen durchgeführt. Man mußte in das ‚System' eindringen, aber niemandem gelang es herauszukommen."[20])

In der befestigten Zone befinden sich Wachtürme. Mit Fernrohren überblicken die Grenzsoldaten die Gegend.

3. Die neutrale Zone, oder wie sie manchmal poetisch genannt wird, das „Niemandsland". Obwohl sie niemandem gehört, patrouillieren in ihr paarweise sowjetische Grenzsoldaten mit Maschinenpistolen bewaffnet, von Wachhunden begleitet. Die Leiter der Grenzposten müs-

sen, um illegale Grenzüberschreitungen zu erschweren, die Zeiten der Wachablösung und die Route der Grenzpatrouillen oft ändern. Die Bewohner des Grenzgebietes dürfen das Niemandsland trotz des Vermerkes in ihrem Paß nur mit einer zusätzlichen Bewilligung und in Begleitung zweier bewaffneter Soldaten betreten.

Der „Schießbefehl", den man im Westen mit der Grenze der DDR assoziiert, besteht für die sowjetischen Grenzsoldaten seit langem. Für die Erschießung eines Flüchtenden erhält der Grenzsoldat eine Regierungsauszeichnung, die Medaille „Für Heldenmut", obwohl man nicht sehr viel Heldenmut braucht, um mit einer Maschinenpistole einen unbewaffneten Menschen von hinten zu erschießen. Zur Erbauung der Grenzsoldaten erzählen ihnen die Politinstrukteure die Geschichte von einem Leiter eines Grenzwachtpunktes, der bereits über die Grenze geflüchtet war, den aber Sowjetbürger auffanden und erschossen.[21]) Im übrigen ist man bestrebt, den Flüchtling (offiziell heißt er „Grenzverletzer") lebend festzunehmen. Ob für ihn daraus ein Vorteil erwächst, ist schwer zu sagen.

Wenn es nun dem „Grenzverletzer" doch gelingt, alle Hindernisse zu überwinden, dann eröffnet man, wenn dies nur irgendwie möglich ist, eine Hetzjagd auf ihn. Wie oft haben sich schon Suchtrupps sowjetischer Armeeangehöriger nach Westberlin begeben, um Flüchtlinge wieder einzufangen. In den Jahren der Okkupation Österreichs wurden ebensolche Gruppen in die von den Truppen der Westmächte besetzten Sektoren Wiens ausgeschickt. Die Jagd beschränkte sich nicht allein auf die besetzten europäischen Länder. Zu Jewdokija Petrova, der Frau eines Residenten des KGB, der in Australien um Asyl angesucht hatte, wurden aus Moskau bewaffnete sowjetische „Diplomaten-Kuriere" nach Australien geschickt. Der sowjetische Botschafter in den Niederlanden, früher Erster Sekretär des ZK der KP Weißrußlands und während des Krieges Chef des von der NKWD organisierten Zentralen Stabs der Partisanenbewegung, Generalleutnant P. K. Ponomarenko, ließ es sich nicht nehmen, den sowjetischen Touristen Golub, der um Asyl angesucht hatte, eigenhändig ins Flugzeug zu schleppen. Es stimmt, daß der Botschafter bei dem daraus entstandenen Handgemenge einiges abbekam; er mußte nach Moskau zurückkehren, wo er im Institut für Gesellschaftswissenschaften beim ZK der KPdSU Ordinarius für illegale Arbeitsmethoden kommunistischer Parteien wurde.

Die Jagd nach Flüchtlingen außerhalb der Grenzen des sowjetischen Territoriums entbehrt jeder legalen Grundlage. Man spekuliert sowjetischerseits bei der Durchführung solcher Aktionen darauf, daß die westlichen Behörden nicht eingreifen und stillschweigend zulassen, daß auf ihrem Hoheitsgebiet sowjetische Staatsbürger gejagt werden wie flüchtige Sklaven. Eine solche Rechnung geht manchmal auch auf. Bekannt ist die Geschichte, wie ein amerikanischer Kapitän den sowjetischen Matrosen und Dissidenten Simas Kudirka auslieferte, der in internationalen Gewässern auf das amerikanische Schiff geflüchtet war. Der Matrose wurde an Ort und Stelle vor den Augen des zuvorkommenden Kapitäns halbtot geprügelt und dann in ein sowjetisches Lager verschickt. Weniger bekannt ist, daß Finnland (von den sozialistischen Ländern ganz zu schweigen) unter dem Druck Moskaus den Sowjetbehörden Flüchtlinge ausliefert, die an das Recht auf politisches Asyl glaubten. Man muß anerkennen, daß die Sowjetunion nicht daran denkt, sich mit der gleichen Münze für diese Dienstfertigkeit erkenntlich zu zeigen: Otto Kuusinen, der nach dem Überfall der Sowjetunion auf Finnland am Ende des Jahres 1939 Chef einer „Volksregierung Finnlands" gewesen war, wurde nicht an Finnland ausgeliefert, sondern zum Mitglied des Präsidiums und Sekretär des ZK der KPdSU gewählt.

Aber wenn die Treibjagden auf fremdem Territorium oder der Druck erfolglos bleiben, gibt die rachsüchtige Nomenklatura noch nicht auf. Mit Hilfe von als sowjetische Diplomaten getarnten Mitarbeitern des KGB, die die Aufgabe haben, die Emigranten aus der Sowjetunion zu beobachten, wird oft der Versuch unternommen, die in das betreffende Land geflüchteten ehemaligen Sowjetbürger zu diffamieren. Zu diesem Zweck werden standardisierte, von der Abteilung für Desinformation des KGB zurechtgeschneiderte Erfindungen und Fälschungen in Umlauf gesetzt, gewöhnlich des Inhalts, daß die Emigranten Gauner, sogar gemeine Verbrecher seien oder auch, sie seien Agenten des KGB. Das letztere ist, wie bereits erwähnt, für die geänderte Selbsteinschätzung der „Organe" charakteristisch.

Nach dem im Frühjahr 1977 begangenen Mord an dem deutschen Bundesstaatsanwalt Siegfried Buback schwärmte ein „Mescalero" in den „Göttinger Nachrichten" vom „kleinen rot-schwarzen Verbrecheralbum..., das wir nach der Revolution herausgeben werden, um der meistgesuchten und meistgehaßten Verbrecher der alten Welt habhaft zu werden".[22]) In der Sowjetunion wurde dieser Traum längst verwirklicht. Selbstverständlich mit dem Vermerk „Streng geheim" versehen, wird ein Fahndungsbuch des KGB gedruckt. Dieses Album trägt den langen, bürokratischen Titel: „Alphabetisches Verzeichnis der Agenten ausländischer Spionagedienste, Vaterlandsverräter, Mitglieder antisowjetischer Organisationen und anderer steckbrieflich gesuchter Verbrecher." Aber eingetragen werden in dieses Album nicht Agenten, sondern Flüchtlinge aus der UdSSR.

1976 wurde ein solches Buch im Westen öffentlich bekannt. Im Buch werden in alphabetischer Reihenfolge jene im Ausland befindlichen Flüchtlinge aufgezählt, die zu „Vaterlandsverrätern" erklärt und in Abwesenheit zu verschieden langen Haftstrafen (10–25 Jahre) oder zum Tode verurteilt wurden. Aus dem Buch geht hervor, daß die Sowjetjustiz bis auf den heutigen Tag keine Verjährungsfrist kennt. Im Buch figuriert z. B. nach wie vor Igor Gusenko, ein ehemaliger Mitarbeiter der Chiffrierabteilung der sowjetischen Botschaft, der vor mehr als 30 Jahren die sowjetische Atomspionage in Kanada entlarvt hat. Die vor Jahrzehnten gefällten Urteile bleiben in Kraft.[23])

Es wurde schon mehrere Male versucht, diese Urteile zu vollstrecken. Flüchtlinge wurden entführt oder ermordet. Für die Durchführung von Morden wurde die sogenannte „Spezialtechnik" (Speztechnika) entwikkelt. In den fünfziger Jahren gab es eine geräuschlose elektrische Pistole, die als Zigarettenpäckchen getarnt war und mit kleinen, mit Zyankali vergifteten Dum-Dum-Kugeln schoß. Ende der fünfziger Jahre wurde ein weiterer Schritt gemacht. Ein Taschenapparat wurde hergestellt, der aus einer kleinen Ampulle Blausäure in das Gesicht des Opfers abfeuerte. Das Einatmen der Dämpfe dieses Giftes bewirkte unverzüglich einen tödlichen Herzinfarkt, die Dämpfe verflüchtigten sich, und bei der Obduktion bot sich das Bild eines typischen Herztodes dar. Auf diese Weise gelang es, nicht nur die Waffe, sondern auch den Mord zu tarnen.

Diese Errungenschaften der sowjetischen Technik wurden nur deshalb in der Öffentlichkeit bekannt, weil die beiden als Berufsmörder ausgesandten Offiziere des KGB, Chochlov (1953) und Stašinskij (1961), sich weigerten, ihren erbärmlichen Auftrag durchzuführen und im Westen blieben. Beide erscheinen heute im Fahndungsbuch als Personen, die in contumaciam zum Tode verurteilt sind. Auf Chochlov wurde in Frankfurt am Main bereits ein Attentat mit Hilfe der neuesten technischen Errungenschaft – mit radioaktiv bestrahltem Gift – verübt.

Auf Grund der Aussagen von Chochlov und Stašinskij wurde bekannt, daß es im Rahmen des sowjetischen Sicherheitsapparates eine Abteilung für politische Morde und Entführungen im Ausland gibt.

Nach dem Krieg hieß diese Abteilung Spezbüro, dann Abteilung Nr. 13 und noch später Abteilung V. Im Kreis der Mitarbeiter des KGB erhielt sie den Spitznamen „Abteilung für nasse Angelegenheiten". Leiter dieses Spezialbüros war lange Zeit General Sudoplatov. Nach dem Sturz Berijas wurde Sudoplatov entfernt, aber seine Familie fiel nicht in Ungnade. Einer attraktiven Dame dieses Namens wurde der Theaterkartenvertrieb im Hotel der Internationalen Abteilung des ZK in der Plotnikov-Straße in Moskau anvertraut.

Diese pikanten Details liefen seinerzeit durch die gesamte nicht der Nomenklatura gehörende Presse. Dabei aber fand eine Tatsache nicht genügend Beachtung: für jeden Mord wird ein spezieller Beschluß des ZK gefaßt. Die Zentralstelle für die Durchführung von „nassen Angelegenheiten" scheint eine Abteilung zu sein, die sogar vor ZK-Mitarbeitern geheimgehalten wird und lange Zeit unter der Bezeichnung „Abteilung für diplomatische Kader des ZK der KPdSU" lief; ihr Leiter war der ehemalige Botschafter in USA und China, A. S. Panjuškin. Diese rätselhafte Behörde befand sich in einem eigenen Gebäude gegenüber der ZK-Kantine, in dem auch die Kommission für die Auslandsreisen beim ZK der KPdSU untergebracht war. Die Abteilung für diplomatische Kader hatte offenbar die Aufgabe, nicht nur für die Entsendung von Diplomaten zu sorgen, sondern auch von Spionen und Agenten des KGB, d. h. unter anderem auch von Killern, die mit „Spezialaufgaben" beauftragt sind, wie man das so nennt. Chochlov erzählt in seinen Erinnerungen, daß er seine Instruktionen von Panjuškin persönlich erhielt. In Nomenklaturakreisen versteht man, daß der Name der Abteilung nichts über den Inhalt ihrer Aufgaben aussagt, daher wurde die Abteilung meist „Panjuškin-Apparat" genannt. Irgendwann einmal werden sich die ZK-Archive öffnen; dann wird es für die Forscher möglich sein, in den sorgsam zu Akten zusammengehefteten Dokumenten, die durch diesen Apparat gegangen sind, zu blättern.

Die Sowjetgrenzen liegen hinter Schloß und Riegel. Der riesige Ring des Vorhangschlosses umschließt den höflichen, aufmerksamen Grenzsoldaten, der Ihren Paß auf dem Flughafen Šeremetjevo kontrolliert, ebenso wie den fest angestellten Mörder, der mit Blausäure, radioaktivem Gift oder einem mit Giftkugeln schießenden „Regenschirm" arbeitet. Die Organe sind der Mechanismus dieses Sicherheitsschlosses. Den Schlüssel dazu hat die Spitze der Nomenklatura.

Wir haben die Innenpolitik der Nomenklaturaklasse hier nicht erschöpfend behandelt, sondern lediglich ihre Grundzüge aufgezeigt. Man könnte viel mehr sagen, mehr Details bringen, man könnte ein vielbändiges Werk verfassen. Aber die Schlußfolgerung wäre immer die gleiche: die Macht in der Sowjetunion ist die Diktatur der Nomenklatura.

Anmerkungen

1 *Lenin:* Werke Bd. 24, S. 21
2 *Lenin:* Werke Bd. 28, S. 247
3 Verfassung (Grundgesetz) der Union der Sozialistischen Sowjetrepubliken. Moskau 1977
4 Pravda 30. 9. 1977
5 *Alexander Galič:* Pesni. Frankfurt a. M. 1969, S. 9
6 Siehe *Vladimir Gusarov:* Moj papa ubil Michoelsa. Frankfurt a. M. 1978, S. 115
7 *Lenin:* PSS, Bd. 54, S. 384 (in der DDR-Ausgabe nicht vorhanden)
8 *Boris Baschanow:* Ich war Stalins Sekretär. Frankfurt a. M. 1977, S. 60
9 *Edward H. Carr:* A History of Soviet Russia. New York 1951, Teil I, S. 204–205
10 Darüber siehe auch: *R. Medvedev, Zh. Medvedev:* Krushchev. The years in power. New York 1976, S. 76–78
11 „Voprosy istorii KPSS“ 1976, Nr. 12, S. 33, 36
12 *Swetlana Allilujewa:* Zwanzig Briefe an einen Freund, S. 282
13 *P. Miljukov:* Rossija na perelome. T. 1. Pariž 1927, S. 193
14 *Ilja Ehrenburg:* Žizn'i gibel' Nikolaja Kurbova. Moskva 1923, S. 76
15 Ebenda, S. 8
16 *Hermann Pörzgen:* Ein Land ohne Gott. Frankfurt a. M. 1936, S. 70
17 Human rights. A compilation of international instruments of the United Nations. New York 1973, S. 2
18 Ebenda, S. 25
19 Ebenda, S. 8
20 Posev 1977, Nr. 4, S. 37
21 Ebenda, S. 41
22 Zitiert nach: Die Zeit, 6. 5. 1977
23 Posev 1976, Nr. 12, S. 29–31 und folgende Nummern 1977–1978

VIII. Eine Klasse mit Anspruch auf die Weltherrschaft

Der Ausdruck „Anwärter auf die Weltherrschaft“ ist jedem sowjetischen Zeitungsleser wohlbekannt. Ein solches Etikett trägt seit langem jeder Imperialismus. Zuerst war es der anglofranzösische, dann der deutsche, danach der amerikanische. Der sowjetische Leser nimmt diese Wortverbindung mit dem Gefühl altgewohnter Langeweile auf. Doch entbehrt der Begriff nicht des Sinnes: Einen Anwärter auf die Weltherrschaft gibt es in der Tat.

1. Der aggressive Charakter der Nomenklaturaklasse

Die Nomenklaturapropaganda behauptet: Die sowjetische Außenpolitik sei eine Friedenspolitik, da es im Realsozialismus keine Klassen oder Gruppen gebe, die an Expansionen oder Aggressionen interessiert wären. Man bedenke: sie sei doch eine Gesellschaft von Arbeitern, Kolchosbauern und werktätigen Intellektuellen; wozu brauchen diese eine Aggression!

In der Tat, weder die Arbeiter, noch die Kolchosbauern oder die Intellektuellen der UdSSR brauchen Aggression oder Expansion. Aber die Gesellschaft des Realsozialismus besteht nicht nur aus diesen Gruppen, sie wird von der Klasse der Nomenklaturisten beherrscht.

Das Wichtigste an der Nomenklatura ist die Macht: Nicht das Eigentum, sondern die Macht. Am Ausmaß der Macht wird auch der Umfang der Nomenklaturaprivilegien gemessen, inklusive des von den einzelnen Nomenklaturisten persönlich angeeigneten Anteils am kollektiven Eigentum ihrer Klasse, am „sozialistischen Eigentum“. Es kann nur zwei Wege geben, diesen Anteil zu vergrößern: 1) den individuellen Weg eines jeden Nomenklaturisten, der darin besteht, auf der Leiter der Nomenklaturahierarchie aufzusteigen und 2) den gemeinsamen Weg für die gesamte Klasse, die Vermehrung des „sozialistischen Eigentums“.

Jeder, der die Nomenklatura aus der Nähe kennt, weiß, daß den Mitgliedern dieser Klasse nichts wichtiger ist, als ihre Karriere: sie allein beherrscht ohne Unterlaß alle ihre Gedanken und ihre Handlungen. Nun hat die Nomenklatura ein starkes Zusammengehörigkeitsgefühl. Sie ist zweifellos imstande, als Klasse in Aktion zu treten. Die Fähigkeit dazu beruht keineswegs auf irgendwelchen edlen, kollektivistischen Eigenschaften der Nomenklaturaangehörigen, sondern auf der Struktur der Nomenklaturaklasse als kollektiver Inhaberin der Macht und des Eigentums. Somit geht die Nomenklatura beide Wege, um ihren Besitz zu vergrößern.

Im Inneren des Landes betreibt sie die Ausbeutung der unmittelbaren Produzenten. Jedoch ist, wie wir im Kapitel V sehen konnten, das von der Nomenklatura geschaffene Wirtschaftssystem des Realsozialismus wenig produktiv. Eine grundlegende Erhöhung der volkswirtschaftlichen Effektivität könnte nur erreicht werden, wenn dieses System durch ein anderes ersetzt würde. Das aber ist für die Nomenklatura undenkbar, weil es ihrem uneingeschränkten Machtmonopol zuwiderläuft. Deshalb beschreitet die Nomenklatura noch den anderen Weg: den Weg der Expansion nach außen, der Ausweitung ihrer Macht auf andere Länder und der Ausbeutung ihrer Reichtümer.

Der Weg der Expansion nach außen ist in der Weltgeschichte nicht neu, aber in der Geschichte der sowjetischen Nomenklaturaklasse ist er neu. Vor der Revolution hatten die Leninisten erklärt, daß sie allen Kolonien des zaristischen Rußland volle Freiheit schenken würden. Aber schon zu Lebzeiten Lenins wurden sie unter verschiedenen Vorwänden alle an die Kandare gelegt und dann in Unionsrepubliken der UdSSR umgewandelt. Im Jahre 1920 versuchte die Regierung Lenins Polen an sich zu reißen; im Troß der Roten Armee befand sich die „Sowjetische Regierung Polens" unter Beteiligung des Tscheka-Chefs Dzerzinski. „Her mit Warschau! Her mit Berlin!" erscholl es in den Liedern der Ersten Roten Reiterarmee. „Her mit Europa!" stimmten damals die sowjetischen Schriftsteller mit ein.

Der erste Ansturm mißlang. Von Warschau mußte man sich zurückziehen. Lenin schickte die 1922 zur Konferenz von Genua entsandten sowjetischen Delegierten „als Kaufleute" dorthin. Die „Weltrevolution" durften sie vorderhand nur in einem Nebensatz erwähnen.[1]) Aber die Nomenklatura ließ von der Absicht der Unterwerfung fremder Länder nicht ab, nur nahmen ihre Gedanken die Gestalt von langjährigen Plänen an.

Im Kapitel V war bereits die Rede vom Primat der Schwerindustrie mit dem Ziel der Schaffung einer militärisch starken sowjetischen Nomenklaturagroßmacht.

Die Aufrüstung der Kriegsmaschine des Nomenklaturastaates erfolgte unter musikalischer Begleitung der Nomenklaturapropaganda, die behauptete, daß die Imperialisten jeden Augenblick die Sowjetunion überfallen wollten. Damit wurde nicht der Nazismus gemeint.

Die sowjetischen Zeitungen aus dem Jahre 1930 zeigen, daß die Kriegsrüstung der UdSSR damals (als es noch eine enge militärische Kooperation der Sowjetunion mit Deutschland gab) mit einem sogenannten „Kreuzzug gegen die UdSSR“ gerechtfertigt wurde, den angeblich der Papst proklamiert hatte. Später fragte Stalin einmal im Scherz seine Gesprächspartner aus dem Westen: „Wieviel Divisionen hat der Papst?“, aber im Jahre 1930 tat die Nomenklatura so, als hielte sie den moralischen Kreuzzug des Papstes ernstlich für einen militärischen Überfall auf die UdSSR.

Auch die später entstandene Bedrohung durch das Dritte Reich verdarb der Nomenklatura nicht den Appetit auf eigene Expansion. Ganz im Gegenteil: Dieser Appetit wurde angesichts der Anfangserfolge Hitlers nur noch größer. Nicht anders als auf Grund eines Geheimprotokolls mit dem Führer bekam die sowjetische Nomenklatura im ersten Jahr des zweiten Weltkrieges die Westukraine, Westweißrußland, Lettland, Litauen, Estland, Bessarabien und die Nordbukowina. Und wieder trällerten die Barden der Nomenklatura ihr Lied: Der junge Dichter Pawel Kogan prophezeite am Vorabend des Krieges, in dem er fallen sollte, begeistert:

Wir werden noch am Ganges schlendern,
Wir fallen noch in blut'ger Schlacht,
Damit von Japan bis nach England
Glänzt meines Vaterlandes Macht!

In Japan glänzte sie in der Tat: Die nördlichen japanischen Inseln – die Kurilen – wurden der Sowjetunion einverleibt. Das, was die Sowjetnomenklatura von Hitler als Preis für ihre Unterstützung seines Krieges gegen die Demokratien des Westens erhalten hatte, behielt sie. Dem fügte sie hinzu, was sie für die Unterstützung der Demokratien des Westens von den letzteren bekommen hatte. Diese Demokratien glaubten, daß sie den Widerstand der sich ihrer Haut erwehrenden Nomenklatura bezahlen müßten. Bezahlt wurde großzügig. Die Sowjetnomenklatura bekam Ostpreußen, ihrer Herrschaft wurden Polen, Bulgarien, die

Tschechoslowakei, Ungarn, Rumänien, Jugoslawien, Albanien, Ostdeutschland, das östliche Österreich und Nordkorea unterworfen; Finnland wurde ihrer Gnade ausgeliefert. Man bewundere auf dem Globus die Größe dieses Geschenkes!

Hinzugefügt werden muß, daß es ein freiwilliges Geschenk war, das in keiner Weise durch das Kräfteverhältnis gerechtfertigt war. Der Kalte Krieg brach nicht wegen dieser Territorien aus, sondern weil sich herausstellte, daß die Stalinsche Nomenklatura noch mehr wollte. Sie wollte nicht nur Ostdeutschland, sondern auch Westdeutschland und natürlich auch Westberlin haben, nicht nur Ostösterreich, sondern dieses ganze Land, nicht nur Nordkorea, sondern auch Südkorea, sie wollte Griechenland, Triest, die Dardanellen, Kars und Ardagan, Nordiran, China und Indochina und sogar eine Kolonie in Afrika, nämlich das ehemals italienische Somalia. Man betrachte noch einmal auf dem Globus die Grenzen, die die sowjetische Nomenklatura im Jahre 1952 anstrebte, und vergleiche sie mit ihrem Machtbereich 10 Jahre vorher, also 1942, als die Frontlinie sich um Leningrad zusammenschloß, bei Moskau, durch Stalingrad und den Nordkaukasus verlief. So weit hatte sich in diesen Jahren der Rachen der Nomenklaturaklasse aufgetan. Er ist jetzt immer noch offen. Kuba, Südjemen, Angola, Äthiopien, Afghanistan, Vietnam, Laos, Kambodscha, gesellten sich in den sechziger und siebziger Jahren zu den Ländern, nach welchen er mit mehr oder minder großem Erfolg schnappte.

Nicht alles konnte man in diesen Rachen stopfen, aber doch vieles. Außerdem interessieren uns hier nicht so sehr die Ergebnisse der Expansion der sowjetischen Nomenklatura, als ihr Streben danach. Denn bei ihrer Außenpolitik vergessen die Nomenklaturaführer der Sowjetunion keinen Augenblick ihre Expansionspläne. Hierzu nur eine kleine Illustration aus den Memoiren Churchills. Während des von England gegebenen Banketts auf der Potsdamer Konferenz 1945 beginnt Stalin plötzlich Autogramme der Anwesenden zu sammeln. „Stalins Augen zwinkerten vor Vergnügen und guter Laune... Ich füllte zwei kleine Rotweingläser mit Brandy und sah ihn voll an. Beide leerten wir unsere Gläser in einem Zug und blickten uns anerkennend in die Augen. Nach einer Pause sagte er: ‚Wenn Sie sich nicht damit einverstanden erklären können, uns im Marmarameer einen Kriegshafen zu geben, könnten wir dann nicht einen Stützpunkt in Dedeagatsch bekommen?' "[2]) Die Autogrammsammlung (für die Stalin sich nie interessierte) und der Brandy (den er tatsächlich nicht trank) waren Theater, ein Stützpunkt für die

Kriegsmarine das, was der Vater der Nomenklatura wirklich wünschte.

Die Nomenklatura ist ihrem Wesen nach eine expansionistische und damit aggressive Klasse. Die Aggressivität der Nomenklatura ist nicht irgendeine mystische Charaktereigenschaft, sondern das direkte Resultat des zügellosen Strebens dieser Klasse nach immer mehr Macht, dem ihm wichtigsten Gut, und nach Vermehrung ihres Besitzes, welchem durch die geringe Effektivität der Wirtschaft des Realsozialismus von Natur aus enge Grenzen gesetzt sind.

Es ist unwahr, daß es in der sowjetischen Gesellschaft keine Klasse gibt, die an Expansion und Aggression interessiert ist. Eine solche Klasse gibt es. Es ist die herrschende Klasse der Sowjetunion – die Nomenklatura.

2. Die Tradition

Einmal, als das im vorhergehenden Kapitel erwähnte Akademiemitglied Prof. V. M. Chvostov Chef der Hauptarchivverwaltung und Mitglied des Kollegiums im Ministerium für Auswärtige Angelegenheiten der UdSSR war, fragte ich ihn: „Vladimir Michailovič, ich verstehe, weshalb man den sowjetischen Forschern die diplomatischen Dokumente seit dem Jahre 1917 vorenthält. Aber warum sind auch die Materialien der zaristischen Diplomatie seit der 2. Hälfte des 19. Jahrhunderts nicht zugänglich?“

„Deshalb“, sagte Chvostov mit knarrender Stimme, jedes Wort betonend und nach jedem Wort die schmalen Lippen zusammenpressend, „weil die russische Diplomatie damals bei analogen außenpolitischen Problemen in einzelnen Fällen Beschlüsse faßte, die den heutigen entsprechen. Wir sind nicht daran interessiert, das bekanntzumachen.“ Es handelte sich demnach nicht um das unklare Gefühl der Nomenklatura, daß vielleicht eine zufällige Ähnlichkeit bestehen könnte, sondern um eine Fortführung der Tradition, um eine eigenartige Komplizenschaft zwischen der Nomenklaturadiplomatie und der Diplomatie des zaristischen Adels.

Lesen wir, was Karl Marx über die Ziele und Methoden dieser zur Tradition gewordenen Politik schrieb. Worte, die in der Sowjetunion nie zitiert werden: „Rußland ist entschieden eine Eroberernation...“[3])

„Um Rußlands ‚Antipathie' gegen Gebietsvergrößerungen zu illustrieren, führe ich folgende Daten aus der großen Zahl der Eroberungen an, die Rußland seit Peter dem Großen gemacht hat:

Die russischen Grenzen sind vorgerückt:

In Richtung auf Berlin, Dresden und Wien um etwa 700 Meilen.

In Richtung auf Konstantinopel um etwa 500 Meilen.

In Richtung auf Stockholm um etwa 630 Meilen.

In Richtung auf Teheran um etwa 1000 Meilen."[4])

(Seit der Zeit Marxens wurden diese Grenzen noch weiter vorgeschoben.)

„Die traditionelle Art jedoch, wie Rußland diese Ziele verfolgt, verdient bei weitem nicht den Tribut der Bewunderung, den ihr die europäischen Politiker zollen. Der Erfolg dieser ererbten Politik ist zwar ein Beweis für die Schwäche der Westmächte, gleichzeitig aber dokumentiert sich in der stereotypen Gleichförmigkeit dieser Politik die innere Barbarei Rußlands."[5]) Der Ausdruck „Barbarei" an dieser Stelle ist auf die Emotionen von Marx zurückzuführen. Der Sinn ist klar – es handelt sich um die Rückständigkeit des feudalen Rußland. Und unter „Rußland" verstand er nicht etwa das Land oder das Volk, sondern die herrschende Klasse Rußlands.

Der Nomenklatura-Staat, der unter der Losung völligen Bruches mit der gesamten Politik des absolutistischen Rußland entstanden ist, setzt in Wirklichkeit die zaristische Expansion nach außen beharrlich fort.

3. Geplante Außenpolitik

Die Außenpolitik ergibt sich aus der Innenpolitik, sie ist eine Erscheinungsform des nationalstaatlichen Regimes in der internationalen Arena. Mit besonderem Nachdruck hat das Lenin unterstrichen: „Die Außenpolitik von der Politik schlechthin zu trennen oder gar die Außenpolitik der Innenpolitik entgegenzustellen, ist grundsätzlich falsch, unmarxistisch, unwissenschaftlich."[6])

Die diktatorische Herrschaft der Nomenklaturaklasse in der Sowjetunion ist eine monopolistische, die weder durch parlamentarische Kontrolle noch durch eine Opposition eingeschränkt ist. In ähnlicher Weise, wie aus dem monopolistischen Treiben der Nomenklatura auf dem Gebiet der Wirtschaft automatisch die Planwirtschaft hervorgeht, folgt aus dem politischen Monopol der Nomenklatura die Planmäßigkeit ihrer Außenpolitik.

Die Planmäßigkeit ist eine Stärke der Außenpolitik des Nomenklaturastaates. Die parlamentarischen Demokratien, jedenfalls in ihrem heutigen Zustand, sind nicht imstande, auf diesem Gebiet mit der Nomenklatura zu konkurrieren. Die Regierungen dieser Demokratien können ihre Politik bestenfalls innerhalb einer Legislaturperiode – von Wahl zu Wahl – planen. In der Praxis machen sie selbst das nicht.

Gleich nach den Parlamentswahlen artet die Politik der Parteien des Westens – ob sie nun Regierungs- oder Oppositionsparteien sind, infolge ihrer völligen Abhängigkeit von der Gunst der Wähler in die Vorbereitung der nächsten Wahl aus. Da das Ziel der Parteien in der parlamentarischen Demokratie die Gewinnung der Stimmenmehrheit bei den Wahlen und alles andere nur Mittel zu diesem Zweck ist, ergibt sich auf dem Gebiet der Außenpolitik ein interessantes Phänomen: Als gute Außenpolitik wird nicht jene angesehen, die Erfolge für den Staat bringt, sondern jene, die der regierenden Partei ein Maximum an Stimmen sichert. Es wäre falsch, die Schwächen der Außenpolitik parlamentarischer Demokratien zu verschweigen, die jedem Auswanderer aus den von der Nomenklatura beherrschten Ländern auffällt.

In solchen Ländern gibt es keine Wahlen in dem Sinne, daß es möglich wäre, zwischen Parteien und Kandidaten zu wählen: Es gibt nur die Prozedur, öffentlich einen vorgedruckten Stimmzettel in die Urne zu werfen. Daher ist es in den Ländern des Realsozialismus möglich, die Außenpolitik auf eine unbeschränkte Zahl von Jahren hinaus zu planen. Diese Planung erfolgt ohne Rücksicht auf die Bevölkerung des Landes, ausschließlich aufgrund der Klasseninteressen der Nomenklatura.

Die Nomenklaturaklasse hat eigene Organe für die Planung ihrer Außenpolitik. Ende der sechziger Jahre wurde im Ministerium für Auswärtige Angelegenheiten der UdSSR ein Departement für die Planung der außenpolitischen Aktivitäten – das UPWD – geschaffen. Sein erster Leiter war der Stellvertretende Außenminister der UdSSR, W. S. Semenov, (jetzt Botschafter in Bonn), ein erfahrener, kluger Diplomat. Stellvertreter des Leiters der UPWD wurde I. I. Iličev, der ehemalige Hochkommissar der UdSSR in Österreich und Leiter der Dritten Europäischen Abteilung des sowjetischen Außenministeriums. Er war früher General und unter Stalin Chef der Hauptverwaltung Aufklärung (GRU) im Verteidigungsministerium der UdSSR gewesen. Da Semenov sehr bald abberufen wurde, um die sowjetische SALT-Delegation zu leiten, trat an seine Stelle als Leiter der UPWD A. V. Kovalev, einer von den jungen Stellvertretern des Außenministeriums der UdSSR; ich erinnere mich seiner noch als Erster Sekretär im Ministerium.

Der Beschluß des ZK der KPdSU über die Gründung des UPWD sah vor, hier eine Art wissenschaftliches Forschungsinstitut des Nomenklaturaapparates im Ministerium aufzubauen. Den qualifizierten Mitarbeitern des UPWD (sie heißen Räte, Oberräte und Haupträte; dieser letzteren gibt es nur wenige), wurden besonders hohe Gehälter zugestanden, die an die Gehälter der Professoren der Akademie der Wissenschaften angeglichen waren. (Übrigens wurde kurz darauf eine beträchtliche Erhöhung der Bezüge der gesamten Nomenklatura des Außenministeriums der UdSSR vorgenommen.) Unter den verantwortlichen Mitarbeitern der UPWD befand sich die Tochter Kosygins, Ludmila Aleksevna Gvišiani.

Nach dem Vorbild der Sowjetunion wurden in den Außenministerien einer ganzen Reihe sozialistischer Länder Europas Abteilungen für die Planung der Außenpolitik gebildet. Das bedeutet aber nicht, daß diese Abteilungen wirklich die Pläne für die Außenpolitik der realsozialistischen Staaten entwerfen. Der damalige Leiter einer solchen Abteilung im Außenministerium der DDR, Professor Harry Wünsche, formulierte in einem Gespräch mit mir genau, worin die wichtigste Aufgabe dieser Institutionen besteht: „Wir können nur einzelne außenpolitische Maßnahmen planen. Die eigentliche Außenpolitik wird nicht von uns, sondern vom ZK geplant." Das gilt auch voll und ganz für die sowjetische UPWD. „Unsere Diplomatie ist dem ZK untergeordnet" erklärte schon Lenin.[7])

4. Verteidigung als Aggression

Wir sprechen von der Aggressivität und der Expansion der Nomenklatura. Könnte es nicht sein, daß sich die Nomenklatura in Wirklichkeit nur verteidigt? Es gibt im Westen durchaus ernsthafte Leute, die der Meinung sind, daß die sowjetische Führung ein pathologisch gesteigertes Bedürfnis nach nationaler Sicherheit hat.

In seinem „Schwur" am Grabe Lenins sagte Stalin: „Lenin betrachtete die Republik der Sowjets niemals als Selbstzweck. Er betrachtete sie stets als notwendiges Kettenglied zur Verstärkung der revolutionären Bewegung in den Ländern des Westens und des Ostens, als notwendiges Kettenglied zur Erleichterung des Sieges der Werktätigen der ganzen Welt über das Kapital. Lenin wußte, daß nur diese Auffassung richtig ist, nicht nur vom internationalen Standpunkt, sondern auch vom Standpunkt der Erhaltung der Sowjetrepublik selbst".[8]) Deshalb hielten Lenin und Stalin die von Lenin unentwegt wiederholte Losung „einer Weltrepublik der Sowjets" für die Erhaltung der Sowjetunion für unbedingt nötig.

Warum sieht sich eine Klasse, die ihre Herrschaft zu einer gesetzmäßigen und deshalb unabwendbaren lichten Zukunft der ganzen Menschheit erklärt, durch die Existenz eines anderen angeblich hinfälligen Systems gefährdet? Weil das Gerede über den unvermeidlichen „Sieg des Kommunismus im Weltmaßstab" nur Propaganda zum Zweck der Verbreitung von Pessimismus im Westen ist, die gleichzeitig der eigenen Bevölkerung suggerieren soll, nicht zu hoffen, daß sich etwas ändern könnte. In Wirklichkeit urteilt die Nomenklatura nicht im Geiste irgendwelcher apokalyptischen Weissagungen, sondern ganz praktisch. Sie weiß, daß der Lebensstandard in den westlichen Ländern bedeutend höher ist als der in der Sowjetunion und daß die westliche Bevölkerung ein Ausmaß an Freiheit genießt, das für die Sowjetbürger unvorstellbar ist. Die Nomenklatura weiß auch, daß ihre Untertanen hierüber informiert sind, sie werden nur durch ständige Einschüchterung im Zaum gehalten. Aber Einschüchterung ist nicht ewig durchführbar. Mit Entsetzen denkt die Nomenklatura daran, was geschehen wird, wenn die Untertanen des ständigen Fürchtens müde werden.

Nach der Überzeugung der Nomenklatura kann es dazu kommen, nur weil es einen freien und reichen Westen gibt. Dieser demonstriert den Untertanen der Nomenklatura, daß es sich ohne deren Herrschaft bei aller Unzulänglichkeit des kapitalistischen Systems besser leben läßt. Da es sich hier nicht um Verhaltensweisen des Westens handelt, sondern schlicht um seine Existenz, kann keine Entspannung und kein „Wohlverhalten" des Westens an der Generallinie der sowjetischen Führung, an ihrer Absicht, das westliche System zu vernichten, etwas ändern.

Diese Linie bestimmt auch die Politik der Nomenklatura in den Ländern der Dritten Welt. Lenin und Stalin rechneten damit, daß nach der Liquidierung des Kolonialismus überall Staaten des sowjetischen Typs entstehen würden. Die Wirklichkeit hat das weder bestätigt noch dementiert. Die ehemaligen Kolonien und abhängigen Länder standen, nachdem sie souveräne Staaten geworden waren, vor der Wahl zwischen dem „japanischen“ Weg, der zu einer Gesellschaft westlichen Typs, und dem „kubanischen“, der zu einer Gesellschaft des sowjetischen Typs führt. Auf die erste Weise wurde aus dem militaristischen Japan ein blühendes, friedliches Land mit rasantem Wirtschaftswachstum und harter Währung, auf die andere verwandelte sich Kuba – die Insel der Zuckerplantagen und der Vergnügungsetablissements – in eine wirtschaftlich zerrüttete, kriegerische Macht, die ihre Truppen zur Eroberung Afrikas entsendet.

Die Nomenklatura hat Angst: Wenn die Länder der Dritten Welt den japanischen Weg gehen, wird das westliche System ein noch größeres Übergewicht im Weltmaßstab erhalten und der Westen wird siegen. Das veranlaßt die Nomenklatura, die Entwicklungsländer auf den kubanischen Weg zu drängen. Hieraus resultiert die zielstrebige neokolonialistische Expansion der Nomenklatura in Asien, Afrika und anderen Regionen der Dritten Welt.

So ist der Gedanke der Verteidigung wirklich Bestandteil der Aggressivität der Nomenklatura. Noch mehr: gerade er ist der gefährlichste Faktor, der den expansionistischen Kurs der Nomenklatura besonders hartnäckig macht. Das ist nicht paradox, sondern völlig logisch. Wäre der Expansionismus nur eine Laune der Nomenklatura, könnte sie dieser Laune wie jeder anderen entsagen. Auf ihre Macht und Privilegien aber und mithin auf ihre Existenz als Klasse kann die Nomenklatura nicht verzichten. Hier ist der Motor, der die Aggressivität und Expansion der Nomenklatura in alle Teile der Welt antreibt.

Wie man sich gegen solche automatische Aggressivität und Expansion der Nomenklatura-Klasse verteidigen kann, ist keine einfache Frage; sie bedarf einer besonderen Untersuchung, die nicht zu den Aufgaben dieses Buches gehört. Hier soll nicht die Rede davon sein, *wie* man dagegen angehen kann, sondern davon, wie dieser Automatismus *nicht* zu überwinden ist. Es wäre nutzlos, die Nomenklatura davon überzeugen zu wollen, daß es sich der Westen nicht zur Aufgabe gemacht habe, ihre Macht zu brechen und das System des Realsozialismus zu liquidieren, folglich störe die Existenz des westlichen Systems die Nomenklatura nicht. Die Nomenklatura weiß, daß der Westen für ihre Macht eine Bedrohung *ist.* Aber er ist nicht durch einen Angriff von außen, über dessen scheinbare Gefährlichkeit die Nomenklatura ständig redet, bedrohlich, sondern durch eine innere Gefahr, die sie stets verschweigt. Um diese

Gefahr auszuschalten, müßte der Westen auf seine Freiheit und seinen Wohlstand verzichten, auf alles, wodurch er sich vorteilhaft vom Realsozialismus unterscheidet.

Die heute in der Welt existierenden beiden Systeme sind unvereinbar. Nicht nur können sie nicht konvergieren, weil sie von Grund auf verschieden sind, sogar eine Koexistenz beider Systeme ist historisch gesehen eine vorübergehende Erscheinung. Inhalt einer Koexistenz, ob friedlich oder kriegerisch, kann nur der Kampf zwischen den Systemen sein. Dabei ist der Realsozialismus um die Liquidierung des anderen Systems bemüht und erwartet auch keine anderen Absichten von der anderen Seite.

Das ist die Wahrheit. Niemand möge aber behaupten, daß ich mich mit dieser Aussage auf die Seite der Befürworter des Kalten Krieges schlage. Ich spreche nur aus, was die sowjetische Nomenklatura unermüdlich wiederholt.

Wenn das so ist, was für eine Alternative gibt es? Krieg?

5. Wollen die Russen den Krieg?

Eine Schnulze mit diesem Titel stammt von Evgenij Evtušenko und gehört in der UdSSR seit Jahrzehnten zum Standardprogramm der musikalischen Veranstaltungen nach Konferenzen zur Verteidigung des Friedens. Das Lied gibt auf die Frage natürlich eine verneinende Antwort: Die Russen wollen keinen Krieg, weil sie die Schwierigkeiten und Opfer aus eigener Erfahrung kennen.

Es gibt nicht *die* Russen, die gemeinsam etwas wollen oder nicht wollen; vielmehr gibt es die russische (sowjetische) Bevölkerung und die russische (sowjetische) Nomenklatura. Die Bevölkerung der UdSSR hat in der Tat alle Widrigkeiten des Krieges erfahren: 20 Millionen Tote, 10 Millionen Kriegsbeschädigte; sie will gewiß keinen Krieg. Die Nomenklatura als Klasse hat aber eine ganz andere Kriegserfahrung: ein Übermaß an Privilegien einschließlich des angenehmen Privilegs, andere in den Tod zu schicken, selbst aber Spezialrationen, Beförderungen und Orden zu erhalten und die Rolle der Helden des Großen Vaterländischen Kriegs zu spielen. Und dann – verwüstete Länder, Herrschaft über neue Untertanen, die zuvor unerreichbare Ausländer waren, die

Aura der Herrscher einer Weltmacht. Die Russen wollen keinen Krieg, aber will ihn nicht die über sie gebietende Nomenklatura?

Selbst unter den Politikern des Westens gibt es nicht wenige, die der Ansicht sind, daß die sowjetische Führung bereit ist, einen Krieg gegen den Westen zu führen. Vor allem aber meint man, daß sie in der Lage ist, einen Krieg zu beginnen, wenn sich der Westen unnachgiebig zeigt; deshalb sei es besser, in allem nachzugeben. Durch solche Ängste des Westens ermutigt, läßt die Nomenklatura ihre Muskeln spielen und wirft sich in die Brust, so als ob sie bereit sei, sich in den Kampf zu stürzen.

Ist sie tatsächlich dazu bereit? Ganz und gar nicht. Ich habe in den verschiedensten Ländern Vertreter der dortigen herrschenden Klassen kennengelernt; wer immer sie auch waren, durch besondere Tapferkeit zeichneten sie sich nicht aus. Nirgendwo aber habe ich eine Klasse angetroffen, die so sehr darauf bedacht ist, ihre eigene Haut zu retten, für ihr Wohlergehen und ihre Karriere zu sorgen, wie die Nomenklatura. Es ist zuweilen komisch, im Westen panische Phantasien derer zu hören, die die Nomenklatura-Bürokraten für antike Helden halten.

Recht haben nicht diese Phantasten, Recht hat Evtušenko. Nicht nur das Volk, auch die Nomenklatura will keinen Krieg. Genauer gesagt, fürchtet sie ihn. Sie fürchtet sich aber nicht vor den Millionen Opfern–, wie sollte man das auch von den Nachfolgern Lenins und Stalins erwarten? Sie fürchtet für sich selbst.

Die Nomenklatura hat Angst vor einem Atomkrieg. Nicht wegen der ungeheuren Opfer an Menschen, oder der Gefahr der Vernichtung unserer Zivilisation. Für ihren Sieg ist die Nomenklatura durchaus bereit, Millionen von Menschen an der Front zu opfern – wie sie es schon im Zweiten Weltkrieg ohne jede Erregung getan hat. Allerdings ist die Nomenklatura hierzu nur unter zwei Bedingungen bereit: 1) daß sie selbst nicht zu den Opfern gehören wird und 2) daß ihre Macht unangetastet bleibt. Die Anwendung nuklearer Waffen aber garantiert weder das eine noch das andere.

Natürlich kann die Nomenklatura-Führung versuchen, sich und ihr Gesindel durch Atombunker zu schützen; unter der Flagge der „Zivilverteidigung“ tut sie das auch. Jedoch, auch wenn das wertvolle Leben der Nomenklaturisten gerettet wird, können solche Maßnahmen sie nicht an der Macht halten, denn die gesamte Infrastruktur der Macht wäre zerstört, es gäbe keine Untertanen mehr, über die man herrschen kann. Die Nomenklaturisten wissen, daß sie keine Macht mehr haben werden, wenn sie nach einem atomaren Krieg aus ihren Betonhöhlen in die von ihren Bediensteten sorgsam desaktivierten Atomwüsten hervorkriechen.

Dies ist der Grund, warum die Nomenklatura so nachdrücklich *nukleare* Abrüstung fordert – natürlich die Abrüstung des Gegners, nicht ihre eigene. Dementsprechend widersetzt sich die Nomenklatura jedweder internationalen Kontrolle der Abrüstung. Ihre Furcht vor einem Atomkrieg gibt die Nomenklatura für Sorge um den Bestand der Menschheit aus.

Die Nomenklatura will keinen Krieg, sie will einen Sieg. Im Kampf der beiden Systeme, ohne Krieg zu siegen, und zu diesem Zweck dem Westen Kampfbereitschaft vorzugaukeln und den Menschen im Westen zu suggerieren: „lieber rot als tot" – das ist die Aufgabe, die sich die Nomenklatura gestellt hat. Um ihr Ziel zu erreichen, erweckt die Nomenklatura den Eindruck, als sei sie bereit, Widerspenstige anzugreifen und deswegen hieße „Realpolitik", sich der Nomenklatura zu unterwerfen.

Alle diese Drohungen sind der reine Bluff.

Betrachten wir die historischen Erfahrungen der Nomenklatura. Welche Länder hat sie überfallen? 1. das gerade selbständig gewordene Polen 1920. 2. nochmals Polen 1939, als dieses von Hitlerdeutschland besiegt worden war. 3. das winzige Finnland 1939. 4. die Hitler abgehandelten Länder Lettland, Litauen und Estland 1940. 5. 1944 Bulgarien, das keine Verbündeten mehr hatte. 6. das besiegte, unmittelbar vor der Kapitulation stehende Japan 1945. 7. das von einer Revolution erfaßte Ungarn 1956. 8. die sich nicht wehrende Tschechoslowakei 1968.

Wie wir sehen, hat es nicht wenige Überfälle gegeben. Immer aber überfiel die Nomenklatura schwache Länder, und selbst hier sicherte sie sich sorgfältig ab: für die Besetzung Ostpolens, Finnlands, Lettlands, Litauens und Estlands hatte sie sich Hitlers Einverständnis eingeholt; dem Krieg gegen Bulgarien und Japan stimmten die USA und England zu; mit dem Kampf gegen Ungarn erklärten sich China und andere realsozialistische Länder einverstanden: die Invasion in die Tschechoslowakei erfolgte gemeinsam mit anderen Ländern des Warschauer Paktes und erst dann, als gesichert war, daß kein militärischer Widerstand erfolgen würde.

Die Nomenklatura überfällt also nur Schwache. Und was geschieht mit denen, die Widerstand leisten?

Als sich Polen 1920 nicht ergab und die von den Okkupanten etablierte „sowjetische Regierung Polens" nicht anerkannte, sondern einen Gegenangriff organisierte, beeilte sich Lenin, Frieden zu schließen.

1939 ergaben sich Lettland, Litauen und Estland – die Nomenklatura gliederte alle drei in die UdSSR ein; Finnland leistete Widerstand – und blieb ein souveräner Staat, es wurde nicht einmal eine Volksdemokratie. Nach dem Zweiten Weltkrieg versuchte die sowjetische Nomenklatura, Macht über die nordiranische Provinz mit azerbeidžanischer Bevölkerung zu gewinnen, aber der Iran leistete entschiedenen Widerstand, – und die Nomenklatura zog sich zurück. Sie zog sich auch aus Griechenland zurück, wo sie während fünf Jahren, von 1944–1949, einen Bürgerkrieg entfachte, um das Land in eine Volksdemokratie umzuwandeln. Trotz aller Drohungen und wirklich enormer Gehässigkeiten, mit denen die Stalinsche Nomenklatura das Jugoslawien Titos traktierte, machte sie doch keinen Versuch, das Land zu besetzen, da sie mit dem Widerstand Jugoslawiens rechnen mußte. Die Berlin-Blockade 1948 und Chruščevs Berlin-Ultimatum von 1958, seine Forderung, mit beiden deutschen Staaten zu sowjetischen Bedingungen einen Friedensvertrag zu schließen, wurden von den Sowjets aufgegeben, sobald es sich herausgestellt hatte, daß der Westen nicht kapitulieren würde. Überall dort, wo ihr entschiedener Widerstand geleistet wurde, zog sich die Nomenklatura zurück. Als sie 1962 ihre Raketen in Kuba installierte und damit die kubanische Krise provozierte, erschrak die Nomenklatura vor Amerikas Entschlossenheit, – seine Sicherheit zu verteidigen; überstürzt zog sie ihre Raketen unter der demonstrativen Kontrolle der amerikanischen Luftwaffe zurück. Nach dem Einmarsch der Truppen des Warschauer Paktes in die Tschechoslowakei, als sich einige Politiker des Westens hilflos fragten, wie weit die sowjetischen Divisionen noch vordringen würden, erklärte die rumänische Regierung, die die Mentalität der sowjetischen Nomenklatura nur zu gut kennt, daß sich Rumänien im Falle einer Invasion verteidigen würde; rumänische Grenztruppen zerstörten demonstrativ einen sowjetischen Panzer. Obwohl die rumänische Armee nicht übermächtig ist, erwies sich dies als ausreichend; die sowjetische Nomenklatura machte keinen Versuch, in Rumänien „den Sozialismus zu retten“. Ebensowenig versuchte sie das in Jugoslawien, ganz zu schweigen von China. Ungeachtet ihres Freundschaftsvertrages mit Hanoi wagte die Sowjetnomenklatura nicht, Vietnam gegen die chinesische Strafexpedition 1979 militärisch zu unterstützen.

Und jedesmal tönten die Ängstlichen im Westen: „Seid Ihr verrückt geworden? Wie kann man sich denn wehren? Die Sowjets werden Euch in den Sack hauen!“ Aber die Nomenklatura haut nicht die Widerstandleistenden in den Sack, sondern die Nachgiebigen: Dubček, der nicht wagte, sich der sowjetischen Invasion zu widersetzen, vegetiert als verfolgter kleiner Angestellter dahin, den unerschrockenen Tito überschüttet die Nomenklatura mit Komplimenten.

Die Nomenklatura überfällt die Schwachen und fürchtet die Starken, sie tritt die Ängstlichen mit Füßen und weicht vor den Unnachgiebigen zurück. Das hat sie von Lenin gelernt, der wieder und wieder das russische Sprichwort zitierte: „Gibt man, greif zu; schlägt man, hau ab!" Auf diesem Prinzip beruht die ganze politische Weisheit der Nomenklatura als aggressiver Klasse, die die ganze Welt erobern will, sofern diese es zuläßt, und beeilt sich, wegzulaufen, sobald man Widerstand leistet.

6. Friedliche Koexistenz und Entspannung

Mithin ist der von der Nomenklatura eingeschlagene Weg zur Weltherrschaft kein Krieg. Was dann? Die Nomenklatura beantwortet diese Frage mit der Formel: „Friedliche Koexistenz von Staaten mit unterschiedlicher Gesellschaftsordnung".

Es ist gut, daß die Furcht vor einem Krieg die Nomenklatura zum Prinzip der friedlichen Koexistenz greifen ließ. Natürlich ist friedliche Koexistenz besser als ein Krieg. Nur muß man nicht meinen, daß der Begriff für einen ungetrübten Frieden, für idyllischen Zustand der internationalen Beziehungen steht. Zur Ehre der Nomenklaturaklasse muß gesagt werden, daß sie das auch nicht vorgibt. Friedliche Koexistenz wird im Programm der KPdSU als eine „spezifische Form des Klassenkampfes in der internationalen Arena" bezeichnet.

Es ist wahr: In den für ein ausländisches Publikum bestimmten Reden, Büchern und Artikeln versuchen die Nomenklatura-Politiker und Ideologen diese Bedeutung zu verschleiern. Nach Leninscher Manier erwähnen sie den Klassencharakter der friedlichen Koexistenz nur in irgendwelchen Nebensätzen, wo sie im Wortschwall über Frieden und Freundschaft untergehen. In diesem Geist ist z. B. das in Österreich verlegte Buch des sowjetischen Journalisten Wladlen Kusnezov „Internationale Entspannungspolitik – Aus sowjetischer Sicht" geschrieben. Es wurde in Moskau speziell für eine Publikation im Westen vorbereitet und ist in der UdSSR nicht erschienen.[9]) Ich selbst wurde mit Mißbilligungsreaktionen von sowjetischer Seite konfrontiert, als ich in der bundesdeutschen Presse Artikel über friedliche Koexistenz veröffentlichte, in denen ich den sowjetischen Standpunkt genau darlegte.[10])

Vor allem der Verschleierung des Klassencharakters der friedlichen Koexistenz dient die Formulierung „Internationale Entspannung". Der Begriff „Entspannung" ist heute ein gebräuchliches Wort, über dessen wirkliche Bedeutung kaum jemand nachdenkt. Obwohl die Politiker der verschiedensten Länder nachdrücklich behaupten, daß es keine Alternative zur Entspannung gibt, gerieten viele von ihnen in Schwierigkeiten, wenn sie gebeten würden, zu definieren, was diese Entspannung eigentlich ist.

In der Tat: was ist Entspannung? Worin unterscheidet sie sich von der friedlichen Koexistenz?

Friedliche Koexistenz ist ein klassenmäßig formulierter Begriff. Es handelt sich um den Charakter der Koexistenz von Staaten mit unterschiedlichen Klassensystemen; friedliche Koexistenz wird als eine spezifische Form des Klassenkampfes zwischen diesen beiden Systemen definiert. Alles entspricht hier genau der Leninschen Auffassung.

Die Entspannung ist dagegen ein absichtlich verschwommener, nicht klassenspezifischer Begriff; es ist unbekannt, zwischen wem und warum „internationale Spannung" herrscht, unbekannt auch, auf welche Weise die „Entspannung" erreichbar ist. Die Parteipolitiker, die diese Formel in Umlauf gesetzt haben, wissen sehr wohl, daß es kein Leninscher Begriff ist. Wäre die Unbestimmtheit nicht beabsichtigt, würden sie den Ausdruck in der sowjetischen und überhaupt in der kommunistischen Presse nicht dulden. Die Bezeichnung „Entspannung" gehört zu den taktischen Maßnahmen der internationalen kommunistischen Bewegung, in die Kategorie der „allgemeindemokratischen Programme und Losungen". Die Taktik der kommunistischen Weltbewegung lehrt, daß solche Programme und Losungen dann aufgestellt werden sollen, wenn es notwendig ist, zu einem Zusammengehen mit den Kommunisten jene Kräfte zu bewegen, die ein offen kommunistisches Programm nicht unterstützen würden. Von einem kommunistischen Programm werden die Punkte sorgfältig abgetrennt, die zwar den Zielen der kommunistischen Führung dienen, aber auch losgelöst vom Kontext der Pläne der Nomenklatura von einem allgemein-menschlichen Standpunkt aus und von einer nicht-kommunistischen Moral her interpretiert werden können: Friedensliebe, Pazifismus usw. Diese Punkte werden dann auf eine nicht-klassenspezifische Weise formuliert, was jener Deutung Raum gibt. So muß man den Begriff „Entspannung" verstehen.

Es handelt sich um die Form. Der reale Gehalt der „Entspannung“ besteht darin, daß der Westen den Begriff wörtlich nehmen soll, in seinen Anstrengungen nachläßt, vertrauensselig wird und vergißt, daß die friedliche Koexistenz nicht der süße Gleichklang der Stimmen zweier Freunde, sondern Kampf zweier Systeme ist.

Ich möchte nochmals betonen, daß Entspannung besser ist als kalter Krieg. Ich warne hier nicht vor der Entspannung als solcher, sondern vor einem Mißverständnis ihrer Bedeutung. Ich plädiere nicht für die Beendigung der Entspannung, sondern für das richtige Verständnis dessen, daß sie eine „allgemeindemokratische“ Formel für die friedliche Koexistenz ist. Die Formel soll verbergen, daß nicht einfach von Frieden und Freundschaft die Rede ist, sondern von einer spezifischen Form des Klassenkampfes in der internationalen Arena – des Kampfes der Nomenklaturaklasse um die Weltherrschaft.

7. Die Grenzen der friedlichen Koexistenz

Es ist nicht verwunderlich, daß der so verstandenen friedlichen Koexistenz scharfe Grenzen gezogen sind.

Die erste Grenze betrifft die ideologische Sphäre. In der UdSSR wird unermüdlich betont, daß es auf ideologischem Gebiet keine friedliche Koexistenz zwischen den beiden Systemen geben kann. Diese Einschränkung ist von großer Bedeutung.

Das Hauptziel des ideologischen Kampfes der Nomenklatura gegen die westlichen Länder besteht nicht darin, durch irgendwelche unwiderlegbaren Argumente von den Vorteilen des Realsozialismus zu überzeugen; die Nomenklatura hat längst begriffen, daß man lediglich die kleinen Gruppen überzeugen könnte, die aus verschiedenen Gründen einen Zusammenbruch des westlichen Systems herbeisehnen und deswegen bereit sind, die Propaganda der anderen Seite für wahr zu halten. Die Hauptaufgabe des „ideologischen Kampfes“ der Nomenklatura besteht darin, die ständige Kampfbereitschaft ihrer Untertanen und der Kommunisten in allen Ländern wachzuhalten, ihnen das Feindbild stets vor die Augen zu führen. Die von der Nomenklatura unablässig geführte Propagandakampagne gegen den Westen garantiert, daß sowohl das eigene Volk wie die Kommunisten im Ausland die Worte über Frieden und Freundschaft mit dem Westen nicht ernst nehmen, sondern wissen: der Westen ist der Feind und Freundschaftsbekundungen sind die Politik der KPdSU. Nach den eigenen Worten der Nomenklatura läßt daher gerade unter den Bedingungen der friedlichen Koexistenz die Intensität des ideologischen Kampfes nicht nach. Die Nomenklatura hält die ideologische Mobilmachung für nötig. Sie hat noch in Erinnerung, wie schlecht es der sowjetischen Armee im finnischen Winterkrieg 1939/40 ging, auf den sie propagandistisch nicht vorbereitet worden war (im Gegenteil, in den Monaten vor dem Einmarsch in Finnland war vom Abschluß eines sowjetisch-finnischen Beistandspaktes die Rede gewesen). Schwere Folgen hatte es während der ersten Etappe des Krieges der Sowjetunion gegen Hitlerdeutschland, daß vom Herbst 1939 bis zum Naziüberfall am 22. Juni 1941 in der UdSSR keine antifaschistische Propaganda betrieben worden war.

Man kann sich fragen, warum das alles von Bedeutung sein soll, wenn die sowjetische Nomenklatura sowieso keinen Krieg gegen den Westen beginnen will. Gewiß fürchtet sich die Nomenklatura vor einem Krieg, aber sie fürchtet ihn nur angesichts des heutigen Kräfteverhältnisses. Sollte es der Nomenklatura gelingen, das Kräfteverhältnis zu ihren Gunsten so zu verschieben, daß der Westen eindeutig schwächer erscheint, wird sie aufhören, sich zu fürchten – und wird angreifen. Ja, angreifen. Die Ausklammerung der Ideologie aus der friedlichen Koexistenz ist ein Hinweis darauf, daß die Nomenklatura-Klasse einen Krieg gegen den Westen ernsthaft in Erwägung zieht. Darauf weisen auch zwei andere Einschränkungen der friedlichen Koexistenz hin: die Herausnahme nationaler und sozialer Befreiungskämpfe.

Im ersten Fall behauptet die Nomenklatura, daß die von ihr unterstützten militärischen Konflikte in der Dritten Welt gar nicht im Widerspruch zur Entspannung stünden. Nun ist das Ziel dieser Konflikte, die Position der sowjetischen Nomenklatura in der Dritten Welt zu stärken und dadurch das Kräfteverhältnis zugunsten des Realsozialismus zu verändern. Friedliche Koexistenz nicht auf nationale Befreiungskämpfe auszudehnen, bedeutet, den Westen zur Fortsetzung der Politik der Entspannung zu animieren, während die Sowjetunion zur gleichen Zeit versuchen wird, das Kräfteverhältnis in der Welt zum Nachteil des Westens zu verändern.

Was die sozialen Befreiungskämpfe anbelangt, so handelt es sich hier um eine Formel, die in der UdSSR nicht dechiffriert wird. Die Rede kann allerdings nur von sozialen Auseinandersetzungen im Westen sein, die als „proletarische Revolution“ ausgegeben werden könnten. Wenn man die Formulierung wörtlich nimmt, kann man zu dem Schluß kommen, daß die Nomenklatura sich das Recht vorbehält, zur Unterstützung eines solchen „sozialen Befreiungskampfes“ militärisch zu intervenieren.

Alles hängt vom internationalen Kräfteverhältnis ab. Das betonen die Nomenklatura-Politiker selbst: sie geben unumwunden zu, daß die friedliche Koexistenz mit dem Kräfteverhältnis zwischen den beiden Systemen verbunden ist.

8. Das Klassenkräfteverhältnis in der Internationalen Arena

Jener Blickpunkt ist ganz natürlich. Wenn die friedliche Koexistenz eine Form des Klassenkampfes ist, muß hier, wie bei jedem Kampf, das Kräfteverhältnis eine entscheidende Rolle spielen.

Um was für Kräfte handelt es sich? Wenn im Westen vom Kräfteverhältnis zweier Systeme die Rede ist, ist gewöhnlich das Gleichgewicht der militärischen Kräfte der Nato und des Warschauer Paktes gemeint. Die Nomenklatura betrachtet das Problem in einem weiteren Umfang: sie bezieht alle Kräfte mit ein, sowohl die der Gesellschaft des Realsozialismus wie die der kapitalistischen Gesellschaften, die ökonomischen, politischen, militärischen, strukturellen, moralischen, mit einem Wort: alle Kräfte. Das Gleichgewicht der militärischen Kräfte ersetzt die Nomenklatura durch das Verhältnis der Klassenkräfte.

Eine solche Sicht ist vernünftiger und realistischer als das schlichte Rechnen der Divisionen. Das trifft auch für rein militärische Probleme zu. So zeigte es sich im Krieg gegen Vietnam, daß es die USA trotz ihrer unermeßlich größeren militärischen Macht wegen ihrer moralisch-psychologischen Schwäche fertigbrachten, den Krieg zu verlieren – zur angenehmen Überraschung der sowjetischen Nomenklatura. Andererseits ist es auch praktisch unmöglich, abzuschätzen, inwieweit die Divisionen der osteuropäischen Länder den dort stationierten sowjetischen Divisionen vorbehaltlos hinzuzurechnen sind. Man muß berücksichtigen, daß die sowjetische Besetzung Osteuropas nicht zuletzt der Kontrolle der unzuverlässigen Bundesgenossen dient.

Ein Besucher, der aus dem Osten in den Westen kommt, hört sich mit Erstaunen Spekulationen hiesiger Politiker und solider Presseorgane an: Strebt die Sowjetunion die Überlegenheit an oder nicht? Den östlichen Besucher beschäftigen andere Fragen: Wie ist es nur möglich, daß man hier immer noch nicht begreift, was in der UdSSR jedes Schulkind weiß, nämlich daß die Sowjetunion selbstverständlich in jeder Hinsicht danach strebt, stärker als der Westen zu werden? Wie ist es möglich, daß man im Westen in mehr als 60 Jahren nicht begriffen hat, daß die sowjetische Politik von jeher darauf ausgerichtet ist? Eine Antwort auf solche Fragen ist in der Tat schwer zu finden.

Die sowjetische regierende Klasse und, ihrem Beispiel folgend, alle Vasallennomenklaturen, streben bewußt und planmäßig sowohl auf militärischem wie auf allen anderen Gebieten danach, ihre Position so weit wie möglich zu festigen und den Westen soweit irgend möglich zu schwächen. Das gelingt durchaus nicht immer: die Nomenklatura wird behindert durch die Unproduktivität und Schwerfälligkeit des ökonomischen Systems des Realsozialismus; die Unzufriedenheit der Bevölkerung ist ein weiteres Handikap. Kurzum: das Resultat entspricht nicht der aufgewandten Mühe. Aber, da die Bemühungen nicht nachlassen, werden im Zeitraum von Jahrzehnten Erfolge erzielt. Wenn auch das Kräfteverhältnis in der Welt nicht so ist, wie die Sowjetpropaganda behauptet, hat es sich im Vergleich zu Lenins Zeiten zweifellos zugunsten der Nomenklatura verändert.

Die Nomenklatura bemüht sich, der ganzen Welt zu suggerieren, daß es eine mystische Gesetzmäßigkeit der ständigen Verschiebung des Kräfteverhältnisses in der Welt zugunsten des Realsozialismus gibt. Das ist natürlich ein Phantasieprodukt: es gibt kein solches Gesetz, das Kräfteverhältnis schwankt. Einen Höhepunkt erreichte die Nomenklatura Ende der 50er Jahre während der ersten Periode der Regierung Chruščev. Die Distanzierung von den schlimmsten Stalinschen Methoden und der Tod Stalins führten vorübergehend zu einer Unterstützung des sowjetischen Regimes seitens der Bevölkerung. Das Bündnis der UdSSR mit China existierte noch, die kommunistische Weltbewegung war noch monolithisch, auch auf militärischem Gebiet konnte die Nomenklatura Erfolge verbuchen: die Ausstattung mit Raketen erreichte sie früher als die USA. Außerdem schien es, als stünden weitere Verschiebungen des Kräfteverhältnisses in dieser Richtung bevor. Es gab eine Hoffnung, daß der offensichtlich bevorstehende Zusammenbruch des Kolonialsystems zu einer Umwandlung der Kolonien in Volksdemokratien führen würde. Zu erwarten waren auch angenehme Veränderungen in Europa: die Entstehung von volksdemokratischen Regimen in Spanien, Portugal und Griechenland. Seitdem entwickelte sich aber das Kräfteverhältnis zuungunsten der Nomenklatura – und das kann auch durch die umfangreiche Aufrüstung in der UdSSR nicht wettgemacht werden.

Der Westen sollte dennoch nicht an eine verborgene Gesetzmäßigkeit glauben, derzufolge seine Macht ohne sein Zutun auf wunderbare Weise wächst, die der Sowjetunion und ihrer Vasallen aber nachläßt. Eine solche Gesetzmäßigkeit gibt es nicht. Sowohl bei einem Kräfteverhältnis wie bei jedem Wettkampf gibt es nur das eine Gesetz: der gewinnt, wer weniger Fehler macht, wer vorausschauender und entschlossener ist, wer die besseren Reserven hat und sie besser einsetzt. Einerseits wäre es für den Westen in Anbetracht der natürlichen Mängel der Gesellschaft des Realsozialismus und der Politik der Nomenklatura ein leichtes, einen solchen Wettstreit zu gewinnen; andererseits wird der Sieg durch die natürlichen Mängel der westlichen Gesellschaft erschwert.

9. Der Sieg des Realsozialismus im Weltmaßstab

Das ist das offen proklamierte Ziel der Nomenklatura. Gemäß dem Leninschen Prinzip, das schwächste Kettenglied beim Gegner zu finden und dort den Durchbruch zu erzielen, versucht die Nomenklatura ihr Glück in verschiedenen Teilen der Welt. Besonders planmäßig – obwohl vorsichtig – geht sie in Europa vor. Europa ist zwar nicht das schwächste, dafür aber (wieder nach Lenin) „jenes besondere Kettenglied…, das mit aller Kraft angepackt werden muß, um die ganze Kette zu halten“[11]), die Kette der Weltherrschaftspläne der Nomenklatura.

Gegenwärtig entfallen auf die Länder des Realsozialismus über ein Drittel der Weltindustrieproduktion. Sollte Westeuropa unter die Kontrolle der Nomenklatura geraten, würde dieser Anteil drastisch steigen – so, daß nach diesem wichtigsten Indikator die absolute Vorherrschaft der Nomenklatura gesichert wäre. Das gleiche gilt für den Anteil an qualifizierten Arbeitskräften und an wissenschaftlichem Potential.

Die Kontrolle über Westeuropa ist das Zünglein an der Waage im Kräfteverhältnis zwischen den Nomenklaturastaaten und der westlichen

Welt, sie ist tatsächlich das Hauptkettenglied. Jene Leute in Amerika, die gern darüber sprechen, daß man sich notfalls in der „Festung Amerika" verbarrikadieren kann, sollten darüber nachdenken: welche Aussichten hätten die USA angesichts einer von der Nomenklatura beherrschten Landmasse Europa-Asien-Afrika und angesichts einer intensiven Wühltätigkeit in den Ländern Lateinamerikas, ja sogar in den USA selbst?

Man muß klar begreifen: bei dem heutigen Kräfteverhältnis in der Welt kommt Westeuropa mit seinem Reichtum, seiner Industrie, seiner Menge an qualifizierten Arbeitskräften eine entscheidende Bedeutung zu bei der Beantwortung der von Lenin so klar formulierten Frage: „Wer – wen?"

Das bedeutet keineswegs, daß die Nomenklatura nicht auch gleichzeitig in anderen Teilen der Welt politisch offensiv auftritt.

Südlich von Europa und von den asiatischen Republiken der Sowjetunion erstrecken sich Riesengebiete der Dritten Welt. Auf diesem Raum der Länder Asiens und Afrikas entfaltet sich die Offensive der sowjetischen Nomenklatura. Ihr Ziel ist es, überall Staaten vom Typ der Volksdemokratien zu schaffen (im Bereich der Dritten Welt bezeichnet man sie in Moskau als „nationaldemokratische Staaten"). Und wenn es noch nicht möglich ist, versucht die Nomenklatura, eine den afro-asiatischen Bedingungen angepaßte Finnlandisierung voranzutreiben. Ein interessantes Beispiel für eine solche Finnlandisierung besonderer Art war Indien unter der Regierung Indira Gandhis. Finnland ist ein kleines Land und Indien ein immens großes mit einer Bevölkerung, die an Zahl die der Sowjetunion bei weitem übertrifft. Aber trotz dieser Unterschiede erinnerte das Verhältnis Indiens zur Sowjetunion unter Indira Gandhi an die Beziehungen zwischen der UdSSR und Finnland. Die sowjetische Nomenklatura nützte die Angst der indischen Staatsführung vor China mit Erfolg dazu aus, Indien in jenen Jahren den aus Moskau kommenden Ratschlägen gefügig zu machen.

Die Geschichte Afrikas ist in den letzten fünfzehn Jahren reich an Beispielen für die Entstehung von Regierungen volksdemokratischer Art. Es gibt eine bescheidene Anzahl Anforderungen, welche die sowjetische Nomenklatura an ein politisches Regime in der Dritten Welt stellt, um es zu einem Land der „sozialistischen Orientierung" zu erklären. Hier ist keineswegs die Rede vom Entwicklungsniveau der Produktivkräfte, auch nicht von der Stärke der Arbeiterklasse, nicht einmal vom Vorhandensein einer Kommunistischen Partei; das Kriterium ist, ob die betreffende Regierung eine prowestliche oder eine prosowjetische Politik verfolgt. Daraus resultieren die häufigen Änderungen in der Einschätzung der diversen Staaten der Dritten Welt durch die Nomenklaturapropaganda. So wurde z. B. die in Syrien und im Irak regierende Baath-Partei lange Zeit in der Sowjetunion als faschistisch bezeichnet, während sie gegenwärtig als eine revolutionär-demokratische Partei gilt. Früher wurde in der sowjetischen Propaganda Gaddafi als Faschist, Reaktionär und religiöser Fanatiker beschimpft, jetzt ist er ein fortschrittlicher Staatsmann und Sozialist. Im Gegensatz dazu werden jetzt Modibo Keita und Sekou-Touré, seinerzeit als Sozialisten, ja fast als Kommunisten hochgejubelt, von der sowjetischen Propaganda sehr skeptisch beurteilt, da der chinesische Einfluß in Mali und Guinea stark ist.

Viel hängt auch von den Regierungen in den Ländern der Dritten Welt selbst ab. So könnte das Regime in der Zentralafrikanischen Republik, vom sowjetischen Standpunkt aus, sich durchaus in ein nationaldemokratisches verwandeln. Zu diesem Zweck müßte nur der Präsident Bokassa sich zum Generalsekretär der Partei ausrufen, den amerikanischen Imperialismus verdammen und seine Treue zu den Idealen des Sozialismus proklamieren. Aber Bokassa verfuhr anders: Er rief sich zum Kaiser aus. Auf diese Weise erledigte sich die Frage der sozialistischen Orientierung des Zentralafrikanischen Staates.

Es wäre falsch, die Politik der sowjetischen Nomenklatura in den Ländern der Dritten Welt mit einem gutmütigen Schmunzeln abzutun. Die Nomenklatura operiert geschickt mit der Feindseligkeit der Völker dieser Länder ihren ehemaligen Kolonialherren gegenüber und mit ihrer Bereitschaft, alle Westmächte als potentielle Kolonialisten anzusehen, ob sie nun Kolonien besitzen oder nicht. Die Sowjetunion aber, die lezte Kolonialmacht der Welt, wird von den Politikern der Dritten Welt merkwürdigerweise als ein Bollwerk des Antikolonialismus gepriesen. Das Hauptproblem für die meisten Länder der Dritten Welt ist die wirtschaftliche Entwicklung. Auf diesem Gebiet könnte der Westen viel mehr helfen als die UdSSR. Folglich ist der Westen der natürliche Verbündete für die Dritte Welt. Aber die von der sowjetischen Nomenklatura lancierte Parole, die realsozialistischen Staaten seien die natürlichen Verbündeten der Entwicklungsländer, wird in politischen Kreisen der Dritten Welt ernst genommen. Das ist ein großer Erfolg der Nomenklaturadiplomatie und -propaganda. Auf Grund dieses Erfolges erreichte es die sowjetische Diplomatie, daß zahlreiche Länder der Dritten Welt den politischen Kurs der Sowjetnomenklatura in der UNO und in anderen internationalen Gremien systematisch unterstützen. Freilich beginnt man in einigen Kreisen dieser Länder zu begreifen, daß gerade die Sowjetunion den Neokolonialismus in der Dritten Welt betreibt. Aber offenbar ist es noch ein weiter Weg, bis diese Erkenntnis auch in der Außenpolitik der Länder der Dritten Welt ihren Niederschlag findet.

In den Plänen der sowjetischen Nomenklatura nimmt das Problem ihrer Politik in Lateinamerika eine besondere Stellung ein. Diese Region gilt in Moskau als amerikanische Interessensphäre. Daraus erwächst die Aufgabe, einerseits dort einzudringen und die Länder Lateinamerikas in eine Frontstellung gegen die USA zu bringen – und dabei dennoch von Washington nicht in flagranti erwischt zu werden. Eine wichtige Rolle spielt hierbei Kuba. Zweifellos war in den Plänen der Nomenklatura auch Chile eine bedeutende Rolle zugedacht. In Moskau konnte man schon seit langem die Meinung hören, daß Chile, das sich als dünner Streifen vom Norden nach dem Süden Lateinamerikas erstreckt, schon auf Grund dieser geografischen Lage als Basis für eine kommunistische Partisanenbewegung in den lateinamerikanischen Ländern außerordentlich gut geeignet wäre. Die Versuche, eine solche Bewegung mit dem Stützpunkt in Kuba ins Leben zu rufen, scheiterten bekanntlich.

Alles in allem versucht die Nomenklatura, die Gesellschaftsordnung des Realsozialismus nicht nur in den Ländern der Dritten Welt und in Westeuropa, sondern auch in Nordamerika, Australien und Neuseeland zu errichten. In offiziellen Dokumenten der KPdSU und anderer kommunistischer Parteien wird betont, daß der Sozialismus um kein einziges Land der Welt den Bogen machen würde und daß der Kommunismus die lichte Zukunft der *gesamten* Menschheit sei.

Das ist kein verbaler marxistischer Radikalismus, sondern der reale Plan der Nomenklaturaklasse. In Gestalt des Realsozialismus in allen Ländern will die Nomenklatura ihre Weltherrschaft errichten.

Dabei stört sie die Tatsache nicht, daß der Übergang zum Realsozialismus, wie die Erfahrung mit China, Jugoslawien, Albanien, Kambodscha und Nordkorea zeigt, noch keine Garantie für die Unterwerfung dieser Länder unter die sowjetische Nomenklatura ist. Im Westen stößt man oft auf die Ansicht, daß die Sowjetführung im Hinblick auf diese Tatsache es vorzieht, in Ländern, in welchen die Errichtung des Realsozialismus möglicherweise nicht zur Herrschaft der Sowjetunion führen würde, ihn gar nicht anzustreben. Das ist ein falscher Standpunkt. Hier geht man davon aus, daß die Weltherrschaft für die Nomenklatura nur Protzerei ist. In Wirklichkeit ist sie aber für die Nomenklaturaklasse eine Notwendigkeit; darüber haben wir schon gesprochen. Im Westen hört man ab und zu, man könnte sich von der Aggressionslust der Nomenklatura dadurch loskaufen, indem man dieser Klasse hilft, die Hindernisse zu beseitigen, denen sie sich in den Ländern Osteuropas und selbstverständlich auch in der Sowjetunion gegenübersieht. Das war der Sinn der bekannten Sonnenfeld-Doktrin, die behauptete, die USA sollten der Sowjetführung zu einem „organischen" guten Verhältnis zu den Völkern anderer Ostblockstaaten verhelfen. In die gleiche Richtung gehen die Gedanken des aus der UdSSR in die Vereinigten Staaten emigrierten Alexander Janov, der dem Westen empfiehlt, die sowjetische „neue Klasse" zu unterstützen.[12])

Der Fehler bei derartigen Gedankengängen liegt darin, daß es unmöglich ist, sich vom Expansionsdrang und der Aggressionslust der Nomenklatura „loszukaufen", denn gerade darin besteht das Wesen dieser Klasse. Man kann höchstens der Nomenklatura Länder und Völker – potentielle Verbündete – in den Rachen werfen und auf diese Weise etwas Zeit gewinnen, während sie zuschnappt, kaut und verdaut. Wenn dann aber alle Fristen verstrichen sind und man allein vor dem Abgrund steht, wird es keine Verbündeten mehr geben.

Man kann natürlich auch anders handeln. Aber es ist nicht meine Aufgabe, in diesem Buch irgendwelche politischen Ratschläge zu geben.

10. Die kommunistische Weltbewegung, ein Instrument der Nomenklatura

Nach offizieller Definition umfaßt die kommunistische Weltbewegung das Weltsystem des Sozialismus und die Kommunistischen Parteien in den Ländern, die außerhalb seiner Grenzen liegen. Sie wird von den Nomenklatura-Ideologen als „einflußreichste politische Kraft der Welt" bezeichnet.[13]) Zur kommunistischen Weltbewegung gehören ungefähr 90 Parteien mit einem Gesamtumfang von 50 Millionen Menschen.[14])

In dieser Interpretation der kommunistischen Weltbewegung zeigt sich die nostalgische Sehnsucht der Nomenklatura nach monolithischer Einheit. Dabei hat es eine monolithische Einheit in der kommunistischen Bewegung nie gegeben: um den Schein dieser „Einheit" zu konstruieren, übergeht man Trotzkis 4. Internationale, später die Existenz Jugoslawiens und seiner Kommunistischen Partei mit Stillschweigen. Jetzt geht der Zerfall der kommunistischen Weltbewegung so weit, daß zwischen kommunistisch regierten Ländern Kriege geführt werden. Wenn wir daher von der kommunistischen Weltbewegung als realer Tatsache sprechen, so verstehen wir darunter die Gesamtheit der kommunistischen Parteien, die nicht an der Macht sind und deren Führung von der sowjetischen Nomenklaturaklasse abhängt.

In einer so umrissenen Bewegung gibt es nicht 90 Parteien, aber immerhin sind es viele; in fast allen Ländern der Erde. Eine Ausnahme bilden die Länder, in denen, wie in China, Jugoslawien oder Albanien, kommunistische Parteien regieren, die mit der sowjetischen Nomenklatura gebrochen haben. Dann gibt es verschiedene Stufen von Abhängigkeit. Die meisten kommunistischen Parteien könnten ohne die Unterstützung der UdSSR nicht existieren; große Parteien, wie die italienische, die französische oder die spanische stehen auf eigenen Beinen und können sich daher den Luxus des Eurokommunismus leisten, von dem sich z. B. die DKP oder die KP Österreichs distanzieren müssen.

Was erhofft sich die Leitung dieser kommunistischen Parteien von der sowjetischen Nomenklatura? Sie hofft auf Geld, um ihr angenehmes Leben zu führen, sie möchte bei ihren von Zeit zu Zeit stattfindenden Besuchen in der Sowjetunion und in anderen Ländern des Realsozialismus an den Privilegien partizipieren, die sich die Nomenklatura geschaffen hat, schließlich möchte sie leidenschaftlich gern von der Sowjetunion unterstützt werden, um zu Hause selbst an die Macht zu kommen und selbst das paradiesische Leben der sowjetischen Nomenklatura zu führen.

Heißt das, daß es unter den Führern der kommunistischen Parteien in den verschiedenen Ländern keine echten Idealisten gibt, die gegen die Ungerechtigkeiten der modernen Gesellschaft auftreten und für das Volk eine bessere Zukunft erkämpfen wollen? Ich wage nicht, diese Frage kategorisch zu beantworten. In der Sowjetunion und in den übrigen Ländern des Realsozialismus sind die idealistischen Kommunisten seit langem ausgestorben. Ich habe viele Jahre in der Sowjetunion gelebt, aber überzeugte Kommunisten habe ich erst im Westen getroffen. Hier gibt es sie noch, aber ob sie auch in der Führung der westlichen Kommunistischen Partei zu finden sind, weiß ich nicht. Unter den einfachen KP-Mitgliedern in den nicht-sozialistischen Ländern gibt es natürlich viele Idealisten und ehrenwerte Menschen. Im Falle der kommunistischen Machtergreifung erwartet sie das Schicksal der Leningarde in der UdSSR.

Ich sage das vor allem deshalb, weil ich unter den zahlreichen kommunistischen Führern in den diversen Ländern, mit denen ich zu tun hatte, stets das gleiche angetroffen habe: die geschäftige Bereitschaft, jede Windung der Generallinie der KPdSU mitzumachen, und wirkliches Interesse bloß für Fragen der Taktik und Propaganda. Die Lebensbedingungen ihrer Völker waren ihnen im besten Fall gleichgültig. Ich erinnere mich, wie sich einmal bei einem Mittagessen in der Kantine des Instituts für Gesellschaftswissenschaften beim ZK der KPdSU in Moskau ein leitender Funktionär der DKP, der dort einen Schulungskurs machte, mir gegenüber bitter beklagte, daß die Arbeiter in der Bundesrepublik viel zu gut lebten; sie dächten gar nicht daran, für die Machtergreifung der Partei zu kämpfen.

Der stärkste Zweifel an der Überzeugung der leitenden KP-Genossen entsteht, wenn man sieht, wie unterwürfig sie alle Kurven der sowjetischen Politik und Ideologie mitmachen. Alle diese Funktionäre haben im Chor das Lob Stalins gesungen; alle haben ihn später entlarvt; alle sind danach über diejenigen hergefallen, die ihn entlarvt haben; alle sind über das Heldentum Titos in Ekstase geraten; alle haben danach gewinselt, daß Tito das Oberhaupt einer faschistischen Clique und ein Spion sei; alle haben ihn später rehabilitiert und gleich darauf einen Revisionisten genannt; alle haben gejubelt, daß 1980 in der Sowjetunion der Kommunismus errichtet sein wird; alle jubeln jetzt, weil aus dem, was errichtet wurde, ein unvorhergesehener „entwickelter Sozialismus" entstanden sei, von dem es bis zum Kommunismus noch ein weites Stück Weg ist. Diese Aufzählung könnte seitenlang fortgesetzt werden.

Sind sie solche Naivlinge, daß sie das alles glauben? Natürlich nicht, die Führer der kommunistischen Parteien sind alles andere als naiv. Nach alldem zu schließen, glauben sie an nichts außer an eines: daß sie ohne Hilfe der sowjetischen Nomenklatura nicht an die Macht in ihren Ländern kommen können. Davon sind sie allerdings fest überzeugt, und deshalb zahlen sie für die Unterstützung der sowjetischen Nomenklatura, indem sie sich in ihre Dienste begeben. Sie streben danach, innerhalb der zukünftigen Vasallen-Nomenklatura die Häuptlinge zu werden und sind dadurch schon heute die folgsamen Vasallen der sowjetischen Nomenklaturaklasse.

Warum sie die sowjetische Nomenklatura brauchen, wird auf diese

Weise klar. Aber warum braucht die sowjetische Nomenklatura diese Vasallen? Kosten sie doch viel Geld – noch dazu die in der UdSSR so sorgsam gehüteten Devisen; die Parteien sind winzig klein und haben, allein auf sich gestellt, überhaupt keine Chancen, an die Macht zu kommen. Steht es dafür, sich so zu verausgaben?

Es steht dafür, mindestens aus zwei Gründen.

Erstens soll die Machtergreifung der Nomenklatura in der Welt in der Form vonstatten gehen, daß in allen Ländern sozialistische Revolutionen ausbrechen und die kommunistischen Parteien an die Macht kommen; also sind diese unbedingt notwendig. Da es das Ziel der Führer der kommunistischen Parteien ist, mit Hilfe der sowjetischen Nomenklatura an die Macht zu kommen, liegt die völlige Übereinstimmung der Interessen auf der Hand; daher kann die Nomenklatura diesen Führern vertrauen.

Zweitens leisten die ausländischen Kommunistenführer schon jetzt der sowjetischen Nomenklatura unschätzbare Dienste.

Die kommunistischen Parteien im Ausland sind Stützpunkte der Sowjetunion in diesen Ländern. Man darf die Bedeutung dieses Vorrechtes nicht unterschätzen: die übrigen Länder haben nur offizielle Vertretungen, während der UdSSR und den ihr verbündeten Ländern zusätzlich überall eigene Parteien zur Verfügung stehen. Wenn sie auch klein sind, so bestehen sie doch aus Bürgern des betreffenden Landes, die ihr Vaterland kennen, Kontakte mit den verschiedensten Schichten der Bevölkerung unterhalten und wichtige Informationen sammeln können. Das alles im Gegensatz zu den Sowjetbotschaften, in denen Nomenklaturisten residieren, die nach politischen Gesichtspunkten oder aus Protektion ausgewählt wurden und nichts anderes im Sinn haben, als ausländische Waren zu kaufen und Karriere zu machen; zu diesem letzteren Zweck ist es ratsam, Kontakte mit der örtlichen Bevölkerung zu vermeiden, die dem KGB immer verdächtig sind. Trotz der im Westen verbreiteten Ansicht sind die sowjetischen Botschaften über ihre Gastländer nur ungenügend informiert; ihr Wissen schöpfen sie hauptsächlich aus Zeitungen, die man eigentlich auch in Moskau lesen könnte. Das ist der Grund, warum man an diesen Botschaften so oft den Standardsatz hören kann: „Darüber müssen wir uns mit unseren Freunden beraten."

„Freunde" ist ein ebensolcher Nomenklatura-Ausdruck für die Funktionäre der ausländischen kommunistischen Parteien wie „Nachbarn" für den KGB. Mit den „Freunden" berät man sich über die verschiedensten Fragen, auf den verschiedensten Ebenen einschließlich des

Politbüros des ZK der KPdSU. Das will nicht heißen, daß der Schwanz mit dem Hund wedelt, aber auf diese Weise erfüllen die ausländischen kommunistischen Parteien eine wichtige Funktion, nämlich die sowjetische Nomenklatura bezüglich ihrer Politik gegenüber den einzelnen Ländern zu beraten und zu informieren. Die Informationen, die die ausländischen kommunistischen Parteien ihren sowjetischen Lehnsherren zukommen lassen, sind natürlich nicht objektiv und werden von den Interessen der jeweiligen Parteiführung diktiert. Sie ist immer darauf bedacht, Moskau vor Augen zu führen, wie unersetzlich sie ist und wie notwendig es ist, sie in verstärktem Ausmaß zu unterstützen. In Moskau versteht man das gut, aber man traut den Informationen dennoch, da man richtig vermutet, daß die Interessen der sowjetischen Nomenklaturaklasse und der Führer der örtlichen kommunistischen Parteien die gleichen sind.

Die Rolle dieser Parteien als Stützpunkte der Sowjetunion in den einzelnen Ländern erschöpft sich nicht in Information und Beratung, durch die die weißen Flecken in der Arbeit der sowjetischen Botschaften ausgefüllt werden. Die kommunistischen Parteien helfen in beträchtlichem Ausmaß der sowjetischen Spionage. Damit eventuelle Fehlschläge der Spionagetätigkeit der Länder des Warschauer Paktes im Westen den örtlichen kommunistischen Parteien nicht schaden, haben diese Parteien jetzt in der Regel keine unmittelbaren Spionageaufträge auszuführen. Aber soviel man hört, spielen sie keine unbeträchtliche Rolle bei der Rekrutierung potentieller Agenten und bei der „Ausstattung" der entsandten Agentur. 1960 erlaubte das ZK der KPdSU den sowjetischen Geheimdiensten wieder, ihre Agenten unter den Mitgliedern der ausländischen kommunistischen Parteien anzuwerben.[15])

Die Existenz kommunistischer Parteien praktisch in allen Ländern gibt der sowjetischen Nomenklatura ungeahnte Möglichkeiten, in der ganzen Welt gleichzeitig politische Propagandakampagnen zu organisieren und sie international zu koordinieren. Es macht nichts, daß in Ländern, in denen die kommunistischen Parteien besonders schwach sind, diese Kampagnen kein Interesse der Bevölkerung erwecken; die in die Millionen steigenden Auflagen der kommunistischen Presse berichten über alles, selbst über die kleinste Kundgebung. Auf diese Weise erwecken sie den Anschein, daß „die Völker der Welt", wie das im Nomenklatura-Jargon heißt, etwas „gefordert" haben, worüber ein Beschluß des ZK der KPdSU vorliegt.

Damit diese Propagandafeldzüge wirklich wie spontane Massenbewegungen und die gehorsamen prokommunistischen Organisationen wie repräsentative Körperschaften aussehen, müssen unbedingt Nichtkommunisten herangeholt werden. Es geht weniger darum, müßige Passanten anzulocken, als darum, Persönlichkeiten des öffentlichen Lebens oder besser noch Organisationen auftreten zu lassen, von denen bekannt ist, daß sie dem Kommunismus fernstehen. In der Regel ist der Wert dieser Persönlichkeiten desto größer, je weiter sie vom Kommunismus entfernt sind, denn in diesem Fall werden sich an der Aktion auch ihre Anhänger und die zwischen ihnen und den Kommunisten stehenden Gruppen beteiligen. Dann wird der Zustrom des neugierigen Publikums von selbst größer sein und die Bevölkerung wird der Bewegung mehr Vertrauen entgegenbringen.

Wie kann das erreicht werden? Für die ausländischen kommunistischen Parteien ist das ein wichtiger Teil ihrer Arbeit, meist wird sie von einem Mitglied der obersten Parteiführung geleitet. Nach der Machtübernahme der Partei schwindet das Interesse an nichtkommunistischen Persönlichkeiten und Organisationen rasch. Warum auch nicht? Der Mohr hat seine Schuldigkeit getan, und mit seinem Abgang werden die Sicherheitsorgane betraut. Wenn es aus außenpolitischen Überlegungen notwendig erscheint, wird eine „nationale Front“ oder eine ähnliche gesellschaftliche Organisation geschaffen, in der einige speziell zu diesem Zweck begnadigte Leute, schüchterne Blicke in Richtung des beaufsichtigenden Referenten des ZK werfend, den ausländischen Gästen voll Pathos erklären, daß sie, obwohl sie in allen Fragen ohne Ausnahme aktiv die Linie des ZK der KP unterstützen, trotzdem nichtkommunistische Funktionäre sind. Das wird sich allerdings erst später ereignen. Solange die kommunistischen Parteien nicht an der Macht sind, sind ihre Führer liebenswürdig und zuvorkommend gegenüber jenen nichtkommunistischen Persönlichkeiten, von denen man hoffen kann, daß sie sich für die Pläne der Nomenklatura einspannen lassen werden.

Eine wichtige Rolle bei der Verwirklichung dieser auf der kommunistischen Taktik basierenden Pläne spielt der Entwurf von oben erwähnten „allgemeindemokratischen Programmen“. Hier sind einige Parolen, die von der kommunistischen Weltbewegung erfunden wurden: „Für den Frieden!“ „Für Abrüstung!“ „Für das Verbot von Atomwaffen!“. Oder auch: „Schluß mit dem schmutzigen Krieg in Vietnam!“, „Abzug der ausländischen Truppen von fremden Territorien!“

Seit 1968, seit dem Einmarsch sowjetischer Truppen in die Tschechoslowakei, hört man letztere Parole nicht mehr. Bekanntlich wurde sie damals nicht nur von Kommunisten wiederholt, sondern auch von vielen jener, die 1968 den Einmarsch in die CSSR mißbilligten – aber jetzt rufen auch sie diese Parole nicht mehr aus. Warum eigentlich? Um den Mechanismus des Formulierens „allgemeindemokratischer Programme“ zu verstehen, könnte man folgendes Experiment versuchen. Lancieren Sie die Parole: „Verbot der Panzer – der Waffe der Aggression!“ Sie werden sehen, daß man sofort beginnen wird, Ihnen leise zu erklären: diese Forderung ist nicht aktuell, sie ist objektiv schädlich, sie lenkt die Aufmerksamkeit ab von der wichtigsten Aufgabe, der Ächtung der Atomwaffen. Und wenn Sie sich darauf versteifen und sagen, daß Ihre Parole die Abrüstung fordert und daß die Menschen in Europa gerade vor Panzern Angst haben, wird man Sie anbrüllen, Ihre Parole sei eine Provokation, Sie selbst seien ein Reaktionär, ein Feind der Entspannung, ein kalter Krieger, ein Faschist.

Die gleiche Erfahrung hätten Sie gemacht, sollten Sie aus langjähriger Gewohnheit das Ende des schmutzigen Krieges in Indochina auch dann fordern, nachdem die amerikanischen Truppen Südvietnam verlassen haben; als die Armee der Volksrepublik Vietnam ihre Offensive in den Süden begann, ohne sich um den Friedensvertrag zu kümmern, oder als sie Kambodscha besetzte. Auch in diesem Fall wären Sie ein Feind der Entspannung und ein Faschist. Dafür durften Sie als fortschrittlicher Mensch und Friedenskämpfer diese Parole während der chinesischen „Strafexpedition“ gegen Vietnam im Frühjahr 1979 wieder bedenkenlos laut proklamieren.

Der Grund für all diese Wandlungen ist, daß die „allgemeindemokratischen“ Parolen nur den Anschein erwecken, als wären sie friedlich und demokratisch; in Wirklichkeit sind sie nomenklaturistisch. Unter „Frieden“ versteht man das Nichtführen von Krieg dort, wo er für die Nomenklatura ungünstig wäre und solange er in ihre Pläne nicht paßt; unter dem „Verbot der Atomwaffen“ oder „der Neutronenbombe“ die Verschiebung des militärischen Kräfteverhältnisses zugunsten des Ostblocks mit seiner konventionellen Überlegenheit; unter „Abrüstung“ die Abrüstung des Westens. Alle diese „allgemeindemokratischen Parolen“ dienen einem einzigen Ziel, der Errichtung der Weltherrschaft der Nomenklatura.

Was soll man über die nichtkommunistischen Persönlichkeiten sagen, die im Westen diese Parolen unterstützen? Der Bolschewik Lenin bezeichnete sie als „nützliche Idioten“, der Sozialdemokrat Mommer als „trojanische Esel“. Beide zweifelten nicht an der Zielstrebigkeit ihres

Handelns, sondern an ihrer Vernunft. Man könnte in der Tat diesen Leuten raten, sich dafür zu interessieren, was mit ihren Vorgängern dort geschehen ist, wo der Realsozialismus an die Macht gekommen ist. Vielleicht sollten sie doch nachdenken, ob es dafürsteht, das gleiche Schicksal anzustreben – für sich, für ihre Partei und nicht zuletzt auch für ihr Land.

Bis jetzt haben sie darüber noch nicht nachgedacht, und die kommunistische Weltbewegung organisiert mit ihrer lautstarken Assistenz entsprechend den Beschlüssen des ZK der KPdSU weiterhin Kampagnen in der ganzen Welt. Dazu ist tatsächlich keine andere politische Kraft imstande; in dieser Hinsicht ist die kommunistische Weltbewegung wirklich die einflußreichste Kraft unserer Zeit.

Ist es ein Wunder, daß die Nomenklaturaklasse die Rolle der ausländischen kommunistischen Parteien und ihrer Führungen hochschätzt? Diese Führungen erreichen etwas, was die heutige Nomenklatura nicht mehr vermag. Ohne KGB und Zwangslager, ohne die Möglichkeit, jemanden seiner Existenzmittel zu berauben, gelingt es den Führungen der ausländischen kommunistischen Parteien, das Fußvolk ihrer Parteien – freie Menschen! – dazu zu bewegen, die Rolle von Schachfiguren in den Händen der sowjetischen Nomenklatura zu spielen. Dabei bekommen sie nichts für dieses zweifelhafte Vergnügen; im Gegenteil, in vielen Fällen müssen sie Opfer bringen. Das ist das Resultat eines geschickten Spieles auf der bunten Skala menschlicher Leidenschaften, Stimmungen, Vorurteile, von Neid, Konformismus, Konservatismus, dem Gefühl der Loyalität, der Unterordnung unter die aufgeblasene Autorität der Parteiführer, dem Unwillen, eigene Fehler einzugestehen, dem Gefühl der Schande, als Renegat betrachtet zu werden, der Angst vor der Verurteilung durch die Kameraden, der Furcht vor Isolierung und vor dem Bruch mit den Freunden, die Kommunisten sind. Wenn man in die kommunistische Partei mit ihren jeden einzelnen erfassenden organisatorischen Zwängen eintritt, ist es viel leichter, folgsam in ihren Reihen zu marschieren, langsam jene lange Parteizugehörigkeit zu erwerben, die der Stolz jedes Kommunisten ist, sich als Teilchen der großen Armee des Weltkommunismus zu fühlen, als Held, der gegen die Gesellschaftsordnung kämpft (um so mehr, da einem im Westen dafür keine Strafen drohen). Es ist viel schwerer, in sich selbst die Kraft zu finden, sich loszureißen und sich dem geballten Schwall des Ostrazismus und der Rache der Kommunistischen Partei und ihrer Sympathisanten ausgesetzt zu sehen, während man von den anderen von vorneherein mit

Mißtrauen betrachtet wird, weil man ein ehemaliger Kommunist und daher ein anrüchiger Mensch ist.

Diese filigrane psychologische Arbeit der Führer der kommunistischen Parteien wird von der Nomenklatura freigebig mit klingender Münze bezahlt. Die ausländischen kommunistischen Parteien erhalten von der KPdSU oder den anderen Parteien in den Ländern des Realsozialismus ausgiebige Subsidien. Man zieht es meistens vor, das Geld bar durch Kuriere zuzustellen, um in den Unterlagen der Banken keine Spuren zu hinterlassen. Allerdings hat sich mit der Erweiterung der internationalen Operationen der sowjetischen Banken und der Eröffnung ihrer Filialen in verschiedenen Ländern immer mehr die Methode eingebürgert, auf gewundenen Pfaden Überweisungen aus sozialistischen Ländern an die ausländischen kommunistischen Parteien vorzunehmen. Die Wege der Finanzierung sind ein strenges Geheimnis, aber die Tatsache an sich ist schon lange ein „secret de polichinelle“: die westdeutsche Presse war nicht einmal empört, sondern lachte nur fröhlich, als bekannt wurde, daß beim Budgetposten „Spenden“ die DKP unter allen westdeutschen Parteien auf dem ersten Platz steht; sie übertrifft die CDU/CSU, die „größte Partei des Monopolkapitals der BRD“, wie das im kommunistischen Jargon heißt. Allen ist klar, daß die geheimnisvollen nicht-kapitalistischen Mäzene der DKP sich im ZK der SED befinden. Übrigens wurde seinerzeit auch ein Abkommen getroffen, daß dieser gleiche Spender einen Teil der Finanzierung der KPÖ übernimmt.

Die Führer der ausländischen Parteien sind hochbezahlte Vasallen der sowjetischen Nomenklatura. Sie alle leben in ihren Ländern nicht gerade ärmlich, und wenn sie in die Sowjetunion oder in die mit ihr verbündeten Staaten kommen, so stehen ihnen Staatsdatschas, Autos mit Chauffeuren, das Kremlkrankenhaus oder analoge Regierungsspitäler zur Verfügung (z. B. das Statní Sanatorium in Prag); die weniger wichtigen leitenden Funktionäre werden umsonst im Hotel der Internationalen Abteilung des ZK der KPdSU in der Plotnikov-Gasse und in den anderen Ländern des Realsozialismus in gleichrangigen erstklassigen Hotels untergebracht. Die lieben Gäste werden im Land herumgeführt, sie können über die besten Kurorte und ZK-Sanatorien verfügen und erhalten großzügige Geschenke. Kurzum, die Funktionäre der ausländischen kommunistischen Parteien fahren nicht nur aus uneigennütziger Liebe zum Vaterland aller Werktätigen in die Sowjetunion.

Doch die sowjetische Nomenklatura, der für die Belohnung ihrer ausländischen Vasallen nichts zu teuer ist, verzeiht diesen nicht, wenn sie ungehorsam sind. Unter Stalin wurde hier nicht lange debattiert: das berüchtigte „9 Gramm Blei ins Genick". Die während der Ežovščina erfolgten Massenverhaftungen und anschließenden Hinrichtungen von ausländischen Kommunistenführern, die ihr Domizil im Kominternhotel „Lux" in der Gorkistraße hatten (heute ist es das Hotel „Zentral"), wurden in den Erinnerungen von Überlebenden ausführlich beschrieben; es ist nicht notwendig, dies hier zu wiederholen. Seither haben sich die Zeiten geändert; die ausländischen Kommunistenführer leben zum größten Teil nicht in Moskau, sondern in ihren Ländern, und die Methoden der Abrechnung mit unliebsamen Funktionären sind heute anders.

Die Nomenklatura wendet jetzt eine Methode an, die sich offiziell „Zusammenschluß der gesunden Kräfte" nennt. Diese optimistisch klingende Formulierung heißt, daß man neue Leute aussucht, um eine aufmüpfig gewordene KP-Führung abzulösen. Die „gesunden Kräfte" werden zu Gesprächen ins ZK der KPdSU berufen, man unterstützt sie bei den Vorbereitungen zum Sturz der straffällig gewordenen Führung. Wie solche Gespräche ablaufen, hat der tschechoslowakische Politiker Smrkovský beschrieben, den Breżnev persönlich zu überzeugen suchte, gegen Alexander Dubček aufzutreten, wobei er vielsagend meinte, Smrkovský selbst könne in diesem Fall den Posten des Ersten Sekretärs der KPČ haben.[16]) Smrkovský lehnte ab, aber es fanden sich andere; sie regieren heute in Prag. Übrigens ergreifen manchmal die Kandidaten der „gesunden Kräfte" selbst die Initiative. In Moskau ist bekannt, daß die Witwe von Maurice Thorez, Jeannette Vermeersch, im ZK der KPdSU erschien, dort ihrem Zorn über den „Revisionismus" der Führung der französischen KP Luft machte und sich selbst als „gesunde Kraft" anbot.

Die Methode des „Zusammenschlusses der gesunden Kräfte" wurde nicht bloß einmal angewendet. So trat Kádár 1956 während der Revolution in Ungarn an die Spitze dieser Kräfte; 1969 wurde in Österreich der alte Kominternmann und langjährige Generalsekretär der KPÖ, Friedl Fürnberg, der Russisch ebenso gut sprach wie Deutsch, zum Kern der „gesunden Kräfte"; aber im Hinblick auf sein vorgeschrittenes Alter wurde als Parteivorsitzender Franz Muhri belassen, der seine Position rasch revidiert hatte. Nach dem System der „gesunden Kräfte" wurde in Spanien eine prosowjetische Partei unter dem Vorsitz von Lister geschaffen, die gegen die eurokommunistische Führung der spanischen KP gerichtet ist. Die Methode des „Zusammenschlusses der gesunden

Kräfte“ wird wahrscheinlich von der Nomenklaturaklasse noch öfters angewandt werden, um ihre Vasallen in der kommunistischen Weltbewegung in Zucht und Ordnung zu halten.

Die kommunistische Weltbewegung ist ein Instrument der sowjetischen Nomenklatura, mit dem sie ihren Anspruch auf die Weltherrschaft durchsetzen will. Dieses Instrument hat sich ein bißchen abgenützt und einige Sprünge bekommen, aber es leistet immer noch gute Dienste.

Vielleicht leiste ich durch diese – zugegeben wenig schmeichelhafte – Schilderung der orthodoxen kommunistischen Parteien dem, wie man sagt, „primitiven Antikommunismus“ Vorschub? Sicher nicht. Die Idee einer klassenlosen „kommunistischen“ Gesellschaft als einer Assoziation freier, von niemandem ausgebeuteter Produzenten materieller und geistiger Güte ist schön. Aber was haben die Nomenklaturisten und ihre ausländischen Helfershelfer mit dieser Idee gemein? Nur die langweiligen Lippenbekenntnisse, die den geschäftigen Aufbau der Nomenklaturaherrschaft begleiten. Die von der Nomenklaturaklasse errichtete Gesellschaft des Realsozialismus steht in noch krasserem Gegensatz zur kommunistischen Idee als das kapitalistische System, – das ist die Wahrheit, und es ist an der Zeit, sie zu begreifen. Nicht die Kritiker des Nomenklaturaregiments, sondern die fromme kremlhörige KP-Orthodoxie ist der wahre Antikommunismus heute.

11. Der Weg in den Weltkrieg

Die Geschichte unseres Jahrhunderts hat uns gelehrt: Der Weltherrschaftswahn führt nicht zur Weltherrschaft, dafür aber zum Weltkrieg. Deshalb ist es nur zu gut verständlich, daß verschiedene Kreise im Westen diese Gefahr verdrängen und versuchen, Herrschaftsgelüste der Nomenklatura zu bagatellisieren.

In einer westlichen Hauptstadt sagte mir ein bedeutender Vertreter der Geschäftswelt, daß nach seiner Überzeugung das Sowjetregime nicht die Absicht habe, seine Macht auf Länder Westeuropas auszudehnen. Mein Gesprächspartner war ganze 5 Tage in Moskau gewesen. Seine Argumente waren einfach und unwiderlegbar: die Sowjetregierung bestehe aus klugen Leuten (ich stimmte zu); die Waren, die die Bevölkerung in der Sowjetunion kaufen könne, seien sehr knapp und von schlechter Qualität (ich stimmte zu); die kluge Sowjetführung könne unmöglich nicht wissen, daß dies eine Folge der geringen Produktivität des sozialistischen Systems sei (ich stimmte zu); wenn die Sowjets dieses System auch auf den Westen ausdehnten, würden hier die gleichen Zustände herrschen, es wäre unmöglich, durch den Export von westlichem Kapital und Krediten die Versorgung der Sowjetbevölkerung zu verbessern (ich stimmte zu). „Sehen Sie", schloß mein Gesprächspartner die Kette seiner Urteile, „die Aufgabe der Sowjetführung ist doch, das Versorgungsniveau zu heben, wie sie ja auch selbst behauptet. Folglich kann sie nicht die Übertragung ihres Systems auf Westeuropa wünschen, und wir haben keinen Grund, zu fürchten". Das war der einzige Punkt, dem ich nicht zustimmen konnte. Um zu verstehen, daß dieses an sich logische Urteil falsch ist, muß man in der Sowjetunion länger als 5 Tage gelebt haben.

Leider sind die Tatsachen hart und schwerwiegend. Man kann nicht umhin, folgendes zu konstatieren: 1) Die Nomenklatura hat nicht nur das Kolonialreich des zaristischen Rußland erhalten, sie hat sein Gebiet noch ausgeweitet, 2) sie hat eine Reihe von Ländern in Europa, Asien, Afrika und Amerika unter ihre Kontrolle gebracht, 3) sie versucht mit allen Kräften, ihre Kontrolle ausnahmslos auf alle Länder Europas und des Nahen Ostens, auf neue Gebiete in Afrika und Asien auszudehnen, 4) sie wetteifert unablässig mit den USA, um auf unterschiedlichste Weise deren Position in der Welt (einschließlich Lateinamerika) zu untergraben, 5) sie finanziert und leitet kommunistische Parteien in fast allen Ländern der Welt, baut ihre Vasallen auf und bereitet sie auf die Übernahme der Macht in diesen Ländern vor, 6) sie führt einen erbitterten Kampf gegen die herrschenden oder nicht herrschenden kommunistischen Parteien, die nicht bereit sind, ihre Länder zu Vasallenstaaten zu machen. Es gibt wirklich keine Gründe, an den Erklärungen der Nomenklatura zu zweifeln, daß sie den Realsozialismus in der ganzen Welt etablieren will.

Alle diese Tatsachen – jede einzelne genau so wie alle zusammengenommen – sind keine zufällige Erscheinung, sondern der organische Ausdruck des Wesens der Nomenklatura als Klasse, ihres Bestrebens, ihre Machtsphäre maximal zu erweitern. Auch wenn ich mich noch so sehr bemühe, kann ich mich im Verlauf meiner langen Tätigkeit in der Sowjetunion nicht an einen einzigen Umstand erinnern, der es erlauben würde, an der Ernsthaftigkeit des Strebens der Nomenklatura nach

Weltherrschaft zu zweifeln. Im Gegenteil: der geistige Habitus der Nomenklaturisten, all ihre Verhaltensweisen, Gedanken und Gespräche sind ein Beweis dieser ihnen selbstverständlich erscheinenden Absichten.

Diese Absichten der Nomenklaturaklasse sind besonders gefährlich, weil sie eine Eigendynamik erzeugen, einen weltpolitischen Wirbelsturm, der dann auch gegen den Willen der Nomenklatura wüten wird. Genauso wie Einzelmenschen können Klassen solche Situationen schaffen, aus denen es kein Zurück mehr gibt.

Der verbissenen, über mehrere Jahrzehnte dauernden Verfolgung des Zieles, ihre Weltherrschaft zu etablieren, verdankt die sowjetische Nomenklatura jene immer mehr zu einer Klemme werdende Verzahnung in den internationalen Beziehungen, deren Zeugen wir alle sind. Sie hat folgende Grundzüge:

1) Der rabiate Herrschaftsdrang der Nomenklatura hat zu einer internationalen Isolation der UdSSR geführt. In der Tat: Welche Verbündete hat die Sowjetunion heute? Die Staaten des Ostblocks sind abhängige Länder, aber keine echten Verbündeten: wie die Beispiele ČSSR, Rumänien, Jugoslawien, Albanien gezeigt haben, muß Moskau die Länder mit Stationierungstruppen besetzen, um sie als „Alliierte" bei der Stange zu halten. Der frühere sowjetische Hauptverbündete, die VR China, ist jetzt zum gefährlichsten Feind der Sowjetnomenklatura geworden. Im Westen ist die Entspannungseuphorie der frühen Siebzigerjahre vorbei, sie ist auf diplomatische Höflichkeiten zusammengeschrumpft. Die Nomenklatura erblickt in dieser Isolation eine heimtückische „Einkreisung", aber das ist ein natürliches Ergebnis ihrer Weltherrschaftspolitik.

2) Das geopolitische Kräfteverhältnis hat sich zuungunsten der Nomenklatura verschoben. Sie versucht es durch massive Aufrüstung und verschiedene Kraftakte in der Dritten Welt auszugleichen. Aber auch diese Politik ruft unausweichlich Reaktionen hervor, die die Isolation der UdSSR noch deutlicher machen.

3) In dieser Lage sieht die Nomenklatura die Lösung ihrer selbstverschuldeten Probleme in der politischen Unterwerfung Westeuropas, vorerst in der Form seiner „Finnlandisierung". Die Nomenklatura erhofft sich davon: 1. die Erlahmung der inneren Opposition in der UdSSR, die Resignation in den Ostblockländern, 2. die radikale Sanierung der Ostblockwirtschaft, das Verschwinden der Gefahr einer zweiten politischen oder militärischen Front in der Auseinandersetzung zwi-

schen der Sowjetführung und der VR China. Das letztere eröffnet die Möglichkeit eines Einlenkens der chinesischen Führung und der Rückkehr zur Achse Moskau–Peking. Dann bliebe die Aufgabe der Unterwanderung bzw. Eroberung der eingekreisten „Festung Amerika", und der Weltherrschaftsplan der Nomenklatura würde damit in Erfüllung gehen.

Deshalb konzentriert die sowjetische Nomenklatura ihre außenpolitischen Bemühungen auf die Unterwerfung Europas. Bezeichnend für diese Ausrichtung der Kremlpolitik ist die geographische Verteilung der sowjetischen Streitkräfte. Obwohl es klar ist, daß, falls eine militärische Gefahr für die Sowjetunion überhaupt existiert, diese im Fernen Osten droht und nicht in Europa. Aber die sowjetischen Truppen im Vorfeld Westeuropas sind fast dreimal so stark wie an der Fernostgrenze. Die Führer der Nomenklaturaklasse haben keine Ahnung vom Westen, sie stehen unter dem Einfluß ihrer eigenen Propaganda und sie werden von westlichen KP-Führungen sehr tendenziös, u. U. ganz falsch informiert. Genauso wie seinerzeit Hitler extrapolieren sie die Nachgiebigkeit westlicher Regierungen und sind überzeugt, daß diese nicht kämpfen können und kapitulieren werden. Und, genauso wie bei Hitler, ist die Gefahr sehr ernst, daß die Nomenklaturaführer in ihrem Expansionsdrang jene unsichtbare, irgendwo in Europa verlaufende Toleranzgrenze des Westens überschreiten und die Welt in einen neuen Krieg stürzen wird, – ohne es gewollt zu haben.

Wir haben schon gesehen: Die Nomenklatura will keinen Krieg, sie will den Sieg. Aber die Grenze zwischen Frieden und Krieg überquert den Weg zu diesem Sieg, und hier lauert auf uns alle die Gefahr eines neuen Weltkonfliktes.

Das globale Kräfteverhältnis in der Welt gibt der Sowjetnomenklatura keine Chance auf einen Sieg in diesem Krieg. Aber sie hofft auf „imperialistische Gegensätze" und auf „friedliebende und realistisch denkende Kräfte" im Westen, mit anderen Worten auf die Uneinigkeit des Westens sowie auf den Kapitulationsgeist und kurzsichtigen Egoismus. Das ist eine abenteuerliche Rechnung, sie ging bei Hitler nicht auf; aber als es klarr wurde, wütete schon der Weltkrieg und es gab keinen Weg zurück. Damit sich diese Geschichte nicht wiederholt, muß man die Nomenklatura früher stoppen.

Aber vielleicht sind die Nomenklaturisten echte Patrioten? Vielleicht besteht die Größe der UdSSR gerade in ihren Erfolgen auf dem Wege zur Weltherrschaft? Vielleicht läge diese im Interesse der Bevölkerung?

Auf unterschiedlichen Wegen versucht die Nomenklatura, ihren Untertanen solche Vorstellungen zu suggerieren.

Der Rausch des Chauvinismus und der Großmachtsucht kann die Köpfe schnell verdrehen, es gibt auch in der Sowjetbevölkerung nicht wenige, die davon verdummt sind – aber es handelt sich bei weitem nicht um die Mehrheit. Denn der Mensch unserer Epoche ist sich normalerweise darüber im klaren, daß die Größe seines Landes nicht in der Expansion besteht, sondern darin, daß es der Bevölkerung gut geht und sie in Freiheit lebt. Was für eine Größe ist es, wenn die Grenzen des Landes hermetisch verschlossen werden müssen, damit die Staatsbürger nicht weglaufen? Was für eine Größe ist es, wenn die ganze Welt weiß, daß die Sowjetbevölkerung nicht frei aber arm ist? Wer ist größer, das militaristische Japan der 30er und 40er Jahre oder das heutige, blühende Japan? Fragen Sie die Westdeutschen, ob sie wieder im pseudogroßen Dritten Reich leben möchten! Es ist keine Größe, wenn die Führung die Weltherrschaft anstrebt: Dies liegt nirgendwo im Interesse der Bevölkerung.

Und sie werden fehlschlagen, diese Bestrebungen. Die Weltgeschichte kannte schon mehrere Anwärter auf die Weltherrschaft: Alexander der Große, Attila, Dschingis Khan, Napoleon, Hitler… Niemandem ist es gelungen, niemandem wird es gelingen. Auch der Nomenklatura nicht.

Anmerkungen

1 *Lenin:* Werke, Bd. 33, S. 198
2 *Winston Churchill:* Der Zweite Weltkrieg, Bd. 6. Bern 1954, S. 370–371
3 MEW Bd. 9, S. 17
4 Ebenda, S. 115–116
5 Ebenda, S. 235
6 *Lenin:* Werke, Bd. 23, S. 34
7 *Lenin:* Briefe, Bd. 6, S. 254
8 *Stalin:* Werke, Bd. 6, S. 45
9 *Wladlen Kusnezow:* Internationale Entspannungspolitik. Aus sowjetischer Sicht. – Wien 1973
10 *Michail Woslenskij:* Friedliche Koexistenz aus sowjetischer Sicht. In: „Osteuropa", 1973
Ejusdem: Klassenkampf, Kalter Krieg, Kräfteverhältnis, Koexistenz. In „Osteuropa"
Ejusdem: Die DDR und friedliche Koexistenz. In: „Deutschland-Archiv", 1975
11 *Lenin:* Werke Bd. 27, S. 265

12 *A. Yanov*: Detente after Breshnew: The domestic roots of Soviet foreign policy. – Berkeley 1977
13 Die kommunistische Weltbewegung. Abriß der Strategie und Taktik. – Frankfurt/M. 1973, S. 9
14 Ebenda, S. 42
15 The Penkovsky Papers. – New York 1965, S. 81
16 „Kontinent" (deutsche Ausg.) Nr. 5, S. 271–316

IX. Die parasitäre Klasse – die Nomenklatura wie sie wirklich ist

„Wir kämpften im Krieg gegen Zaren und Kaiser,
In Dorfkomitees schrien wir rot uns und heiser.
Uns führten sie – nobel, wie 'ne edle Lady,
Vom Siege zum Sieg – ot pobedy k pobede!
Wir förderten Kohle, wir gossen das Eisen,
Zu niedrigstem Lohn, bei horrendesten Preisen.
Sie sausten vorbei im Dienstwagen„Pobeda"
und riefen durchs Fenster:
„Noch mehr! Und noch schneller!"
So führten sie uns – müde Krethi und Plethi
vom Siege zum Sieg – ot pobedy k pobede.
Und sie –
sie ersetzten „Pobedas" durch „Wolgas",
Und später –
die „Wolgas" durch größere „SIM"
Und später –
die „SIM" durch größere „Čaikas"
Und später –
die „Čaikas" durch größere „SIL".
Wir strengten uns an, es gab nichts als das Schuften.
Jetzt sind wir erschöpft, wir sind schwach, Mann wie Frau.
Wir können nicht mehr, unser Haar ist schon grau.
Bei Kaviar und Sekt halten sie 'ne Tischrede.

Was schwatzen sie da?
„Ot pobedy k pobede!“

A. Galič: Kogda ja vernus'.
Frankfurt a. M. 1977, S. 121–122

Das Schlußkapitel des Buches wird dem Parasitismus und der Moral der Nomenklatura als Klasse gewidmet. Die beiden Fragen unterscheiden sich qualitativ von den Themen der früheren Kapitel. Der antagonistische Charakter der Gesellschaft des Realsozialismus, die Entstehungsgeschichte der Nomenklatura, ihre Herrschaft, ausbeuterische Tätigkeit, Privilegien, Innen- und Außenpolitik, – das sind greifbare Dinge mit klar umrissenen Konturen. Anders das Thema dieses Kapitels: es handelt sich um Kategorien, die zwar im realen Leben deutlich auftreten, aber deren theoretische Beschreibung schematisch wirken würde. Deshalb wird der Leser dieses Kapitels nach einer theoretischen Einführung Skizzen aus dem Leben finden: eine Schilderung der Nomenklatura so, wie sie ist. Denn nur so kann der Leser, der nie einen Nomenklaturisten gesehen hat, eine plastischere Vorstellung von dieser Klasse bekommen – von ihrem Parasitismus, ihrer Moral, von ihrem ganzen Wesen. Mögen die Kritiker dem Verfasser diese Freiheit verzeihen.

1. Die Nomenklatura wird parasitär

Im Kapitel I dieses Buches ist die Erscheinung des Klassenparasitismus definiert worden. Eigentlich sollte keine Klasse parasitär sein, da jede Klasse einen bestimmten Platz im Prozeß der gesellschaftlichen Produktion hat und eine bestimmte Rolle in diesem Prozeß spielt. Der Parasitismus einer Klasse entsteht durch das Sinken ihrer gesellschaftlichen Rentabilität: Die Klasse beginnt die Gesellschaft mehr zu kosten als sie ihr bringt. Dieser Prozeß läuft auf zwei Ebenen: Die Privilegien bzw. der Anteil der parasitär werdenden Klasse am erarbeiteten Produkt steigen und gleichzeitig sinkt die von ihr für die Gesellschaft vollbrachte Leistung. Der Nullpunkt der Klassenrentabilität liegt dort, wo sich die beiden Vektoren treffen. Die Komplexität der sozialen Phänomene darf nicht die Gültigkeit dieses eher geometrischen Schemas vertuschen.

Warum entwickelt sich der Parasitismus der Nomenklatura? Nicht wegen individueller Faulheit der Nomenklaturisten: sie sind in der Regel aktive Menschen. Der Parasitismus der Nomenklatura ist sozial bedingt, und zwar durch ihre Stellung als Klasse.

Die Ursache des sich entwickelnden Parasitismus einer herrschenden Klasse ist ihre Monopolstellung.

Lenin schreibt in seinem Buch „Der Imperialismus als höchstes Stadium des Kapitalismus", wie wir schon im Kapitel V gesagt haben: *Jedes* Monopol „erzeugt... unvermeidlich die Tendenz zu Stagnation und Fäulnis. In dem Maße, wie Monopolpreise... eingeführt werden, verschwindet bis zu einem gewissen Grade der Antrieb zum technischen und folglich auch zu jedem anderen Fortschritt, zur Vorwärtsbewegung."[1])

Lenin sieht also mit Recht nicht nur im kapitalistischen, sondern in *jedem beliebigen* Monopol den Hauptgrund des Parasitismus der herrschenden Klasse. Der Grad der parasitären Entartung wird durch die Größe des Monopols bestimmt: denn je umfassender dieses Monopol ist, je geringer die Konkurrenz ist, der der Einbruch in das Monopol gelingt – sei es eine ökonomische, eine politische oder eine ideologische Konkurrenz – desto ausgeprägter entwickelt sich die parasitäre Entartung der herrschenden Klasse, ihre Umwandlung in eine versteinerte Kaste, die der Gesellschaft auf dem Hals hängt, ihre Lebenskraft aussaugt und ihr dafür nichts bietet.

Es gibt im Kapitalismus wohl Anzeichen von Parasitismus. Nun gibt es unter dem Kapitalismus zwar Großkonzerne, aber keine echten Monopole, die Konkurrenz ist nicht ausgeschaltet. Daher äußert sich das Phänomen des Parasitismus in der heutigen kapitalistischen Gesellschaft bloß als „*Tendenz* zu Stagnation und Fäulnis, die dem Monopol eigen ist."[2])

Anders ist das im Realsozialismus, wo das Monopol der Nomenklaturaklasse tatsächlich allumfassend ist. Jede Konkurrenz zu den Nomenklatura-Monopolisten wird durch die Diktatur dieser Klasse unterbunden und somit wird dem Parasitismus und der Fäulnis keinerlei Hindernis in den Weg gelegt. Deshalb, in voller Übereinstimmung mit Lenins Idee, hat die Nomenklatura als Klasse, die in der historischen Arena später in Erscheinung trat als die Klasse der Kapitalisten, diese in bezug auf parasitäre Entartung bereits weit überholt.

In der Tat: wozu muß die Nomenklatura arbeiten? Sie ist eine Ausbeuterklasse, ihr hoher Lebensstandard ist also durch die Arbeit der anderen gesichert. Als der einzige Arbeitgeber im Lande verfügt die Nomenklatura über Millionen von Angestellten, die für sie den Produktionsprozeß leiten. Die Diktatur der Nomenklatura mit ihrer riesigen Polizeimaschine hält seit 60 Jahren die Bevölkerung in Angst, so daß die Nomenklaturisten sich in der Innenpolitik ziemlich mühelos alles leisten können. Nur in der Außenpolitik hat die Nomenklatura diesen Zustand noch nicht erreicht. Auf diesem Gebiet gibt es für sie deshalb viel Arbeit. Aber diese „Arbeit" ist eine Leistung im Klasseninteresse der Nomenklatura selbst. Und überhaupt: Alles, was die Nomenklatura tut, ist eine Leistung in *ihrem* Interesse, nicht in dem der Gesellschaft. Durch ihr totales politisches, wirtschaftliches und ideologisches Herrschaftsmonopol hat sich die Nomenklaturaklasse so abgesichert und von der Bevölkerung isoliert, daß sie es einfach nicht mehr braucht, im Interesse der Gesellschaft etwas zu tun, um am Ruder zu bleiben: das schafft sie durch den Mechanismus der Diktatur.

Jede Klasse verfolgt ihre eigenen Ziele, keine Klasse ist altruistisch. Aber eine herrschende Klasse, die kein allumfassendes Monopol besitzt, muß ihre Machtstellung durch Leistungen im Interesse anderer Klassen bezahlen. Die Nomenklatura hat das praktisch nicht mehr nötig, und hier ist die eigentliche Wurzel ihrer raschen parasitären Entartung.

Der Preis für die Herrschaft der Nomenklatura in der UdSSR ist außerordentlich hoch.

Sein erster Bestandteil ist der katastrophale Verlust an Menschenleben in der UdSSR durch Verschulden und durch die Verbrechen der Nomenklatura. Der russische Professor I. A. Kurganov errechnete eine Differenz zwischen der Zahl der Bevölkerung, die bei einer feststellbaren normalen demographischen Entwicklung seit 1917 im Jahr 1959 in der Sowjetunion leben würde, und dem faktischen Stand: 110 Mio. Menschen. Das ist der Zoll an Menschenleben, den das Land für die Herrschaft der Nomenklatura gezahlt hat. Mehr als die Hälfte davon sind die Ermordeten, die Hingerichteten, die in den Lagern Vernichteten, die Verhungerten.[3])

Der zweite Bestandteil des Preises ist die Armut der Bevölkerung des Landes als Folge der Ausbeutung durch die Nomenklatura, ihres Unvermögens, die Wirtschaft des Landes auszubauen und mit der Nachfrage der Bevölkerung in Übereinstimmung zu bringen, anstatt nur an ihre eigenen Klasseninteressen zu denken.

Der dritte Teil ist das unaufhaltsame Anwachsen des Verbrauchs der Nomenklaturaklasse. Wir meinen damit nicht nur die von der Nomenklatura verspeisten Delikatessen und erbauten Staatsdatschas, sondern vor allem Arbeitskraft und Material, die vergeudet werden, um ihren Klasseninteressen zu dienen: die gigantische Kriegs-, Polizei- und ideologische Maschinerie, die Politik der Expansion über die Grenzen des Landes hinaus.

Der vierte Teil ist die Liquidierung der Freiheit durch die Nomenklatura, die Unterdrückung des selbständigen Denkens, die Verhinderung von normalen intellektuellen Kontakten innerhalb der Gesellschaft und mit dem Ausland. Alle diese scheinbar unwägbaren Dinge haben der Gesellschaft in der Sowjetunion nicht nur einen moralischen, sondern auch einen materiellen Verlust eingetragen, der auf dem Gebiet von Wissenschaft und Technik besonders auffällig ist.

Alles zusammen hat dazu geführt, daß nach dem Sturz des Zarismus Rußland den Anschluß an die hochentwickelten Länder der Welt nicht gefunden hat. Weder die revolutionären Parolen noch der Aufbau einer modernen Rüstungsindustrie in der UdSSR dürfen darüber hinwegtäuschen, daß die Herrschaft der Nomenklatura den sozialen und politischen Rückstand des Landes konserviert hat. Das ist ein außerordentlich hoher Preis, besonders in einem Land, in dem die Überwindung der historisch entstandenen Rückständigkeit das Hauptproblem ist.

Was hat die Nomenklaturaherrschaft dem Land gebracht?

Es ist wahrscheinlich, daß die Schwerindustrie in Rußland ohne die Nomenklatura nicht auf dem Stand wäre, auf dem sie heute ist. Zwar wären statt dessen die Erzeugung von Verbrauchsgütern, die Leicht- und Nahrungsmittelindustrie wesentlich besser entwickelt, aber für sich genommen ist der Aufbau der Schwerindustrie eine positive Tatsache.

Die Forcierung der Schwerindustrie war, wie wir schon sagten, für die Nomenklatura kein Selbstzweck. Sie war bloß die unumgängliche Voraussetzung für den Ausbau der Rüstungsindustrie. Die militärische Stärke der Sowjetunion in ihrem heutigen Umfang ist unzweifelhaft die Frucht der Bemühungen der Nomenklatura. Wenn der Sowjetunion eine Aggression drohte, wäre das gut, andernfalls schlecht.

Uneingeschränkt positiv muß bewertet werden, daß in der UdSSR die Kosten für Wohnraum und für Verkehrsmittel niedrig sind, daß der Patient die medizinische Betreuung nicht bezahlen muß, daß Ferienheime und Sanatorien errichtet wurden, daß Bücher, Zeitungen, Theater-, Kino- und Konzertkarten billig sind. Natürlich ist das alles, wie wir schon sagten, die Kehrseite des äußerst niedrigen Arbeitslohnes; aber für sich allein betrachtet ist das gut.

Die wissenschaftliche Forschung in der Sowjetunion wurde von der Nomenklatura zwar bürokratisch und kostspielig, aber nicht schlecht organisiert. Das sowjetische Schulwesen – die Grund-, Mittel- und Hochschulen – ist in einem guten Zustand, obwohl das Leben der Studenten in der UdSSR schwierig ist.

In den unterentwickelten Teilen der Sowjetunion fallen diese positiven Ergebnisse der Nomenklaturaherrschaft schwerer ins Gewicht als in den entwickelteren Gebieten.

Es gibt auch einige Maßnahmen der Nomenklatura, die unterschiedlich beurteilt werden können. Da ist z. B. die verdeckte Arbeitslosigkeit in der UdSSR statt einer offenen wie im Westen. Diese Lösung hat auch positive Seiten, aber sie ermöglicht ein sehr niedriges Lohnniveau, sie fördert also die Ausbeutung. Versuche der Nomenklatura, einige Auswüchse in der öffentlichen Moral nicht zuzulassen, könnten zwar an sich vernünftig sein, aber ihre Wirkung steht in keinem Verhältnis zum Schaden, der auf diesem Gebiet durch die leninistische Relativierung der Moral und durch die Verfolgungen der Religion zugefügt worden sind. Alle solche Maßnahmen der Nomenklatura besitzen eine verblüffende Ähnlichkeit mit Hitlers Versuchen, eine „heile Welt" des Nationalsozialismus zu schaffen. Genauso müssen auch die entsprechenden Versuche der Nomenklatura beurteilt werden.

Das ist eigentlich alles, was man dem Konto der Nomenklatura gutschreiben kann. Es ist wichtig, aber es wiegt die Millionen von menschlichen Opfern, die Armut der Bevölkerung, die Unterdrückung der Freiheit und die Festschreibung der Rückständigkeit nicht auf.

Natürlich hatte die Sowjetunion ihre objektiven Schwierigkeiten, so wie jedes andere Land. Aber im Westen ist man gewöhnt, die Schwierigkeiten, denen sich die Sowjetunion gegenübersieht, zu übertreiben. Oft habe ich hier gehört: „Wie kann man Rußland mit dem Westen vergleichen? Rußland war immer ein armes Land!" Das dachte ich selbst, solange ich in der Sowjetunion lebte und den Westen nicht zu Gesicht bekam. Als ich dann aber die westlichen kleinen Länder sah, die selbst fast keine Naturschätze besitzen, aber wirtschaftlich in Blüte stehen, da verstand ich: Rußland ist ein ungeheuer reiches Land. Nur wird es seit Jahrhunderten miserabel verwaltet – am Anfang von Fürsten und Bojaren, dann von Zaren und Adeligen, jetzt von Generalsekretären und der Nomenklatura.

2. Der Parasitismus nimmt organisierte Formen an

Im Bemühen, greifbare Merkmale für den fortschreitenden Parasitismus der kapitalistischen Klasse zu finden, führte Lenin in seinem Buch „Der Imperialismus als höchstes Stadium des Kapitalismus“ das Anwachsen der Schicht der Rentiers an, d. h. der Personen, die vom „Kuponschneiden“ leben.[4]) Diese Behauptung ist des Leninschen Intellekts nicht würdig. Offensichtlich wurde sie übereilt (das Büchlein wurde innerhalb von sechs Monaten geschrieben) unter dem Eindruck von irgendwelchen zufälligen Beobachtungen aufgestellt, die Lenin 1914–1916 in der Schweiz gemacht hatte. Der Kauf von Wertpapieren ist noch kein Parasitismus, er ist eine Form der Spareinlage. Die Tatsache, daß manche Leute ihre Ersparnisse nicht ausgeben, sondern in den Ausbau der Industrie investieren, ist in jeder Gesellschaft begrüßenswert und hat mit Parasitismus nichts zu tun.

Über den Parasitismus der Nomenklatura dagegen kann man viel präziser sprechen, er hat organisierte Formen angenommen.

Die wichtigste Form ist der Parallelismus im Aufbau und den Zuständigkeiten des Partei- und des Staatsapparates.

Jedem Ministerium in der UdSSR oder zumindest jeder Gruppe von zusammengehörigen Ministerien entspricht eine Abteilung im ZK der KPdSU. Nach der offiziellen Rangordnung steht ein Abteilungsleiter des ZK höher als ein Minister der UdSSR; die gesamte Tätigkeit des Ministeriums wird durch die entsprechende ZK-Abteilung kontrolliert und geleitet. Es erhebt sich die Frage, ob eine von beiden Stellen überflüssig ist, entweder die ZK-Abteilung oder das Ministerium.

Man mag es noch so oft sagen, die Parteiorgane prüften die Fragen aus der Sicht der Partei und die staatlichen Organe die gleichen Fragen aus der Sicht des Staates, – in Wirklichkeit bleibt es eine überflüssige doppelte Ausführung derselben Arbeit. Praktisch bedeutet das, daß die gleiche Arbeit statt von einem Menschen von zwei Leuten geleistet wird: in der Abteilung des ZK und im Ministerium, angefangen vom Abteilungsleiter und vom Minister.

Aber auch diese leisten die Arbeit nicht selbst. Hier kommen wir zur zweiten organisierten Form des Parasitismus der Nomenklatura. Diese Form besteht darin, daß jeder Nomenklaturist mehrere Stellvertreter hat, und zwar je höher er steht, desto mehr Stellvertreter hat er. Der

Vorsitzende des Präsidiums der Obersten Sowjets der UdSSR hat 16 Stellvertreter, der Vorsitzende des Ministerrates der UdSSR 12, der Außenminister der UdSSR 10. Sogar in den wissenschaftlichen Forschungsinstituten hat der Direktor, der einzige Nomenklaturist, den es dort gibt, manchmal mehrere Stellvertreter; wenn er nur einen Stellvertreter hat, so ist entweder das Institut winzig klein oder der Direktor ist ein Freidenker.

Ich erinnere mich an eine Unterhaltung mit einem hohen österreichischen Beamten, als ich noch in Moskau war. „Wer ist bei Ihnen Stellvertreter des Ministers?" fragte ich. Mein Gesprächspartner zuckte die Achseln und erwiderte, daß es überhaupt keinen Stellvertreter gebe. „Aber wer macht dann die Arbeit für Ihren Minister?" fragte ich erstaunt. „Der Minister arbeitet selbst" antwortete er genauso erstaunt. Beide, die wir aus verschiedenen Welten kamen, waren verblüfft: für mich war es klar, daß der Minister doch wohl nicht selbst arbeiten würde, daß jemand seine Angelegenheiten für ihn erledigen mußte; für meinen Gesprächspartner war es ebenso klar, daß ein Minister seine Arbeit selbst verrichtet.

Die offizielle sowjetische These lautet: Der Minister übt die allgemeine Leitung aus. „Allgemeine Leitung" ist ein Terminus aus dem Nomenklatura-Jargon, ebenso wie „Partei-Leitung", nur vielleicht noch schwerer zu erläutern. Seiner Bedeutung nach befindet er sich in der Nähe von „Ehrenvorsitz" oder „Ehrenschutz". Das heißt, daß der Minister in einem fürstlichen Raum residiert, eine „Čaika" fährt, an Plenarsitzungen des ZK und Tagungen des Obersten Sowjets teilnimmt und bei verschiedenen Festveranstaltungen am Präsidiumstisch sitzt. Er setzt seine Unterschrift unter die wichtigsten Akten, die von seinem Apparat vorbereitet wurden. Er nimmt an den Sitzungen des Ministerrates der UdSSR teil und kommt, wenn er dazu aufgefordert wird, schüchtern zur Behandlung von einschlägigen Fragen ins Politbüro oder Sekretariat des ZK der KPdSU. Er zeigt sich auf Empfängen und Banketten, er fährt im Rahmen verschiedener Delegationen ins Ausland, unternimmt selten einmal eine Parade-Inspektionsfahrt durch die seinem Ministerium unterstehenden Betriebe in verschiedenen Teilen des Landes. Seine wichtigste Funktion besteht aber darin, einen systematischen und – soweit dies möglich ist – freundschaftlichen Kontakt mit dem entsprechenden ZK-Abteilungsleiter und dessen Erstem Stellvertreter zu pflegen, ebenso mit dem Stellvertreter des Vorsitzenden des Ministerrats, der, wie dies so schön heißt, sein Ministerium „betreut".

„Betreuen“ – „kurirovat“ – ist ein Nomenklatura-Ausdruck, der seit der Mitte der fünfziger Jahre gebräuchlich ist. Auch er ist schwer zu übersetzen. Der Gedanke ist, daß der „Kurator“ die allgemeine Oberaufsicht über die von ihm „betreute“ Behörde ausübt. Die „Kuratur“ bzw. „Betreuung“ steht um eine Stufe niedriger als die „allgemeine Leitung“. „Betreut“ wird daher nicht von den Chefs bzw. ihren Ersten Stellvertretern, sondern von den gewöhnlichen Stellvertretern.

Stellvertreter gibt es, wie wir schon sagten, viele; die Objekte der „Kuratur“ werden unter ihnen aufgeteilt. Die Ministerien werden von Stellvertretern des Vorsitzenden des Ministerrats „betreut“, die Hauptverwaltungen von Stellvertretern des Ministers, die Verwaltungen von Stellvertretern des Hauptverwaltungsleiters, die verschiedenen dem Ministerium unterstehenden Betriebe von den Stellvertretern des Verwaltungsleiters.

Die Praxis zeigt: die Arbeit beginnt dort, wo die Nomenklatura aufhört. Natürlich gibt es Ausnahmen von dieser Regel, aber im ganzen ist es so: dort, wo es Nomenklatura gibt, herrscht das Herumbefehe Räume des eben von Chruščev aufgelösten Ministeriums für Elektrizitätswerkbau zur Verfügung gestellt. Es befand sich in dem großen Gebäude im Kitaiskij projezd, dort, wo jetzt die sowjetische Zensurzentrale Glavlit untergebracht ist. Neugierig gingen wir durch das plötzlich verlassene Ministerium: das riesige, im Kreml-Stil mit Holzpaneelen verkleidete Büro des Ministers mit dem dazugehörigen Ruheraum, Toilette und einem großen Vorzimmer; die geräumigen, ebenfalls holzverkleideten Räume der Stellvertreter des Ministers; die gediegenen Räume der im Range niedriger stehenden Obrigkeit; die kleinen Zimmerchen der Angestellten, in denen schlechte Bürotische und wacklige Stühle eng aneinandergerückt standen. Nachdem wir uns an dieser sozialen Anatomie eines sowjetischen Ministeriums satt gesehen hatten, vertieften wir uns voll Neugierde in die Lektüre der auf den Schreibtischen verbliebenen Registraturbücher der ein- und ausgehenden Post. Wie dies in sowjetischen Ämtern sein muß, hatten die Sekretärinnen sorgsam jeden Vermerk der Chefs in ihre Bücher eingetragen. Der persönliche Beitrag des Ministers war knapp: er schrieb einfach den Namen jenes seiner Stellvertreter hin, der das in Frage stehende Problem „betreute“. Der Stellvertreter verwies den Akt an den Leiter der Verwaltung mit dem wertvollen Hinweis: „Prüfen und Maßnahmen ergreifen“. Der Leiter der Verwaltung reichte den Akt seinem Stellvertreter weiter, dieser schickte ihn in die betreffende Abteilung mit dem Auftrag: „Zur Durchführung!“ Weiter unten gab es keine Nomenklatura mehr, es begann die Arbeit. Durch die Liquidierung des Ministeriums verloren alle diese Vermerke verfassenden Nomenklaturisten ihren Posten, trotzdem wurden im Lande weiter Elektrizitätswerke gebaut.

Damals schoß mir zum erstenmal ein zaghafter Gedanke durch den Kopf: sind alle diese Nomenklaturachefs nicht vielleicht Parasiten? Jetzt kann ich diese Frage beantworten.

3. Das Sein der Nomenklatura bestimmt ihr Bewußtsein

Marx hat die Formel geprägt: „Es ist nicht das Bewußtsein der Menschen, das ihr Sein, sondern umgekehrt ihr gesellschaftliches Sein, das ihr Bewußtsein bestimmt.“[5]) Das gesellschaftliche Sein der Nomenklatura als einer diktatorisch herrschenden, privilegierten und parasitären Ausbeuterklasse bestimmt ihr Bewußtsein vollkommen.

Die Grundlagen der Moral wurden der Nomenklatura von ihren Vätern Lenin und Stalin beigebracht. Lenin belehrte die Jungkommunisten: „Jede Sittlichkeit, die von einem übernatürlichen, klassenlosen Begriff abgeleitet wird, lehnen wir ab... Wir sagen, daß unsere Sittlichkeit völlig den Interessen des proletarischen Klassenkampfes untergeordnet ist“, – also des Kampfes um die Errichtung der Diktatur der Nomenklatura. „Sittlich ist, was der Zerstörung der alten Ausbeutergesellschaft und dem Zusammenschluß aller Werktätigen um das Proletariat dient...“[6]), d. h. dem Aufbau einer neuen Ausbeutergesellschaft mit der selbsternannten „Avantgarde des Proletariats“ – der Nomenklatura an der Spitze. Stalin theoretisierte weniger, dafür exerzierte er die neue Moral auf eindrucksvolle Weise vor.

Die aus Bibliotheken der UdSSR längst entfernten Studien sowjetischer Soziologen der 20er Jahre stellten eine rasche Verrohung der Sitten in der Bevölkerung und einen deutlichen Trend zum zynischen Egoismus und Karrierismus in der Jugend fest. Wie die (damals noch erlaubten) empirischen Untersuchungen zeigten, war das Phänomen im Wachsen begriffen und besonders stark unter den Jugendlichen ausgeprägt; es handelte sich offenkundig um kein „Überbleibsel des Kapitalismus“. Wie entwickelte es sich in einer Gesellschaft, in der nur revolutionäre kollektivistische und egalitaristische Ideen laut verkündet wurden? Weitere Forschungen über dieses Phänomen wurden unterbunden, statt dessen begannen die bis heute andauernden Deklamationen über den „neuen Sowjetmenschen", der die Partei und ihre Führung innigst liebt und selbstlos für sein sozialistisches Vaterland arbeitet.

Dabei war das Phänomen gerade aus marxistischer Sicht einfach zu erklären. Marx und Engels schrieben: „Die Gedanken der herrschenden Klasse sind in jeder Epoche die herrschenden Gedanken, d. h. die Klasse, welche die herrschende *materielle* Macht der Gesellschaft ist, ist zugleich ihre herrschende *geistige* Macht."[7]) Die Klassenmoral der Nomenklatura breitete sich in der Sowjetgesellschaft aus. Aber so stark einzelne Gruppen der Gesellschaft von dieser Moral infiziert sein mögen, ihren konzentrierten Ausdruck findet sie nur innerhalb der Nomenklatura.

Wir haben schon gesehen: Ein Nomenklaturist verfügt nicht deshalb über Privilegien und alle möglichen Vergünstigungen, weil er Arbeit leistet, sondern deshalb, weil er diese Privilegien und Vergünstigungen samt seinem Posten auf Beschluß eines entsprechenden leitenden Parteiorgans erhalten hat. Um einen derartigen Beschluß herbeizuführen, muß ein Mensch ein Strebertyp sein und er muß sich als erfolgreicher Aufsteiger bewähren. Wenn im kapitalistischen Milieu der Geist der unternehmerischen Tüchtigkeit herrscht, so herrscht in der Nomenklatura der Geist des Karrierismus.

Der Karrierismus ist das Hauptmerkmal der Klassenmentalität der Nomenklatura. Alle Gedanken und Hoffnungen des Nomenklaturisten drehen sich um seine Karriere. Unablässig überlegt er sich, welchen Schachzug er jetzt machen muß, um noch höher zu steigen, – oder, im Nomenklaturajargon, zu „wachsen". Das ist der Normalzustand eines Nomenklaturisten, und deshalb gilt die Regel: nur derjenige kann in der Nomenklatura seinen Posten ruhig behalten, der nach einem höheren Posten strebt; derjenige, der sich mit dem schon Erreichten zufriedengibt, ist in Gefahr und wird mit großer Wahrscheinlichkeit absteigen. Um den höheren Posten tatsächlich zu bekommen, muß der Nomenklaturist eine überdurchschnittliche Anstrengung machen, sonst wird er von einem anderen überholt.

Was Wunder, daß in diesem ständigen Rennen dem Nomenklaturisten jedes Mittel recht ist, vorausgesetzt, daß es zum Erfolg führt. In keinem Milieu habe ich so viel Intrigantentum gesehen, wie in der Nomenklatura, und auch soviel Heuchelei, durch die man das Intrigenspiel als „Parteiprinzipientreue" zu tarnen versucht. Natürlich sind unter den Nomenklaturisten verschiedene Menschen, nicht alle sind Schurken, es gibt nette und liebe Nomenklaturisten. Aber, wenn es für sie wichtig ist, müssen sie rücksichtslos sein – sonst werden sie aus der Nomenklatura ausgeschieden. Und nichts ist für einen Nomenklaturisten eine größere Katastrophe, als der Verlust seines Nomenklaturastatus, dieser schönsten Freude seines Lebens.

Wir haben von der Klassensolidarität der Nomenklatura gesprochen, vom Zusammenhalt der Nomenklaturisten allen anderen gegenüber. Jetzt muß man auch die Kehrseite erwähnen: das ständige Gefühl der Einsamkeit, das jedem Nomenklaturisten eigen ist. Er weiß, daß seine Nomenklaturaklassenbrüder seine gefährlichsten Konkurrenten sind. Sie unterstützen ihn nur, solange das in ihrem Interesse ist, sonst würden sie ihn mit Wonne zu Fall bringen. Er, der so gerne über die „Wolfsgesetze des Kapitalismus" redet, fühlt sich selbst wie ein Wolf in einem Rudel von Wölfen – zwar unter den seinen, aber dennoch einsam und bedroht. Wahrscheinlich ist dieser Zustand unausbleiblich in einer „neuen Klasse" der deklassierten Parvenüs.

Diese Weltauffassung der Nomenklatura hat der als Klassiker der Sowjetliteratur geltende Dichter Eduard Bagrickij prägnant geschildert:

„Zu unserem Jahrhundert steh treu und echt.
Merk Dir: Deine Einsamkeit ist ihm recht.
Du streckst die Hand aus: Kein Freundesgeist.
Du schaust: nur Feinde sind rund herum
Und wenn es Dir sagt: ‚Lüge' – lüg' dreist;
Und wenn es Dir sagt: ‚Töte' – bring' um."[8])

Was diese Einstellung im realen Leben bedeutet, kann man sich eher klarmachen durch Fallschilderungen als durch Abstraktionen. Deshalb schließe ich dieses Kapitel mit zwei Porträts: einem aus der Vergangenheit – gestützt auf Archivstudien, einem anderen aus der Gegenwart – gestützt auf eigene Beobachtungen.

4. Der Sekretär des Rayons-Komitees

Dieses Gefühl habe ich schon erfahren. Ich erinnere mich, wie ich vor vielen Jahren als junger Dolmetscher beim Nürnberger Prozeß der deutschen Hauptkriegsverbrecher mit steigendem Widerwillen Fotokopien (sie wurden dort Fotostaten genannt) von Dokumenten durchblätterte, die mit Unterschriften, Sichtvermerken und Anweisungen geschmückt waren. Hinter ihnen waren, verkrüppelt von diesen erbarmungslosen Papieren, menschliche Schicksale sichtbar. Jetzt blättere ich andere Fotokopien mit denselben Gefühlen durch, Fotokopien von Geheimdokumenten nicht der Nazi-Führung, sondern des West-Gebietskomitees der KPdSU. Sie werden jetzt in Washington im sogenannten Smolensker Archiv aufbewahrt.

Einen guten Überblick über dieses Archiv hat der verstorbene amerikanische Professor Merle Fainsod gegeben.[9]) Dieser Überblick hat nicht den ganzen Reichtum des Archivs erschöpft. Und wir werden uns hier erst recht nur mit einer Detailfrage befassen: Wir schauen uns die Gestalt eines Provinz-Nomenklaturisten an, der vor uns nicht aus einem Werk des Sozialistischen Realismus, sondern aus eben diesen Papieren seiner Alltagstätigkeit entsteht.

Ort der Handlung: Das Städtchen Kozelsk, eines der zahlreichen Rayonszentren des Westgebiets; Zeit der Handlung das Jahr 1936, das Jahr, in dem die Stalinsche Verfassung angenommen wurde, der Vorabend der Ežovščina.

Und diese sind die handelnden Personen: Demenok, Petr Michailovič, Sekretär des Rayons-Komitees Kozelsk. Anschrift: Stadt Kozelsk, Sovetskaja-Straße, vormals Haus des Ščegolev. In diesem, wie es scheint, vom Besitzer konfiszierten Haus wohnt auch der Stellvertreter Demenoks, Balobeško, Josef Petrovič, 2. Sekretär des Rayons-Komitees. Die dritte handelnde Person ist schließlich der Chef der Rayons-Abteilung des NKWD des Westgebiets Unterleutnant der Staatssicherheit A. Cebur.

Das sind die Führer des Kozelsker Rayons. Demenok und Balobeško leiten nicht nur die 420 Kommunisten der Kozelsker Parteiorganisation. Ihre zwei Namen stehen allein auch auf einem Dokument mit dem nicht ganz einleuchtenden Titel „Liste der Leiter und Stellvertreter des Rayons-Komitees der KPdSU, Kozelsks, denen ein ‚Bereitstellungs-, Übungs- und Mobilisierungstelegramm‘ unverzüglich ausgehändigt werden muß."[10]) Dies sind wahrlich, wie man sagt, Kaiser und Oberste Kriegsherren.

Über dieser Troika der Kozelsker Führer erheben sich die Sekretäre des West-Gebietskomitees der KPdSU in Smolensk. Dies sind der Erste Sekretär des Gebietskomitees Rumjancev und der Sekretär des Gebietskomitees Šilman (ein jüdischer Name; 1936 waren die Juden noch nicht aus dem Parteiapparat ausgestoßen worden).

Aber bei dem Smolensker Olymp hört der Horizont der Kozelsker Stadthauptleute nicht auf. Da ist ein Paket mit dem Aufdruck „Sekreteriat des Zentralkomitees Moskau, Alter Platz, Haus 4, Nr. OB 43/IS". Absender: das Organisationsbüro des ZK der KPdSU, Adressat: Genosse P. M. Demenok. Es sind ihm eine Instruktion und ein Protokollauszug einer Sitzung des Organisationsbüros zugesandt worden. Und hier ist der Brief, auch an Demenok, wo schon historische Namen auftauchen. Zitieren wir das Dokument vollständig:

„Proletarier aller Länder, vereinigt Euch!

Streng geheim. Rückgabepflichtig.

Kommunistische Partei der Sowjetunion. Zentralkomitee.

Sondersektor No. P 2600. Ausfertigung No. 2403.

Genosse Demenok!

Im Auftrag des Genossen Stalin wird Ihnen ein stenographischer Bericht der Sitzung des Plenums des ZK der KPdSU vom 21.–25. Dezember 1935 übermittelt.

Leiter des Sondersektors des ZK
A. Poskrebyšev."[11])

So spannt sich sichtbar der Faden vom Vater der Nomenklatura zum Kozelsker Nomenklaturisten. Der Held unserer Erzählung ist nicht ein einfacher Provinzialer, der über den in den Weiten Rußlands verlorenen Kozelsker Rayon herrscht; er ist ein organischer Bestandteil dessen, was ihn mit Stalin vereint, der Nomenklatura.

Wir treffen Demenok in dem Moment an, wo er dem Sekretär des Gebietskomitees Šilman berichtet: „Ich teile mit, daß ich nach meiner Genesung meinen Dienst wieder angetreten habe und seit dem 16. April arbeite." Und als nächste Arbeit des Rayons-Sekretärs steht an, den Umtausch der Parteibücher durchzuführen. Dies ist die von der Nomenklatura-Spitze erdachte Form der Parteisäuberung. Auf der Ebene der Gesamt-Union wurde diese Aktion von Ežov geleitet, der sich damals im ZK der Partei befand und noch nicht zum Volkskommissar für Inneres gemacht worden war. Die Überprüfung der Parteibücher hat den

Sinn, unzuverlässige, der Parteiführung nicht genehme Kommunisten auszuschließen.

Der Ausschluß aus der Partei ist für den Betroffenen in der Sowjetunion eine Katastrophe. Man kann parteilos sein: Dann wird man keine besondere Karriere machen, aber man kann existieren. Jedoch der Ausgeschlossene ist gebrandmarkt, ist einer, der unter dem Fallbeil lebt. Mit der Drohung des Ausschlusses erhält die Klasse der Nomenklatura bei der Masse der Parteimitglieder den Gehorsam.

Demenok weiß das und springt auf folgende Weise mit Menschen um. Zum Zeitpunkt seiner Rückkehr nach der Krankheit, am 17. April 1936, waren in seiner Organisation zusammen 5 Mitglieder und Kandidaten der Partei ausgeschlossen worden.[12]) Aber schon drei Wochen später, am 8. Mai, berichtet Demenok dem Gebietskomitee freudig, daß 46 Mitglieder und 36 Kandidaten der Partei ausgeschlossen worden seien.[13]) Fast 20% der Parteiorganisation des Rayons, jeden fünften, schloß Demenok aus der KPdSU aus!

Parteiausschluß ist für den Betroffenen ein furchtbarer Schlag. Aber besonders schrecklich, ja, unter den Bedingungen der heraufziehenden Ežovščina höchstwahrscheinlich tödlich ist er, wenn das Rayons-Komitee einen mit einer politischen Formel ausschließt. Und der Sekretär des Kozelsker Rayonskomitees weiß, was er tut, wenn er schreibt, daß ein Ivan Gavrilovič Puzenin „aus den Reihen der KPdSU ausgeschlossen wird, da er einer Kulakenfamilie entstammt, sein Hof eine Milchmaschine und eine Ziegelei besaß, und Lohnarbeit anwandte; und wegen mehrmaliger Fahnenflucht aus der Roten Armee zur Zeit des Bürgerkriegs und der Verheimlichung alles dessen beim Eintritt in die Partei.“[14]) Man beachte schon diese „mehrmalige Fahnenflucht aus der Roten Armee zur Zeit des Bürgerkriegs“! Schon auf einmalige Fahnenflucht steht Erschießung.

Jeder, der aus politischen Motiven aus der Partei ausgeschlossen ist, ist ein Kandidat für die physische Vernichtung. Der Erste Sekretär des Gebietskomitees Rumjancev schreibt am 21. Januar 1936 den Sekretären der Rayonskomitees eine streng geheime Direktive: „Bei der Reise zur Sekretärskonferenz im Gebietskomitee am 29. 1. bringen Sie für mich persönlich folgende Auskünfte mit: 1. Wie Sie die Stimmung der in Ihrem Rayon aus der KPdSU Ausgeschlossenen einschätzen und ob Sie überhaupt solche Stimmungen erfassen. 2. Welche Fakten konterrevolutionärer Betätigung der einen oder anderen Gruppe oder Einzelpersonen von Ausgeschlossenen es bei Ihnen gibt. 3. Welche Maßnahmen Sie bezüglich der Ausgeschlossenen ergriffen haben und noch als notwendigerweise zu ergreifen erachten, um die konterrevolutionäre Betätigung zu unterbinden. 4. Wie viele unter den Ausgeschlossenen sind es, die persönlich aus ihrer Sicht schon jetzt politisch oder sozial gefährlich sind, deren Aufenthalt im Rayon gefährlich ist, und aus welchen Gründen.

Bei der Zusammenstellung dieser Auskünfte gestatte ich nur, den Zweiten Sekretär und den Beauftragten des NKWD hinzuzuziehen."[15])

Am 29. April schickt das Gebiets-Komitee in einem streng geheimen Brief einen Personalfragebogen über die zur Zeit der Überprüfung der Parteibücher aus der Partei Ausgeschlossenen.

In dem Brief ist hervorgehoben: „Auf alle im Personalbogen gestellten Fragen sind genaue und ausführliche Antworten zu geben. Wir machen darauf aufmerksam, daß diese Auskünfte über die Ausgeschlossenen von uns im Auftrag des ZK der KPdSU eingeholt werden. Die ausgefüllten Bögen sind unbedingt und ohne Mahnung bis spätestens 7. Mai an das Gebietskomitee, Abteilung für Organisation zu schicken. Berücksichtigen Sie, daß wir durch genaue Fristen gebunden sind."[16]) In einem streng geheimen Brief vom 28. April verordnet das Gebietskomitee: „Die aus der Partei Ausgeschlossenen sind besonderer Kontrolle zu unterstellen. Man hat zu wissen, wo sie arbeiten, ihre Stimmungen zu kennen und feindselige Elemente zu überwachen. Sekretäre der Parteikomitees und Parteiorganisationen sind in diesem Geist zu unterweisen."[17])

Als erfahrener Nomenklaturist begreift Demenok den Sinn dieser unheimlichen Briefe vorzüglich. In einem streng geheimen Schreiben „Über die aus der Partei ausgeschlossenen Kommunisten" berichtet Demenok an das Gebietskomitee: „Nach Eingang des Schreibens vom Gebietskomitee wurde die Parteiorganisation betreffend den Aufbau einer Kontrolle der Stimmung und Führung der Ausgeschlossenen unterrichtet." Und hier erstattet Demenok seine erste Denunziaton: „Bei der feierlichen Sitzung der Arbeiter der Glashütte am 30. April, auf welcher ein Vertreter des Rayonskomitees anwesend war, trat der aus der Partei ausgeschlossene Kupreenko, der vor einem Monat aus Weißrußland auf die Glashütte gekommen ist, mit einer antisowjetischen Rede auf. Im Leben des Arbeiters, sagte er, gebe es keinen Unterschied. Es sei heute wie vor der Revolution. Es gibt Nachrichten, daß dieser Kupreenko der ehemalige Direktor oder Stellvertreter einer Fabrik in Weißrußland ist. Wir sind dabei zu überprüfen, was für ein Mann er genau ist."[18]) Und hingebungsvoll wirft der Rayonssekretär Denunziationen aufs Papier, die Menschen, einen nach dem anderen, in den Abgrund des Archipels Gulag stoßen. Gleich werden Sie sehen, wie solche Denunziationen verfaßt werden:

„Dem Leiter des NKWD, Genossen Cebur. Kopie an den Rayonsstaatsanwalt, Genossen Kočergin. Vom Rayonskomitee der KPdSU Kozelsk. Der wegen Zersetzung, Machtmißbrauch und anderer Vergehen 1934 aus der Partei ausgeschlossene Parteikandidat Matveev, Ivan Vasiljevič (ehemaliger Vorsitzender der Kolchose ‚Neues Leben' des Beldinsker Dorfsowjets) hat mehrmals danach versucht, den Kolchosvorsitzenden Komsomolcen Mišin, einen ehrlichen, arbeitenden Genossen zu schlagen und gedroht, ihn zu töten. Nach wie vor säuft er und betreibt in der Kolchose Wühlarbeit. Die Kolchosbauern sind völlig zu Recht über das Verhalten Matveevs empört. Außerdem ist Matveev nach Herkunft ein Kulake, er betreibt offen antisowjetische Tätigkeit. Ich bitte gegen Matveev dringend die Ermittlungen zu eröffnen, zwecks strafrechtlicher Verantwortung gem. aller Strenge unseres Gesetzes. Ich ersuche um Mitteilung des Ergebnisses bis zum 10. Januar 1936.

Der Sekretär des Rayonskomitees der KPdSU
Demenok
3. 1. 1936"[19])

Oder so:

„Streng geheim. NKWD, Genosse Cebur.
In der Wohnung des Kolchosbauern Chromov Afanasij (Kolchose ‚Roter Oktober' des Pluskovski Dorfsowjets) wurde am 22. 6. 1936 ein Porträt Trockijs aufgefunden. Nach vorhandener Information ist Chromov korrupt, betreibt Wühlarbeit in der Kolchose. Dafür, daß der Kolchosbauer Uljanov ihn deswegen denunzierte, hat Chromov Uljanovs Vater mißhandelt. Ich bitte Maßnahmen zur Untersuchung zu ergreifen und Chromov zur Rechenschaft zu ziehen.

Demenok
5. 2. 1936"[20])

Der Sekretär des Rayonskomitees denunziert beim NKWD nicht nur seine Umgebung. Er strengt sich an, aus dem Gedächtnis Namen von Menschen zu ziehen, denen er irgendwann begegnet ist und die er wohl nicht leiden mochte, und jetzt nutzt er die Gelegenheit, sie in den Fleischwolf zu werfen.

„Geheim. Hier. NKWD Gen. Cebur.
Nachdem ich das Geheimschreiben des ZK der KPdSU über die terroristische Betätigung des Zinovjev-trockistischen Blocks gelesen hatte, erinnerte ich mich an Trockisten, die gegen die Partei gekämpft haben. Ich erinnere mich, daß 1924/25 ein Parteimitglied Kovalev – seinen Vornamen weiß ich nicht – in die Novozybkover Parteiorganisation des Westgebiets kan, offensichtlich im Auftrag des Trockistischen Zentrums, mit dem Ziel, die Parteiorganisation für Trockisten zu gewinnen. Auf der Sitzung des Parteiaktivs hielt er eine trockistische Rede. Die Parteiorganisation erteilte ihm damals eine entschiedene Absage, dennoch ist es möglich, daß er noch bis heute Parteimitglied ist und noch bis heute nicht als Trockist entlarvt ist. Ich teile dies zwecks Ergreifen von erforderlichen Maßnahmen mit. Kovalev studierte damals an einer Sverdlovsker Hochschule. Er selbst stammt aus dem Klimovsker Rayon des Westgebiets und ist Sohn eines Kirchendieners.

Der Sekretär des Kozelsker Rayonskomitees der KPdSU
Demenok“[21])

Das war doch im Jahre 1924, als gemäß einer Entschließung des ZK der Partei eine Gesamt-Parteidiskussion stattfand! Kovalev folgte damals nur diesem Aufruf seines ZK und beteiligte sich an der Diskussion. Wie kann jetzt der Sekretär eines Rayonkomitees der Partei über ihn eine solche Denunziation an das NKWD verfassen?

Fern liegen dem Nomenklaturisten dergleichen naive Überlegungen. Demenok weiß ja: vor 12 Jahren wurde man wegen einer Rede nicht eingesperrt, deswegen verfaßte er damals keine Denunziation an das NKWD; aber nun haben sich die Zeiten geändert, er benutzt die Gelegenheit und denunziert Kovalev. Und nicht nur Kovalev. Hier ist noch ein Schriftstück:

„Geheim. Westgebietskomitee der KPdSU.
Nachdem ich das Geheimschreiben des ZK der KPdSU über terroristische Umtriebe des Zinovjev-trockistischen Blocks gelesen hatte, habe ich mir Trockisten, die aktiv gegen die Partei gekämpft haben, ins Gedächtnis gerufen. Ich erinnere mich, daß im Jahre 1925/26, als ich Sekretär des Novozybkov Rayonskomitees der KPdSU war, damals ein

Karkuzevič, Vorname vermutlich Michael, Mitglied der KPdSU seit 1917, Eisenbahner, als Leiter der Agitprop-Abteilung im Komitee tätig war. Karkuzevič war in jener Zeit aktiver Trockist; er verleumdete nicht nur die Partei und ihren Führer, Genossen Stalin, sondern trieb die Sache so weit, daß er es demonstrativ ablehnte, im Partei-Bildungsnetz die Beschlüsse des XIV. Parteitages durchzuarbeiten, da er mit diesen Beschlüssen nicht einverstanden sei und sie für falsch halte. Wir entließen ihn damals fristlos, es wurde vermutlich eine Parteirüge ausgesprochen, doch er ist in der Partei geblieben, und ich weiß nicht, wo er arbeitet, aber ich erinnere mich, daß er beim kasernierten Eisenbahnschutz in Weißrußland arbeitete. Es ist möglich, daß er bis heute noch nicht entlarvt worden ist. Ich teile dies zwecks Ergreifen von erforderlichen Maßnahmen mit.

Der Sekretär des Kozelsker Rayonskomitees der KPdSU
Demenok"[22])

So verfolgt der Nomenklaturist Demenok im Laufe von vielen Jahren einen Menschen, dessen Vornamen er schon vergessen hat. Damals, 1926, verjagte er ihn aus seinem Rayonskomitee der Partei, und der Mann, seit 1917 Kommunist, mußte als Eisenbahnwächter arbeiten. Damit hätte wohl der Sekretär des Rayonskomitees zur Ruhe kommen können. Nicht so ein Nomenklaturist. Jetzt, nach 10 Jahren, ergibt sich die Möglichkeit, den von ihm damals schon in den Staub getretenen Mann physisch zu vernichten, und er schreibt seinen Brief an das Gebietskomitee, dieser Schreibtischmörder.

Ein Mörder? Ja, vielleicht geht der Sekretär des Rayonskomitees davon aus, daß er nur signalisiert hat und daß man im NKWD objektiv untersuchen wird? Vielleicht ist er naiv, der Demenok? Nein, er ist nicht naiv. Er erhält nämlich regelmäßig von Cebur streng geheime Aktenvermerke über die Menschen, die vom Rayonskomitee aus der Partei ausgeschlossen wurden. Lassen Sie uns jetzt in diese Vermerke hineinschauen, die damals Genosse Demenok gelesen hat.

„Streng geheim. Aktenvermerke betreffend Ausgeschlossene. Kozelsker Rayon. Lagutin, Dimitrij Ivanovič, geboren 1898... Hat eine Frau von 40 Jahren, drei Kinder von 16, 14 und 11 Jahren zu unterhalten. Bis zum Ausschluß versah er das Amt des Chefs der Versorgungsabteilung der Holzfällerei-Sowchose, jetzt Holzlagerwächter, die Frau ist Raumpflegerin beim Pädagogischen Technikum."

Also ist der Mann offenbar von Demenok schon zertreten. Aus der

Partei ausgeschlossen, von der Arbeit verjagt, jetzt Lagerwächter, die Frau Putzfrau im Technikum, drei minderjährige Kinder zu unterhalten. Was möchte der Nomenklaturist nun noch?

Die physische Vernichtung. Daher endet der Vermerk mit folgendem Absatz:

Nach dem Ausschluß begeht Lagutin konterrevolutionäre Handlungen gegen die Partei. Im Dezember sagte er in einem Gespräch mit seinem Kollegen in der Holzfällerei-Sowchose, Granin, und einem anderen, daß die Bolschewiken nur ihre Leute aussuchen, bezeichnete einen Parteiführer mit einem Schimpfwort usw. Danach, da er ohne feste Beschäftigung ist, trank er und fand eine Stellung als Holzlagerwächter. Er hat einen Revolver vom Typ „Nagan". Darunter prangt die Unterschrift Ceburs.[23])

Das ist alles. Er sagte, daß die „Bolschewiken nur ihre Leute aussuchen" – na und, suchen sie etwa die Fremden aus oder geben sie zumindest vor, nicht ihre Leute auszusuchen? Doch nicht. Und außerdem hat er einen Parteiführer mit einem Schimpfwort bezeichnet. Welches es war, ist nicht gesagt, aber man hat klarerweise nicht Stalin im Sinn, das wäre geschrieben worden; es handelt sich doch um Demenok selbst. Darauf versiegte die Phantasie des Leiters des Rayons-NKWD und er schrieb: „usw.". Zum Schluß hat er über den Revolver geschrieben. Der Gedankengang des NKWDisten ist klar: man trachtet einem Parteiführer nach dem Leben, ein Terrorist! Und der Mann hat den Revolver, weil er als Wächter arbeitet. Aber Cebur treibt den Fall unverkennbar auf Verhaftung zu.

Hier noch ein „Aktenvermerk betreffend Ausgeschlossene. Puzenin hat eine Frau und Kinder im Alter von 6 und 4 Jahren zu unterhalten. Bei Aufkommen der Angelegenheit arbeitete er als Vorstandsvorsitzender der Kozelsker Konsumgenossenschaft." Worin besteht denn die „Angelegenheit"? „Puzenin wird angeklagt, einer Kulakenfamilie zu entstammen." Und außerdem „entzog er sich zur Zeit des Bürgerkriegs von 1919 bis 1920 die ganze Zeit dem Dienst in der Roten Armee und desertierte mehrmals".[24]) Wie denn nun also: entzog er sich in diesen Jahren die ganze Zeit dem Ruf zur Armee oder desertierte er mehrmals aus ihr? Aber das ist doch dem Chef des NKWD gleichgültig: man muß einfach irgend etwas Abträgliches über einen Menschen schreiben; und was die Logik betrifft – wer wird sich da den Kopf zerbrechen!

Wenn Cebur sich über einen Ausgeschlossenen schon gar nichts mehr ausdenken kann, schreibt er so:

„Bei der Arbeit in der Kolchose trinkt er und korrumpiert die Kolchosbauern; indem er Verbindung zu Korrupten unterhält, betreibt er die Desorganisation der Kolchoswirtschaft. Gegenwärtig arbeitet er als einfacher Kolchosbauer in einer Kolchose und beeinflußt durch seine Handlungen andere.“[25])

Und das genügt! Oder über einen anderen aus der Partei ausgeschlossenen Kolchosbauern Stepin (der eine Frau und drei minderjährige Kinder zu unterhalten hat):

„Bei der Arbeit auf der Kolchose trinkt Stepin, arbeitet unwillig und hat als Kulake Einfluß auf die Kolchosbauern, infolgedessen Unzufriedenheit und Nichterfüllung der staatlichen Auflagen.“[26]) So einfach ist das alles.

Und wie der Kozelsker Chef des NKWD buchstäblich alles, was er nur erfinden kann, um einen Menschen zu verleumden, auf einen Haufen zusammenscharrt:

Der Vermerk betreffend den ausgeschlossenen Korotkov, den ehemaligen Direktor der interrayonalen traktor-mechanischen Schule:

„Als Direktor der interrayonalen Schule stellte er einen Ingenieur Kapačinskij ein, Sohn eines Popen, der aus der Militärakademie ausgeschlossen worden war. In Moskau hat er Verbindung mit Arsentjev, einem Mitarbeiter der Personal-Abteilung des Volkskommissariats für Landwirtschaft, durch den er die Prämiierung der Schule zu erreichen suchte, indem er ihm eine Bestechung anbot, während es in der Schule Fälle gab, daß im Laufe des Schuljahres Studierende von ihren Studien weg nach Hause fuhren. 1934 schaffte Korotkov die Reparatur der Traktoren nur mit großer Verspätung. Dadurch hintertrieb er die Bereitstellung des Traktorfuhrparks. Er hat einen entkulakisierten Vater und Bruder, unterhält mit ihnen Verbindung und will sich ein Haus kaufen. Er hat verschiedenen Besitz, in seiner Wohnung haben sich die ausgeschlossenen Kac und Danilkin versammelt. Was sie gesprochen haben, ist unbekannt.“[27])

Der Leser macht sich vielleicht über das wüste Zeug aus der Feder des Unterleutnants des Staatssicherheitsdienstes lustig. Aber lustig ist es nicht. Liegen doch in den Händen dieses kleinen Nomenklaturisten menschliche Schicksale, und wir sehen, wie bösartig er sie zerbricht.

Der NKWD-Nomenklaturist begnügt sich nicht damit, die Menschen zu zertrampeln, die ihm von Demenok ausgeliefert werden, er zieht selbst neue Menschen in den Abgrund.

Hier wieder ein Brief an Demenok: „Streng geheim. Serie K. Während der Hausdurchsuchung des ehemaligen Mitgliedes der KPdSU, B. A. Gutovec wurde eine Zuverlässigkeitsbescheinigung über Gutovec gefunden, ausgestellt vom Leiter der Rayonsfinanzabteilung, Drozdov. Gutovec hat sich mit dieser Bescheinigung sehr gebrüstet und gedachte, sie in Zukunft zu verwenden." Und ein handschriftlicher Zusatz von Cebur: „Bitte die Frage Drozdov auf der Sitzung des Büros behandeln."[28]) Dabei geht die hier beigefügte Bescheinigung, die von dem unglückseligen Drozdov ausgestellt wurde, überhaupt nicht über Zuverlässigkeit, sondern darüber, daß Gutovec ein guter Fachmann ist und nach Leningrad auf das finanz-ökonomische Institut zum Studium abgeordnet worden ist.[29])

Inzwischen ist Gutovec schon von einer Sonderkammer des Westgebietsgerichts nach dem berüchtigten § 58–10, Abs. I zu 5 Jahren verurteilt worden, und Gutovec schreibt schon aus dem Gefängnis eine Denunziation gegen den in seiner Sache aufgetretenen Zeugen des Inhalts, daß jener 1926–27 Leiter der Baptistensekte gewesen sei.[30]) Und ein unabhängiges sowjetisches Gericht schickt die Anzeige als Geheimschreiben wieder an Demenok – „zur Veranlassung".[31]) Diese Veranlassung wird darin bestehen, daß der Zeuge aus der Partei ausgeschlossen wird und dann in die Hände Ceburs fällt, vor dieselbe Sonderkammer des Westgebietsgerichts kommt und für seinen Teil eine Denunziation gegen den in seiner Sache aufgetretenen Zeugen verfaßt. So wächst wie ein Schneeball die Zahl der Opfer der Kozelsker Nomenklaturisten.

Und das ist alles nicht genug. Hier schreibt der Chef des Kozelsker NKWD an Demenok einen neuen Brief („streng geheim, Buchstabe A"): „Über die räuberische Schädlingstätigkeit des Kozelsker Viehbeschaffungskontors". Er teilt mit, daß die Kozelsker Rayonsabteilung des NKWD gegen sechs Personen die Untersuchung begonnen habe, von denen zwei Parteimitglieder seien. Welcher Schädlingstätigkeit werden sie angeklagt? Sie haben sich „im Verlauf des Jahres 1935 dem Trunk ergeben, haben beim Wiegen und Auszählen des Viehs die Lieferanten betrogen, in betrügerischer Weise haben sie fiktive Listen über nicht vorhandenes Vieh aufgestellt, sie erhielten ein Darlehen von der Staatsbank, veruntreuten Geldmittel, ließen räuberische Schlachten und Viehsterben zu." Nun, nehmen wir an, das sei wahr. Aber was hat hier das NKWD zu tun und was ist die Schädlingstätigkeit? Die einzige Andeutung auf Schädlingstätigkeit kann man nur in folgendem schwer verständlichen Satz erblicken: „Rodin trank systematisch mit seinen Untergebenen und mit außenstehenden Personen... Und dies als Mitarbeiter der Viehbeschaffungsstelle, wodurch er den ganzen Apparat zersetzte. Es ging soweit, daß Arbeiter Schimpfworte verwendeten", (als ob sie sich bis dahin in Turgenevscher Prosa ausgedrückt hätten). Aber die Schlußfolgerungen all dieses gestammelten Unsinns sind streng: „Unter Berücksichtigung dessen, daß die verbrecherische Betätigung des Leiters Rodin und Warenlagerleiters Mišin durch Schriftstücke und weitere Indizien erhärtet ist, bitte ich in der Sitzung des Büros des Rayonskomitees den Parteiausschluß von Rodin und Mišin zu erörtern. Nach dem Parteiausschluß werden Rodin und Mišin verhaftet und in Gewahrsam genommen werden."[32]) Die anderen vier sind parteilos, ihre Verhaftung bedarf nicht der Billigung Demenoks.

Wir haben betrachtet, was das Kozelsker NKWD Demenok über seine Arbeit mitteilt. Also gibt es keinen Grund, Demenok des Idealismus zu verdächtigen. Er versteht vorzüglich, daß die Menschen, die von ihm aus der Partei in die Klauen des NKWD getrieben werden, auf gar keine, wie immer geartete objektive Untersuchung ihres „Falls" hoffen können. Und noch immer sucht er neue Opfer. Hier ein von ihm eigenhändig verfaßter Brief:

„Streng geheim. Stadt Kuzneck, Stadtkomitee der KPdSU.
Nach uns vorliegenden Ermittlungen hat das Mitglied der KPdSU, Polosuchin, Nikolai Ivanovič, der von 1922 bis 1923 in Kuzneck Leiter der Organisationsabteilung des Kreisparteikomitees war und jetzt bei uns im Westgebiet als Leiter der neu gebauten Eisenbahn Tula–Suchiniči arbeitet, seit 1917 an trockistischer Betätigung teilgenommen. Er hat uns darüber nichts gesagt. Wir bitten, uns unverzüglich mitzuteilen, ob Polosuchin sich wirklich trockistisch betätigt hat, und wenn ja, wann und worin diese Betätigung bestand."[33])

Hier schließt er einen aus der Roten Armee gerade entlassenen Kolchosbauern Volkov aus der Partei aus. Und weshalb? Weil Volkov „aktiv seine Brüder verteidigt hat, die wegen Konterrevolution verurteilt wurden".[34]) Hier schließt er Karasev aus der Partei aus wegen Verlust der Parteikandidatenkarte. Und eben die verlorene und von Karasev selbst wiedergefundene Parteikandidatenkarte wird beigelegt. Dennoch bleibt der Ausschluß in Kraft mit allen daraus sich ergebenden Konsequenzen für den Betreffenden.[35])

Übrigens wäre es nicht richtig, den Sekretär des Rayonskomitees in allzu dunklen Tönen zu zeichnen. Menschliche Anwandlungen sind ihm nicht fremd. Freilich sie sind nicht häufig, im ganzen Archiv gibt es ein Blatt, das zeigt, wie Demenok jemandem beispringt, und in diesem einzigen Fall handelt es sich um einen Demenok genehmen Schurken.

Dieses mit dem Stempel „geheim“ versehene Schriftstück ist nicht nur zur Charakterisierung menschlicher Eigenschaften unseres Helden interessant, sondern noch als eine Illustration der Unabhängigkeit des sowjetischen Gerichts.

„Geheim. An den Landgerichtsvorsitzenden, Genossen Andrianov. Durch Entscheidung des Volksgerichts des Kozelsker Rayons ist der Vorsitzende der Kolchose ‚Bolshevik‘ des Slobodsker Dorfsowjets, Aldonin Filip, wegen Unterschlagung von Kolchosmitteln und dem Versuch, zwei Kolchosbäuerinnen zum Beischlaf zu bewegen, zu zwei Jahren Freiheitsentzug verurteilt worden. Ich bitte, die Anklageerhebung gegen Aldonin aufmerksam zu prüfen.“ Weiter werden die Produktionserfolge der Kolchose ausgemalt und dieser Schluß gezogen: „Die Kolchose festigt sich tatsächlich und befindet sich auf dem richtigen Weg ihrer sozialistischen Entwicklung.“ Gut, und wie ist es mit der Unterschlagung und Notzucht? In der Tat, „nachdem Aldonin in einer anderen Kolchose ‚Iskra‘ des Dragunsker Dorfsowjets Vorsitzender war und versetzt wurde, hat er, unter dem Einfluß schwieriger materieller Bedingungen, an Kolchosmitteln etwa 200 Rubel unterschlagen. ...Man muß aber berücksichtigen, daß von den von ihm erarbeiteten Produkten er von dieser Kolchose weder Brot noch Kartoffeln bekam. Aber freilich handelte er in der Ausgabe der Mittel nicht korrekt“. Sehen Sie, wie nachsichtig!

Und was ist mit den Kolchosbäuerinnen?

„Betreffs des Versuchs, die Kolchosbäuerin Zenina, Anna, eine frühere Brigadeleiterin zu mißbrauchen, haben wir diese Sache im Rayonskomitee überprüft... es besteht keinerlei Anlaß, Aldonin solcher Versuche anzuklagen. Zenina selbst hat erklärt, daß sie in dieser Nacht sehr fest geschlafen habe. Aber vor Gericht sagte sie anders aus.“ Vielleicht hat sie gerade vor Gericht die Wahrheit gesagt? Damit gibt sich Demenok nicht ab, er erwähnt auch nicht die zweite Kolchosbäuerin. Dafür: „Man muß berücksichtigen, daß Aldonin immerhin 6 Jahre als Kolchosvorsitzender tätig ist. Seine Kolchose ist eine führende starke Kolchose. Er hat eine ordentliche Ernte. Er erfüllt ehrlich alle Auflagen. Ich bitte bei der

Untersuchung des Falles die ihm zur Last gelegten Vorwürfe tiefer zu studieren.

Der Sekretär des Kozelsker Rayonskomitees der KPdSU
Demenok, 21. 10. 1936."[36])

So schreiben sie auch heute oder – noch einfacher – sagen sie es am Telefon. Und das unabhängige sowjetische Gericht studiert tiefer und berücksichtigt.

Am 29. Juli 1936 sandte das ZK der KPdSU den Parteiorganisationen des Landes ein vertrauliches Schreiben „Über die terroristische Betätigung des trockistisch-zinovjevschen Blocks". Die Erörterung dieses Briefes sollte als Ouvertüre zu den Moskauer Prozessen dienen, deren erster in der zweiten Augusthälfte des Jahres 1936 durchgeführt wurde.

Im Smolensker Archiv findet sich das Protokoll einer erweiterten Sitzung des Büros des Kozelsker Rayonskomitees vom 4. August 1936. Die Sitzung war der Erörterung des vertraulichen Schreibens gewidmet. Leider ist das Dokument zu lang, um es hier vollständig zu veröffentlichen. Aber wir werden doch kurz über diese Sitzung sprechen.

Auf ihr sind anwesend die Mitglieder des Büros des Rayonskomitees – unsere Bekannten Demenok, Balobeško, Cebur (auch er ist natürlich Mitglied) und außer ihnen der Redakteur der Rayonszeitung Kavčenko und der Vorsitzende des Rayonsexekutiv-Komitees des Sowjets Krutov. Dies ist die Spitze der Rayonsnomenklatura. Hier sitzen auch 12 Mitglieder des Plenums des Rayonskomitees, 27 Parteiorganisatoren, 12 Männer des sogenannten Rayons-Parteiaktivs und feierlich thront der Instrukteur des Gebietskomitees, Fedko. Demenok verliest das Schreiben (so ist es Usus: vertrauliche Schreiben des ZK der Partei werden auch bis jetzt nur laut vorgelesen, selbst darf man sie nicht lesen). Dann beginnt die Diskussion.

Alle Wortmeldungen verlaufen nach demselben Schema. Zu Beginn wird darüber gesprochen, daß das Schreiben des ZK der Parteiorganisation im Kampf mit den Volksfeinden noch mehr beseelen und die politische und Klassenwachsamkeit noch höher leben sollen; daraufhin sucht jeder Redner die anderen im Denunzieren zu übertreffen.

Gorochov: „In der Beschaffungsorganisation gibt es einen Kommunisten Kozin – er hat eine Parteirüge wegen versöhnlerischer Beziehung zu einem Trockisten. Es ist Aufgabe der Kommunisten der Beschaffungsorganisation, die Aktivitäten Kozins zu überwachen und zu beobachten. Es ist mir bekannt, daß es in der Klincy Parteischule einen

Trockisten Gleiser gab... Ich meine, daß man dem Gebietskomitee der KPdSU unbedingt Mitteilung über ihn machen muß."

Der Rayons-Staatsanwalt Kočergin: „Mir ist bekannt, daß bei der neugebauten Eisenbahn viele Kulaken und ehemalige Unternehmer beschäftigt sind, von denen einige auch heute noch Arbeiter bei sich haben" (welche „Arbeiter" haben wohl die kleinen Angestellten einer Eisenbahn bei sich? Und dennoch sagt solch einen Unsinn ein Staatsanwalt!)

Der Sekretär des Rayonskomitees des Komsomol Girin entdeckte in einem ihm zugesandten Programm von Spielen mit Pionieren „konterrevolutionäre Fragen". „Ich habe dies dem Gebietskomitee des Komsomol zur Kenntnis gebracht, ich glaube, daß der Genosse Fedko das dem Gebietskomitee der Partei zur Kenntnis bringt." Besonders bemüht sich der lokale Intellektuelle, der Leiter der Rayonsabteilung für Volksbildung Golovin. Zu Beginn erläutert er: „Jetzt ist klar geworden, daß es bei uns in der Maschinen-Traktorenstation eine Gruppe Trockisten gegeben hat." Dann versucht er Schatten auf eine der Anwesenden zu werfen: „Ich meine, daß die Genossin Sergijuk, die mit ihnen arbeitet, etwas über ihre praktische Betätigung wissen sollte. Sie soll dem Büro darüber berichten." Darauf erläutert der Lokal-Intellektuelle: „Ja, ich hege natürlich Mißtrauen gegenüber dem Kommunisten Dejkin. Man sieht ihn nirgends, mit dem Volk verkehrt er nicht, er redet nicht öffentlich... Ich kannte Entiš, er war 1925–26 Direktor einer der Fabriken in Brjansk, man hat ihn wegen Zugehörigkeit zum Trockismus ausgeschlossen. Darüber muß man dem Gebietskomitee der KPdSU berichten." Der Chef der Rayonsmiliz Antonov beklagt sich: „Im Rayon fahren viele unbekannte Leute herum. Ich halte es für erforderlich, bei allen von ihnen und bei jedem die Ausweise zu kontrollieren. Die in letzter Zeit aufgetretenen Waldbrände geben Anlaß zu der Annahme, daß bei der Eisenbahn allerlei Gesindel – unüberprüfte Leute – ist. Es ist wahrscheinlich schwer zu behaupten, daß es unter diesen Leuten niemand gibt, die mit den Bränden zu tun haben.

Ich habe den Chef des Bahnbaues, Polosuchin, wegen häufig gewordener Brände entlang der Bahnlinie angesprochen – er hat mir geantwortet: ‚Überall wo wir gearbeitet haben, gab es immer und überall Brände.' Ich halte die Antwort für nicht korrekt. Es ist notwendig, gegen Polosuchin im Rahmen des Rayonskomitees Maßnahmen zu ergreifen."

Und Fedko – der Instrukteur des Gebietskomitees – treibt die Versammelten zu neuen Denunziationen an: „In eurem Rayon gibt es viele Leute, die aus vielen anderen Rayons weggezogen sind. Sie kommen deshalb hierher, weil die bolschewistische Wachsamkeit noch nicht auf der Höhe ist. Die Aufgabe eurer Organisation muß sein, die bolschewistische Wachsamkeit mit allen Mitteln zu entwickeln und zu steigern. Entschlossen und tapfer bis zum Schluß muß man Personen entlarven und bloßstellen, die in der Vergangenheit auch nur die allergeringste Verbindung zum Trockismus hatten; unwichtig, ob direkt oder indirekt." Und hier gibt der Instrukteur selbst ein Beispiel: „Bei uns gibt es einen Matjušin. Er ist Vorsitzender der Kolchose und Parteiorganisator. Er hat selbst gesagt, daß er einmal in seinen Händen die Plattform des Trockismus gehalten habe. Ich muß erklären, daß man ihn nicht länger als Parteiorganisator lassen kann."

Und zum Abschluß dieses Hexensabbats ergreift der Sekretär des Rayonskomitees Demenok das Wort. Er „bittet das ZK gegenüber den Feinden die entschiedensten Maßnahmen physischer Vernichtung zu ergreifen" und, die bitterste Ironie seiner Worte nicht fühlend, sagt er: „Das Leben ist besser geworden, Genossen, das Leben ist fröhlicher geworden. Die wahren Worte des Parteiführers Genosse Stalin treffen vollständig auf unseren Rayon zu."[37])

Fröhlich ist es im Kozelsker Rayon! Immer neue, immer längere Listen schickt Demenok ans Gebietskomitee der Partei. Der Sekretär des Rayonskomitees angelt fleißig immer neue Opfer. Hier sind wieder einige aus seiner Liste: „Trubin, Filipp Ivanovič, Mitglied der KPdSU seit 1918 (d. h. seit Beginn des Bürgerkriegs! M. V.), Verwalter des Öllagers der Maschinen-Traktoren-Station, wurde des Trockismus angeklagt. Die Anklage wurde zurückgenommen, gegenwärtig überprüfen wir noch einmal."

„Pomerancev, Leonid... nachdem seine trockistische Betätigung im Ferienheim entdeckt worden war, wurde Pomerancev entlassen. Gegenwärtig arbeitet er noch im Ferienheim in Vjazma. Man muß Pomerancev ausfindig machen."

Oder auf die Weise: „Landyšev Pavel Aleksandrovič, Arzt, Parteimitglied und Direktor der Aufbau-Mittelschule M. V. Klimov, parteilos. Beide arbeiten im Pokrovskij Dorfsowjet und versammeln sich dort abends mit unbekannten Personen, um irgendwelche dunklen Fragen zu beraten." „Lukjanov, Fahrdienstleiter am Kirejevsker Bahnhof unseres Rayons, parteilos, antisowjetisch. Der Fall ist in Bearbeitung."

Und weiter: „Kozodoj, Komsomol-Mitglied (Vor- und Vatersnamen wurden noch nicht festgestellt), wo er gegenwärtig arbeitet, ist nicht bekannt. 1929 arbeitete er in der Kantine der Stadtkonsumgenossenschaft, hatte Verbindung zu einer trockistischen Gruppe. Bei Kozodoj wurde eine Plattform der Trockisten entdeckt. Wir suchen Kozodoj und die Wurzeln."[38])

Von den Rayons-Nomenklaturisten, wo die Sekretäre des Rayonskomitees und der Chef des NKWD krampfhaft nach „Wurzeln" suchen, breitet sich über den Rayon der finstere Geist des Mittelalters aus, der Geist der Hexenjagd. Eifrig zitiert Demenok die von diesem Geist gezeugten untertänischen Reden auf den Versammlungen der Werktätigen, zum Beispiel folgende: „Mein Vorschlag ist: Erschießen ist für die Banditen Kamenev, Zinovjev und die anderen zu wenig, sondern man muß sie in Ketten legen und durch ganz Moskau führen, sie sollen sich das Grab selbst schaufeln, und man muß sie alle aufhängen, weil dieser Tod schmählicher ist als Erschießen." Oder: „Wie ihr diese Feinde nährt? Sicherlich gut, aber man muß sie eine Woche mit Hering füttern, ihnen nichts zu trinken geben und sie dann hinrichten."[39])

Ist das Leben im Kozelsker Rayon nicht wahrlich fröhlich geworden? Aber es tönen auch andere Stimmen in eben diesem Rayon, und alarmiert zitiert sie der Sekretär des Rayonskomitees: „Voevodin, Potrosovsker Dorfsowjet: Über Trockij kann ich nichts sagen. Wir können darüber nicht urteilen. Überhaupt geht es hier nicht sachlich zu. Ihr betrügt uns. Es gibt keine Textilien und keine Schuhe." Voevodin verließ die Versammlung demonstrativ.

In der Kolchose „Freie Arbeit" des Maklinskij Dorfsowjets trat Eremina mit folgender Rede auf: „Ihr sagt, daß das Leben fröhlich geworden ist, aber von der Kuh muß man euch geben, vom Schwein, vom Lamm, von der Hütte, vom Hof. Was ist da fröhliches Leben?" In der Kolchose 8. März des Grišinskij Dorfsowjets führt Evkodia Saveljevna, ehemaliger Parteikanditat, der früher das Wahlrecht entzogen worden war, eine schändliche Agitation.

„Früher hast du beim Grundherrn gearbeitet und gleich Geld bekommen. Jetzt arbeitest du das ganze Jahr auf der Kolchose und bekommst nichts..."

Vasilij Gorelikov von der Kolchose „Freie Arbeit" des Matčinskij Dorfsowjet: „Zahlt keine Selbstbesteuerung, mit dem Geld fressen sich dann nur die Kommissare den Bauch dick."[40])

Und noch konkreter: „Der aus der Partei ausgeschlossene Lagutin sagt, daß die Bolševiken ‚Gesindel' seien."[41]) Die Frau des Lehrers Akimov erklärte in dem Moment, als Sergej Mironovič Kirov umgebracht wurde, in einer Unterhaltung mit Kolchosbauern: „Schade, daß sie Stalin nicht umgebracht haben.“

Und noch drohender: „Nikolaj Novikov von der Kolchose ‚Stalin‘ des Matčinsker Dorfsowjets, ehemaliger Kandidat der Partei: ‚Wenn sie uns jetzt eine Waffe geben, kehren wir sie gegen Partei und Regierung.‘“[42])

Das sind schon die Funken des Feuers, welches fünf Jahre später aufflammen wird, wenn die Menschen die einmarschierenden deutschen Truppen mit Brot und Salz empfangen, die Soldaten der Roten Armee sich scharenweise in Gefangenschaft begeben und Zehntausende von Männern als Freiwillige zu antikommunistischen Militäreinheiten in der Vlasov-Armee eintreten werden.

Und mit Furcht und Haß blickt der Sekretär des Rayonskomitees auf diese Funken, wirft seine Denunziationen und Proskriptionslisten aufs Papier –, nicht ahnend, daß man sie schon zehn Jahre später in einem freien Land mit Abscheu lesen wird.

5. Ein Tag im Leben des Denis Iwanovič

Und wie ist der Nomenklaturist heute?

Alexander Solschenizyn hat einen Tag im Leben des Iwan Denisovič Šuchov beschrieben, eines Häftlings in einem sowjetischen Lager. Der Nobelpreisträger sammelte diese Erfahrungen selbst; er verbrachte Jahre im Kreise von solchen Šuchovs.

Meine Erfahrungen sind andere. Ich werde mich bemühen, einen Tag aus dem Leben des direkten Gegenteils des Solschenizynschen Helden zu beschreiben, eines Sektorenleiters im Zentralkomitee der KPdSU; wir wollen ihn Denis Iwanovič nennen, mit dem klingenden ukrainischen Namen Vochuš (unter Chruščov und Brežnev gelangten nicht wenige ukrainische Genossen – deren linientreue Einstellung zum Begriff geworden ist – in den Apparat des ZK). Vochuš habe ich erfunden, aber alles andere, was hier beschrieben wird, stammt aus dem Leben.

Nicht ein Hammerschlag auf ein Stück Eisenbahnschiene bei der Kommandanturbaracke, sondern der melodische Klang des vor kurzem von einer Dienstreise aus der Schweiz mitgebrachten Weckers unterbricht Denis Iwanovičs Schlaf. Er hat etwas Angenehmes geträumt:

Während einer großen Sitzung in seinem Arbeitsraum wandte sich der ZK-Sekretär immer nur an ihn. Alle anderen ignorierend, bat er ihn um Rat, dann gab er ihm die Hand, setzte ihn an seinen Schreibtisch und war plötzlich verschwunden, als hätte er sich in Luft aufgelöst. Die Kollegen erhoben sich ehrerbietig und bereiteten sich darauf vor, seine, Denis Iwanovičs, Weisungen auszuführen.

Vochuš stampft in seinem hellblauen Pyjama ins Badezimmer – er hat ihn vor kurzem billig im Pris-unic in Paris gekauft. Gestreifte hat er nicht gern, besonders nicht die blau-weißen; sie erinnern an die Kleidung der Häftlinge in den Sonderlagern. Die Wohnung ist an sich nicht schlecht, nur die sanitären Anlagen sind in einem Raum untergebracht: seine Frau hat recht, man müßte wieder einen Wohnungswechsel vornehmen. Er muß die Verwaltungsabteilung des ZK aufsuchen und diese Frage besprechen.

Während seine Frau den Tisch deckt, macht Denis Iwanovič einige Turnübungen, wobei er sich auf die Bauchmuskeln konzentriert: der verdammte Bauch wird immer größer; im Kreml-Krankenhaus wurden ihm Charcot-Duschen und Massagen verschrieben, aber das hilft alles nichts. Doch nicht wirklich eine Hungerkur?

Nachdem er geduscht und sich rasiert hat, begibt sich Denis Iwanovič, nach einem importierten After-shave duftend, ins Eßzimmer. Das Frühstück ist leicht: etwas Kaviar, Schinken, ein weiches Ei, Tee. Schade, daß man sich jetzt keinen Cognac genehmigen kann. Das kommt erst abends. Zu viel essen darf man nicht – bald folgt ja das zweite Frühstück.

Pünktlich um 8,35 Uhr tritt Denis Iwanovič aus der massiven Wohnungstür. Um diese Zeit fährt ein Dienstwagen aus dem ZK vor, um ihn abzuholen; aber es ist besser, daß der Fahrer eine Minute lang wartet, während er im Aufzug hinunterfährt, als daß Nachbarn und Kollegen sehen würden, daß Vochuš beim Eingang nach seinem Auto Ausschau halten muß, das gehört sich nicht für ihn. Das Auto steht bereits bei der Tür. Der Fahrer bleibt demokratisch sitzen, Vochuš öffnet selbst die Wagentür (das tun sogar die ZK-Sekretäre!) und setzt sich voll Vergnügen auf den federnden Vordersitz neben den Chauffeur; demokratisch beginnt er sogar, mit ihm zu sprechen. Er erzählt, wie er in seiner Jugend im Donbass zwei Zigaretten zu rauchen pflegte, während er in die Fabrik zur Arbeit lief; jetzt habe ihm das seine Frau verboten. In Wirklichkeit hat er niemals in einer Fabrik gearbeitet, und das Rauchen hat er selbst aufgegeben, nachdem er in der Wochenzeitung „Nedelja“ las, daß man vom Rauchen Lungenkrebs bekommt.

Vor Vochuš gleitet Moskau vorbei: der Kutuzov-Prospekt, die Moskva, der Garten-Ring, der Kalinin-Prospekt, die Kreml-Mauer, die Manege, die Hotels in der Stadtmitte, das Bolschoj-Theater, das Denkmal des Erstdruckers Fjódorov, die schwarze Gestalt des Dzierzinski-Monuments, das KGB-Gebäude („die Nachbarn" denkt er mit einem warmen Gefühl). Hinter dem Polytechnischen Museum und dem Denkmal für die Helden von Plevna beginnt links der Boulevard, rechts taucht das massive, gewichtige Gebäude des Zentralkomitees auf. Am Ziel!

In der Einfahrt studiert ein KGB-Offizier höflich, aber aufmerksam seinen Dienstausweis, ein dunkelrotes Lederbüchlein. Das ist nicht beleidigend: es ist kein Mißtrauen, sondern Ordnung. Es ist wahr, die Sav. Otdel's, die Abteilungsleiter, werden durchgelassen, ohne daß der Offizier ins Büchlein hineinschaut, während er kurz die Hand zur Kappe hebt; die ZK-Sekretäre werden in Habt-Acht-Stellung begrüßt.

Nacheinander treten immer weitere Funktionäre in die große Halle. Vochuš wechselt mit seinen soliden, wohlgenährten Kollegen, die genauso sind wie er, freundliche, aber kurze Grußworte (Freundlichkeit unter Kollegen – ja, Intelligenzlersentimentalitäten – nein!)

Nachdem er mit tief verborgenem Neid den Aufzug für die Chefs betrachtet hat (Schlüssel zum Aufzug haben nur die Abteilungsleiter, die Sav. Otdel's und natürlich der ZK-Sekretär selbst), fährt Denis Iwanovič im lautlos funktionierenden allgemeinen Lift bis zu seinem Büro.

Hier ist es angenehm: es ist still, auf einem kleinen Tisch links steht die Vertuška, in der mittleren Schublade liegt ein rotes Büchlein: Das Regierungstelefonbuch. Theoretisch wäre es möglich, seinen Mut in beide Hände zu nehmen und den Generalsekretär – oder wie man kurz sagt, den Generalny – anzurufen und seine träge, tiefe Stimme zu hören.

Nein, den Generalny wird er nicht anrufen – welch kindischer Gedanke! Einen seiner Gehilfen anzurufen wird ihm allerdings nicht erspart bleiben – ach, wie schrecklich ungern er das tut! Denn es handelt sich da um eine ganz dumme Geschichte.

Gestern vormittag unterschrieb der Erste Zam. Zav., der Erste Stellvertreter des Abteilungsleiters, die Vorlage über die Entsendung einer Delegation nach Italien. Eine gute Delegation: Zwei Kandidaten des ZK, ein Mitglied der Zentralen Revisionskommission, Abgeordnete des Obersten Sowjets. Der Erste prüfte, gründlich wie immer, alle Unterschriften; alles war in Ordnung und er sagte beim Unterschreiben: „So eine Delegation könnte man sogar dem Generalny zur Abstimmung schicken!“ Daraufhin rief er, Vochuš, der sich auszuzeichnen wünschte, prustend einen seiner Freunde in der Allgemeinen Abteilung an: wir schicken euch ein Papier über eine Delegation, die Abteilungsleitung ist der Meinung, daß man es dem Generalny zur Abstimmung vorlegen sollte. Aber der Erste Stellvertreter hatte offensichtlich nicht vergessen, was er gesagt hatte – und er bekam es wohl mit der Angst zu tun. Als er, schon beim Fortgehen neben dem Aufzug, mit Vochuš zusammentraf, sagte er leichthin: „Da haben wir beide deine Delegation gepriesen und hätten sie fast zum Generalny geschickt. Du hast doch natürlich verstanden, daß das ein Scherz war?“

Vochuš murmelte etwas, und der Erste verschwand, geschäftig wie immer, im Lift. Vochuš stürzte zurück in sein Büro, um den Freund in der Allgemeinen Abteilung anzurufen; der war bereits weg. Er rief den Spez. Sektor der Allgemeinen Abteilung an, dort gab man ihm zur Antwort, das Dokument sei vor zwei Stunden ins Sekretariat des Generalny gegangen.

Heute muß er gleich morgens telefonieren. Natürlich nicht allzu früh, sonst könnte jemand den Verdacht schöpfen, er, Vochuš, habe sich etwas zuschulden kommen lassen, – aber auf die lange Bank schrieben darf man es auch nicht, sonst sieht es plötzlich der Generalny und bekommt einen Wutanfall, wie das bei ihm manchmal geschieht. „Was soll das heißen? Werdet ihr mir jetzt alles heranschleppen? Auch über die Einweisungen in Ferienheime für Reininungsfrauen? Wer ist das Geisteslicht, der das getan hat?“ Sogar der Gedanke daran war unerträglich: die werden doch im Nu herausfinden, wer das getan hat!

Aber man darf sie nicht selbst auf die Spur locken. Bei wem könnte das Papier liegen? Es ist zwar eine internationale Angelegenheit, aber für den Generalny zu unbedeutend. Es steht daher nicht dafür, sich bei seinem Aissistenten Andrej Michajloič zu erkundigen: bei ihm kann es nicht sein; außerdem ist er ein bohrender Kerl, er würde sofort vermuten, daß Vochuš einen Fehlgriff gemacht hat. Lieber ruft er diesen Glückspilz, den Referenten an. Dieser Bursche hat wirklich unwahrscheinliches Glück gehabt; vorher war er ein kleiner Referent für Norwegen in der Internationalen Abteilung gewesen, dann begann plötzlich sein Höhenflug. Jetzt findet man ihn sogar in Verhandlungskommuniqués und auf Photographien auf der ersten Seite der „Pravda“: „Der Referent des Generalsekretärs...“ Natürlich trägt er nur Papiere von einem Schreibtisch zum anderen, aber einige dieser Papierchen lassen die Welt erzittern.

Er wird später telefonieren, vorläufig soll alles nach der gewohnten Ordnung ablaufen. Zuerst die Zeitungen lesen, als erste die „Pravda". Der Leitartikel handelt von den Vorbereitungen für die Frühjahrsaussaat. Das betrifft die Landwirtschaftsabteilung, das braucht man nicht zu lesen. Man muß nur mit geübtem Blick kontrollieren, ob das obgligate Zitat des Generalny vorhanden ist. Bis heute kann er nicht vergessen, wie er im Oktober 1964 – damals war er noch nicht Sektorenleiter – in der „Pravda" eine Bestätigung des vagen Gerüchts über die Vorgänge im ZK entdeckte: in der Zeitung war der Name Chruščev plötzlich nicht mehr zu finden. Aber im Augenblick läuft alles normal, der Generalny wird zitiert. Die Erlässe über Auszeichnungen: Akademie-Mitglieder, die ein Jubiläum feiern, und Monteure, niemand aus dem ZK-Apparat. Gibt es etwas auf Seite 4 in der „Chronik"? Die Ernennung des neuen Botschafters in der Republik Tschad, der alte wird im Zusammenhang mit der Übernahme einer neuen Aufgabe von diesem Posten abberufen. Wie langsam das Präsidium des Obersten Sowjets arbeitet! Der Beschluß wurde doch bereits vor drei Monaten gefaßt, und die Afrikaner erteilten das Agrément schnell.

Nun kommt die 2. Seite an die Reihe: „Das Leben der Partei". Über das Plenum des Obkom von Kustanaj. Auch hier ist natürlich von den Vorbereitungen zur Aussaat die Rede, deshalb braucht man nur die beiden letzten Absätze zu lesen: ob organisatorische Fragen behandelt wurden und ob jemand von der Führung teilgenommen hat. Nein, alles in Ordnung, dort heißt es nur, daß der Erste Sekretär des Gebietskomitees eine Rede auf dem Plenum hielt.

Der theoretische Aufsatz „Die Partei, die führende und lenkende Kraft der Sowjetgesellschaft" muß hingegen aufmerksam gelesen werden. Hier könnten interessante Nuancen und Formulierungen zu finden sein. Denn ohne einen tieferen Sinn veröffentlicht die „Pravda" keinen Artikel. Aber das Thema ist nicht aufregend. In kritischen Momenten gibt es den redaktionellen Artikel mit dem Titel „Die Einheit von Partei und Volk"; hier ist es klar, daß diese Einheit vorhanden ist und daß man vorwärts schreiten muß, zu einer weiteren Verstärkung der führenden Rolle der Partei.

Seite 3 enthält internationale Informationen: „Die Erfolge der Friedenskräfte", „Die Entspannung unumkehrbar machen!", – das ist alles klar. Ein amerikanischer Senator hat den Abzug der US-Truppen aus Europa verlangt. Warum die Burschen aus der Internationalen Abteilung so einen nicht in das Brüsseler Komitee für die Europäische Sicherheit hineinnehmen? Ein solcher realistischer Politiker wäre dort überaus nützlich.

Dann folgt eine neutrale Überschrift: „Pressekonferenz von J. Carter“. Auch hier ist scheinbar alles in Ordnung, nur am Schluß steht die flüchtige Bemerkung, der Präsident habe sich für eine Unterstützung der Forderungen der israelischen Aggressoren ausgesprochen. Was Carter wirklich sagte, können wir gleich im Nachrichtenblatt – dem „Vestnik“ der TASS nachlesen.

Auf der unteren Hälfte dieser Seite ist wie immer über die Umtriebe der Pekinger Führung geschrieben. Eine arabische Zeitung berichtet über ein Geheimabkommen zwischen Peking, der chilenischen Militärjunta und dem Rassisten-Regime in Pretoria. Ob da nicht die Desinformations-Abteilung bei den Nachbarn zuviel des guten tut? Zumindest eine gewisse Wahrscheinlichkeit sollte vorhanden sein: wozu braucht Peking dieses Pretoria? Aber vielleicht haben die Burschen recht: das Volk wird es schon glauben; es ist ja nicht eine von unseren Zeitungen, die diese Nachricht bringt, sondern eine arabische.

Das Haustelefon, die ehemalige Linie K-6, beginnt zu läuten, es meldet sich die Sekretärin des Ersten Sam. Sav. der Abteilung: „Denis Iwanovič, kommen Sie zu Ivan Petrovič wegen der Delegation nach Italien!“

Vochuš antwortet ruhig, aber in seinem Hals bildet sich ein Klumpen. Ist die Bombe wirklich geplatzt? Und er, Idiot, sitzt hier so ruhig, liest Zeitung, und inzwischen hat vielleicht ein Assistent des Generalny den Ersten angerufen und angepfiffen, und dieser tobt jetzt. Wie kann er sich rechtfertigen? Zu welchen Göttern soll man beten, damit dieses Unglück nicht eintrifft?

Vochuš läuft zur Tür, als hätte er sich mit heißem Wasser verbrüht; über den Gang muß er allerdings ruhig und selbstbewußt gehen, damit niemand von den Entgegenkommenden bemerkt, daß bei ihm etwas nicht in Ordnung ist. Denn diese Leute sind zwar Kollegen – man läuft zusammen Ski an der Kljazma – aber in Wirklichkeit sind sie wie Ratten: wenn sie merken, daß einer der ihrigen schwach wird, stürzen sie sich alle auf ihn und fressen ihn auf.

Mit gelassener Mine betritt Vochuš das Vorzimmer des Ersten Stellvertreters. Er nickt freundlich der alten Sekretärin zu, und sein Herz krampft sich zusammen. Das sind die Minuten, in denen sich die Krebszellen im Menschen bilden, geht ihm durch den Kopf. Und ein anderer Gedanke, der ihn zwingt, augenblicklich den Krebs zu vergessen: gleich bin ich in seinem Zimmer, wie sitzt er wohl da?

Aber der Erste Sam. sitzt ruhig auf seinem Platz. Das heißt, daß es keinen Krach gibt, welche Freude! Aber nur nichts zeigen, nur nichts zeigen! Man muß auch würdig antworten.

Geschäftig und selbstbewußt – das ist sein Stil – geht der Sam. gleich zur Sache über: „Nochmals wegen deiner Delegation. Möchtest du nicht selbst mitfahren? Wir nehmen immer Konsultanten von der Internationalen Abteilung, aber das muß ja nicht sein. Ich kann mit Sagladin sprechen, und dann schicken wir dich aus dem Apparat."

In Vochuš kämpfen widerstrebende Gefühle. Es wäre natürlich schön, in Rom spazierenzufahren und dort wieder etwas zu kaufen und auch etwas zu sehen. Aber ein anderes, durch Jahre in der Nomenklatura anerzogenes Gefühl sagt ihm: nur nicht einwilligen, er stellt dich auf die Probe; du warst ja erst vor kurzem in der Schweiz. Ein dritter Gedanke: wenn er dich wirklich schicken will, damit du ihm etwas aus Italien mitbringst? Dieser Gedanke wird augenblicklich verworfen; jedes einzelne Mitglied der Delegation würde sich freuen, dem Ersten Sam. einen Dienst zu erweisen. Wenn er wirklich wünscht, daß du fährst, wird er darauf bestehen.

Und Vochuš sagt: „Nein, Iwan Petrovič, befreien Sie mich davon! Im Sektor habe ich so viel Arbeit, daß ich sie kaum bewältigen kann; ich habe nicht einmal Zeit zum Mittagessen, von Italien kann keine Rede sein. Außerdem bin ich kein Freund von Auslandsreisen, außer wenn es wirklich notwendig ist..."

Und er wartet: wenn der Erste sagt, daß es gerade jetzt wirklich notwendig ist, so heißt das, daß er persönlich daran interessiert ist.

Aber der Erste sagt: „Nun, wie du glaubst. Natürlich ist die Arbeit in der Abteilung das wichtigste." Und er witzelt gnädig: „Ich wollte die Delegation durch deine Person verstärken, aber du wehrst dich!"

Vochuš geht über den mit grüner Borte eingefaßten hellrosa Läufer auf dem Gang in sein Büro zurück und ist zufrieden: er hat sich richtig verhalten. Auch schon etwas, zehn Tage Italien! Nicht darin besteht die Aufgabe. Diese Stelle eines Sams, eines Stellvertretenden Abteilungsleiters, wird frei: wenn der Erste seine Kandidatur unterstützt, könnte vielleicht etwas daraus werden.

Und ein verführerischer Gedanke taucht auf: vielleicht war es richtig, daß er das Projekt des Sekretariatsbeschlusses über die Auslandsreise der Delegation dem Generalny geschickt hat? Eine gute Delegation, er wird unterschreiben, und dann könnte man in der Abteilung das Gerücht lancieren, der Generalny sei zufrieden gewesen und habe ihn gelobt.

Vielleicht würde daraufhin der erfreute Erste Sam. wirklich seine, Vochuš, Kandidatur unterstützen und auf einmal wäre er... Sam. Sav.! Nein, sich so etwas überhaupt nur auszumalen – Sam. Sav.! Ein großer Arbeitsraum, eine Sekretärin, nicht ein „Wolga“ aus dem Autopool des ZK, sondern ein persönlich zugeteilter Wagen mit Chauffeur; nicht ein Ferienheim an der Kljazma, sondern eine Staatsdatscha; außerdem das Geld, die größere Kremljovka. Aber das wichtigste ist die Macht: Sam. Sav., mehrere Sektoren unter deiner Leitung, jeden Tag beim ZK-Sekretär, öfters Teilnahme an den Sitzungen des Sekretariats, vom Sehen bekannt sein, eine gewohnte Erscheinung, dazugehören! Sam. Sav. ist die höchste Stufe der Nomenklatura des Sekretariats; die nächste Stufe, der Erste Sam., gehört bereits zur Nomenklatura des Politbüros. Soll er es also riskieren und das Dokument nicht zurückkommen lassen? Durch Mut werden Städte erobert.

Aber die gewohnte, zur zweiten Natur gewordene Vorsicht gewinnt die Oberhand. Ein kühner Vorstoß ist notwendig, wenn man ein direktes Ziel anvisiert, aber so, von hinten herum, ist es ein Abenteuer. Wenn der Generalny unterschreibt, ist das noch keine Garantie dafür, daß er Sam. wird; wenn sich daraus aber eine Unannehmlichkeit ergibt, ist es eine Garantie dafür, daß er es nicht wird. Jeder wird sich für ewige Zeiten daran erinnern, daß er einen Fehler begangen hat. Das Papier muß zurück, und zwar sofort!

Wie vor jedem Gespräch mit einem wichtigen Chef notiert Vochuš mit dem Bleistift, was er sagen muß. Hier muß jedes Wort ausgewogen sein. Und vor allem Klarheit. Es darf kein intellektuelles Zögern geben, er muß klar, auf Partei-Art, aber ehrerbietig sprechen. Und natürlich muß die tiefe Besorgnis herauszuhören sein, der Generalny könne seine Zeit auf derartige Nichtigkeiten verschwenden.

Konzentriert und bedachtsam wählt Vochuš die vierstellige Vertuška-Nummer. Durch die widerhallende Muschel erklingt die ausdruckslose Stimme des Referenten.

Vochuš nennt Namen und Abteilung. Er weiß: der Referent wird während des Gesprächs rasch im Regierungstelefonbuch blättern, um seinen Vor- und Vatersnamen zu finden, und ihn dann im Laufe des Gesprächs so ansprechen, um den Eindruck zu erwecken: wir kennen alle und wissen alles von jedem.

„Entschuldigen Sie, daß ich Sie belästige“, sagt Vochuš solid und freundlich, „aber folgende Sache ist durch unsere Unaufmerksamkeit passiert (selbstkritisch, aber er hat nicht gesagt ‚durch meine‘, sondern

‚durch unsere‘, d. h. daß damit natürlich der Erste Sam. gemeint ist; und er, Vochuš, hält als loyaler Untergebener seinen Kopf hin): Wir haben gestern den Entwurf eines Beschlusses über eine Delegation nach Italien zur Abstimmung ins ZK geschickt, heute hören wir, daß die Genossen aus der Allgemeinen Abteilung übereifrig waren und das Papier an Sie weitergegeben haben. Die Delegation ist nicht schlecht, aber es ist jedenfalls keine Angelegenheit von solcher Staatsbedeutung, daß man deshalb die Zeit des Generalny beanspruchen müßte.“

Er wartet ein paar Sekunden. Gut wäre es, wenn der Referent seine Meinung äußerte. Aber der sagt nichts anderes als ein trockenes „Ja“ und überläßt es Vochoš, den Monolog fortzuführen. Der Teufel weiß, was er dort denkt, der Glückspilz!

„Sie wissen das natürlich am besten“, bemüht sich Vochuš zu schmeicheln, „aber wir haben gedacht, daß es vielleicht besser wäre, nicht zu stören? Könnten Sie es nicht den Sekretären schicken?“

Vochuš möchte mit allen Mitteln unterstreichen, daß der Generalny für ihn kein ZK-Sekretär ist, sondern etwas Höheres.

„Ja, Ihr Schreiben liegt bei mir“, sagt der Referent und fragt: „Also, Denis Iwanovič (schon im Telefonbuch nachgeschlagen!), soll das Papier vorgelegt oder in die Allgemeine Abteilung zurückgeschickt werden?“

Er ist höflich (das ist jetzt der Stil), aber die Verantwortung will er nicht übernehmen, und den anderen ZK-Sekretären will er es auch nicht selbst schicken. Das heißt, es ist besser, sich nicht zu weit vorzuwagen. Und Vochuš sagt im gleichen Tonfall wie der Referent: „Ja, ich glaube, es ist besser, es zurückzuschicken!“

„Gut“, antwortet jener ausdruckslos.

Nun, das wäre erledigt. Natürlich werden die in der Allgemeinen Abteilung sich das merken, aber es wird keinen Skandal geben. Und den Freund aus der Allgemeinen Abteilung wird er nach Hause einladen, er wird ihn ordentlich bewirten (man muß nur französischen Cognac beschaffen), der wird schon Verständnis haben.

In Vochuš Büro erscheint ein farbloses Mädchen mit einer Mappe, die die TASS-Informationen enthält. Hier werden nur solche Mädchen angestellt, damit im Apparat keine unmoralischen Geschichten passieren. Das ist in Ordnung, denkt Denis Iwanovič mit einem kurzen Blick auf die Eintretende, hier ist dafür nicht der richtige Ort. Zu diesem Zweck hat die hohe Obrigkeit ihre Ballerinen. Ihm, Vochuš, gebühren sie noch nicht. Er soll die Sowjetfamilie pflegen.

Übrigens interessiert sich die Parteiorganisation für nichts so sehr wie für Dinge, die das weibliche Geschlecht betreffen, nichts wird so ausführlich erörtert. Er erinnert sich, daß einer seiner Kommilitonen laut darüber spottete. Dieser Witzbold wurde von ihm – er war damals Sekretär des Universitäts-Parteikomitees – im Frühjahr 1949 hinausgeworfen; es war dies zur Zeit des Kampfes gegen den Kosmopolitismus; und dieser Intelligenzler bekam dann nirgends Arbeit. So war er gezwungen, nach Mittelasien zu gehen. Allerdings stellte sich später heraus, daß er ein krankes Herz hatte; er starb dort im Sommer in der Hitze an einem Herzinfarkt. Damals kam seine Mutter ins Parteikomitee; sie begann zu weinen und zu schreien: „Mörder!" Ein GLück, daß der Sam. für Organisationsfragen ihn herausriß. Ein patenter Kerl war das, Saša Schurkin, ein ehemaliger Tschekist. Er fragte das alte Weib so leise: „Habe ich Sie richtig verstanden, Bürgerin, daß Sie das Parteikomitee so bezeichnen?" Sie war gleich still und verschwand. Sie hatten damals überlegt, ob man wohl den Organen über sie Meldung erstatten müsse. Saša war dafür, aber er, Vochuš, fühlte, daß die Mitglieder des Parteikomitees dafür kein Verständnis hätten. Er riet ab: schließlich war sie ja die Mutter!

Man mußte also etwas riskieren. Unlängst hatte man hier einen jungen Kandidaten der Wissenschaft auf ein Stipendium nach Prag geschickt, aber für seine Frau haben sie keine Ausreisegenehmigung ausgestellt: kein hohes Tier, der Stipendiat, wird auch so seinen Verpflichtungen nachkommen. Sie aber wollte schrecklich gern nach Prag fahren. Irgendwie hatte sie in Erfahrung gebracht, daß es von ihm, Vochuš, abhing, ob ihr Fall an die Ausreise-Abteilung weitergeleitet werden würde. Übrigens hatte er selbst eine derartige Andeutung gemacht, als sie zu ihm kam, schüchtern und aufgeregt, mit grauen Augen, in einem Kleid, das den gut gebauten Körper zur Geltung brachte, und einer türkisfarbenen Kette auf der Brust. Er sagte ihr damals, daß das eine schwierige Frage sei, eine Reise ins Ausland – während der Dienstzeit habe er dafür keine Zeit, aber er könne sich vielleicht abends nach der Arbeit mir ihrer Angelegenheit befassen, allerdings würde man sie abends nicht ins ZK-Gebäude hineinlassen... Und dann war da ihre Einzimmerwohnung in der Profsojuznaja-Straße. Die türkisfarbene Kette nahm er gar nicht ab, er ließ die blauen Kugeln einfach auf der mattschimmernden bräunlichen Haut liegen. Und daß ihr Blick, nun, sagen wir, nicht der richtige war – und wenn schon! Jetzt ist sie wahrscheinlich selbst darüber froh: jetzt geht sie am Moldauufer spazieren, oder am Altstädter Ring...

Mit den Unsrigen ist das natürlich einfacher. Er war in einem ZK-Sanatorium und hat dort eine forsche Instrukteurin aus dem Partei-Gebietskomitee von Voronež getroffen – da gab es keine Blicke; das einzige Problem war, mit ihr fertig zu werden.

Was ist eigentlich dabei? Auch die Klassiker des Marxismus hatten davor keinen Abscheu. Einmal war er, Vochuš, mit einer Parteidelegation in der BRD, man fuhr nach Trier, um das Marx-Haus zu besichtigen. Und erst dort erfuhr er, daß Marx eine Geliebte gehabt hatte, die ihm einen unehelichen Sohn geboren hatte. Der Klassiker erkannte ihn allerdings nicht an. Welch eine skandalöse Personalangelegenheit, wenn heutzutage Jenny von Westphalen im Parteikomitee Anzeige erstattet hätte! Von Engels gar nicht zu sprechen: Im Institut für Marxismus-Leninismus hat er einmal gehört, Engels hätte mit zwei Schwestern gleichzeitig gelebt! Zwar hat er, Vochuš, die Erzähler damals frostig angeschaut, aber wahr muß das sein. Und Lenin hatte seine Inès Armand, obwohl er zu ihr „Sie“ sagte. Im übrigen ist Vochuš zwar nicht Lenin, aber in jener Einzimmerwohnung hat er auch „Sie“ gesagt, ohne sich etwas zu vergeben.

Genug der lyrischen Reminiszenzen, es ist an der Zeit, etwas zu tun. Man muß die TASS-Berichte durchsehen.

Vochuš blättert den auf billigem Rotationspapier gedruckten „Vestnik“ durch, seine Gedanken beschäftigen sich schon mit den Problemen des heutigen Tages; das Gelesene vermischt sich mit dem Gedachten.

Proteste in den sozialistischen Parteien Europas gegen die Berufsverbote in der Bundesrepublik. Das ist vernünftig! Was soll das heißen: ein Richter wird nicht bestellt, weil er ein Kommunist ist. Bei uns ist das anders: ein Nicht-Kommunist wird nicht zum Richter bestellt. Übrigens muß heute eine Entscheidung bezüglich dieses parteilosen Kommissions-Vorsitzenden getroffen werden. Wir haben genug Parteigenossen – die Partei umfaßt 16 Millionen Mitglieder.

In Rhodesien ist, wie sich herausstellt, trotz der Rassendiskriminierung eine Eheschließung zwischen Weißen und Negern erlaubt. Das heißt, zwischen schwarzen Männern und weißen Frauen. Und sie wiligen sogar ein! Aber warum soll man darüber staunen? Wenn wir unsere hiesigen Studentinnen der Lumumba-Universität ließen, würden sie alle auf Afrikaner nur so springen. Das muß man sich übrigens für das Gespräch mit dem Prorektor vormerken.

11 Uhr, das ZK-Buffet öffnet seine Pforten. Es ist Zeit, zum zweiten

Frühstück zu gehen. Vochuš schreitet zufrieden über den Gang: er hat sich abgesichert und das Problem mit der Delegation entschärft. Sich in Sicherheit zu fühlen – was kann es schöneres geben?

Im hellen, vor Reinlichkeit glänzenden Buffetsaal sind bereits ungefähr 15 Personen anwesend. Hinter dem hohen Glas des Tisches gibt es, was das Herz begehrt. Es bleibt nichts anderes übrig, als ein bißchen Schlange zu stehen: drei Buffetdamen bedienen, vor jeder befinden sich 2–3 Leute. Kurzum, mit einer Schlange in einem „Gastronom"-Geschäft in der Stadt ist das nicht zu vergleichen. Aber dafür wird hier jeder lange bedient, auch zum Unterschied vom „Gastronom". Hier wählt man in Ruhe und kauft noch etwas für zu Hause ein: Obst oder eine Schachtel Schokoladenbonbons (sie sind hier gut: „Miška", oder „Nu-ka otnimi!" = Greif zu! – lauter von Kindheit an bekannte Dinge, Überreste aus der NEP-Zeit). Geräucherten Lachs oder Kaviar ißt er jetzt nicht; Vochuš zieht für das zweite Frühstück Milchprodukte vor: die Prostokvaša genannte sauere Milch mit Zucker, Quark mit Sahne und Zucker und etwas gegen Arterienverkalkung, Seekohl mit Maisöl (von den Kremlärzten wärmstens empfohlen!). Und natürlich Tee mit einigen „Miškas". Die Buffetdame schenkt Tee-Essenz in ein Glas ein, und an einem der kleinen Seitentische gießt man selbst nach Geschmack kochendes Wasser dazu. Wenn Vochuš einmal pro Woche seinen Entschlackungstag hält (der Bauch wächst, es ist ein Jammer!) geht er nicht zum Mittagessen in die ZK-Kantine, sondern nimmt hier eine kleine Mahlzeit ein, dann gießt er gleichfalls kochendes Wasser in eine Tasse mit einem winzigen Würfel, der sich in eine Suppe mit Pilzgeschmack und sogar einigen Fettaugen darin verwandelt.

Beim Frühstück entdeckt Vochuš einige Mitarbeiter seines Sektors. Er grüßt freundlich, aber ohne sich mit ihnen zu verbrüdern – das ist heute der Stil. Er hat sich abgeschliffen, zu Stalins Zeiten war das anders. Die Vorgesetzten taten, als seien sie Waffenbrüder ihrer Untergebenen aus der Zeit der Roten Garde, sie kicherten und schlugen sich gegenseitig auf die Schultern, – oder sie sahen auf Untergebene hochmütig herab. Jetzt bricht das nur mehr bei den Alten durch, die schon an der Schwelle ihrer Pension stehen. Heute gibt man sich solid, umgänglich, gesetzt und effizient.

Im Sektor wurde folgende Ordnung eingeführt: in der Zeit zwischen 9 und 11 Uhr kommen die Mitarbeiter nur dann, wenn es etwas dringendes gibt. Anders ist es unmöglich. So z. B. heute: einer nach dem anderen wären sie bei ihm gesessen, um ihren Eifer zu zeigen; wie hätte er vor ihnen mit dem Referenten sprechen können? Die eingeführte Ordnung ist ganz richtig.

Auf dem Rückweg in sein Büro bleibt Vochuš wie gewöhnlich beim Bücherstand stehen – eine Minute, nicht mehr – nur um zu sehen, ob es etwas Neues gibt. Einige Junge stehen dort lange herum und blättern in den Büchern, aber das ist unsolid und erweckt überdies den Eindruck, daß sie nichts zu tun haben. Man muß einen anderen Eindruck erwekken: Man hat zwar zu tun, plant aber seine Arbeit geschickt und teilt sich seine Zeit gut ein. Eine Vereinigung des russischen revolutionären Schwungs mit amerikanischer Sachlichkeit, wie es Stalin formulierte. Welch ein gescheiter Mensch!

Gleich werden seine Mitarbeiter erscheinen. Schon steckt einer den Kopf durch die Tür: „Ist es gestattet, Denis Iwanovič?"

Vochuš fordert ihn durch eine einladende Geste auf. Es ist Švezov, erst vor kurzer Zeit aus der Akademie für Gesellschaftswissenschaften beim ZK hierher gekommen. Im allgemeinen gefällt Vochuš dieser Geck nicht, aber der Vater seiner Frau ist Generaloberst im Generalstab. Wer weiß, wie weit es der Geck noch bringen wird. Vochuš ist ihm gegenüber immer entgegenkommend.

Švezov legt ihm eine Liste vor: „Zusammensetzung der sowjetisch-bulgarischen Biologenkomission, übermittelt von der Akademie der Wissenschaften zur Begutachtung vor ihrer Bestätigung durch das Präsidium der Akademie".

Vochuš fragt vorsichtig: „Sind Unterzeichner dabei?" Er wird niemals vergessen, wie er als gerade beginnender Sektorenleiter um ein Haar eine ebensolche Kommission bestätigt hatte, in die sich einer hineingedrängt hatte, der seinerzeit einen Brief zur Verteidigung von Sinjavskij und Daniel unterschrieben hatte, der Schuft. Zum Glück hatte Vochuš rechtzeitig davon erfahren und ihn gestrichen; das hätte skandalöse Unannehmlichkeiten nach sich gezogen!

Švezov lacht: „Nein, Denis Iwanovič, Unterzeichner gibt es keine. Allerdings könnte es sein, daß einige Genossen plötzlich abreisen." Verständlich: auf der Liste sind auch Juden.

„Wer?" fragt Vochuš kurz. Švezov macht mit spitzem Bleistift kaum sichtbare Punkte neben zwei Namen. Die Namen klingen russich: da sieht man, wie sie sich tarnen! Und dieses Schwiegersöhnchen ist gut – gesagt hat er davon nichts!

„Vielleicht sollte man kürzen oder durch andere Namen ersetzen?" erkundigt sich Vochuš höflich. „Wenn sie abreisen, wer wird dann die

Arbeit in der Kommission machen?“ Aber bei sich denkt er: wenn wir die beiden Juden streichen, wird man in der Akademie wieder herumflüstern, daß im Apparat Antisemitismus herrscht.

Švezov zuckt bloß die Schultern: „Sie wurden von der Akademie vorgeschlagen.“ So, so, von der Akademie! Sie wäre von Chruščev fast gesperrt worden, diese Akademie!

Vochuš findet rasch einen Ausweg: „Einer wird gestrichen, der zweite durch jemanden anderen ersetzt. Dort gibt es doch noch einen Biologen namens Weiß. Er war seinerzeit ein Lyssenko-Mann, aber das ist schließlich kein Grund, um einen Wissenschaftler zu ignorieren...“

Vochuš ist zufrieden: das hat er gut ausgedacht. Ein reinrassiger Jude, niemand kann daran rütteln, aber keiner aus dieser zionistischen Clique. Vochuš scherzt wohlwollend:

„Erinnern Sie sich, es gibt einen Witz: ‚Liebt uns, wenn wir schwarz sind, als Weiße hat uns sowieso jeder gern‘.“ Švezov grinst: „Irgendwie habe ich sie auch als Weiße nicht gern!“

Denis Iwanovič lächelt und denkt dabei: Er hat sie nicht gern, aber er hat zwei auf die Liste geschmuggelt!

Vochuš wird ernst und sagt: „Bei dieser Gelegenheit können wir gleichzeitig eine andere Frage lösen, die herangereift ist. Wie lange wird dieser parteilose Wenskij noch in der Kommission als stellvertretender Vorsitzender verbleiben?“

Das Schwiegersöhnchen lächelt: „Ein parteiloser Bolschewik.“

„Wissen Sie, das ist eine alte Formulierung. Sie klingt nach Subjektivismus (fast hätte er gesagt „nach Chruščev-Zeit“, aber er hält sich zurück, es ist besser, den offiziellen Ausdruck zu gebrauchen). Mir wurde berichtet, daß die Parteiöffentlichkeit protestiert und als Kandidaten den Partei-Sekretär des Instituts für Biologie vorschlägt.“

Es stimmt: zu ihm waren wirklich nacheinander zwei Parteigenossinnen gekommen (eine hatte früher bei den Organen gearbeitet, die andere im Welt-Gewerkschaftsbund); beide hatten gesagt, die Biologie sei eine Partei-Wissenschaft und in ihr gäbe es innerhalb der Leitung der Sowjetisch-bulgarischen Kommission keinen Platz für parteilose Spezialisten. Den Parteisekretär hatten sie allerdings nicht als Kandidaten genannt; sie reflektierten beide selbst auf diesen Posten. Aber Vochuš entschied: der Intelligenzler müsse davongejagt werden, aber den Posten würde der Parteisekretär bekommen, keine von diesen übereifrigen Weibern.

Švezov – eigentlich ist er auch so ein Intelligenzler – meint unentschlossen: „Er ist aber ein guter Spezialist und spricht bulgarisch."

„Deswegen haben wir ihn ja in diesem Arbeitsstadium behalten, um die Kommission aufzubauen", erklärt Vochuš geduldig. „Jetzt ist das eine überwundene Etappe; außerdem beklagen sich die Kommunisten. Setzen wir ihn ab!"

Švezov hat immer noch Bedenken: „Aber was sagen wir ihm?"

„Sprechen Sie mit dem Parteisekretär, man wird schon Unzulänglichkeiten in seiner Arbeit entdecken – sogar auf der Sonne gibt es Flecken", sagt Vochuš, seinen Ärger kaum länger zurückhaltend. „Im ärgsten Fall berufen Sie sich auf die Meinung der Parteiorganisation und darauf, daß die bulgarischen Genossen mit ihm unzufrieden sind, das kann er nicht nachprüfen." Und er ermuntert ihn: „Sie brauchen vor ihm keine Schuldkomplexe zu haben! Sie sind ein verantwortlicher Mitarbeiter des ZK-Apparates und er ist ein Parteiloser; es ist nicht seine Sache, von Ihnen Rechenschaft zu fordern."

Mit diesen Söhnchen von hochgestellten Persönlichkeiten ist es ein Jammer: sie haben überhaupt keine Parteihärte, die Mentalität von Spießbürgern!

Mit federndem Schritt betritt Vochuš' Liebling den Raum, Zinaida Ivanovna, die einzige Frau im Sektor. Das ist eine seriöse Person, sie kommt aus dem ZK des Komsomol; eine gute Familie, ihr Mann arbeitet bei den Organen. Sie bringt den Editionsplan des Verlags „Nauka" („Wissenschaft").

Nun, was die politische Aktualität der Thematik betrifft, so wird diese im Sektor für Verlagswesen überprüft werden, unsere Aufgabe ist zu kontrollieren, wer gedruckt wird. Er fragt scherzhaft: „Wer sind die Autoren? Ist das Akademiemitglied Sacharow dabei? Oder vielleicht gar Solschenizyn?"

„In der Sparte Pornographie!" kreischt Zinaida. Beide lachen.

Nein, diese Sparte gibt es bei uns nicht. Als er in Stockholm war, konnte er sich nicht zurückhalten, er blätterte in einem Kiosk – nicht ohne Vergnügen – in einschlägigen Zeitschriften. Da kamen Erinnerungen an die Instrukteurin aus Voronež – ein Fund wäre sie für diese Photographen gewesen!

„Ich habe hier sieben Bücher angestrichen", teilt Zinaida mit, „ich finde, daß man sie aus dem Plan streichen muß."

Zinaida läßt nichts durch, bei ihr besteht die Gefahr, daß sie etwas Überflüssiges streicht. Der Plan enthält nicht Titel, die zur Publikation vorgesehen sind, sondern solche, die demnächst erscheinen sollen: die Bücher befinden sich schon im Verlag.

Sie fährt fort: „Hier z. B. Lifšiz. Er veröffentlicht sein viertes Buch. Warum sollen wir eine künstlich aufgeblasene wissenschaftliche Autorität ins Leben rufen?"

Das ist vernünftig. Streichen wir Lifšiz!

„Und hier das Thema ‚Ikonographie und Ikonoplastik Puschkins'. Wer braucht dieses Thema? Pfaffen und Ikonenhändler?"

Auch das ist vernünftig. Streichen! Und was hat Puschkin damit zu tun?

„Hier ist ein grober Unterlassungsfehler passiert. Die Verfasserin ist die Tochter von Rosengolz, der im Moskauer Prozeß von 1938 verurteilt wurde. Der Name ist der ihres Mannes."

Sieh da, ein tapferer Mann; wie kann man so jemanden heiraten! Streichen!

„Und der Sohn dieser Doktorin der Wissenschaften fuhr als Tourist nach England und kehrte nicht zurück."

So ein Schuft: er kehrte nicht in die Heimat zurück! Jetzt spaziert er dort in der Regent Street herum und betrachtet die Auslagen. Gut hat ihn seine Mutti erzogen! Streichen!

Alle Achtung, Zina! Eine wertvolle Mitarbeiterin. Wie gelingt es ihr, das alles herauszubekommen? Vielleicht hat ihr Mann die Liste durch ihren Computer in der Lubjanka laufen lassen?

„Diese drei waren je 17 Jahre lang in Haft", teilte Zinaida etwas unsicher mit.

„Sie sind aber rehabilitiert."

Zinaida rümpft die Nase: „Solschenizyn wurde auch rehabilitiert!"

Nun, das ist kein Grund. Schließlich wurden die Bücher bereits geschrieben. Sie werden sich beklagen, Bittschriften verfassen. Dafür kann man die Verantwortung nicht auf sich nehmen.

„Zinaida Ivanovna, fragen Sie die Sekretäre der Parteikomitees um Rat", beschließt Vochuš. „Aber vergessen Sie nicht, daß wir in dieser Angelegenheit keine eigene Meinung haben. Und die ersten vier streichen wir aus dem Plan, teilen Sie das dem Sektor für Verlagswesen mit! Als Grund geben wir Papiermangel an."

Man muß Zina zurückhalten. Aber auch unterstützen.

Mittagessen geht Vochuš immer um 13,15 Uhr. Vorher bleibt gerade noch genug Zeit, um die Protokolle des ZK-Sekreteriats zu lesen. Denis Iwanovič vertieft sich in die gewohnte Lektüre der unscheinbaren Bände in dunkelrotem Pappeinband, in denen jeder Satz Gesetz ist. Eine die Seele erhebende Lektüre: man fühlt sich als integrierender Bestandteil dieser Macht, die so lapidar ihre gewichtigen Entscheidungen fällt.

Pünktlich um 13,15 Uhr zieht Vochuš seinen soliden, seidig schimmernden Lamahaarmantel an (er hat ihn in Düsseldorf gekauft, als er sich dort auf Einladung der DKP aufhielt; die Straße führt den merkwürdigen Namen „Kö", aber die Geschäfte sind gut!); er geht voll Würde (ein Sav. Sektor!), aber ohne seine Wichtigkeit zu betonen (er ist schließlich kein Sam. Sav. einer Abteilung!) den blaßrosa Teppich auf dem Gang entlang. Er braucht sich nicht zu beeilen – er ist ja im Grunde nicht wirklich hungrig! – aber aufhalten darf er sich auch nicht: Für das Mittagessen sind 45 Minuten vorgesehen. Obwohl ihn natürlich offiziell niemand kontrolliert, so weiß Vochuš: gerade in diesen Dingen muß man sein kommunistisches Pflichtbewußtsein unter Beweis stellen. Der Partei darf keine Arbeitsminute gestohlen werden! Nach dem Essen kann man sich im Büro ausruhen.

Der Weg ist nicht weit. Da ist schon das Kirchlein, es nimmt sich malerisch aus neben dem Neubau der ZK-Kantine. Stalin ließ solche Kirchlein abreißen. So ein genialer Mann, aber auch er hatte seine Eigenheiten: daß er seine Feinde vernichtete, ist verständlich, aber warum die Kirchen? Es wäre besser gewesen, sie zu benützen, um das Volk im Geist des Patriotismus zu erziehen; dann hätte es weniger Vlasow-Leute gegeben.

Bei der Glastür zeigt Vochuš dem aufmerksamen jungen Mann in Zivil sein dunkelrotes Lederbüchlein, hängt Mantel und Hut auf einen Haken; hier stiehlt sie niemand, man ist unter sich. Er wendet sich nach links zu den Kassen. Aus der Fülle des Angebotes wählt er das Diätmenü (man muß etwas gegen den Bauch tun, außerdem ist es nicht solid für einen Sav. Sektor, das allgemeine Menü zu bestellen).

Der Diätsaal liegt im 3. Stock. Vochuš fährt in einem engen Lift hinauf – warum hat man sie so klein gebaut? Im Speisesaal ist es hell und still. Während er nach einem Platz Ausschau hält – man muß seiner Würde entsprechend sitzen, nicht etwa mit dem technischen Personal – entdeckt Vochuš, daß an einem der kleinen Tische, in ein Gespräch vertieft, der Leiter der Abteilung Kultur sitzt. Dort, an einem Nebentisch, muß man Platz nehmen, so als wäre es Zufall; man muß ihm unter die Augen kommen und grüßen. Vochuš wirft aus den Augenwinkeln einen Blick auf den schlank gebliebenen Mann mit dem sorgfältig gekämmten Haar und denkt: Er ist in einer schwierigen Position. Sein Untergebener, der Minister für Kultur, ist Kandidat des Politbüros; wie ist er in der Lage, ihm Anweisungen zu geben? Und keine Anweisungen zu geben ist unmöglich, darin besteht der einzige Zweck der Abteilung. Wie findet er bloß einen Ausweg?

Vochuš geht nicht gern zusammen mit Kollegen essen. Wenn es immer die gleichen sind, könnte es nach Cliquenbildung ausschauen; mit verschiedenen ist auch nicht möglich, denn man müßte alle Sektorenleiter auswählen; mit kleinen Leuten kann man sich schließlich nicht abgeben!

Vochuš beeilt sich nicht. Zuerst trinkt er Kumys (Stutenmilch), dann ißt er Seekohl mit Maisöl (gegen Verkalkung, sonst passiert es am Ende, daß man die Vor- und Vatersnamen der Vorgesetzten vergißt!), einen halben Teller Karottencremesuppe mit Toast, gedünstetes Kalbfleisch mit Reis, Pflaumen mit Rahm und Zucker (für die Verdauung), Gelee aus schwarzen Johannisbeeren mit Schlagrahm (Vitamin C!). Er ißt ruhig und verfolgt dabei aufmerksam, was der Abteilungsleiter tut. Jetzt hat er sein Gespräch beendet und läßt seine Augen mit selbstbewußtem Führerblick durch den Saal schweifen. In diesem Augenblick lächelt ihm Vochuš höflich zu und der Sav. nickt gnädig. Gut! Vielleicht wird er sich bei Gelegenheit an Vochuš erinnern, wenn er jemanden für eine verantwortungsvolle Tätigkeit empfehlen muß.

8 Minuten vor 2 Uhr, Zeit zur Rückkehr in die Abteilung. Natürlich könnte man noch einige Minuten lang zum Boulevard gegenüber dem ZK schauen, dort geht der Erste Sam. nach dem Essen gern ein bißchen mit energischen Schritten auf und ab. Aber man kann nie wissen, in welcher Stimmung er ist; es könnte sein, daß er freundlich ist und mit einem spricht, es kann aber auch sein, daß er bissig sagt: „Du gehst spazieren, hast du deine Arbeit im Sektor schon beendet?"

Es ist besser, der Versuchung zu widerstehen und direkt ins Amt zurückzukehren.

In Vochuš blitzt ein Gedanke auf: vielleicht denken meine Untergebenen auch so? Gleich erfolgt die überzeugte Antwort: Und wenn schon? Es muß so sein, das ist ganz in Ordnung.

In seinem Büro gönnt er sich eine halbe Stunde Ruhe. Vochuš verfügt nicht über einen Ruheraum, er ist schließlich kein ZK-Sekretär (übrigens brauchen gerade die keinen: sie fahren zum Essen nach Hause und schlafen in ihren königlichen Schlafgemächern). Aber die Mitarbeiter seiner Sektion sind scharfsinnig, vor 14,45 Uhr stören sie ihn nicht. Und so schlummert Vochuš auf seinem harten Stuhl beim Tisch, auf dem sich sein Stolz, die Vertuška, befindet. Wenn sie mit ihrer soliden, halblauten Stimme zu läuten beginnt, ist er auf dem Posten.

Sie beginnt wirklich zu läuten. Am Apparat ist der Rektor der Lumumba-Universität. Die Universität ist nicht groß, aber von politischer Wichtigkeit: sie ist für Studenten aus Entwicklungsländern und Japan bestimmt, deswegen hat ihnen Chruščev schon bei der Gründung die Bewilligung für eine Vertuška gegeben. Der Rektor, ein seriöser Nomenklatura-Bediensteter, schmeichelt nicht, aber er ist von ausgesuchter Liebenswürdigkeit, und Vochuš ist es ebenfalls. Dies ist nicht nur der moderne Arbeitsstil des ZK-Apparates: er braucht den Rektor. Denn Vochuš möchte gern seinen Stellvertreter Šabanov auf eine weiche Art aus dem ZK herausbekommen, und dies geht am einfachsten, wenn man ihn auf den Posten eines Prorektors der „Freundschaftsuniversität" abschieben kann. Ohne das Einverständnis des Rektors ist das allerdings nicht zu machen.

Vochuš weiß ausgezeichnet, warum ihn der Rektor anruft. Es handelt sich darum, daß um 15 Uhr der Prorektor der Universität zu Vochuš kommen wird. Praktisch ist er der politische Kommissar, der für die Arbeit mit den ausländischen Studenten verantwortlich ist. Der Rektor möchte Vochuš daran erinnern, daß es dennoch er, der Rektor, ist, der die Universität leitet, nicht der Prorektor. So überzeugt sich Vochuš endgültig von der Richtigkeit seiner Annahme, daß zwischen dem Rektor und dem Prorektor ein Konflikt besteht. Das heißt, daß es dem Rektor schlecht geht, – er wird mit diesem Wolfshund, dem Prorektor, nicht fertig.

Vochuš mag den Prorektor nicht. Irgendwie imponiert ihm, dem Soliden und Selbstsicheren, dieser lange freche Kerl nicht, auf dem der (übrigens nicht gebügelte) Anzug sitzt wie die Kummet auf der Kuh; irgendwie wirkt er überholt. Allerdings gibt es einflußreiche Leute, denen dieser Stil der dreißiger Jahre gefällt, es ist eine Erinnerung an ihre Jugend. Und geschickt ist dieser lange Gauner; kaum hatte er eine allergewöhnlichste pädagogische Hochschule abgeschlossen, nistete er sich im Parteiapparat ein, nahm augenblicklich Kontakt zu den Organen auf, und sie waren es, die ihn für den Posten des Parteisekretärs der Freundschaftsuniversität vorschlugen. Einige Jahre war er dort Sekretär, dann wurde er Prorektor. Seine ganze Studenten-Abteilung ist eine Filiale der Organe; so vertritt er in der Universität gleichzeitig den Parteiapparat und die „Nachbarn". Wie kann der Rektor, von Beruf Ingenieur, gegen so jemanden ankommen!

Auf der anderen Seite ist er zwar Ingenieur, aber kein einfacher: er war Stellvertretender Minister, er hat seine Verbindungen; auch für den Prorektor wird es nicht so einfach sein, ihn zu entfernen. In dieser Situation müssen beide verstehen: alles hängt von Vochuš ab. Siegen wird der, auf dessen Seite er sich stellt. Also werden beide damit einverstanden sein, Vochuš' Kandidaten als Prorektor zu akzeptieren, – seinen ungeliebten Sam., den er loswerden möchte, solange dieser sich noch nicht in das Vertrauen der Abteilungsleitung eingeschlichen hat. Man muß nur jedem von den beiden zu verstehen geben, daß der neue Prorektor gerade ihn unterstützen wird. Den langen Frechdachs wird man außerdem noch etwas einschüchtern müssen.

Dieser ganze Gedankengang erfordert bei Vochuš nicht mehr als einige Sekunden. So ist das übrigens bei allen im Apparat: wer dazu nicht imstande ist, hat in der Nomenklatura nichts zu suchen. Hier im ZK spielt niemand Geige, niemand malt Ölbilder, aber sich in solchen Fragen orientieren muß man einwandfrei und schnell.

Die Tür öffnet sich, es zeigt sich der Glatzkopf des Prorektors. Vochuš begrüßt ihn kühl: er muß eingeschüchtert werden.

Zuerst muß man ihm Gelegenheit geben zu sagen, was er auf dem Herzen hat, damit er alle mitgebrachten Trumpfkarten aufdeckt. Deshalb hört Vochuš mit unbewegtem Gesicht, was der Prorektor über seine Arbeit mit den Studenten erzählt. Der Prorektor hat Erfahrung und ist betont selbstkritisch: „Wir haben übersehen...“, „wir haben zugelassen...“ – aber so, daß kein Zweifel darüber bestehen kann, daß nicht er es war, der übersehen und zugelassen hat, sondern andere, in erster Linie der Rektor. Das heißt, daß Vochuš die Lage im Rektorat richtig eingeschätzt hat und daß man zu einem Schlag ausholen kann.

„Die erzieherische Arbeit mit den Studenten“, beginnt Vochuš in belehrendem Ton „besteht nicht nur in Versammlungen, Abendveranstaltungen und Filmvorführungen, nicht nur in Gesprächen der Erzieher mit den ausländischen Studenten. Die erzieherische Arbeit ist vor allem die Schaffung einer Atmosphäre der Unduldsamkeit gegenüber jeder Übertretung der kommunistischen Moral im Studentenkollektiv. Vor allem erwarten wir diese Unduldsamkeit von den sowjetischen Studenten. Der ZK-Beschluß hält die Erziehung von Sowjetstundenten gemeinsam mit Ausländern für eine wichtige Methode zur Ausübung eines positiven Einflusses auf Ausländer. Aber das ist nicht immer der Fall (hier erhebt Vochuš die Stimme), niemand kann die Verantwortung für diese Lage der Dinge von uns nehmen.“

Vochuš spricht und beobachtet gleichzeitig scharf: der Glatzkopf ist durch den offiziellen Ton und die politischen Formulierungen beunruhigt. Alles läuft richtig, fahren wir fort!

„Wir erhalten Informationen über falsches, manchmal direkt unwürdiges Benehmen sowjetischer Studenten und Studentinnen an der Lumumba-Universität. Anstatt daß sie ein Beispiel geben, die Ehre der sowjetischen Mädchen und Komsomol-Angehörigen hochhalten, führen sich einige Studentinnen einfach unanständig auf, ich muß dieses Wort gebrauchen!"

Und in einen weniger offiziellen Ton verfallend ruft Vochuš aus: „Es ist wie bei Engels im ‚Ursprung der Familie', auch bei euch dort herrscht Promiskuität!"

„Es ist unverschämt, was sich abspielt, ich sage das immer!" antwortet der Prorektor selbstkritisch. „Die Rayonskomitees schicken uns Studentinnen, wie wir sie früher mit Kanonenschüssen von den Universitäten verjagt hätten. Was sollen wir mit ihnen tun? Keuschheitsgürtel anlegen wie im Mittelalter?"

Aber Vochuš geht auf diesen Scherz nicht ein und fährt in offiziellem Ton fort: „Allfällige Unterlassungen der Komsomol-Komitees sind keine Rechtfertigung für mangelnde Erziehungsarbeit unter den Studenten. Es hat keinen Sinn, die Augen davor zu verschließen, daß es sich hier um das Vorhandensein einer ungesunden Einstellung bei einem bestimmten Teil der Studentenschaft handelt. Es dreht sich nicht um Gürtel, sondern darum, daß einzelne Studentinnen, anstatt sich darum zu bemühen, eine gesunde Sowjetfamilie zu gründen, ihre Zeit in der Universität dazu auszunützen trachten, um einen Ausländer zu heiraten und ins Ausland abzufahren."

„Schade, daß das Gesetz aus dem Jahr 47 abgeschafft wurde, durch das Eheschließungen mit Ausländern verboten wurden", meint der Prorektor.

„Das Gesetz wurde abgeschafft", bemerkt Vochuš trocken. „Aus verschiedenen Erwägungen haben wir in einer Reihe von Fällen gegen Eheschließungen zwischen sowjetischen und ausländischen Studenten aus Entwicklungsländern keinen Einwand erhoben. Aber das ZK hat die Freundschafts-Universität niemals als Heiratsmarkt für sowjetische Bräute betrachtet."

Und Vochuš führt den endgültigen Schlag: „Das ist eine ernste Angelegenheit, und einige Genossen haben sich dafür ausgesprochen, eine ZK-Kommission zu bilden, die den Stand der Erziehungsarbeit unter den

Studenten an der Lumumba-Universität untersucht, den sowjetischen ebenso wie den ausländischen."

Zu seiner Befriedigung bemerkt Vochuš in den Augen des Prorektors Beklemmung. Beide wissen, daß die Entsendung einer Untersuchungskommission dem Prorektor nichts Gutes verheißen kann. Jetzt ist er verschreckt, jetzt muß der Rückwärtsgang eingeschaltet werden, sonst läuft er womöglich sofort zu seinen Freunden und Beschützern; in Wirklichkeit hat ja niemand die Absicht, eine Kommission zu bilden.

„Hier glauben wir allerdings, Wasilij Pavlovič, daß man ohne Kommission auskommen kann", äußert Vochuš beruhigend. „Meine Meinung ist, daß das alles nicht die Schuld der Studentenabteilung ist, sondern daß es dem Rektor bei seiner Arbeit an Parteilichkeit fehlt." Und, plötzlich auf „du" übergehend, fügt er vertraulich hinzu: „Dort gibt es doch außer dir niemanden aus dem Apparat; der Rektor und alle anderen Prorektoren sind ja bloß Spezialisten. Für dich allein ist es schwer, du brauchtst eine Unterstützung."

Die Beklemmung in den Augen verschwindet; sie blicken jetzt nicht mehr mit ihrer gewöhnlichen Frechheit, sondern voll Dankbarkeit. Jetzt ist der Moment, um es zu sagen:

„Wenn sich die Universität über das Ministerium an das Zentralkomitee mit der Bitte wendet, einen Mitarbeiter aus dem Apparat auf den Posten eines Prorektors zu delegieren, so wird, glaube ich, diese Bitte erfüllt werden. Dann wirst du einen festeren Stand im Rektorat haben, und die Frage einer Kommission wird gegenstandslos."

„Das ist eine richtige Partei-Entscheidung", dröhnt der Prorektor beruhigt, „das hätte man schon längst tun müssen, Denis Iwanovič! Es ist meine Schuld, daß ich diese Frage nicht schon längst aufgeworfen habe. Mit dem Parteikomitee werde ich mich leicht verständigen, aber wird nicht der Rektor dagegen sein?"

„Mit dem Rektor werden wir sprechen", meint Vochuš weich, „er wird die Notwendigkeit verstehen. Wozu braucht er eine Kommission?"

Vochuš weiß: der Glatzkopf denkt jetzt, daß eine ZK-Kommission wirklich nicht vergessen wird, daß der Verantwortliche für die gesamte Arbeit an der Universität der Rektor ist.

Der Prorektor geht, nachdem er Vochuš lange und fest die Hand gedrückt hat. Natürlich kann man diesem Gauner nicht trauen, aber er wird es nicht riskieren, seine Bekannten abzuklappern, um zu erfahren, ob Vochuš' Worte auf Wahrheit beruhen; er wird sich nicht mit dem

ZK-Apparat anlegen – obwohl er natürlich Angst hat, daß der neue Prorektor ihn ersetzen könnte.

Nächster Schritt: der Rektor. Vochuš ruft mittels Vertuška an und ist wieder freundschaftlich-liebenswürdig:

„Wie Sie wissen, war gerade Ihr Stellvertreter bei mir. Wir führten ein ernstes Gespräch über einige Mißstände in der erzieherischen Arbeit seiner Abteilung. Über den Inhalt des Gespräches wird er Ihnen sicher selbst berichten. Hier im Sektor glauben wir, daß es nicht notwendig ist, eine Untersuchungskommission in die Universität zu entsenden (der Rektor stimmt freudig zu) – unter der Bedingung, daß Wasilij Pawlovič sich auf seine Abteilung beschränkt. Wir könnten Ihnen, wenn Sie darum bitten, wahrscheinlich einen unserer Genossen als zusätzlichen Prorektor abkommandieren, Sie haben doch eine Vakanz. Wenn Sie das für zweckmäßig halten, so rate ich Ihnen, diese Frage über das Ministerium an das Zentralkomitee heranzutragen. Ich glaube, sie wird positiv beschlossen werden, und auf diese Weise würde das Problem einer Untersuchungskommission vollkommen wegfallen."

Der Rektor ist augenblicklich einverstanden und dankt ebenfalls. Was bleibt ihm anderes übrig?

Jetzt muß man zum Ersten Sam. gehen und den Boden vorbereiten. Sonst läuft am Ende der freche Prorektor doch noch zu ihm, und der Erste Sam. weiß von nichts – das gäbe einen Skandal! So ist es immer, am meisten muß man sich vor jenen hüten, die einmal selbst im Apparat gearbeitet haben, vor den eigenen Leuten.

Vochuš hat die Zeit genau kalkuliert: am Ende des Arbeitstages ist der Erste Sam. leicht ansprechbar, er unterhält sich um diese Zeit selbst gern mit den Sektorenleitern. Denis Ivanowič hebt den Vertuschka-Höhrer ab und wählt langsam und konzentriert die Nummer des Ersten Sam. „Vochuš belästigt Sie, Iwan Petrovič. Erlauben Sie, daß ich für einige Minuten zu Ihnen komme?"

Wieder der Gang mit dem Teppich. Im großen Empfangsraum (der jedoch kleiner ist als der des Abteilungsleiters, der Rang ist nicht der gleiche) begrüßt Vochuš nochmals die alte Sekretärin mit dem aufmerksamen Blick. Diese Frau hat sich ganz schön verändert, sie ist alt geworden, nur der Blick ist der gleiche geblieben. Als junges Mädel im Krieg war sie Scharfschützin; auf ihr persönliches Konto gehen 209 erledigte Fritze. Eine gute, seelenvolle Genossin.

Der Erste Sam. sitzt in der Tiefe seines Arbeitsraumes an seinem Schreibtisch, auf dem unter einer Glasplatte das ZK-Telefonverzeichnis ausgebreitet liegt. Energisch stößt sein Kopf vor: „Womit kommst du?" und deutet mit der Hand auf einen Stuhl.

Vochuš setzt sich zwanglos, aber voll Respekt. Er weiß, der Erste bemerkt alles.

Mit leicht besorgter Miene (nur nicht übertreiben!) beginnt er: „Iwan Petrovič, ich mache mir Sorgen über die Lage in der Freundschafts-Universität. Gerade habe ich mit dem Prorektor über die Arbeit mit den Studenten gesprochen: die Studenten sind außer Rand und Band..."

„Etwas Politisches?" schleudert ihm der Erste ins Gesicht. „Aber nein, Iwan Petrovič, die Moral. (Der Erste beruhigt sich.) Aber die Moral ist Politik (der Erste spitzt die Ohren). Man ist dort der Meinung, daß das Rektorat in parteilicher Hinsicht verstärkt werden muß. Der Rektor teilt mir mit, es bestehe dort die Absicht, über das Ministerium an das ZK mit der Bitte heranzutreten, auf den freien Posten eines Prorektors für Gesellschaftswissenschaften einen unserer Mitarbeiter zu entsenden."

„Was hast du geantwortet?" fragt der Erste sofort. Das hat Vochuš erwartet und antwortet mit einer gründlich überdachten Formulierung:

„Was hätte ich sagen können, Iwan Petrovič? Ich habe gesagt, sie sollen sich an das ZK wenden, wenn sie es für notwendig erachten; die Frage wird hier studiert werden."

Jetzt sind alle seine Gespräche mit dem Rektor und dem Prorektor gedeckt; formell hat er ihnen ja wirklich nichts anderes gesagt – alles andere waren eben ihre subjektiven Eindrücke.

„Wen also?" interessiert sich der Erste und sagt, halb als Witz: „Oder willst du die Universität durch deine Person verstärken?"

An Vochuš' entsetztem Gesicht erkennt der Erste, daß er sich geirrt hat. Er beeilt sich, den erschrockenen Denis Iwanovič zu beruhigen.

„Ich scherze ja bloß, dich geben wir nicht her!" (Eine selige Beruhigung breitet sich in Vochuš' ganzem Wesen aus.) „Aber kannst du mir jemanden vorschlagen?"

„Ich habe die Frage noch nicht bearbeitet", sagt Vochuš bescheiden. „Ich wollte zuerst Ihre prinzipielle Meinung kennenlernen."

„Und was ist deine Meinung?" fragt der Erste hartnäckig.

So, jetzt muß man ihn provozieren: „Ich denke, Iwan Petrovič, daß man in den Sektoren, die an meinen angrenzen, sicher einen geeigneten Kandidaten finden könnte..."

Der energische Blick des Ersten wird härter: „Ach, du bist mir ein ganz Schlauer, in den angrenzenden! Warum schlägst du niemanden aus deinem Sektor vor? Hast du denn keine geeigneten Leute?"

Er hat angebissen! Jetzt muß man sich wehren und den wahren Sachverhalt verschleiern:

„Iwan Petrovič, ich habe in meinem Sektor schrecklich viel zu tun, ich kann wirklich niemanden hergeben!"

Der Erste, bissig: „Und die anderen können? Schlage jemanden aus deinem Sektor vor, ich werde dich unterstützen!"

Jetzt müssen die Karten aufgedeckt werden:

„Der Posten eines Prorektors an der Universität ist ein Professorenposten. Ich habe unter den Mitarbeitern meiner Sektion nur einen einzigen habilitierten Doktor, Šabanov. Wir werden doch nicht ausgerechnet auf ihn verzichten!"

„Warum nicht! Natürlich ist Šabanov ein fähiger Bursche. Aber dort werden sie schließlich auch gebraucht. Als Prorektor erhält er den Professorentitel. Die Universität ist groß, er wird bestimmt einmal zum Korrespondierenden Mitglied der Akademie der Wissenschaften werden. Sobald der Brief aus dem Ministerium im ZK eintrifft, werde ich mit ihm sprechen, und wir schicken ihn hin."

„Ach, Iwan Petrovič, Sie treffen mich ins Herz!" ruft Vochuš mit möglichst natürlich klingender Verzweiflung in der Stimme. „Ich soll Šabanov abgeben! Wen bekomme ich statt ihm?"

„Such dir jemanden", beruhigt ihn der Erste. Und während Vochuš mit verzweifelter Miene den Kopf schüttelt, sagt der Sam.: „So, diese Sache wäre erledigt. Hast du sonst noch etwas?"

„Sonst nichts", sagt Vochuš gedrückt und steht auf.

Aber plötzlich grinst der Sam.: „Ich merke, Du gibst Šabanov leicht her. Was stimmt nicht zwischen euch?"

Das hat Vochuš nicht erwartet. Wieder stößt er einen Schrei aus: „Aber Iwan Petrovič! Ich bitte darum, daß er bei mir bleibt, und Sie sagen, daß ich ihn als Prorektor vorschlage..."

Der Erste lächelt noch immer: „Nein, du hast ihn mir nicht vorgeschlagen. Und ich bin übrigens auch einverstanden." In belehrendem Ton: „Mich interessiert nicht der Genosse Šabanov als Person, sondern das ordentliche, geregelte Funktionieren des Sektors. Für den Sektor bist du verantwortlich. Ich habe nichts dagegen, daß du selbst entscheidest, mit wem du am besten zusammenarbeiten kannst. Ist das klar?"

Bedrückt geht Vochuš über den Gang zurück. Nein, dem Ersten kann man kein X für ein U vormachen, er durchschaut alles. Anderenfalls wäre er auch nicht Erster Sam. geworden. Jene, die sich bis zum Politbüro oder bis zum Sekretariat des ZK durchbeißen, sind überhaupt Genies. Die blöden Intelligenzler schwätzen: dieser im Politbüro ist dumm, jener ein Idiot. In Wirklichkeit sind sie selbst milchbärtige Dummköpfe, die im besten Fall bis zu ihrer Pensionierung auf ihren heutigen Stellen sitzen bleiben. Nein, die Leute im Politbüro sind Genies.

Sie sind wohl genial, aber es kommt auch vor, daß sie sich als Versager herausstellen. Wer hätte denken können, daß Malenkov, der viele Jahre hindurch wie ein Zirkuskünstler auf einem Seil balancierte und immer höher stieg, nicht einmal zwei Jahre lang an der Macht bleiben würde. Oder Berija: Jahrzehntelang kroch er an die Macht, er kroch über Leichen, und als er die Macht schon fast in Händen hatte, hielt er sie nicht einmal vier Monate. Oder auch Chruščev! Er war allerdings nicht wirklich solid, ihn hatte schon Stalin in die Schranken gewiesen, ihn von Moskau in die Ukraine abgeschoben; sogar dort hatte er ihn vom Posten des Ersten Sekretärs abgesetzt, er kritisierte diese komischen Agrarstädte. Natürlich hatte Chruščev es Stalin später heimgezahlt; allerdings nach dessen Tod, zu seinen Lebzeiten hätte das niemand gewagt.

Stalin – ja, der war wirklich ein großer Mensch. Natürlich auch Lenin, das versteht sich; ihm war es allerdings nicht beschieden, die Macht richtig auszukosten. Kaum hatte er den Bürgerkrieg gewonnen, da begann seine Lähmung. Stalin jedoch – der wußte, was Macht bedeutet.

Der Arbeitstag geht zu Ende. Vochuš geht noch durch seinen Sektor (das ist demokratisch!). Die Mitarbeiter sitzen zu zweit in einem Raum, jeder hat sein eigenes Telefon und ein Haustelefon. Er bespricht kurz die Probleme des morgigen Tages. Aber alle sind schon in Aufbruchstimmung, auch Vochuš denkt nicht ohne Freude an das Heimfahren.

Nach Arbeitsschluß bleibt er noch ungefähr 20 Minuten sitzen. Nachtarbeit gibt es jetzt keine, aber es ist nicht gut, wenn die Führung bemerkt, daß er zugleich mit den gewöhnlichen Mitarbeitern das Haus verläßt. Nun ruft ihn niemand an, die Chefs wollen nichts von ihm, so läßt Denis Iwanovič ein Auto kommen.

Es ist bald zur Stelle. Der Autopool des Zentralkomitees befindet sich nebenan, man kann daher schon beginnen, den Düsseldorfer Mantel anzuziehen und langsam und selbstsicher, wie es sich für einen verantwortlichen Mitarbeiter des ZK gehört, dem Ausgang zuzustreben. Der rosa Läufer auf dem polierten Parkett, die solide Treppe, das zweite, hallende Vestibül. Immer noch kommen Mitarbeiter heraus, aber die Hauptmasse ist schon weg. Der KGB-Offizier überprüft höflich, aber aufmerksam sein dunkelrotes Lederbüchlein.

Draußen: Finsternis, Wind, es schneit. Vor dem ZK-Gebäude ist es nicht glatt, das Eis wird von den Hauswarten gründlich mit scharfen Instrumenten beseitigt; zur Vorsicht wird der Gehsteig außerdem mit rotem Sand bestreut. Sonst könnte womöglich ein ZK-Sekretär beim Einsteigen in sein Auto ausrutschen!

Da kommt schon der schwarze „Wolga". Und wieder gleitet er durch den knirschenden Moskauer Schnee. Wieder am Denkmal für die Helden von Plevna vorbei, links erstreckt sich das Polytechnische Museum, rechts das Zentralkomitee des Komsomol, dann die beiden ineinander übergehenden Gebäude auf dem Dzierzinski-Platz: das KGB-MWD-Haus, die Lubjanka. Hinunter geht es den breiten Prospekt, das Warenhaus, „Detskij mir" huscht vorbei, eine Ecke des Malyj-Theaters, die Säulen des Bolschoj, die Metro-Station „Dom Sojuzov", das Gebäude des Ministerrates der UdSSR. Einen Augenblick lang blitzen die Lichter der Gorkij-Straße auf, – und die Fahrt geht weiter: das Hotel „National", das Intourist-Haus (die ehemalige amerikanische Botschaft), die alte Moskauer Universität. Links dehnt sich der Kreml, nur kurz verdeckt vom Gebäude der Manege...

Vochuš hat keine Lust, mit dem Fahrer zu sprechen. Nach einigen Bemerkungen über das Wetter und den Schnee verfällt er in Nachdenken.

Hier fährt er durch Moskau, und sie ist irgendwo im abendlichen Prag. Auf dem Wenzelsplatz brennen die Lichter, die Uhr auf dem Alten Rathaus schlägt. Warum denkt er an sie, nicht an die sonnengebräunten Lenden der Instrukteurin aus Woronež, sondern an sie? Deshalb, weil ihm ihr Blick damals durch Mark und Bein drang. Denis, gesteh dir die Wahrheit: mit Abscheu hat sie dich angeblickt, wie ein widerliches Tier. Und da war noch Ohnmacht, und der schlecht gelungene Versuch, diese Abscheu zu verbergen, damit du dich nicht ärgerst und sie nicht betrügst, damit du ihr die Ausreise verschaffst.

Ach, warum sich daran erinnern! Die Prinzessinnen-Allüren dieser kleinen Stipendiaten-Gattin! Stolz hätte sie sein sollen, daß sich ein Sektorenleiter des ZK für sie interessiert!

Diese Ohnmacht hat er allerdings oft in den Augen von Leuten gesehen: die Mutter, die „Mörder" schrie; verschiedene Bittsteller; jene, die er kritisierte, jene, die er aus der Partei ausschloß, verschiedene Leute blickten auf ihn mit diesen ohnmächtigen Augen.

Und es ist gut, daß sie ihn voll Ohnmacht anschauen! Vor einigen Wochen hatte er einen widerlichen Traum: Er war im ZK-Gebäude, und plötzlich war es – leer! Er ging die Treppe hinunter ins Vestibül – dort stand keine Bewachung! Ihn packte das Entsetzen: gleich würden Leute von der Straße aus der Stadt hereinkommen! Und da begannen sie schon hereinzuströmen. Er ging zum Aufzug, als ob nichts wäre, aber der allgemeine Aufzug befand sich oben, und der Sekretärenlift war wie immer versperrt. In der Zwischenzeit hatten sich viele Leute aus der Stadt angesammelt, sie schwiegen und blickten ihn nur an. Genau so wie sie, mit der gleichen Abscheu: wie eine Laus, wie einen Parasiten. Nur Ohnmacht war in ihren Blicken keine zu entdecken: was er sah, war Stärke. Und er war damals voller Angst erwacht, sein Herz klopfte, er konnte sich lange nicht beruhigen.

So gehört es sich: sie sollen ihre Ohnmacht behalten und wir unsere Macht. Und denken soll man nicht an so etwas, sondern an etwas Angenehmes. Gleich wird er zu Hause ankommen, seine Frau hat sicher bereits ein hervorragendes Abendessen vorbereitet: Geräucherten Lachs, Kaviar, guten Käse, einen Braten, Ananas. Er wird armenischen Cognak trinken; den bulgarischen „Liska" oder arabischen Cognak hat Vochuš nicht gern, nur armenischen, auch georgischen – und natürlich französichen. Er wird mit den Kindern sprechen und auch ein paar Worte mit seiner Frau.

Man könnte natürlich ausgehen, um sich zu erholen, wie dies ein Mensch von Kultur tut. Als Sav. Sektor des ZK kann er jede beliebige geschlossene Filmvorführung im Ministerium für Kultur oder im „Haus des Films" besuchen. Diese Vorführungen zu organisieren war eine gute Idee. Man kann dort ganz verschiedene Filme sehen, aus verschiedenen Ländern. Wenn man diese Frage rein juristisch betrachtet, so sind diese Filme natürlich gestohlen: es sind illegal angefertigte Kopien von Streifen, die das Staatskomitee für Kinematographie bei den internationalen Verleihfirmen bestellt, sozusagen um darüber zu entscheiden, ob sie angekauft werden sollen, und die dann nicht gekauft werden. Aber auf der anderen Seite wäre es lächerlich, diesen Kapitalisten Devisen zu zahlen, wenn man die Filme sowieso aus ideologischen Gründen nicht ins allgemeine Programm aufnehmen kann. Für die leitenden Kader werden einige Kopien angefertigt – was ist da schon dabei? Bei diesen Vorführungen herrscht eine angenehme Atmosphäre, überall sieht man die unsrigen, lauter Nomenklatura-Leute, – nun ja, auch einige Kunstschaffende, die schöpferische Intelligenz. Heute wird er aber nicht dorthin gehen.

Auch im ZK werden einmal in der Woche, an Donnerstagen, ausländische Filme vorgeführt, die dem breiten Publikum vorenthalten werden. Auf diese Vorführungen wirft er allerdings nicht einmal einen Blick; die sind nämlich, ebenso wie die Kantine am Abend, für Stenotypistinnen und Sekretärinnen bestimmt; für ihn wäre es direkt peinlich, sich dort zu zeigen.

Man könnte auch auswärts essen und danach mit der Gattin ins Theater gehen. Die Karten kosten nur ein paar Groschen, die teuersten Plätze im Bolschoj-Theater 3,50 Rubel, in den übrigen Theatern entsprechend weniger. Diese Karten werden natürlich nicht öffentlich verkauft. Daher ist es auch dort angenehm: man bekommt Plätze aus dem ZK-Kontingent in der 1. oder 2. Reihe und ist auch dort unter sich, nun ja, zuweilen auch unter ausländischen Botschaftern. Auch das hat einen gewissen Reiz: man bekommt ein Gefühl für seine Stellung in der Gesellschaft.

Aber Vochuš zieht es weder ins Theater, noch ins Konzert. Er hat von beiden genug bis zum Überdruß: im Rahmen seiner dienstlichen Verpflichtungen muß er nach allen Festsitzungen und Konferenzen oder in Begleitung von ausländischen Delegationen Vorstellungen oder Konzertaufführungen besuchen. Nein, heute geht er nirgends hin; er wird sich ausruhen und in seiner freien Zeit darüber nachdenken, wie er seine Beförderung zum Sam. Sav. vorantreiben kann. Um 10 Uhr ist Schlafenszeit, ohne gute Gesundheit gibt es keine Beförderung.

Während er lautlos im Lift nach oben schwebt und in der Wohnung beim Aufhängen des seidig schimmernden Lamahaarmantels ist, zieht Denis Iwanovič wie gewöhnlich eine kurze Bilanz des heutigen Tages. Im allgemeinen war es ein erfolgreicher, durch nichts verdunkelter, fast glücklicher Tag: die Gefahr eines Skandals wegen der Delegation ist gebannt; er hat der Versuchung widerstanden, nach Italien zu fahren; die unliebsamen Personen geschickt von der Liste der sowjetisch-bulgarischen Kommission entfernt, zweifelhafte Autoren aus dem Verlagsplan gestrichen; er hat die Freundschafts-Universität gezwungen, um die Bestellung eines Prorektors aus dem Apparat zu bitten und das Einverständnis des Ersten Sam. erhalten, Šabanov zu versetzen. Wenn es doch möglich wäre, jeden Tag so viele nützliche Dinge zu erledigen!

...Für diesen Tag erhielt Denis Iwanovič zehnmal so viel wie ein gewöhnlicher Werktätiger in der Sowjetunion.

*

Die parasitäre regierende Klasse. In Kozelsk, in Moskau, und so ist es im ganzen Land.

Zitieren wir zum letzten Mal in diesem Buch eines der letzten Gedichte von Alexander Galič:

Wie 'ne Nummer auf Lagermütze
Scheint hoch über Rußland der Mond...
Und unten – wer könnte sie zählen! –
Gebiets-, Stadt-, Rayonskomitees,
Wo die Wölfe in Sitzungssälen
Tief spucken in menschliche Seelen
Unter starren Führerporträts.
Dann, stolz ob des vollen Erfolges
Die Wölfe, die sagen: „'s ist aus!"
Und sie steigen in schwarze „Wolgas"
Und die Fahrer drücken auf Vollgas,
In die Staatsdatschas geht's nach Haus.
Und sie prassen dort in Palazzen,
Mit allen Schikanen gebaut,
Und Leibwächter mit glatten Fratzen
dazuschau'n, daß niemand zuschaut.

Anmerkungen

1 *Lenin*: Werke, Bd. 22, S. 280
2 Ebenda
3 Siehe: *I. A. Kurganov*: Nacii SSSR i russkij vopros. Frankfurt a. M. 1961, S. 30–31
4 *Lenin*: Bd. 22, S. 281
5 MEW, Bd. 13, S. 8
6 *Lenin*: Werke, Bd. 31, S. 281, 283
7 MEW, Bd. 3, S. 46
8 *Eduard Bagrickij*: Stichotvorenija i poemy. Moskva-Leningrad 1964, S. 126
9 *Merle Fainsod:* Smolensk under Soviet rule. Cambridge, Mass. 1958.
10 National Archives, Washington, D. C., „Smolensk Archive", Mikrofilm RS 921, Bl. 100 (American Historical Association, Microcopy T 88, Roll 123, Reel 57)
11 Ebenda, Bl. 76
12 Ebenda
13 Ebenda, Bl. 95
14 Ebenda, Bl. 12
15 Ebenda, Bl. 131
16 Ebenda, Bl. 94
17 Ebenda, Bl. 97–98

18 Ebenda, Bl. 96
19 Ebenda, Bl. 1
20 Ebenda, Bl. 271
21 Ebenda, Bl. 123
22 Ebenda, Bl. 124
23 Ebenda, Bl. 133–134
24 Ebenda, Bl. 134–135
25 Ebenda, Bl. 138
26 Ebenda, Bl. 142
27 Ebenda, Bl. 139
28 Ebenda, Bl. 65
29 Ebenda, Bl. 66
30 Ebenda, Bl. 35
31 Ebenda, Bl. 34
32 Ebenda, Bl. 43–46
33 Ebenda, Bl. 223–224
34 Ebenda, Bl. 157
35 Ebenda, Bl. 153
36 Ebenda, Bl. 204
37 Ebenda, Bl. 277–283
38 Ebenda, Bl. 303–304
39 Ebenda, Bl. 306–307
40 Ebenda, Bl. 307–308
41 Ebenda, Bl. 300
42 Ebenda, Bl. 305

Schluß

Das Parteiprogramm der KPdSU verspricht, daß bis zum Jahr 1980 in der UdSSR die klassenlose „kommunistische Gesellschaft im wesentlichen aufgebaut sein“ wird. Seit 1936 wird in der UdSSR die sowjetische Gesellschaft als eine „nichtantagonistische“ bezeichnet. Nun ist diese Gesellschaft heute, im Jahre 1980, weder klassenlos noch frei von Klassenantagonismen: auch die Sowjetgesellschaft ist antagonistisch.

Lenin und Stalin haben eine „neue Klasse“ ins Leben gerufen. Ihr Keim war die Leninsche „Organisation der Berufsrevolutionäre“. Nach der Machtergreifung durch diese Organisation entstand Stalins Nomenklatura, und sie wurde zur herrschenden Klasse der Sowjetunion.

Die Nomenklatura ist eine ausbeuterische und priviligierte Klasse. Sie gelangt zum Besitz durch die Macht und nicht zur Macht durch den Besitz. Die Politik des Nomenklaturastaates besteht in der innenpolitischen Festigung dieser diktatorischen Macht und ihrer außenpolitischen Ausbreitung auf die ganze Welt.

Die Nomenklatura kann einige positive Leistungen vorzeigen. Aber sie wird immer mehr zu einer parasitären Klasse. Sie ist für die Gesellschaft historisch unrentabel und ihr verbissenes Streben zur Weltherrschaft birgt die ernste Gefahr eines Weltkrieges.

Um diese Gefahr zu bannen, braucht die nicht aus Moskau regierte Welt eine entschlossene, illusions- und angstfreie Politik des Friedens und der Sicherheit. Um eine solche Politik zu gestalten, muß man das Wesen der Nomenklatura kennen. Wenn dieses Buch dazu einen Beitrag leistet, ist seine Aufgabe erfüllt.

*

Wir trennen uns nun von der Klasse der Nomenklatura. Verlassen wir die Nomenklatura in einer ihrer glücklichen Stunden.

Roter Platz, 7. November. Mit Orchesterdröhnen und Salutschüssen, mit einer Militärparade und einer vielstündigen Demonstration feiert die Nomenklatura ein weiteres Jahr ihrer Herrschaft. Es ist eine seltene Gelegenheit, „sie“ nicht bloß vereinzelt, in „SILs“ und „Čaikas“, in ihren Chefsuiten oder an roten Präsidiumstischen zu sehen, sondern in Massen. Denn wo sonst könnte man eine solche Menge von Nomenklaturisten finden, wenn nicht auf den Tribünen neben dem Mausoleum an diesem feierlichen Tag!

Da stehen sie auf dem hellgrauen Stein der Tribünen, schwerfällige Männer mit groben, herrschsüchtigen Gesichtern, ihre fülligen, alternden Ehefrauen, ihre wohlgenährten, rotbackigen Kinder. Alle sind warm gekleidet. Über den Platz bläst, die Fahnen bauschend, der Wind, und kleine November-Schneeflokken peitschen die Gesichter. Die Mäntel sind aus erstklassigem englischem Stoff; weiche Pelze, luxuriöse Persianermäntel, Pelzmützen umgeben einen von allen Seiten. Aber ein ungeschriebenes Gesetz der Nomenklatura wird befolgt: alle diese teueren Kleidungsstücke dürfen nicht zu gut sitzen und zu elegant getragen werden, sie müssen etwas plump herunterhängen und die Frauen dürfen nicht geschminkt sein. Das ist der letzte bescheidene Tribut an die mythische proletarische Abstammung der Nomenklatura und an ihren vorgetäuschten Demokratismus.

Drei Minuten vor 10 Uhr. Alle Köpfe drehen sich in Richtung des Mausoleums, Nomenklatura-Väter heben ihre kleinen Sprößlinge auf die Schultern. Gleich werden die Führer der Nomenklaturaklasse auf dem Mausoleum erscheinen wie auf einer Kommandobrücke. Sie kommen! Zuerst der Generalsekretär, dann mit einem kleinen Abstand und in streng festgelegter Reihenfolge die übrigen. Das Nomenklatura-Volk klatscht und winkt zur Begrüßung. Wenn es sich auch nicht selbst auf dem Mausoleum befindet, sondern nur zu seinen Füßen, so sind es doch die mit ihm verbundenen Lehensherren, die da oben stehen. Und wenn die Welt auf dieses Häuflein blickt, so blickt sie, ohne das zu begreifen, auf die gesamte Nomenklatura.

Die diensthabenden KGB-Offiziere in Zivil mit den roten Armbinden wachen höflich, aber aufmerksam darüber, daß die weniger wichtigen Nomenklaturisten nicht von den entfernteren Tribünen auf die näher gelegenen hinüberwechseln, auf denen die besonders wichtigen Funktionäre stehen. Von einer Tribüne auf die andere gehen darf man nur in der Richtung, die vom Mausoleum weg führt. So sichtbar zeichnet sich im realen Raum der Kegel der Nomenklaturaklasse ab – mit der Spitze auf dem Mausoleum.

10 Uhr, Beginn der Parade. Später kommt noch die Demonstration der ergebenen „Vertreter der werktätigen Bevölkerung", die riesige Porträts der Nomenklatura-Führer, Transparente mit Losungen und Erfolgsziffern der von der Nomenklatura beschlossenen Pläne schwingen. Danach kommt der Empfang im Kreml, auf dem, zusammen mit den streng nach Rang sitzenden Nomenklatura-Funktionären, die Botschafter fast aller Staaten der Welt den Jahrestag der Oktoverrevolution feiern. Aber der Höhepunkt für die Nomenklatura ist eben jetzt.

Fünfzig glückliche Minuten erlebt das Nomenklatura-Volk, während es den exakten Schritt der Soldaten, das Brummen der vorbeiratternden Panzer, das Riesenausmaß der Raketen bewundert. Wie sie den Raketen zulächeln, wie glücklich sie sind! Es ist ihre Stärke, die da mit der Gewalt einer Lawine über den Roten Platz rollt. Es ist ihre Stärke, die in aufmerksamen KGB-Kolonnen aufgestellt ist. Es ist ihre Stärke, die den ganzen Planeten zwingt, in diesen Minuten seine Blicke zum Roten Platz zu wenden, auf ihre Stimme zu hören und sich vor ihnen zu fürchten.

Verabschieden wir uns von der Nomenklatura in diesem für sie so wunderschönen Augenblick. Winken wir diesen Bojaren und Bojarinnen zu, die sich vor dem Hintergrund der mittelalterlichen Festungstürme um die Pyramide des Mausoleums mit der darin liegenden Mumie zusammendrängen. Verlassen wir sie, die fasziniert durch ihre eigene Macht bei den Gräbern an der Kremlmauer stehen wie auf einem Friedhof, und der Novemberwind schüttet und schüttet Schnee auf ihre herbstliche, vom Untergang gezeichnete Welt.

Personenregister

Abdylkalykov, Mohamedžan 174
Achmatova, Anna A. 335
Achminov, German F. 39, 46
Achundov, Veli J. 306
Adrianov 506
Adžubej, Aleksej 166, 195
Akimov 510
Aldonin, Filip 506
Alekseev, Nikolaj A. 46, 206
Alexandrov-Agentov, Andrej M. 371
Alexander d. Gr. 66, 481
Aliev, Gejdar 306
Allilujev, Pawel 61
Allilujeva, Anna 86, 90
Allilujeva, Nadježda 71, 338
Allilujeva, Swetlana 70, 73, 86, 90, 140, 142, 166, 344ff., 353, 355, 357, 392, 394, 413, 442
Amalrik, Andrej 42, 47
Andreev, Andrej A. 349f.
Andropov, Jurij V. 179, 342
Anikin, Andrej V. 434
Antonescu, Ion 124
Antonov 508
Armand, Inès 113f.
Aron, Raymond 205
Arsentjev 503
Arzimovič, Lev A. 423
Attila 481
Axelrod, Pavel B. 92

Bagrickij, Eduard 494, 540
Bahro, Rudolf 40f., 46
Balabanoff, Angelika 56f., 67, 89f.
Balobeško, Josef P. 495, 507
Barbusse, Henri 339, 372
Bažanov, Boris 199, 206, 324, 356, 384, 442
Bechterev, V. M. 258
Bek, A. 330, 357
Berchin, I. B. 121, 153, 291f.
Berdjajev, Nikolaj 37, 46
Berija, Lavrentij P. 71, 73, 81, 84f., 90, 145, 156, 174, 177, 193, 244, 340, 344, 348, 381, 401, 441
Berkov, Alexander 413
Bernstein, Eduard 284, 292
Blatov, Anatolij I. 370
Blindmann 145
Bokassa, Jean Bedel 465
Brežnev, Leonid I. 24, 39, 45, 156, 163, 194f., 246, 251f., 258, 280, 295, 319, 327, 342, 351, 356, 358, 361, 363, 365f., 369ff., 374, 377ff., 382, 392f., 406, 416, 476
Brežneva, Galina 353
Brežneva, Viktorija P. 342
Bucharin, Nikolaj I. 43, 62, 77, 132, 138, 141, 147, 345, 382, 389
Bulganin, Nikolaj A. 174
Bunin, Ivan A. 334

Čakovskij 412
Carlo, Antonio 39, 46
Carr, Edward H. 442
Cebur, A. 495, 499ff., 504, 507
Černenko, Konstantin U. 370, 386
Černyšerskij, Nikolaj G. 97
Červonenko, Stepan V. 14f.
Chochlov, Nikolaj 440f.
Chromov, Afanasij 414f., 499
Chruščev, Nikita S. 15, 24, 66, 68, 90, 140f., 145f., 155f., 162, 166, 173, 177f., 195, 200, 211, 214f., 240, 243, 245, 250f., 281f., 334, 338, 341, 350, 355, 365f., 369, 372, 374, 376, 379f., 382, 390f., 392f., 406, 423, 462, 491
Churchill, Winston S. 86, 446, 481
Chvostov, Vladimir M. 415, 447
Cinev, Georgij K. P. 370
Cromwell, Oliver 109
Cukanov, Georgij E. 369
Čuntulov, V. T. 291f.
Cvigun, Semen K. 370
Daniel 415
Danilkin 503
Darwin, Charles 232

Davidovič, David S. 414f.
Dejkin 508
Demenok, Petr M. 495ff., 509f.
Demičev, Petr N. 382
Denikin 61
Deutsch, Lev G. 73, 92
Djilas, Milovan 14, 34ff., 38ff., 43, 46, 155, 157, 162, 227, 248
Dollfuß, Engelbert 124
Dostoevskij, Fjodor M. 84
Drabkin, D. 414f.
Dragunskij 412
Drodzdov 504
Dschingis Khan 481
Dubček, Alexander 15, 40, 456, 476
Dudincev, Vladimir D. 183, 240
Dummov, Iwan 131f.
Dymšic, Wenjamiń E. 413
Dzeržynski, Felix 54f., 57, 143, 397f., 444
Džugašvili s. Stalin
Džuncovskij, General 76

Ehrenburg, Ilja 182, 191, 398, 442
Einstein, Albert 131f.
Elisarov, Mark T. 113
Engels, Friedrich 19, 21f., 24, 33, 45, 91f., 93f., 97ff., 113, 119f., 127, 137, 152f., 206, 209f., 216ff., 268, 291, 359, 372, 396, 409, 481, 493, 540
Entiš 508
Eremin 80
Eremina 510
Evtušenko, Evgenij 149, 453f.
Ežov, Nikolai I. 138f., 141, 143ff., 148, 151, 194, 381, 401, 496

Fainsod, Merle 154, 495, 540
Falin, Valentin M. 371
Fedho 507f.
Fisher, Lonis 89
Fotijeva, Lidija A. 64
Franco, Francisco 124
Frunze, Michail V. 57

Gaddafi, Moammar al- 465
Galič, Alexander 191, 293, 342, 357, 442, 484
Gefter, Michail 414f.
Gerassimov, Alexander 349
Gililov, Solomon 412
Gleiser 508
Golovenčenko 415
Golovin 508
Golub 438
Gorelikov, Vasilij 510
Gorkij, Maxim 53, 89, 104, 183, 340
Gorochov 507
Granin, Daniel A. 183, 502
Griffith, P. 46
Gromyko, Andrej A. 166, 194
Gromyko, Anatolij A. 194
Gurwič, Svetlana 147
Gusarov, Vladimir 442
Gusenko, Igor 440
Gutovec, B. A. 504
Gvišiani, Ljudmila A. 194, 450

Himmler, Heinrich 401
Hitler, Adolf 104, 124, 142, 411ff., 445, 455, 480f., 488
Horthy, Nikolaus v. 124

Ignatov, Vadim N. 92
Iličev, Ivan I. 449
Iljin, M. 229f., 291
Iskenderov, Mamed A. O. 307
Isotov, Nikita 260
Istomina, Valentina V. 347
Ivanovič (Pseud.) s. Stalin

Jagoda, Gendrich 143f.
Janov, Alexander 482
Jasny, Naum 244f., 291

Kac 503
Kádár, Janos 476
Kaganovič, Lazar M. 136, 143, 150, 349, 381, 406, 413
Kamenev, Sergej S. 141, 389, 510
Kaminski, Grigorij N. 90
Kapačinskij 503
Kapitonov, Iwan V. 178, 386

Kapiza, Petr L. 192, 423
Karasev 505
Karkuzevič, Michael 501
Karpow (Pseud.) s. Lunačarskij
Katušev, Konstantin F. 371, 382
Kautsky, Karl 234
Keita, Modibo 465
Kelendzeridze, M. 90
Kirilenko, Andrej P. 369f., 386
Kirov, Sergej M. 140f., 147, 382, 510
Klimow, M. 350
Koba (Pseud.) s. Stalin
Kočergin 499, 508
Kočetov, Vsevolod 147
Kogan, Pawel 445
Kolarov, Vasil 354
Kolčak, K. 55f., 64
Kollontai, Alexandra 114
Kolomijcev 175
Komarov, Vladimir L. 192
Kornejev, Stepan G. 398
Kornilov 54
Korotkov 503
Kosmodemjanskaja, Zoja 375
Kosygin, Aleksej N. 39, 156, 194, 251, 292, 338, 352, 450
Kosta, S. J. 45
Kotov, Michail 182
Kovalev, Anatolij V. 450, 500
Kozin 507
Kozodoj 509
Krasin, Leonid B. 64, 104
Kremer, Ilja S. 415
Krestinskij, Nikolaj N. 141
Kroll, Hans 351, 357
Krupskaja, Nadežda K. 61f., 65, 79, 326
Kudirka, Simas 439
Kupreenko 498
Kurganov, Ivan A. 486, 540
Kurón, Jacek 40, 46, 227, 277, 282, 284, 291f.
Kurski, Dimitrij J. 55, 58
Kurski, W. W. 46
Kusnezov, Vasilij V. 415
Kusnezov, Wladlen 457, 481
Kuusinen, Otto 89, 439
Kuznecov 173

Lacis, Martin J. 55, 89
Lagutin, Dimitrij J. 501f., 510
Lakain, Iwan J. 427
Landyšev, Pavel A. 509
Larionov, Aleksei N. E. 243
Lavriščev, Aleksandr A. 174
Lenin, Vladimir I. 17, 19, 25ff., 34, 36, 45, 46, 48ff., 77ff., 82, 85, 87ff., 92f., 95ff., 122ff., 134, 136, 139ff., 147ff., 152f., 161, 164f., 179, 182, 189, 206f., 216, 219ff., 223f., 230, 233f., 239, 248, 254ff., 267f., 281, 291f., 296f., 315, 319f. 326f., 341f., 344f., 351, 356f., 359ff., 369, 372ff., 380, 383f., 388, 392f., 398, 404, 409, 442, 444, 448, 450f. , 454f., 457, 473, 481, 485, 489, 492, 540
Levenstern 257
Levine, Isaac Don 80, 90
Lewytzkyj, Boris 206
Lions, E. 46
Lister, Enrique 476
Litvinov, Maksim M. 104
Lomonosov, Michail 370
London, Jack 65
Losovskij 413
Louis, Viktor 155
Lozovskij, Solomon A. 123, 153
Lukjanov 509
Lunačarskij, Aleksandr V. 63, 89, 119
Lysenko, Trofim D. 191

Majakovskij, Vladimir V. 15, 63, 313
Majskij, Ivan M. 87, 413
Makarenko, Anton S. 266, 345
Malenkov, Georgij M. 70, 156, 177, 200, 324, 341, 357, 367, 374, 389f., 413
Malinovskij, Roman 76ff., 82, 84
Malyš 415
Mamedov, Enver 307
Mandel, Ernest 38, 46
Mao Tse-tung 208, 291
Marčenko, Anatolij 174, 206

Martov 105
Marx, Karl 18f., 21f., 24, 27, 29, 33, 45, 50, 67, 73, 91, 93ff., 101, 111, 113, 119f., 122, 124, 127, 137, 152f., 160, 176, 206f., 209f., 216ff., 222, 232, 239f., 246, 249, 254, 256, 258, 264ff., 267ff., 272, 276f., 284f., 287ff., 291, 296f., 359, 363, 372, 396, 408ff., 447f., 481, 492f., 540
Matjušin 509
Matveev, Iwan V. 499
Mechlis, Aleksandr 413
Medvedev, R. (Pseud.) 42
Medvedev, Roy 43, 47, 83, 206, 356, 442
Medvedev, Žores A. 442
Meissner, Boris 38, 46
Melamid s. Melnikov
Melnikov, Daniil E. 414f.
Mendelevič, Lew 414
Michailovič, Vladimir 447
Michailow, Nikolaj A. 375
Michalkov, Sergej 296
Michoels, Solomon M. 140
Mikojan, Sergej A. 194
Mikojan, Anastas I. 150, 194, 344, 349, 377, 390
Miljukov, Pavel N. 46, 397, 442
Millionščikov, Michail D. 354, 432
Minz, Isaak J. 414f.
Mironov, Nikolaj R. 178
Mišin 499, 505
Modrzinskaja 174
Modzelewskij, Karol 40, 46, 227, 277, 282, 284, 291f.
Molotov, Vjačeslav M. 64, 144, 146, 150, 166, 173, 195, 328, 348f., 381f., 416
Monroe, Marilyn 343f.
Moore, Barrington 46
Morosov, Griša 413
Morosov, Pavlik 399
Morosov, Savva 104
Morozov, Grigorij 166
Moskalev, Michail A. 77, 90
Muchitdinov, Nuridtin A. 382
Muhri, Franz 476
Mussolini, Benito 124, 183
Mžavanadze, Vasilij P. 244, 304

Napoleon Bonaparte 109, 481
Nekrasov, Nikolaj A. 294
Nikolaevskij, Boris 83
Nikonov 166, 195
Novikov, Vladimir N. 369
Novikov, Nikolai 511

Ordžonikidze 56, 61, 166
Orlov, A. 81f., 85
Orwell, George 37, 46, 106, 397
Owens 234
Ozara, V. 206

Panin, Dimitrij 39, 46
Panjuškin, Aleksandr S. 441
Pankin 257
Parry, A. 46
Pasternak, Boris 335
Paustovskij, Konstantin 183
Pavlov 370
Pavlovcev, Pavel I. 400
Pelikán, Jiři 14, 16
Peter d. Gr. 448
Petrov 78
Petrova, Jewdokija 438
Piradow, Aleksandr 166
Pjatakov, Georgij L. 141
Plechanov, Georgij V. 92, 95
Pörzgen, Hermann 37, 46, 402, 442
Poljakov 257
Poljakov, Pavel V. 175
Poljanskij, Dmitrij S. 382
Polosuchin, Nikolai J. 505, 508
Ponomarenko, Pantelejmon K. 438
Ponomarev, Boris N. 386, 416
Pomerancev, Leonid 509
Portnoj (Pseud.) s. Džunkovskij
Poskrebyšev, A. 496
Pospelov, Petr N. 150
Pravdin, A. (Pseud.) s. Zemcov
Primo de Rivera 124
Puzenin, Ivan G. 497, 502

Radek, Karl 141
Rasumnyj, S. 43
Redlich, Roman 39, 46
Reinbot 326
Reinelt, Alfred 155
Rešetov, Petr N. 175f., 378
Ricardo, David 216, 262
Rizzi, Bruno 38, 46
Rjabov, Jakov P. 383
Rodin 505
Romanovskij, Sergej K. 378
Romanow, Familie 109
Roosevelt, Franklin D. 86
Rosanov, V. N. 62
Rumjancev 497
Rusakov, Konstantin 386
Rykov 141, 389

Sacharov, Andrej D. 14, 16, 43, 47, 198
Salin (Pseud.) s. Stalin
Samoteikin, Evgenij 371
Šapiro, Lev B. 414
Sapozkov 56
Šaumjan, Stepan 83
Šauro, Vasilij F. 379
Saveljevna, Evkodia 510
Savinkin, Nikolaj I. 178
Ščelokov, Nikolai A. 342, 370
Ščerbickij, Vladimir 369ff.
Sch... s. a. Š...
Schamberg, Wladimir 413
Schljapnikov, Aleksandr G. 119
Schmidt, Otto J. 192
Scht... s. Šč...
Sdobnov, S. I. 291
Sekou-Touré, Ahmed 465
Šelepin, Aleksandr N. 175, 367, 374ff., 382
Selunskaja, V. M. 45
Semaško, General 62
Semenov, W. S. 449
Semičastnyj, Vladimir E. 178, 376ff.
Semjonov, Vladimir S. 316, 449
Šepilov, Dimitrij T. 391
Sergijuk 508
Šerr, Jakob 39, 46
Ševljagin, Dmitrij P. 176f.
Šik, Ota 40, 46
Silin, Michael A. 413
Silman 496
Sinjavski, Andrej D. 415
Skilling, H. G. 46
Škirjatov, Matvej F. 144, 146, 148, 150
Skljanskij, Efraim M. 55f., 61f.
Smilga 56, 61
Smirin 415
Smirnov, A. 292
Smirnov, Lev N. 415, 432
Smirnov 56
Smith, Adam 216
Smith, Edward E. 77, 90
Smith, Hedrik 298, 331, 356
Smrkovsky, Josef 476
Sokolov, Igor 413
Solin (Pseud.) s. Stalin
Solženizyn, Alexander 193, 261, 334
Sonnenfeld, Helmut 467
Šostakovič, Dmitrij 205
Souvarine, Boris 83, 90
Stachanov, Alexej 260f., 279
Stalin, Josif V. 22ff., 26, 28ff., 36, 39, 45, 48ff., 52, 57f., 60, 62, 66ff., 109, 114, 118, 121ff., 130ff., 144f., 148ff., 153f., 156f., 161, 164f., 173f., 176f., 179f., 182, 189, 191ff., 200, 206, 215, 219, 226, 228f., 244f., 249ff., 254f., 257, 263, 266f., 276, 279, 286, 291, 300, 324, 327f., 330, 332, 340ff., 350ff., 360, 362, 365f., 369, 372, 374f., 380ff., 384, 389f., 392, 394, 398, 400f., 408, 413, 416, 419, 423, 431, 434, 445f., 449ff., 454, 462, 469, 476, 481, 492, 496, 501f., 509, 511
Stalin, Wasilij 195
Stalskij, Suleiman 144
Stašinskij, Bogdan 379, 440
Stasova, Elena D. 54
Stefin (Pseud.) s. Stalin
Stein 81
Štejnberg, I. J. 36, 46
Stepin 503

Stöckli, Alfred 412
Stojanovič, Svetozar 40, 46
Sturua (sen.) 66
Sturua, Melor 66
Sudoplatov, Pavel A. 441
Šulgin, Vitalij 129f., 131, 139, 153
Sumbatov-Topuridze, Nelli 345
Suslov, Michail A. 386, 390
Sverdlov, Jakov M. 75, 90

Talantov, Boris V. 42
Tanja (Pseud.) s. Kosmodemjanskaja
Tartakovskij, Boris 415
Taylor, F. W. 257f.
Thorez, Maurice 476
Tichonov, Nikolai A. 191, 318, 369
Tito, Josip Broz 469
Tolstoj, Aleksej 49
Tolstoj, Leo N. 301
Topciev, Aleksandr V. 192
Trapeznikov, Sergej P. 370f.
Trautmann, Reinhold 89
Trockij, Leo 38, 46, 53f., 63f., 77, 85, 89f., 92, 124, 132, 135, 137f., 139, 141f., 147, 154, 366, 382, 389, 499
Trojanovskij, Aleksandr A. 77
Trojanovskij, Oleg 77
Trubin, Filipp J. 509
Tsch... s. Č...
Tuchačevski, Michail N. 382
Tupolev, Aleksej N. 191
Turgenjev, Iwan S. 50, 344
Tynjanov, Jurij N. 178

Uldžabaev, Tursunbaj U. 243
Uljanov s. Lenin
Uljanova, Marija I. 50, 54, 62, 113
Uljanov, Alexander 50
Uljanov, Mitja 62
Uljanov, Anja 62
Uljanov 499
Ulrich 143

Valentinov, N. 89
Valkov 175
Vannikov, Boris L. 138
Vannikov, Rafka B. 138
Varga, Evgenij S. 42, 47
Vasiljev, N. F. 370
Vatčenko, A. F. 370
Vavilov, Afanasij P. 174
Vavilov, Sergej I. 192
Vereščak 73
Vermeersch, Jeannette 476
Vinogradov, Aleksandr P. 330, 350
Visarionov 81
Vlasov 511
Vlasik, Nikolaj S. 346
Voevodim 510
Volkov 505
Volksjij, Jurij 300
Vorošilov, Kliment J. 58, 68, 150, 348ff., 381
Voslensky, Michael 481
Voznesenskij, Nikolaj A. 173, 381
Vrangel, Pjotr N. 57, 62
Vyšinski, Andrej 142f., 146

W... s. a. V...
Wagenlehner, Günther 291f.
Wells, Herbert 18, 55
Wünsche, Harry 450

Yanov s. Janov

Zagladin, Vadim V. 371
Zamjatin, Leonid M. 371
Zasulič, V. J. 92
Ždanov, Andrej A. 381
Železnov, Alexej F. 79f.
Zemcov, Ilja 305, 307, 334, 356
Žemčužina, Polina S. 173, 381
Zenina, Anna 506
Zimjanin, Michail V. 386
Zinovjev, Grigorij E. 64, 89, 132, 141, 147, 389, 500, 510
Zolotarev 82
Žordania, Noj 83
Zorin, S. 46, 206
Zorin, Valerian A. 324
Žukow, Georgij K. 382, 390

KORRIGENDA

Folgende Änderungen konnten aus drucktechnischen Gründen nicht mehr berücksichtigt werden:

S. 25 Z. 8: nach „Zwanges" ergänze Fußnote [14a])
S. 45 Fußnote 5: MEW, Bd. 26, Teil 1, S. 360
Fußnote 6: MEW, Bd. 20, S. 262–263
Fußnote 14: *Lenin:* Werke, Bd. 25, S. 453–455
Fußnote 14a: *Lenin:* Werke, Bd. 26, S. 335
S. 62 Z. 27: „besucht" statt „behandelt"
S. 89 Fußnote 7: Lenin-Zitat entfällt
Fußnote 12: Ebenda, S. 212
Fußnote 22: *Lenin:* PSS, Bd. 45, S. 189
Fußnote 23: *Lenin:* Werke, Bd. 33, S. 344–345
Fußnote 39: *Lenin:* Briefe, Bd. 7, S. 276
Fußnote 40: *Lenin:* PSS, Bd. 45, S. 189; in der DDR-Ausgabe nicht vorhanden
S. 90 Fußnote 42: statt „1923, S. 462" ergänze „1968, S. 506"
Fußnote 63: *E. E. Smith:* a.a.O., S. 310–311
S. 94 Z. 17: „Grundsätze" statt „Grundlagen"
Z. 20: ergänze nach „absichtlich": „und willkürlich"
S. 95 Z. 22/23: „Für mich war immer der praktische Zweck wichtig."
S. 101 Z. 12: Lenin schrieb: „Ein so zurückgebliebenes Land, in dem die Massen des Volkes der Bildung, des Lichts und des Wissens derart *beraubt sind* – ein solches Land gibt es in Europa, außer Rußland, nicht wieder."
S. 102 Z. 18–21: „Die Geschichte kennt alle möglichen Sorten von Metamorphosen; sich auf Überzeugungstreue, Ergebenheit und sonstige prächtige seelische Eigenschaften verlassen – das sollte man in der Politik ganz und gar nicht ernst nehmen."
S. 115 Z. 17: . . ., daß „dem Proletariat nicht nur die Bauernmasse, . . .
S. 116 Z. 30: „Materialismus" statt „Marxismus"
S. 119 Z. 27: „Kritik des Gothaer Programms"
S. 128 Z. 2: „Unser schlimmster innerer Feind . . .
S. 145 Z. 4: „Erschießungskeller" statt „Keller"
S. 152 Fußnote 6: *Lenin:* Werke, Bd. 33, S. 458
Fußnote 12: *Lenin:* Werke, Bd. 5, S. 453
Fußnote 13: *Lenin:* Werke, Bd. 19, S. 124
Fußnote 15: *Lenin:* Werke, Bd. 33, S. 274
S. 153 Fußnote 25: MEW, Bd. 23, S. 15–16
Fußnote 33: Ebenda, S. 303–422
Fußnote 38: Ebenda, S. 228
Fußnote 44: *Lenin:* Werke, Bd. 25, S. 378
Fußnote 54: *Lenin:* Werke, Bd. 28, S. 131
Fußnote 61: *Lenin:* Werke, Bd. 36, S. 511
Fußnote 70: *Stalin:* Werke, Bd. 5, S. 185
S. 154 Fußnote 73: *Stalin:* Werke, Bd. 5, S. 185–186

S. 189 Z. 3 und 16: „17 Millionen“ statt „16 Millionen“
S. 207 Z. 11 „nie“ statt „nicht“
Z. 13: „Massen“ statt „Menschen“
S. 245 Z. 2, 4 und 9: „1948“ statt „1947“, „1949“ und „1940“
S. 251 Z. 4: „um“ statt „auf“
S. 252 Z. 34: „186“ statt „1986“
S. 262 Z. 27: „1980“ statt „1979“
Z. 28: „167“ statt „163“
Z. 29: „36,28“ statt „35,66“
Z. 30: „460“ statt „456“
Z. 37: „167“ statt „163“
S. 263 Z. 15/16: „So wurde auf dem XII. Parteitag (1923) konstatiert, . . .
S. 271 Z. 24: „330“ statt „340“
S. 276 Z. 3: „167“ statt „163“
S. 291 Fußnote 10: MEW, Bd. 16, S. 103–152
Fußnote 27: *Lenin:* Werke, Bd. 25, S. 484
Fußnote 30: Ebenda, S. 281
S. 292 Fußnote 54: XXV s'ezd KPSS. Stenogr. otčet. – Moskva 1976, Bd. 1, S. 78–79
Fußnote 70: „Moskva 1953“ statt „Moskva 1954“
S. 306 Z. 10: „Volkswirtschaft“ statt „Landwirtschaft“
S. 339 Z. 15: „167“ statt „163“
S. 343 Z. 24: nach „Marylin“ fehlt Fußnote [24])
S. 357 Fußnote 41: Ebenda, S. 260
Fußnote 53: *Lenin:* Briefe, Bd. 9, S. 272
S. 369 Z. 30: „Das Mitglied“ statt „Der Kandidat“
S. 399 Z. 15: „Dschingis Khan“ statt „Assargadon“
S. 455 Z. 24: ergänze: 9. das kleine Entwicklungsland Afghanistan mit prosowjetischem Regime 1979.
Z. 34: ergänze: die Besetzung Kabuls wurde als „Hilfeleistung“ für die zu stürzende Regierung Amin getarnt.
S. 460: Z. 21: statt „und wird angreifen“: „und kann angreifen – wie in Afghanistan.“
S. 464 Z. 24: statt „unter der Regierung“ ergänze „unter der ersten Regierung“
S. 481 Fußnote 10: *Michail Woslenskij:* . . . Heft 11, S. 848–855
Ejusdem: . . . In „Osteuropa“ 1974, Heft 4, S. 259–269
Ejusdem: . . . In „Deutschland-Archiv“, 1975, Heft 10, S. 1030–1034
S. 491 Z. 17ff.: . . . dort, wo es Nomenklatura gibt, herrscht das Herumbefehlen; gearbeitet wird erst von demjenigen Apparat, der nicht zur Nomenklatura gehört.
Im Sommer 1957 wurden dem Institut für Weltwirtschaft und Internationale Beziehungen der Akademie der Wissenschaften, an dem ich damals arbeitete, die Räume des eben von Chruščev aufgelösten Ministeriums . . .
S. 521 Z. 32: „17 Millionen“ statt „16 Millionen“
S. 540 Z. 21: nach „zuschaut“ ergänze Fußnote [43])
Fußnote 1: *Lenin:* Werke, Bd. 22, S. 281
Fußnote 5: MEW, Bd. 13, S. 9
S. 541 Fußnote 43: *Alexander Galič*: Kogda ja vernus'. – Frankfurt a. M. 1977, S. 56